Richard David Precht

ERKENNE DICH SELBST

GOLDMANN
Lesen erleben

Richard David Precht

ERKENNE DICH SELBST

Eine Geschichte der Philosophie

Band 2
Renaissance bis
Deutscher Idealismus

GOLDMANN

Originalausgabe

MIX
Papier aus verantwortungsvollen Quellen
FSC® C014496

Penguin Random House Verlagsgruppe FSC® N001967

3. Auflage

Umschlaggestaltung: Uno Werbeagentur, München
Umschlagmotiv: akg-images/Zug der Heiligen Drei Könige,
Benozzo Gozzoli; 1459–1461. Wandgemälde. Florenz,
Palazzo Medici Riccardi, Kapelle, rechte Wand
Satz: Buch-Werkstatt GmbH, Bad Aibling
Druck und Bindung: GGP Media GmbH, Pößneck
Printed in Germany
ISBN 978-3-442-31367-9
www.goldmann-verlag.de

Inhalt

EINLEITUNG 9
Das Geleit der Könige 17

PHILOSOPHIE DER RENAISSANCE 27
Die Welt in uns selbst 33
Neue Perspektiven 57
Diesseits und Jenseits 91
Ein neuer Himmel 113

PHILOSOPHIE DES BAROCKS 155
Ich denke, also bin ich 161
Der Gott der klaren Dinge 188
Gebändigte Gewalten 227

PHILOSOPHIE DER AUFKLÄRUNG 249
Der Einzelne und sein Eigentum 255
Das unbeschriebene Blatt 287
Das Wohl aller 325
Einstürzende Altbauten 364
Die öffentliche Vernunft 401

PHILOSOPHIE DES DEUTSCHEN IDEALISMUS 447
Im Kosmos des Geistes 451
Das moralische Gesetz in mir 483
Der höchste Standpunkt 513
Seelenwelt oder Weltseele? 534
Sein und Schein des Schönen 559
Das Ende der Geschichte 589

ANHANG 623
Anmerkungen 625
Ausgewählte Literatur 629
  Philosophie der Renaissance 631
  Philosophie des Barocks 637
  Philosophie der Aufklärung 640
  Philosophie des Deutschen Idealismus 648
Dank 655
Personenregister 656
Sachregister 664
Bildnachweis 670

… ein philosophisches System ist nicht ein
toter Hausrat, den man ablegen oder annehmen könnte,
wie es uns beliebt, sondern es ist beseelt durch die
Seele des Menschen, der es hat.

Johann Gottlieb Fichte

Einleitung

Man kann Zeiten an ihrem Gang erkennen, wie Menschen, nicht an ihrem Lauf. Jede historische Zeit hat ihre Eigenart, ihren Rhythmus, ihr eigenes Lebensgefühl. Nicht die Fakten, die politischen Ereignisse von Aufstieg und Niedergang oder die Schlagzeilen der einzelnen Tage bestimmen einen Gang. Mit späterem Wissen lässt sich oft vieles deuten, das in der Zeit selbst undeutlich ist. Doch genau diese Undeutlichkeit bestimmt den Gang der Zeiten immer und in jeder Epoche, bis hin zu der unsrigen.

Viel Undeutlichkeit und Ungleichzeitigkeit kennzeichnen auch den Gang der Philosophie. Manche Gedanken aus sehr alter Zeit erscheinen uns heute wegweisend und modern; andere, die erst aus jüngeren Tagen stammen, wirken alt und blass. Und wer weiß, ob sich das Urteil über sie einst bestätigt oder ändert? Philosophiehistoriker nehmen auf diesen Wechsel der Perspektiven und

Bewertungen gemeinhin allerdings wenig Rücksicht. Sie neigen dazu, ihre Geschichte immer ähnlich zu erzählen – schon aus Angst vor dem Urteil der Experten. Wie leicht kann es geschehen, dass sie ihre Stammgebiete unzureichend behandelt oder vernachlässigt sehen! Eine andere Gewichtung, eine andere Auswahl und andere Nuancen sind mit Mut und Unerschrockenheit verbunden; ein Kapital, das man lieber sehr vorsichtig einsetzt. Wie im ersten Band dieses Projekts betreffen die neuen Akzente bei mir vor allem die Sozial- und Wirtschaftsgeschichte sowie Fragen nach der Leiblichkeit und der Biologie.

Philosophiegeschichten setzen den Lauf der Dinge und die Abfolge von Menschen hintereinander. Diese Chronologie ist ein Fluss, der sein Bett kaum ändert, aber sie ist mehr Routine als Notwendigkeit. Denn Geschichte zu schreiben ist keine Wissenschaft, die eisernen Regeln folgt. Allerdings ist sie auch keine Kunst oder ein Potpourri an Meinungen. Dabei ist schon das, was Philosophie überhaupt sein soll, wie Friedrich Wilhelm Joseph Schelling in der Einleitung zu seinen *Ideen zu einer Philosophie der Natur* schreibt, eine philosophische Frage. Die Rolle des Philosophen und der Philosophie wechselt auch, und gerade im hier behandelten Zeitabschnitt vom 15. Jahrhundert bis zum Anfang des 19. Jahrhunderts. Zwischen Cusanus und Georg Wilhelm Friedrich Hegel liegen nicht nur Zeiten, sondern Welten. Die eine ist eine Gelehrtenwelt von Eingeweihten in einer christlich-autoritären Weltordnung. Und jeder, der philosophiert, arbeitet sich auf seine Weise an dieser einen großen Ordnung ab. Die andere sieht nach Aufklärung und Revolution die hohe Zeit des Bürgertums heraufdämmern und mit ihr die Schlote der Puddelöfen, das Elend des Proletariats und die Kirche in einer gesellschaftlichen Nische.

Die bürgerliche Arbeitsteilung in der Produktion wird schließlich auch auf die Philosophen überspringen. Am Ende des 18. Jahrhunderts möchte Adam Smith sie in »verschiedene Zweige, deren jeder einer besonderen Abteilung oder Klasse von Philosophen zu tun gibt«, aufgeteilt sehen. Denn die »Arbeitsteilung« vergrößere »ebenso in der Philosophie wie in jedem anderen Beruf die Geschicklichkeit und Zeitersparnis«.[1] Dass Zeit etwas ist, das man sparen sollte, wäre den Denkern der Renaissance niemals eingefallen. Uns Heutigen dagegen ist es die fixe Leitidee unseres Lebens geworden. Und dass Philosophen zu Spezialisten der geistigen Produktion werden sollten, hätte noch Hegel missfallen, auch wenn es gegenwärtig tatsächlich überall üblich ist.

Der Generalist hat es heute schwer. Zu erdrückend erscheint die Last des seither angehäuften Spezialwissens. In einer Welt der Fachgebiete und Experten kann er nur kompensieren, was als Orientierungswissen verloren gegangen ist. Und eine Philosophiegeschichte zu schreiben ist dabei eine seiner letzten Domänen. Die großen Fragen, die sich im hier behandelten Zeitabschnitt stellen, sind oft alt, und wir kennen sie schon aus dem ersten Band: Wie wirklich ist die Wirklichkeit? Woher weiß ich, was ich weiß? Kann ich wollen, was ich will? Warum soll ich moralisch sein? Was ist eine gute und gerechte Gesellschaft? Aber die Fragen erhalten im Laufe der hier behandelten vierhundert Jahre einen anderen Zuschnitt. Sie stellen sich neu im Hinblick auf die sich allmählich entwickelnde bürgerliche Gesellschaft. Die Begriffe der »Arbeit« und der »individuellen Rechte« werden die Vorstellungswelt und den Handlungsrahmen der Menschen entscheidend verändern. Und sie werden jene Gesellschaft formen, die wir – wenn sie möglicherweise auch bald durch die Digitalisierung zu Ende geht – heute für »normal« halten.

Einige Zeiten und Menschen bereiten auf diesem langen Ritt durch die Jahrhunderte spezielle Sorgen. Die erste Schwierigkeit betrifft Formalitäten. Das Buch ist in *Renaissance, Barock, Aufklärung* und *Deutscher Idealismus* unterteilt. Fragt man sich bei der Renaissance seit Langem, wo sie beginnt und wann sie endet, so ist »Barock« eigentlich gar keine philosophiegeschichtliche Epoche. Für manche ist sie nicht einmal eine historische Epoche, sondern allenfalls ein Kunststil. Aber gibt es überhaupt Epochen?

Je näher man ihnen kommt, umso unübersichtlicher und willkürlicher werden sie. Die Einteilung des Buchs möchte sich an solchen Diskussionen nicht beteiligen. Beabsichtigt ist nur eine gute Übersicht. Insofern muss man sich auch nicht darüber streiten, ob Immanuel Kant nun zum »Deutschen Idealismus« zu zählen ist oder ob er ihn als Aufklärer lediglich entzündet hat. Der Begriff stammt ohnehin erst aus der Mitte des 19. Jahrhunderts. In den letzten Abschnitt gehört Kant für mich vor allem deshalb, weil mit ihm eine sehr deutsche Denkströmung der Philosophie beginnt. Diese unterscheidet sich stark von der englischen und französischen und begründet eine eigene Tradition.

Was für Zeiten gilt, gilt erst recht für Menschen. Schwierig ist zum Beispiel bis heute der Umgang mit Martin Luther. Obwohl kein Philosoph, gehört er geistesgeschichtlich und politisch in jede Philosophiegeschichte. Doch der historische Luther liegt tief verschüttet unter einem Sediment aus Interpretationen, die das bekannte Positive zeitlos, das viele Negative zeitbedingt sehen möchten. Jahrhundertelange Fanliteratur hat Luther bis zur Unkenntlichkeit entstellt. Und Geschichten, die tausendmal ähnlich erzählt worden sind, lassen andere Wertungen leicht als Provokation erscheinen, auch wenn das gar nicht beabsichtigt ist – das Luther-Jahr 2017 hat dies eindrücklich bestätigt. Schon der »Mittelweg« zwischen Verehrung und historischer Kritik führt definitiv nicht durch die Mitte. Ein neutrales Urteil sollte sich mit dem Luther der Gläubigen gar nicht erst befassen, um den historischen angemessen zu bewerten.

Manchmal sind es nicht Menschen, sondern Topografien, die sich sperren. Das Buch enthält einige »Achttausender«, mühselig zu besteigende Berge der Philosophie, die zu den schwierigsten auf der Weltkarte gehören. Gleich zu Anfang des Parcours geht es mit Cusanus als erstem hohem Gipfel los, später folgen Baruch de Spinoza und Gottfried Wilhelm Leibniz. Die Darstellung der leibnizschen Philosophie ist grenzenlos undankbar. Es gibt kein leibnizsches System, sondern sehr viele verstreute Gedanken. Und die Edition der hundertbändigen Werkausgabe, die in den Zwanzigerjahren begann, hat bis heute nicht mal ihre Mitte erreicht. Dazu kommen Begriffe in einem gedanklichen Ordnungsrahmen, der Unverständnis auslösen muss. Sie in zeitgemäße Worte zu fassen gelingt nur mit viel sprachlicher Freiheit. So etwa verwende ich bei der Erklärung der Monadentheorie den Begriff »Bewusstsein« – ein Wort, das erst 1711 von Christian Wolff geprägt wurde, fünf Jahre vor Leibniz' Tod.

Nachdenken verursacht auch die Gewichtung von Thomas Hobbes. Seine philosophiehistorische Bedeutung ist fraglos. Mit ihm beginnen die rationale Staatstheorie und die folgenreiche Idee eines Gesellschaftsvertrags. Vergleicht man ihn jedoch mit seinem Zeitgenossen James Harrington – der in fast allen Philosophiegeschichten fehlt, selbst in den meisten englischen –, so erscheint er weit weniger wegweisend und modern als der arg vernachlässigte Vater der parlamentarischen Demokratie und der Gewaltenteilung.

Bei der bewusst sehr ausführlichen Darstellung John Lockes möchte ich den »Vater der Aufklärung« mit all seinen Widersprüchlichkeiten zeigen. Die Idee der Freiheit und Gleichheit aller Menschen drängt Ende des 17. Jahrhunderts nicht einfach deswegen hervor, weil sie eine gute Idee ist. Vieles, was schon seit der Antike darüber gedacht worden ist, wird erst dadurch politisch relevant, dass mächtige wirtschaftliche Interessen dahinterstehen. Und auch die Doppelmoral liberal-kapitalistischer Gesellschaften ist untrennbar mit Locke verbunden. Die Rechte, die dem englischen Besitzbürger zukommen, müssen für ihn nicht für Schwarze und Indianer gelten. Selbst wenn viele Menschen in Europa dies heute anders sehen als Locke – zu den Spezialtugenden unserer Gesellschaft gehört es noch immer, sich mehr um den eigenen Wohlstand zu sorgen als um den Hunger in der Welt.

Überlegungen ist auch die Frage wert, wie man die britische gegenüber der französischen Aufklärung gewichtet. Wie ausführlich stellt man was dar? Die französische zählt weit mehr Vögel mit schillerndem Gefieder, vorneweg Voltaire, La Mettrie, Diderot und Rousseau – wogegen Berkeley, Hume und Smith auf den flüchtigen Blick leicht amselgrau wirken. Dennoch dürfte die angelsächsische Aufklärung die bürgerliche Gesellschaft weit nachhaltiger geformt haben. In Frankreich treten spätestens mit der Revolution die allgemeine Vernunft und der allgemeine Wille an die Stelle Gottes; in Großbritannien tut dies der heilbringende Markt. Und während der Vernunftabsolutismus nur ein kurzes heftiges Feuer abbrennt, erfreut sich der Marktabsolutismus noch immer zahlreicher mächtiger Anhänger in aller Welt.

Ganz anders dagegen die Lage in Deutschland. Während Großbritannien die Hardware für die Herrschaftsarchitektur des Besitzbürgertums schafft, Frankreich die Software aus hedonistischem Individualismus, waltet Kant auf deutschem Boden als Kanzleibeamter des menschlichen Bewusstseins. Hunderte neuer Begriffe rastern von nun an das »Gemüt«, sortieren es, bewerten und gewichten es. Mit Kant besteigt der Leser den ersten der vier Achttausender im anstrengenden Schlussparcours. Fichte, Schelling und schließlich Hegel werden auf der beschwerlichen Strecke folgen. Ihre herausragende Bedeutung ist in der deutschen Philosophiegeschichte unbestritten, entsprechend erhalten sie ihren Raum. Erwähnt werden sollte aber auch, dass Fichte und Schelling einem englischen Philosophen wie dem Oxford-Professor Anthony Kenny in seiner schönen vierbändigen Philosophiegeschichte gemeinsam nur zweieinhalb Seiten wert sind![2]

Der Umschlag von Kants Philosophie in eine protestantische Romantik, eine Geistreligion ohne Gott, ist nichts für allzu nüchterne Gemüter. Und die Überspanntheit und Fruchtbarkeit des Deutschen Idealismus lassen sich höchst unterschiedlich philosophiehistorisch gewichten. In jedem Fall wird das, was um 1800 in Jena, der kargen Kleinstadt in Thüringen, gedacht wird, zum fruchtbaren Boden einer mit Idealismus überschwänglich gedüngten Philosophie. Und je vernünftiger sie sich schließlich bei Hegel aufspreizt, umso mehr mündet sie in der gegenteiligen Einsicht ihrer Hörer – nämlich dass die Welt im Innersten gerade nicht durch die Vernunft zusammengehalten wird …

Philosophie ist, wie man sieht, keine gerade aufsteigende Linie. Sie ist eine Bewegung von vielen Wellen; so wenig zielführend wie Alkohol, aber hoffentlich erhellend. Und der Weg führt beide Male durch abwechslungsreiches und inspirierendes Gelände. Mit dieser Aussicht auf die fantastische Landschaft des Geistes wünsche ich allen Lesern eine gute Reise!

Richard David Precht
Düsseldorf, im Juli 2017

Das Geleit der Könige

Vom irrealen Zauber der Malerei

Ein Zug von der Emilia-Romagna über die Höhen des Apennins in die Toskana. Majestätische Könige und Fürsten hoch zu Ross und in prächtigem Ornat, begleitet von eleganten Bediensteten, edlen Hunden und sogar einem Geparden. Dahinter eine Landschaft wie aus einem Märchenbuch: schroff gezackte Felsen, gefaltet wie aus feinstem Papier, Vögel, getragen von stillem Wind, und stilisierte Bäume mit Paradiesfrüchten und Blättern, adrett wie Straußengefieder. Am Horizont und in die Landschaft gestreut fantasievolle Burgen, aller Zeit enthoben wie das himmlische Jerusalem.

Das Bild ist ein Fresko, ein Wandgemälde in drei Teilen. Noch heute taucht es die Hofkapelle der Medici im Palazzo Medici Riccardi in Florenz in ein zauberhaft entrücktes Licht. *Il Viaggio dei*

Magi lautet sein italienischer Titel, den »Zug der Heiligen Drei Könige« nennt es eine der deutschen Übersetzungen, »Das Geleit der Könige« eine passendere. Denn was das Fresko zeigt, ist weit mehr als der Zug der Heiligen Drei Könige nach Bethlehem. Es hat viele Ebenen, die man ausleuchten kann, und gerade der Geleitzug der Könige hat es in sich. Ausleuchten im wörtlichen Sinne musste es bereits sein Schöpfer Benozzo Gozzoli, als er es vom Sommer 1459 bis ins Frühjahr 1460 in die damals fensterlose Kapelle malte. Gozzoli war um 1420 in Florenz geboren worden und hatte das Goldschmiedehandwerk erlernt. Als Gehilfe des berühmten Fra Angelico hatte er seinem Meister bei Arbeiten in Rom und Orvieto geholfen und seine ersten eigenen Fresken in der Kleinstadt Montefalco gemalt.

Als die mächtigen Medici einen Maler für ihre Hofkapelle suchten, fiel ihre Wahl auf den Nachwuchskünstler. Irgendetwas muss Cosimo den Älteren an Gozzoli fasziniert haben. Vielleicht war es dessen Liebe zum Detail und der genaue Blick des Goldschmieds, mit dem der junge Mann Funkelndes und Glitzerndes zu malen vermochte. Denn was den Stadtherren von Florenz vorschwebte, war kein kirchliches Andachtsbild. Vielmehr dachten sie an die festlichen Umzüge, die die »Bruderschaft der Heiligen Drei Könige« jedes Jahr zum Dreikönigstag auf der Via Larga (der heutigen Via Cavour) mit Glanz und Gloria veranstaltete; ein Ereignis, bei dem sich die Medici gerne selbst ins Gefolge mischten und dabei alles zeigten, was reiche Bankiers aufzubieten hatten, um Königen gleich dahergetrabt zu kommen.

Gozzoli sollte beim Schein seiner Laternen in der Hofkapelle also nicht die Heiligen Drei Könige malen, sondern die Familie Medici. Doch der Auftrag war ungleich komplizierter. Das Thema der Heiligen Drei Könige hatte längst eine allegorische Bedeutung in der Kunst gewonnen. Danach standen die drei Könige symbolisch für die drei Lebensalter des Menschen, Jugend, Lebensmitte und Alter, und entsprechend hatte man sie zu malen. Und noch eine weitere – äußerst wichtige – Bedeutungsebene sollte sich in dem Fresko wiederfinden. Im Winter 1439, zwanzig Jahre bevor Gozzoli seinen Auftrag erhielt, waren tatsächlich »Weise aus dem Morgenland« über den Apennin in die Toskana gezogen. Diese hohen Herren waren Johannes VIII. Palaiologos, der Kaiser von Konstantinopel, und Patriarch Joseph II., das Oberhaupt der Ostkirche. Sie trafen sich dabei mit Papst Eugen IV., dem Oberhaupt der katholischen Kirche. Ein Ereignis von Weltrang: Es ist das letzte Treffen eines Patriarchen der orthodoxen Kirche mit einem Papst bis zum Jahr 1964!

Das gemeinsame Ziel war allerdings nicht Bethlehem und das Jesuskind, sondern Florenz und das Unionskonzil. Im Gefolge der drei »Könige« befand sich das Who is Who der gelehrten Welt der damaligen Zeit. Und die Mission konnte monumentaler nicht sein: die Einheit der Christenheit! Oder genauer: die endgültige und absolute Versöhnung der katholischen Kirche des Westens mit der orthodoxen Kirche des Ostens.

Dieses prestigeträchtige Ereignis sollte nirgendwo anders stattfinden als in Florenz, der aufstrebenden Stadt der westlichen Welt. Ein Mega-Event, vergleichbar weniger mit einem heutigen G8-Gipfel als vielmehr mit einer Olympiade und Fußballweltmeisterschaft zur gleichen Zeit am gleichen Ort. Dafür hatte Cosimo de' Medici, der mächtige Oligarch der Kaufmannsstadt, weder Kosten noch Mühen gescheut. Sein Argument war äußerst überzeugend: Er kam für alle Kosten der ungezählten Konzilsmitglieder auf. Der Bankier finanzierte das gesamte halbjährige Ereignis und lockte Kaiser, Papst, Patriarch und die vielen italienischen Fürsten und Stadtpatrone mit ihrem Gefolge vom kleineren Ferrara in die Stadt am Arno. Und genau diesen Gipfel, insbesondere den Weg dorthin von Ferrara nach Florenz, sollte Gozzoli in seinem Fresko abbilden. Dabei musste er dem Motiv der drei Könige einschließlich der allegorischen Deutung der Lebensstufen Rechnung tragen. Und er sollte zugleich die Medici in der Manier der Dreikönigsumzüge von Florenz prunkvoll ins Bild setzen.

Das Thema steht also in einem weiten Horizont und stellte Gozzoli vor gewaltige Herausforderungen. Dass sich fürstliche und weniger fürstliche Auftraggeber in Italien zu Anfang des 15. Jahrhunderts in historische Kulissen hineinmalen lassen, die ihrer tatsächlichen Bedeutung nicht entsprechen, ist nichts Ungewöhnliches. Wer die Macht und die Mittel dazu besitzt, vermischt Geschichte, Allegorie und Propaganda zu seinen Zwecken und lässt dafür die größten Maler seiner Zeit antanzen. Aus reichen Söldnern und Bankiers an der Spitze der toskanischen Stadtstaaten wurden so fast über Nacht bedeutende »Fürstenhäuser« – nicht anders als heute das Herrschergeschlecht der Grimaldis in Monaco. Sie sind kein alter Adel und in Wirklichkeit noch nicht mal »Grimaldis« – doch illustrierte Propaganda und Schlagzeilen lassen sie zu jenen Fürsten zählen, die einem als Erstes einfallen, wenn von europäischem Adel die Rede ist.

Nichts anderes beabsichtigt Cosimo der Ältere. Um dessen Ansprüchen gerecht zu werden, malt Gozzoli drei Fresken, denen genau das fehlt, was seit Kurzem so etwas wie der ungeschriebene Verfassungsauftrag eines jeden hochwertigen Gemäldes ist – die Zentralperspektive! Gozzoli war noch nicht geboren, als der geniale Baumeister Filippo Brunelleschi 1410 seine bahnbrechenden perspektivischen Berechnungen machte. Maler wie Masaccio griffen sie auf und übertrugen sie in die Malerei. Und als Gozzoli Kind war, verfertigte der Universalgelehrte Leon Battista Alberti darüber kunsttheoretische Schriften. Doch Gozzoli, der die Kunst der Perspektive durchaus beherrscht, verzichtet darauf, als er den Königszug malt. Von den Gründen, die später dazu beitragen, ihn nicht zu den ganz Großen der Renaissancekunst zu zählen, ist dies der wichtigste. Zu statisch hat sich die Kunstgeschichte darauf verpflichtet, nur das als bedeutend anzusehen, was auf den ersten Blick innovativ und überraschend erscheint – ein verkürzter Blick, dem neben Gozzoli so viele andere geniale Künstler aller Epochen zum Opfer gefallen sind.

Doch Gozzoli will gar keinen real erscheinenden Raum. Er will ja auch keine real erscheinende Zeit. So wie die Landschaft der Toskana mit ihren idealisierten Federbäumchen nicht der tatsächlichen Vegetation entspricht und die Burgen eher ins Märchenland gehören als nach Mittelitalien, so soll das ganze Bild zwischen Realität und Traum, Geschichte, Gegenwart und Allegorie hin und her flimmern. Nur so nämlich kann der Maler alle Bedeutungsebenen auf einmal im Bild sichtbar machen. Statt an der neuen Zentralperspektive orientiert sich Gozzoli an der Gotik, insbesondere ihren allegorisierenden Stundenbüchern.

Für eine Kulturgeschichte, die die Renaissance auf eine »naturwissenschaftlich« inspirierte Aufbruchsstimmung verengt, steht Gozzolis Fresko jenseits der Idealspur. Doch sind neben dem Neuen das Rückwärtsgewandte, das Mystische, mitunter auch das Mittelalterliche ein wichtiger Bestandteil des Renaissancedenkens. Nicht anders dürften dies Gozzolis Auftraggeber, die Medici, gesehen haben. Als Bankiers für Fürsten und Päpste sind sie die führenden Repräsentanten jener Kaste, die schon seit dem 13. Jahrhundert das Mittelalter dynamisiert. Die christlich wohlgeordnete Welt entzaubern sie durch die seelenlose Rationalität von Geld, Kalkül und Effizienzdenken. Zugleich aber geben die Herren der kalten Münze prachtvolle Umzüge wie am Johannistag des Jahres 1445 in Auftrag, bei dem Laienspieler, Prominente und zweihundert Pferde die Weihnachtsgeschichte opulent nachspielen. Nicht weniger Pomp verwenden sie auf das große Fest für Papst Pius II., den künftigen Herzog von Mailand, Galeazzo Sforza, und den starken Mann von Rimini, Sigismondo Malatesta.

Die Feierlichkeiten finden im Frühjahr 1459 statt. Unmittelbar danach beginnt Gozzoli mit seinem Fresko. Die drei Potentaten – sie haben mit dem Zug von Ferrara nach Florenz gar nichts zu tun – sollen auch zu den etwa dreißig Portraits dazukommen. Für Malatesta und Sforza hält man die beiden Reiter am linken Rand des Hauptbildes. Der Papst steckt vermutlich mitten im Geleitzug, für seine Zeitgenossen gut zu identifizieren anhand der goldbestickten roten Kapuze. Die beiden Reiter auf dem Maultier und dem weißen Pferd zu Anfang des Geleitzugs sind Gozzolis Auftraggeber Cosimo der Ältere und sein Sohn Piero der Gichtige. Wie Gozzolis Briefe verraten, hat Letzterer die Ausgestaltung des Freskos akribisch überwacht. Unterstützt wird Piero dabei von dem befreundeten Bankier Roberto Martelli. Er hat dem Konzil von Florenz 1439 beigewohnt und steuert seine Erinnerungen bei. Auch zwei der drei Könige sind heute ohne Schwierigkeiten als echte Konzilsteilnehmer identifizierbar. Es sind der Patriarch Joseph II. als alter König und Johannes VIII. Palaiologos, der Kaiser von Konstantinopel als König in den besten Mannesjahren. Doch wer blickt als junger König vom Schimmel direkt zum Betrachter (und vom Cover dieses Buchs)? Ist es tatsächlich Lorenzo il Magnifico, der damals zehnjährige Spross der Medici-Familie? Darüber lässt sich bis heute prächtig streiten.

In jedem Fall reiten die Vertreter der katholischen Kirche und ihre Fürsten völlig einträchtig mit den Byzantinern durch die Berge. Von Spannungen und Anspannungen keine Spur. Man erkennt die Vertreter der orthodoxen Kirche schnell an ihren wilden Bärten und ihrer orientalischen Kleidung. Tatsächlich malt Gozzoli einen paradiesischen Frieden in glänzendem Kolorit in das Bild, den es auf dem Konzilszug so nicht gab. Die Vertreter des weltlichen und des geistlichen Byzanz standen 1439 mit dem Rücken zur Wand. Die Türken hatten das Byzantinische Reich erobert und drohten die Hauptstadt Konstantinopel einzunehmen. Wenn die orthodoxe Kirche in dieser Lage gute Miene zu einem bösen Konzil machte, das einer Kapitulation gleichkam und nahezu all ihre geistlichen Traditionen auslöschte, dann nur, weil sie musste. Der Zug der Heiligen Drei Könige in der Hofkapelle der Medici aber zeigt nichts davon. Gozzolis Bilder lassen einen Weihnachtsfrieden aufscheinen, eine märchenhafte Eintracht aller Menschen beider Kulturen. Toskanische Landschaft verschwimmt mit den kargen Felsen des Heiligen Landes. Und gleichsam himmlisch inspirierter »Humanismus« füllt das Bild mit buntem Menschengewusel.

Wenn Zeiten, Glaube und Historie verschmelzen, kommt es auf schnöde Realität nicht mehr an. In welchem Putz windet sich der Konzilszug um die hübschen hellen Felsen? Niemals hätten sich die echten Teilnehmer im winterlichen Apennin in solch einen sommerlichen Festzugszinnober gewandet. Wo bleiben die dunklen schweren Mäntel? Freie Fantasie ist auch, dass Gozzoli sich selbst in den Geleitzug hineingemalt hat. Mit seinem Namen auf der roten Mütze reitet er inmitten von Männern, in denen viele die bedeutendsten Philosophen der Zeit erkennen wollen. Das von einem mächtigen Bart umwölkte Gesicht unter der blau-goldenen Mütze könnte Georgios Gemistos zeigen, der sich Plethon (»der Reichhaltige«) nannte. Als Berater des byzantinischen Kaisers war er auf dem Konzilszug dabei. Plethon trat allerdings als Gegner einer Vereinigung von Ost- und Westkirche auf, womit er seinem Kaiser keinen Gefallen tat. Johannes VIII. wusste, dass er in Florenz zu Kreuze kriechen und dabei die orthodoxe Trinitätslehre opfern musste. Die Einheit der Kirche war für ihn der hohe Preis, um die schnelle militärische Unterstützung der Katholiken für das von den Türken bedrängte Konstantinopel zu gewinnen.

Am 6. Juli 1439 hatten sich die Köpfe des Konzils in der gewaltigsten Kirche der Christenheit, unter der fünf Jahre zuvor fertiggestellten Kuppel der Kathedrale Santa Maria del Fiore, besser bekannt als Dom von Florenz, versammelt. Hier unterzeichneten sie die Bulle *Laetentur coeli* – »Es freue sich der Himmel«. Mit dabei war auch ein Deutscher von der Mosel: *Nikolaus von Kues* (1401–1464), bekannt als *Cusanus.* Als Gesandter des Papstes hatte er die Delegation der Byzantiner auf der Schiffsreise von Konstantinopel nach Venedig und dann auf dem Zug nach Ferrara und Florenz begleitet. Wir wissen nicht, ob Gozzoli auch Cusanus auf einem seiner Fresken in der Kapelle verewigt hat. Es wäre erstaunlich, wenn nicht. Das Bild, das er malte, der einträchtige Zug der Weisen in einer von Gottes gutem Willen durchwirkten harmonischen Welt, der Zusammenfall aller Gegensätze in einer höheren Einheit, illustriert auf fast wundersame Weise die cusanische Philosophie.

In ähnlichen Gedanken schwelgt der Florentiner Humanist *Giannozzo Manetti* (1396–1459). 1452, wenige Jahre bevor Gozzoli im Palazzo Medici zum Pinsel greift, rühmt er die Würde und Erhabenheit des Menschen: »Alle Häuser, alle großen und kleinen Städte, überhaupt alle Gebäude des Erdkreises, die ja in so großer Zahl und Qualität vorhanden sind, daß man wegen ihrer ungeheuren Pracht mit Recht zu dem Urteil gelangen müßte, sie seien eher das Werk von Engeln als das von Menschen«[3] sind Menschenwerk. »Unser sind die Länder, unser ... die Berge, unser die Hügel, unser die Täler, unser ... die Orangenbäume, unser die Mispelbäume ... unser die Sommereichen, unser die Steineichen ... unser die Zypressen, unser die Pinien.« Und unser sind »die Pferde, unser sind die Maultiere, unser die Esel« und »die Vögel, von denen es so viele verschiedene Arten geben muß, daß die göttliche Vorsehung ... eine Anhängerin Epikurs gewesen zu sein scheint, weil sie so verschiedene und so unterhaltsame Arten ... für den Menschen bereitstellen ... wollte«.[4] Gottes Erde ist das selbst geschaffene Paradies des Menschen. Sie träumen nicht mehr, zu Engeln zu werden, sie sind selbst Engel, die vom Himmel herabgestiegen sind und die tägliche Gestalt der Menschen angenommen haben.

Im wirklichen Leben aber erwiesen sich die Menschen nicht als Engel. Und die »wunderbaren Dinge«, die sie hervorbringen, halten sich in irdischen Grenzen. Die Welt mochte von Gott weit gedacht sein, aber die Menschen richteten sie weiterhin eng ein. Als die Byzantiner 1439 zurückkehren, lösen ihre Zugeständnisse an die Papstkirche in Konstantinopel Entsetzen aus. Kaum jemand hat vor, sich von nun an Rom unterzuordnen. Unvergessen sind auch die vielen Grausamkeiten, die die westlichen Kreuzritter auf dem Vierten Kreuzzug in der Stadt begangen hatten. Der Klerus zwingt den Kaiser, die Beschlüsse des Konzils zu widerrufen und die orthodoxe Kirche wieder ins Recht zu setzen. Der dritte und letzte Versuch, die christliche Kirche zu einen, ist gescheitert. In der Folge bleibt auch die versprochene Hilfe des Papstes und der italienischen Fürsten gegen die Türken aus. Damit hat sich die Frage nach der Kirchenunion für alle Zeit erledigt. Am 29. Mai 1453 sinkt das über tausendjährige Byzantinische Reich für immer dahin. Der osmanische Sultan Mehmed II. erobert mit einem 80000 Mann starken Heer das große Konstantinopel …

PHILOSOPHIE
DER RENAISSANCE

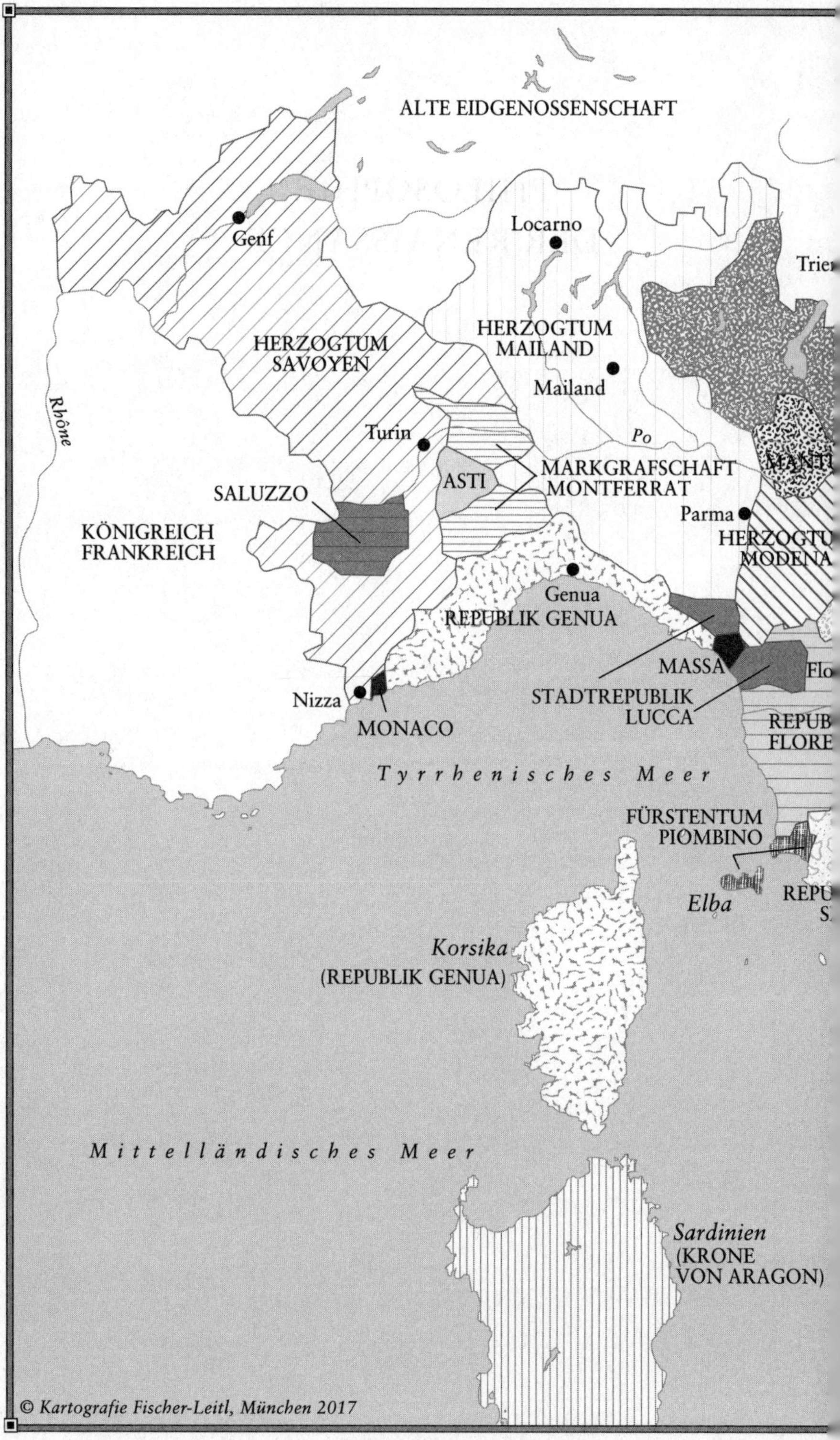
ALTE EIDGENOSSENSCHAFT
Genf
Locarno
HERZOGTUM SAVOYEN
HERZOGTUM MAILAND
Mailand
Rhône
Turin
Po
ASTI
MARKGRAFSCHAFT MONTFERRAT
SALUZZO
KÖNIGREICH FRANKREICH
Parma
Genua
REPUBLIK GENUA
MASSA
STADTREPUBLIK LUCCA
Nizza
MONACO
Tyrrhenisches Meer
FÜRSTENTUM PIOMBINO
Elba
Korsika
(REPUBLIK GENUA)
Mittelländisches Meer
Sardinien
(KRONE VON ARAGON)

ITALIEN ZU ZEITEN DER RENAISSANCE UM 1500
0
N
50 km
Triest
Piave
Venedig
REPUBLIK VENEDIG
HERZOGTUM FERRARA
ogna
Ravenna
REPUBLIK SAN MARINO
Urbino
DALMATIEN
Spalato (Split)
Adriatisches Meer
KIRCHENSTAAT
REPUBLIK RAGUSA
Tiber
Rom
KÖNIGREICH NEAPEL
Benevent
Neapel

PHILOSOPHEN ZEITLEISTE RENAISSANCE

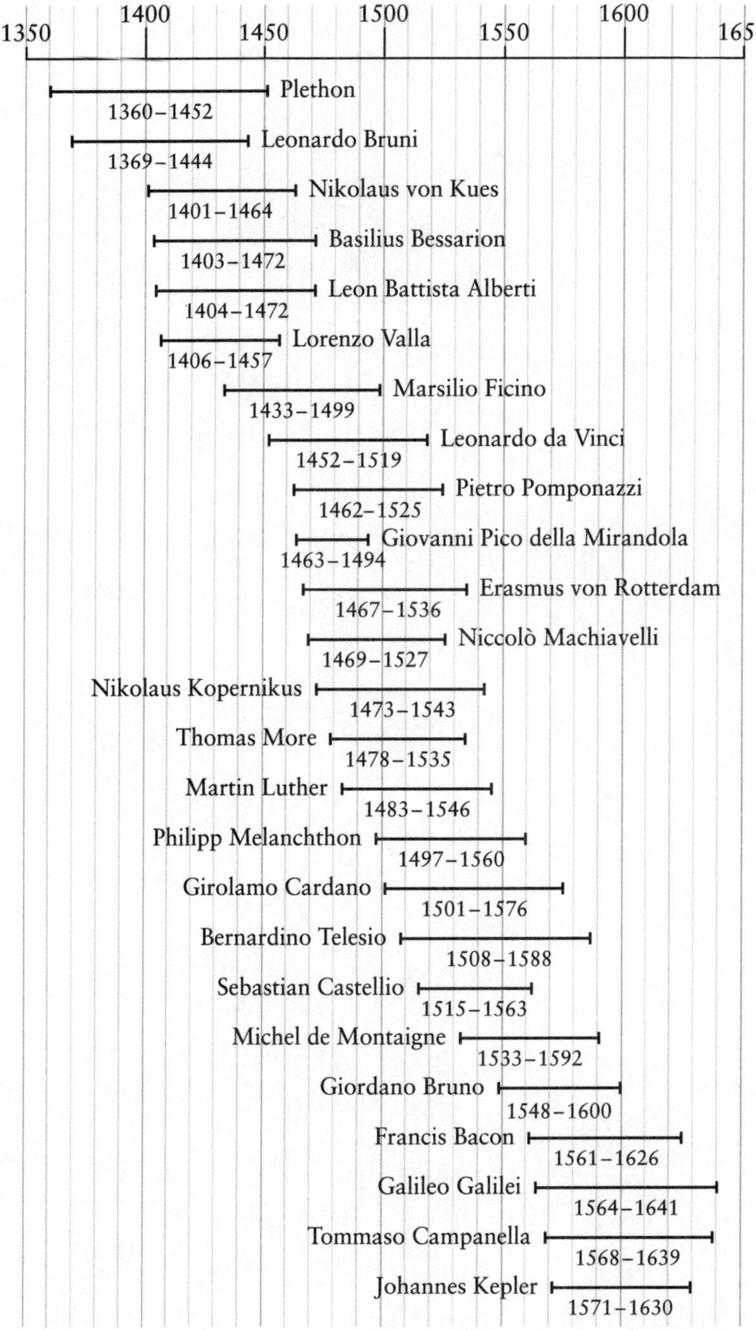

Die Welt in uns selbst

Eine zersplitterte Welt –
Auf der Suche nach dem Universalprinzip –
Die Wahrheit im Inneren – Umsturz der Werte

Eine zersplitterte Welt

Die Überfahrt ist abenteuerlich und stürmisch. Fast zwei Monate braucht die byzantinische Delegation von Konstantinopel bis zur oberitalienischen Ostküste. Aber irgendwann im Spätherbst und Winter 1437 kommt dem Chefunterhändler des Papstes die Erleuchtung. Nikolaus von Kues, genannt Cusanus, wird schlagartig klar, was nicht nur die christliche Kirche spaltet. Was ihm auf dem Meer zwischen Konstantinopel und Venedig aufgeht, lässt fast alle menschlichen und philosophischen Auseinandersetzungen in einem anderen Licht erscheinen.

Von diesen Konflikten gibt es nicht wenige. Cusanus lebt in einer Zeit, so tosend wie das winterliche Mittelmeer. Als Diplomat in päpstlicher Mission weiß er, wie schlecht es um die Macht seines Herrn bestellt ist. Das anstehende Unionskonzil verdeckt kaum, dass die Papstkirche nicht mehr ist, was sie im Mittelalter einmal war. Die Fürsten haben die Stellung des Papstes in der christlichen Welt des Abendlands fast überall geschwächt. Und auch die Kirche selbst durchlebt heftige Turbulenzen. Das Unionskonzil ist kaum mehr als ein Schachzug des Papstes, um die Macht eines anderen Konzils zu brechen, das gleichzeitig in Basel tagt. Die Kirchenvertreter dort betrachten sich selbst als legitime Gegenmacht zur Willkür der Papstherrschaft und wollen den Regenten auf dem Stuhl Petri entmachten. Auch Cusanus ist in Basel gewesen. Er hat dort einen Mittelweg zur Verteilung der Macht zwischen Papst und Konzil vorgeschlagen zugunsten einer neuen Eintracht *(De concordantia catholica)*. Doch der Vorschlag war gescheitert.

Von einer Eintracht ist die Kirche weit entfernt; die abendländische Welt ist zersplittert. Sie ist genau das Gegenteil jenes Engelsfriedens, den Gozzoli zwanzig Jahre später in die Hofkapelle der Medici malen wird. Und was für die politische Lage gilt, gilt für das Denken der ganzen Epoche. Überall erscheint den Menschen die Welt als eine Ansammlung von Widersprüchen. Eine übergreifende Ordnung ist weit und breit nicht in Sicht. Der klare Verstand kann die Widersprüche nur feststellen, aber nicht auflösen.

Auch der christliche Glaube, einschließlich seiner Theologie, besteht aus solchen Unvereinbarkeiten. Schon die Philosophen des Mittelalters hatten sich daran aufgerieben und am Ende manchmal auch ihren Glauben verloren. Ist die Welt ewig? Oder Schöpfung? Wenn sie ewig ist, dann gibt es den göttlichen Schöpfungsakt nicht, denn Handlungen vollziehen sich stets in einer bestimmten Zeitspanne. Ist die Welt dagegen Schöpfung, so fragt sich, was Gott wohl zuvor gemacht hat und was er sich dabei gedacht hat, eine Welt zu erschaffen, in der fehlbare Menschen sich belügen und hintergehen und in Kriegen niedermetzeln. Wer ist schuld daran, Gott oder der Mensch? Ist es der Mensch, wie die Kirche meint, dann muss er einen freien Willen haben. Doch wie soll das gehen, wenn ein unendlich weiser Gott alles vorherbestimmt hat und allwissend die Zukunft kennt? Wie soll der von ihm geschaffene Mensch frei sein, völlig eigene Entscheidungen zu treffen? Warum nimmt Gott manche Menschen in seine Gnade auf und andere nicht? Wäre es für ihn nicht leicht, alle Seelen von vornherein gut und damit selig zu machen?

Fragen wie diese lassen keine guten Antworten zu. Ihre Beantwortung entzieht sich der menschlichen Rationalität. Mit den Waffen der Logik, der Mathematik und des rationalen Beweises kommt der Verstand trotz größter Anstrengung hier nicht weiter. Auch Thomas von Aquin, der die Rationalität des Aristoteles mit der Spiritualität des Christentums zwangsverheiratete, hatte diese Probleme nicht wirklich lösen können. Und seine begriffsakrobatischen Lehrgebäude hatten inzwischen auch viel Rost angesetzt. Die »Scholastik«, die schulmäßigen Disputationen des Hoch- und Spätmittelalters galten Cusanus und vielen seiner Zeitgenossen als abständig und überholt. Doch was sollte man an deren Stelle setzen, wenn die Welt offensichtlich kein Wunderwerk aus einem Guss war? Wenn Dekadenz, Machtmissbrauch, Kriege und Zweifel die Papstkirche, der Thomas von Aquin im 13. Jahrhundert noch treu gedient hatte, tief erschüttert und zerrüttet hatten?

In dieser Lage überkommt Cusanus nach eigener Aussage auf dem Schiff nach Venedig eine blitzartige Erkenntnis. Warum meinen wir Menschen eigentlich, dass ausgerechnet der *Verstand* diese großen und augenscheinlich unlösbaren Fragen beantworten soll? In der Tradition des Aristoteles glaubten die Philosophen, dass ihre Aussagen über die Welt *widerspruchsfrei* zu sein hätten. Genau diese Forderung hatte im Mittelalter die Philosophie von der Theologie getrennt. Während Theologen achselzuckend zugeben konnten, dass Gott barmherzig *und* gerecht sei, verdammend *und* erlösend, dass er zeitlos sei und doch in der Zeit wirkte und so weiter, hatten die philosophisch denkenden Gelehrten versucht, diese Gegensätze aufzulösen. Aristoteles ließ keine *oppositio* zu, sondern nur ein Entweder-oder. Was sich auf diese Weise nicht entscheiden ließ, widersprach der Logik und war damit unwahr. Aristoteles' Realität war eindeutig und nicht mehrdeutig, sie war widerspruchsfrei und nicht unlogisch.

Doch genau hierin erkennt Cusanus einen großen Fehler. Meint Gott die Welt denn tatsächlich logisch und eindeutig? Wie Platon und Aristoteles unterscheidet der junge Diplomat in päpstlicher Mission zwischen Verstand *(ratio)* und Vernunft *(intellectus)*. Der Verstand ist das gleichsam technische Hilfsmittel, das es uns ermöglicht, logische Schlüsse zu ziehen. Die Vernunft dagegen ist das umfassendere Einsichtsvermögen, das jene Voraussetzungen erkennt, die allem logischen Schließen zugrunde liegen. Als geistige Besonnenheit ist sie weit mehr als Logik; sie ist Weltklugheit. Diese Vernunft, meint Cusanus, sagt uns, dass die Ratio nicht alles ist. Sie sagt uns, dass der Verstand, wenn er sich bemüht, die Natur zu durchdringen, keine Einheit vorfindet, sondern ein endloses Hin und Her in einer Welt aus Gegensätzen. Aristoteles hatte versucht, diese Gegensätze zu harmonisieren. Selbst wenn er von »Unendlichkeit« redete, betrachtete er sie so, als wäre sie endlich und darum als Unendlichkeit erkennbar. Er hatte Ruhe und Bewegung sorgfältig voneinander getrennt, obwohl sie sich physikalisch bedingen und durchdringen. Er hatte ein statisches System von etwas Dynamischem entwickelt und es dadurch in seinem Wesen verfehlt. Kurz gesagt: Aristoteles hatte die Dinge so voneinander geschieden, dass ihr Zusammenspiel aus Gegensätzen unter den Tisch fiel.

Cusanus, der nicht nur Kirchenfunktionär ist, sondern auch ein begeisterter Naturforscher und Mathematiker, sieht nirgendwo eine geschlossene Einheit. So wie die christliche Kirche aus Gegensätzen besteht – nicht nur als Spaltung von römisch-katholischer und orthodoxer Kirche –, so bilden überall in der Welt erst die Gegensätze ein Ganzes. *Coincidentia oppositorum* – das *Zusammenfallen der Gegensätze* – lautet seit der Schiffsfahrt von Konstantinopel nach Venedig der Schlüsselbegriff in Cusanus' Denken. Wenn alle bisherigen Versuche, die Welt philosophisch zu erklären, gescheitert waren, dann einzig und allein aus diesem Grund: Die Philosophen hatten die Welt nur rational betrachtet und möglichst widerspruchsfrei sortiert. Es komme aber darauf an, die Einheit der Welt als ein Zusammenspiel von Gegensätzen zu verstehen, die sich nicht logisch beseitigen lassen. Damit, so meint Cusanus stolz, stehe die Philosophie vor einem umfassenden Neuanfang.

Im Vergleich zur philosophischen Tradition ist Cusanus' Denken so etwas wie eine philosophische Quantenmechanik. Ein tief in der Mystik verwurzelter Kirchenmann wird so zum Vordenker der italienischen Renaissancephilosophie. Seine Gedanken sprengen alle bisherige Systematik und formulieren ein neues Universalgesetz der Welt. Doch der Sondergesandte des Papstes, der in Kues an der Mosel geboren wurde und anschließend in Heidelberg an der »Artistenfakultät« ein Studium generale absolviert und in Padua Kirchenrecht studiert hat, ist nicht aus heiterem Himmel auf seinen Einfall gekommen. In Köln, wo er vermutlich kurze Zeit unterrichtet, lernt er den niederländischen Theologen *Heymericus de Campo* (ca. 1395–1460) kennen. Dieser macht ihn mit dem Neuplatonismus und den Schriften eines Mannes vertraut, der sich im 6. Jahrhundert Dionysius Areopagita nannte und sich in seinen Schriften als Schüler des Apostels Paulus aus der Apostelgeschichte ausgab.

Dieser Dionysius hatte die Philosophie des Neuplatonikers Plotin christlich gedeutet und damit maßgeblich das Christentum beeinflusst. Seine wichtigste Leistung ist die Formulierung einer »Negativen Theologie«. Danach steht Gott so weit über allem, dass wir Menschen über ihn nichts Verbindliches aussagen können. Selbst Eigenschaften wie »gut«, »gütig« oder »vollkommen« greifen angesichts der unfassbaren Größe Gottes zu kurz. Viele Denker des Mittelalters hatten zu Dionysios' Negativer Theologie Zuflucht gesucht, wenn sie an den märchenhaften Geschichten der Bibel oder den allzu menschlichen und allzu willkürlichen Geboten und Dogmen der Papstkirche zweifelten.

Im Zentrum des neuplatonischen Denkens steht eine Annahme: Alles in der Welt ist auf ein ominöses spirituelles »Eines« zurückzuführen! Dieses »Eine« ist die unvorstellbare Quelle, aus der in mehreren Stufen alles entspringt, was in der Welt ist. Dionysius hatte diesen Gedanken Plotins christlich eingefärbt und das »Eine« der Griechen mit dem Gott der Christen gleichgesetzt. Cusanus ist begeistert! Die Vorstellung vom spirituellen »Einen« wird ihn ein Leben lang begleiten. Was ihm allerdings fehlt, ist eine Erklärung dafür, warum sich das »Eine« mithilfe des Verstandes in der Natur nicht entdecken lässt. Wie bringt man die Welt der vielen Dinge und das spirituelle »Eine« sinnvoll in eine einzige Gedankenfigur?

Cusanus hat schon länger darüber nachgedacht, als er auf seiner langen winterlichen Schiffsreise das Prinzip des Zusammenfallens der Gegensätze formuliert. Heymericus war ein klassischer Logiker gewesen, der das gesamte menschliche Wissen aus dem Prinzip vom ausgeschlossenen Widerspruch ableitete. Doch Cusanus zweifelt an der überkommenen Logik. Sie ist zu starr und zu eng, um das »Eine« zu begreifen. Als Anhänger des christlich gewendeten Neuplatonismus und der Negativen Theologie sieht er in Gott alles und zugleich sein Gegenteil. Maximum und Minimum sind eins und deshalb mithilfe des Verstandes und seiner Begriffe unbeschreibbar und unerkennbar. Man muss die Welt nicht mit dem Verstand durch und durch logisch ergründen wollen, wie Aristoteles es versucht hatte und mit ihm so viele Philosophen des Mittelalters. Weltklüger ist es, sich die Ohnmacht des Verstands bei höchsten und letzten Fragen ganz einfach einzugestehen!

Cusanus nennt dieses Eingeständnis *wissende Unwissenheit (docta ignorantia)*: Der Vernünftige weiß um die Beschränktheit des Verstands. Für einen Diplomaten des Papstes ist diese Philosophie ziemlich mutig, denn sie verachtet fast das gesamte Wissen der kirchlichen Philosophie. Nur sehr wenige Männer haben diesen Pfad bereits vor Cusanus beschritten. Und der kühnste unter ihnen war ein Gelehrter, dessen Schriften Cusanus sehr gut kennt, hat er sie doch 1428 in Paris ausgiebig studiert und eigenhändig abgeschrieben. Die Rede ist von *Ramon Llull* (1232–1316), dem großen Philosophen Kataloniens.

Auf der Suche nach dem Universalprinzip

Im Hafen von Palma de Mallorca, am Paseo Sagrera, steht das Denkmal eines Philosophen, des bedeutendsten Sohnes der Insel. Mit einem langen Bart, gewandet wie Miraculix der Druide und mit entschlossenem Blick hält er ein aufgeschlagenes Buch in der Hand. Bestimmt und energisch scheint er dem Meer und den Elementen zu predigen.

Ramon Llull war ein Philosoph des Mittelalters; allerdings nur, weil er im 13. Jahrhundert lebte. Was seine Gedanken anbelangt, so war er ein Künder jenes Neuen, das man später als typisches Gedankengut der Renaissance beschreiben wird. Dieses Neue lässt sich in fünf kurzen Sätzen zusammenfassen. Llull setzte, wie später Cusanus, die *Vernunft über den Verstand.* Er suchte – philosophisch und naturwissenschaftlich beschlagen – das *Universalprinzip,* das die Welt im Innersten zusammenhält. Dieses Prinzip konnte für ihn in einer Welt des permanenten Werdens und Vergehens kein »Sein« sein, sondern nur ein »*Wirken*«. Llull fahndete nach dem spirituellen Kern dieses Wirkens und damit nach dem Gemeinsamen aller Religionen; folgerichtig predigte er *religiöse Toleranz.* Und er setzte den einzelnen Menschen, das *Individuum* in seiner Besonderheit, ins Zentrum seiner Philosophie. All dies gilt heute als das Denken einer gegenüber dem Mittelalter neuen Epoche.

Llull kam aus der feudalen Oberschicht Mallorcas. In seiner Jugend war er nach eigener Auskunft ein Draufgänger, ein Frauenheld und ein Lebemann. Im Alter von etwa dreißig Jahren wurde er Missionar. Seine hohe Begabung für Sprachen ließ ihn neben

Latein schnell Arabisch lernen. Das Katalanische, seine Muttersprache, wurde durch ihn überhaupt erst zu einer Schriftsprache mit klarer Grammatik und reichhaltigem Ausdruck. Llull studierte die jüdische Theologie ebenso wie die islamische. Und er beschäftigte sich intensiv mit Logik. Sollte das Christentum dem Judentum und dem Islam überlegen sein, dann nur, weil es logischer war als die anderen Religionen. Doch um das Christentum logisch zu finden, musste man es von aller orientalischen Poesie entkleiden und seinen spirituellen Kern freilegen.

Als Katalane wächst Llull in die aufblühende Handelskultur des westlichen Mittelmeerraums hinein. Araber, Juden und Christen stehen hier in intensivem Kontakt und tauschen und verkaufen ihre Waren. Im Königreich Mallorca blüht der Handel mit Tuchwaren, Schiffen und Waffen. Als Missionar einer Handelsmacht reist Llull in ungezählten Fahrten auf dem Mittelmeer hin und her. Dabei findet er die Zeit, mehr als 280 Schriften in drei verschiedenen Sprachen zu verfassen. Llulls Ziel ist ehrgeizig: Ihm schwebt eine Allgemeinwissenschaft vor, eine *Ars generalis,* die alles Wissen in ein neues System bringt. Ambitionierter kann man im 13. Jahrhundert kaum sein. Gibt es ein *Universalprinzip,* das es erlaubt, die immer weiter auseinanderfallenden Welten der Naturforschung, der Philosophie und der Theologie in einem einzigen großen System zu vereinigen?

In dieser schwierigen Frage kommt Llull ein neuer Einfall. Bislang haben sich Araber, Juden und Christen endlos über zwei Fragen gestritten: Ist Gott dreifaltig oder nicht? Und ist Jesus tatsächlich Gottes Sohn und selbst göttlich? All diese Scharmützel drehen sich auch um die Frage, ob etwas so *ist* oder nicht. Für Llull aber ist die Frage falsch gestellt, solange man stets nur vom *Sein* einer Sache spricht. Denn in der Welt, so wie Llull sie beobachtet, gibt es gar kein unveränderliches Sein, sondern nur ein Werden. Alles in der Natur ist in Bewegung, und es ist dynamisch. Wo sich etwas verändert, da muss es eine Kraft geben, die diese Veränderung auslöst und bestimmt. Etwas, das in allem wirkt, in der Natur ebenso wie in jedem einzelnen Menschen. Diese *Wirkkraft* ist für Llull Gott. Größe, Schönheit, das Gute und so weiter existieren also nicht als etwas Seiendes in der Welt. Sondern Größe, Schönheit und Gutes entstehen, indem eine göttlich inspirierte Energie im Menschen große, schöne oder gute Taten und Dinge hervorbringt. Zu einem solchen Vorgang gehören der, der etwas tut, das Tun selbst und das Ergebnis des Tuns, das Getane.

In einem erstaunlichen geistigen Schachzug bringt Llull diese Dreiteilung allen Geschehens mit der christlichen Lehre von der Trinität zusammen. Seine verwunderten arabischen Gesprächspartner hören nun, dass die christliche Dreifaltigkeit Gottes nicht etwas ist, woran sie glauben sollen. Nein, sie ist etwas, das unweigerlich in ihnen wirkt, wenn sie etwas tun oder hervorbringen! Da diese Wirkkraft göttlich ist, ist es ihr Ziel, Göttliches zu bewirken. So strebt, nach Llull, jeder Mensch prinzipiell danach, dem Göttlichen näherzukommen und sich entsprechend zu vervollkommnen. Richtig zu leben bedeutet, dem dreifaltigen göttlichen Wirken in sich freien Lauf zu lassen und es nicht eigennützig und engstirnig zu drosseln.

Wie muss man sich ein solches Wirken vorstellen? Wie setzt sich die göttliche Dynamik in der irdischen Welt der Dinge um? Es ist, schreibt Llull, wie mit einem Feuer. Das Feuer brennt, weil es brennt. Es ist die göttliche Wirkkraft in Reinform. Sie drängt danach, sich an einem Gegenstand zu entzünden und sich zu vergrößern. Was das brennende Feuer bewirkt, ob es das Wasser oder die Erde erwärmt, ist hingegen eine zweitrangige Frage. Die konkrete Wirkung in der Welt der Gegenstände (Erhitzen oder Verbrennen) ist nur eine unter vielen denkbaren Umsetzungen. Mit anderen Worten: Das Feuer selbst ist das Potenzial oder die Möglichkeit, das Verbrennen und Erhitzen eine von Fall zu Fall erzeugte Wirklichkeit.

Im Urzustand der Welt gibt es, nach Llull, ein Chaos, ein einziges großes Knäuel göttlicher Potenzialitäten. Aus ihnen entstehen die Elemente, die Gattungen und Arten. Weil Gottes Wirkkraft ihr innewohnt, sehnt sich alles in der Welt danach, dem Göttlichen wieder nahezukommen. Es ist der alte Gedanke Plotins, dass alles danach strebt, mit jenem »Einen« zu verschmelzen, dem es entspringt. Doch anders als Plotin spricht Llull nicht nur von den Seelen. Alles in der Natur sehnt sich bei ihm nach Vollkommenheit. Dabei kann ein einzelnes Element, ein Frosch oder eine Distel nur so weit gelangen, wie es einem Element, einem Frosch oder einer Distel halt möglich ist. Die Grenzen ihrer Art und ihrer Gattung sind die Grenzen ihrer Vervollkommnungsmöglichkeit. Llulls Denken enthält so etwas wie ein theologisches Evolutionsmodell. Danach strebt alles in der Natur erstens nach Höherem und zweitens danach, sich auszubreiten.

Der Mensch unterscheidet sich von allem anderen in der Natur nun dadurch, dass er das göttliche Wirken in sich bewusst erspüren, ertasten und ergründen kann. Deshalb ist es die Aufgabe des göttlich inspirierten Menschengeistes, sich zu erkennen und auf diese Weise reflektierend zu sich selbst zurückzukehren. Dieser Gedanke ist ein bahnbrechender Gedanke in der Philosophie. Pathetisch formuliert beginnt hier die philosophische Neuzeit. Zwar hatte schon das Orakel von Delphi die antiken Griechen aufgefordert: »Erkenne dich selbst!« Doch gemeint hatte es, dass man seinen richtigen Platz *in der Welt* erkennen sollte, nicht aber, dass diese Welt *in uns selbst* liegt, insofern wir sie mit unserem Geist selbst erschaffen. Dieses neue Denken wird später nicht nur Cusanus inspirieren. Es ist der Anfang der neuzeitlichen Subjektphilosophie, die über René Descartes und den Deutschen Idealismus des späten 18. und frühen 19. Jahrhunderts bis ins 20. Jahrhundert ausstrahlt.

Was hat Llull getan? Er hatte die Perspektive der Erkenntnis herumgedreht. Danach liegt die Wahrheit nicht in der Welt, sondern in uns selbst. Und, wie später bei Cusanus, ist es nicht der Verstand, der uns einen Zugang zu den höchsten Dingen verschafft, sondern es ist die Vernunft.

Doch nach welcher Methode soll man dabei vorgehen? Für

Llull führt der Weg der Erkenntnis von der täuschungsanfälligen Sinneswahrnehmung über den ordnenden Verstand zur hellen Vernunft. All dies ist klassisches griechisches Denken. Auch die Beschreibung der göttlichen Sphäre der Wahrheit ist nicht neu. Es ist jene Welt des Absoluten, in der alle positiven Eigenschaften so sehr ineinanderfallen, dass sie sich nicht mehr als »vollkommen«, »groß«, »gerecht«, »liebend« und so weiter isolieren lassen. Diese Vorstellung ist das Erbe Plotins und des Dionysius Areopagita. Neu ist dagegen die »Logik« des richtigen Vernunftgebrauchs, die Llull in die Philosophie einführt. Für ihn schränken Einbildungskraft und Verstand die Grenzen der menschlichen Erkenntnis ein. Das Tier »Mensch« *(homoficans animal)* gelangt hier an die Grenzen seiner Art. Wir können nur das sehen, hören, riechen, tasten und schmecken, was unsere Sinne uns ermöglichen. Und unser Verstand kann nur das erfassen, was er mit seiner begrenzten Logik begreifen kann. All das spüren und wissen wir, wenn wir in uns selbst hineinhorchen und grübeln. Um trotzdem zu einer höchsten Erkenntnis zu gelangen, brauchen wir eine Universalmethode *(Ars generalis ultima)*, eine neue Kunst des Denkens. Ihre Grundlage kann nur eine neue erweiterte Logik sein, eine *Logica nova.* Diese Logik darf nicht in den engen Mauern der Verstandeswelt verharren. Sie muss eine gleitende Logik der Vernunft sein, weiter und höher als unsere Verstandeslogik, eine Logik, die Glauben und Wissen miteinander versöhnt.

Für viele heutige Leser sind solche Gedanken unverständlich und auf eine vorwissenschaftliche Weise einfältig. Es gibt nur *eine* Logik und *eine* Rationalität, und die haben mit spirituellen Einsichten nichts zu tun. Doch so einfach ist die Sache nicht. Llull sieht nämlich völlig zu Recht, dass das, was den Menschen antreibt, nicht seine Rationalität ist. Wenn wir nach Güte, Liebe und Wahrheit streben, dann ist dieses Streben nicht logisch erklärbar. Stattdessen wirken Kräfte in uns, die uns überhaupt erst dazu anspornen, nach der Wahrheit zu suchen und dabei logische Gedanken zu entwickeln. Im Mittelalter und in der Frühen Neuzeit gehen nahezu alle Menschen davon aus, dass diese Kräfte und Energien »von oben«, also göttlich, auf uns einwirken, um uns als Menschen zu erhöhen. Jahrhunderte vor Charles Darwin sieht man sie nicht als sozial hoch verfeinerte animalische Bedürfnisse an, wie es heutige Biologen tun. Streben und Denken, Trieb und Verstand als zwei Seiten einer Medaille zu sehen, wie Llull es tut, ist wegweisend. Und Wirkkraft und Rationalität zusammen in einer »neuen Logik« zu denken ist im 13. Jahrhundert keineswegs ein abwegiger, sondern ein kluger Gedanke.

Doch auch für manchen Philosophiehistoriker fällt Llull mit seiner »Universalmethode« zurück ins frühe Mittelalter; eine Zeit, in der Männer wie Anselm von Canterbury glaubten, sie könnten Glauben und Wissen zusammenführen und sogar Gott beweisen. Hat nicht der Lauf der Philosophie im Mittelalter gezeigt, dass beides nicht zur Deckung gebracht werden kann? Hat nicht Thomas von Aquin Wissen und Glauben weitgehend auseinandergehalten und Wilhelm von Ockham beides rasiermesserscharf geschieden? Doch Llull möchte den Glauben ja gar nicht vollständig rational durchdringen und in Wissen auflösen! Er möchte ihm nur mithilfe der Vernunft näherkommen; einer Vernunft, die für den Glauben ebenso sensibel ist wie für das Wissen. Das Spirituelle im Materiellen zu erkennen ist das Ziel jeder Anstrengung. Und das Kombinieren von höchsten Begriffen soll uns erahnen lassen, was Gott ist. Ein Mensch, der Meerwasser trinkt, begreift auch nicht das ganze Meer. Er spürt nur, dass es salzig schmeckt. Auf gleiche Weise kann der Mensch entscheidende Aspekte des Göttlichen verstehen, ohne doch des Ganzen gewahr zu sein.

Llulls Ruhm in der gelehrten Welt des Mittelalters ist groß. Aber sein monumentales Ziel, die Religionen zu versöhnen und unter der Leitidee des Christentums zu spiritualisieren, scheitert. Zeitgenossen verspotten ihn als »doctor phantasticus«. Er selbst amüsiert sich darüber. Seine Ziele sind in der Tat utopisch, doch soll er sie deswegen nicht haben? Llull streitet gegen die Ausbildung von Nationalstaaten. Und er träumt von einem einigen und einheitlichen Europa ohne Kriege. Er schlägt hart auf. Hochbetagt wird er in Tunis von Muslimen gesteinigt, denen er seine Idee der religiösen Toleranz predigt. Er stirbt auf dem Schiff, das ihn aus Afrika fortführt, und wird in Palma beerdigt. Zu Lebzeiten ein Mann, der mit Fürsten und Päpsten verkehrte und in Paris an der Sorbonne lehrte, wird er der Kirche später verdächtig. In Llulls Philosophie steht der einzelne Mensch in seinem Bemühen um spirituelle Erleuchtung im Zentrum. Die Kirche mit ihren Institutionen und Dogmen ist weniger wichtig. So trifft ihn sechzig Jahre nach seinem Tod die Verurteilung als Ketzer durch Papst Gregor XI. Llulls Schriften werden verboten und verbrannt. Erst im 19. Jahrhundert wird er rehabilitiert. Papst Pius IX. spricht ihn 1847 selig.

Die Wahrheit im Inneren

Ein kühler Raum mit goldgelb verziertem Gewölbe bewahrt die größte erhaltene Privatbibliothek des Mittelalters nördlich der Alpen auf. An den Wänden schlichte dunkle Holzregale, bestückt mit gewaltigen Folianten. Noch heute überkommt den Besucher der Cusanus-Bibliothek in Bernkastel-Kues ein andächtiges Staunen, wenn er das ganze Wissen einer früheren Welt bestaunt: Handschriften über Theologie und Philosophie, Mathematik, Astronomie, Physik und Medizin. Von einem Autor jedoch findet man dort mehr Werke als von allen anderen – Ramon Llull!

Cusanus bewunderte den großen Katalanen sehr. Wie Llull mehr als hundert Jahre zuvor, so will auch er den christlichen Glauben aus der äußeren Welt in die innere Welt holen. Spiritualität ist nichts, was der Mensch in der Außenwelt schlichtweg vorfindet. Sondern Gott zu erfahren bedeutet, ihn in sich selbst zu erfahren durch Meditation und Reflexion. Und vor allem durch eine Vernunft wie jene »neue Logik« Ramon Llulls.

Cusanus wusste, dass er mit seiner »mystischen« Auslegung der christlichen Religion nicht allein dastand. Immer wieder verweist er auch auf den irischen Gelehrten *Johannes Scotus Eriugena* aus dem 9. Jahrhundert. Und nichts anderes hatte auch schon *Eckhart von Hochheim, Meister Eckhart* (um 1260–1328), ein Zeitgenosse Llulls, gepredigt – und es war ihm äußerst schlecht bekommen! Von der Kurie in Avignon drangsaliert, war er am Hof des Papstes zerknirscht und ermattet gestorben, den Feuertod als Ketzer vor Augen. Cusanus musste entsprechend vorsichtig sein. Wenn er den Glauben spiritualisieren wollte, durfte er es sich nicht mit der Papstkirche verscherzen. Tatsächlich geschieht genau das Gegenteil, er macht eine glänzende Karriere! Nach seiner Diplomatenrolle in Basel, Ferrara und Florenz vertritt er die Interessen Roms auf den Reichstagen in Nürnberg, Mainz und Aschaffenburg und ficht dabei gegen die erstarkten deutschen Bistümer und die in religiösen Fragen immer neutraler werdenden Landesfürsten. 1448 kommt es durch Cusanus' maßgeblichen Einsatz zum Wiener Konkordat. Damit bleibt der so heftig umstrittene Einfluss des Papstes auf die Bistümer im Heiligen Römischen Reich gewahrt. Ein gewaltiger Erfolg für die Kurie! Cusanus steht nun kurz davor, selbst zum Papst gewählt zu werden. Als sein Freund Tommaso Parentucelli stattdessen als Nikolaus V. den Stuhl Petri besteigt, wird er Kardinal und bald darauf Bischof von Brixen.

Cusanus ist der erste deutsche Kardinal seit zwei Jahrhunderten. Unentwegt reist er in den Folgejahren durch die deutschen und oberitalienischen Lande. Er schlichtet Konflikte, befriedet Fehden, regelt Finanzen, spricht Recht und gerät immer wieder in heftige Scharmützel mit seinen Tiroler Landesfürsten in Brixen, wobei er dem Tod nur knapp entrinnt. 1459 wird Cusanus vom neuen Papst Pius II. zum Legaten und Generalvikar ernannt, das zweithöchste Amt im Kirchenstaat. Dass er bei alledem überhaupt die Zeit findet, nicht nur juristische und theologische Gebrauchstexte, sondern auch philosophische Werke zu schreiben, ist verblüffend. Besonders in der Mitte der 1440er Jahre, als er in Deutschland in diplomatischer Mission unterwegs ist, verfasst er enorm anspruchsvolle Texte in kürzester Abfolge.

Im Zentrum dieser Philosophie steht die große neuplatonische Einsicht: Das Göttliche lässt sich nicht adäquat erkennen, weil es absolut ist! Denkt der Mensch an das Größte, so gibt es doch immer ein noch Größeres, ebenso beim Kleinsten. Unser Verstand kann die wahre Dimension der Welt also nicht erfassen. Und so wie bei Plotin der Intellekt aus dem Einen und die Seele aus dem Intellekt »ausfließt«, so spricht Cusanus davon, dass sich die Welt vom Größten bis zum Kleinsten »ausfaltet«. Dabei illustriert er seine Philosophie durch mathematische, meist geometrische Beispiele. Wie so viele andere vor ihm, versucht sich Cusanus unter anderem an der Quadratur des Kreises. Da das Problem unlösbar ist, setzt er die Quadratur mit Gott gleich, dem Inbegriff des Unvorstellbaren.

Cusanus schreibt auf Latein, nicht auf Deutsch, obwohl er mit seinen Schriften durchaus pädagogische Absichten verbindet. Doch zu gegenwärtig ist ihm die Gefahr, dass seine Spiritualität von Laien aufgegriffen und gegen die Kirche verwendet werden könnte. Denn sagt er nicht Ähnliches wie Eckhart, wenn er die »wissende Unwissenheit« der offiziellen Theologie vorzieht? Schreibt er nicht, dass man die Wahrheit in der Unmöglichkeit, wie der Quadratur des Kreises, suchen sollte, anstatt in kirchlichen Dogmen? Die letzte Wahrheit befindet sich nicht im Besitz der Kirche, sondern sie ist verborgen. Alles, was wir tun können, ist, über sie zu mutmaßen. Wir müssen das unendliche Geflecht der Zeichen ausdeuten, mittels derer unsere Welt verrätselt ist. Und wir müssen dabei das Zusammenfallen der Gegensätze verstehen. Wir müssen aushalten, dass unser Verstand die Welt in letzter Tiefe nicht ergründen kann.

All das kann man Mystik nennen, wenn man möchte. In jedem Fall ist es eine völlig andere Perspektive auf die Welt als jene, die Cusanus in seinen Rollen als päpstlicher Diplomat und Machtpolitiker vertritt. Nüchterner Pragmatismus hier, spirituelle Versenkung dort. Seinen Zeitgenossen, für die er schreibt, bleibt seine Philosophie meist unverständlich. Was will Cusanus ihnen sagen? Was ist richtig und was ist falsch? Wie sollten sie denn nun leben? Der Deutsche an der Seite der Päpste spricht davon, dass die Philosophie des Thomas von Aquin und der Scholastiker nichts mehr gilt. Das aber ist genau die Gedankenwelt, in der die Kleriker auch im 15. Jahrhundert noch leben. Dagegen ist das Universalprinzip der Erkenntnis, das Cusanus ihnen anbietet, reichlich dunkel, ebenso wie die von ihm verkündete neue »allgemeine Wissenschaft«.

In dieser Lage verfasst Cusanus eine kleine Einführungsschrift in sein Denken. Er richtet sie an die befreundeten Mönche des Klosters Tegernsee, die ihn um Aufklärung gebeten haben. Cusanus liefert ihnen einen Text, der als Lupe oder Brille dienen soll *(De beryllo)*. Darin erklärt er den Mönchen, was er mit dem Prinzip vom Zusammenfall der Gegensätze meint. Jede Naturforschung sei im Grunde Mathematik. Diese eröffne uns den verstandesgemäßen Zugang zu allem, was ist. Nun gehört es aber zum Wesen der Mathematik, dass sie auf untrennbare Weise Gegensätze in sich vereine. Wenn ich von Vielem rede, so kann ich das nur, wenn ich das Viele zugleich von einem Einen unterscheide, das es nicht ist. Damit ist das negierte Eine im Vielen mitgedacht. Das Gleiche gilt beim Unendlichen. Nur in Abgrenzung vom Endlichen macht die Rede vom Unendlichen einen Sinn. Vieles und Eines, Unendliches und Endliches gehören also untrennbar zusammen. Der Widerspruch trennt sie und vereint sie zugleich. Und genau so sieht Cusanus die ganze Welt: Sie ist das untrennbare Ineins von Gegensätzen, aufgehoben in Gott.

Dass das Eine zugleich ein Vieles sein muss, unterscheidet Cusanus von Plotin. Inspiriert wird er hier vielmehr von der christlichen Trinitätslehre. Das Eine ist nicht einfach ein *Sein,* sondern ein *Denken*! Diese Erkenntnis ist allerdings keine Einsicht des logischen Verstandes, sondern der ihn übersteigenden Vernunft.

Sie ist, wie Llulls *Logica nova,* ein logisches Schließen auf spiritueller Grundlage, das sich vom sicheren Boden der mathematischen Logik hinwegwölbt mit einem Widerlager in der Sphäre des Göttlichen. In dem Moment, wo wir das Universalprinzip vom Zusammenfallen der Gegensätze erkennen und auf alles anwenden, betreiben wir die neue »allgemeine Wissenschaft«. So kann sich jeder einzelne Mensch, wie bei Llull, dem Göttlichen denkend und versenkend nähern.

Je älter er wurde, umso mehr veränderte sich dabei Cusanus' Interpretation des Neuplatonismus. Für Plotin war das »Eine« etwas kosmologisch Objektives und nur die über den Intellekt daraus ausströmende Seele war psychisch. Für Cusanus dagegen ist das »Eine« in jedem einzelnen Menschen psycho-physisch gegenwärtig als Ziel seines seelischen Strebens. Wie Llull wertet er diesen Erkenntnisprozess als die Chance, sich selbst zu vergöttlichen. Die Unendlichkeit, das Absolute, ist in uns selbst. Es ist nicht Teil der Außenwelt, sondern intime Innenwelt. Nicht »Erkenne die Welt!« lautet der Auftrag, sondern »Erkenne die Welt *in dir selbst!*« Es ist jener Perspektivwechsel, den Llull vollzogen hatte, und Cusanus denkt ihn konsequent weiter.

Aus heutiger Perspektive ist er damit ein Künder der Neuzeit. Im Gefolge Llulls hat er die entscheidende Wende der Philosophie vorgedacht. Diese Wende lautet: *Alles, was ich von der Welt weiß, weiß ich in meinen Gedanken. Folglich muss ich nicht die Welt untersuchen, von der ich außerhalb meiner Gedanken nichts wissen kann. Sondern ich muss meine Gedanken ergründen, um in ihnen die Welt zu erkennen.* Modern ausgedrückt ist Cusanus ein früher Vertreter der Bewusstseinsphilosophie. Ihre ältesten Wurzeln reichen zurück zu Parmenides ins 5. vorchristliche Jahrhundert. Dietrich von Freiberg, Meister Eckhart und Ramon Llull hatten ihr im Mittelalter die Tore geöffnet. Und Cusanus transportiert sie in die Neuzeit hinein und öffnet so eine neue Sicht auf den Menschen. Er wird Architekt seines Selbst und Schöpfer seiner Welt.

Doch wie stellt sich der Machtpolitiker im Vatikan die praktische Umsetzung seiner Philosophie vor? Will er die Kirche damit im Inneren reformieren? Glaubt er, dass es ausreicht, die Mönche am Tegernsee und anderswo mit seiner »allgemeinen Wissenschaft« zu bekehren, damit die Kirche und mit ihr die Welt besser wird? Gewiss ist Cusanus kein Revolutionär. Er ordnet sogar an, die wenigen Handschriften, die noch von Meister Eckhart in den Bibliotheken liegen, zu entfernen. Eckhart hatte davon geträumt, die verkommene Papstkirche mit ihren ebenso verkommenen Bistümern zu reformieren. Und er hatte dabei auf die Laienbewegung gesetzt, auf die Spiritualität jedes Einzelnen, sei er nun gebildet oder nicht. Aber Eckhart hatte keinen Erfolg gehabt. Seine spirituelle Erneuerung war von der Kirche im Keim erstickt worden.

Cusanus geht vorsichtiger und behutsamer vor. Er wendet sich nur an die Kleriker und hält sich fern von jedweder öffentlichen Kritik an der Papstkirche. Vielleicht glaubt er, als päpstlicher Berater reformatorisch wirken zu können. Doch Nikolaus V. denkt zumindest im Hinblick auf die Volksfrömmigkeit nicht an Spiritualität. Ganz im Gegenteil. Er stärkt die Papstkirche durch alle erdenklichen Mittel und bietet den Laien das Schauspiel von Kunst, Pracht und Glanz, um sie bei der Stange zu halten. Auch Pius II. verfolgt diesen Kurs. Wenn man das von allen Seiten bedrohte Papsttum retten will, dann gewiss nicht durch eine Hinwendung zum inneren Menschen. Stattdessen bedarf es einer geschickten Politik. Die größte aller Gefahren sind die Türken, die einige Jahre zuvor Konstantinopel erobert haben. In dieser Lage denkt Pius äußerst weltlich und fordert die Christenheit zur militärischen Einheit auf. Er belebt den längst verstaubten karolingischen Begriff »Europa« – allerdings nicht im Sinne einer staatlichen Einheit, wie Llull sie sich erträumt hat, sondern als christliches »Vaterland«, eine Seelenheimat, die gemeinsam gegen den äußeren Feind verteidigt werden soll.

Cusanus dagegen predigt in gleicher Lage Toleranz und betont die gemeinsame Spiritualität aller Religionen einschließlich des Islams: Versöhnen statt spalten! Dabei scheint er sich erneut an Llull zu orientieren. Warum sollen die Türken nicht an denselben Gott glauben wie die »Europäer«? Zwar hält auch Cusanus das Christentum für die »richtigere« Religion und besteht auf der Bedeutung Christi als Mensch gewordenem Gott sowie auf der Trinität. Aber er gesteht den anderen monotheistischen Religionen durchaus zu, dass sie auf ihre Art und Weise ebenfalls von Gott wüssten. Cusanus schreibt ein Buch über den Glaubensfrieden *(De pace fidei)* und später drei zusammenhängende Werke über den Koran. Er sieht, dass sich die Religionen vor allem durch ihre Gebote und Gebräuche unterscheiden. Diese aber seien nicht göttlich, sondern Menschenwerk. Wer sich über Gebete und Riten, wie die Beschneidung, entzweie, streite im Grunde nicht über den Glauben, sondern über menschliche Zutaten und Interpretationen. Mit Vernunft betrachtet, gibt es gar keine göttlichen »Gebote«. Insofern stehe einer Eintracht, vielleicht sogar einer Einheit der Religionen nichts im Wege.

Während Cusanus dies zu Papier bringt, erobern die Türken die letzten byzantinischen Besitztümer in Griechenland und rücken auf dem Balkan vor. Und im Heiligen Römischen Reich, das Cusanus durch das Wiener Konkordat befrieden wollte, reißen die Konflikte zwischen Kirche und Fürsten nicht ab. Der Niedergang der von der Papstkirche geordneten und beherrschten Welt scheint nicht mehr aufzuhalten …

Umsturz der Werte

Cusanus stirbt im August 1464 in der umbrischen Stadt Todi. Auf seiner letzten Mission soll er sich um ein Kreuzfahrerheer kümmern, das Pius gegen die Türken ausschicken will. Sein überraschender Tod verhindert, dass er ein weiteres Mal gegen seine Überzeugungen handeln muss. Der Leichnam wird in Rom beigesetzt, möglicherweise ohne das Herz. Auf Wunsch des Verstorbenen soll man es in seine Heimat zurückgebracht und in Kues beerdigt haben. Wenn es wirklich stimmen sollte, eine bezeichnende Geste. Denn war Cusanus jemals wirklich in Italien angekommen?

Die letzten fünfzehn Jahre seines bewegten Lebens hat er ausschließlich dort zugebracht. Schon früh, bei seinem Studium in Padua, gewinnt er italienische Freunde wie den Mathematiker, Arzt und Astronomen *Paolo dal Pozzo Toscanelli* (1397–1482). Dieser ist gut vernetzt und macht Cusanus' Gedanken in der italienischen Philosophenszene bekannt. Berühmt wird Toscanelli unter anderem deshalb, weil er Kolumbus rät, den westlichen Seeweg nach China einzuschlagen und über den Atlantik zu segeln. Der Rat basiert auf einer abenteuerlichen Fehleinschätzung, denn Toscanelli meint, der Weg sei nicht allzu weit. Hätte Amerika nicht unerwartet dazwischengelegen, wären Kolumbus und seine Mannen jämmerlich zugrunde gegangen. Ein weiterer Freund aus frühen italienischen Tagen ist der Historiker, Philologe und spätere Politikberater Lorenzo Valla. Man lernt sich während des Konzils in Florenz kennen und bleibt einander ein Leben lang freundschaftlich verbunden.

Auch wenn Cusanus fast die Hälfte seiner Zeit in Italien verbringt, erleben wir ihn nicht wirklich als Teil der italienischen Renaissance-Kultur. Eher begegnet er uns als ein Grenzgänger zwischen den Welten. Auf den sanften Hügeln der Toskana und in den aufblühenden Städten Ober- und Mittelitaliens mit ihren Marmorkirchen, Villen und Palazzi bleibt er immer Gast. Gewiss machte er Karriere in dem Land, wo die Zitronen blühen. Aber es ist wohl doch nie ganz seine Welt geworden. Man merkt es, wenn man nach seiner intellektuellen Verbindung zu den Renaissance-Städten fragt. In Cusanus' Schriften fehlen die neue Urbanität, das Leben auf den Piazze, die konkrete politische Agenda, die seine italienischen Freunde bewegt. Denn was ist der italienische »Humanismus« des 15. Jahrhunderts anderes als die Suche nach einer neuen idealen Polis auf dem gelehrten Fundament der Antike?

Cusanus' Welt dagegen bleibt die Kirchenwelt. Wie weit seine Gedanken darüber hinaus in die Welt der ober- und mittelitalienischen Handelsstädte ausstrahlten, darüber rätseln und streiten Philosophiehistoriker bis heute. Haben wir es mit zwei völlig getrennten Welten zu tun? Erst in den letzten Jahrzehnten wurde sichtbar, dass Cusanus auch auf die philosophischen Köpfe in Florenz gewirkt hat. *Pierleone da Spoleto* (ca. 1445–1492), der Leibarzt des Lorenzo de' Medici, besaß mehrere seiner Schriften. Doch blieb Cusanus wohl nur eine Inspirationsquelle unter vielen.

Wie sah Italien zur Zeit seines Wirkens aus? Das Land ist zu Anfang des 15. Jahrhunderts kein einheitliches Staatsgebilde. Nur der Süden unter der Herrschaft des Hauses Anjou ist ein zusammenhängendes Gebiet. Im Norden und in der Mitte Italiens mit ihren florierenden Handelsstädten sind dagegen Herzogtümer und Stadtstaaten entstanden. Es gibt fünf Großmächte auf italienischem Boden: die Republik Venedig, das Herzogtum Mailand, das illustre Florenz, den Kirchenstaat in Rom und Umgebung und das Königreich Neapel/Sizilien. Zu diesen Mächten kommen im nördlichen Teil Italiens zahlreiche Mittelstaaten: die Republiken Genua, Lucca und Siena und die feudal regierten Stadtstaaten Mantua und Ferrara.

In den Republiken regieren reiche Kaufmannsfamilien und bilden eine Oligarchie. An der Spitze der anderen Städte stehen Herzöge und Grafen wie die Visconti und später die Sforza in Mailand, die Este in Ferrara, die Gonzaga in Mantua und die Malatesta in Rimini. Einige dieser Herrscher sind Erbmonarchen, andere dagegen werden vom Rat der Stadt als starke Männer ihres Staates gewählt. Dass ein Einzelner oder ein Familienclan zum Alleinherrscher gewählt wird, ist ungewöhnlich und kommt in ganz Europa nur in Italien vor. Die Idee dahinter ist recht plausibel. Der gewählte *Signore* soll die mächtigen Kaufmanns- und Adelsfamilien untereinander befrieden. Er schwimmt dabei wie ein Fettauge auf der Suppe zwischen den Oligarchen der Stadt hin und her und soll den Interessensausgleich herstellen. *Signorien* dieser Art entstehen in Mailand, in Ferrara und in Urbino.

Der Aufstieg der ober- und mittelitalienischen Handelsstädte ist ein Triumph der Kaufleute über die Machtinteressen des deutschen Kaisers und des Papstes. Möglich wurde er schon im Mittelalter durch das Bank- und Kreditwesen. Neben den vielen Tuchfabriken sind Geldgeschäfte die große Einnahmequelle der Region. Überall entstehen Bankhäuser, die Fürsten, Kaiser und auch dem Papst Geld für ihre Unternehmungen leihen, sei es nun für Kriege oder Bauten. Doch das Bankgeschäft rüttelt an der inneren Verfassung der mittelalterlichen Ökonomie. Denn diese war ihrem Selbstverständnis nach (wenn auch nicht immer in der Praxis) keine Kreditwirtschaft. Sie war nicht dem Wachstum und der Rendite verpflichtet, sondern einer ein für alle Mal festgelegten göttlichen Ordnung. Thomas von Aquin hatte im 13. Jahrhundert den Waren auf den Märkten einen von Gott festgelegten intrinsischen Wert zugesprochen. Dieser Wert bestimmte den Preis und ließ kaum eine Korrektur oder Veränderung zu.

Thomas behauptete, dass die Dinge, Vorstellungen und Begriffe der Menschenwelt von Gott festgelegt und passend zugeschnitten waren. Doch schon zu seinen Lebzeiten und bereits davor hatten sich Zweifel geregt, ob den Begriffen der Menschenwelt tatsächlich eine objektive göttliche Realität entspricht. Dieser Konflikt, der sich durch das ganze Mittelalter zieht, ist als Universalienproblem in die Geschichte eingegangen. Bezeichnen Worte wie »Menschheit« oder »das Gute« Dinge, die es tatsächlich gibt? Oder sind »Menschheit« und »das Gute« nur Worte, begriffliche Konventionen, ohne eine objektive Entsprechung? Für die Zweifler gab es nur einzelne Menschen und einzelne gute Taten. Die Abstrakta dagegen existierten nicht als eine höhere Realität. Sie waren nichts als Worte. Ihr Sinn entsprang einer Verabredung unter Menschen und hatte mit Gott und einer göttlichen Ordnung nichts zu tun.

Der Konflikt schwelte bis ins 15. Jahrhundert, und die Ansicht der »Realisten«, die die »Menschheit« für vorhanden hielten, bröckelte immer weiter ab. Die »Nominalisten«, die die »Menschheit« nur als ein praktisches Wort ansahen, gewannen dagegen an Boden. Dabei ging es nicht um eine Kleinigkeit. Es ging darum, ob Gott die Welt und die Befugnisse des Menschen endgültig in lateinischer Sprache festgelegt hatte. Oder steht dem Menschen ein eigener Handlungsspielraum zur Verfügung, der etwa in ökonomischen oder juristischen Fragen nicht nach Gottes Willen zu fragen braucht? Auf eine praktische Frage gebracht hieß dies zum Beispiel: Legt Gott fest, was die Dinge auf dem Markt kosten, oder tun dies der Händler und sein Käufer?

Den heftigsten Umsturz der mittelalterlichen Welt- und Wertordnung betrieben ausgerechnet zwei Männer, die die katholische Kirche später heiligsprechen sollte: der heilige *Bernhardin von Siena* (1380–1444) und der heilige *Antoninus von Florenz* (1389–1459). Der erste, ein Franziskaner-Priester, rechtfertigt das Zinsnehmen als gerechten Lohn für das Risiko des Gläubigers. Und er definiert den Wert einer Sache schlicht nach der Nützlichkeit, die Verkäufer und Käufer darin sehen. Damit leugnet er sowohl das göttliche Verbot des Zinsnehmens als auch die Lehre vom »inneren Wert« einer Ware und ihrem entsprechenden Preis. Der Weg ist nun frei dafür, Sachwerte unabhängig von idealen Werten zu betrachten. Mit einem Mal verschwindet das »jenseits von Angebot und Nachfrage« aus der ökonomischen Theorie. Nicht Gott legt den Preis fest, sondern der Markt. Ins gleiche Horn tutet der Dominikaner Antoninus, Erzbischof von Florenz und damit geistliches Oberhaupt in der Stadt der Medici und vieler anderer mächtiger Bank- und Handelshäuser. Auch er verteidigt die Dynamik des kapitalistischen Wirtschaftens gegen die statischen Lehren des Mittelalters. Herstellungs- beziehungsweise Beschaffungskosten sowie die Knappheit und die Nachfrage entscheiden für ihn den Preis einer Ware. Und nicht Gottes Werteskala bestimmt, was etwas wert ist, sondern die »Wertschätzung« *(complacibilitas)* des Käufers und des Verkäufers. Der Kaufmannsstand, lange von der Kirche beargwöhnt und gering geschätzt, hat seine religiösen Fesseln abgelegt, tatkräftig unterstützt von pragmatischen Männern der italienischen Kirche. Der Weg ist frei für eine neue Welt …

Neue Perspektiven

Wechselbrief und Briefwechsel – Archäologie des Geistes – Die ideale Stadt – Platon in der Toskana – Die Würde des Menschen – Der unfreie Wille – Papst und Fürst

Wechselbrief und Briefwechsel

Die Antike beginnt mit der Erfindung des Münzgeldes; die Neuzeit mit der des Wertpapiers. Auch wenn dies ein wenig überspitzt klingt, so spricht doch viel dafür. Ohne Papiergeld hätte sich der Kapitalismus niemals so entfalten und verbreiten können, wie er es vom Italien des 15. Jahrhunderts aus tat. Die virtuellen Geldflüsse begünstigen zugleich neue Entdeckungen und Erfindungen. Sie verändern den Umgang der Gesellschaften mit Abstraktionen, mit symbolischen Werten und mit fiktiven Welten. Nach und nach verlagern sie sich von der Religion in die Ökonomie und verlassen damit ihr angestammtes Terrain zugunsten eines anderen. Der Spielraum öffnet sich für eine nicht-klerikale Philosophie und Welterklärung.

Schon im Mittelalter hatten italienische Händler damit begonnen, Geschäfte mit »Wechseln« *(lettere di cambio)* zu bezahlen.

Man erstellte Kreditbriefe, die als Zahlungsversprechen galten und zu einem bestimmten Zeitpunkt eingelöst werden mussten. Auf diese Weise beglichen Kaufleute auf den Messen und Märkten ihre Schulden, und die von weit her angereisten Händler mussten keine gewaltigen Summen an Münzgeld mehr mit sich führen. Mit der Zeit erkannte man, dass der Gebrauch von Wechseln noch viel mehr Möglichkeiten in sich barg. Zinszuschläge auf Wechsel waren weit weniger augenfällig und wurden leichter akzeptiert als bei Münzgeld. Dazu erstellte man ausgeklügelte Tabellen, auf welche Weise welche Währung umzurechnen war, und erhob Risikozuschläge auf Devisengeschäfte. Der Beruf des Geldwechslers, bislang eine Randerscheinung, wurde nun ein äußerst lukratives Geschäftsmodell. Auch ließen sich die Kreditbriefe von einem Besitzer auf einen anderen übertragen und führten so zu einem florierenden Wertpapierhandel. Aus einem Geschäft, das ursprünglich auf persönliches Vertrauen gegründet war, wurde eine allgemein akzeptierte Praxis. Kam ein Schuldner seiner Zahlung nicht nach, konnte der Gläubiger die Schuld vor Gericht einklagen. Dass später zusätzlich die Banknote, das Papiergeld, eingeführt wurde, war damit nichts wirklich Neues und setzte die Linie des abstrakten Geldgeschäfts nur weiter fort.

Der Gebrauch und der Handel mit Wertpapieren ist eine neue Stufe logischer Abstraktion. Materiell völlig wertlose Dinge erhalten auf einmal einen enormen Wert. Der Materialwert des Geldes spielt keine Rolle mehr, und der Zahlungsverkehr erhebt sich uneingeschränkt über alle Grenzen. Virtuelle Werte entstehen, fiktives Kapital häuft sich an. Ihre Bedeutung speist sich aus einem komplexen System von Abkommen, Verträgen und Unterschriften. Doch wenn das Geld spätestens seit dem 15. Jahrhundert keine Grenzen mehr kennt, welche Grenzen haben Menschen im Umgang damit noch einzuhalten? Ist das Geld den Engeln gleich geworden, so sind doch die Menschen weit davon entfernt, Engel zu sein, die vom Himmel herabgestiegen sind und die tägliche

Gestalt der Menschen angenommen haben, wie der Zeitgenosse Giannozzo Manetti schwärmt.

Der Abschied vom geistigen Absolutismus der Kirche öffnet dem geistigen Relativismus alle Tore. Die Begriffe »Gewinn« und »Vorteil« avancieren zu legitimen Zielen menschlichen Handelns. Die Kirche kreidet diese neue Sicht nicht allzu laut an, steht sie doch selbst bei den Bankhäusern in Florenz und anderswo in der Kreide. Die größten Schuldner der Medici-Familie sind niemand anderes als die Päpste! Im ersten Drittel des 15. Jahrhunderts beginnen die Bankhäuser in Genua und Florenz ihr Gewinnstreben mathematisch zu systematisieren. Es ist der Anfang der »doppelten Buchführung«. Der Kaufmann Benedetto Cotrugli bringt deren Praxis 1451 zu Papier. Gut vierzig Jahre später findet sie sich in der *Summa de Arithmetica, Geometria, Proportioni et Proportionalità* des Franziskanermönchs Luca Pacioli.

Dass »Werte« mehr mit Verwertung zu tun haben können als mit Gottes Willen und Verfügung, verändert die Sicht auf die Welt erheblich. In den italienischen Kaufmannsmetropolen entwickelt sich eine neue Haltung zum Leben und Zusammenleben. Für die mittelalterliche Welt war die »Öffentlichkeit« die Kirche. Sie bildete den wichtigsten sozialen Ort des Austauschs, lieferte die Bildungsinstitutionen und garantierte das kanonische Recht. In der italienischen Renaissance öffnet sich dieser Horizont. Die Piazza, der zentrale Platz der Stadt, wird in antiker Tradition zum Forum des Austauschs, zu einem Ort, an dem man sich ungezwungener als zuvor begegnet. Man denke nur an die Piazza della Signoria in Florenz, auf der seit 1504 Michelangelos *David* aufgestellt ist – ein politisch-republikanisches Symbol.

Die Grenzen zwischen den Menschen, zuvor festgelegt in klerikalen und fürstlichen Hierarchien, weichen auf. Und das Protagoras-Zitat, das Cusanus in seiner Schrift über den Beryll wiederbelebt – »der Mensch ist das Maß aller Dinge« *(omnium rerum homo mensura est)* –, wird wieder aktuell. In der Welt der Händler schwindet der qualitative Unterschied zwischen den Menschen zugunsten eines quantitativen. Man ist, was man an Geld hat, nicht, was man von Geburt ist.

In Italien entwickelt sich, anders als in Deutschland, ein völlig neues Berufsbild des Philosophen. Waren sämtliche Philosophen des Mittelalters Theologen im Dienste der Orden und der Kirche gewesen, so kommt nun südlich der Alpen die Rolle eines öffentlichen Intellektuellen fernab der Kirche auf. Man betätigt sich als Politiker oder Politikberater, Übersetzer, Bibliothekar und Pädagoge, als Sozialreformer, Utopist, Propagandist und Schönfärber. Für diese neue Aufgabe studiert man nicht mehr Theologie an der Sorbonne, sondern man absolviert ein Studium generale in Pavia, lernt Recht in Bologna oder an der wichtigsten Hochschule der Zeit in Padua. Hier steht neben der juristischen auch die medizinische Fakultät in Blüte. Salerno als führende Medizin-Universität ist längst abgelöst.

Für die meisten dieser öffentlichen Intellektuellen etabliert sich später der Begriff »Humanisten«. Das Wort ist schillernd. Denn unter Humanismus lässt sich verstehen, was man will, von der allgemeinen Menschlichkeit bis zum humanistischen Gymnasium. So wie wir ihn heute verwenden, stammt der Begriff »Humanist« erst aus dem 19. Jahrhundert. In Italien gibt es das Wort gegen Ende des 15. Jahrhunderts nur in einer praktischen Verwendung. Wer einen Lehrstuhl für Alte Sprachen an der Universität bekleidet, ist ein Humanist. Auf ähnliche Weise reden wir im angloamerikanischen Sprachraum heute von *»Humanities«*, wenn von Human- und Geisteswissenschaften die Rede ist.

Der philosophiegeschichtliche Begriff »Humanismus« dagegen meint etwas anderes. Er bezeichnet eine Tradition, die mit dem Dichter, Philologen und Historiker *Francesco Petrarca* (1304–1374) und seinem Dichterkollegen *Giovanni Boccaccio* (1313–1375) beginnt. Man entdeckt die Kultur der Römer und später der Griechen neu, studiert ihre Sprache, kopiert ihren Stil und besinnt sich auf deren positive Errungenschaften. Die Humanisten des 15. Jahrhunderts sind Schriftgelehrte in den alten

Sprachen. Ihr Wunsch und ihre Bereitschaft, daraus Schlüsse für die Gegenwart zu ziehen, sind allerdings höchst unterschiedlich. Es gib einen gelehrten stillen, einen schwärmerisch utopischen und einen kämpferisch politischen Humanismus. Alle zusammen prägen sie eine Epoche, die man später »Renaissance« (»Wiedergeburt«) nennt – die Modernisierung der europäischen Kultur aus dem Geiste der griechisch-römischen Tradition.

Um ihre Ideen an den Mann zu bringen, schrieben die Denker der Renaissance einander Briefe. Man diskutiert Politik und Gesellschaft nicht nur an den Universitäten, in den Rathäusern und auf den großen Piazze, sondern ganz bevorzugt im Briefwechsel. Als 1451 der Buchdruck erfunden wird, erreicht er rasch Italien. Bücher sind jetzt schneller zu erwerben und zu verbreiten, und sie erhöhen die Zahl derjenigen, die mitreden können, erheblich. Zu den beliebtesten Lektüren gehören die Briefe bekannter Männer. Nicht nur wer sie schreibt, sondern auch wer sie liest und zitiert, gehört zur literarischen Öffentlichkeit, zur *res publica literaria*. Viele Humanisten schreiben ein elegantes Neu-Latein und vermarkten sich mithilfe ihrer Briefwechsel. Der humanistische Brief, vertrauensvoll und privat im Ton, ist kein intimer Austausch über intime Dinge, sondern gelehrte Selbstdarstellung vor einem gebildeten Publikum. Die Briefe vernetzen die Humanisten in und außerhalb Italiens nicht nur, sie bestimmen auch ihren Bekanntheitsgrad und erhöhen das Renommee des Denkers, wenn es ihm gelingt, berühmte Briefpartner zu finden. Anschließend werden die Briefwechsel gedruckt – allerdings selten, ohne sie vorher entsprechend zu bearbeiten und zu beschönigen …

Archäologie des Geistes

Was erst die Boten und später auch die Druckwerke auf diese Weise in die Welt tragen, verbreitet sich rasch und beeinflusst das allgemeine Denken der Zeit. Dabei beziehen sich die Autoren in ihren Hoffnungen und Träumen immer wieder auf die Antike. Von griechischem und römischem Boden aus träumen sie von einer gerechteren Welt, einer menschlicheren Moral oder einem besser regierten Staat. Sich Anfang des 15. Jahrhunderts mit der antiken Tradition zu beschäftigen bedeutet, eine Welt aufzuspüren, die vor der christlichen Tradition und der Papstkirche lag; eine Welt, deren Zentrum die Stadt war, sei es die Polis der Athener oder das »ewige« Rom als Mittelpunkt eines geeinten Imperiums.

Die antiken Autoren werden philologisch sorgfältig begutachtet auf der Suche nach ihren ursprünglichen Absichten. Die Humanisten reinigen die alten Texte von christlicher Firnis und versuchen ihren originalen Geist zu erspüren und zurückzugewinnen. Ein Meister dieses Metiers ist *Lorenzo Valla* (1405/07–1457). Der junge Mann aus Rom hat bei dem berühmten *Leonardo Bruni* (ca. 1369–1444) studiert, einem der wenigen Italiener, die Griechisch konnten und der als Übersetzer Platons und Aristoteles' brillierte. Später stand Bruni als Kanzler der Republik Florenz vor. Valla ist hochbegabt, doch sosehr er sich darum bemüht, in den Dienst des Vatikans zu treten, es gelingt ihm nicht. Als sorgfältiger und genauer Philologe untersucht er die antiken Texte wie jene der Kirchenväter und der Scholastik. Dabei legt er mit seinem philologischen Sezierbesteck die alten Texte frei und schabt an ihnen wie ein Archäologe. Immer wieder entdeckt er, wie das Mittelalter die antike Tradition verzerrt, verfälscht und missverstanden hat. In seinem Buch *Von der Lust* greift er die alte platonisch-stoisch-christliche Traditionslinie an, Tugend mit Glück gleichzusetzen. Valla dagegen sieht das Glück nicht in der Tugend, sondern in der Lust. Damit ergreift er Partei für die bei den Christen stets verrufenen und verschrienen Epikureer. Doch Valla bleibt gleichwohl auch Christ und geht weit über Epikur hinaus. Nicht im diesseitigen Leben winke die höchste Lust, sondern im Jenseits.

Nach Stationen in Piacenza, Pavia und Mailand tritt der junge Römer 1433 in die Dienste Alfons V. von Aragón, des Herrschers über Katalonien und den gesamten italienischen Süden. Auch hier profiliert er sich als Skeptiker, der neben der Philosophie ebenso die Theologie von falschen Traditionen entschlackt. Wie sein Freund Cusanus, so sucht auch Valla nach einer neuen Grundlegung des Christentums. Doch sein Fluchtpunkt ist keine neue Spiritualität. In der Tradition der »Nominalisten« wie Petrus Abaelard, Ramon Llull, Wilhelm von Ockham und Johannes Buridan bestreitet Valla, dass unsere Worte eins zu eins mit der Wirklichkeit übereinstimmen. Wir leben nicht in der Welt der Dinge, sondern in der Welt der Vorstellungen und Begriffe, die wir uns von den Dingen machen. Deshalb sollten wir in Zukunft nicht mehr vom Seienden an sich *(ens)* in all seinen Spielarten reden, sondern nur von den Sachen in unserem Kopf *(res)*. Die Wahrheit, die Aristoteles einst in den Dingen sah, gibt es nicht, sondern es gibt nur Plausibilitäten der menschlichen Vernunft.

Auch in diesem Punkt ist Valla sich mit Cusanus einig. Doch viel energischer als der Diplomat des Papstes fordert er die Kirche dazu auf, ihre starren Doktrinen und verengten Glaubensformeln über Bord zu werfen. Dazu gehört für Valla vor allem die Trinitätslehre, in der er ein Selbstmissverständnis sieht und keinen Glaubensgrundsatz. Seine *Repastinatio dialecticae et philosophiae (Umpflügen der Dialektik und Philosophie)* fällt genau in die Zeit, in der das Unionskonzil von Ferrara und Florenz seinen Schatten vorauswirft. Valla ist ein begeisterter Verfechter der geplanten Aussöhnung. Allerdings möchte er sie zugleich dazu nutzen, alles zu beseitigen, was sie behindert. Die Kirche Roms, so fordert er auf dem Unionskonzil, müsse schleunigst entrümpelt werden – von der Trinitätslehre bis zur Aristoteles-Rezeption Thomas von Aquins.

König Alfons V. findet viel Gefallen an seinem Philologen und Philosophen. Der Herrscher über Süditalien ist ein erbitterter Feind des Papstes – und Valla liefert ihm schließlich einen richtigen Coup! Bereits Cusanus hatte aufgespürt, was Valla um 1440 ausführlich beweist: Das Dokument, das seit dem 8. Jahrhundert belegt, dass der römische Kaiser Konstantin dem Papst den Kirchenstaat geschenkt hat, ist eine Fälschung. Ein handfester

Skandal! Vallas präzise Analyse des Sprachstils und der unhistorischen Namensgebungen lassen keine andere Deutung zu. Das *Constitutum Constantini* stammt aus einer späteren Zeit. Damit entzieht Valla der Papstkirche im wahrsten Sinne des Wortes den Boden unter den Füßen.

Dass er dafür gehörigen Ärger bekommen würde, wusste der Philologe wohl. Im Jahr 1444 zerrt ihn die Inquisition in Neapel vors Tribunal, allerdings nicht, weil er die Fälschung aufgedeckt hat, die die Papstkirche lieber totschweigt. Man klagt ihn an wegen seiner Kritik an der Trinitätslehre. Doch der Kritiker der Theologie im Namen des Christentums kommt ungeschoren davon. Alfons V. hält schützend die Hand über seinen Mann, und vier Jahre später vollzieht Rom sogar die Volte. Vallas Humanistenfreund Parentucelli besteigt als Nikolaus V. den Apostolischen Stuhl und holt den ehemals Verfemten auf Cusanus' Empfehlung als Berater zu sich. 1455 ernennt ihn der Papst zum Sekretär der Kurie und richtet ihm einen Rhetorik-Lehrstuhl ein. Doch Valla ist keine lange Zeit mehr vergönnt; er stirbt im August 1457. Was von ihm bleibt, ist sein Lehrbuch über den richtigen Gebrauch der lateinischen Sprache. Immer wieder aufgelegt, überlebt es ihn um Jahrhunderte.

Die ideale Stadt

Während Valla sich darum bemüht, den originalen Geist der Antike wieder aufleben zu lassen, sind viele berühmte Männer in einem ganz anderen Metier damit beschäftigt, die Welt in einem neuen Licht, einer neuen Perspektive zu sehen. Diese Leute sind Handwerker, wenn auch in einem besonderen, neu definierten Sinn. Und wenn man heute an die Renaissance denkt, so denkt man wahrscheinlich als Erstes an sie – an Maler wie Piero della Francesca, Sandro Botticelli, Leonardo da Vinci, Raffael und Michelangelo.

Im Jahr 1410 hatte der Architekt Filippo Brunelleschi zwei Florentiner Plätze, die Piazza della Signoria und die Piazza di San Giovanni, mithilfe der von ihm entdeckten Zentralperspektive gezeichnet. Die Zeichnungen sind heute verloren. Aber sie machen den Auftakt dazu, sich ausführlich mit der Perspektive in der Malerei zu beschäftigen. Die neuen Bilder drapieren die Menschen in einen realen Raum und schaffen so größere Lebensnähe. Diese Entwicklung hatte schon mit Giotto begonnen, aber erst Maler wie Masaccio und Piero della Francesca perfektionieren die neue Kunst.

Der Mann, der die Meisterschaft der Perspektive theoretisch begründet, ist *Leon Battista Alberti* (1404–1472) aus Genua. Auch er war Teilnehmer des Konzils in Ferrara und Florenz. Als Sekretär am päpstlichen Hof macht der junge Mann früh Karriere. Wie so viele Humanisten der Zeit ist er von Hause aus Jurist und hat Kirchenrecht in Bologna studiert. Dazu beschäftigt er sich mit Mathematik, Physik und Optik. In seiner Zeit als Kurien-Sekretär schreibt er ein Buch: *I Libri della famiglia (Über die Familie)*. Obwohl und gerade weil er keine glückliche Kindheit hatte, idealisiert er darin das bürgerliche Familienleben. Aber Alberti ist kein Schwärmer. Zeitgleich arbeitet er an literarischen Werken, deren dunkle und wirre Szenarien an Hieronymus Bosch erinnern. In ihnen illustriert er poetisch die Nachtseite des Menschen und der Gesellschaft. Die Machthaber des Staats sind unfähig und skrupellos, was tüchtig scheint, ist untüchtig, die Ehepartner sind untreu und das Leben voll von Illusionen.

Ein heller optimistischer Blick auf Familie und Gesellschaft hier, tief pessimistische bizarre Albträume dort. Alberti hat zwei Seelen in seiner Brust und wechselt hin und her zwischen strahlenden Hoffnungen und tiefen Ängsten. Dies unterscheidet ihn von dem schwärmerischen Manetti und dem kühlen Valla. Und es macht ihn zum richtigen Mann, um über die Künste zu schreiben, über Malerei und Architektur.

Deren Höhenflug in der Renaissance ist kein Zufall. Wer als

Adeliger, als Signore oder Bankier etwas auf sich hält, der lässt vom 14. Jahrhundert an öffentliche und private Gebäude mit Fresken ausmalen. Das Stadtbürgertum tritt damit in Konkurrenz zur Kirche, und die weltliche Malerei spielt eine immer größere Rolle. Berühmte Künstler werden gut bezahlt, und die Malerei muss sich um Nachwuchs nicht sorgen. Dabei dürfen selbst die als »Genies« verehrten Maler durchaus nicht machen, was sie wollen. Die Kunst dient nicht der Erbauung oder einer Ästhetik um ihrer selbst willen. In erster Linie dient sie der Verherrlichung des Auftraggebers, wie Gozzolis Dreikönigszug zeigt. Die Mächtigen der Toskana, Umbriens, der Emilia-Romagna oder der Lombardei lassen sich als überlebensgroße Herrscher portraitieren. Sie erfreuen sich an Selbstbildern, garniert mit der französischen Ritterromantik der Artus-Romane oder im Gewand antiker Helden. Man feiert seine gute und gerechte Herrschaft und lässt sich ins Pantheon der Großen hineinmalen. Die ausgeschmückten Zimmer sind Schauräume der persönlichen und der politischen Propaganda.

Obwohl fast sämtliche Künstler der Renaissance unter solchen Bedingungen arbeiten, sind sie meist frei, ihren Stil weiterzuentwickeln. Und genau das ist die Grundlage, auf der Alberti seine Schrift *De pictura (Traktat über die Malerei)* schreibt. Dabei behandelt er das Malen und Bildhauen so, als ob Themen, Motive und Wirkungsabsichten nicht von den Auftraggebern abhingen. Stattdessen definiert er in antiker Tradition *losgelöste Ziele* wie gefällige Proportionen und die Vollkommenheit des künstlerischen Ausdrucks. Für Alberti ist die Kunst ebenso ein Mittel wie die Rhetorik: Durch Nachahmung und Ausgestaltung soll sie etwas »Wahres« zeigen. Kunst, so wie Alberti sie versteht, ist Philosophie mit anderen Mitteln. Ihr Fundament findet sie in der Geometrie und in den Gesetzen der Optik. So wie die Philosophie mithilfe der Logik das Denken erforscht, so die Malerei mithilfe der Optik das Sehen. Und so wie der Philosoph die menschliche Erkenntnis interpretiert, so interpretiert der Maler die menschliche Erfahrung. Er übersetzt Seelenbewegungen in Körperbewegungen und weckt den Sinn für das Schöne. Er regt den Betrachter an, zu neuen Erkenntnissen und Einsichten zu gelangen, und arbeitet mit am großen Projekt, das Leben der Menschen besser zu machen.

Für Alberti ist Kunst keine Angelegenheit einer privilegierten Oberschicht, sondern ein Diskurs von Meistern und Kennern. Nicht die Herkunft der Auftraggeber, ihr Prestige und ihre Interessen entscheiden für ihn darüber, was gut ist, sondern einzig die Frage, ob ein Maler etwas kann und ob sein Publikum ein hinreichend geschultes Auge hat. Versteht man etwas von der Sache, oder nicht? Ähnlich wie die Geldwirtschaft, so ebnet auch der Diskurs um die Kunst die sozialen Ränge und gesellschaftlichen Schichten ein. Für die Kunst gelten nicht die gleichen Spielregeln wie in der sozialen Hierarchie der Städte und Staaten. Die Herausbildung des gesellschaftlichen Teilsystems »Kunst« in der Renaissance ist damit höchst paradox. Die Mächtigen in Florenz, Mailand, Venedig, Ferrara und Rimini haben nichts anderes im Sinn, als dubios erworbenes Geld und fragwürdig erlangte Macht in ein glorreiches Image zu verwandeln. Zugleich aber fördern sie dabei die Entstehung eines Kunstsystems, das nicht nach altbekannten, sondern nach eigenen Spielregeln funktioniert.

Was für die Malerei gilt, gilt erst recht für die Architektur. In seinem großen Werk *De re aedificatoria (Über das Bauwesen)*, zwischen 1443 und 1452 verfasst, wertet Alberti den Architekten auf zu einem freien Künstler. Er sinniert über das Verhältnis von öffentlichen zu privaten Gebäuden. Er überlegt, wie die verschiedenen Klassen der Gesellschaft in der Architektur angemessen berücksichtigt werden könnten. Und er träumt von idealen Städten mit viel Raum für ein ideales Leben. Alle gesellschaftlichen Verbesserungen in der Stadt fangen mit der Architektur an – davon ist Alberti überzeugt: »Endlich sei noch gesagt, dass die Beständigkeit, das Ansehen und die Zier eines Gemeinwesens am meisten des Architekten bedürfe, der es bewirkt, dass wir zur Zeit der Muße an Wohlbehagen, Gemütlichkeit und Gesundheit, zur Zeit der Arbeit zu aller Nutz und Frommen, zu jeder Zeit aber gefahrlos und würdevoll leben können.«[5] Die zukünftigen Bauten sollen die Welt besser machen. Ein neues Selbstbild des Architekten formt sich heraus: der Anspruch, mit Reißbrett, Zirkel und Steinen zu philosophieren und die Welt dadurch zu einem optimaleren Ort zu machen. Ideale Stadtplanungen – von denen es im Gefolge Albertis viele gibt – sollen mit logischer Präzision ideale Gesellschaften hervorbringen. Diese Fantasie wird von der Renaissance über das Bauhaus bis ins 21. Jahrhundert weiterblühen, und sie beseelt noch heute fast jedes städteplanerische Pathos.

Albertis eigene Karriere als Architekt verläuft allerdings wenig planvoll, sondern äußerst wechselhaft. Als städtebaulicher Berater Nikolaus' V. ist er ein wichtiger Mann, saniert, renoviert und beginnt mit dem Bau mehrerer Kirchen. Als Architekt in privaten Diensten muss er sich hingegen mit den vielen Unbilden herumplagen, die seine Theorie ausblendet. Das Pantheon, das sich der illustre Sigismondo Malatesta in Rimini bauen lässt, bleibt ebenso unvollendet wie die beiden Kirchen, die Alberti für Ludovico Gonzaga in Mantua errichtet.

Alberti stirbt 1472. Seine Werke, besonders jenes über die Architektur, begründeten ein neues Genre: den Entwurf von Idealstädten. Dabei knüpft er bewusst an die philosophische Tradition an, optimale Städte zu erdenken, und schwärmt ausgiebig von Platon. Doch nicht nur dessen rhetorisch skizzierte Idealstädte Kallipolis und Magnesia haben es ihm angetan. Alberti übernimmt auch Platons »Idee des Schönen«. Für Platon ist das Schöne etwas Sphärisches, das als ferne Erinnerung an einen Ursprung in unseren Seelen lebt. Doch er traute es nur den Architekten und keinen anderen Künstlern zu, dieser Idee des Schönen künstlerisch nahezukommen. Alle nachahmenden Künste, wie die Malerei und die Dichtung, kopierten für ihn nur die profanen Dinge der Welt. Alberti dagegen sieht Maler und Architekten als Genies, die den Glanz der sphärischen Schönheit mathematisch präzise in ihren Werken zum Vorschein bringen. Seine Forderung nach dem Idealen waltet dabei wie ein Polizeipräsidium über aller künstlerischen Produktion – als sittenstrenger Auftrag, alles Menschliche zu überhöhen.

Platon in der Toskana

Als Alberti in den 1440er Jahren über Architektur schreibt, ist Platon in Italien längst nicht in aller Munde; ganz im Gegensatz zu Aristoteles, der seit seiner Wiederentdeckung im 13. Jahrhundert als »der Philosoph« schlechthin gilt. Zwar diskutieren die byzantinischen Gelehrten schon länger darüber, wer der Größere von beiden war und wer recht hatte – Platon oder Aristoteles –, aber dies ist zunächst nicht mehr als ein Streit zwischen Griechen im florentinischen Exil.

Alberti gehört zu den Platon-Anhängern der frühen Stunde. Als Mitglied der päpstlichen Delegation lauscht er den Disputen, die die byzantinischen Gelehrten auf dem Unionskonzil in Ferrara und Florenz ausfechten. Deren prominentesten Kopf kennen wir schon als alten Mann mit blau-goldener Mütze und wallendem Bart von Gozzolis Fresko: den Griechen *Georgios Gemistos*, genannt *Plethon* (ca. 1360–1452). Plethon hatte in Mistra, einer Festungsstadt in der Nähe von Sparta auf der Peloponnes, gelebt. Als philosophischer Guru bildete er dort eine ideale Lebensgemeinschaft im Sinne Platons und Plotins. Nach dem Konzil bleibt Plethon eine längere Zeit in Florenz und bringt die Intellektuellen der Stadt dazu, sich ausgiebig mit Platon zu beschäftigen.

Anders als Aristoteles gilt Platon im Spätmittelalter eher wenig und ist sogar einigermaßen in Vergessenheit geraten. Die meisten Dialoge sind nie ins Lateinische übersetzt worden. Plethon gibt sich Mühe, diese Gewichtung zu verändern, und erklärt den Florentiner Gelehrten ein ums andere Mal, dass nicht Aristoteles, sondern Platon der bedeutendere der beiden Philosophen sei. Dabei interpretiert er Platon stark theologisch und begreift dessen

Lehre als eine Art Urreligion, von der sich die Christen und die Muslime bedauerlicherweise viel zu stark entfernt hätten.

Hat Plethon tatsächlich vorgehabt, auf dem Unionskonzil, das die Spaltung der beiden großen christlichen Kirchen im Abend- und im Morgenland überwinden soll, platonisches Gedankengut ins Spiel zu bringen? Nach einer realistischen Lösung klingt dies nicht. Ein Pferdefuß ist auch, dass Plethon kein Latein spricht und fast alle Florentiner kein Griechisch. Dieses Problem hat einer seiner größten Widersacher nicht. Als Plethon noch in Mistra weilt, zieht der Kreter *Georgios Trapezuntios* (1395–ca. 1472) durch Venedig, Padua und Vicenza und erteilt den lateinisch Gebildeten Griechisch-Unterricht. Schließlich kommt er während des Konzils nach Florenz und streitet sich dort mit dem passionierten Platoniker. Trapezuntios verteidigt den vom Christentum vereinnahmten Aristoteles gegen den von den Byzantinern verehrten Platon und wirft Plethon Gottlosigkeit und Heidentum vor – eine Frontstellung, die alberner und unhistorischer kaum sein kann. Immerhin hat Platon die Unsterblichkeit der Seele und einen rein spirituellen Ursprung der Welt behauptet; Aristoteles dagegen hat die Seele für sterblich gehalten. Seine Erklärung der Welt ist weitgehend physikalisch und materialistisch und lässt dem Übersinnlichen und Sphärischen wenig Raum.

Kontroversen wie die zwischen Plethon und Trapezuntios zeigen, wie sehr die Welt, die Gozzoli in einen paradiesischen Frieden der Eintracht verwandelt, von Furchen, Streitigkeiten und Missverständnissen zersplittert ist. Das Christentum des frühen 15. Jahrhunderts ist ebenso gespalten und verunsichert wie die Philosophen, denen die wohlgeordnete Philosophie eines Thomas von Aquin schon lange nichts mehr sagt. Die statische Welt, die die Chefideologen des Mittelalters behauptet haben, ist einer Dynamik von unausgesetzten Veränderungen und Umstürzen gewichen. Nichts scheint mehr sicher, gewiss und unumstößlich zu sein. Und Plethon und Trapezuntios sind gewiss nicht die Einzigen, die in diesem denkwürdigen Halbjahr 1439 in Florenz miteinander diskutieren. Die Stadt verwandelt sich in einen Schmelztiegel der gelehrten Welt. Ungezählte Philosophen, Theologen, Ärzte und Juristen treffen hier aufeinander, haben ihre Schriften mitgebracht und befruchten so den Austausch der abendländischen mit der byzantinischen Welt.

Unter den vielen Gelehrten, die von Konstantinopel über Ferrara nach Florenz kommen, befindet sich ein sechsunddreißigjähriger Schüler Plethons mit Namen *Basilius Bessarion* (um 1403–1472). Der Mann aus Trapezunt (heute: Trabzon) am Schwarzen Meer ist der Shootingstar der byzantinischen Gelehrtenwelt. Beim Konzil in Florenz leitet der junge Erzbischof die Verhandlungen für die orthodoxe Kirche. Er ringt seinem Patriarchen das Zugeständnis an den Papst ab, dass der Heilige Geist nicht nur Gottvater, sondern auch dem Sohn entspringen soll. Damit segnet das Oberhaupt der Orthodoxen widerwillig jenen Glaubenssatz der katholischen Kirche ab, der seit über tausend Jahren die beiden Kirchen spaltet. Der Weg ist frei zur Einheit der Kirche.

Der Papst ist dankbar: Bessarion wird zum Kardinal der römisch-katholischen Kirche ernannt. Sein Verhandlungspartner auf der Seite des Papstes, der Humanist und Übersetzer *Ambrogio Traversari* (1386–1439), stirbt im Oktober und hinterlässt den Gelehrten in Florenz seine Übersetzungen aller Schriften des Dionysius Areopagita. Sie machen den christlichen Neuplatoniker unter Italiens Intellektuellen weithin bekannt. In der gleichsam babylonischen Verwirrung der Gelehrten zu Anfang des 15. Jahrhunderts wirken sie hoch inspirierend, um das Christentum und die Philosophie neu miteinander zu verschmelzen. Der greise Leonardo Bruni rückt Platon in unmittelbare Nähe zum Alten Testament. Zugleich versorgt er die wachsende Gemeinde der philosophisch Interessierten mit Übersetzungen von Aristoteles und Platon. Einen zusätzlichen Schub leisten die zahlreichen neuen griechisch sprechenden Intellektuellen, die nach der Eroberung von Konstantinopel im Jahr 1453 nach Italien kommen. Viele von ihnen gründen Schulen auf italienischem Boden und lehren dem vornehmen Nachwuchs in Florenz und anderswo ihre Sprache.

Marsilius aus Figline, genannt *Marsilio Ficino* (1433–1499), ist noch ein Kind, als Alberti sich Platons Ideenlehre für seine Kunsttheorie zu eigen macht. Doch schon in seiner Jugend fasziniert ihn der antike Großphilosoph. Ficino studiert Medizin, wie sein Vater Diotefeci, der Leibarzt des Cosimo de' Medici ihm geraten hat. Im Alter von dreiundzwanzig Jahren veröffentlicht er sein erstes Buch über die Ansichten Platons. Ein Jahr später folgt ein zweites über die verschiedenen Auslegungen der »Lust« in der Antike.

Um Platon besser zu verstehen, muss Ficino Griechisch lernen. Noch immer gibt es wenige in Florenz, die die griechischen Klassiker in deren Muttersprache lesen können. Dabei findet der junge Mann von Beginn an tatkräftige Unterstützung. Die Familie Medici hat die Stadt lange aus dem Schatten regiert und den Kanzlern der Republik das Licht der Öffentlichkeit überlassen. Doch Mitte des 15. Jahrhunderts sind die Medici selbst Lichtgestalten (wie auf Gozzolis zeitgleichem Fresko), die ihren Schatten über die Piazza della Signoria und den Palazzo Vecchio werfen. Ficino fällt dabei früh in ihre Gunst. Cosimo der Ältere hat starke Gründe dafür, den jungen Platon-Kenner zu fördern. Wie so viele Männer des Geldes will er zugleich den Glauben, das Irrationale und mit ihm die Moral bewahrt sehen. Wo kommen wir hin, wenn jeder so denkt wie ein Kaufmann? Wo bleiben in einer Gesellschaft, die sich darin perfektioniert hat, alles zu verwerten, die Werte?

Im Jahr 1463, Ficino ist dreißig Jahre alt, überlässt der greise Cosimo ihm seinen ehemaligen Wohnsitz, die Villa Careggi am Stadtrand von Florenz. Der Auftrag des alten Medici an Ficino lautete schon zuvor, alle Werke Platons zu sammeln und ins Lateinische zu übertragen. Doch der junge Mann soll nicht nur übersetzen, er soll die Philosophie Platons auch benutzen. Er soll das immer größere Loch schließen, das sich zwischen der alten Welt des christlichen Glaubens und der neuen Welt der Kaufleute, der

Medizin und des Naturwissens auftut. Haben die Händler in Florenz, in Genua und Venedig den Glauben an alles außer ans Geld verloren und finden die Mediziner in Padua und Bologna im menschlichen Körper nirgendwo eine Seele, so soll es Ficino mithilfe Platons noch einmal richten.

Der junge Platon-Enthusiast geht eifrig an die Arbeit. Bis 1468 sind alle platonischen Dialoge neu übersetzt, 1484 gehen sie in Druck. Erst jetzt ist Platons Gesamtwerk wieder allgemein zugänglich! Ficinos Stil ist leicht und geschmeidig, dabei immer nah am Original. Zugleich verfasst der Übersetzer ausführliche Kommentare, zum Beispiel zum *Symposion*. Das Werk geht als *De amore (Über die Liebe)* in die Philosophiegeschichte ein und mit ihm die Trennung zwischen *amor* und *caritas*, der irdischen und der himmlischen Liebe. In der Villa Careggi finden sich schnell die Intellektuellen der Stadt ein, darunter Alberti, der Humanist Cristoforo Landino und der junge Dichter Angelo Poliziano. Man bezeichnet sich dort selbst als Akademiker im Sinne der Platonischen Akademie, auch wenn von Schulbetrieb nicht die Rede sein kann. Ficino arbeitet derweil fleißig weiter. Er übersetzt den Text eines gewissen *Hermes Trismegistos*, den Cosimo de' Medici für seine Bibliothek erworben hat. Die Textsammlung gilt als das Vermächtnis eines Weisen aus der Zeit von Moses. Und sie behandelt neben allerlei Hokuspokus den Urgrund aller Religionen aus einer gemeinsamen Wurzel. Wie alle seine Zeitgenossen hält Ficino das Werk für uralt. Erst später wird sich herausstellen, dass es nicht aus mosaischer Zeit stammt, sondern vermutlich aus dem 2. Jahrhundert. Dazu entdeckt Ficino noch den Neuplatoniker Plotin für sich, ebenso wie den christlichen Neuplatonismus des Dionysius Areopagita.

Aus all diesen Anregungen entwickelt Ficino seine eigene Philosophie, die *Theologia Platonica*, die er 1474 vollendet und 1482 drucken lässt. Wie so viele Neuplatoniker, die sich ihren eigenen Platon erfanden, glaubt auch der Günstling der Medici in der Villa Careggi, dass er den Geist des einzig wahren Platon richtig erfasst hätte. Dieser Geist ist erstaunlich unpolitisch, wenn man an die Staatsmodelle denkt, die Platon in der *Politeia* und in den *Nomoi* diskutiert. Aber Ficino kommt es auf etwas anderes an. Wie Plotin und Plethon so interessiert ihn vor allem der spirituelle Platon. Und während andere Mediziner von der Idee einer spirituellen Seele abrücken, glaubt Ficino wie Platon an eine »Weltseele«, die alles durchwaltet. Diese Weltseele soll weiblich sein, sie nährt sich aus sich selbst und bildet einen Gesamtorganismus aus Organen und Gliedmaßen. Der Mensch ist nur ein kleiner Organismus in einem großen. Und alles hängt auf gleiche Weise miteinander zusammen: der menschliche Körper und der Weltkörper.

Wie für Cusanus, so besteht auch für Ficino der Welt-Organismus aus vielen Gegensätzen. Ficino kennt die Schriften des inzwischen verstorbenen päpstlichen Generalvikars durch seinen Freund Pierleone Leoni. Und er kennt auch Cusanus' folgenschweren Perspektivwechsel: Der Mensch lebt nicht in einem objektiv vorgegebenen Universum. Sondern er ist dieses Universum selbst, indem er es sich vorstellt und gedanklich durchdringt. Meine vernunftbegabte Seele ist der Mittelpunkt meiner Welt und damit der Welt überhaupt. Denn alles, was es gibt, wird *von* ihr und *in ihr* abgebildet und durchdrungen. Meine Seele verbindet die Vorstellung der Unsterblichkeit, die Sphäre Gottes, mit der Sterblichkeit des irdischen Lebens. Und mein Geist »macht die Wahrheit«, wie Ficino in der *Theologia Platonica* schreibt. Denn allein unser Erkenntnisvermögen schneidet die Dinge zu, ordnet sie und erschließt sie.

Eine Seele und ein Geist, die solches vermögen, können, nach Ficino, nicht sterblich sein. Sie sind sphärische Kräfte. Das ist die Pointe, auf die es ihm vor allem anderen ankommt. Er will die Unsterblichkeit der Seele rechtfertigen! Das Wissen darum sieht er als den Hauptschatz der alten Schriften an. Es findet sich in der Bibel, in den Büchern des Hermes Trismegistos, bei den Orphikern und Pythagoreern, bei Platon, Plotin, Iamblichos und Boethius, bei Dionysius Areopagita und Augustinus. Dieses »Urwissen« will

Ficino beleuchten und ihm zu neuem Glanz verhelfen. Sein Christentum ist spirituell und erfüllt mit dem Zauber einer Urweisheit. Auch Magie und Astrologie finden darin, wie in der Renaissance nicht unüblich, ihren Platz. Mit den Dogmen der Kirche, ihren Formeln und Ritualen dagegen kann Ficino nicht viel anfangen. Sie sind für ihn Menschenwerk, von Zeitumständen und Zufällen geschaffen, aber nicht von Gott. Auch in diesem Punkt steht Ficino Cusanus nahe.

Ficinos »Theosophie« ist elegant formuliert, ästhetisch ausgefeilt und von Lichtmetaphorik illuminiert. Seine Schriften lesen sich eher wie Literatur als wie Philosophie. Für bedeutend halten wir sie heute vor allem deshalb, weil sie vom Menschen schwärmen. Sie sehen ihn als den Mittelpunkt des Universums und als einen freien Gestalter seiner Innen- und Außenwelt. Menschen, die von »Liebe« erfüllt sind, diesem höchsten spirituellen Schatz, vermögen Großes zu vollbringen. Sie sind Künstler ihrer selbst, Architekten ihrer Gedanken, Taktgeber universaler Rhythmen, Weltenbauer, denen nichts eine Grenze setzt.

All dies hat nichts mehr vom Mittelalter. Es ist neuzeitliches Gedankengut, wenn auch in einem höchst feierlichen Gewand. Auf der anderen Seite ist Ficinos Philosophie so unpolitisch wie der Neuplatonismus Plotins. Zwar gibt sich der Mann in der Villa Careggi viel Mühe, Platons Naturphilosophie mit dessen politischer Philosophie zu verschmelzen. Wie sein Vorbild analogisiert er den Kosmos mit der Polis. Der »gute« Kosmos, den der Weltenbaumeister, der »Demiurg«, gestaltet, ist für Platon zugleich das »Schönste« unter allen gewordenen Dingen. Nicht anders in Platons idealem Staat Kallipolis. Verwirklicht man das Gute in der Gesellschaft, so entspringt aus ihm das Schöne, nämlich die Gerechtigkeit. Ficino sieht darin den Auftrag an den Menschen, diesen vorgezeichneten Einklang von Gutem, Schönem und Gerechtem schöpferisch zu verwirklichen und zu gestalten. All dies dürfte den Humanisten gut gefallen haben. Aber ihrem politisch engagierten Flügel hat er trotzdem nicht viel zu bieten. In Ficinos

Philosophie ist nichts gesagt über Machtverteilung oder Regierungsform. Alles bleibt im Theoretischen, und nichts wird praktisch. Und so privilegiert der Günstling der Medici sein Leben lang ist, so folgenlos bleiben seine Gedanken für die Gesellschaft und die Stadt Florenz. Ganz im Gegensatz zu jenem anderen fulminanten Zeitgenossen, mit dem er sich heute die Buchseiten in der Philosophiegeschichte teilt ...

Die Würde des Menschen

Er war ein Adeliger, ein gefeiertes Genie, und er schuf ein Mammutwerk, das alle Philosophie neu miteinander verschmelzen sollte. Doch er zahlte einen hohen Preis. Er wurde verurteilt und verfolgt, und obwohl er alles Magische, insbesondere die Astrologie verachtete, folgte er einem Bußprediger, der an die Vorsehung glaubte. Er wurde mutmaßlich Opfer eines Giftmords und starb im Alter von nur einunddreißig Jahren.

Die Rede ist von *Giovanni Pico della Mirandola* (1463–1494), der vielleicht illustresten Gestalt der Renaissance-Philosophie. Der junge Mann stammt aus dem norditalienischen Grafengeschlecht der Mirandola, und seine Erziehung ist vom Feinsten. Schon früh beschäftigt er sich mit Philosophie. Nach dem Willen der Familie soll er eine geistliche Laufbahn einschlagen. Doch das Kirchenrechts-Studium in Bologna langweilt ihn. Er knüpft Kontakte zu Ficino in Florenz und lässt sich raten, Aristoteles zu studieren, um eine philosophische Grundlage zu bekommen. Pico zieht über Land, erst nach Ferrara, dann nach Padua und zuletzt nach Pavia. Am längsten bleibt er in Padua. Hier gilt Aristoteles noch immer als der größte Philosoph. Man lehrt sein philosophisches System mitsamt den Interpretationen des mittelalterlichen arabischen Philosophen Averroës.

Es ist eine ganz andere geistige Welt als die, aus der Pico stammt. Statt Poesie und Rhetorik geht es um feste Begriffe, klare

Ordnung, System und Methode. Der junge Pico bewundert den strengen Wahrheitsbezug der aristotelischen Philosophie und verteidigt ihn gegen die rhetorische Leichtfüßigkeit der Humanisten. Aber er will keine Spaltung, sondern eine neue Einheit. Er liest alles, was er auftreiben kann, er studiert Platon, Plotin und Hermes Trismegistos mit Ficino. In Paris beschäftigt er sich mit dem Perser Avicenna und dem Araber Averroës. Er liest die Klassiker des Mittelalters wie Thomas von Aquin, Johannes Duns Scotus und Heinrich von Gent. Und er vertieft sich ausgiebig in die jüdische Philosophie, vor allem in die Schriften der Kabbala, in Moses Maimonides, in Nachmanides und Levi ben Gershon. Pico sucht nach der gemeinsamen Wahrheit in all diesem so unterschiedlichen Denken. Im Jahr 1486, der junge Mann ist gerade dreiundzwanzig Jahre alt, ruft er von Florenz aus alle Philosophen zu einem »Philosophenkonzil« nach Rom zusammen. Er hat neunhundert einander widersprechende Thesen aus seinen Lektüren herauspräpariert und möchte nun mit den Kollegen darüber diskutieren, wie diese Widersprüche aufgehoben werden könnten. Pico träumt von einer allgemeinen Weisheitslehre, die alle philosophischen und theologischen Querelen ein für alle Mal beseitigt – eine Universalphilosophie und zugleich eine Universalreligion.

Der Kongress findet nicht statt. Die Kurie in Rom tobt, als sie von Picos hochfliegenden Plänen erfährt. Auf dem Stuhl Petri sitzt seit zwei Jahren Innozenz VIII., berüchtigt als Kleptokrat, Inquisitor und Hexenverfolger. Die goldene Zeit der beiden »Humanistenpäpste«, Nikolaus V. und Pius II., ist vorbei. Der neue Papst ist nicht der Mann, der als tatenloser Gast dabei zusehen wird, wie ein junger Adeliger die gesamte römisch-katholische Kirche abschafft. Ein universelles und tolerantes Christentum, gespickt mit den Weisheiten und Erkenntnissen der Griechen, Juden und Araber, ohne Dogmen und Gebote, ist das Letzte, was Innozenz VIII. sich vorstellen will. Als Pico seine Thesen in einer *Apologia* verteidigt, werden sie verboten, ihr Autor flieht nach Frankreich.

Zuvor hat er noch Zeit gefunden, eine Rede über die Menschenwürde *(Oratio de hominis dignitate)* zu schreiben. Pico hat sie als Einleitung für den Kongress vorgesehen, aber zu seinen Lebzeiten kommt es zu keiner Veröffentlichung. Aus heutiger Sicht ist es der vielleicht wichtigste Text der italienischen Renaissance und der humanistischen Rhetorik der Zeit. Pico hat den Begriff der *Menschenwürde* nicht erfunden, man denke etwa an Manetti, der ihn schon Jahrzehnte früher verwendet. Aber er hat als Erster seine Philosophie darauf aufgebaut. In der griechischen Antike bedeutet Mensch zu sein, sich durch seine Vernunft vom Tier zu unterscheiden. Es bedeutet allerdings nicht, dass jeder Mensch ein Recht darauf hat, von der Gesellschaft auf besondere Weise als Mensch geachtet und respektiert zu werden. Respekt kommt für Aristoteles dem Menschen nicht als Menschen zu, sondern durch seine tugendhafte Lebensführung. Genau diesen Respekt hatte Marcus Tullius Cicero *dignitas* (»die Würde«) genannt. Doch auch für den Römer waren nicht alle Menschen würdig, sondern nur jene, die sich durch Tugend und Ansehen in der Gesellschaft als besonders würdig erweisen. Erst in der Renaissance beginnt sich die Menschenwürde auszuweiten: als eine Eigenschaft, die allen Menschen zukommt, und zwar schlichtweg deshalb, weil sie Menschen sind. Aus einer Verdienstmedaille für wenige wird somit *ein Rechtsanspruch für jedermann.* Die Menschenwürde wird demokratisiert und bahnt sich von hier aus ihren Weg über Immanuel Kant bis zu den modernen Verfassungen demokratischer Staaten.

Zu Anfang seiner berühmten Rede unterscheidet Pico zwischen jenen Lebewesen, die Gott unveränderlich an ihren Ort gestellt hat, und jenen, die frei sind, ihren Platz in der Welt selbst zu suchen und zu finden. Zu den Ersten gehören die Tiere und Engel (!), die zweite Art von Lebewesen ist der Mensch. Er ist das nicht festgelegte Tier, ein »Proteus« oder ein »Chamäleon«, der zu dem wird, was er werden will: »Welch unübertroffener Großmut Gottvaters, welch hohes und bewundernswertes Glück des Menschen!

Dem gegeben ist zu haben, was er wünscht, zu sein, was er will!«[6] Menschen haben die Wahl, das zu sein, was sie sein wollen. Sie sind die Schöpfer ihrer selbst und insofern auf besondere Weise göttlich. Nicht nur die in der Bibel beschriebene Ebenbildlichkeit des Menschen mit Gott, sondern die göttliche *Freiheit,* sich selbst erfinden zu können, sichert ihm seine unvergleichliche Würde; Menschen haben Würde, Tiere und Engel nicht. Mit diesen Gedanken wird Pico eine Saat in die Philosophie pflanzen, die von der Aufklärung über Søren Kierkegaard bis zu Jean-Paul Sartre aufkeimt.

Kein griechischer oder römischer Philosoph und erst recht kein Kleriker des Mittelalters hatte je so pathetisch von der Freiheit und Selbstbestimmung *(sibi praefiniens)* des Menschen gesprochen wie der junge und reiche Aristokrat Pico. Umso härter muss es ihn treffen, dass es mit seiner eigenen Freiheit, dorthin zu gehen, wohin er will, rasch vorbei ist. Er wird in Lyon verhaftet. Der französische König Karl VIII. befreit ihn und ermöglicht ihm die Flucht nach Florenz. Lorenzo il Magnifico, einst möglicherweise die Vorlage für den hübschen Knaben auf dem weißen Pferd des Dreikönigsfreskos, hält dort schützend die Hand über den Rebellen. Pico schreibt ein Werk, in dem er die Genesis mit anderen Schöpfungsmythen vergleicht und verschmilzt, und ein zweites über die vermeintliche Übereinstimmung des Neuplatonismus mit Aristoteles. Unbeirrt hält er an der Idee fest, alle Philosophie und Religion zu befrieden.

Dabei freundet er sich mit dem Prior des Markusdoms an: *Girolamo Savonarola* (1452–1498). Die Freundschaft ist heikel, denn Savonarola ist ein umstrittener und rebellischer Geist. Schon als junger Mann hat er die Oberschichten Italiens dazu aufgefordert, Buße zu tun und ihr dekadentes Leben aufzugeben. Es spricht sehr für die Größe des alten Lorenzo, dass er den Aufwiegler im Dienste der Armen duldet und mitunter sogar fördert. Doch Savonarola ist ein strenger Moralist, der selbst bei seinem Gönner keine Ausnahme macht. Im Zweifelsfall favorisiert er sogar die

Politik Karls VIII. gegenüber jener der Medici. Als der französische König 1494 weite Teile Norditaliens einnimmt und die Medici vertreibt, schlägt Savonarolas Stunde. Er fordert eine Volksregierung statt der bestehenden Oligarchie. Tatsächlich fliehen viele Adelige und Oligarchen aus der Stadt. Savonarola lässt ihre Schätze öffentlich verbrennen, worauf ihn der Papst umstandslos exkommuniziert. Die Zeit währt nur kurz. Als Karl VIII. Italien wieder verlässt, kehren der Adel und das Besitzbürgertum zurück. Savonarola wird 1498 gefangen genommen, gefoltert, dann gehängt und verbrannt. Sein Freund Pico ist schon während der Unruhen 1494 gestorben, vielleicht an einem Fieber, wahrscheinlicher durch das Gift seines Sekretärs.

Der unfreie Wille

Mit den Kriegen Karls VIII. endet die große Zeit der nord- und mittelitalienischen Staaten. Sie bestehen noch lange, aber von nun an werden sie sich stärker als zuvor bekriegen und zerfleischen. Der Humanismus verliert deutlich an Einfluss und die Philosophie ihr Zentrum in Italien. Einzig die Aristoteliker an den Universitäten Padua, Pavia und Bologna bleiben weiterhin wichtig. Sie bilden die Medizinstudenten für ganz Europa aus und folgen dabei der harten »materialistischen« Lesart des Averroës. In ihrer Sichtweise war Aristoteles ohne Wenn und Aber der festen Überzeugung, dass die Seele sterblich sei.

Der berühmteste Aristoteliker aus Padua ist *Pietro Pomponazzi* (1462–1525). Ein Jahr vor Pico in Mantua geboren, studiert er in Padua Philosophie und Medizin. 1488 beginnt er dort zu unterrichten und beschäftigt sich lange mit dem Problem der Unsterblichkeit. Die Frage ist heikel. Zum einen kann man noch immer gehörigen Ärger dafür bekommen, wenn man die unsterbliche Seele bestreitet. Pomponazzis Vorgänger *Biagio Pelacani da Parma* (1347–1416) und *Nicoletto Vernia* (1420–1499) können ein

Lied davon singen. Zum anderen ist das Problem tatsächlich äußerst verzwickt. Man kann die Ansicht vertreten, dass die Seele zum Denken den Körper braucht und folglich mit ihm vergeht. Aristoteles hatte dies offensichtlich so gesehen und mit ihm seine Interpreten Alexander von Aphrodisias und Averroës. Oder man meint, dass die Seele auch unabhängig vom Körper arbeiten kann und damit unsterblich ist. So hatte sich Thomas von Aquin seinen Aristoteles zurechtgelegt. Im ersten Fall steht man vor der Frage, wie eine Seele, die nur verarbeitet, was Augen, Ohren, Tastsinn, Nase und Mund wahrnehmen, sich abstrakte Dinge wie Dreiecke, die Menschheit oder die Gerechtigkeit vorstellen kann. Ein altes ungelöstes Problem, das die *Empiristen* noch jahrhundertelang beschäftigen wird. Im zweiten Fall muss man annehmen, dass unsere vernunftbegabte Seele ein allgemeines überzeitliches Etwas ohne Substanz ist. Dafür aber fehlt dem nüchternen und medizinisch geschulten Blick jeder Beleg. Mit diesem Problem müssen sich nicht nur alle Gläubigen, sondern später auch die *Rationalisten* herumschlagen.

Pomponazzi quält sich mit der Frage lange herum. Aristoteles und Averroës hatten vorgeschlagen, dass wir uns deshalb Dreiecke und die Gerechtigkeit vorstellen können, weil ein allgemeiner überzeitlicher und unpersönlicher (!) Intellekt in uns waltet. Es ist der gleiche Intellekt, der auch in jeder beliebigen anderen Seele wirkt und Menschen zu vernunftbegabten Wesen macht. Ein solcher Intellekt ist ein von der Natur vorgegebenes spirituelles Denkfluidum und von unserer Seele sauber getrennt. Diese Vorstellung ist altes griechisches Gedankengut und begegnet uns bereits bei Heraklit. Es ist nicht *unser* Intellekt, sondern wir haben lediglich *Anteil an ihm*. Wenn du denkst, dass du denkst, dann denkst du nur, *du* denkst.

Für Pomponazzi ist diese Erklärung ebenso grober Unfug wie der Glaube an eine unsterbliche Seele. Eine allgemeine Vernunft gibt es nicht, nur eine sehr unterschiedliche persönliche. Jeder Jeck denkt anders! In dieser Situation beendet der neue Papst

Leo X. den unabgeschlossenen Denkprozess. Im Dezember 1513 verurteilt das Fünfte Laterankonzil alle Philosophen, die die persönliche Unsterblichkeit – auf welche Art und Weise auch immer – anzweifeln.

Pomponazzi, inzwischen nach Bologna gewechselt, ist ein kritischer und selbstbewusster Geist und bei seinen Studenten geschätzt für seinen Sarkasmus. Der Beschluss des Konzils provoziert ihn aufs Äußerste. Im Jahr 1516, drei Jahre nach dem Denkverbot, veröffentlicht er seine Schrift *De immortalitate animae (Über die Unsterblichkeit der Seele)*. Seine These: Wie Aristoteles in seiner Schrift über den Himmel richtig erkannt habe, unterliegt alles in der Welt den Gesetzen von Werden und Vergehen. Und wenn das stimmt, so gilt das auch für die menschliche Seele und für den menschlichen Intellekt. Deren Unsterblichkeit zu behaupten ist physikalischer Unsinn. Überhaupt, so Pomponazzi, werde das Thema überschätzt. Ein Mensch mit Charakter sucht sein Glück in einem guten tugendhaften Leben und nicht in einem Wolkenkuckucksheim. Nur die Schwachen glauben an den Himmel, die Starken dagegen meistern ihr Leben auch so. Das Paradies und die Hölle sind Erfindungen der Mächtigen, um die Gemütsschwachen zu einem ethischen Leben zu verpflichten. Zu diesem Ergebnis, fügt er am Ende listig hinzu, führe uns jedenfalls die nüchterne philosophische Sicht der Dinge. *Glauben* könne man an die Unsterblichkeit natürlich trotzdem, und auch er selbst sei dem nicht abgeneigt …

Die Schlusssätze ändern nichts. In Venedig brennt sofort der Scheiterhaufen mit Pomponazzis Traktaten. Er wird angeklagt, beschimpft und bedrängt. Der Angefeindete verteidigt sich, nur die Lehre des Aristoteles korrekt wiedergegeben zu haben. Aber er hat weit mehr getan als dies. Er hat zugleich jene Religionskritik formuliert, die später bei Karl Marx in dem Satz mündet: »Religion ist das Opium des Volkes.« So weit wird er in seinen nächsten Werken nicht mehr gehen. Denn Pomponazzi hat eine neue Idee, wie er das Christentum in seine aristotelische Naturlehre einbauen will. Danach hat der »unbewegte Beweger« des Aristoteles die Weltgesetze und Planetenbewegungen zweifellos ein für alle Mal festgelegt. Alles ist Physik, und in der Welt der Physik gibt es weder Engel noch ereignen sich dort Wunder. Allerdings gibt es so etwas wie die »magischen« Auswirkungen der Planetenkonstellationen auf das Menschenschicksal – die Astrologie. Anders als Pico, der die Astrologie als Blödsinn einstufte, ist sie für Pomponazzi eine Nebenfolge der Astronomie. Treten bestimmte Sternbilder auf, so wirken sie unweigerlich auf das Menschenschicksal und den Weltenlauf ein. Sie bringen sogar zyklisch große Propheten und Religionsstifter hervor wie Moses, Jesus und Mohammed. Ihre Religionen entstehen aus kosmischen Konstellationen; allerdings vergehen sie auch wieder mit ihnen.

Pomponazzis Thesen von der astronomisch-astrologischen Vorherbestimmtheit des Weltenlaufs werden erst nach seinem Tod gedruckt. Das Gleiche gilt für jene Schrift, mit der er eine zweite große Schlacht gegen die Kirche führt. Es ist das überaus prekäre Problem der *Willensfreiheit.* In Pomponazzis Welt der Naturgesetze gibt es keine Freiheit. Während Ficino und Pico in Florenz von der uneingeschränkten Freiheit des Menschen schwärmen, kann Pomponazzi in Bologna keine finden. Wie soll es in einer Welt, in der alles nur eine Kette von Ursache und Wirkung ist, Freiheit geben können?

Die Frage nach der Freiheit des Willens hatte schon Valla beschäftigt. Wenn der christliche Gott alles im Vorhinein weiß und alles vorherbestimmt hat, bleibe dem Menschen keine Freiheit. Auch Aristoteles helfe hier nicht weiter. Valla kritisierte, dass der gefeierte antike Philosoph das Problem des Willens völlig unterschätzt hätte. Bei Aristoteles handeln Menschen nach Maßgabe ihrer geringen oder hohen Vernunft, aber sie haben keine unverständlichen Antriebe und keine dunklen Impulse. Reale Menschen dagegen bestünden auch aus einander widerstreitenden Impulsen und nicht nur aus einander widerstreitenden Einsichten. Vallas Kritik an der Willensfreiheit trifft die Theologie und die aristotelische Psychologie gleichermaßen. Dass der Mensch frei sei, sei weder mit dem Christentum noch mit Aristoteles zu beweisen. Das Einzige, was bleibe, sei, an die Freiheit des Willens zu *glauben*.

Pomponazzi geht einen anderen Weg. Er hält die Welt nicht durch den christlichen Gott für vorherbestimmt, sondern durch die kosmische Physik. Brüder im Geiste findet er dabei in den antiken Stoikern. Auch Zenon von Kition und seine vielen Nachfolger hatten einen unveränderlichen Weltenlauf angenommen. Dieser legt das Schicksal des Menschen von vornherein fest. Seltsamerweise, so argumentiert Pomponazzi, sei Aristoteles nicht aufgefallen, dass seine Lehre von der Willensfreiheit widersprüchlich ist. Eine durch und durch physikalische Welt kennt keine Spielräume. Alles geht von einer ersten Ursache aus und bewegt damit alle sekundären Ursachen. Auch das Handeln des Menschen geschieht aus Ursachen heraus, das wiederum Ursache für weiteres Handeln ist. Ebenso argumentieren heute Naturwissenschaftler, die von der Freiheit des Willens nichts wissen wollen. Für viele Neurobiologen folgen Menschen schlichtweg ihren festgelegten neuronalen Handlungsmustern und der freie Wille sei lediglich eine Illusion. Es ist eine der spannendsten Debatten der gegenwärtigen Philosophie und wird später unter den Problemen der Philosophie der Gegenwart ausführlich behandelt. Hier soll genügen, dass Pomponazzi bei seiner Kritik am freien Willen bereits Zuflucht zu jener Gedankenfigur nimmt, die der US-amerikanische Hirnforscher *Benjamin Libet* (1916–2007) Ende der Siebzigerjahre den »freien Nicht-Willen« nennen wird. Danach können wir zwar nicht wollen, was wir wollen. Aber wir können immerhin Nein zu dem sagen, was ein Impuls in unserem Gehirn uns vorschreiben will.

Pomponazzi stirbt 1525 in einer völlig anderen Welt als die, in die er 1462 hineingeboren war. Der starke Anblick des neuen Menschen hat ein weites Feld für Interpretationen freigegeben, eine Welt des Lichts und der Schatten, der Weite und der Enge zugleich. Der lange Blick in die Geschichte hat die Augen dafür geöffnet, dass die Menschheit nicht nur eine glorreiche antike

Vergangenheit hat, sondern vielleicht auch eine ebensolche Zukunft. Was die Zentralperspektive der Malerei gibt – einen tiefen Raum –, das entdeckt man auch für die Gesellschaft und das Individuum. Doch ist dieser Raum tatsächlich von Licht erfüllt wie bei Ficino oder doch von Albträumen wie bei Alberti? Ist er offen, weit und schier unbegrenzt wie bei Pico oder nur physikalisch determinierter Mechanismus wie bei Pomponazzi? Und welchen Platz soll der Mensch in der Welt einnehmen, wenn Natur und Gesellschaft nicht mehr zur Deckung gebracht werden können? Wenn es keinen Ort gibt, an den Gott den Menschen gestellt hat, sondern nur eine physikalische Natur und eine ebenso dynamische veränderbare Gesellschaft?

Doch nicht nur die inneren, auch die geografischen Koordinaten haben sich verschoben. 1492 trifft Christoph Kolumbus ins Schwarze, als er ins Blaue segelt, und entdeckt Amerika für die Europäer – mit schwerwiegenden negativen Folgen für die italienischen Kaufmannsstädte! Das Mittelmeer verliert an Bedeutung, der Atlantik wird wichtiger. Die neuen Großmächte heißen Frankreich und vor allem Portugal und Spanien. 1492 stirbt Lorenzo il Magnifico, die politische Lichtgestalt der florentinischen Renaissance. Und zwei Jahre später malt der zweiundvierzigjährige Leonardo da Vinci den großen Augenblick vor dem schicksalhaften Verrat an die Stirnwand des Refektoriums der Konventskirche von Santa Maria delle Grazie in Mailand: *L'Ultima cena* – Das letzte Abendmahl …

Papst und Fürst

Im April 1506 beginnt der Bau der größten Kirche der Christenheit. Immer wieder haben die Renaissance-Päpste vergeblich versucht, die alte Basilika von Sankt Peter mit ihren zahlreichen An- und Nebenbauten zu modernisieren und zu erweitern. Papst Julius II. aber plant größer. Sein Baumeister Donato Bramante soll ihm ein völlig neues und viel gewaltigeres Gotteshaus bauen. Haben andere Sankt Peter nicht längst übertroffen? Nur die Pest hat verhindert, dass der Dom von Siena im 14. Jahrhundert der größte aller Dome wurde. Im Jahr 1436 weiht Filippo Brunelleschi seine berühmte Kuppel des Doms von Florenz ein und krönt damit die nun größte Kirche des christlichen Erdkreises. Sankt Peter in Rom dagegen war ein Flickwerk geblieben, in den Schatten gestellt von einer Kirche der Kaufleute mit weithin sichtbarem Machtanspruch.

Julius II. ist kein Fantast. Der neue Mann auf dem Stuhl Petri ist ein machtbewusster Stratege; er spielt Schach, eiskaltes Schach. Hat die Papstkirche ihre Macht weithin an die Kaufmannsstädte, die Händler und Bankiers verloren, so wird sie nur unter einer Bedingung Bestand haben: Sie muss die anderen italienischen Stadtstaaten übertreffen, an Einfluss, an Autorität, an Landbesitz und an Prunk. Nur wer die weltliche Vorherrschaft ausübt, wird in der neuzeitlichen, wenig spirituellen Welt auch die Macht haben, den geistigen Führungsanspruch zu behaupten. Zwar wird sich der Neubau von Sankt Peter mehr als hundert Jahre hinziehen und zahlreiche Baumeister verschleißen – doch das Kalkül des Papstes, die Macht der Kaufmannsstädte zu brechen, geht weitgehend auf.

Der Papst denkt und handelt wie ein Territorialfürst. Er führt Krieg gegen Venedig und gegen die in Italien inzwischen vorherrschenden Franzosen. Und er überfällt Städte und Dörfer, die er dem Machtbereich des Kirchenstaats einverleibt. Gleichzeitig erleben wir ihn als kunstsinnigen Mäzen, der sich seine Privatgemächer und Amtsräume von Raffael ausmalen lässt, unter anderem mit der berühmten *Schule von Athen.* Als Baumeister träumt er von einem völlig neuen, prächtigeren Rom, das Bramante ihm errichten soll. Und zwischen August und November 1506, wenige Monate nach der Grundsteinlegung des Petersdoms, erleben wir ihn als Gastgeber eines florentinischen Diplomaten, nach Rom gesandt, um die Absichten und Ziele des Papstes zu erkunden: *Niccolò Machiavelli* (1469–1527).

Machiavelli ist ein guter Beobachter, ein Menschenkenner, und er durchschaut den Papst sofort. Der aus verarmten Verhältnissen stammende Florentiner hatte eine erstaunliche politische Karriere gemacht. Im Jahr 1498 hat er sein erstes Amt als Staatssekretär erhalten, unmittelbar nach der Hinrichtung Savonarolas. Sein Metier ist die Außen- und Verteidigungspolitik, und sein Amt fällt in die Zeit fortwährender kriegerischer Auseinandersetzungen. Als Gesandter und Unterhändler seiner Heimatstadt lernt Machiavelli schnell die Tücken, Nöte und Notwendigkeiten der Realpolitik kennen. Er begegnet dem schillernden und skrupellosen Renaissancefürsten und Warlord Cesare Borgia und verhandelt mit dem französischen König Ludwig XII. Zu Hause stellt er eine Bürgermiliz auf, die das korrupte und wankelmütige Söldnerheer ersetzen soll.

Nach seiner Zeit im Vatikan dient Machiavelli weiter als Diplomat und führt seine Bürger- und Bauernmiliz zum Sieg über das abtrünnige Pisa. Als der Konflikt zwischen dem Papst und den Franzosen eskaliert, gerät Florenz zwischen die Fronten. Machiavelli führt Krieg, konsultiert beide streitenden Parteien, verhandelt und interveniert. Doch der Erfolg bleibt aus. Am Ende müssen sich die Florentiner mit einer dicken Geldsumme von der Zerstörung ihrer Stadt durch die Truppen des Papstes freikaufen, nachdem sie sich zuvor auf die Seite der unterlegenen Franzosen geschlagen haben. In Florenz kommt es zum Machtwechsel. Die Medici, seit der Herrschaft Savonarolas im Exil, übernehmen 1512 wieder die Stadt und entmachten alle ihnen unliebsamen Amtsträger. Machiavelli verliert seinen Posten und wird bald darauf eines Umsturzversuchs bezichtigt. Man nimmt ihn gefangen und foltert ihn. Begnadigt zieht er mit seiner Frau und seinen sechs Kindern vor die Tore der Stadt aufs Land. Hier schreibt er jenes Werk, das ihn auch aus philosophischer Sicht bedeutend macht: *De principatibus (Von den Fürstentümern)*, berühmter unter dem Titel *Il Principe (Der Fürst)*.

Die Drucklegung des Werks wird erst 1532 vom Papst genehmigt. Doch seit 1513 kursieren Abschriften in Florenz und anderswo. Machiavellis Grundstimmung ist abgeklärt bis zynisch. Sollte er je politische Illusionen gehabt haben, wie mancher Biograf vermutet, so ist er sie nun los. Als staatsphilosophisches Werk steht *Der Fürst* auf den Trümmern der ober- und mittelitalienischen Stadtstaaten. Ihren Niedergang gegenüber dem französischen Flächenstaat und dem territorial gewordenen Vatikan vor Augen, beides »Monarchien«, zieht Machiavelli völlig ernüchterte Schlüsse. Kaum etwas könnte weiter vom Optimismus Ficinos oder Picos entfernt sein, als seine profanen Schlussfolgerungen über den Menschen, die Moral, die Gesellschaft und die Macht. Und hat Ficino sich am platonischen Ideal orientiert, so legt Machiavelli all die vielen ganz realen und oft bitteren Erfahrungen mit Menschen und Mächten in die Waagschale, die er selbst in den fünfzehn Jahren seiner politischen Tätigkeit gesammelt hat.

Bislang haben die italienischen Philosophen bei ihren staatsphilosophischen Betrachtungen meist bei Aristoteles' *Politik* angeknüpft. In dieser Tradition hat Dante Alighieri für ein »Weltkaisertum« plädiert und Marsilius von Padua für ein souveränes Volk, das seinen Herrscher dann abwählen darf, wenn er gegen das Allgemeininteresse verstößt. In beiden Werken, so unterschiedlich ihre Schlüsse auch sind, geht es um den Staat als zeitgemäße Form der »Polis«, wie Aristoteles sie einst in Athen vor Augen hatte. Doch Machiavelli bricht mit dieser Tradition. Die Grundfrage Platons und Aristoteles', welche Herrschaft moralisch am besten zu legitimieren sei, stellt sich ihm nicht mehr. Für den ernüchterten Realpolitiker gehören moralische Grundsätze nicht zur Politik, ebenso wenig wie religiöse Fundierungen. Je weniger Moral und Religion, umso mehr Raum für kühl abwägenden Pragmatismus. Dass alle sich über die Moral legitimieren – der unausgesetzt Krieg führende Papst ebenso wie der machtgierige französische König oder die heimtückischen Oligarchen der Kaufmannsstädte –, ist für Machiavelli ein Fluch und kein Segen. Denn ohne praktische Absicht und hinterlistigen Vorteil verweise niemand auf die Moral. Sie ist ein Herrschaftsinstrument und verhindert keine Verbrechen. Ganz im Gegenteil. Jeder Verbrecher hat noch stets seine eigene Moral.

Politik nicht auf Moral oder gar Religion zu gründen bedeutet allerdings nicht, keine Ziele zu haben. Machiavelli träumt von einem mächtigen Fürsten, der ein starkes Italien regiert. Er will an den Kaufmannsstädten retten, was seines Erachtens gut an ihnen gewesen war. Sein politischer Impuls ist klar. Er möchte denkend das politische Besteck zur Verfügung stellen, das ein starker Herrscher Italiens für die Zukunft benötigt. Politik ist für ihn weder ein höherer moralischer Auftrag noch eine Laune des Schicksals, sondern die Kunst des angemessenen Handelns. Die meisten Denker und Politiker hätten bislang zu idealistisch oder zu eng über Politik nachgedacht und seien folgerichtig enttäuscht worden. Ein Politiker auf der Höhe der Zeit aber handle stets rational. Er erstrebe den größtmöglichen Konsens und sichere seine Macht, um die Gesellschaft zu schützen und zu stabilisieren. Dabei behalte er sich alle Mittel vor, die die Notwendigkeit politischer Vernunft gebietet. Selbst Grausamkeit und Verrat sind legitim, wenn es ohne sie nicht geht.

Man hat Machiavelli später viel gescholten. Ein Machiavellist ist ein gewissenloser Mensch, ein skrupelloser Opportunist. Aber es geht Machiavelli nicht darum, einen zynischen und amoralischen Herrscher schönzureden. Er sieht Opportunismus und Skrupellosigkeit nicht als Ziel, sondern als Mittel der Politik, wenn die Situation keine andere Wahl bietet. Das Ausüben von Herrschaft betrachtet er auf neue Weise rein instrumentell. Mit dem gefühlskalten Julius II. und dem mit allen Abwässern gewaschenen Cesare Borgia hat er eindrucksvolle Vorbilder in der Realität. Sie nötigen ihm Respekt ab, selbst wenn er sie nicht zu Idealen verklärte. Ihm gefällt, wie diese Artisten der Macht von ihren Kontrahenten stets das Schlimmste erwarten, um angemessen darauf reagieren zu können.

Machiavelli sieht Machterhaltung um jeden Preis als legitimes

Ziel von Politik an und betritt damit neues Terrain. Der gerechte Staat, um den Griechen wie Römer rhetorisch und philosophisch viel Aufhebens gemacht haben, ist für ihn schlichtweg der starke Staat. Auf die Herrschaft eines einzelnen Fürsten kommt es ihm dabei, anders als früher Dante, nicht an. Immerhin verfasst Machiavelli zeitgleich mit seinem *Fürst* eine umfangreiche Abhandlung über die *Römische Geschichte* des Titus Livius. Bewundernd lobt er darin die Republik des alten Rom. Republiken sind für ihn »Staaten, in denen das Volk Fürst ist«. Das sind ganz andere Töne als im *Fürst,* aber in der Quintessenz ist es für Machiavelli fast das Gleiche. Was wirklich zählt, ist der machtbewusste Staat. Nur in ihm sind alle Bürger befriedet und zureichend geschützt.

Wie wenig es Machiavelli um die Fürstenherrschaft geht, zeigt sein weiteres Schicksal. Zweimal unterbreitet er seiner Heimatstadt Vorschläge für eine republikanische Verfassung. Doch die Medici wollen davon – äußerst naheliegend – nichts wissen. Um Geld zu verdienen, verfasst der in Ungnade lebende Exdiplomat eine Geschichte von Florenz, in der die Medici weit besser wegkommen, als Machiavelli die Dynastie tatsächlich sieht. Diese Schmeichelei wird ihm zum Verhängnis, als die Kaufmannsfamilie 1527 für immer aus der Stadtregierung vertrieben wird. Für den alten Staatssekretär hat die neue Republik Florenz keine Verwendung. Kurz darauf stirbt Machiavelli im Alter von achtundfünfzig Jahren. Die von ihm erträumte rationale Herrschaftspolitik wird sich nicht durchsetzen. Vielmehr vergrößert sich das moralische und weltanschauliche Chaos über die Maßen. Zehn Jahre vor Machiavellis Tod hat ein Theologieprofessor aus Wittenberg seine »95 Thesen« bekannt gemacht und damit eine Lawine ausgelöst. Der Name dieses Mannes war Martin Luther …

Diesseits und Jenseits

Lob der Torheit – Erasmus und Luther – Gnade und Ungnade – Utopia

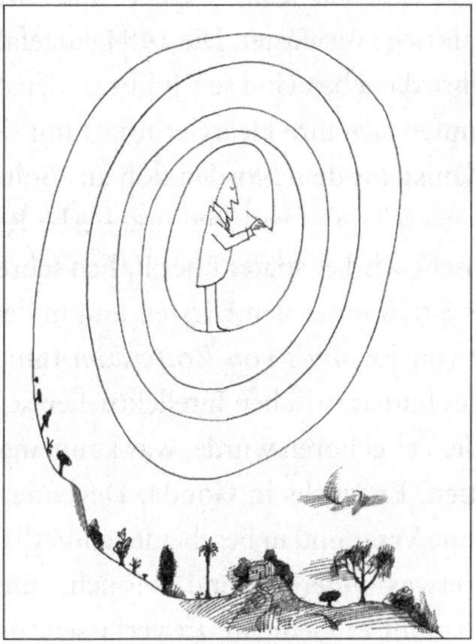

Lob der Torheit

Im Juli 1509 – Machiavelli ist noch in Amt und Würden – überquert ein feinsinniger Gelehrter den schweizerischen Splügenpass von Chiavenna aus Richtung Chur. Zu Pferde ist er vom Comer See aufgebrochen, um über Konstanz, Straßburg, Antwerpen und Löwen nach London zu reisen. Drei Jahre hatte er sich in Italien aufgehalten, war in Turin zum Doktor der Theologie promoviert worden und hatte die »heiligen Stätten« des Humanismus besucht – Venedig, Bologna, Florenz, Padua, Rom und Neapel. Doch der gelehrte Herr interessierte sich nicht für die Kathedralen, die öffentlichen und privaten Palazzi und die prächtigen Kunstwerke. Selbst der Bau des Petersdoms blieb unerwähnt. Dem Schriftgelehrten, der in den drei Jahren sein Griechisch verbesserte und verfeinerte, war es um den Austausch mit den italienischen Denkern gegangen. Ein Netz hatte er spinnen wollen zwischen den großen Intellektuellen seiner Zeit. Doch der Reisende kam zur falschen Stunde. Ober- und Mittelitalien sind durch Territorialkriege verwüstet. Die 1494 eingefallenen Franzosen tragen das Ihre dazu bei. Und seit Julius II. der starke Mann in Rom ist, bekämpfen sich ihre Heere erbittert mit denen des Vatikans. Der Humanist aus dem Norden floh aus Bologna nach Florenz. Er hatte seinen Traum verloren und herbe Realität gewonnen. Tief enttäuscht wird er später über Italien schreiben, über die Verwerfung der Sitten unter den Fürsten und in der Papstkirche.

Die Rede ist von *Erasmus von Rotterdam* (um 1467–1536), dem Prototyp des humanistischen Intellektuellen schlechthin. Das Rotterdam, in dem er geboren wurde, war kaum mehr als ein kleiner Fischereihafen. Er wuchs in Gouda, Deventer und 's-Hertogenbosch auf ohne Vater und in bescheidenen Verhältnissen. 1487 wird Erasmus, etwas widerstrebend, Mönch, fünf Jahre später Priester. Früh beginnt er Gedichte zu verfassen, dazu zahlreiche Briefe und eine erste Schrift. Darin lobt er das Klosterleben und die Entsagung von der Welt, die Abgeschiedenheit und den Genuss des Lesens. Später wird er sich von dieser Lobhudelei distanzieren und nur noch das ursprüngliche Mönchsleben in der Antike rühmen, nicht aber das zeitgenössische. 1493 darf er das Kloster verlassen und wird Sekretär des Bischofs von Cambrai. In Brüssel kommt er in Kontakt mit dem burgundischen Hof. Es ist eine spannende Zeit, die Kaufmannsstädte Brüssel, Brügge, Gent, Antwerpen und Löwen sind aufstrebend und blühend. Erasmus gewinnt Freunde unter den niederländischen Humanisten. Und wie sie attackiert er die mittelalterliche Scholastik und fordert eine »moderne« griechisch-römische Bildung.

Zwei Jahre später studiert der achtundzwanzigjährige Erasmus an der Sorbonne in Paris. Sogleich lernt er die Strenge und

Freudlosigkeit der Theologen in seinem Collège zu hassen. Die Welt der Religion bereitet ihm immer weniger Freude. Aufgenommen in den Zirkel der Intellektuellen, schwärmt er stattdessen vom ewigen Ruhm, den ein Mensch in der literarischen Welt gewinnen könne, unsagbar glorreicher als aller Ruhm in der Politik. Als Erzieher eines jungen englischen Barons kann er 1500 Paris verlassen. Sofort erhält der weitgehend unbekannte Niederländer Zugang zur hehren Welt des englischen Adels und des Besitzbürgertums. Auch in England gibt es »Humanisten«. Sie leben auf Gütern und Burgen und in Herrenhäusern, und ihre Manieren sind so fein wie ihr literarischer Stil. Fasziniert ist Erasmus vor allem von dem blutjungen charismatischen Juristen *Thomas More* (1478–1535). Ihre Freundschaft wird alle Unbilden der Zeit überdauern.

In den folgenden Jahren pendelt Erasmus zwischen den Niederlanden, Paris und England. Er schreibt ein Buch über antike Sprichwörter und Redensarten, das ihn unter den Humanisten bekannt macht, und bald darauf ein *Enchiridion militis Christiani (Handbüchlein des christlichen Streiters)*. Darin verteidigt er die wahre Frömmigkeit gegen falsche Begierden und hohle Regeln und Zeremonien. Ein wahrer Christ orientiert sich nicht an Äußerlichkeiten, er bittet Gott nicht um Reichtum und Gesundheit, und er entwürdigt seinen Glauben nicht durch ständiges sinnentleertes Beten und Kerzenanzünden. Das Buch, heute ein Klassiker der Reformation, wird von den Zeitgenossen zunächst kaum wahrgenommen. Erasmus, der sich noch immer mit wenig Geld durchs Leben schlagen muss, ist enttäuscht. 1506 erhält er die Chance, die Söhne des Hofarztes Heinrichs VII. nach Italien zu begleiten. Was folgt, ist die dreijährige Reise durch Ober- und Mittelitalien.

Als Erasmus 1509 wieder in London eintrifft, hat England einen neuen König. Der erst siebzehnjährige Henry Tudor hat soeben den englischen Thron bestiegen – als Heinrich VIII. Die humanistische Welt erwartet Großes von ihm. Erasmus zieht sich zurück, um ein Buch zu schreiben, das schnell seinen Ruhm begründen wird: *Laus stultitiae (Das Lob der Torheit)*. Als er durch Italien zog, hatte er die Satiren des antiken Dichters Lukian dabeigehabt. Offensichtlich hatte er darin Zuflucht gesucht, wenn ihn die Menschen und die Zeitläufte arg enttäuscht hatten. Nun verfasst er selbst ein Buch im Stil Lukians und widmet es seinem »lieben More«. Erasmus lässt »Frau Torheit« das große Wort führen und für die Dummheit und die Verblendung werben. Denn was, wenn nicht ihre Torheit, bringe Menschen dazu, heiter und fröhlich zu sein? Die Welt wolle halt getäuscht sein, und im Banne der Torheit zu stehen heiße Mensch zu sein. Besser, man lasse sich täuschen, als man lasse sich nicht täuschen. Ein ganzer Katalog von menschlicher Dummheit, Eitelkeit und Kurzsichtigkeit tut sich auf. Besonders dumm sind für Erasmus vor allem die, die sich selbst für weise und gescheit halten. Mit kaltem Spott überzieht der niederländische Humanist die kirchlichen Würdenträger und Professoren. Er amüsiert sich über ihre »Unzahl viel feinerer Wortklaubereien: die Verstandesbegriffe, die Verhältnisse, die Momente, die Formalitäten, Quidditäten, Ecceitäten – alles reine Phantasiegeburten, die niemand zu sehen oder zu erkennen imstande ist, er müßte denn gerade so scharfe Augen haben, daß er durch die schwärzeste Finsternis hindurch Dinge zu unterscheiden vermag, die nirgends existieren«.[7]

Selbst der Papst macht bei Erasmus keine Ausnahme in der Welt der Narreteien. In Erinnerung an seine Rom-Reise stellt er ihn bloß und enttarnt ihn als unchristlichen Heuchler. Die Ablehnung sitzt tief. Als Julius II. 1513 stirbt, schickt Erasmus ihm anonym die Schrift *Julius vor der verschlossenen Himmelstür* hinterher. Darin verteidigt sich der Papst mit der fragwürdigen Lebensleistung, viel Geld angehäuft zu haben, und rühmt sich seiner Kriege und Siege, seiner Vertragsbrüche und Verheerungen und seiner Triumph-Feste. »Obwohl ich schon im Sterben lag«, lässt Erasmus ihn vor Petrus protzen, »habe ich doch eifrig dafür gesorgt, dass die Kriege, die ich auf der ganzen Welt angestiftet habe, nicht beigelegt werden … Weigerst du dich auch jetzt noch, dem Papst, der sich so um Christus und die Kirche verdient gemacht hat, die Pforte des Himmels zu öffnen?«[8] Vier Jahre später folgt Erasmus' *Querela pacis* (*Klage des Friedens*) ein leidenschaftliches Plädoyer für den Frieden und eine heftige Schelte der Kriege des Vatikans.

Aus dem ehemaligen Mönch Erasmus ist ein frommer Kirchenkritiker geworden. Mit scharfer Zunge und spitzer Feder verteidigt er den »authentischen« Glauben gegenüber jenen, die meinen, in seinem Namen zu sprechen, und ihn missbrauchen. Doch die dringend notwendige Reform und die große Umwälzung der Kirche gelingen ihm trotz seines enormen Netzwerks von gleichgesinnten Brieffreunden in ganz Europa nicht. Sie werden einem Mann vorbehalten sein, der nicht annähernd das intellektuelle Format von Erasmus hat, dafür aber ein von keinem Zweifel getrübtes Selbst- und Sendungsbewusstsein und einen unbändigen, mitunter äußerst brutalen Willen …

Erasmus und Luther

Um eine Zeit, eine Kultur, gar eine Epoche zu verstehen, reichen die Schicksalsbeschreibungen einzelner Menschen nicht aus. Das Gefilz von Kräften und der sogenannte Zeitgeist äußern sich auch nicht in einzelnen Sätzen oder Begriffen. Das Wort »Reformation«, das heute als Schlagzeile oder Epochentitel über dem 16. Jahrhundert liegt, meint vielerlei und viel Widersprüchliches. Nicht anders verhält es sich mit den Worten »Freiheit« und »Gnade«, die die Streiter der Reformation wie gut verschlossene Gefäße einander weiterreichen und vor sich hertragen. Doch nahezu jeder meint dabei etwas anderes.

Das 16. Jahrhundert ist keine Zeit großer philosophischer Systeme. Es ist eine Zeit der Unruhe und des Unbehagens, der Nervosität und des Aufruhrs, der Suche, der Traktate und der

Flugschriften. Mit der mittelalterlichen Ordnung ist etwas Althergebrachtes zu Ende gegangen. Aber es ist völlig unklar, welchen Segen das diffuse Neue den Menschen bringen wird. In den Städten verlieren die Zünfte an Einfluss, die Preise werden von »Gottespreisen« zu »Marktpreisen«, Spekulation und Wucher sind nicht mehr unchristlich. Süddeutsche Kaufmannsfamilien wie die Fugger und die Welser avancieren zu internationalen Geldhäusern mit unermesslichem Reichtum. Derweil steigen in den Städten die Steuerlasten und die Getreidepreise. Ob Missernten oder Agrarkonjunktur – auf dem Lande verarmen die Bauern. Aus der Grundwirtschaft ist eine neue Gutsherrschaft des Adels geworden, und aus Bauern als Pächtern werden Arbeitswerkzeuge.

All dies bekommt auch Erasmus zu sehen, als er zwischen 1514 und 1519 in fünf ausgedehnten Reisen Deutschland besucht. Zu Anfang wähnt er sich fast im Paradies, so sehr umschmeichelt man ihn dort, feiert ihn und sucht seine Nähe und Freundschaft. Doch schnell lernt er die Schattenseiten des Landes im Umbruch kennen. Man bittet Erasmus um eine Stellungnahme im Streit um den schwäbischen Humanisten *Johannes Reuchlin* (1455–1522). Der tapfere Gelehrte hatte sich geweigert, einen antisemitischen Hassprediger zu unterstützen, und wird deshalb von den Dominikanern in Köln arg bedrängt. Erasmus schlägt sich auf Reuchlins Seite und erkennt die gefährliche Gemengelage im Reich. Verunsicherte Menschen neigen dazu, ihr Heil in der Vergangenheit zu suchen und diese zu verklären. In diesem Sinne spricht auch Erasmus von Rotterdam von einer »reformatio als regeneratio«, der Wiederherstellung einer alten Ordnung. Aber wie immer bei der Sehnsucht nach einem besseren Gestern ist nie ganz klar, was genau gemeint ist. Zudem gibt es, wie der österreichische Schriftsteller Robert Musil formulierte, in der Geschichte der Menschheit kein freiwilliges Zurück.

Wer sich in seiner Zeit nicht mehr zurechtfindet, sucht ein Fundament und nicht selten ein Zuviel davon: einen Fundamentalismus. Die häufigsten Fluchtziele sind entweder die Religion oder

der Nationalismus – vor fünfhundert Jahren nicht anders als heute! Und tatsächlich gilt das 16. Jahrhundert in Deutschland als das frömmste, das es je gab. Zugleich wächst fast überall auf deutschem Boden der Nationalismus. Bereits Mitte des 15. Jahrhunderts hatten sich die Beschwerden der deutschen Fürsten und Kleriker gegen die Papstkirche gemehrt. Wie stets ging es ums Geld und um die Vergabe von Posten und Ämtern. Wie viel aus den Pfründen stand Rom zu und wie viel dem Adel und dem heimischen Klerus? In Frankreich waren die Macht des Papstes schon zu Anfang des 14. Jahrhunderts von Philipp IV., dem Schönen, gebrochen und die Einkünfte der Kurie stark beschnitten worden. In Deutschland hingegen hatte die Papstkirche sich durch das Wiener Konkordat ihre Privilegien sichern können. Die wichtige Rolle, die Cusanus dabei spielte, wurde bereits erwähnt.

Als Erasmus im Jahr 1514 nach Straßburg, Basel und Konstanz kommt, begegnet ihm ein stark anschwellender Nationalismus. Wo er selbst unschuldig von »meinem Deutschland« schwärmt, sehen andere die Gelegenheit, den berühmten Humanisten als »Zierde Deutschlands« und »deutschen Sokrates« vor ihren nationalen Karren zu spannen. Mehrmals fordert man ihn auf, sich als »Deutscher« zu bekennen. Gerade zwei Jahre ist es her, dass auf dem Reichstag in Köln zum ersten Mal vom »Heiligen Römischen Reich Deutscher Nation« gesprochen wurde – in Wahrheit ein Flickenteppich von Kleinstaaten, lose zusammengehalten durch Kaiser und Reichstage.

In dieser brodelnden Atmosphäre verbreitet der bis dahin weithin unbekannte Augustinereremitenmönch *Martin Luther* (1483–1546) im sächsischen Wittenberg fünfundneunzig Thesen. Wie so viele seiner Zeitgenossen lehnt Luther den Ablasshandel ab. Der Orden der Augustinereremiten liegt hierbei mit den Dominikanern im Clinch, die das einträgliche Geschäftsmodell betreiben. Erstaunlich an der Sache ist nur, dass es in Wittenberg, wie überall in Sachsen, gar keinen Ablasshandel gibt! Betroffen sind nur das benachbarte Brandenburg und das Erzstift Magdeburg.

Hier zieht zu dieser Zeit der Dominikanermönch Johannes Tetzel umher. Die »Ablassbriefe«, die er verkauft, versprechen den Gläubigen nicht nur die Reinigung ihrer Sünden gegen Geld, sondern gleich einen ganzen Freibrief fürs Himmelreich. Luther, der einige Jahre zuvor in Rom selbst Ablassbriefe gekauft hat, gehen diese Blankoschecks fürs Paradies zu weit.

Doch das Gezänk in der sächsischen Provinz hat noch eine andere, eine eminent politische Dimension. Denn Tetzel ist nicht zufällig mit seinen Ablassbriefen unterwegs. Um sich für das einflussreiche Amt des Erzbischofs von Mainz in Stellung zu bringen, muss Albrecht von Brandenburg, der jüngere Bruder des dortigen Kurfürsten, immense Gelder auftreiben. Allein der Papst verlangt für seine Wahlhilfe mehr als 20 000 Gulden. Unter Julius II. ist die Kirche ein kühl kalkulierendes Finanzunternehmen auf der ständigen Suche nach Geldschneiderei und Profit. In dieser Lage macht Albrecht einen Deal mit Rom. Er nimmt einen Kredit bei den Fuggern auf, zahlt dem Papst das Geld, wird Erzbischof und refinanziert die Ausgaben über den Ablasshandel. Offiziell gilt der Erlös dem Bau des Petersdoms und der Finanzierung des Krieges gegen die Türken. Tatsächlich aber hilft er mindestens zur Hälfte Albrecht und den stets mit den Ablasspredigern mitreisenden Fugger-Leuten, das geliehene Geld einzutreiben.

Es spricht nicht viel dafür, dass Luther diesen politischen Hintergrund durchschaut hat. Weder möchte er der Kirche ihr kapitalistisches Gebaren austreiben noch für seinen Landesherrn, Friedrich den Weisen, den verhassten Konkurrenten Albrecht angreifen. Er will, dass die Kirche keine Blankoschecks verteilt und damit alle Seelsorge überflüssig macht; ein Thema, über das in Wittenberg zunächst kaum jemand mit ihm diskutieren will. Und doch wird Luthers Sturmlauf gegen die Ablasspraxis zum Fanal, denn ausländische Drucker verbreiten seine Thesen in halb Mitteleuropa. Und auch die Schriften, die er in kürzester Zeit hinterherschickt, erregen die Gemüter von der Elbe bis in die Niederlande.

Erasmus sieht Luthers überraschenden Aufstieg zur Galionsfigur der Reformation mit gemischten Gefühlen. Immer wieder nimmt er ihn gegen schnelle Verurteilungen in Schutz, doch gemein machen möchte er sich mit dem furiosen Sachsen nicht. In seinen Briefen an den Reformator lobt er dessen Leistungen, kritisiert aber zugleich dessen Fehlleistungen. Und Erasmus missfällt vieles. Ihn stört, dass Luther nach anfänglichem Zögern den Papst direkt angreift. Erasmus hält dies für eine Sache der Fürsten. Mehr noch stört ihn die von keinem Zweifel getrübte Rechthaberei Luthers. Humanisten wie Erasmus diskutieren ihre Standpunkte in Briefen, aber sie proklamieren keine Thesen wie Luther oder die Scholastiker des Mittelalters. Sie drohen auch nicht allen Andersdenkenden die Hölle und das Fegefeuer an, wie Luther es in zunehmendem Maße tut. Und Erasmus erschrickt vor Luthers rückwärtsgewandter Gnadenlehre. Wie Paulus, Augustinus und mit ihnen die Papstkirche des Mittelalters sieht Luther das menschliche Schicksal als vorherbestimmt an. Gott in seiner Gnade legt fest, welche Menschenseele nach dem Tode errettet wird und welche nicht. Wen sein Wille zum Bösen drängt, kann nichts dagegen tun, wählen kann er nur zwischen verschiedenen Möglichkeiten der Sünde. Ein radikaler Zweifel an der Willensfreiheit, aber mit einer ganz anderen Motivation formuliert als bei Pomponazzi, den Luther nicht kennt. Für Luther geht es darum, sich Gottes Ratschluss zu unterwerfen, weil alles »Rennen und Laufen« unnütz ist – denn entweder reitet uns Gott oder der Teufel. *Sola gratia* nennt Luther sein Prinzip: »allein durch Gnade«.

Erasmus sieht sehr genau, dass Luthers Reformation bestürzende Lösungen für richtig gestellte Fragen enthält. So verteidigt der Seelsorger aus Wittenberg auf der einen Seite die Freiheit, nur Gott untertan zu sein und nicht der Kirche. Seine Schrift *Von der Freiheit eines Christenmenschen,* mit der er sich 1520 gegen die päpstliche Androhung eines Kirchenbanns verteidigt, geht vielen Anhängern der evangelischen Kirche bis heute ans Herz. Ein Christenmensch, schreibt Luther, sei ein freier Herr über alle

Dinge und niemand untertan. Zugleich aber sei er ein dienstbarer Knecht aller Dinge und jedermann untertan. Als Gottes Geschöpf ist der Mensch keiner Kirche verpflichtet, sondern nur Gott und seinem eigenen Handeln. Luthers Sicht der Freiheit, die sich in diesem Punkt nicht von der Tradition der Mystik unterscheidet, wird später vielfach zur Geburtsstunde christlicher Freiheit verklärt werden, nicht zuletzt von Georg Wilhelm Friedrich Hegel.

Doch Luthers Freiheit ist beileibe nicht so freiheitlich gemeint, wie die evangelische Kirche sie heute interpretiert. Denn der Sachse schränkt sie zugleich drastisch ein, indem er das Menschenschicksal allein Gottes Gnade anheimstellt und nicht den eigenen Anstrengungen! Und so berechtigt Luther die Autorität der Papstkirche anzweifelt, so unberechtigt ersetzt er sie durch die Autorität seiner eigenen Worte, die er nun seinerseits für die christliche Wahrheit schlechthin hält. Hatten nicht nahezu alle klugen Philosophen des Mittelalters gelehrt, die Bibel *nicht wörtlich* zu nehmen, sondern *ernst?* Luther aber pocht auf ebenjene wörtliche Bibelauslegung *(sola scriptura)*, die die Intellektuellen längst überwunden geglaubt hatten. Für ihn ist die Welt von Gott in sechs Tagen geschaffen worden, Bibelwort ist Bibelwort, und von einem mehrfachen und bildlichen Schriftsinn will der Reformator nichts wissen. Widerspricht die Geschichte von Adam und Eva unserer Vernunft, so liegt das nicht an der Bibel, sondern an der Vernunft.

Seit dem Einspruch, der »Protestation«, gegen die Ächtung Luthers auf dem Reichstag zu Speyer 1529 spricht man von dessen Anhängern als »Protestanten«. Sie verfechten nicht nur die Lehre von der Vorherbestimmtheit des menschlichen Lebens (Prädestination), sondern legen auch das Abendmahl anders aus. Im Gegensatz zur Papstkirche glauben Protestanten nicht, dass während der Eucharistie Brot und Wein tatsächlich zum Leib und Blut Christi werden. Doch über die Frage nach der spirituellen oder rein symbolischen Anwesenheit Christi beim Abendmahl werden sich Lutheraner und »Reformierte« heillos zerstreiten. Gemeinsam bleibt ihnen vor allem der starke persönliche Gottesbezug.

Das Kirchenpersonal wird entheiligt und die Sakramente reduzieren sich auf Taufe und Abendmahl.

Luthers Glaube ist fest und trotzig, und er nimmt niemanden ernst, der anderer Meinung ist als er selbst. Dafür ist ihm jedes Mittel recht, um die eigene Auffassung durchzusetzen. Sein Lieblingswort in der Verdammnis aller Kritiker und Andersdenkender ist »teuflisch«. Kein zweiter Theologe, nicht mal der hartgesottenste Inquisitor, dürfte so viel vom Teufel geredet haben wie Luther. Jeden, der seine Ansichten relativiert oder sie nicht teilt – ob eigenständig denkende Weggefährten oder die skeptischen Juden –, trifft die »Teufelskeule«. In der Renaissance hatte man gelernt, mit einem feinen Florett zu fechten. Luther hingegen wirft die theologische Diskussion in vielem weit ins Mittelalter zurück. Seine brachial-naive Frömmigkeit steht Lichtjahre hinter der feinen intellektuellen Spiritualität eines Meister Eckhart. Doch neben seiner politischen Rückendeckung macht genau das Luther so erfolgreich. Seine fast nur noch auf Deutsch veröffentlichten Texte sind handlich und einfach; sein »evangelischer« Glaube ein neuer Fundamentalismus mit naiver Schriftgläubigkeit. Auch sein populistischer Nationalismus kommt bei den verunsicherten Menschen hervorragend an. Und mehr und mehr Landesfürsten, allen voran der sächsische Kurfürst, sehen die große Chance, den langen Schatten Roms auf ihren Ländereien und Landeskassen loszuwerden.

Als Mensch ist uns Luther heute kaum zugänglich. Wen die gläubige Tradition dermaßen zur Unsterblichkeit hat erwachen lassen, der kann kaum wieder zum Leben erweckt werden. Sein bleibendes Verdienst ist, dass er die von Erasmus von Rotterdam neu aus dem Griechischen ins Lateinische übersetzte Bibel mit mächtigen Worten ins Deutsche übertrug. Wie kein Zweiter hat er die deutsche Sprache damit bereichert und die Kanzleisprache Kursachsens in die deutschen Lande getragen. Ein Philosoph aber war Luther nicht und wollte es auch nicht sein. Denn so wie das Gute eine Sache Gottes und nicht des sich mühenden Menschen sei, so sei auch die Wahrheit ein exklusives Privileg Gottes. Dass Luther sich als Künder des einzig wahren Christentums damit selbst hätte infrage stellen müssen, hat er nicht gesehen. Für Selbstreflexionen dieser Art war sein Glaube zu groß oder sein intellektuelles Format zu klein. Das Urteil mögen andere fällen.

Gnade und Ungnade

Luther war nicht der erste Reformator. Immer wieder hatten Gläubige eine Erneuerung der Kirche gefordert, man denke nur an Männer wie Franz von Assisi, an Dominikus oder an die Bettelorden des 13. Jahrhunderts. Fast durchgängig gab es eine Mönchsbewegung, die Bescheidenheit und Frömmigkeit einforderte und weltlichen Prunk und Dekadenz ablehnte. Und es gab eine hochintellektuelle Erneuerungsbewegung, die sich mit Meister Eckhart, Ramon Llull und Cusanus verbindet; eine philosophische Reformation, die den reflektierten Glauben in den Mittelpunkt stellte und nicht neue Regeln schuf, neue Gebote und neue Institutionen. Auch das Amt des Papstes war schon des Öfteren infrage gestellt worden. Im 14. Jahrhundert forderte der Engländer *John Wyclif* (ca. 1330–1384), dass sich die Kirche dem Staat unterzuordnen hätte. Er prangerte ihren weltlichen Reichtum an und verlangte von allen kirchlichen Würdenträgern ein bescheidenes Leben. Auch die Gnadenlehre, nach der Gott in seinem unerforschlichen Ratschluss über den Menschen bereits im Vorhinein urteilt, wurde von Wyclif mit Verve betont. In seinen Spuren wandelte im frühen 15. Jahrhundert der Tscheche *Jan Hus* (ca. 1372–1415). Wie später Luther und viele andere missbilligte er den Ablasshandel. Weil er nur die Bibel, nicht aber die Institution Kirche anerkennen wollte, wurde er während des Konzils von Konstanz (1414–1418) auf dem Scheiterhaufen verbrannt.

Keiner dieser vielen Impulse führte tatsächlich zu einer nachhaltigen Reformation. Doch im Gegensatz zu allen anderen reformatorischen Ideen besaß Luthers Einsatz für einen gereinigten Glauben Durchsetzungskraft. Weder seine Vorstellungen über Gottes Gnade, seine Deutung des Abendmahls, seine Kritik am Papsttum noch seine Sicht von der Vorherbestimmtheit des menschlichen Schicksals waren neu. All das war, wie gesagt, im Mittelalter wieder und wieder diskutiert worden. Doch es scheint, als hätten viele Fürsten im Reich schon lange auf einen Mann vom Schlage Luthers gewartet, um sich endlich von Rom abzukehren.

Mit der »Befreiung« von der Papstkirche entstehen allerdings schnell neue Freund-Feind-Linien mit verheerenden Folgen. Der »evangelische« Glaube zerreißt die deutschen Fürstentümer, er führt zu innerparteilichen Spannungen im Lager der Reformatoren, und er gibt den verarmten Bauern einen neuen Schub, um sich gegen ihre Gutsherren zu erheben. Hat Luther nicht geschrieben, ein Christenmensch sei »ein freier Herr über alle Dinge und niemand untertan«? Bauernaufstände gab es schon lange, aber der Bauernkrieg von 1524 bis 1526 wird zur heftigsten aller Unruhen. Als abzusehen ist, dass die Bauern in Süddeutschland überall von den Fürstenheeren geschlagen werden, bezieht auch Luther klar Stellung. Von Freiheit ist plötzlich keine Rede mehr. Er verurteilt die »mörderischen und räuberischen Rotten der Bauern« und fordert dazu auf, sie zu »zerschmeißen, würgen, stechen, heimlich und öffentlich«, so »wie man einen tollen Hund erschlagen muss«. Nicht anders äußert sich sein engster Mitstreiter *Philipp Melanchthon* (1497–1560). Er erklärt das Bauernvolk für »ungezogen« und die Abgaben und Zinsen, ja selbst die Leibeigenschaft für rechtens.

Bereits Mitte der 1520er Jahre geht es Luthers Reformation nicht mehr um Aufruhr und Umsturz. Ganz im Gegenteil: Man sichert jetzt das geistige und weltliche Territorium, das man bis dahin so schnell erobert hat, und zementiert es 1530 auf dem Reichstag in Augsburg. Doch vom Erfolg *der* Reformation kann trotz allem nicht die Rede sein. Tatsächlich handelt es sich um eine Vielzahl von Glaubensüberzeugungen. Unter den Reformatoren denkt jeder, was er will, kaum einer tut, was Luther will, aber jeder macht irgendetwas. Luther reagiert darauf mit festen Strukturen. Entgegen den Hoffnungen vieler Reformatoren schafft er der Kirche keine eigenständige und unabhängige Rolle. Stattdessen ordnet er sie als Landeskirchen dem jeweiligen Landesherrn unter. Die Utopie eines evangelischen Glaubens ohne weltliche Herrschaft ist nüchterner Realpolitik gewichen. Gleichgesinnte, wie der Niederschlesier *Kaspar Schwenckfeld* (1489–1561), verlassen daraufhin Luthers Weg und kämpfen weiter für einen christlichen Glauben ohne Institutionen, Würdenträger, Hierarchie und Obrigkeit. Für ein rein spirituelles Christentum ohne Dogmen fechtet auch der Bayer *Sebastian Franck* (1499 – ca. 1543), ein leidenschaftlicher Pazifist und Streiter für die Toleranz. Und eine Trennung von Kirche und Staat fordern ebenso die radikal verfolgten Täufer in Zürich, in Straßburg und im Umfeld des Thüringer Revolutionärs *Thomas Müntzer* (um 1489–1525). Dieser schlägt sich im Bauernkrieg auf die Seite der Aufständischen und wird nach der entscheidenden Schlacht bei Frankenhausen ermordet.

In Kürze ist die Bewegung tief gespalten. Denn fast überall, wo sich der Protestantismus durchsetzt, will er von seiner ursprünglich wichtigsten Forderung – der Trennung von Christentum und Obrigkeit – nichts mehr wissen. Ganz im Gegenteil: Je sicherer sie sich ihrer weltlichen Macht sein können, umso mehr drängt es die evangelischen Reformatoren zu einer Theokratie – einer Unterordnung alles Weltlichen unter die Kirchenherrschaft. Als weithin gefragter Architekt einer solchen protestantischen Infrastruktur reist der Elsässer *Martin Bucer* (1491–1551) durch die Lande. Er erfindet zahlreiche Ämter, legt ihre Hierarchie fest und führt die »Kirchenzucht« ein. Was der katholischen Kirche die Glaubenskongregation ist, ist der evangelischen Kirche die Gesinnungskontrolle ihrer Mitglieder durch die Gemeinde – schwere Strafen eingeschlossen.

Wie immer man den Protestantismus bewertet, dort, wo er Macht erlangt, verhält er sich jedenfalls um keinen Deut humaner als die katholische Kirche. In Zürich lässt der Reformator *Huldrych Zwingli* (1484–1531) alle widerborstigen Täufer foltern, hinrichten oder vertreiben. Wie der von Luther versprochene christliche Himmel auf Erden sich in die Hölle eines Überwachungsstaats verwandeln kann, erleben vor allem die Bürger der Stadt Genf. Der dortige Reformator *Johannes Calvin* (1509–1564) nutzt schonungslos jede Möglichkeit, die seine protestantische Gesinnungsdiktatur ihm bietet. Selten dürfte Luthers »Freiheit eines Christenmenschen« stärker karikiert worden sein als in der Überwachung, den Denunziationen und den rücksichtslosen Verfolgungen Andersdenkender in Genf. Im Jahr 1553 bringt Calvin den spanischen Humanisten und Arzt Michel Servet auf den Scheiterhaufen, einzig deshalb, weil er die Trinitätslehre in Zweifel gezogen hat. Unter dem Beifall von Luthers Mitstreiter Melanchthon zeigt der Protestantismus, dass er bereit ist, den gleichen Weg zu gehen, den das Christentum in seiner Entwicklungsgeschichte schon so oft gegangen ist: Aus Verfolgten werden Verfolger und aus einer Idee der Toleranz ein System der Intoleranz.

Kein Wunder, dass die meisten Gebildeten unter den Zeitgenossen den Protestantismus kritisch sehen oder von ihm enttäuscht sind. Besonders desillusioniert wird der französische Humanist *Sebastian Castellio* (1515–1563). Als junger Mann hat er mit ansehen müssen, wie die Inquisition in Lyon französische Protestanten verbrannte, die bald darauf so genannten Hugenotten. Castellio geht nach Straßburg und lernt dort Calvin kennen, der ihn mit nach Genf nimmt und fördert. Doch die Begeisterung für den Protestantismus hält nicht lange vor. 1544 verurteilt der Rat der Stadt Genf Castellio wegen dessen Kritik an einigen Pastoren. Der betrübte Humanist geht nach Basel und arbeitet dort an einer lateinischen und einer französischen Bibelübersetzung. Wie Erasmus pflegt er einen eleganten Stil und orientiert sich am gemutmaßten Sinn und nicht an einer pedantischen Treue zum Originaltext. Sowohl Protestanten als auch Katholiken wettern heftig gegen diese neue Übersetzung. Als Calvin in Genf Servet hinrichten lässt, klagt Castellio ihn in einer anonym erschienenen Schrift an. 1554, ein Jahr später, legt er unter Pseudonym nach, und zwar mit einer Zusammenstellung von Texten: *De haereticis, an sint persequendi (Von den Häretikern, ob sie zu verfolgen seien).* Von Augustinus über Erasmus bis Luther und selbst Calvin werden Texte aufgeführt, die allesamt gegen die Todesstrafe für Häretiker plädieren. Castellios Einleitung enthält viele Sätze, die bis heute nichts an Gültigkeit verloren haben, und sie appellieren an die ursprüngliche christliche Botschaft: »Wenn du, oh Christus, diese Hinrichtungen und Foltern befohlen hast, was hast du dem Teufel zu tun übrig gelassen?«[9]

Calvin und sein Mitstreiter *Théodore de Bèze* (1519–1605) wehren sich. In kürzester Zeit entbrennt eine scharfe Debatte. Castellio weicht nicht zurück: »Einen Menschen töten, heißt nicht, eine Lehre zu verteidigen, sondern einen Menschen zu töten«, erwidert er seinen Gegnern. Castellio fordert die Protestanten auf, sich nicht so zu benehmen wie die katholische Inquisition. Er erinnert an das Christentum als Religion der Liebe, tritt ein für religiöse Toleranz und verurteilt die Lehre von der Vorherbestimmtheit des menschlichen Schicksals. Calvin tobt und nennt Castellio ein »Werkzeug des Satans«. Gemeinsam mit Théodore de Bèze agitiert er gegen den menschenfreundlichen Humanisten und zerrt ihn vor Gericht. Castellios philosophisches Buch, das er in der Zeit der Querelen schreibt, kann nicht erscheinen: *De arte dubitandi (Über die Kunst zu zweifeln).* Es ist ein seltenes Werk der Vernunft-Philosophie in einer religiös aufgeheizten Zeit. Castellio trennt die tiefe Einsicht in die Existenz Gottes von allem Menschenwerk. Wenn es so viele verschiedene Glaubensströmungen und Religionsgemeinschaften gibt – wer soll da schon das Recht besitzen, Schiedsrichter zu sein? Und warum sollen wir Texte, die Menschenwerk sind, wie die Bibel, wörtlich nehmen und uns über ihre Auslegung zerstreiten? Ein blinder Glaube hilft nicht weiter. Stattdessen sollten wir auf die Stimme der Vernunft hören. Sie sagt uns, dass das, was wir mit Sicherheit glauben, nur eine Möglichkeit unter vielen ist. Keine Wahrheit ist absolut, und alles Wissen ist relativ.

Castellio stirbt 1563 mit achtundvierzig Jahren. Sein Tod verhindert, dass sich die Schlinge um seinen Hals zuzieht, die die Calvinisten in Genf geknüpft haben. Sein Kampf gegen die Lehre von der Vorherbestimmung und für religiöse Toleranz hingegen bleibt unvergessen. Als sich der Calvinismus im 17. Jahrhundert spaltet, berufen sich die Remonstranten (»Zurückweiser«) in den Niederlanden auf Castellios Kritik an der Prädestinationslehre. Seine vernünftige (»rationalistische«) Auslegung der Bibel prägte den Italiener *Fausto Sozzini* (1539–1604) und mit ihm die spätere Bewegung des Sozianismus und des englischen Unitarismus. John Locke kam auf diese Weise mit Castellios Gedanken zur Gewissens- und Glaubensfreiheit in Berührung und später auch Voltaire.

Utopia

Wie Castellios Fall zeigt, hatte die Philosophie mit ihren leiseren Tönen einen schweren Stand gegenüber dem religiösen Fundamentalismus des 16. Jahrhunderts. Die Reformatoren forderten Frömmigkeit und Bekenntnisse, keine Abwägungen und Reflexionen. Die Logik, in der Scholastik des Mittelalters von großer Bedeutung, war dabei völlig auf den Hund gekommen. Erasmus interessierte sich überhaupt nicht dafür. Und für Menschen wie Luther, Zwingli oder Calvin lag die Wahrheit nicht in logischen Sätzen und stimmigen Beweisführungen, sondern allein im Glauben. Tiefe Erkenntnis erlangte man nicht durch Nachdenken und Grübeln; sie war ein Gnadenakt Gottes.

Gott mochte die Welt weit gedacht haben, aber wo immer Menschen einen Himmel auf Erden versprachen, wurde sie enger und beschränkter. In dieser Lage verwundert es kaum, dass zu dem Wenigen, das man philosophiegeschichtlich verzeichnen kann, eine Satire gehört wie Erasmus' *Lob der Torheit*. Wer geneigt ist, Luthers Reformation für »modern« zu halten, für fortschrittlich und zukunftsweisend, der muss auch heute noch staunen, wie leichtfüßig Erasmus die Menschen beschreibt. Vollends umdenken aber wird er wohl, wenn er sich einen anderen zeitgenössischen Text zu Gemüte führt. Gehen wir dafür noch einmal zurück in die Zeit, als die Reformation gerade begann, genauer ins Jahr 1516. Ein Jahr vor Luthers Thesen erscheint in London eine literarische Sensation. Ein kleines Buch mit dem Titel: *De optimo rei publicae statu deque nova insula Utopia (Vom besten Zustand des Staates und der neuen Insel Utopia)*. Verfasser ist Erasmus' Freund Thomas More. Der clevere und gebildete Jurist hat eine steile Karriere gemacht als Diplomat in königlicher Mission. Für Heinrich VIII. ist der allseits beliebte More ein Glücksfall, und der König hat für ihn reichlich Gelegenheit zum Einsatz.

Gleichwohl schreckt More nicht davor zurück, im ersten Teil des Buchs die gesellschaftlichen Verhältnisse in England scharf zu attackieren. Er prangert die Armut an und ihre Verursacher, die Adeligen, die nach Weideflächen und Profit gieren. Im gleichen Atemzug wendet er sich gegen die Todesstrafe für Diebe. Die Argumentation des Seemanns Raphael Hythlodeus zu Anfang von *Utopia* ist bestechend. Nicht nur verbiete die Bibel das Töten, auch die gewünschte Abschreckung werde verfehlt. »Denn wenn der Räuber sieht, dass ihm keine geringere Strafe droht, wenn er bloßen Diebstahls wegen verurteilt wird, als wenn man ihn außerdem noch des Totschlags überführt, wird er schon durch diese eine Überlegung zum Morde eines Menschen veranlasst, den er andernfalls nur beraubt hätte.«[10]

Der zweite Teil von *Utopia* ist aufgebaut wie ein Tatsachenbericht. Hythlodeus erzählt Thomas More und seinem Freund Peter Gilles, was er auf seiner Amerikareise auf der fernen Insel Utopia erlebt hat und wie es dort zugeht. Dass es sich dabei um eine Fiktion handelte, war Mores Zeitgenossen gleichwohl klar. Denn ein »U-topos« ist entweder ein *Ou*-Topos, ein »Nicht-Ort«, oder ein »*Eu*-Topos«, ein »Glücks-Ort«. Auf Latein werden sowohl *ou* als auch *eu* zu *u*. Statt mit wahren Erzählungen haben sie es mit einem philosophischen Gedankenexperiment zu tun. More kokettiert auf humanistische Weise mit der Tradition, wenn er von einem »besten Zustand des Staates« spricht. Eine Insel fern im Atlantik – das erinnert an Platons Erzählung von Atlantis im *Timaios* und die Schilderung der idealen Städte Kallipolis und Magnesia in dessen Dialogen *Politeia* und *Nomoi*.

Tatsächlich hat Utopia manches mit Kallipolis und Magnesia gemein, denn der ideale Staat ist eine kommunistisch organisierte Republik. Es gibt Gemeinschaftsküchen und ein bedingungsloses Grundeinkommen an Gütern. Anders als bei Platon ist der Kernbereich der Lebenswelt nicht der Staat, sondern die Familie. Das Wirtschaftssystem ist statisch, produziert wird nur für den Bedarf, und die Größe der Bevölkerung ist festgeschrieben. Wächst sie zu sehr an, müssen Kolonien gegründet werden. Geld und Gold werden nicht sehr geschätzt und dienen nur zur Bezahlung von Söldnern. Die Utopier haben ein jedem offenstehendes Bildungssystem mit Schulpflicht, Begabtenförderung und freie Berufswahl – und eine unbändige Lust am lebenslangen Lernen. Die Krankenversicherung ist kostenlos und für alle. Die Religionsausübung ist jedem freigestellt. Die meisten verehren einen »Vater aller Dinge«, ein göttliches Wesen, das in neuplatonischer Tradition »die Fassungskraft des menschlichen Geistes übersteigt«.[11]

Gearbeitet wird in Utopia nur sechs Stunden am Tag. Ein jeder Utopier ist sowohl Bauer als auch Handwerker, und die sechs Stunden reichen völlig aus, weil sowohl Frauen als auch Männer arbeiten. Kein Kleriker lebt auf der glückseligen Insel von der Arbeit anderer Leute und auch kein Großgrundbesitzer. Und wer keine Schätze zu verbergen hat, der kann in Amaurot, der Hauptstadt der Republik, auch die Haustüren offen stehen lassen.

Republik statt Monarchie oder Aristokratie, Rationalität statt Glaube, ein säkularer Staat, Selbstbestimmung statt Erbsünde und Gottesgnadentum, Freiheit statt Vorherbestimmung, Versicherungen statt Schicksal – man meint, ein Werk des 19. oder des 20. Jahrhunderts vor sich zu haben! Wie konnte ein Zeitgenosse Machiavellis und Luthers sich so etwas erdenken? Nie blitzten so viel gesellschaftliche Vernunft und Weitsicht, so viel unaufgeregte Humanität auf wie drei Jahre nach dem *Fürsten* und vier Jahre vor Luthers *Von der Freiheit eines Christenmenschen!* Vorsichtshalber lässt More immer wieder durchblicken, dass sein Utopia nur eine Satire ist. Hythlodeus, der Name des Seemanns, bedeutet »Possenreißer«, und More beeilt sich zu ergänzen, dass das, was wir in Utopia vorfinden, in Europa selbstredend nicht realisierbar sei. Und hin und wieder leistet er sich einen Scherz, zum Beispiel, wenn der Jurist More meint, die Utopier seien so friedlich, dass sie keine Anwälte nötig hätten.

Der weltgewandte Engländer hatte die ideale Welt nicht in einen neuen Glauben, sondern in die Literatur verlegt. Er hatte damit eine neue literarische Gattung begründet – die »Utopie« – und ihr einen Schuss Satire oder Ironie beigemischt. Das humanistische Spiel mit Scherz, Ironie und tieferer Bedeutung ist auch unbedingt notwendig, will More sich nicht um Kopf und Kragen bringen. Im 16. Jahrhundert einen Staat auszumalen, in dem staatliche Vorsorge, gesellschaftliche Vernunft, allgemeine Gleichheit und umfassende Verteilungsgerechtigkeit herrschen, war gefährlich, und man musste schon über viel diplomatisches und stilistisches Geschick verfügen, verbunden mit einer starken gesellschaftlichen Stellung am Hof. Bei More war das der Fall. Immerhin kommt der erste »Staatsroman« ungekürzt an der Zensur vorbei und erregt in Europa weit mehr Aufsehen als Erasmus' zeitgleich erschienenes Werk über die *Institutio principis Christiani (Die Erziehung des christlichen Fürsten)*, mit dem dieser dem künftigen Kaiser Karl V. zu einer christlich-moralischen Regierungspraxis rät.

Auch Erasmus' Buch atmet einen freiheitlichen Geist und betont die Gleichheit aller Christen vor Gott fern vor jedem weltlichen Standesunterschied. Doch der Autor liebt seine inzwischen weitreichenden Beziehungen zu Europas Herrschern zu sehr, als dass er es wagen würde, einen kommunistischen Sozialstaat zu entwerfen wie More. Immer wieder versucht er, sich von seinem Hauptwohnort Basel aus in die Mitte der politischen und religiösen Konstellationen zu manövrieren. Er setzt seine Hoffnungen nicht auf Reformationen oder Revolutionen, sondern auf humanistische Bildung und einsichtige Fürsten. Er ist kein politischer Aktivist und nach akademischem Maßstab auch kein großer Philosoph. Erasmus schreibt kein systematisches Werk, kennt die philosophische Tradition des Mittelalters eher schlecht, und größere Fähigkeiten in Logik sind bei ihm nicht vorhanden. Vielmehr versteht er sich als ein öffentlicher Intellektueller und als ein scharfsichtiger Beobachter, der Bücher und Briefe über die wichtigen Fragen der Zeit schreibt.

Doch sein Einfluss nützt weder Luther, den er zunehmend ablehnt, noch seinem Freund More. Dieser ist inzwischen bis zum Lordkanzler aufgestiegen. Erasmus und More müssen tatenlos mit ansehen, wie sich der einst von den Humanisten als Hoffnungsträger Europas gefeierte selbstherrliche Machtpolitiker Heinrich VIII. von Rom lossagt und die anglikanische Kirche nach seinem Gusto erfindet. More, der sich der neuen religiösen Willkürherrschaft nicht fügen will, wird 1535 in London aufs Schafott geführt und enthauptet. Sein aufgespießter Kopf prangt einen Monat lang zur Abschreckung aller Unbeugsamen auf der London Bridge.

Das 16. Jahrhundert wurde nicht zum Himmel auf Erden, nicht einmal zu einem Jahrhundert der Spiritualität. Stattdessen blieb es, philosophisch betrachtet, bei einem Rundumschlag gegen die Vernunft, wie ihn Luther in die Worte kleidete: »Die Vernunft kann ihr Licht hochhalten und rühmen, auch klug in weltlichen Sachen damit sein. Aber sie klettere beileibe nicht hinaus in den Himmel … Denn da ist die Vernunft ganz starblind.« In die Krippe zum Jesuskind, so Luther, solle der Mensch seinen demütigen Blick lenken, hier liege der innere Himmel. Der hochfahrende

Blick in den physikalischen Himmel aber führe zu nichts. Denn: »Was über uns ist, ist nichts für uns.« Und Luther wusste genau, wovon er sprach. Hatte sich doch ein ihm wohlbekannter Zeitgenosse darangemacht, den Himmel über uns neu zu vermessen. Und dessen Blick war nicht von Frömmigkeit gebeugt, sondern offen und klar …

Ein neuer Himmel

Der entzauberte Himmel – Kult der Sonne – Unendliche Welten – Keine Ordnung, nirgends – Die Wahrheit des Fernrohrs – Der Geist der Technik – Salomons Haus

Der entzauberte Himmel

Frauenburg im Ermland an der Ostsee hat gut tausend Einwohner und eine überraschend große gotische Kathedrale. Seit dem 13. Jahrhundert ist die ehemalige preußische Verteidigungsanlage Bischofssitz. Im 15. Jahrhundert ist das Städtchen Schauplatz des »Hungerkrieges« zwischen Polen und dem Deutschen Orden. Es wird geplündert und gebrandschatzt wie in so vielen anderen Städten im Ermland. Eigentlich ist Frauenburg Anfang des 16. Jahrhunderts nicht sehr berühmt.

Doch seit dem Jahr 1514 steht vor den Toren der Stadt ein Ziegelsteinturm, eine Sternwarte. Der Kanzler des Domkapitels, ein gewisser *Nikolaus Kopernikus* (1473–1543), hat sie errichtet und hantiert in ihr in seiner Freizeit mit einem Quadranten, einem Triquetrum und einer Armillarsphäre herum. Alle drei Instrumente sind selbst gebaut, ziemlich primitiv und schon in der Antike geläufig.

Die wahre Revolution des mittelalterlichen Weltbilds kam nicht durch die Reformation, sie kam auf den leisen Sohlen der Mathematik und durch diesen bescheidenen Domherrn aus dem Ermland. Kopernikus hat in Italien studiert, in Bologna, Padua und Ferrara. Er interessierte sich nicht nur für Kirchenrecht, sondern ebenso für Mathematik, Medizin und die Naturwissenschaften. Als Kanzler des Domkapitels in Frauenburg geriet er in die Kämpfe zwischen Polen und dem Deutschen Orden um die ermländischen Besitztümer. Seine Leidenschaft jedoch gehörte der Mathematik und der Astronomie.

Bereits um das Jahr 1509 verfasst Kopernikus eine kurze Schrift von zehn Seiten, den *Commentariolus (Kleinen Kommentar)*. Darin erklärt er, dass die Erde mitnichten der Mittelpunkt der Welt sei. Und er schreibt die Sätze: »Alles, was an Bewegung am Fixsternhimmel sichtbar wird, ist nicht von sich aus so, sondern von der Erde aus gesehen. Die Erde also dreht sich mit den ihr anliegenden Elementen in täglicher Bewegung einmal ganz um ihre unveränderlichen Pole. Dabei bleibt der Fixsternhimmel unbeweglich als äußerster Himmel. Alles, was uns bei der Sonne an Bewegungen sichtbar wird, entsteht nicht durch sie selbst, sondern durch die Erde und unseren Bahnkreis, mit dem wir uns um die Sonne drehen wie jeder andere Planet. Und so wird die Erde von mehrfachen Bewegungen dahin getragen.«[12]

Das Manuskript geht nie in Druck und wird erst 1877 wiederentdeckt. Doch Kopernikus setzt seine Berechnungen fort. Schon bald wird bekannt, dass er an einem größeren Werk arbeite, das erkläre, wie sich die Erde um sich selbst und die Planeten um die

Sonne drehen. Die Reaktion darauf schwankt zwischen Neugierde, Ablehnung und Verspottung. Besonders irritiert reagieren die Protestanten. Philipp Melanchthon, der Humanist unter den Reformatoren und als »Lehrer Deutschlands« *(Praeceptor Germaniae)* ein enorm einflussreicher Mann, schickt den jungen Wittenberger Mathematiker und Astronomen *Georg Joachim Rheticus* (1514–1574) nach Frauenburg, um das Treiben des Kopernikus zu studieren. Rheticus ist sofort überzeugt und begeistert. 1540 veröffentlicht er eine Zusammenfassung der kopernikanischen Thesen und drängt den alten Meister, das unveröffentlichte Hauptwerk rasch in Druck zu geben.

Noch bevor *De revolutionibus orbium coelestium (Über die Umschwünge der himmlischen Kreise)* 1543 erscheint, gehen die Reformatoren eilig auf Distanz. Luther verspottet Kopernikus in seinen Tischreden als »neuen Astrologi«, einen Narren, der »die ganze Kunst Astronomia umkehren« wolle. Für ihn steht fest, dass »keine Vernunft ... die natürlichen Werke der Schöpfung Gottes begreifen noch verstehen« könne.[13] Für Luther fördern die Wissenschaften keine Wahrheiten zutage, sondern allein der Glaube. Doch hätte der Protestantismus nicht deshalb viel gnädiger mit Kopernikus umgehen müssen? Luther hat die Welt in zwei Welten geteilt, in die eigentliche, aber unsichtbare Welt des christlichen Glaubens und in die sichtbare, aber uneigentliche Welt des Materiellen. Ein Protestant glaubt nicht an Gott, weil die Welt ihm dafür Indizien bereitstellt – so hatten dies zuvor viele Scholastiker gesehen –, sondern er glaubt, *obwohl* das Diesseits ihm dafür keine Anhaltspunkte liefert. *Nur* aus dem Glauben, *nur* aus der Heiligen Schrift, *nur* aus Christus und *nur* aus Gnade soll der Mensch die Wahrheit schauen können.

Aus dieser Position heraus hätte Luther durchaus gelassener reagieren können. Doch für den immer konservativeren Reformator ist mit der Reformation eine Art Endzustand erreicht, der nicht durch neue dynamische Theorien irritiert werden soll. Angespannt reagiert auch Melanchthon, Luthers weitaus gebildeterer

Mitstreiter. Er kennt nicht nur die *Physik* des Aristoteles, sondern ebenso die Theorie des Aristarchos von Samos, wonach sich die Erde um die Sonne dreht. Er hätte, wenn er sie gelesen hätte, weiterhin Nikolaus von Oresme und Cusanus anführen können, die ebenfalls darüber nachgedacht hatten. In einem ersten Abwehrversuch nennt Melanchthon Kopernikus' Berechnungen einen alten Hut und wirft ihm »Geltungssucht« vor.

Doch das neue Weltbild des Mathematikers fasziniert weiterhin viele Gelehrte, darunter auch den Reformator *Andreas Osiander* (1498–1552). Der fränkische Theologe war einer der wichtigsten Mitstreiter Luthers, bevor er sich später mit Melanchthon über die Frage der »Rechtfertigung« des Menschen vor Gott überwarf. Osiander bringt das Hauptwerk von Kopernikus 1543 in Nürnberg heraus, versehen mit einigen relativierenden Sätzen im Vorwort. Melanchthon ist entsetzt. Er ist nicht ganz unbewandert in Astronomie, er hat Vorworte zu astronomischen Werken geschrieben, er glaubt an die Astrologie, und er hält die Himmelsphysik bei Weitem nicht für so belanglos wie Luther. Aber ihr Einfluss soll seiner Meinung nach auf die Praxis beschränkt bleiben, auf Korrekturen des Kalenders und ähnlich nützliche Dinge. Eine Astronomie als eigenständige Wissenschaft jenseits einer religiösen Welterklärung will Melanchthon nicht zulassen – sie sprengt das einheitliche religiöse Gefüge. Wenn Gott dem Menschen als evident erscheinen lässt, dass sich die Sonne um die Erde dreht (so dass Josua sie in Jos. 10,12 einen Tag lang stillstehen lassen kann), dann ist das auch so. Und wenn die Himmelsphysik Zweifel daran hegt, dann schafft sie Irritationen, die sie selbst nicht auflösen kann, sondern einzig und allein die Autorität Gottes.

Kopernikus ist nicht als Agnostiker aufgetreten, geschweige denn als Atheist. Und gewiss möchte er niemanden provozieren. Aber sein heliozentrisches Weltbild überholt die Reformation an einer Stelle, an der sie bislang gar keine Gefahr vermutet hat. Denn der neu vermessene Himmel widerspricht dem Himmel, der in der wortwörtlich zu lesenden Bibel der Protestanten steht. Die Erde ist nicht mehr der Mittelpunkt der Welt, sondern ein Gestirn unter anderen. Was den Menschen evident zu sein scheint, ist sachlich falsch. Das intuitive Wissen ermöglicht uns gerade nicht den Zugang zur physikalischen Wahrheit. Dies tut nur jenes Wissen, das ganz ohne Glauben rational erworben wird.

Die katholische Kirche reagiert darauf, anders als die Reformation, zunächst äußerst entspannt. Bereits 1533 lässt sich Papst Clemens VII. die Ideen des Kopernikus erläutern. Und der päpstliche Gesandte, Kardinal Nikolaus von Schönberg, ermuntert den Astronomen sogar zur Drucklegung seines Werks. Als es erscheint, findet der neue Papst Paul III. darin eine Widmung an sich vor nebst einer ausführlichen Entschuldigung, in der Kopernikus seine Leistung kleinredet. Noch ist der Zeitgeist in der katholischen Kirche günstig für neue naturwissenschaftliche Erkenntnisse, selbst wenn sie der Bibel so sehr widersprechen wie das heliozentrische Weltbild. Erst in der zweiten Hälfte des Jahrhunderts wird sich der Ton verschärfen und die Toleranz verschwinden. Die Schlacht um die Wahrheit der Mathematiker und Astronomen wird Jahrhunderte andauern. Bis ins Jahr 1835 steht Kopernikus' *De revolutionibus orbium coelestium* auf dem Index der von der katholischen Kirche verbotenen Bücher.

Was die Welt determiniert, so hat Kopernikus gezeigt, sind nicht nur der Wille und die Gnade Gottes, sondern ebenso bislang verborgene physikalische Kräfte und Naturgesetze. Und wie das eine mit dem anderen zusammenhängt, steht nicht in der Bibel, sondern muss völlig neu überdacht werden. Nichts anderes vermutet auch sein Zeitgenosse *Leonardo da Vinci* (1452–1519), wenn er das Wissen seiner Zeit in alle erdenklichen Richtungen überschreiten und entgrenzen will. Er studiert die Optik und die Hydraulik, die allgemeine Mechanik, Chemie, Geologie, Zoologie und Anatomie und erklärt die Mathematik zur Basiswissenschaft. Leonardo misstraut allen überlieferten Begriffen und Erklärungen und glaubt nur, was er selbst erforscht und beobachtet hat.

So zu denken ist nicht völlig neu. Bereits in der Antike hatten Anaxagoras, Leukipp, Demokrit oder Epikur den Kosmos rein materialistisch erklärt. Aber ihr Denken war noch von einer Ganzheitlichkeit geprägt gewesen, die Kopernikus oder Leonardo mehr und mehr verloren. Das 16. Jahrhundert tut sich viel schwerer damit, eine Theorie aus einem Guss zu entwerfen; ein System, das von der Himmelsphysik über die Erkenntnistheorie bis zur Ethik reicht. Stattdessen treiben die Welten auseinander. Die neue *Scientia,* die Weisheit der Mathematiker und Naturforscher, steht der philosophischen *Sapientia,* der Weisheit der Humanisten, ziemlich zusammenhanglos gegenüber – eine Spaltung, die bis in die Gegenwart anhält und noch heute als absonderlichste Konkurrenz und wechselseitige Herabwürdigung von Natur- und Geisteswissenschaften spürbar ist.

Die Trennung der Welten berührt einen alten philosophischen Zwist. Die Humanisten, insbesondere Denker wie Alberti oder Ficino, hatten sich in ihrem Weltbild an Platon und dem Neuplatonismus orientiert. Als zweiter Quell der Weisheit diente ihnen Cicero, der in der Tradition der Stoa den Menschen zum Mittelpunkt des Universums erklärte. Danach war alles in der Natur dem Menschen zweckdienlich untergeordnet. Und alle Weisheit der Welt ist demnach *Weisheit über den Menschen,* eben Sapientia. Diese Weltsicht war *anthropozentrisch,* nicht anders als das platonisch beeinflusste Christentum. Dagegen war die Philosophie von Aristoteles, die das 13. und 14. Jahrhundert so sehr bestimmt hatte, in den Hintergrund getreten. Nur die Aristoteliker in Padua, Männer wie Pelacani und Pomponazzi, hielten dem bei den Humanisten in Ungnade gefallenen antiken Großphilosophen die Stange. Ihr Weltbild war viel stärker physikalisch ausgerichtet. Und sie sahen den Menschen weder als Mittelpunkt des Universums noch als Ziel allen Naturgeschehens. Wurden sie nicht durch das neue heliozentrische Weltbild bestärkt und bestätigt, selbst wenn Aristoteles noch Geozentriker gewesen war?

Was ist die natürliche Stellung des Menschen in der Welt? Die Frage befeuert nicht nur wissenschaftliche Neugier, sie erregt zugleich Unbehagen und Angst. Der langsame, aber unaufhaltsame Aufstieg naturwissenschaftlichen Forschens hat nicht nur etwas Euphorisches und Befreiendes. Denn mit jedem Fortschritt in den Wissenschaften geht der Menschheit ein Stück ihres alten Wissens und ihres darauf gegründeten Selbstbewusstseins verloren. Zum allgemeinen Wissen über die Renaissance gehört, den Humanismus und den Aufstieg der Naturwissenschaften als zwei Seiten einer Medaille zu feiern. Doch das Gegenteil ist der Fall. Der Siegeszug der Naturwissenschaften beginnt genau dort, wo der Humanismus schwächelt und seinen Optimismus verliert.

Die Geburt der Naturwissenschaft ist nicht nur ein triumphaler Siegeszug, sondern zugleich Folge einer Enttäuschung. Die humanistischen Visionen einer besseren Welt, wie jener Ficinos oder Picos, sind kläglich gescheitert. Zeiten der gesellschaftlichen Utopie sind meist keine guten Zeiten für naturwissenschaftlich-technische Utopien – so wie Zeiten der technischen Utopie (wie die unsere heute) keine guten Zeiten für gesellschaftliche Utopien sind. Der politischen Desillusionierung, die Machiavellis *Fürst* dokumentiert, folgt die Desillusionierung der Natur. Und selbst wenn es einseitig ist, die naturwissenschaftliche Nüchternheit als Folge politischer Ernüchterung zu sehen, so kommt die Verschiebung des Cursors von der Politik auf die Wissenschaft doch sicher nicht aus heiterem Himmel …

Kult der Sonne

Dass die Erde eine Kugel und keine Scheibe ist, war unter den Gelehrten des 15. Jahrhunderts kaum strittig. Genau deshalb hatte die Junta dos Matemáticos, das Expertengremium des portugiesischen Königs, dem stürmischen Kolumbus auch von seiner Fahrt abgeraten. Der Erdumfang war für eine solch amateurhafte

Segelei einfach zu groß. Hätte Amerika nicht dazwischen gelegen, Kolumbus und seine Männer wären 1492 niemals bis ins gesuchte China oder Japan gekommen, sondern auf hoher See verhungert und verdurstet. In den Jahren 1497 bis 1499 umsegelte der Portugiese Vasco da Gama Afrika. Damit war der gesuchte Seeweg nach Indien gefunden. Zwanzig Jahre später gelang einer Expedition seines Landsmanns Ferdinand Magellan die erste Weltumseglung und damit der letzte Beweis für etwas, was eigentlich gar nicht mehr zu beweisen war: dass die Erde tatsächlich eine Kugel (oder genauer: ein Rotationsellipsoid) ist.

Die alte Ordnung, das ptolemäische Weltbild mit der Erde als Mittelpunkt des Universums, stimmte nicht mehr. Doch damit war noch lange nicht gesagt, was denn die neue Ordnung sein sollte. Dabei ging es nicht nur um das Arrangement der Planeten im Kosmos, sondern um die sehr viel grundsätzlichere Frage einer neuen Physik: Welche Naturkräfte wirkten auf welche Art und Weise zusammen? Aristoteles' nüchterne Sicht der Natur mochte gegenüber Platon, den Stoikern und dem Christentum recht behalten haben. Aber seine alte Physik vermochte diese Frage nicht mehr zureichend zu beantworten. Sie hatte angenommen, dass jede Bewegung *natürlich darauf programmiert ist, an ihr Ziel zu kommen.* Doch schon im Mittelalter hatten Denker wie Nicolaus von Autrecourt oder Johannes Buridan daran gezweifelt. Denn braucht nicht jede Bewegung immer wieder einen *Impetus,* einen neuen Anstoß?

Der Physik des 16. Jahrhunderts war ihr Lehrmeister abhandengekommen, und die Denker der Natur begaben sich auf völlig neues Terrain. Aristoteles wurde nun zum meist bekämpften antiken Philosophen, zur falschen Autorität, die es zu entzaubern galt. Es ist die Geburtsstunde der italienischen Naturphilosophie – der Versuch, ein neues System zu finden, das Himmel und Erde sowie alle physischen und psychischen Phänomene in eine neue Ordnung bringt. Ihr erster bedeutender Vertreter ist *Girolamo Cardano* (1501–1576), ein weithin berühmter Arzt und Mathematiker aus Pavia. Sein Werk *De rerum varietate (Von der Vielfalt der Dinge)* erlebte nach seinem Erscheinen im Jahr 1557 fünf Auflagen und wurde ins Deutsche und ins Französische übersetzt.

Cardano war überaus produktiv, er schrieb zahlreiche Bücher und nahm für sich in Anspruch, 40 000 größere und 200 000 kleinere Probleme gelöst zu haben. Er hatte sich vor allem als Mathematiker einen Namen gemacht, als er mit seiner Naturphilosophie begann. Cardano liebte die Mathematik, aber er hielt sie, anders als Leonardo und viele Zeitgenossen, nicht für einen Schlüssel zur Erkenntnis aller Naturphänomene. Ganz im Gegenteil. Er betrachtete sie als ein Ordnungsschema des menschlichen Geistes. Wenn Mathematiker glauben, dass sie die Natur erkennen, so berauscht sich ihr Geist letztlich nur an sich selbst und seiner Nüchternheit. Anders gesagt: Wenn es so scheint, dass die Mathematik die Natur enträtselt, dann scheint es deswegen so, weil wir nur das für klar und wahr halten, was unseren typisch menschlichen mathematischen Denkschemata entspricht. Alle mathematische Erkenntnis ist für Cardano in diesem Sinne ein Zirkelschluss. Und von einer wahren Erkenntnis der Natur ist sie weit entfernt. Den völligen Durchblick hat nur Gott allein, nicht der Mensch. Und während Gott die Qualität der Dinge durchschaue, komme der Mensch immer nur quantitativ vorwärts: Wir suchen (mit Novalis gesagt) überall das Unbedingte und finden nur Dinge.

Cardano ist nicht nur ein subtiler Kritiker des menschlichen Erkenntnisvermögens. Er ist zugleich der erste italienische Naturphilosoph der Renaissance, der Aristoteles als Physiker infrage stellt. Er gibt an, die Natur allein aus der Erfahrung ergründen zu wollen, und erkennt in ihr das Zusammenspiel von Wärme und Feuchtigkeit, das alles Leben gebiert. Wie Empedokles und Platon sieht er die Kräfte der Natur eingebunden in ein Wechselspiel von Sympathie und Antipathie. Wer sich mit Physik befasse, der widme sich deshalb keiner rein physikalischen, sondern einer »seelischen Betrachtung« *(consideratio animalis)* der Natur.

Einen Gesinnungsgenossen findet Cardano kurze Zeit später in *Bernardino Telesio* (1508–1588) aus Kalabrien. Auch er träumt von einem neuen naturphilosophischen Gesamtsystem, das die Physik des Aristoteles ersetzen soll. Seine Schrift *De rerum natura (Über die Natur der Dinge)* ist ein monumentales Werk in neun Büchern. In alter griechischer Tradition reicht es, wie bei Cardano, noch einmal von der Himmelsphysik über die »Biologie« und Psychologie bis zur Ethik. Telesio kämpft darum, die zeitgenössische Physik so in die Naturphilosophie einzuordnen, dass eine neue umfassende Welterklärung entsteht. Wie Cardano möchte er zeigen, dass die neue Physik kein Chaos erzeugt, sondern eine anders zu beschreibende Einheit des Universums. Scientia und Sapientia, die dramatisch auseinanderdriften, sollen wieder miteinander versöhnt werden. Seine Vorbilder findet Telesio bei den Vorsokratikern, bei Epikur und bei den Stoikern, die ihm durch andere Renaissance-Werke vertraut sind. So spielt er mit seinem Titel auf das gleichnamige Werk des römischen Aufklärers Lukrez an, aber auch auf die Titel vorsokratischer Schriften, die vermutlich alle *Über die Natur* hießen.

Das wichtigste Vorbild für Telesio ist Empedokles. Wie der Meister aus dem 5. vorchristlichen Jahrhundert, so sieht auch der kalabrische Naturphilosoph des 16. Jahrhunderts die Welt in einen fortwährenden physikalischen Kampf verwickelt. Was bei Cardano Wärme und Feuchtigkeit sind, ist bei ihm der Gegensatz von Wärme und Kälte. Die Erde ist der Ort der Kälte, und die Wärme strahlt von der Sonne aus. Alles, was es in der Natur gibt, entsteht aus diesem Widerstreit. Die Wärme bringt die Dynamik, die Bewegung, das Werden und Vergehen in die Welt, die Kälte das Unveränderliche und Starre. Alle Veränderung in der Natur entspringt diesem Wechselspiel einschließlich der allmählichen Entwicklung von Pflanzen und Tieren.

Um von der Physik zur belebten Natur zu gelangen, sucht Telesio nach dem Sitz des »Lebensgeistes« in den Nerven und im Gehirn. Wie bei dem verachteten Aristoteles und dem gerühmten

Epikur ist die Seele die Lebensenergie, die darauf drängt, sich selbst zu erhalten. Sie wird von Telesio wie alles Physische rein materialistisch erklärt. Gleichzeitig sieht er jedoch noch eine zweite Seele walten, und zwar, wie bei Platon, exklusiv im Menschen. Auch diese Unterscheidung findet sich schon bei Cardano. Wie für die Neuplatoniker und den Araber Averroës ist der Geist für ihn etwas Objektives. Er ist Teil der spirituellen Weltseele. Und wenn Menschen ihren Intellekt betätigen, dann ist es nicht ihr Intellekt, sondern ein überzeitlicher sphärischer Intellekt, auf den wir beim Denken zugreifen. Doch Telesios Seelenkonzept ist so widersprüchlich wie bei Cardano. Denn wenn meine Vernunftseele gar nicht *meine* Vernunftseele ist, wie soll der Mensch dann unsterblich sein, wie Cardano und Telesio behaupten? Gerade deshalb hatten Aristoteles und Averroës ja bestritten, dass der Mensch unsterblich sei. Cardano und Telesio aber scheint dieser Widerspruch nicht aufzufallen. Für sie lässt uns eine unsterbliche Vernunftseele zum Höheren, zur Vollkommenheit und zu stoischer Gelassenheit streben.

Für Telesio geht jede einzelne Erklärung in seinem System aus einer anderen hervor, vom Himmel bis zur Ethik, ohne dass Gott dabei weiter eingreifen muss. Sein Gott ist ein Mechaniker, der ein exzellent funktionierendes Ganzes hervorgebracht hat, das ohne weiteres Zutun von allein funktioniert. Dass er dafür keinen Ärger mit der Kirche bekommt, ist vor allem seinen guten Kontakten zu Bischöfen und Päpsten zu verdanken. Cardano war 1570 für drei Monate von der Inquisition eingekerkert worden. Doch erst nach Telesios Tod sollte sich die Stimmung auch gegen ihn richten, und die katholische »Gegenreformation« setzt seine Werke auf den Index.

Das naturphilosophische Werk des Süditalieners mochte ziemlich wild zusammengeschustert und bei genauerem Blick ziemlich inkonsistent sein, es sorgte gleichwohl für Furore und beeindruckte zahlreiche große Denker in ganz Europa. Für sie hat Telesio die Weisheit des Weltbaumeisters in ihre materiellen

Bestandteile zerlegt. Der Skeptiker und Materialist *Pierre Gassendi* (1592–1655) studiert Telesios Bücher in Südfrankreich, René Descartes orientiert sich in den Niederlanden an seiner »Biologie«, und der Engländer Thomas Hobbes übernimmt die rein materialistische Theorie der Wahrnehmung.

Den glühendsten Verehrer aber findet Telesio in seinem kalabrischen Landsmann *Tommaso Campanella* (1568–1639). Der Dominikanermönch hat ein bewegtes Schicksal. Für seine naturphilosophischen Schriften, mit denen er den verehrten Meister verteidigt, wird er von der Inquisition verfolgt und durch ganz Italien gejagt. Dabei sind seine Ansichten zunächst kaum radikaler als jene Telesios. Campanella versucht zu erklären, auf welche Weise die individuellen Seelen von Pflanzen, Tieren und Menschen mit der großen kosmischen Weltseele kommunizieren. Für ihn hausen die einzelnen Lebewesen im Kosmos »wie die Würmer in menschlichen Gedärmen, die ... einen menschlichen Verstand, Willen und Sinn nicht wahrnehmen, weil ihre Sinne nicht demgemäß eingerichtet sind«.[14] Im Gegensatz zu Telesio ist für Campanella alle Materie empfindungsfähig, aber unterschiedlich dumpf. Selbst die Luft empfindet, und wenn die einfachen Leute in Kalabrien glauben, dass sich Menschen durch Blicke verzaubern lassen und Kadaver wiederbelebt werden können, so sei das nicht ausgeschlossen.

Alles fühlt und ist darauf ausgerichtet, sich selbst zu erhalten. Die Empfindung steht auch am Anfang aller Erkenntnis und nicht ein dem Menschen eingebauter Intellekt. Damit nimmt Campanella eine Denkrichtung vorweg, die man später *Sensualismus* nennen wird. Erst dadurch, dass unsere Gefühle sich ihrer selbst bewusst werden, entsteht das Geistige. Und diese Selbstbewusstwerdung ist der Ausgangspunkt aller Naturerkenntnis. Auch dieser Gedanke ist wegweisend. Ähnlich wie Cusanus stellt Campanella das Selbstbewusstsein ins Zentrum seiner Philosophie und nicht eine davon unberührte Welt der Objekte. Für Campanella ist die Empfindung der Stoff, aus dem die Welt ist und der sie schließlich auch begreift. Die sich ihrer selbst bewusst werdende Empfindung – der Gedanke ist radikal und modern! Zwei Jahrhunderte später, in der Philosophie Schellings und Hegels, werden wir ihm wiederbegegnen, allerdings nicht als selbstbewusste Empfindung, sondern als zu sich selbst kommender »Geist«.

Campanella zieht seinen Ansatz konsequent durch. Sogar die Ethik, die klassische Domäne des Logos, beginnt mit Empfindungen. Im Grunde genommen ist sie Physik! Denn der moralische Maßstab stammt aus der Natur. Mit Telesio sieht Campanella in den »Affekten« nichts Negatives. Wenn Menschen Begierden und Leidenschaften haben, so deshalb, um sich zu erhalten. Vom eigenen Selbst aus weitet sich der Kreis auf unsere Kinder und erhebt sich schließlich zur Sorge um den eigenen Ruf und zuletzt zu unserem Verhältnis zu Gott. Auch wenn die Rolle der Gefühle geradezu das Gegenteil zur Philosophie der Stoiker ist, so teilt Campanella mit ihnen doch das restliche Weltbild. Alles Leben ist Selbsterhaltung, alles Leben ist organisch, und alles Leben vergeht. Die ganze Erde ist ein Gesamtorganismus, den die Sonne allmählich aufzehrt und schließlich in einem Weltenbrand vernichtet.

Campanellas Naturphilosophie von der Allbeseeltheit und universalen Empfindungsfähigkeit wird später auf Gottfried Wilhelm Leibniz und Johann Gottfried Herder einwirken. Ihr Urheber aber geht damit nur am Rande in die Philosophiegeschichte ein. Bekannter ist er als politischer Rebell und Utopist. Für den Dominikanermönch bildeten Naturphilosophie, Ethik und Politik ein unteilbares Ganzes, und das eine geht aus dem anderen hervor. Als gemeinschaftlich lebender Organismus ist der Mensch auf andere Menschen angewiesen. Sein Trieb zum Sozialen ist so stark, dass der Naturphilosoph vom Bedürfnis spricht, sozial zu »kopulieren«.

In den Jahren 1598/1599 finden wir Campanella wieder in seiner kalabrischen Heimat. Gemeinsam mit Gesinnungsgenossen plant er einen Aufstand gegen die spanische Herrschaft in Süditalien mit dem Ziel einer kommunistischen Republik ohne Privateigentum. Doch die Rebellion schlägt fehl. Campanella wird festgenommen und gefoltert. Nur mit Glück entgeht er der Hinrichtung und verbringt anschließend siebenundzwanzig Jahre in wechselnden Kerkern. In einer Phase günstiger Haftbedingungen verfasst er 1602 sein Werk *Civitas solis (Der Sonnenstaat)*. Darin entwirft er, ähnlich wie More mit seinem Roman *Utopia,* einen idealen Staat, den er im wirklichen Leben nicht realisieren konnte.

Campanellas Entwurf beschäftigt heute nicht nur Staatsutopisten, sondern auch Architekturtheoretiker. Aufgebaut ist er aus sieben immer engeren Kreisen; sie symbolisieren die sieben Künste und Wissenschaften. Wie Planetenbahnen liegen sie um die Sonne. Die »Sonne« im Mittelpunkt ist ein runder Tempel mit gewölbter Kuppel. Hier verehren die »Solarier« die Sonne, das Ebenbild Gottes. Campanellas utopischer Staat ist ein in Stein gehauener Kosmos, ein menschliches Pendant der göttlichen Ordnung. Genau eingepasst leben die Menschen in kommunistischen Gemeinschaften ohne Privateigentum. Es gibt eine vierstündige Arbeitspflicht, die restliche Zeit gilt vornehmlich der Bildung und der Diskussion. Für die Fortpflanzung werden – nach »philosophischen« Gesichtspunkten – nur die schönsten Menschen ausgewählt. Und ganz wie in Platons Kallipolis herrschen die Klügsten und Weisesten, eine völlig reine und ideale Priesterkaste der Sonne.

Ob der Traum vom optimalen Staat hier ein Ideal oder ein weiteres Monster erzeugt hat, sei dahingestellt. Aber man wird zumindest fragen dürfen, worüber die Bewohner des Sonnenstaates wohl in ihrer vielen Freizeit diskutieren, wenn alles in ihrem Leben schon unüberbietbar perfekt und in bestem Einklang mit der kosmischen Ordnung eingerichtet ist. Neu an Campanellas spirituellem Kommunismus ist die Astronomie, die weit stärker noch als bei Platon die ideale Ordnung vorgibt. Ersetzt der Kult der Sonne als vermeintlich neuer Mittelpunkt des Universums den alten christlichen Gott? Man denke an Ficinos ungezählte Licht- und Sonnenmetaphern, an Picos Bild von Christus als »Sonne der

Gerechtigkeit«, an Leonardos Lob der Sonne und an die vielen Renaissance-Dichtungen, die hymnisch um die Sonne kreisen ...

Noch fast dreißig Jahre später, als Campanella vom Papst rehabilitiert in Rom und anschließend in Paris lebt, wird er weiter von einer Theokratie träumen, einem Staat, der Religion und Herrschaft untrennbar in einer perfekten Ordnung verklammert. Die Suche nach geozentrischer Geborgenheit in einem ungeordneten Universum wird ihn schließlich sogar den Katholizismus verteidigen lassen. Nicht nur Vorsicht und Angst um sein Leben, sondern auch die Sorge um den Verlust jeglicher Ordnung auf Erden bringen ihn dazu, in seiner Schrift *Atheismus triumphatus (Der besiegte Atheismus)* gegen die Unruhestifter der Zeit zu wettern: die Lutheraner, die Machiavellisten und die Atheisten.

Unendliche Welten

Ob ptolemäisches Weltbild, etablierter christlicher Kirchenglaube oder das heliozentrische Weltbild von Kopernikus – bei alledem ging man davon aus, dass das Universum eine überschaubare Sache war. Zwar sprach Kopernikus von der »Unermesslichkeit« des Alls, aber er stellte sich den Kosmos kaum größer vor als der Grieche Claudius Ptolemäus im 2. Jahrhundert. Beide spekulierten mit dem Zwanzigtausendfachen des Erddurchmessers. Die Scharmützel zwischen den Kopernikus-Anhängern und ihren kirchlichen Gegnern wirken deshalb fast wie ein Vorgeplänkel gegenüber jener tiefen Wahrheit, die ein abtrünniger Dominikanermönch im Jahr 1584 zu Papier bringt: dass das Universum nicht »unermesslich«, sondern »unendlich« sei. Und nicht nur die Erde, sondern auch die von den »Heliozentrikern« hoch gelobte Sonne sei nur ein Stern unter unendlich vielen.

Giordano Bruno (1548–1600) war ein streitbarer, wenn nicht zänkischer und für andere oft schwer erträglicher Mensch. Im italienischen Nola, nahe Neapel, geboren, führte er ein rastloses

Leben, immer auf der Suche nach Anerkennung und Fürsprache. Mit achtundzwanzig Jahren geriet er in einen heftigen Streit mit seinem Orden. Aus Angst vor der Inquisition floh er ausgerechnet nach Genf und wurde Protestant. Wenig später saß er dort im Gefängnis. Die vier anschließenden Jahre verbringt er in Frankreich. 1583 finden wir ihn in Oxford, heillos zerstritten mit den dortigen Professoren. Kurz darauf veröffentlicht er seine sechs *Dialoghi italiani (Italienischen Dialoge)*. Die Schriften sind eine ganz eigentümliche Mischung. Verfasst sind sie wie belletristische Literatur, ein Gemisch aus Dialog, Drama, Poesie, Satire und Rhetorik, mit einem Einschlag, den man heute als Fantasy beschreiben würde. Zugleich sprühen sie Gift gegen alle unliebsamen Feinde und Gegner. Und nur zwischendurch blitzen Brunos philosophische Gedanken auf, wenn er über das Universum, die Unendlichkeit und die Vielzahl an Welten spekuliert. All das ist ein so wenig englischer Philosophiestil, dass seine Kollegen an der Universität ihn kaum ernst nehmen.

Bruno geht zurück nach Frankreich, wird aber bereits ein Jahr nach seiner Ankunft wieder zur Abreise gezwungen. Mehr Zuspruch erhofft er sich in Wittenberg und Helmstedt. Doch die Lutheraner hier wie dort bekämpfen noch immer das kopernikanische Weltbild und wenden sich schnell gegen ihn. Rastlos zieht er weiter durch Deutschland, bleibt flüchtig in Zürich und kehrt dann nach Italien zurück. Den Lehrstuhl, den er für kurze Zeit in Padua innehat, verliert er an den jungen Galileo Galilei. 1591 folgt er einer verhängnisvollen Einladung nach Venedig. Sein Gastgeber, der sich von Bruno vergeblich in der Kunst der Magie unterweisen lassen will, verrät ihn an die Inquisition. Sieben Jahre lang macht man Bruno den Prozess, foltert ihn und nötigt ihn zum Widerruf. Doch er widerruft auch den Widerruf. Im Jahr 1600 wird der abtrünnige Mönch in Rom auf dem Scheiterhaufen verbrannt.

Warum musste Bruno sterben? Und was ist die Philosophie, die man aus seinen vielen Schriften herauslesen kann? Der Mönch aus Nola schließt seine Gedanken an Kopernikus an, aber er ist kein »Kopernikaner«. Fast abfällig listet er den Astronomen aus dem Ermland als einen von vielen historischen Vorgängern auf. Kopernikus sei nur die »Morgenröte« eines neuen Anfangs gewesen, er aber, Giordano Bruno, sei der helle Tag, der Anbruch der Vernunft. Im ersten der italienischen Dialoge, *La cena de le ceneri (Aschermittwochsmahl)*, schreibt Bruno über sich selbst als dem »Nolaner«, er habe entdeckt, »wie man zum Himmel steigt, den äußersten Sternenkreis durchschreitet und die oberste Wölbung des Firmaments hinter sich lässt«.[15]

Für Bruno hat Kopernikus nur eine kleine Verschiebung in einem alten falschen Modell vorgenommen. Und dessen Anhänger, die Bruno nicht ernst nimmt, verzankten sich darin, »nachzuweisen und zu verteidigen, dass Weiß Schwarz ist«.[16] Tatsächlich aber seien weder die Erde noch die Sonne der Mittelpunkt des Universums! Wäre die Sonne das Zentrum, so müsste sich der Fixsternhimmel unentwegt verschieben, während die Erde um die Sonne kreist. Da dies nicht der Fall ist, kann das Weltgebäude nicht statisch sein. Und es gibt keinen Fixpunkt mehr, an dem wir das Weltbild festmachen und im doppelten Sinne »feststellen« können. Alles ist in Bewegung, und es gibt unendliche Welten ohne Anfang und Ende!

Bruno hat Kopernikus auf der Überholspur ins Unendliche klein und fast bedeutungslos zurückgelassen. Doch er nimmt kein Astrolabium zur Hand, keinen Jakobsstab, und er präsentiert seinen Zeitgenossen keine neue Astronomie. Er will kein Physiker sein, sondern ein neues philosophisches Weltsystem präsentieren. Bei dem Anthropozentriker Ficino findet er manches, was er aufnimmt, insbesondere dessen Verehrung der hermetischen Schriften. Mit Cardano und dem hochgeschätzten Telesio schwärmt er von Epikur und Lukrez und übernimmt Platons Vorstellung von der »Weltseele«. Im Anschluss an die zeitgenössischen Naturphilosophen erledigt Bruno die aristotelische Physik. Für den antiken Meister war der Grundzustand allen Seins das Starre, das Feste und das Ruhende gewesen, und die Bewegung war das Besondere, das man erklären musste. Doch für Bruno, wie für Telesio, gibt es gar keinen Ruhezustand im Universum. Statt »alles fließt«, wie bei Heraklit, schwirrt, rotiert und kreist alles.

Nach Aristoteles entspringt Leben dadurch, dass Ruhendes in Bewegung kommt: *To be is to do*. Doch die Renaissance-Kritiker dieser Auffassung drehten das Prinzip um. Bereits für den naturwissenschaftlich uninteressierten Pico ist das eigentliche Sein die Dynamik und nicht ein ominöser Stillstand, in den die Bewegung unerklärlicherweise einbricht. Also: *To do is to be!* (Einem bekannten Witz zufolge fand später ausgerechnet Frank Sinatra die richtige Lösung: *Do be do be do!*)

Alles bewegt sich, und es bewegt sich unentwegt weiter. Die Natur der Natur ist Formung und Umformung, ein Prozess ohne Anfang und ohne Ende. »Das Ganze« befindet sich »in der Hand des allumfassenden Wirkenden, wie eine einzige Lehmmasse in der Hand eines einzigen Töpfers, um auf der Scheibe dieses Umschwungs der Gestirne gemäß dem Wechsel von Werden und Vergehen der Dinge bald als gutes Gefäß, bald als schlechtes aus dem selben Stoff hervorgebracht und wieder zerstört zu werden«.[17]

Ein solcher Zyklus von Werden und Vergehen ist kein christliches Gedankengut, sondern die Vorstellungswelt der Stoiker (die auch den »Prediger Salomo« beeinflusste). Es fehlt das Ziel und das Heilsgeschehen. Ein solcher Kosmos ist unergründbar, nicht ausmessbar und absolut nicht begreifbar. Er übersteigt unsere Vorstellungskraft. Auf ebendiese Weise hatte die neuplatonische Tradition seit Dionysius Areopagita den christlichen Gott gedeutet: als das, was so groß ist, dass es unsere Vorstellungskraft weit übersteigt. Und so hatten auch Llull und Cusanus den Allmächtigen gesehen: Das Sein ist nicht nur unbestimmt, sondern es ist unbestimmbar! Bruno reiht sich in diese Linie ein, er bewundert Llull und er verehrt Cusanus. Widerspricht es nicht dem Wesen Gottes, ein überschaubares endliches Universum zu erschaffen? Wenn Gott das ist, was größer als alle Dinge und Worte ist, muss es dann nicht auch der göttliche Kosmos sein? »Die Natur Gottes«, schreibt Bruno, »wäre endlich, brächte sie nicht Unendliches und unendlich Vieles hervor.«[18]

Doch wenn alles Sein ein Wirken ist, dann verändert sich die Vorstellung von Gott radikal. Er ist nicht mehr das Ruhige und Überzeitliche jenseits der von ihm geschaffenen Welt, denn ein solches ruhendes Sein gibt es nicht. Die einzige Form, Gott zu denken, ist ihn mit der Dynamik der Welt gleichzusetzen. Diese Dynamik wirkt unentwegt in allem, sie ist die seelische Energie, die alles hervorbringt. So zu denken liegt in der Zeit. In diese Richtung waren schon die Gedanken einiger ganz unterschiedlicher Männer vor Bruno gewandert. Der jüdische Arzt und Philosoph *Leone Ebreo* (ca. 1460–1521) aus Portugal fasste die Welt im Anschluss an Platons »Weltseele« als einen einzigen belebten Organismus auf. Der Schweizer Arzt und Philosoph *Theophrastus Bombastus von Hohenheim,* genannt *Paracelsus* (1493–1541) dachte so seine neue Vorstellung von Medizin. Ebenso hatten Cardano, Campanella und mit Einschränkungen auch Telesio überall in der Welt das Wirken einer beseelten Urmaterie entdeckt. Und auch der kroatischstämmige Universalgelehrte *Francesco Patrizi da Cherso* (1529–1597) sah in der ganzen Natur eine platonische »Weltseele« walten und prägte dafür den Begriff »Panpsychismus« (»Allbeseeltheit«).

Das von Gott in einem einmaligen Akt geschaffene statische Weltgewölbe und das starre Himmelsgebälk sind zusammengebrochen, denn alles ist in Bewegung versetzt. Und das göttliche Wirken kann nicht mehr außerhalb, sondern nur noch in der Welt gesucht werden. Die unendlich fortgesetzte Dynamik ist die Art, wie Gott sich in der Natur verwirklicht. Auch Bruno ist »Panpsychist«. Ob er zugleich ein »Pantheist« ist, darüber lässt sich streiten. Denn bei ihm bleibt unklar, ob Gott nur in der Natur *wirkt* oder ob er diese Natur tatsächlich *ist.* In jedem Fall wirkt er nicht nur in unserem Himmel und auf unserer Erde, sondern in unendlich vielen Welten, die alle beseelt sind. Leben ist also nichts, was

Gott in einem Schöpfungsakt der Erde geschenkt hat, sondern es entsteht überall im All und vergeht dort auch wieder. Deshalb sei es töricht zu glauben, es gäbe keine anderen Lebewesen, keine anderen Sinne und keine anderen Intelligenzen, als sie unseren Sinnesorganen erscheinen.

Bruno ist überzeugt, dass mit seiner Erkenntnis eine neue Zeit anbricht: der Triumph der kosmischen Vernunft über das provinzielle Denken. Geozentrismus und Anthropozentrismus haben ausgespielt, die Welt ist nicht die Bühne des Menschen. Gott, Universum und Mensch – die drei Komponenten des mittelalterlichen Weltbildes fallen auseinander, der Kitt hält nicht mehr. Cusanus hatte sie noch einmal auf artistische Weise zusammengedacht; Bruno hingegen sieht sie endgültig auseinanderbrechen. Und das Christentum mit seinem menschlichen Erlöser ist nichts als eine lächerlich naive Vorstellung kleiner beschränkter Gemüter. Bruno reiht sich ein in das philosophische Rollenmodell des »Durchblickers« und »Künders«, den die Welt verkennt, weil sie zu dumm ist – ein Selbstwertgefühl, das seit den Tagen des Vorsokratikers Heraklit immer mal wieder durch die Philosophie spukt. Doch woher will Bruno wissen, dass er, ein sinnlich-perspektivisch begrenzter Mensch wie alle anderen, im Besitz dieser universellen neuen Wahrheit ist? Woher nimmt er das Selbstbewusstsein und die Arroganz, seine Zeitgenossen mit Hohn und Verachtung zu strafen?

Die Frage nach dem eigenen Standpunkt ist ein kritischer Punkt in Brunos Erkenntnistheorie. Mit Llull und Cusanus weiß er, dass alles Wissen, das wir von der Welt haben, ein Wissen in unserem Bewusstsein ist. Menschen korrespondieren nicht mit der Welt, sondern sie machen sich Vorstellungen von der Welt in ihrem Kopf. Doch wie stellen wir sicher, dass die Welt in unserem Kopf mit der Welt »an sich« übereinstimmt? Diese Frage hatte schon viele Denker beschäftigt. Sie ist eine der Kernfragen der Philosophie. Auf der Suche nach einer neuen naturphilosophischen Erklärung des Erkennens bedient sich Bruno schließlich des Begriffs der »Monade«. Das Wort hat eine lange Tradition in der griechischen Antike. Als *monás* (Einheit) spielt die Monade zunächst in der Mathematik eine Rolle. Für die Pythagoreer, für Euklid und für die Neuplatoniker ist sie die kleinste mathematische Einheit, der Urgrund, der allen Zahlen zugrunde liegt. Bei Dionysios Areopagita wird die Monade vom griechischen in den christlichen Gedankenkosmos übertragen. Sie ist die verborgene Einheit in der Trinität, der Urgrund von Vater, Sohn und Heiliger Geist. Die Monade ist das »Eine«, der Ursprung und die Totalität allen Seins, von dem Plotin sprach und das Dionysios im 6. Jahrhundert christlich einfärbt.

Bruno kennt diese Gedanken vor allem in Form von Definitionen aus dem *Buch der 24 Philosophen.* Dabei handelt es sich um eine Quintessenz neuplatonischer Texte, die vermutlich im 12. Jahrhundert erstellt wurde. Die erste dieser Definitionen lautet: »Gott ist die Monade, die eine Monade erzeugt und sie als einen einzigen Gluthauch auf sich zurückbeugt.« Bruno entwickelt daraus seine eigene Konzeption. Zum einen ist die Monade die unteilbare göttliche Einheit, aus der alles in der Welt besteht, der Ursprung alles Rationalen, alles Essenziellen und alles Materiellen. Und zum anderen ist sie der zurückgebeugte »Gluthauch«, das Licht, das von allem Sein ausstrahlt und so in den denkenden Geist eindringt. Verstehen bedeutet also, das Licht der Monade aufzunehmen, sie in den Geist eindringen zu lassen und mit ihr zu verschmelzen. In dem Moment, wo das menschliche Bewusstsein ahnt und erspürt, dass es Teil des beseelten Kosmos ist, verschwimmen das Erkenntnissubjekt und das Erkenntnisobjekt in tiefster Welterfahrung. Wenn der Schein des Seins in mein Bewusstsein eindringt, verschmilzt er mit ihm zur Erkenntnis des Seins – eine Erfahrung, die nur einem wahrhaft Gebildeten, wie Bruno, zuteilwerden vermag.

Allein durch tiefste intellektuelle Versenkung erkennt der Mensch den spirituellen Ursprung der Gesetze des Universums. In diesem Punkt bleibt Bruno nahe bei Cusanus. Es sind

Gesetze, die zugleich auch im Menschen selbst wirken. Damit ist der Mathematik und der Physik eine Absage erteilt, denn letzte Erkenntnis lässt sich mit ihren Mitteln nie erreichen. Nicht die Scientia erschließt uns das Sein, sondern nur das reflektierende Bewusstsein. Noch die nüchternste Himmelsphysik wird von Menschen betrieben und findet in ihrem Bewusstsein statt. Die Gesetze der Welt lassen sich also nur in unserem Inneren erfahren, durch eine Vernunft, die alle Wissenschaft an Einsichtsfähigkeit übersteigt.

Bruno wird fälschlicherweise oft als Märtyrer des kopernikanischen Weltbildes oder gar als Vordenker der rationalen unabhängigen Naturwissenschaften gesehen. Aber er war nichts weniger als das. Als die Inquisition ihn in Florenz festnimmt, will sie von Himmelsphysik nichts wissen. Verzweifelt versucht Bruno immer wieder, das Thema darauf zu lenken. Doch die Kirche hat nicht vor, mit ihm darüber zu diskutieren. Die Stellung der Erde im Kosmos ist ein verschwindend kleines Problem verglichen mit dem großen Anschlag, den Bruno an ganz anderer Stelle auf das Christentum verübt hat. Die Inquisition in Florenz und später in Rom verübelt Brunos Panpsychismus, vor allem die Vorstellung, dass auch andere Planeten bewohnt seien. Denn wenn das stimmte, für welchen winzigen kleinen Stern war Christus dann exklusiv gestorben? Der Raum mag unendlich sein, aber er hat gefälligst tot zu bleiben. Niemals darf er den Christen auf der Erde Konkurrenz durch andere Gestirne mit eigenem Leben und womöglich eigenem Glauben machen! Die Inquisition hat auch nicht vergessen, wie abfällig Bruno in *Spaccio della bestia trionfante (Die Vertreibung der triumphierenden Bestie)* über Christus geurteilt hat. Einen »verächtlichen, gemeinen und unwissenden Menschen« hatte er ihn genannt, einen Mann, durch den »alles entwürdigt, geknechtet, in Verwirrung gebracht und das Unterste zuoberst verkehrt, die Unwissenheit an Stelle der Wissenschaft gesetzt« worden sei. Wer Christus anbete, so Bruno, bete nicht einen Gott, sondern einen Götzen an.

Acht Jahre lang verhört und foltert die Inquisition ihren Gefangenen. Die römischen Prozessakten sind verloren, doch am Ende bezichtigt die Kirche Bruno wohl der Magie und der Anhängerschaft an den inzwischen verfemten Ramon Llull. Dass jener einzig denkbare Gott, der für Bruno im und durchs Universum wirkt, kein Vater ist, der einen Sohn in die Welt setzte, dürfte das Übrige beigetragen haben. Am 17. Februar des »Jubeljahres« 1600 wird der abtrünnige Mönch auf dem Campo de' Fiori öffentlich verbrannt. Die letzten Worte des Gemarterten sollen gewesen sein: »Ihr verhängt das Urteil vielleicht mit größerer Furcht, als ich es annehme!«

Nachzutragen bleibt, dass die Kirche ihr Urteil über Bruno nie revidierte und auch die Astronomie von einer »Weltseele« bis heute nicht viel wissen will. Stattdessen inspirierte Bruno zahlreiche Pantheisten und Panpsychisten wie Friedrich Heinrich Jacobi, Johann Wolfgang von Goethe, die Jenaer Romantiker, Friedrich Wilhelm Joseph Schelling, Georg Wilhelm Friedrich Hegel und den New-Age-Physiker James Lovelock. Sein Konzept der Monade lebt in den Erkenntnistheorien von Baruch de Spinoza und Gottfried Wilhelm Leibniz fort. Und im Spätsommer 1997 präsentierten Forscher der US-Weltraumbehörde NASA ein kartoffelgroßes Klümpchen, gefunden in der Antarktis und getauft auf den Namen ALFI 84001. In ihm lagerten Spuren bakterienähnlicher Wesen. Und dieser Stein war kein gewöhnlicher Stein, sondern ein kleiner Brocken vom Mars, vor fünfzehn Millionen Jahren abgesplittert durch einen Asteroideneinschlag …

Keine Ordnung, nirgends

In den Jahren zwischen 1575 und 1580, der Zeit, in der Bruno aus seinem Klosterleben in Neapel ausbricht, sitzt eineinhalbtausend Kilometer entfernt im idyllischen südfranzösischen Städtchen Saint-Michel-de-Montaigne ein französischer Edelmann im Turmzimmer seines Schlosses. *Michel de Montaigne* (1533–1592) ist fünfzehn Jahre älter als Bruno. Der studierte Jurist blickt auf eine Karriere als Gerichtsrat am Steuergericht in Bordeaux zurück. Als Sohn des Bürgermeisters übersetzte er für ihn die *Theologia naturalis (Natürliche Theologie)* des katalanischen Theologen Raimond Sebond ins Französische; ein Buch über die Erkenntnis Gottes in der Natur im Fahrwasser der Philosophie Ramon Llulls. Die Übersetzung weckt bei Montaigne Zweifel an den Dogmen und Lehrsätzen der Kirche.

Als einer der Ersten in Frankreich beschäftigt er sich mit den Studien des Kopernikus. In einer fünfjährigen Auszeit von aller gesellschaftlichen und politischen Betätigung beginnt er seine *Essais,* darunter die *Apologie des Raimond Sebond.* Montaigne hat kein Problem mit dem heliozentrischen Weltbild, aber wie Bruno hält er die Erkenntnisse des Kopernikus nur für ein Durchgangsstadium des Wissens. Jeder Himmel, auch der kopernikanische, ist immer nur ein von Menschen zurechtgedachter Himmel: »Ist es nicht ein lächerliches Unternehmen, dass wir den Dingen, die unsere Wissenschaft, wie wir selber gestehen, nicht erreichen kann, einen anderen Körper geben und eine falsche Gestalt aus unseren Einfällen andichten? So wie wir es auch bei der Bewegung der Planeten tun, denen wir, je weniger unser Verstand sie erreichen oder ihren natürlichen Gang sich vorstellen kann, desto mehr aus unserem Gehirn materielle, grobe und körperliche Triebfedern leihen? Man sollte glauben, wir hätten Kutscher, Zimmerleute und Maler geschickt, dort oben Maschinen für verschiedene Bewegungen zu bauen, und die Räder und Hebel der Himmelskörper, wie Platon sagt, buntscheckig um die Spindel der Notwendigkeit zu ordnen.«[19]

Die wahre Natur der Dinge, einschließlich aller Physik, hält Montaigne für unerkennbar. Denn all das, was die Astronomen zutage fördern, »sind Träume und schwärmerische Possen«. Anders als Bruno glaubt Montaigne nicht an einen erleuchteten Menschengeist, der die wahre Natur des Kosmos zu durchdringen vermag. Für ihn ist der Geist nur »ein unstetes, gefährliches und vermessenes Werkzeug«, und was Menschen damit zustande bringen, sind nur »Missbrauch« und »Fehlrechnungen«.[20] Kopernikus hatte die Gestirne verschoben, und Bruno sollte wenige Jahre nach Montaignes *Essais* den Kosmos ins Unendliche erweitern – in beiden Fällen triumphiert die Vernunft. Der Autor im Turmzimmer von Schloss Montaigne aber zieht eine ganz andere Konsequenz aus dem Umsturz der Himmelsphysik. Wenn wir uns früher geirrt haben, so tun wir das mit Sicherheit auch heute! Die wahre Pointe der neuen Kosmologie liege nicht im Triumph des menschlichen Geistes, sondern genau im Gegenteil. Der Umsturz zeigt uns, wie naiv und begrenzt der menschliche Verstand ist, der sich immer wieder neu irrt. Aus der Revision des alten Wissens folgt nicht der Sieg des Geistes, sondern die Einsicht in seine unaufhebbare Fehlbarkeit.

Montaigne hat große Zweifel an der menschlichen Erkenntnisfähigkeit. Denn können wir nicht nur das begreifen, was unsere Sinne uns an Einsicht gestatten? Aller Sinn entspringt allein aus der Sinnlichkeit, und die ist beim Menschen ebenso begrenzt wie bei anderen Tieren. Die Erkenntnis ist nicht ganz neu, sie findet sich schon bei den Stoikern, den Epikureern und den antiken Skeptikern. Aber Montaigne aktualisiert die Skepsis gegenüber der Vernunft zu einem besonderen historischen Zeitpunkt. Er macht die menschliche Erkenntnisfähigkeit klein in einer Zeit, in der Reformation und Gegenreformation einander mit absoluter Glaubensgewissheit und vermeintlich tiefster Einsicht bekriegen. In Frankreich ist die Situation eskaliert und ungleich dramatischer als in Deutschland, wo mit dem Augsburger Religionsfrieden 1555 weitgehend Ruhe eingekehrt ist. Nicht nur in der Hauptstadt Paris, im ganzen Land regiert das Chaos: Zentralstaat gegen Regionen, Katholiken gegen Protestanten, Krone gegen Adel und die Geschlechter der Valois und der Guise gegeneinander. Zwischen 1562 und 1598 wüten die Hugenottenkriege, berühmt und berüchtigt vor allem durch die Bartholomäusnacht.

Tausende Hugenotten werden in der Nacht zum 24. August 1572 in Paris und anderswo gemeuchelt.

Montaigne ist in Paris, als mit dem »Blutbad von Wassy« die Hugenottenkriege beginnen. Offiziell wird er dem Katholizismus nie den Rücken kehren, aber wie so viele Menschen seiner Zeit fällt er mehr und mehr vom Glauben ab. Das 16. Jahrhundert mit seinen vielen Religionskriegen steht am Anfang jener allmählichen und schmerzhaften Entzauberung des Christentums, die bis heute anhält. Im Jahr 1570 legt Montaigne sein Richteramt nieder und zieht sich ins Turmzimmer seines Schlosses zurück, um über sich, die Menschen und seine verrückte Zeit Rechenschaft abzulegen. Er ist nicht in erster Linie als Philosoph in die Geschichte eingegangen, vielmehr als Literat, als feinfühliger Psychologe, als Skeptiker und Menschenkenner. Die *Essais* begründen eine neue literarische Form und setzen zugleich höchste Maßstäbe an die Gattung. Seit Montaigne versteht man unter einem Essay einen Text von augenscheinlich planvoller Planlosigkeit, ein Mäandern der Gedanken.

Der Mann im Turm beobachtet sich akribisch selbst und erkundet in tastenden Gedanken sein Ich. Von der Selbstbeobachtung aus versucht er die Gründe seines Denkens und Handelns zu verstehen, ja schließlich die Ursachen alles menschlichen Verhaltens überhaupt. Dabei schreibt er Sätze von zeitloser Wahrheit: »Nur die Dummen haben sofort eine Überzeugung fertig«; »Ich weiß wohl, was ich fliehe, aber nicht was ich suche«; »Die Nützlichkeit des Lebens liegt nicht in seiner Länge, sondern in seiner Anwendung«; »Wenn es dir gelingt, die innere Ruhe zu erobern, so hast du mehr getan als derjenige, der Städte und ganze Reiche erobert hat«.

Montaigne sinniert über den Tod und das Altern, über seinen Umgang mit Büchern und Frauen, über den Wert der Freundschaft, seine Erfahrungen im öffentlichen Amt, seine Gründe zu schreiben und seine Abneigung gegen Ärzte. Seine menschenfreundlichen und skeptischen Sätze enthalten weit mehr Weisheit als die ziselierten Gedanken des Erasmus von Rotterdam, der sich mit zunehmendem Alter und Erfolg einen erheblichen Bildungsdünkel zugelegt hat, ein Benimmbuch schreibt und über den »Durchschnitts-Christen« die spitze Nase rümpft. »Die tödliche Krankheit des Menschen ist seine Meinung, er wisse«, hält Montaigne dem entgegen. Und: »Die Anmaßung ist unsere natürliche und angeborene Krankheit.« Dabei denkt Montaigne an die Grausamkeiten bei der »Mission« der Naturvölker Amerikas und an die Religionskriege. Aber er denkt auch an eine Erziehung, die Kinder nachsprechen lässt, was man ihnen »unaufhörlich in die Ohren schreit«. Und er denkt an den Umgang der Menschen mit Tieren. Denn wenn es stimmt, dass aller Sinn aus der Sinnlichkeit entspringt, so sind die Tiere zwar vom Menschen verschieden, aber nicht minderwertig. Jedes Lebewesen hat seine eigene Intelligenz, abhängig von seiner sinnlichen Ausstattung: »Die Schwalben, die wir bei ihrer Wiederkehr im Frühling alle Winkel unserer Häuser ausspähen sehen: suchen sie ohne Urteilskraft, und wählen sie ohne Einsicht unter tausend Plätzen denjenigen, der für ihre Wohnung der bequemste ist? Warum machte die Spinne ihre Gewebe an einer Stelle dicker und einer anderen dünner, warum bediente sie sich bald eines anderen, wenn sie nicht überlegen, denken, entscheiden könnte?«[21]

Cardano, Patrizi und Bruno hatten überall in der Natur beseelte Objekte erkannt – Montaigne dagegen interessieren die beseelten Subjekte, die Menschen, Tiere und mitunter auch die Pflanzen. All dies Beseelte gilt es zu respektieren und sich ihm gegenüber angemessen zu verhalten: »Gegen Menschen sollen wir gerecht sein, gegen die anderen Wesen, die dafür empfänglich sind, freundlich und gütig: es besteht ein geheimes Band zwischen ihnen und uns, ein gegenseitiges Aufeinander-Angewiesen-Sein.«[22] Überlegungen wie diese machen Montaigne zum Vater einer »Tierethik« in der frühen Neuzeit. Zwar hatten schon in der Antike Denker wie Theophrast und Plutarch die Tiere gegen den Menschen verteidigt. Sie argumentierten mit der Ähnlichkeit zwischen ihnen und uns. Doch der Autor der *Essais* wählt eine andere Begründung: Er weist den Menschen in die Schranken seiner Sinnlichkeit! Montaignes kopernikanische Wende ist eine kognitionspsychologische Wende – die Erkenntnis, dass alle Erkenntnis abhängig bleibt von einem zufälligen Standpunkt, räumlich begrenzt, sinnlich eingeschränkt und abhängig von Launen, Stimmungen und vorschnellen Urteilen. Und so sind am Ende selbst die Thunfische dem Menschen in Astronomie überlegen, unterbrächen sie doch ihre Wanderung zur Zeit der Wintersonnenwende, um sie zur Tagundnachtgleiche im Frühling fortzusetzen …

Die Wahrheit des Fernrohrs

Um die menschliche Astronomie ist es zu Montaignes Zeit tatsächlich nicht allzu gut bestellt. Kopernikus hatte das heliozentrische Weltbild nur durch Indizien behaupten, aber weder physikalisch noch naturphilosophisch erklären können. Einen ersten Durchbruch gib es erst, als das Fernrohr entwickelt wird. Möglicherweise war es schon eine Weile in mehreren Ländern in Gebrauch, bevor der deutsch-niederländische Brillenmacher *Hans Lipperhey* (um 1570–1619) im Jahr 1608 zum ersten Mal einen produktionsfähigen Prototyp entwickelt. Ein Jahr darauf präsentiert der Mathematikprofessor *Galileo Galilei* (1564–1641/1642) von der Universität Padua dem Senat von Venedig ein solches Lipperhey-Fernrohr. Die Venezianer sind begeistert, versprechen sie sich davon doch Vorteile bei der Kriegsführung auf See. Schnell geht das Gerät als »Galilei-Fernrohr« in die Geschichte ein. Tatsächlich erkennt der findige Italiener die vielfältigen Einsatzmöglichkeiten des vorherigen »Jahrmarktsartikels« und verfeinert ihn in den Folgejahren immer weiter.

Galilei stammt aus einer vornehmen Familie in Pisa. Sein Medizinstudium bricht er nach vier Jahren ab und beschäftigt sich stattdessen mit Mathematik. 1592 – das Jahr, in dem Montaigne stirbt – beruft ihn die Universität Padua auf jene Professur, die kurzzeitig an Giordano Bruno vergeben war. Achtzehn Jahre lang wird Galilei in Padua lehren und forschen. Wie die meisten seiner Zeitgenossen distanziert er sich in dieser Zeit von Aristoteles. Ihn stört nicht nur dessen Theorie von Ruhe und Bewegung. Galileis Skepsis entzündet sich auch daran, auf welche Weise Aristoteles aus der »Erfahrung« auf die Natur der Dinge geschlossen hatte. »Erfahrung« war für Aristoteles, wie etwas aussieht, wie etwas erscheint und wie wir etwas im Alltag wahrnehmen. So gehen wir erfahrungsbedingt davon aus, dass alles, was sich bewegt, von einer Kraft bewegt wird. Und je größer das Objekt, desto mehr Kraft wird benötigt.

Doch Galilei hegt den Verdacht, dass diese Alltagserfahrung uns trügen und täuschen könnte. Für ihn ist das »Buch der Natur« in einer »lingua mathematica« geschrieben, die sich der Alltagserfahrung oft nicht mitteilt. Denn das wahre Sein ist nur zu enträtseln, wenn wir mit dem Werkzeug der Mathematik die Ordnung des Kosmos entschlüsseln. Niemand hatte das zuvor so konsequent versucht wie Galilei. Mit ihm beginnt deshalb in gewisser Hinsicht das naturwissenschaftliche Zeitalter. An die Stelle von allgemeinen Beobachtungen und Spekulationen setzt er nach und nach das Experiment. Schon in der frühen Zeit machte er in der Kathedrale von Pisa eine wichtige Entdeckung. Als er dort schwankende Leuchter an der Decke beobachtete, sah er, dass deren Schwingung offensichtlich einzig und allein davon abhing, wie lang ihre Aufhängung war, aber nicht davon, wie groß oder schwer sie waren. Das dazugehörige Experiment, das die Nachwelt Galilei zuschrieb, machten allerdings andere: Sie warfen Kugeln vom schiefen Glockenturm der Kathedrale und beobachteten, dass eine fünfzig Kilogramm schwere Kugel kaum eher auf dem Boden auftraf als eine Kugel, die nur ein Pfund wog.

Galilei greift das Experiment in Padua auf. Er lässt Kugeln verschiedener Größen eine schiefe Ebene hinabrollen und sieht, dass sie alle gleich schnell sind. Das Einzige, was die Geschwindigkeit beeinträchtigt, ist der Widerstand, der sich den Kugeln entgegensetzt, die »Reibung«. Eine Bewegung wird also nicht dadurch gestoppt, dass die ihr innewohnende Kraft erlahmt, sondern dass sich ihr etwas entgegenstellt. Die Folgerung daraus ist eine physikalische Sensation, die später von René Descartes und Isaac Newton exakt formuliert wird. Von Natur aus verharrt ein Körper in dem Zustand, in den er versetzt worden ist – also entweder in der Ruhe (wie Aristoteles wusste) *oder* in der Bewegung (wie Galilei erkannte). Das Trägheitsgesetz war entdeckt! In Newtons Formulierung lautet es: »Ein Körper verharrt im Zustand der Ruhe *oder* der gleichförmig geradlinigen Translation, sofern er nicht durch einwirkende Kräfte zur Änderung seines Zustands gezwungen wird.«

Galilei löst damit eines der größten Probleme der Physik. Mit einem Mal hat die Erklärung der Naturkräfte keine universalen metaphysischen Kräfte mehr nötig, wie etwa Telesios Kampf von Kälte und Wärme. »Reibung« und »Trägheit« bilden ziemlich profane Erklärungen im Vergleich zu den Allbeseelungstheorien der italienischen Naturphilosophen. Das Wie schiebt sich nach vorne und lässt das große Warum in den Hintergrund treten. Und die Wahrheit ist nicht mehr offensichtlich, sondern sie widerspricht in vielem der Alltagserfahrung. Der Weg ist frei für eine neue nüchterne »Naturwissenschaft« (Scientia). Und wo Cardano, Telesio und Bruno nach einer neuen Metaphysik gesucht hatten, beliefert Galilei die Welt mit einer neuen Physik.

Doch Galilei tut sich nicht leicht damit, seine neue Physik auf die Vorgänge im Kosmos anzuwenden. Aristoteles hatte die Welt des Himmels und die Welt der Erde sorgfältig voneinander geschieden, denn das All ließ sich kaum durch Erfahrungen erforschen. Terrestrische Physik war terrestrische Physik, und Himmelsphysik war Himmelsphysik. Wie seine Renaissance-Vorgänger erkennt Galilei diese Trennung nicht an. Mithilfe des Fernrohrs kann er zahlreiche Entdeckungen machen, die seinen bedeutenden Vorgängern, dem Engländer *Thomas Digges* (1546–1595) und dem Dänen *Tycho Brahe* (1546–1601), noch verborgen geblieben sind. Eine neue Welt tut sich auf: Als erster Mensch sieht Galilei Gebirge auf dem Mond, die Flecken der Sonne und die Sterne der Milchstraße. Wichtiger noch sind die vier Monde, die er um den Jupiter kreisen sieht – ein weiterer Beweis für die Planetenbewegungen des heliozentrischen Weltbilds. Sein Buch *Sidereus Nuncius (Sternenbote)* lässt ihn 1610 zum neuen Star der Zunft avancieren. Äußerst beliebt macht er sich damit, dass er die Monde »Mediceische Gestirne« tauft. Der geehrte Cosimo II., Großherzog der Toskana, revanchiert sich und ernennt Galilei zum Hofmathematiker in Florenz mit allen Freiheiten.

Doch Sensationen am Himmel zu beobachten ist das eine, sie physikalisch exakt zu erklären etwas anderes. Galilei versucht das Trägheitsprinzip auf das All anzuwenden, allerdings mit zahlreichen Schwierigkeiten. Viel erfolgreicher ist der kaiserliche Hofmathematiker in Prag, *Johannes Kepler* (1571–1630). Mithilfe der Überlegungen Tycho Brahes veröffentlicht er 1609 seine *Astronomia nova (Neue Astronomie)* und beweist, dass die Planeten sich nicht auf kreisförmigen, sondern auf elliptischen Bahnen um die Sonne bewegen. Zudem findet er heraus, dass sich ein Planet umso langsamer bewegt, je weiter er von der Sonne entfernt ist. Obwohl beide Männer schon früh in Briefkontakt getreten sind, ignoriert Galilei die Forschungen seines deutschen Kontrahenten. Das gilt auch für dessen Erklärung der Gezeiten. Kepler hat herausgefunden, dass Ebbe und Flut vom Mond abhängen. Für Galilei hingegen sind sie Folgen der Erdrotation und einer ihrer schlagendsten Beweise, auf den er nicht verzichten will.

Die Unterschiede zwischen Galilei und Kepler sind groß. Während Kepler die Dynamik der Planeten weit besser versteht, versucht Galilei sie fortwährend mit seinem alten Pendelmodell zu erklären. Und doch erscheint der geistig unflexiblere Galilei heute als der Prototyp des nüchternen Naturwissenschaftlers schlechthin. Denn Kepler mochte ein noch so hervorragender Astronom,

Optiker und Mathematiker sein – sein Weltbild war das eines Naturphilosophen, nicht das eines exakten Wissenschaftlers. Die Keplerschen Gesetze, die er erkennt, sind für ihn keine »Gesetze« im Sinne der Scientia. Sie sind Bausteine eines von Gott mathematisch durchstrukturierten Kosmos, nicht anders als schon die Pythagoreer geglaubt hatten. Obwohl er die Astrologie seiner Zeit als Spökenkiekerei ansieht, meint er dennoch, dass die kosmischen Konstellationen unmittelbar auf jeden einzelnen Menschen einwirken. Und obgleich er die Größe des Weltalls für enorm hält, betrachtet er dennoch die Erde als deren eigentliches spirituelles Zentrum und bestätigt damit das Christentum.

Aus der neuen Wahrheit, die das Fernrohr zutage fördert, lassen sich also nach wie vor völlig unterschiedliche Schlüsse ziehen – und zwar sowohl physikalische als auch metaphysische. Es irritierte Galilei zutiefst, dass viele seiner Zeitgenossen seine Beobachtungen nicht für evident und schon gar nicht für »die Wahrheit« hielten. Völlig überraschend bekommt er auch immer größeren Ärger mit der katholischen Kirche, die das heliozentrische Weltbild des Kopernikus so lange interessiert bis gelassen zur Kenntnis genommen hat. Galilei glaubt an kein durch und durch beseeltes Weltall wie Cardano, Bruno oder Campanella. Und über Christus hat er sich niemals abfällig geäußert. Gleichwohl ereilt ihn 1616 die dringende Mahnung, das kopernikanische System nur als »Hypothese«, nicht als Tatsache zu behandeln.

Zehn Jahre später rät ihm Papst Urban VIII., ein alter Vertrauter und Förderer seiner Studien, ein Buch zu schreiben, das dem heliozentrischen und dem geozentrischen Weltsystem gleichermaßen zu ihrem Recht verhelfen soll. Dabei fürchtet sich Urban nicht vor dem heliozentrischen Weltbild. Aber er weiß sehr genau, dass Galileis Beweise nicht ausreichen, um die Kirche zu dem Risiko zu zwingen, ihre Interpretation der Bibel auf ein neues Fundament zu stellen. Gleichwohl erregt der *Dialogo di Galileo Galilei sopra i due massimi sistemi del mondo tolemaico e copernicano (Dialog von Galileo Galilei über die zwei wichtigsten Weltsysteme, das ptolemäische und das kopernikanische)*, als er acht Jahre später erscheint, in Rom tiefstes Misstrauen. Der fast Siebzigjährige wird vor die Inquisition gezerrt, und zwar mehr wegen des Ungehorsams gegen die Mahnung von 1616 als wegen seiner persönlichen Sicht des Universums. Galilei verteidigt sich, beide Positionen gleichberechtigt dargestellt zu haben. Zudem fehlt es ihm tatsächlich an unumstößlichen Beweisen, denn seine Beobachtungen mit dem Fernrohr, seine physikalischen Prinzipien und seine astronomischen Spekulationen passten nicht wirklich gut zusammen. Schließlich widerruft er – den Tod oder lebenslange Haft vor Augen – scine heliozentrische Weltsicht. Galilei fühlt sich nicht als Märtyrer der Wissenschaft oder als Held der freien Rede, zu dem man ihn später machen sollte. Warum also soll er in diesem unsäglichen Zank nicht widerrufen?

Die Inquisition, die sich in der Verurteilung Galileis ohnehin nicht einig ist, lässt ihn sein weiteres Leben unter Hausarrest in seinem Landhaus in Arcetri unweit von Florenz verbringen. Er publiziert sein physikalisches Hauptwerk, schreibt Briefe, bis er erblindet, und empfängt Gäste, unter anderem aus dem zu dieser Zeit blühenden England. Von hier treffen zwei hochinteressierte Männer ein: 1636 der englische Philosoph Thomas Hobbes und 1638 der junge englische Dichter und Staatstheoretiker John Milton.

Der Geist der Technik

Im Jahr 1588 besiegten starke Winde und die englische Flotte die spanische Armada. Der Kampf der beiden Dauer-Regenten, des spanischen Königs Philipp II. (1527–1598) und der englischen Königin Elisabeth I. (1533–1603), wendete sich zugunsten Englands. Das »Elisabethanische Zeitalter« verwandelte das zuvor von der Pest arg gebeutelte Land in einen Empire State. In Konkurrenz zu den Niederlanden schickten die *Merchant Adventurers* ihre Schiffe für den Textilhandel aus. Die Gründung einer Aktiengesellschaft im Jahr 1551 ließ die englischen Händler ihre Schiffe rund um den Globus segeln, auf der Suche nach Gewürzen und anderen Rohstoffen – der Vorläufer der 1600 gegründeten Britischen Ostindien-Kompanie. London, zu Beginn des 16. Jahrhunderts noch eine Mittelstadt mit 60 000 Einwohnern, erlebte einen rasanten Aufstieg. Als Elisabeth I. 1603 stirbt, hat die Stadt mehr als 200 000 Einwohner, nur Paris ist größer.

Die wirtschaftliche Blüte zerstört, wie stets in solchen Fällen, die bestehende Sozialstruktur. Die Profiteure des Aufstiegs werden reicher, der Rest der Bevölkerung im Vergleich ärmer. Die sich rasant ausbreitende Geldwirtschaft macht alles zur Ware auf einem immer internationaleren Markt. Lebensmittelspekulationen werden ein einträgliches Geschäft für wenige auf Kosten vieler. Und auch das Geld selbst avanciert zur Ware, mit der sich spekulieren lässt, zahlreiche Inflationen eingeschlossen. Langfristigen Wohlstand erzielt nur, wer über Grundbesitz und Güter verfügt. Die Fragen nach dem Anstieg der Preise, der Legitimität des Wuchers und der Aufteilung des Landes werden zu den wichtigsten politischen Fragen des 16. und 17. Jahrhunderts. Und sie lassen sich nicht mehr mit den überkommenen Grundsätzen der christlichen Moral beantworten, die in der Tradition Thomas von Aquins die Preise für stabil, den Wucher für unchristlich und die Landfrage als von Gott geregelt gesehen hatte.

Die Händlerkaste sprengt das alte Ordnungsgefüge auf, nicht anders als zuvor in der italienischen Renaissance. In der Welt der Kaufleute gibt es kein Natur- oder Gottesrecht; Fragen von Besitz, Wert und Anteil regelt man durch das Aushandeln von Verträgen. Kein Wunder, dass die Frage, wie sich soziale und ökonomische Probleme neu lösen lassen, vor allem in den aufsteigenden Händlernationen wie England und den Niederlanden diskutiert wird. Verträge, in der Welt der Händler von essenzieller Bedeutung, sollen nun auf alle gesellschaftlichen Beziehungen der Menschen übertragen werden – ein Konzept, mit dem wir uns später ausführlich beschäftigen werden. Die Politik und die Ökonomie lösen sich damit auch theoretisch vom Glauben, wie es die »Nominalisten« des Spätmittelalters, Johannes Duns Scotus oder Wilhelm von Ockham, schon lange gefordert hatten. Stattdessen sucht man die »natürlichen« Kräfte und Gesetze, die quasi von sich aus in Staat und Wirtschaft herrschen sollen.

Die Vorstellung vom Leben und Wirtschaften der Menschen wird nun in erster Linie *technisch*. Jene Kräfte, die den Dingen selbst innewohnen, sollen freigesetzt und angewendet werden. So wie die Landwirtschaft nach Pflanzen fahndet, die durch ihre biochemische Beschaffenheit die Böden natürlich verbessern, nach Düngern, deren Kräfte die Erträge ergiebiger machen, so soll die »Heimarbeit« der Bauern in der Winterzeit die Effizienz der Textilwirtschaft steigern. Im »goldenen Zeitalter« Englands mit seinen weltklugen Shakespeare-Dramen und seinen fein gedrechselten Sonetten geht es in jeder Hinsicht ums Gold. Und Shakespeare lässt im *Kaufmann von Venedig* den Spruch ins Goldkästchen legen: »Nicht alles, was glänzt, ist Gold, / Oft hast du das sagen hören – / Manch einer hat sein Leben verkauft, / Nur mein Äußeres zu sehen. / Vergoldete Gräber umschließen Würmer.«

Doch die Gier nach Profit ist allgegenwärtig. Sogenannte Armenhäuser zwingen die Verelendeten der Gesellschaft zur Arbeit. Großgrundbesitzer gieren allerorten nach dem Gemeineigentum, um es effizient zu bewirtschaften. Technisches Optimieren und unbedingtes Steigern der Effizienz werden zum Credo der Zeit. All das löst heftige Konflikte zwischen den Interessen der großen Optimierer und jenen der kleinen Bauern aus, deren althergebrachte Lebensform und Existenz auf dem Spiel stehen – nicht anders als überall heute in der Welt. Man denke nur an die Konzern-Giganten der grünen Gentechnik und die Existenznöte der Kleinbauern in Brasilien, Indien, Mali und vielen anderen Ländern.

Der Mann, der dieses neue technische Denken philosophisch zum Grundsatz erhebt wie kein Zweiter, ist *Francis Bacon* (1561–1626). Als Sohn eines hohen Regierungsbeamten studiert er Jura in Cambridge und macht später am Hof Karriere. Als zweifelhafter Charakter und windiger Opportunist wird er Generalstaatsanwalt und anschließend Lordkanzler, verliert das Amt aber wegen des Vorwurfs der Bestechlichkeit. Danach verfasst er einen Dialog, in dem einige Gesprächspartner einen »heiligen Krieg« der Krone gegen »Schwärme von Menschen« rechtfertigen, etwa gegen die Ureinwohner Amerikas, gegen Besitzlose, Flüchtlinge, Landstreicher und Wiedertäufer. Obgleich das Werk unvollendet ist und mehrere Stimmen zu Wort kommen, erschrickt man noch heute über die Gefühlskälte, mit der Bacon seine Protagonisten für Völkermord und für die Vernichtung lebensunwerten Lebens streiten lässt.

Seinen Nachruhm erlangt Bacon allerdings nicht als zwielichtiger Politiker oder Eugeniker, sondern als Vordenker einer neuen Sicht der Natur, der Wahrheit und der Vernunft. Er wird einer der wichtigsten Väter der später sogenannten protestantischen Ethik, einer strengen Arbeitsmoral, die den Wert der Arbeit danach bemisst, wie effektiv sie einen Mehrwert an Geld und Vermögen hervorbringt. Sein Menschen- und Gesellschaftsbild lassen keinen Raum für Spirituelles und Metaphysisches. Schlüssel allen Erfolgs ist für ihn das, was sich empirisch aufschlüsseln und messen lässt. Und alle Wissenschaft, Ökonomie und Gesellschaft wird von ihm »technisch« betrachtet.

»Wahrheit« interessiert Bacon nur insofern, als sie *nützlich* ist. Und naturwissenschaftliche Erkenntnisse werden allein anhand ihrer Brauchbarkeit für technische Erfindungen bemessen. Aus dieser Perspektive kritisiert Bacon sowohl Kopernikus als auch Galilei. Gibt es eine unwichtigere Frage für die Menschheit als jene, wie genau das heliozentrische Weltsystem beschaffen ist? Die neue Verwirrung am Himmel beweise doch lediglich eines: dass die göttliche Ordnung des Kosmos und der menschliche Verstand erschreckend schlecht aufeinander abgestimmt sind. Der Kosmos ist für Bacon, wie schon für Montaigne, schlichtweg nicht begreifbar. Das Fernrohr ist als technische Errungenschaft zwar eine großartige Sache, aber das, was wir dadurch erkennen können, ist – anders als etwa beim Mikroskop – lächerlich und bedeutungslos. Das technische Versprechen in der Astronomie löse sich folglich nicht ein. Bacon ist sich sicher, dass hier auch in Zukunft nicht viel zu holen sein wird – eine Vermutung nicht ohne Prophetie. So faszinierend die Erkundung des Alls sein mag, einen großen Segen für die Menschheit hat sie – trotz aller Rhetorik insbesondere in den Sechzigerjahren – nie gebracht …

Salomons Haus

Obgleich Bacon sich viel Mühe gibt, das Weltordnungssystem des Aristoteles durch bessere Schränke, übersichtlichere Regale und zeitgemäße Inventarlisten zu ersetzen, sind seine Anstrengungen auf diesem Gebiet ziemlich fruchtlos. Sein Hauptwerk, *Instauratio magna (Die große Erneuerung)*, bleibt ein Fragment aus zwei Teilen. Das Programm erinnert stark an den Namensvetter Roger Bacon, den Francis nicht kennt. Auch der Franziskanermönch aus dem 13. Jahrhundert hatte davon geträumt, die Wissenschaft von allen Spekulationen zu befreien und die Menschheit durch zahlreiche neue Erfindungen wie das Mikroskop, Dampfschiffe und Flugzeuge zu beglücken. Doch im Gegensatz zu Francis verstand Roger viel von Mathematik, machte selbst zahlreiche Erfindungen und hinterließ ein gewaltiges Werk zum Fortschritt der Menschheit.

Francis Bacons Rolle ist eher die eines Künders als die eines Forschers. Sein *Novum Organum scientiarum (Neues Werkzeug der Erkenntnisse)* formuliert 1620 das Programm eines Aufbruchs. Auf dem Innentitel der Erstauflage der *Instauratio magna* sowie der Zweitauflage des *Organum* sieht man das Schiff der Wissenschaft, das die Säulen des Herakles – die Grenzen der antiken Welt – durchfährt. Bacon klaut das Motiv aus dem *Regimiento de navegación* des spanischen Kosmographen *Andrés García de*

Céspedes (1560–1611). Dabei ersetzt er dessen Schiff durch eines der Britischen Ostindien-Kompanie und lässt in der Ferne noch ein zweites Schiff in den Ozean stechen. Denn bei Bacon geht es nicht wie bei García um Entdeckungen, sondern um eine dicht befahrene Handelsroute hinaus in die »fruchtbringende Zukunft«, die sich durch nichts aufhalten und begrenzen lässt.

Bacon dürfte der erste Philosoph sein, bei dem die Scientia die Sapientia vollständig ablöst. Als Jurist unterscheidet er die ewigen Naturgesetze von ihrer konkreten Anwendung: Rechtsgrundlage und Rechtspraxis. Der deutsche Chemiker *Justus von Liebig* (1803–1873) wird später sagen, dass Bacon den Naturprozess »genau wie eine Civil- und Kriminalsache behandelt«. Die Weisheit und die Lebensklugheit, die nicht ins juristische Schema fallen, sind damit außen vor. Klug, weise und einsichtig sind nur die praktisch ausgerichteten Naturwissenschaften und sonst nichts. Für sie entwirft er seine neuen Faustregeln. Ein wahrer Wissenschaftler soll sich hüten, sich von vier Abgöttern (Idolen) in die Irre führen zu lassen: den Abgöttern des Volkes (Vorurteile), den Abgöttern des Arbeitszimmers (persönliche Befindlichkeiten), den Abgöttern der Gerichtshöfe (unpräzise Sprache) und den Abgöttern des Theaters (bereits bestehende Ordnungssysteme). Ein wahrer Wissenschaftler stellt auch keine Theorien auf, die vom Allgemeinen auf das Besondere schließen *(Deduktion)*. Stattdessen orientiert er sich am jeweiligen Einzelfall und dringt von dort schrittweise zum Allgemeinen vor. Man hat Bacon deshalb zum geistigen Vater der *Induktion* erklärt, was nicht ganz falsch, wenn auch ein wenig übertrieben ist. Das Gleiche gilt für den Satz »Wissen ist Macht!«, kein neuer Gedanke, aber kaum jemand hat ihn zuvor so zugespitzt wie Bacon.

Sein Weltbild ist linear, es entwirft eine Geschichte der Menschheit von der antiken Kindheit in eine erwachsene Zukunft. Und es ist vollständig anthropozentrisch. Himmel, Götter, Tiere und Pflanzen – bei alledem kommt es nur auf das menschliche Wohl an, oder genauer: auf das der privilegierten männlichen Engländer.

Ihr Wille macht sich das Wissen über die Natur nutzbar und beutet sie nach ihrem Gutdünken aus. Was sich diesem Ziel nicht unterordnen lässt – ob Astronomie oder philosophische Spekulation –, wird als unnütz aussortiert. Gute Begriffe sind Begriffe, die leicht verständlich sind, sie sind konkret und praktisch. Statt einer passiven Vernunft, vorsichtig und achtsam, benötige der Mensch einen aktiven Geist mit dem unbedingten Willen, zu verändern und zu gestalten.

Die »empirischen und rationalen Fähigkeiten« sollen für Bacon nicht länger getrennt voneinander bestehen. Stattdessen träumt er von einer Modellehe von »Kopf- und Handarbeit«. Denn nur wer praktische Forschung betreibt, handelt rechtmäßig. Das Kausalitätsprinzip, Ursache und Wirkung, ist das einzige Gesetz, das Bacon dabei anerkennt – ob nun in der Technik oder in den Sozialtechniken von Politik und Moral. »Die beste Methode, die Zukunft vorherzusagen, besteht darin, sie zu erfinden« – der Satz, den sich der US-amerikanische Informatiker *Alan Kay* (* 1940) heute als Maxime zuschreibt, was ist er anderes als das Bacon'sche Programm? Und worin unterscheiden sich der »anti-philosophische« Wahrheitsbegriff, das Fortschrittspathos und die unbedingte Technikgläubigkeit des englischen Lordkanzlers von Microsoft-Gründer Bill Gates, dem Apple-Guru Steve Jobs oder Google-Chef Larry Page? Allesamt kündeten und künden sie vom »Himmel auf Erden« durch technische Erfindungen und verbinden ihn untrennbar mit einem barbarischen Sinn für das einträgliche Geschäft.

So betrachtet war Francis Bacon ungeheuer wirkungsmächtig, wenn auch weniger als Philosoph denn als Ideologe jener Leitidee, die sich in der abendländischen Welt bis heute immer weiter entfalten und radikalisieren sollte: der Verpflichtung auf Effizienz, aufs Kosten-Nutzen-Kalkül und den unbedingten Glauben, dass die Menschheit durch nichts so selig werde wie durch immer neue und bessere Technik. Das große Staunen jedenfalls gilt nicht mehr der Natur, so wie sie ist, sondern dem, was der Mensch aus ihr macht, indem er sie nach seinem Interesse gestaltet.

Das Gleiche gilt auch für das Staatswesen. Bei Platon war der Staat ein Abbild kosmischer Ordnung gewesen, und noch Ficino hatte fest daran geglaubt. Doch wo der Kosmos sich zu Anfang des 17. Jahrhunderts im Ungefähren verliert, hat der Staat keine metaphysische Grundlage mehr. Jede Ordnung im Gemeinwesen ist damit ausschließlich Ordnung des Menschen, nach seinen ureigensten Vorstellungen. Große Ideen, wie etwa die der Gerechtigkeit, fehlen völlig. Ein guter Staat ist der, der die ökonomischen Kräfte so frei wie möglich walten und sich entfalten lässt und damit fortwährendes Wachstum ermöglicht. Bacon betrachtet den Staat nicht nach moralischen Prinzipien; vielmehr sieht er ihn als ein großes technisches Gebilde, eine Maschine, die sich einstellen und beherrschen lässt.

Illustriert hat Bacon diese Welt in einem nicht ganz zu Ende gebrachten Entwurf, der 1627, kurz nach seinem Tod, veröffentlicht wird: *Nova Atlantis (Das neue Atlantis)*. Neben Mores *Utopia* und Campanellas *Sonnenstaat* ist sie die dritte bedeutende Utopie der Renaissance. Ihr Erzählmuster folgt den beiden anderen. Ein Schiff aus Europa verirrt sich im Pazifik und landet auf der Insel Bensalem weit vor der peruanischen Küste. Wie in *Utopia* sind alle Menschen friedlich, zuvorkommend und zufrieden. Das Highlight der Insel ist eine Forschungsstätte namens »Salomons Haus«, ein Tempel der Wissenschaft, in dem ungezählte fleißige Forscher nach Bacons Methode die Natur enträtseln und Erfindungen machen. Der Name ist Programm, denn die neue Weisheit Salomos ist keine Sapientia mehr, sondern nur noch Scientia. Völlig unabhängig von Staatszielen oder der Regierung bestimmen die Wissenschaftler selbst über ihre Forschungsziele und haben sogar das Recht, die eine oder andere Entwicklung zu verschweigen.

Was wie eine Utopie daherkommt, ist in Wirklichkeit eine Zeitreise in die Zukunft, ein Stück Science-Fiction-Literatur. Auf Bensalem stehen Wolkenkratzer bis zu einer Höhe von fast einem Kilometer. Und in Salomons Haus sind all diejenigen Dinge schon erforscht und entwickelt, die in Europa noch lange Fantasie bleiben. Neue Tier- und Pflanzenarten werden durch gezielte Züchtung hervorgebracht, Schnee und Regen künstlich erzeugt, Lasertechnik angewendet, Flugzeuge fliegen im Himmel, und Unterseeboote – ein beliebtes Motiv, das von Aristoteles aus durchs Mittelalter und die Renaissance geistert – tauchen vor der Küste. Nicht nur Salomons Haus, die ganze Insel gleicht einem gigantischen Forschungslaboratorium und Entwicklungszentrum – ein Silicon Valley im Ozean.

Während die Technik floriert, bleiben alle großen gesellschaftlichen Fragen ausgespart. Nicht nur die Erklärung, wie das Christentum schon früh ins Neue Atlantis kam, ist hoch abenteuerlich. Auch scheinen all die neuen Erfindungen das Leben der Menschen sozial gar nicht zu verändern. Während der eine Strang des Lebens vorwärts rast, bleibt in Staat und Gesellschaft alles beim Alten. Die sozialen Spannungen, Überforderungen, tief greifenden Umgestaltungen und notwendigen Neuverteilungen von Macht, die noch mit jedem technischen Fortschritt einhergehen, sind nicht geahnt; nicht anders als das Silicon Valley heute jede Verantwortung dafür weit von sich weist. Stattdessen wird der technische Fortschritt, ähnlich wie heute, zu einem Götzen. Alles andere, das Zusammenleben, Erziehung, Bildung und Lebensfreude, wird ihm untergeordnet, in blutarmer Zuversicht, dass der Rhythmus der Innovation jeden anderen Lebensrhythmus katalysiert. Die Zukunft ist wichtiger als jede Gegenwart, das Werden wichtiger als jedes Sein.

Im wirklichen Leben aber hat jede neue technische und ökonomische Entwicklung eine unübersehbare Fülle von Folgen. Während Bacon von der Wiedergewinnung des Paradieses durch die Wissenschaft träumt, gerät die vom Kapitalismus aufgerüttelte und von religiösem Zwist zutiefst irritierte englische Gesellschaft völlig aus den Fugen. Ein Jahr nach der Veröffentlichung von *Nova Atlantis* zieht ein gewisser *Oliver Cromwell* (1599–1658) ins Unterhaus ein. 1642 beginnt der Englische Bürgerkrieg. 1667 wird *John Milton* (1608–1674), ein ehemaliger Mitstreiter Cromwells, seine Erfahrungen mit den zerrissenen Jahrzehnten zu einer großen biblischen Dichtung verarbeiten: *Das verlorene Paradies (Paradise Lost)*. Und auf dem Kontinent hat schon zu Bacons Lebzeiten jener lange unheilvolle Krieg begonnen, den man den Dreißigjährigen nennt. Mit ihm endet die Epoche der Renaissance …

PHILOSOPHIE DES BAROCKS

Titelblatt von Thomas Hobbes' Leviathan:
Der Staat,
zusammengesetzt aus der Summe seiner Bürger

PHILOSOPHEN ZEITLEISTE BAROCK

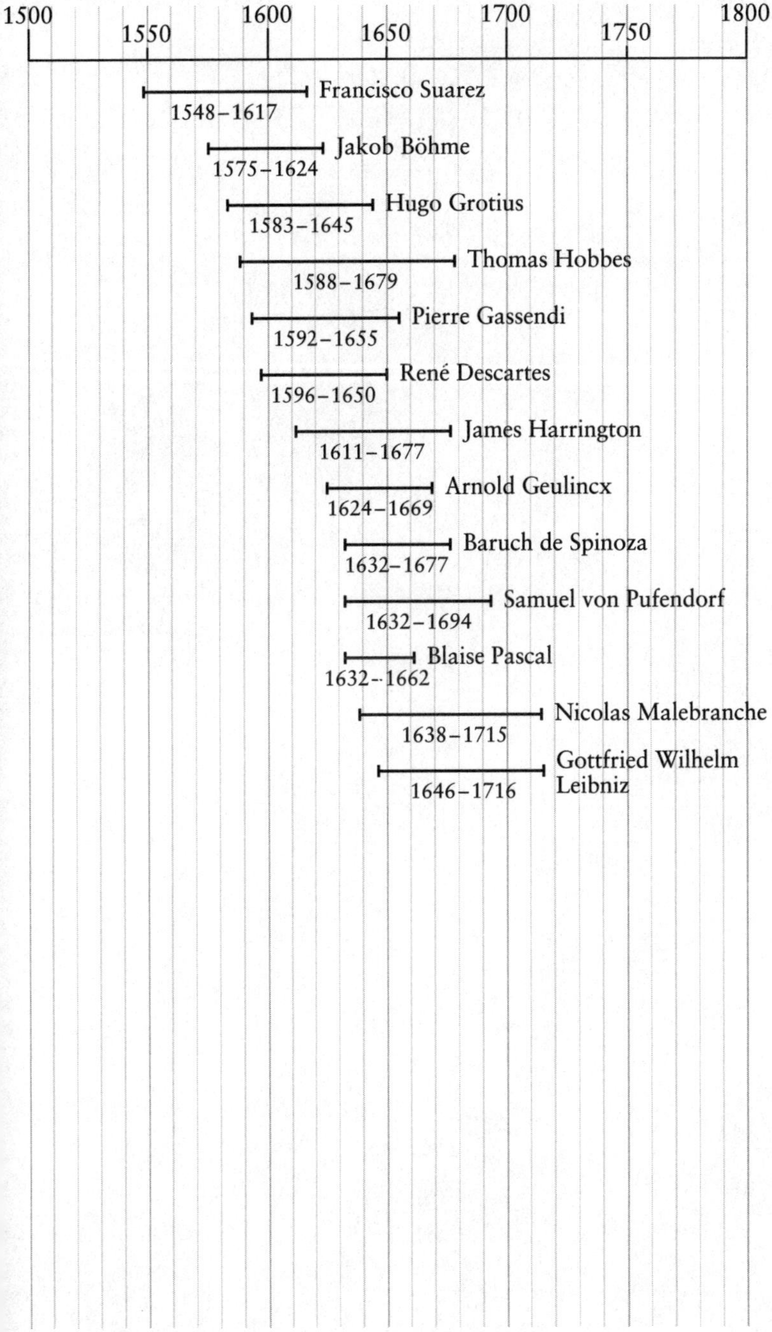

Ich denke, also bin ich

1619. Um Ulm herum – Das System der Welt –
Zweifel und Gewissheit – Angeborene Strukturen –
Geist und Körper – Denkende Automaten

1619. Um Ulm herum

Es ist eine der berühmtesten Szenen der Philosophie: Im Winter 1619/1620 sitzt ein dreiundzwanzigjähriger Mann in einer gut geheizten Bauernstube in der Umgebung von Ulm; ein Kerl mit wallendem schwarzen Haar, gekleidet in den Winterrock eines kaiserlichen Soldaten. Der Mann ist Franzose und Katholik, er war in den Niederlanden auf der Militärschule und hat in diesem Jahr Dänemark, Polen, Österreich, Ungarn und Böhmen besucht. Zuletzt war er in Frankfurt gewesen. Aber lassen wir ihn selbst erzählen: »Ich befand mich damals in Deutschland, wohin mich die Kriege, die dort noch nicht beendet sind, gerufen hatten, und als ich von der Kaiserkrönung zur Armee zurückkehrte, hielt mich der Winteranfang in einem Quartier fest, wo ich, da ich keine zerstreuende Unterhaltung fand und mich überdies glücklicherweise keine Sorgen oder Leidenschaften störten, den ganzen Tag allein in einer warmen Stube eingeschlossen blieb und hier all die Muße fand, um mich mit meinen Gedanken zu unterhalten.«[23]

Die Unterhaltung mit den eigenen Gedanken hat ein sehr ehrgeiziges Ziel: Während draußen der Dreißigjährige Krieg beginnt, der ganz Mitteleuropa in Schutt und Asche legen wird, möchte der Mann Ruhe, Ordnung und Klarheit. Er will zur absoluten und letzten Gewissheit über sich und die Welt vorstoßen. Zunächst stellt er die Regel auf, nichts für wahr zu halten, was sich nicht klar und deutlich erkennen lässt. Und er zweifelt an allem, an dem es sich zweifeln lässt. Seinen Augen kann man nicht trauen, auch nicht den anderen Sinnen. Man kann sich zu leicht täuschen. Zweifelnd tastet er sich vorwärts. Auch dem Denken darf man nicht ungeprüft vertrauen. Könnte es nicht sein, dass ein böser Dämon auf einen einwirkt und zu falschen Schlüssen verleitet? Doch halt – gibt es nicht etwas, woran ich auf gar keinen Fall zweifeln kann? Denn wenn ich an allem zweifle, so kann ich doch nicht daran zweifeln, dass ich zweifle und dass ich es bin, der zweifelt. Und wenn ich weiß, dass *ich,* während ich zweifle, zweifle, so muss ich *denken,* dass ich zweifle. Es gibt also eine unbezweifelbare Gewissheit, ein erstes, allem anderen vorausgehendes Prinzip: *Cogito ergo sum* – »Ich denke, also bin ich«.

Der Name dieses Mannes, der an einem frühen Winterabend zu Anfang des Dreißigjährigen Krieges die Philosophie revolutionierte, ist *René Descartes* (1596–1650). Er stammt aus einer adeligen Familie, der Vater ist Gerichtsrat am Obersten Gerichtshof der Bretagne in Rennes. Mit acht Jahren besucht Descartes das Jesuitenkolleg in La Flèche im Anjou und erhält eine scholastisch-humanistische Ausbildung. Als er 1614 das Kolleg verlässt, beherrscht er Latein und verfügt über gute Kenntnisse in Mathematik. Seine nächsten Stationen sind das zweijährige Jurastudium in Poitiers und eine kurze Zeit an einer Pariser Akademie für junge Adelige. 1616 sehen wir Descartes in Diensten des Feldherrn und Militärreformers Moritz von Oranien. Drei Jahre später wechselt er zu den Streitkräften des Katholiken Maximilian von Bayern. Er bereist halb Mitteleuropa und bezieht im Winter kurzzeitig jenes Quartier in der Nähe von Ulm, das zur Stube der neuzeitlichen Philosophie werden wird.

Alles, was wir über dieses Gedankenspiel in der Bauernstube wissen, verdanken wir einem achtzehn Jahre später erschienenen Werk; einem schmalen Bändchen zum Gebrauch für jedermann. Descartes veröffentlicht es 1637 anonym: *Discours de la méthode (Abhandlung über die Methode des richtigen Vernunftgebrauchs und der wissenschaftlichen Wahrheitsforschung)*. Es ist eines der bedeutendsten (und je nach Einschätzung auch verhängnisvollsten) Werke in der Geschichte der Philosophie. Nicht wenige Philosophiehistoriker erkennen darin eine einschneidende Zäsur, ja, eine völlige Wende in der Geschichte des abendländischen Denkens! Wie kein anderer Philosoph vor ihm hat Descartes zwei Fragen in aller Gründlichkeit systematisch untersucht – zwei Fragen, die die Grundlage für das sind, was wir heute »Erkenntnistheorie« nennen.

Die erste Frage lautet: *Woher weiß ich, was ich weiß?* Selbstverständlich ist es eine alte Frage, man denke nur an den sokratischen Satz: »Ich weiß, dass ich nichts weiß.« Oder an Platons von vielen Einwänden begleitete Versuche, sicheres Wissen durch exakte Definitionen zu gewinnen. Doch so oft und präzise die Antike und das Mittelalter darüber nachgedacht hatten – systematisch ergründet hatten sie die Frage nicht.

Das Gleiche gilt auch für die zweite Frage der Erkenntnistheorie: *Wie wirklich ist die Wirklichkeit?* Hierzu gab es bereits vor Descartes ungezählte Überlegungen. Wie viele heiße Diskussionen entbrannten um Platons Ideenlehre? Waren die sinnlich wahrnehmbaren Dinge nur ein Abklatsch außersphärischer Originale, oder waren sie es nicht? Man denke in diesem Zusammenhang auch an die lange Wirkungsgeschichte des Neuplatonismus von der Spätantike bis in die Renaissance. Und man denke an den Widerspruch zwischen den »Materialisten« im Gefolge Demokrits und Epikurs und den »Idealisten« in der Nachfolge Platons und Plotins. Doch die Frage »Ist das, was ich als Mensch erkenne, eine objektive Realität?« war noch immer nicht völlig systematisch beantwortet worden.

Mit Descartes kommt die Erkenntnistheorie auf einen neuen Stand. Sein Schlüsselbegriff dafür ist die *Methode.* Das Wort ist im 17. Jahrhundert äußerst beliebt. Doch erst Descartes nimmt die »Methode« vollständig ernst: als ein Verfahren der Vernunft, *lückenlos, folgerichtig* und *vollständig* zur Wahrheit vorzudringen. Die Scholastiker des Mittelalters waren nach dem aristotelischen Schema Obersatz – Untersatz – Schlusssatz vorgegangen: Jeder Mensch ist ein Lebewesen; Sokrates ist ein Mensch – also ist Sokrates ein Lebewesen. Diese Methode ist zu Descartes' Zeiten schon lange in Verruf. Denn alles steht und fällt mit dem Obersatz. Wenn ich sage: Jeder Mensch ist ein Hund, und Sokrates ist ein Mensch, dann ist Sokrates ein Hund! Die scholastische Methode setzt also jenes Wissen, was sie beweisen will, immer schon voraus. Damit kann sie zwar das bestehende Wissen absichern, aber kein neues schaffen. Auf dem unbekannten Terrain der Naturforschung sind ihre Waffen stumpf und auch niemals dafür ersonnen.

Als die Renaissance die Scholastik in die Mottenkiste verbannte, tat sie fast nichts dafür, die Logik auf einen neuen Stand zu bringen. Einzig der Franzose *Pierre de La Ramée* (1515–1572) hatte sich daran abgearbeitet. Ob die Gedanken des Erasmus von Rotterdam plausibel waren oder nicht, entschied keine überprüfbare Methode der Gedankenführung, sondern einzig die Rhetorik. Ficino und Pico und später Cardano, Telesio, Campanella oder Bruno hatten fast alles, was sie zu Papier brachten, mehr oder weniger überzeugend spekuliert. Galilei dagegen hatte sich streng an der Mathematik orientiert und der Mechanik zu ihrem Recht verholfen, aber was waren die philosophischen Schlussfolgerungen? Und Francis Bacon hatte zwar die Forderung nach (induktiven) Regeln aufgestellt, aber diese galten halt nur für die naturforschende Wissenschaft, die Scientia.

Kein Wunder, dass Anfang des 17. Jahrhunderts die Kluft zwischen Sapientia und Scientia riesengroß ist. Sie zu schließen ist das philosophische Programm, dem sich Descartes zeit seines Lebens verschreibt. Und sein Mittel dazu ist die »Methode«.

Das System der Welt

Doch folgen wir seinem Leben der Reihe nach weiter. Nach seinem Aufenthalt in Ulm kommt Descartes tatsächlich zur kaiserlichen Armee. Mit Maximilian von Bayern nimmt er im November 1620 an der Eroberung Prags teil und besichtigt dort die ehemaligen Arbeitsstätten Tycho Brahes und Johannes Keplers. Anschließend verlässt er die Armee, angeblich aufgrund von Träumen, die er schon ein Jahr zuvor in Neuburg an der Donau hatte. Danach sieht er seine Zukunft in der Rolle eines Aufklärers, eines Mannes, der Klarheit ins Dunkel der Wissenschaften bringt. Descartes träumt von einer klaren, logischen und »universalen Methode zur Erforschung der Wahrheit«. Er macht sich Notizen über die Grundregeln jeglicher Wahrheitsforschung. Neun Jahre später erscheinen sie unter dem Titel: *Regulae ad directionem ingenii (Regeln zur Ausrichtung der Erkenntniskraft)*.

Descartes pilgert ins italienische Loreto und bereist Deutschland, die Niederlande und die Schweiz. 1625 zieht er nach Paris und findet dort rasch Zugang zu den intellektuellen Zirkeln der Stadt. Er beackert Themen der Algebra, der Optik und der Wahrnehmungstheorie. Bemerkenswert ist seine »Erfindung« der analytischen Geometrie, einer neuen Methode mathematischer

Erkenntnis. Das Koordinatensystem von Nikolaus von Oresme aus dem 14. Jahrhundert, Grundlage für viele Renaissance-Maler, erhält eine neue Funktion: Descartes zeigt, wie sich geometrische Probleme in algebraische verwandeln lassen und umgekehrt.

Nach vier Jahren verlässt er Paris und zieht in die aufblühenden Niederlande. Hier herrscht die größte geistige und religiöse Freiheit des Kontinents. Descartes will regen Gebrauch davon machen und ein lange vorbereitetes großes Buch schreiben. Sein gesellschaftliches Leben erlahmt bis auf das Schreiben von Briefen, besonders gerne mit Damen. Der ganze Ehrgeiz gilt nun *Le Monde*, der *Abhandlung über die Welt*. Das Werk soll von den Grundlagen der Materie und der Mechanik über die Kosmologie und Optik zum Menschen als Natur- und Geistwesen vordringen. Denn für Descartes hängt alles mit allem nach klar beschreibbaren Gesetzen zusammen und bildet ein einziges umfassendes System.

Sein Selbstbewusstsein erscheint schier grenzenlos. »Anstatt ein einziges Phänomen zu erklären, habe ich mich entschieden, alle Phänomene der Natur zu erklären, das heißt die ganze Physik«, schreibt er 1629 an seinen Freund, den französischen Theologen und Mathematiker *Marin Mersenne* (1588–1648).[24] Dabei möchte er zwei Sichtweisen überwinden, die die Physik bislang geprägt haben. Wie fast alle bedeutenden naturwissenschaftlichen Denker seit der Renaissance kritisiert Descartes die Physik des Aristoteles und damit jene der Scholastik. Für Aristoteles und die Scholastiker des Mittelalters waren die Dinge der Welt das Ergebnis eines untrennbaren Zusammenspiels von *Materie* und *Form*. Die Form organisiert und strukturiert die Materie, so dass daraus ein Stein, ein Lebewesen oder eine Axt entsteht, die alle auf ihre Weise funktionieren. Den Denkern des Mittelalters blieb nicht viel mehr zu tun übrig, als in der Form das gezielte Wirken Gottes zu sehen, das allem seinen Platz und seine Rolle in der Welt zuteilt – nicht anders als die Vertreter des *Intelligent Design* es noch heute tun, wenn sie überall in der Evolution die kunstfertige Absicht Gottes erkennen.

Descartes lehnt diese Erklärung ab. Allerdings hat er sie auch nie ganz richtig verstanden. Sein Feindbild sind alle physikalischen Erklärungen, die neben der Materie noch eine diffuse Form ins Spiel bringen – eine Form, mit der kein neuzeitlicher Physiker etwas anfangen kann. Doch Aristoteles meint keine solche *absolute* Form. Er spricht von einer Form, die wir an der durch sie strukturierten Materie *ablesen* können. Jede Materie ist irgendwie geformt. Und jede Form begegnet uns in der Gestalt von Materie. Descartes hingegen betrachtet die aristotelische Physik (die er im Original gar nicht kennt) so, als ob darin Materie und Form zwei völlig verschiedene und voneinander unabhängige Dinge wären.

Des Weiteren bekämpft er eine Vorstellung, die die Scholastiker in Aristoteles hineingelesen haben. Für sie besitzt die Materie *reale Eigenschaften,* wie zum Beispiel groß oder klein, heiß oder kalt zu sein. Hiergegen läuft Descartes nun völlig berechtigt Sturm. Denn groß, klein, heiß und kalt sind relative *Begriffe* und keine realen *Eigenschaften.* Ein großes Holzstück zerfällt in kleinste Asche, wenn es verbrennt. Und es entweicht keine reale Eigenschaft der Kälte, wenn man das Holzstück erhitzt. Statt der Materie Eigenschaften anzudichten, sollte man lieber den Blick auf die Mechanik lenken, auf das Spiel von Ursache und Wirkung, das uns erklärt, warum Holz verbrennt.

Doch Descartes hat noch einen zweiten Feind, den er widerlegen muss. Wenn er gegen Aristoteles rebelliert, tritt er im 17. Jahrhundert nur eine offene Tür ein. Spätestens mit Galileis Entdeckung des Trägheitsprinzips war die Physik des antiken Großphilosophen erledigt. Gefährlicher hingegen sind die »Atomisten«. Fast eineinhalb Jahrtausende hatten die Theorien Leukipps, Demokrits und Epikurs in Papyrusrollen und zwischen Pergamentdeckeln geschlafen. Aber im 15. Jahrhundert hatten Humanisten sie wieder zum Leben erweckt. Lukrez' Lehrgedicht *Über die Natur* gehört nun wieder zum Bildungskanon, ebenso wie die einschlägigen Passagen in Diogenes Laertios' Sammelwerk über die antiken Philosophen. Telesio und andere italienische Naturphilosophen bauten den Atomismus in ihre Theorien ein und trugen ihn erfolgreich ins 17. Jahrhundert.

Demokrit und Epikur erklärten die Physik ziemlich einfach. Alles, was existiert, befindet sich in einem großen luftleeren Raum, einem Vakuum. In diesem Raum schwirren winzige unteilbare Teilchen herum, die »Atome«. Alles ist aus ihnen zusammengesetzt. Verändert sich die Anordnung der Atome zu neuen Konstellationen, so nehmen wir dies als physikalische Veränderungen wahr. Wenn Holz verbrennt, so müssen wir also nicht über Eigenschaften nachdenken, die sich verändern, sondern nur über andere Atomkonstellationen. Nichts in der Welt »hat eine Farbe, nur scheinbar ist es süß oder bitter; in Wirklichkeit gibt es nur Atome und den leeren Raum«, hatte Demokrit festgelegt.[25] Genauso sahen dies die Atomisten des 17. Jahrhunderts, allen voran der einflussreiche Gassendi.

Descartes hat sich inzwischen eine eigene Erklärung der physikalischen Welt gemacht. Und unteilbare Atome passen nicht in sein Konzept. Für ihn ist alles, was Materie ist, *ausgedehnt,* und alles Ausgedehnte ist teilbar. Damit liegt er, wie wir heute wissen, falsch. Klüger ist seine Kritik am luftleeren Raum. So schreibt er an Mersenne, »dass es nicht weniger unmöglich ist, dass es einen leeren Raum gibt, als dass es einen Berg ohne Tal gibt«.[26] Für Descartes liegen die Begriffe »Raum« und »Materie« so nahe beieinander, dass er das eine ohne das andere für unvorstellbar hält und deshalb auch nicht für existent. (Die Wahrheit liegt, wie die moderne Physik weiß, in der Mitte. Danach ist das Weltall ein nahezu leerer Raum mit nur etwa drei Teilchen pro Kubikzentimeter, zuzüglich elektrischer und magnetischer Felder und Wellen.)

Seit Beginn der 1620er Jahre arbeitet Descartes an seiner eigenen Physik. Seine erste Definition heißt: Jeder Körper ist dadurch Körper, dass er ausgedehnt ist. Eine solche Definition lässt sich allerdings nicht durch Beobachtung gewinnen. Denn wenn ich feststelle, dass alle Körper, die ich betrachte, ausgedehnt sind, bedeutet dies nicht, dass alle Körper unter allen Umständen ausgedehnt sein *müssen.* Die zweite Definition heißt: Jeder Körper ist immer auf eine bestimmte Art und Weise beschaffen. Er ist soundso lang, breit und tief, und er befindet sich auf eine je unterschiedliche Weise in Bewegung. Viel mehr kann die Physik darüber nicht sagen. Denn alles andere, was die Scholastiker für physikalische Eigenschaften von Körpern halten, sind keine. Ob etwas heiß oder kalt ist, hart oder weich, duftet oder stinkt, rot oder grün ist, hängt nämlich nicht allein vom Körper ab, sondern ebenso von demjenigen, der etwas als heiß, weich oder rot *empfindet.* Solche Eigenschaften entstehen erst in einem Wechselspiel mit einem Betrachter. Streng genommen gehören sie damit nicht in die Physik, sondern in die Sinnesphysiologie.

Fast alle Scholastiker hatten Fragen der sinnlichen Wahrnehmung für Fragen der Physik gehalten. Doch Descartes löst sie heraus. Ein moderner und richtungsweisender Schritt mit großen Folgen. Umso enttäuschender ist seine Bewegungstheorie. Für Aristoteles war die Bewegung eines Gegenstands die Folge seiner Programmierung auf ein Ziel. Erst Galilei hatte die Mechanik davon befreit, von einer obskuren Programmierung abzuhängen. Doch warum gibt es dann überhaupt Bewegung? Descartes' Antwort darauf ist überraschend simpel: Gott hat die Körper in Bewegung versetzt. Und er wirkt noch heute in jeder einzelnen Bewegung! Das Irrationale, das Descartes in seiner Kritik des Zusammenspiels der Materie mit einer dubiosen »Form« ausschaltet, mogelt er nun an anderer Stelle wieder in die Physik hinein: durch eine religiöse Bewegungstheorie. Seine »rationale« Betrachtungsweise verschiebt damit das Unerklärbare physikalischer Vorgänge von der Materie in deren Bewegung. Ein wirklicher Fortschritt ist das nicht. Aristoteles hatte angenommen, dass ein »unbewegter Beweger« die Dinge in Bewegung gesetzt hat. Descartes glaubt, dass Gott dies noch heute unausgesetzt weiter tut, bei jeder einzelnen Bewegung.

Gottes Bewegungen folgen klaren Regeln, den Naturgesetzen, die er »wie ein König« erlässt. Erstens: Ein Körper kann nicht von sich aus in Bewegung versetzt werden, sondern nur dadurch, dass ein anderer Körper durch Gottes Hand auf ihn einwirkt. Dabei bleibt er »von sich aus« immer in dem Zustand, in dem er sich befindet. Lässt man Gott dabei aus dem Spiel, so definiert Descartes hiermit das von Galilei entdeckte Trägheitsgesetz, wonach ein bewegter Körper nicht »von sich aus« zur Ruhe kommt. Zweitens: Wird ein Körper in Bewegung versetzt, so bewegt er sich gradlinig. Und drittens: Trifft ein bewegter Körper auf einen anderen, so hängt die Bewegung davon ab, ob der bewegte Körper mehr Kraft hat als der ruhende. Ist der ruhende stärker, wird der bewegte Körper in eine andere Richtung abgelenkt. Ist der bewegte Körper von stärkerer Kraft, dann versetzt er den ruhenden in Bewegung und zwar so stark, wie er selbst an Kraft dabei verliert. Die Kraft, die Gott dabei aufwendet, die Dinge im Universum in Bewegung, zu halten, bleibt dabei immer genau gleich – eine Behauptung, die allerdings nirgendwo begründet wird.

Die neue Physik, die Descartes in *Le Monde* entwirft, ist eine höchst eigentümliche Konstruktion. Auf der einen Seite leitet er seine Thesen Schritt für Schritt aus Behauptungen über die Natur Gottes ab. Weil Gott die Welt in Bewegung hält und weil er nun mal so ist, wie er ist – einfach, gradlinig, allumfassend, präzise und unveränderlich –, existieren eindeutige Naturgesetze. Auf der anderen Seite definiert Descartes die Materie ganz ohne Gott als die einzig mögliche Art und Weise, wie der menschliche Verstand sie sich sinnvollerweise vorstellen sollte: ausgedehnt und ausgestattet mit geometrischen Eigenschaften. Dazu führt er zahlreiche physikalische Beobachtungen und Gesetze an, die er als kühler und kluger Beobachter der Natur gewinnt, etwa die Entstehung des Regenbogens. Mal deduziert er als Philosoph, mal argumentiert er als Mathematiker, und mal beschreibt er, was er beobachtet.

Als sich Descartes 1633 um ein Exemplar von Galileis *Dialog* bemüht, erfährt er von dessen großem Ärger mit der Inquisition. Die für Ende des Jahres angekündigte Drucklegung von

Le Monde findet nicht statt. Fürchtet er sich vor einem ähnlichen Schicksal? Obwohl es in den Niederlanden toleranter zugeht als in Italien oder in Frankreich, wechselt Descartes vorsichtig und rastlos seinen Wohnsitz. Er veröffentlicht Schriften über Geometrie, Algebra und Physik, die ursprünglich Teile des Hauptwerks sein sollten, und schafft sich als Mathematiker einen exzellenten Ruf. Doch was für ein Buch wäre *Le Monde* überhaupt geworden? Hätte es tatsächlich ein neues physikalisches Weltsystem begründet, wo die Teile so schlecht zusammenpassen? Die schmale französische Ausgabe des Fragments aus dem Jahr 1664 bietet eine rein verstandesmäßige Definition von Körpern, eine theologische Spekulation zur Bewegungstheorie, daraus deduzierte Naturgesetze und zahlreiche induktiv gewonnene Einzelerkenntnisse. Dazu viel unfertiges Material zur Sinneswahrnehmung und zur Physiologie – das ganz große methodische Werk ist dies nicht.

Zweifel und Gewissheit

Descartes scheint dies gewusst zu haben. Ist er gescheitert? Muss er neu anfangen? Das Büchlein, das er 1637 veröffentlicht, der berühmte *Discours,* enthält keinen Versuch eines umfassenden Weltsystems. Stattdessen denkt der Autor noch einmal ganz neu darüber nach, wie man überhaupt zu sicherem Wissen kommen kann. Er will die »Methode«, die in *Le Monde* kaum als eine und einzige Methode erkennbar gewesen ist, noch einmal grundlegen.

Zu Anfang des zweiten Kapitels erzählt er die eingangs geschilderte Szenerie. Wie er all dies bereits als junger Mann in seinem Ulmer Winterquartier gedacht und entwickelt hat. Es muss aber durchaus nicht heißen, dass das stimmt. Ebenso gut könnten seine Überlegungen auch erst aus der Mitte der 1630er Jahre stammen. Fest steht, dass Descartes mit *Le Monde* offensichtlich so unzufrieden war, dass er einen Neuanfang, eine Neubesinnung versuchte.

Gehen wir den berühmten Gedankengang noch einmal durch. Er gibt ihn gleich dreimal, nämlich einmal im *Discours,* auf ähnliche Weise in den 1641 erschienenen *Meditationes de prima philosophia (Meditationen über die Grundlagen der Philosophie)* und 1644 in den *Principia philosophiae* (*Prinzipien der Philosophie*). Descartes möchte einen Neuanfang in der Philosophie wagen. Dabei lehnt er die Scholastik ab und kämpft gegen die Bacon'sche Idee, nur das gelten zu lassen, was sich empirisch erforschen lässt. Denn damit lassen sich wesentliche Dinge, wie etwa der menschliche Geist, nicht ergründen. Descartes sucht einen »dritten Weg« zwischen bloßer Spekulation und reiner Empirie. Einen Weg, den die Vernunft uns zeigt, sofern wir nur nach der richtigen »Methode« Gebrauch von ihr machen.

Er setzt die Prämisse, dass nur das wahr sei, was »klar und deutlich« ist – eine Absage an alle Naturforscher, die wie Cardano, Patrizi oder Paracelsus in der Natur dunkel verborgene Kräfte am Werk sehen. Solche klaren und deutlichen Erkenntnisse sind allerdings nicht damit gleichzusetzen, dass etwas sofort plausibel erscheint. Denn wie vieles, was Menschen tausend Jahre lang evident war, stellt sich später als Irrtum heraus.

Doch wie trennt man das Klare und Deutliche vom nur Plausiblen? Descartes' Instrument dazu ist der *methodische Zweifel.* Und dieser Zweifel liegt im 17. Jahrhundert überall in der Luft. Humanisten haben in der zweiten Hälfte des 16. Jahrhunderts die Schriften des Sextus Empiricus ins Lateinische übersetzt, eines griechischen Philosophen aus dem 2. Jahrhundert. Die Texte handeln von Pyrrhon, einem sagenumwobenen Philosophen des 4. bis 3. vorchristlichen Jahrhunderts. Pyrrhon hatte bestritten, dass Menschen überhaupt zu Wahrheiten und Gewissheiten vordringen können. Er hatte an allem gezweifelt und angemahnt, sich des Urteils über alle wichtigen Fragen zu enthalten. Denn nur so gelange der Mensch zu Geistesruhe und Gelassenheit. Die Übersetzungen machen in der Gelehrtenwelt des 16. Jahrhunderts Furore. Auch Montaigne zeigt sich als ein begeisterter Anhänger

Pyrrhons. Haben nicht die neue Himmelsphysik des Kopernikus und die unsäglichen Rechthabereien bei den Religionsstreitigkeiten gezeigt, dass es nirgendwo eine Gewissheit gibt? Die Sinne täuschen, die Prinzipien der Welt sind keine, und ein sicheres Kriterium, um die Wahrheit festzustellen, gibt es nicht.

In der pyrrhonischen Skepsis hat Descartes einen starken Gegner, und er kennt ihn gut. Geht es nach den Skeptikern, kann niemand das Weltsystem erkennen. Geht es nach Descartes, so ist es seine Aufgabe, dieses Weltsystem freizulegen. In dieser Lage verfällt er auf einen geschickten Schachzug. Er macht sich die Methode der pyrrhonischen Skeptiker einfach selbst zu eigen und zweifelt an allem, an dem sich zweifeln lässt – mit dem Ziel, etwas zu finden, an dem selbst der radikalste Zweifler nicht zweifeln kann. Oder wie er selbst im vierten Kapitel des *Discours* schreibt: Ich dachte, »all das als vollkommen falsch zu verwerfen, bei dem ich mir den geringsten Zweifel vorstellen könnte, um zu sehen, ob danach nicht irgendetwas von meinen Überzeugungen bleiben würde, das gänzlich unzweifelhaft wäre«.[27]

Descartes tut, als wäre er ein antiker Skeptiker: Er bezweifelt die Zuverlässigkeit der Sinne und stellt fest, dass sie täuschungsanfällig sind und keine Gewissheit liefern. Zudem ist er, wie geschildert, ja längst davon überzeugt, dass Farben, Töne, Gerüche und so weiter keine realen Eigenschaften von Dingen sind, sondern sich erst dadurch zeigen, dass ein Mensch sie sinnlich wahrnimmt. Hier gibt es also keine zweifelsfreie Gewissheit. Im nächsten Schritt nimmt sich Descartes das Denken vor. Woher wissen wir, dass das, was wir über bestimmte Sachverhalte denken, diesen Sachverhalten auch tatsächlich entspricht? Möglicherweise täuscht uns ein böser Geist *(deus malignus)*, so dass wir uns bei einer mathematischen Aufgabe immer an der gleichen Stelle verrechnen oder dass wir unseren Körper wahrnehmen, obgleich er gar nicht existiert. Die *kognitiven Grundlagen* meines Denkens liefern also keine Gewissheit – noch nicht mal die, dass ich *kognitiv autonom* bin und nicht etwa Werkzeug eines täuschenden Geistes.

Ebenso problematisch ist der *kognitive Zustand,* in dem ich mich als Denkender befinde. Woher weiß ich, dass ich die Welt klar sehe und nicht etwa träume? Die Philosophie hat später mehr als fünfzig Unterschiede zwischen Wachsein und Träumen gefunden. Aber das »Traumargument« beschäftigt bis heute die Gemüter. Woher weiß mein Gehirn, dass das, was es wahrnimmt, real existiert? Könnte es nicht sein, dass mein Gehirn nur in einer Nährlösung am Leben gehalten wird und ein Computer ihm seine Realität vorgaukelt – ein Modell, über das zeitgenössische Philosophen gerne streiten? So etwa hält der US-amerikanische Philosoph *Hilary Putnam* (1926–2016) dies für undenkbar, sein kanadischer Kollege *Barry Stroud* (* 1935) dagegen nicht.[28]

Descartes selbst hat sein »Traumargument« nicht allzu gründlich durchdacht, zumal es für ihn nur ein kleiner Schritt ist auf dem Weg zu seinem »ersten Prinzip der Philosophie«. Denn ob ich nun wache oder träume, so kann ich an allem zweifeln, nur nicht daran, dass ich zweifele. Und um zu zweifeln, oder zu denken, muss ich existieren: *Ich denke, also bin ich.* Oder wie es in den *Meditationen* heißt: *Ich bin, ich existiere (ego sum, ego existo). Und in den Prinzipien: Ich denke, ich bin (ego cogito, ego sum).*

Der Satz »Ich denke, also bin ich« ist einer der berühmtesten Sätze der Philosophie, vielleicht sogar der berühmteste neben der sokratischen Einsicht: »Ich weiß, dass ich nichts weiß.« (Den genauen Wortlaut von Kants kategorischem Imperativ können sich Normalsterbliche schwer merken.) Aber was macht den Satz so bedeutend? Aus heutiger Sicht erkennen wir in Descartes' *cogito* eine philosophiegeschichtliche Wende. Mit einem Mal rückt das »Ich« ins Zentrum der Philosophie. Hatten die Philosophen zuvor meist versucht herauszufinden, wie die Welt »an sich« ist, so hat Descartes einen ganz anderen Zugang gewählt. Wie die Welt »an sich« ist, kann ich nur herausfinden, wenn ich ergründe, wie sie sich meinem *Denken* darstellt. Denn alles, was ich über die Welt weiß, weiß ich nicht durch irgendeine objektive Vogelschau, sondern einzig und allein durch das Denken in meinem Kopf.

Dietrich von Freiberg, Ramon Llull und Cusanus hatten ähnlich gedacht. Aber keiner hatte die neue Perspektive so messerscharf herausgearbeitet.

Descartes gibt eine Antwort auf die Frage: Woher weiß ich, wer ich bin? Durch mein Denken! Und diese Antwort ist viel besser als alle Antworten zuvor, selbst wenn bereits der Kirchenvater Augustinus im 4. Jahrhundert eine ähnliche Formulierung benutzt hat. Wie sich später herausstellt, hat die Beweisführung allerdings einige Schwächen. Denn die Formel ist nicht so völlig ohne Voraussetzungen, wie Descartes meint. Logiker stören sich daran, dass man nur dann vom »Ich denke« auf das »Ich existiere« schließen kann, wenn man vorher die Prämisse festgelegt hat, dass alles, was denkt, existiert. Doch genau jene Art von Logik möchte Descartes überwinden. Für ihn braucht das *cogito* keine Prämisse, weil es selbstevident ist. Ein Denken »ohne ein denkendes Ding« gibt es nicht, »denn das, was denkt, ist nicht nichts«.[29] Man könnte nun einwenden, dass man nur dann vom Denken auf die Existenz schließen kann, wenn man von vornherein weiß, was Denken und Existenz bedeuten sollen. Auch das ist Descartes bewusst. Doch für ihn reicht es völlig aus, dass jemand »dies durch jene innere Erkenntnis weiß, die der reflexiven immer vorausgeht und die allen Menschen bezüglich des Denkens und der Existenz so angeboren ist, dass … wir nicht anders können, als sie zu haben«.[30]

Spätere Kritiker haben eingewandt, dass ich, um meinen Zweifel an allen Dingen dieser Welt zu formulieren, eine hinlänglich funktionierende *Sprache* benötige. Die Sprache aber wird von Descartes nicht angezweifelt. Er benutzt sie, ohne jeden Zweifel daran, dass man sich durch Wörter, Sätze und Grammatik ja vielleicht auch täuschen könnte. Der US-amerikanische Philosoph *Charles Sanders Peirce* (1839–1914) wird den voraussetzungslosen Zweifel für Unfug erklären, weil er gar nicht möglich ist. Jeder, der philosophiert, habe so viele Gedanken, Ideen, Prägungen und Vorurteile im Kopf, dass er sie auch dann nicht loswerde, wenn er vorgibt, von alldem abzusehen. Ist nicht schon der Versuch, von allem absehen zu wollen, durch vorausgehende Urteile und Überlegungen motiviert? »Wir sollten nicht vorgeben in der Philosophie zu bezweifeln, was wir in unseren Herzen nicht bezweifeln.«[31]

Angeborene Strukturen

Zu dem, was Descartes in seinem Herzen nicht bezweifelt, gehört seine *Theorie der Ideen.* Mit dem *cogito* hat er seine Philosophie auf eine neue Grundlage gestellt, die nichts mit der Welt der Empirie zu tun hat. Dass ich, wenn ich denke, bin, ist eine Erkenntnis, die sich rein geistig beweisen lässt und nicht durch Beobachtungen oder Experimente. Das *cogito* wird nicht berechnet, ja, streng genommen, nicht einmal logisch aus einer Prämisse geschlossen, sondern es ist *evident.* Wer bestreitet, dass er denkt, muss denken und verwickelt sich somit in einen Selbstwiderspruch. Der feste Boden unter den Füßen findet sich also nur dann, wenn man nicht von der Welt der ausgedehnten Körper ausgeht, sondern der inneren Logik der rein geistigen Welt folgt.

Und genau diesen neuen Weg beschreitet Descartes nun weiter. Er erkennt, dass jeder, der denkt, geistige Fähigkeiten hat, mit denen er seine Denkinhalte produziert, denn anders wäre Denken nicht möglich. Diese Fähigkeiten nennt Descartes »Ideen«. Wenn ich mir eine Vorstellung oder einen Begriff bilde, sind diese Ideen am Werk. So weit, so unstrittig. Kein Denken ohne geistige Fähigkeiten. Doch im nächsten Schritt legt Descartes fest, dass die Ideen nicht nur Begriffe erfassen, sondern sogar *ganz bestimmte* Begriffe. Wenn wir uns einen Begriff von Farben, Tönen, Schmerzen oder Gott machen – stets aktivieren wir nur eine Vorstellung, die bereits fest in uns angelegt ist. Denn Descartes meint, »dass es nichts gibt in unseren Ideen, was dem Geist bzw. dem Denkvermögen nicht angeboren wäre, mit Ausnahme der äußeren Bedingungen für die Erfahrung«.[32]

Natürlich sind solche angeborenen Ideen in der Philosophie nicht neu. Ihr Urvater ist niemand Geringeres als Platon. In seinem Dialog *Theaitetos* hatte er erklärt, dass jeder sich eine Vorstellung von einem Dreieck machen könne, selbst der, der nie eines gesehen hat. Das Gleiche gilt für Ideen wie »Identität«. Nach Platon sind solche Ideen in jedem menschlichen Geist präsent – als Erinnerung an frühere Leben unserer Seele. Spätestens seit Cicero heißen diese Ideen »eingeborene Ideen«. Aristoteles hingegen hatte Platons Ideen für groben Unfug erklärt. Was sein Lehrmeister für »Ideen« halte, sei nichts anderes als das Formprinzip, das allen Dingen dieser Welt ihre Gestalt gibt.

Descartes kennt diese alte Diskussion, und er schlägt sich auf Platons Seite. Natürlich glaubt er nicht an die Seelenwanderung. Aber er glaubt, dass wir alle mit einem Raster auf die Welt kommen, einer feinen Struktur, um alles angemessen zu begreifen – die Geburtsstunde des philosophischen *Rationalismus*! Genau diese Sicht, dass unser Verstand von Natur aus dafür gemacht sein soll, die Realität in jeder Hinsicht – metaphysisch, physikalisch und moralisch – wirklichkeitsgetreu zu erfassen, wird fast alle bedeutenden Denker des 17. Jahrhunderts zutiefst prägen. Der Rationalismus ist *die* neue Leitphilosophie der Zeit. Und entsprechend wirkungsmächtig ist Descartes' rationalistische Ideenlehre.

Er unterscheidet drei verschiedene Ideen, drei Typen von angeborenen Denkakten. Das meiste sind *erworbene Ideen*. Wenn wir oft genug einen Hund gesehen haben oder ein weißes Pferd, so bilden wir schnell eine Vorstellung von dem, was ein Hund oder ein weißes Pferd ist. Darüber hinaus gibt es *selbst gemachte Ideen*. Sie entspringen daraus, dass ich verschiedene Bestandteile erworbener Ideen miteinander kombiniere. So kann ich mir ein Einhorn vorstellen (Descartes spricht von einer Chimäre), indem ich ein Pferd mit einem gehörnten Tier zusammenbastele. Bis dahin gibt es kaum Widerspruch. Doch er führt noch einen dritten Typ von Ideen ein, die *angeborenen Ideen*. Danach sind also nicht nur die Denkakte angeboren, sondern auch noch ein ganzes Ensemble an

Begriffen, zum Beispiel Wahrheit, ein Dreieck oder Gott. All dies kenne ich nicht aus der sinnlichen Wahrnehmung und setze ich mir ebenso wenig aus Bausteinen zusammen. Und trotzdem sind diese Begriffe irgendwie in mir da. Wo kommen sie her? Für Descartes sind sie dem Menschen von Gott eingepflanzt – für seine späteren Kritiker wie John Locke und David Hume entspringen auch sie der Wahrnehmung. Damit ist die Grundlage für einen Jahrhundertstreit gelegt, auf den wir bald ausführlich eingehen.

Descartes hat ein Ass im Ärmel, mit dem er seine angeborenen Ideen zu beweisen sucht – nämlich Gott! Der erste Beweis für die Existenz Gottes steht in der dritten Meditation. Alle Menschen sind in der Lage, den Begriff »Gott« zu bilden. Dabei nehmen wir Gott nicht sinnlich wahr. Zugleich ist Gott eine so große Vorstellung, dass er unsere Vorstellungskraft übersteigt. Er ist nicht einfach etwas Zusammengebasteltes wie ein Einhorn. Wie aber kann ein so begrenztes Wesen wie der Mensch sich eine Idee von so etwas Unabhängigem, Unendlichem, Allwissendem und Allmächtigem wie Gott bilden, wo er selbst all dies nicht ist? Die Idee Gott kann also nicht von uns selbst, sondern nur von Gott stammen. Gott ist die Ursache dessen, dass Menschen ihn denken können, und folglich muss er existieren.

Ein solcher Gottesbeweis mag dem einen oder anderen plausibel erscheinen. Aber er hat einen Haken. Descartes meint, dass wir es bei den Ideen mit Ursache und Wirkung zu tun haben. Der Hund, den wir sehen, ist die Ursache dafür, dass wir uns einen Hund vorstellen können. Und wenn wir die Wirkung Gottes in uns feststellen, weil wir den Begriff »Gott« formen können, dann muss Gott die Ursache dafür sein. Tatsächlich aber liegt in beiden Fällen kein Kausalverhältnis vor wie etwa in der Physik. Kausalverhältnisse lassen sich beobachten, genau untersuchen und meistens berechnen. Aber das gilt nicht für die Wirkung des Hundes auf unsere Vorstellungskraft und noch viel weniger für Gott. Was Descartes einen »Beweis« nennt, ist nicht mehr als eine plausible Annahme. Außerdem kann man darüber stutzen, dass der mathematisch so versierte Descartes den Begriff der »Unendlichkeit« für Gott reserviert. Er sei uns sogar von ihm eingepflanzt worden, um Gott denken zu können. Doch könnte der Begriff nicht schlicht aus der Mathematik stammen? Descartes will davon nichts hören, es zerschießt seinen »Beweis«. Der Mathematik gesteht er den Begriff des »Unendlichen« nicht zu, sondern nur den des »Unbestimmten«.

Nichtsdestotrotz ist Descartes' Gottesbeweis der einzige, der im 21. Jahrhundert noch ein wenig Glanz zu verstrahlen weiß. Dass Gott eine Wirkung in uns erzeugt, von der aus wir auf ihn selbst als Ursache schließen können, meint auch der US-amerikanische Neurobiologe *Andrew Newberg* (* 1966). Wenn es Gehirnregionen gibt, die bei religiösen Gedanken oder Meditation besonders aktiv sind, so doch wohl deshalb, weil Gott sie auf ewig in uns eingepflanzt hat.[33]

Man darf vermuten, dass Descartes die Schwächen seines Gottesbeweises bewusster waren als Newberg heute. Immerhin bringt er noch einen zweiten vor. Bereits im *Discours* hatte er einen solchen Beweis skizziert, und in der fünften Meditation sowie in den *Prinzipien* baut er ihn präziser aus. Dieses Mal geht er nicht von der *Wirkung* Gottes in uns aus, sondern von einer Definition seines *Wesens*. Wer oder was ist Gott? Die einzig sinnvolle Vorstellung, die wir uns von ihm machen können, ist die eines vollkommenen Wesens. Doch wenn dies stimmt, dann muss Gott existieren, denn ein vollkommenes Wesen wäre nicht vollkommen, wenn ihm die Eigenschaft zu existieren fehlte.

Dieser Gottesbeweis ist nicht neu. Er wiederholt weitgehend jene Argumentation, die Anselm von Canterbury bereits im 11. Jahrhundert vorgetragen hat. Der Grundgedanke geht sogar über Boethius bis zu dem Neuplatoniker Plotin ins 3. Jahrhundert zurück. Descartes' Zeitgenossen sind allerdings nicht sonderlich überzeugt. So wendet Gassendi ein, dass »Existenz« keine Eigenschaft unter anderen sei, sondern die Voraussetzung dafür, dass etwas überhaupt Eigenschaften hat. Wichtiger noch ist die Kritik, die der niederländische Theologe *Johan de Kater* (1590–1655) vorbringt. Es mag ja sein, dass ich mir Gott gar nicht anders vorstellen kann, als dass er in seiner Vollkommenheit existiert – aber all dies bleibt doch gleichwohl meine *Vorstellung*. Gott zu denken findet in meinem Bewusstsein statt. Und nichts garantiert mir, dass das, was ich mir in meinem Bewusstsein vorstelle, einer objektiven Realität entspricht, die außerhalb meines Bewusstseins existiert …

Geist und Körper

Descartes hat seine Philosophie gleich dreimal auf ähnliche Weise entfaltet. Und obwohl die drei schmalen Bücher auch immer seine Überlegungen zur Physik enthalten, sind sie weit davon entfernt, ein vollständiges System zu sein. Stattdessen haben sie die bescheidene Form eines »Diskurses«, von »Meditationen« und von einer Sammlung von »Prinzipien«. Das ist umso verwunderlicher, als es ihrem Autor an Stolz und Selbstbewusstsein nicht mangelt. Doch Descartes' philosophische Grundlegungen und seine physikalischen Beobachtungen bilden kein System. Der kühne Anspruch des Anfangs, alles aufeinander aufbauen zu wollen, lässt sich nicht einlösen. Entsprechend widersprüchlich sind die Aussagen des Meisters über das Verhältnis seiner Philosophie zur praktischen Naturwissenschaft. In der Vorrede zur französischen Auflage der *Prinzipien* besteht er darauf, dass alle Wissenschaften in ihrem Zusammenhang einen Baum bilden, mit der Metaphysik als Wurzel, der Physik als Stamm und der Medizin, der Mechanik und der Ethik als Äste. Im Gespräch mit dem niederländischen Studenten Frans Burman dagegen betont er ein Jahr später, dass die Beschäftigung mit metaphysischen Fragen den Geist »zu sehr von den Gegenständen der Physik« ablenke – ein erstaunlicher Befund, wenn alle Physik doch exakt aus der Metaphysik ableitbar sein soll.

Tatsächlich besteht zwischen Descartes' »erstem Prinzip der Philosophie« und seiner Definition von Körpern oder von Bewegung kein logischer Zusammenhang. Die neuzeitliche Subjektphilosophie, die wir heute mit ihm verknüpfen, und die neuzeitliche Physik bilden keine Einheit. Tatsächlich driften sie mit dem Abschied von Aristoteles immer weiter auseinander, selbst wenn sie, wie wir später sehen, in der romantischen Naturphilosophie des frühen 19. Jahrhunderts noch einmal eng umschlungen werden.

Ein enorm folgenschwerer Grundsatz von Descartes' Philosophie ist die Trennung zwischen Geist *(res cogitans)* und Körper *(res extensa)*. Wie er in einem Begleitbrief zu den *Meditationen* an die Theologen der Pariser Sorbonne schreibt, möchte er damit das Dogma des Fünften Laterankonzils aus dem Jahr 1513 stützen. Danach ist die menschliche Seele nicht körperlich, sondern geistig und unsterblich. Auch für Descartes ist der Geist völlig unkörperlich. Er ist rein spirituell und ermöglicht es dem Menschen, zu denken, zu wollen, mathematisch zu schließen und zu urteilen. Der Körper hingegen ist materiell, ausgedehnt und funktioniert nach den Regeln der Mechanik. Es gibt Nerven, die gereizt werden können, Körpersäfte, die zirkulieren, und ein mechanisches Funktionssystem der Verdauung. Diese Trennung von materiellem Körper und immaterieller Seele ist als *Dualismus* in die Geschichte eingegangen und hat Philosophen aller Zeiten zu heftigem Widerspruch gereizt. Der britische Philosoph *Gilbert Ryle* (1900–1976) meinte, für Descartes sei eine Person nur »ein Gespenst in einer Maschine«.

Tatsächlich glaubt Descartes, dass nur die immaterielle Seele das eigentliche Selbst des Menschen ausmacht. Denn nur so lässt sich die Unsterblichkeit der Seele verteidigen. Aristoteles dagegen hatte die Seele für sterblich gehalten. Als Lebensenergie ist sie untrennbar mit dem Körper verbunden. Descartes dagegen besteht auf der Trennung. Sie ist für ihn auch methodisch wichtig. Irgendwann in den 1630er Jahren hatte er einsehen müssen, dass er für Geist und Körper einen getrennten Zugang braucht. Der

Geist kann nur subjektiv vom erkennenden Ich erfasst werden, und seine Gesetzmäßigkeiten werden *deduziert*. Der Körper hingegen ist von außen objektiv beschreibbar und kann durch Experimente *induktiv* enträtselt werden. Dabei wendet Descartes das ganze Arsenal der Mechanik auf den Körper an. Mit kalter Lust führt der Mechaniker des Geistes seinen Lesern vor, dass der Leib aller Lebewesen nur eine Gliedermaschine ist, ein Automat oder ein Uhrwerk. Die körperlichen Organe funktionieren wie die Automaten in den Wassergärten des 17. Jahrhunderts: Aus Nerven werden Wasserleitungen, die Hohlräume im Gehirn erscheinen als Vorratsbehälter, die Muskeln gleichen mechanischen Federn und die Atmung schließlich den Bewegungen in einer Uhr.

All das hatte Descartes in *Le Monde* schreiben wollen – und hier ist er in seinem Element. Als Quelle für seine Anregungen nennt er nur die Naturphilosophie der Stoiker. Tatsächlich hat er viele Autoren der jüngeren Zeit studiert, insbesondere Telesio, mit dem er in vielem übereinstimmt. Sowohl der Italiener als auch Descartes reden von »Lebensgeistern« *(spiritus)*, bei Letzterem sind sie »ein sehr feiner Hauch, oder vielmehr eine sehr reine und sehr lebhafte Flamme«, die Nerven und Muskeln erhitzt und somit ankurbelt, sich zu bewegen. Solche mechanischen Erklärungen für feinste biologische Vorgänge sind im 17. Jahrhundert überall in Mode. 1628, als Descartes an *Le Monde* arbeitet, entdeckt der Engländer *William Harvey* (1578–1657) den Blutkreislauf. Der italienische Physiker *Evangelista Torricelli* (1608–1647) leistet wichtige Pionierarbeit über den Luftdruck und erzeugt erstmals ein künstliches Vakuum. Sehr zum Verdruss von Descartes, in dessen philosophischer Konzeption es ja nur ausgedehnte Körper gibt und somit niemals ein Vakuum. Das Vakuum, spottet der erboste Franzose, sei nur »in Torricellis Kopf«. Tatsächlich aber irrt Descartes. Seine rein geometrische Definition von Körpern hält der physikalischen Wirklichkeit nicht stand. Und sie taugt, wie wir heute wissen, auch nicht zu einer befriedigenden Erklärung der Biologie.

Denkende Automaten

Wer sich in Ingolstadt aufhält, sollte nicht versäumen, ins Deutsche Medizinhistorische Museum zu gehen. Das gelb gestrichene spätbarocke Schlösschen war einst die Anatomie der Ingolstädter Universität. Heute ist es ein Museum seiner selbst und beherbergt eine beeindruckende Sammlung. Zwei Objekte ragen dabei besonders heraus. Wie angewurzelt bleibt man vor zwei kleinen wächsernen Christusfiguren stehen, die eine an einem unsichtbaren Kreuz hängend, die andere in einem Sarkophag. Das Besondere an ihnen: Man kann dem toten Messias den Bauch aufklappen und in die Eingeweide schauen. *Christus anatomicus* – ein kleines Stück Anatomieunterricht, dargestellt am Gottessohn.

Christus mit der Medizin zusammenzubringen ist ein altes Motiv. Als Heilender der Seele ist Jesus »Heiland«. Hier aber wird er selbst zum medizinischen Objekt, bereit dazu, eine Vivisektion an sich vornehmen zu lassen. Eindrucksvoller lässt sich der theologisch-philosophische Konflikt der Barockzeit kaum darstellen. Eine alte ungebrochene christliche Frömmigkeit hier, ein moderner naturwissenschaftlicher Blick auf *alle* Dinge dort. Doch wie kann einerseits göttlicher Geist sein, was doch zugleich irdisch-profaner Leib ist?

Die Zeit, in der Descartes über diese Frage brütet, ist die Zeit, in der Länder wie Italien und die Niederlande allgemein erlauben, was vorher nur in der arabischen Welt statthaft war: Leichen zu sezieren und die Anatomie und Physiologie des Körpers zu ergründen. Endlich dürfen auch Christen die Falten von Gottes Zaubermantel öffnen. In Padua (1594) und Bologna (1637) entstehen spektakuläre »anatomische Theater« für den Schauunterricht. War Telesios physiologisches Werk noch verboten worden, so haben es seine Nachfolger leichter. Sie dürfen experimentieren, statt nur zu spekulieren. Auch Descartes macht davon in den Niederlanden Gebrauch. Zur gleichen Zeit, als Rembrandt van

Rijn sein berühmtes Gemälde *Die Anatomie des Dr. Tulp* (1632) malt, seziert er Tierköpfe und Ochsenaugen und schneidet einem lebendigen Hund die Herzspitzen ab, um den Druck in den Herzkammern zu erfühlen.

Doch Descartes kommt nicht dazu, eine eigenständige Lehre von den Lebensvorgängen zu entwickeln. Es bleibt bei einem Programm. Denn wer alles »geometrisch« und nach den Regeln der Mechanik erklären möchte, der gelangt nicht zu einer Biologie. Descartes ist blind für alle physiologischen Vorgänge, die sich nicht einfach mechanisch erklären lassen. Das komplizierte Zusammenspiel etwa in der Physiologie und Psychologie der Sinneswahrnehmung erhellt sich so nicht. Gerade ihm hatten die italienischen Naturphilosophen viel Aufmerksamkeit geschenkt. Doch wo Lebewesen bei Telesio Autonomie besitzen, gibt es bei Descartes nur Automatismen. Allzu sehr hat er sich festgelegt und erklärt das Funktionieren von Körpermaschinen nur anhand seiner Mechanik. Dabei begründet er (zeitgleich mit dem italienischen Arzt Santorio Santorio) die neue und einflussreiche Disziplin der *Iatrophysik,* die »Physik der Heilkunde«. Doch gibt es nicht Phänomene, bei denen eine mechanische Erklärung von Druck und Stoß nicht weiterhilft? So etwa diskutieren die Naturforscher in der ersten Hälfte des 17. Jahrhunderts aufgeregt über die »Sinnpflanze«. 1578 war dieses seltsame Geschöpf das erste Mal erwähnt und 1619 das erste Mal ausführlich beschrieben worden. Die Rede ist von der *Mimosa pudica,* der Mimose, die bei Berührung ihre Blätter zusammenfaltet – eine Folge von Druck und Stoß?

Descartes selbst hat sich mit der »Sinnpflanze« nicht beschäftigt, wohl aber sein Anhänger *Henricus Regius* (1598–1679). Der niederländische Arzt und Philosoph schreibt der Mimose in alter aristotelischer Tradition eine *anima sensitiva* zu, eine »Sinnenseele« – sehr zum Verdruss seines Meisters. Denn eine Seele, eine *anima,* will Descartes weder bei Pflanzen noch bei Tieren zulassen, sondern allenfalls eine *vis,* eine Kraft. Doch ist das Problem des pflanzlichen Reaktionsvermögens damit gelöst? So eisern Descartes gegenüber Regius auftritt, so unsicher ist er sich zugleich. Denn ohne Zweifel spielen Geist und Körper irgendwie intensiv zusammen. Anders lässt sich kaum erklären, warum Nervenreize Vorstellungen auslösen und zu komplexen Gefühlen werden. Ich bin, gibt auch Descartes zu, »nicht einfach meinem Körper zugesellt … wie ein Schiffer seinem Schiff«.[34]

Doch welcher Art ist die Verbindung von Geist und Körper, wenn es sich um zwei völlig getrennte Seinsbereiche handelt und sie gleichwohl nicht aus Schiffer und Schiff besteht? In seiner Verlegenheit beschäftigt sich Descartes ausgiebig mit der Zirbeldrüse im Zwischenhirn. Liegt hier eine mögliche Lösung des Problems? Könnte es sein, dass die Drüse der Ort ist, an dem unsere Wahrnehmung mit den Muskeln des Körpers kurzgeschlossen wird? Descartes' Überlegungen sind unklar. Er spricht von einer Drüse, »über welche die Seele in spezifischerer Weise als die anderen Glieder ihre Funktion ausübt«.[35] Wie wir heute wissen, ist diese Erklärung der Zirbeldrüse falsch. Aber selbst wenn sie richtig wäre, löst sie das Leib-Seele-Problem nicht.

Veröffentlicht hat Descartes zu Lebzeiten von alledem nur einen kleinen Teil im fünften Kapitel des *Discours*. Seine ausführlichere Schrift zur Physiologie *De homine (Über den Menschen)*, die er Anfang der 1630er Jahre als Teil von *Le Monde* konzipiert hat, erscheint erst 1662, zwölf Jahre nach seinem Tod. Zu sehr fürchtet er, dass seine pietätlose Beschreibung der menschlichen Körpermaschine die Inquisition auf ihn aufmerksam macht. Und das, obwohl seine Maschinentheorie den unsterblichen Geist ja nicht austreibt. Vielmehr möchte sie ihn beweisen. Der menschliche Körper ist, wie jener der Tiere, von Gott als perfekte Maschine erschaffen mit der exklusiv menschlichen Zutat von Sprache und Vernunft. Denn daran, dass Menschen über eine komplexe Sprache verfügen und vernunftfähig sind, können sie einander als Menschen erkennen und sich von bloßen Maschinen, wie den Tieren, unterscheiden.

Dass Tiere für Descartes nur Automaten sind – ohne Geist und ohne Vernunftseele –, hat ihm in der Nachwelt ein äußerst schlechtes Image verschafft. Der Mensch ist Herr und Besitzer *(maître et possesseur)* der Natur, die Tiere sind sein seelenloser Besitz. Der Elsässer Theologe und Philosoph *Albert Schweitzer* (1875–1965) meinte, mit seiner Theorie der Tier-Automaten habe Descartes »die ganze Philosophie verhext«. Tatsächlich hielt dieser es für Irrtum und Einbildung, Tieren eine Seele zuzusprechen, ja, sogar für eine »Gefahr für die Tugend«. Ein perfekt nachgebauter Tier-Automat und ein Tier unterscheiden sich für ihn auf keine Weise, auch nicht moralisch. Denn ohne Geist ist das Tier zwar auf unterster Stufe empfindungsfähig, aber diese Empfindungen sind Mechanismen und ethisch völlig belanglos.

Descartes' Automatentheorie zeitigt weitreichende Folgen. Zum einen entzündet sie einen mehr als hundertjährigen Streit um die Seele der Tiere. Zum anderen inspiriert sie, wie wir noch sehen, die französischen Materialisten des 18. Jahrhunderts wie Julien Offray de La Mettrie und Paul Henri Thiry d'Holbach. Fast über Nacht ist Descartes zum Anwalt einer neuen Sicht des Körpers geworden. Sie öffnet der Medizin den Blick für eine völlig nüchterne kausale Betrachtung. Im abergläubischen 17. Jahrhundert ist das nicht wenig.

Als Mediziner ist Descartes bald ebenso sehr in aller Munde wie als Philosoph. Er findet adelige Brieffreunde, wie die junge Prinzessin Elisabeth von der Pfalz, der er von 1643 bis 1649 regelmäßig Briefe schreibt. Ihre Korrespondenz verrät viel über die Themen, mit denen sich die gelehrte Welt im Europa des 17. Jahrhunderts beschäftigt. Angeregt durch den Wissensdrang der Prinzessin liefert Descartes eigene Interpretationen wichtiger philosophischer Texte, wie etwa jene zu Machiavellis *Fürst*. Auch sieht er sich gedrängt, eine Antwort auf die Frage zu geben, was denn im Leben das höchste Gut sei. Er sieht es in dem festen Willen, tugendhaft zu handeln, und in der Gewissensruhe, welche die Tugend begleitet. Ähnliches schreibt er auch einer anderen Brieffreundin, der schwedischen Königin Christina. 1649 folgt er ihrer Einladung, nach Schweden zu kommen. Doch der Aufenthalt im winterlichen Stockholm kostet ihn das Leben. Die Königin besteht auf einem frühen Unterricht in einem ungeheizten Zimmer. Im Februar 1650 erliegt der Dreiundfünfzigjährige einer Lungenentzündung, möglicherweise aber auch einem Giftmord.

Descartes hat der Nachwelt kein vollständiges System hinterlassen, das von der Metaphysik lückenlos in die Physik und die angewandten Naturwissenschaften übergeht. Stattdessen hat er unfreiwillig gezeigt, dass ein solches System im 17. Jahrhundert nicht mehr konstruierbar ist. Dabei hat er vier Pflöcke eingeschlagen, die von nun an überaus wirkungsmächtig ihr Terrain abstecken: 1. Das Cogito-Argument und damit den systematischen *Ansatz der Philosophie beim denkenden Ich*. 2. Den Grundgedanken der rationalistischen Philosophie, dass zentrale *Begriffe im Bewusstsein perfekt vorstrukturiert* sind. 3. Die scharfe *Trennung von Körper und Geist,* Subjekt und Objekt, den sogenannten Dualismus. 4. Die konsequente *Anwendung der Mechanik auf die Physiologie*. Vor allem der erste und der dritte Gedanke haben den Lauf der Philosophie entscheidend geprägt. Für Georg Wilhelm Friedrich Hegel steht Descartes am »eigentlichen Anfang« der Philosophie. Und für *Martin Heidegger* (1889–1976) sind das Cogito und der Dualismus von Subjekt und Objekt das »Urbild« aller philosophischen Ausweglosigkeiten der Moderne.

Als Descartes stirbt, ist er ein Superstar seiner Zeit. Überall in Westeuropa liefern seine Konzepte die Vorlage für regen intellektuellen Austausch. Doch kaum eine Auseinandersetzung geht so tief wie die eines jungen Mannes aus einer jüdisch-portugiesischen Auswandererfamilie in Amsterdam …

Der Gott der klaren Dinge

Philosophie als Selbstfindung – Ein verständnisloser Gott – Geometrie der Gefühle – Die perfekte Ordnung – Gottes Prinzipien – Die Monade – Der Zweifel von Port Royal – Die Freiheit des Möglichen

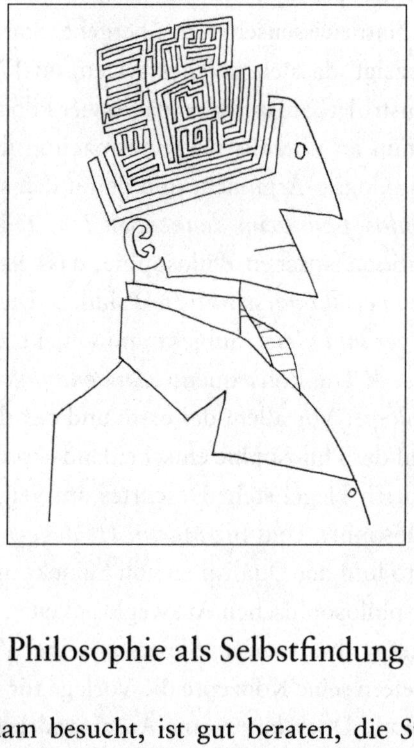

Philosophie als Selbstfindung

Wer Amsterdam besucht, ist gut beraten, die Stadt zu Wasser zu erkunden. Meist führt die Bootstour durch die Herengracht, den innersten der drei Grachtengürtel, von denen die Altstadt im Halbkreis umschlossen ist. Gesäumt von hohen Bäumen am Ufer, bestaunt man die Herrenhäuser des 17. Jahrhunderts, hohe schlanke Gebäude in altholländischer Bauweise mit schmalen Fenstern und abgetreppten Giebeln. Zahlreiche Brücken überspannen das Wasser und verdecken jede nur kurz den Blick auf die barocke Pracht aus Amsterdams goldener Zeit. Erwirtschaftet wurde dieser für damalige Verhältnisse ungekannte Reichtum durch den Handel – erst mit Gewürzen wie schwarzem Pfeffer, Zimt, Gewürznelken und Muskatnuss, und bald darauf auch mit Sklaven. 1612 beginnt der Bau der Herengracht, zehn Jahre nach Gründung der Niederländischen Ostindien-Kompanie und neun Jahre vor jenem entsetzlichen Massaker, mit dem die Gesellschaft den letzten Widerstand der Einheimischen auf den Banda-Inseln brach, Frauen und Kinder versklavte und die Dorfvorsteher vierteilte. Die Expansion Europas hat den Osten der Welt erfasst, die Niederländer vertreiben die dort ansässigen Portugiesen, unterjochen die indonesischen Inseln und schaffen sich auch in Südamerika Kolonien. »Man hat Gewalt, so hat man Recht« und »Krieg, Handel und Piraterie, Dreieinig sind sie, nicht zu trennen«, wird Goethe später im *Faust II* schreiben.

Als man die Herengracht 1664 schließlich bis hinein ins jüdische Viertel zieht, ist dessen bedeutendster Sohn nicht mehr in der Stadt: *Baruch de Spinoza* (1632–1677). Als Kind einer Marranen-Familie gehört er der in Spanien wütend verfolgten und schikanierten jüdischen Minderheit an. Er erbt ein Importgeschäft mit Südfrüchten und anderen Gütern aus der Levante und erweist sich schnell als Fehlbesetzung. Schon früh gerät der zarte, überaus sprachbegabte und hochintellektuelle junge Mann in zahlreiche Konflikte mit der jüdischen Gemeinde Amsterdams. Spinoza fühlt sich drangsaliert und fremdbestimmt. Weil er sich nicht anpasst, verstößt man ihn aus der Synagoge und belegt ihn mit einem strengen Bann, »dass niemand mit ihm spreche auf mündliche oder schriftliche Weise, noch ihm irgendeine Gunst erweise, noch unter einem Dache mit ihm weile, noch ihm auf vier Ellen nahe, noch etwas lese, was von ihm erdacht oder geschrieben ist«.[36] Nicht einmal Israels Premierminister David Ben-Gurion sah sich imstande, diesen Fluch posthum aufzuheben.

Spinozas Existenz als Geschäftsmann ist zu Ende. In der Not lernt er das Handwerk eines Linsenschleifers. Aber seine Leidenschaft gehört den vielen gedruckten Büchern und philosophischen Diskussionen seiner Heimatstadt. Nur in der geistigen Welt des feinsinnigen Austauschs fühlt er sich wohl, das tägliche Leben dagegen ist und bleibt zeit seines Lebens Last und Plackerei; ein hochsensibler Mensch, kaum geschaffen dafür, das Glück des Lebens zu genießen – und doch wird es die Suche nach dem Glück sein, die seiner eigenen Philosophie von Anfang an ein einziges und großes Ziel gibt.

Es gibt Themen, die der große Descartes einfach beiseitegelassen hat. Die uralte philosophische Hauptfrage nach dem Glück ist so eine Frage. Und zur Ethik fiel ihm nur ein, dass es ratsam und klug sei, sich den bestehenden Verhältnissen anzupassen, um sich unnötigen Ärger zu ersparen. Aber genau diesen Ärger hat Spinoza schon früh bekommen. Nach außen blass und bescheiden, hat er sich mit überraschendem Stolz niemandem gebeugt, dessen Autorität ihn nicht überzeugt. Die vermeintlichen Respektspersonen, die auch nur mit Wasser kochen, die Sittenwächter wirrer und willkürlicher Religionen – sie sind ihm zutiefst zuwider. All dies will er loswerden, gleichsam abschütteln von sich durch die unbezwingbare klare Logik des philosophischen Denkens. Sein Heil sucht er in jenem Rationalismus, den Descartes begründet, aber, wie Spinoza meint, schlecht und falsch begründet hat.

Der verbannte Linsenschleifer ist siebenundzwanzig Jahre alt, als er 1660 nach Rijnsburg, ein Dorf in der Nähe von Leiden, zieht. Bei sich hat er nur wenige Dinge, vor allem Bücher auf Spanisch, Niederländisch, Hebräisch und Latein; allesamt Sprachen, die Spinoza beherrscht. Er schreibt seine ersten Werke, die stark von Descartes geprägt sind, bis hinein in den typischen autobiografischen Erzählstil: »Nachdem die Erfahrung mich gelehrt hatte, daß alles, was im täglichen Leben sich gewöhnlich ereignet, nichtig und wertlos ist … beschloß ich endlich zu erforschen, ob es irgendetwas gäbe, das ein wahres Gut sei, dessen man teilhaftig werden könne ... ja ob es etwas gäbe, durch das ich, wenn es von mir entdeckt und erlangt ist, eine beständige und höchste Freude auf ewig genießen könne.«[37] Mit diesen Worten – fast eine Kopie von Descartes' persönlicher Erzählweise – steigt Spinoza ein. Das nichtige und eitle Alltagsdenken seiner Zeitgenossen wird verabschiedet. Stattdessen wird unbestechlich nach der Wahrheit gesucht! Nur das Genießen höchster Freude als Belohnung ist eine Zutat Spinozas.

Schon lange hat kein Philosoph sein Metier mit einer solchen antiken Aussicht betrieben: dass Philosophieren unüberbietbar glücklich macht! Das erste Werk dazu heißt *Tractatus de intellectus emendatione (Abhandlung über die Verbesserung des Verstandes)* – ein programmatischer Titel. Denn anders als für Descartes ist für Spinoza die Vernunft nichts, das jedem zum freien und optimalen Gebrauch zur Verfügung steht, sofern er sich nur von allen Vorurteilen befreit. Die Arbeit an der Vernunft ist ein sehr langwieriger Prozess der allmählichen Durchdringung der Welt. Descartes erledigt diese Arbeit nach eigener Aussage in einer Bauernstube in wenigen Stunden. Spinoza dagegen müht sich damit sein Leben lang ab, bis er es mit der Vollendung seines umfangreichen Hauptwerks endlich geschafft hat.

Sorgfältig und bedacht beginnt der scheue Linsenschleifer seine Archäologie des Selbst. Als Erstes gilt es, den von vorschnellen Urteilen fehlgeprägten Verstand langsam freizulegen, Sedimentschicht für Sedimentschicht. Von 1663 an in Voorburg und seit 1670 in Den Haag arbeitet Spinoza an seiner *Ethica (Ethik)*, dem Buch seines Lebens. Wo soll die Selbstvergewisserung beginnen? Wo lässt sich ansetzen? Wo ist der richtige Ausgangspunkt? Descartes hatte sich für das denkende Ich entschieden, den festen Punkt seiner Philosophie. Doch Spinoza lehnt dies schon früh ab. Sein Programm beginnt nicht beim Ich. Denn muss das denkende Ich nicht *existieren, um denken zu können*? Gibt es nicht die stille Evidenz, dass *ich und mein Körper* da sind, da ich ansonsten gar nicht denken und auf meine Existenz schließen könnte? Das Sein, so Spinoza, geht jedem Denken voraus und liegt ihm immer schon zugrunde.

Die neuzeitliche Subjektphilosophie mit ihrem Ausgang vom denkenden Ich erhält ein strenges Misstrauensvotum. Spinozas Denken passt nicht in eine gerade Linie von Descartes in Amsterdam über George Berkeley in Dublin und Immanuel Kant in Königsberg bis zu Johann Gottlieb Fichte in Jena. Stattdessen erneuert Spinoza auf seiner Glückssuche die *Ontologie* – eine Philosophie, die nicht vom *Ich* als festem Punkt ausgeht, sondern vom *Sein* der Dinge. Was ist die Welt? Wo ist der Ort, an dem sich mein denkendes Bewusstsein in der Welt befindet? Und warum kann es überhaupt denken und erkennen? Die Antwort auf diese Frage lautet bei Spinoza kaum anders als bei den Denkern des Mittelalters: Gott! Doch jener Gott, der für Spinoza Urgrund allen Seins ist, hat nichts, aber auch gar nichts mit dem Christentum oder dem Judentum zu tun …

Ein verständnisloser Gott

Wer oder was ist Gott? Für Descartes war Gott der Gott des Christentums, das vollkommene Gute. Allerdings ist sein Gott jenseits seiner Göttlichkeit ein Gott ohne Eigenschaften. Nichts deutet darauf hin, dass Descartes sich Gott als eine Überperson vorstellt, zu der man eine persönliche Beziehung aufbaut, ihn anbetet und ihm huldigt wie im Christentum. Eigentlich benötigt der Franzose Gott nur, um sicherzustellen, dass die Wirklichkeit wirklich ist. Wenn man als Philosoph beim denkenden Ich anfängt, so kommt man schnell zur Gewissheit dieses denkenden Ichs. Aber man kommt nicht zu der Gewissheit, dass alles Übrige existiert! Deshalb braucht Descartes Gott. Er definiert ihn als die Ursache seiner Vorstellung in unserem Geist. Als schlechthin vollkommene Idee muss er auch existieren. Und dieser vollkommene Gott betrügt uns nicht. Sondern er bürgt und garantiert dafür, dass neben meinem Geist ebenso alles Körperliche real existiert und keine Einbildung ist.

Spinoza ist überhaupt nicht überzeugt. Was ist das für ein Gott, der nur dadurch, dass der menschliche Geist ihn denkt, in seiner Existenz bewiesen wird? Ist Gott nicht das schlechthin Unbedingte? Und macht Descartes ihn nicht auf unzulässige Weise klein, indem er ihn *vom denkenden Menschen aus* begründet? Wie soll etwas so Bedingtes wie unser Geist das Unbedingte aus sich herleiten können? Im Anfang, so viel steht für Spinoza früh fest, steht nicht das Ich, sondern Gott. Jede philosophische Untersuchung muss mit ihm und seiner Existenz beginnen. Doch was für ein Gott ist das, von dem hier die Rede ist?

Gott, wie der kühle Rationalist Spinoza ihn sich vorstellt, hat noch weniger Ähnlichkeit mit allem Menschlichen als bei Descartes. Er denkt nicht, will nichts, beschließt keine Schöpfung und schickt auch keinen Sohn auf die Erde. Er ist weder Vater noch Sohn noch Heiliger Geist. Die im Mittelalter heiß diskutierte Frage »Warum hat Gott die Welt erschaffen?«, beantwortet Spinoza ganz schlicht: Gott hat die Welt nicht »erschaffen« – er ist die Welt! Er ist kein Schöpfer mit Wille und Vorstellung, sondern schlichtweg *Macht (potentia)* oder *Wirkung*.

Schon bei Descartes streiten sich die Gemüter darüber, ob sein Gottesbeweis tatsächlich ernst gemeint war oder nur ein ängstliches Zugeständnis an die Kirche. Kaum vorstellbar, dass der Mechaniker des Geistes im christlichen Sinne gläubig gewesen sein soll. Andere hingegen meinen, dass Descartes sich durchaus einen Rest Frömmigkeit bewahrt hat und Gott an den Grenzen des Wissbaren als geeignete Hypothese zulässt – nicht anders als so viele Physiker, von Isaac Newton bis zu Albert Einstein und Max Planck.

Bei Spinoza finden wir den gleichen Streit. Wer Gott schlichtweg als »Macht« definiert, der kann ihn auch »Natur« nennen. Und tatsächlich soll, Zeitgenossen zufolge, in einer frühen

Fassung der *Ethik* von Gott gar nicht die Rede gewesen sein. Hat Spinoza nicht einfach die Natur spiritualisiert? Oder hat er Gott materialisiert? In jedem Fall ist das Wirken Gottes ununterscheidbar von dem, was wir seit Bacon die Einheit ewiger und konstanter »Naturgesetze« nennen. So definiert Spinoza: »Unter Gott verstehe ich das absolut unendlich Seiende, d. h. die Substanz, die aus unendlichen Attributen besteht, von denen ein jedes ewiges und unendliches Wesen ausdrückt.«[38]

Für Spinoza sind Gott und die Welt nicht geschieden, sondern eins. Gott ist nicht nur die Ursache aller Dinge, sondern er wirkt in ihnen fort. Reiht er sich ein in die Galerie vieler antiker Philosophen von den Vorsokratikern über Platon bis Plotin (und mit Einschränkungen vielleicht auch Cusanus und Bruno), die man Pantheisten nennen kann – Denker, die Gott und die Natur gleichsetzen? In der Folgezeit hat man ihn oft so verstanden. In jedem Fall benutzt Spinoza die Begriffe »Gott« und »Natur« oft synonym *(deus sive natura)*. Und von dieser Grundannahme aus möchte Spinoza alles Weitere erklären, und zwar genauer und folgerichtiger als Descartes. Schon 1663 hat er ein schmales Bändchen veröffentlicht, in dem er die geometrische Methode seines Vorgängers verbessern und sie »more geometrico« machen will. Und seine eigene *Ethik* soll »ordine geometrico« entwickelt werden, also »ordnungsgemäß«, streng logisch der Reihe nach. Von Gott aus will er auf den Menschen kommen, seine Affekte untersuchen und herausfinden, wie man sein Glück in dieser Welt finden kann.

Tatsächlich ist Spinozas *Ethik* der bis dahin ehrgeizigste Versuch, die ganze Welt als ein einziges großes System zu denken und in zahlreichen kleinen Schritten streng methodisch zu entwickeln. »Philosophen«, schreibt Robert Musil, »sind Gewalttäter, die keine Armee zur Verfügung haben und sich deshalb die Welt in der Weise unterwerfen, dass sie sie in ein System sperren.« Auf kaum einen anderen Philosophen vor Spinoza dürfte dies so konsequent zutreffen wie auf den sensiblen Linsenschleifer in Voorburg und Den Haag. Wer sich bislang unter einer *Ethik* eine Anleitung zu einem guten Leben vorgestellt haben mag, wird eines Besseren belehrt. Statt moralischer Einsichten begegnet ihm eine strenge Abfolge aus Definitionen, Axiomen, Lehrsätzen, Beweisen, Folgesätzen und Anmerkungen.

Spinoza gehört zu jenen Denkern, die glauben, dass *ihre* Philosophie *die* Philosophie weitgehend beenden wird. Das teilt er mit Aristoteles, Descartes und später Kant, Hegel und Ludwig Wittgenstein. Sein System soll die tatsächlichen Zusammenhänge der Welt endgültig erhellen. Mit erstaunlicher Selbstverständlichkeit geht er davon aus, dass der Mensch Gott und die Welt adäquat erfassen kann. Denn auf dieser Voraussetzung fußt das ganze rationalistische Programm – und macht es uns heute verdächtig.

Zurückgezogen in seine wechselnden Studierstuben, umgeben von ausgewählten, aber nicht allzu zahlreichen Büchern, beginnt Spinoza bei Gott. Eine Wirkkraft ohne Wille und Verstand hat alles hervorgebracht und durchwaltet es. Der Mensch denkt, aber Gott lenkt nicht. Der Mensch ist Gott gleichgültig. Aber dem Menschen kann Gott nicht gleichgültig sein, weil es dem menschlichen Geist möglich ist, ihn zu erkennen und damit den Weltzusammenhang zu begreifen. Durch die Erkenntnis des göttlichen Natursystems befreien wir uns selbst aus der Unwissenheit und erlangen ... Ja, was eigentlich? Für den frühen Spinoza war es die Liebe, die Verschmelzung unseres Bewusstseins mit Gott im Akt der Erkenntnis – ein pathetisches Ziel, das der junge Mann von Ficino übernimmt. Für den älteren Spinoza ist es nur noch die sich selbst befreiende Erkenntnis, die Liebe bleibt auf der Strecke.

Aber wie kommt der Mensch zur absoluten Erkenntnis? Alles, was Menschen anstreben, tun sie ohne übersinnliche Führung und Begleitung. Dabei tasten sie sich nur mühsam vorwärts und folgen zumeist ihren überhasteten Meinungen, überkommenen Vorurteilen und halb verstandenen Weisheiten. Doch mithilfe der geometrischen Methode, behauptet Spinoza, soll sich der Schleier unserer Alltagsdummheit lüften lassen. Dann erkennen wir die Substanz Gottes, ihre vielfältigen Eigenschaften *(Attribute)* und ihre noch vielfältigeren Formen *(Modi)* in der Welt. Alles, was die Welt ist, besteht aus solchen Eigenschaften in unendlich vielen Formen. Spinozas Gott-Natur ist kein rein spirituelles Wesen. Bei Descartes war nur die Materie »ausgedehnt«, bei Spinoza aber ist alles »ausgedehnt«, Geistiges ebenso wie Körperliches. Alles ist Materie und Geist in einem. Es gibt keinen »Dualismus« von Körper und Geist, sondern nur einen *Monismus*: eine Einheit von Geistigem und Körperlichem.

Für Menschen, die von der christlichen Kultur geprägt sind, ist dies keine einfache Vorstellung. Doch für Spinoza bedeutet, zwischen Geist und Körper zu unterscheiden, nur zwischen verschiedenen *Formen* zu unterscheiden: Sie sind »Aspekte ein und desselben«.[39] Sowohl Geist als auch Körper sind Gott-Natur, allerdings in unterschiedlicher Ausprägung. Der Gedanke ist richtungsweisend. Nicht anders, wenn auch zumeist ohne das Attribut »Gott«, sehen dies heute viele Biologen, insbesondere Hirnforscher. Für sie gibt es keine selbstständige Sphäre des Geistigen. Alles Geistige ist körperlich, ein elektrochemischer Vorgang. Nur dass für viele Biologen nicht zugleich alles Körperliche geistig ist ...

Von einer solchen Gott-Natur aus entfaltet Spinoza nun sein System. Er unterscheidet zwischen endlichen und unendlichen Dingen und Formen. Der Mensch gehört zu den endlichen. Er ist nicht nur sterblich, sondern zudem gefangen in seiner Sinnenwelt. Was auch immer wir erfahren und denken, stets sind wir beschränkte Wesen, die nur das aufnehmen, was unsere Sinne uns an einem jeweiligen Standort vermitteln. Doch im Unterschied zu Pflanzen und Tieren können wir innerlich Perspektivwechsel vollziehen. Wir können die Dinge unterschiedlich betrachten. Und genau das ist für Spinoza Erkenntnis: die Perspektive zu verändern und sich zu sich selbst in ein Verhältnis zu setzen.

Anders als bei Descartes ist Erkennen für Spinoza ein körperlicher Vorgang. Ohne Körper kein Gedanke. Selbst wenn ich darum weiß, dass ich denken kann und einen Geist habe, ist dies eine Idee meines Körpers. Doch warum haben Menschen solche Ideen und Tiere nicht? Weil, so meint Spinoza, der Mensch den komplexesten Körper unter allen Tieren hat. Und je komplexer das Organische, umso komplexer sind die Ideen, die es hervorbringt. Dass er damit falschliegt, konnte der Philosoph des 17. Jahrhunderts noch nicht wissen. Biologisch betrachtet hat der Mensch gewiss nicht den komplexesten Organismus. Vertreter der Cephalopoden, der Kopffüßer, sind weitaus komplexer und sensibler als Menschen. Ein Krake besitzt neben seinem Zentralgehirn so etwas wie acht Untergehirne in seinen Fangarmen und verfügt über drei Herzen und drei Penisse beziehungsweise Klitorides.

Doch biologische Fragen interessieren Spinoza nicht im Detail, ebenso wenig wie physikalische. Für ihn genügt, dass alle Körper den Gesetzen der Ruhe und der Bewegung gehorchen. Der Mensch als ein Körper unter vielen macht davon keine Ausnahme. Überall wirken äußere Anreize auf uns ein und versetzen uns in Erregung und Bewegung. Keine Regung in uns stammt von uns selbst, stets ist sie die Wirkung einer physikalischen Ursache. Nicht anders verhält es sich mit unseren Ideen. Sie sind Resultate äußerer Reize, allerdings mit einem feinen qualitativen Unterschied. Während unser Körper ein Spielball äußerer Einwirkungen ist, kann der Geist *sich zu sich selbst in ein Verhältnis setzen.* Was sich in unserem Geist abspielt, besteht aus körperlichen Ideen, die darum wissen, dass sie Ideen sind. Der Geist ist somit die einzige Idee im Universum, die in der Lage ist, über sich selbst nachzudenken. In diesem Sinne *hat* unser Geist seine Ideen. Wäre dies nicht so, wäre der Mensch völlig ohne eigenen Willen und Verstand. Doch offensichtlich ist er – zumindest in einigen seltenen Fällen – zum klugen Denken und Nachdenken in der Lage. Und genau darauf fußt Spinozas ethisches Programm!

Menschen können etwas so sehen oder anders – das ist ihre Freiheit. Doch leider begreifen sie nur ziemlich selten etwas. Meist folgen sie den immer gleichen Mustern, die ihnen ihr Körper vorgibt. So lösen bestimmte Reize bei bestimmten Menschen stets die gleichen Assoziationen aus. Mit feinem Skalpell und viel Aufwand seziert Spinoza, wie reflexartig die meisten Menschen denken und urteilen – eine bahnbrechende Pionierarbeit! Der portugiesische Hirnforscher *António Damásio* (* 1944), ein glühender Verehrer seines Landsmanns aus dem Barock, wird diese Beobachtung als »Theorie der somatischen Marker« in vielzähligen Untersuchungen untermauern.[40] Danach verknüpfen Nervenverbindungen in der ventromedialen Region des Stirnlappens Emotionen der Vergangenheit mit neuen Erlebnissen in der Gegenwart. Die Folge ist, dass wir bei bestimmten Wörtern, Sätzen, Bildern und so weiter ständig das Gleiche denken und fühlen.

Spinoza widmet diesen Stereotypen der Empfindung und des Denkens einen breiten Raum. Auch für ihn bilden sie sich »im Innern des Gehirns« heraus.[41] Als bloße »Imaginationen« sind sie allerdings völlig untauglich, um die Welt adäquat zu erfassen. Und »so wird jeder von einem Gedanken auf einen anderen verfallen, je nachdem seine Gewohnheit die Bilder der Dinge im Körper geordnet hat.«[42] Spinoza hat seine Mitmenschen sehr gut beobachtet und festgestellt, dass das Denken und Urteilen der meisten zufällig und beliebig, dabei aber äußerst konstant ist. Die normale Form, sich in der Welt zu orientieren, ist das gut eingespielte Zukurz-Denken und der beharrliche Irrtum.

Doch wie kann der menschliche Geist sich davon befreien, durch äußere Sinnesreize und reflexartige Urteile in die Irre geführt zu werden? Wie unterscheidet man das Wahre vom Falschen? Seinem Ansatz entsprechend sind für Spinoza alle Gedanken wahr – und zwar wahr im Sinne von »vorhanden«. Auch

Lügen und Täuschungen existieren als körperliche Vorgänge in der Welt. Wenn sie als falsch beurteilt werden, so einzig und allein deshalb, weil sie einem klugen Denker als falsch erscheinen. Das Wahre und das Falsche lassen sich also nur *vom Menschen her* unterscheiden. Dieser Gedanke ist durchaus revolutionär. Üblicherweise nämlich definieren Philosophen und Naturwissenschaftler das als wahr, was mit einer Sache oder einem Gegenstand übereinstimmt. Doch für Spinoza geht es nicht um die Übereinstimmung mit einem Gegenstand. Adäquate Erkenntnis ist für ihn jene Erkenntnis, die mit dem übereinstimmt, was der denkende Mensch als zeitlose Wahrheit *in sich* erkennt. Nicht sinnliche Erkenntnis und letztlich auch nicht rationale Erkenntnis zeigen uns die Wahrheit, sondern eine *intuitive* Erkenntnis. Nur sie erlaubt, die Dinge *sub specie aeternitatis* zu verstehen: aus der Perspektive der Ewigkeit.

Was ist diese intuitive Erkenntnis? Spinoza zufolge erkennen wir dann intuitiv die Wahrheit, wenn wir die Dinge im Horizont der Naturgesetze und Naturprinzipien erfassen, die auch in uns walten und wirken. In diesem Sinne kommt der erkennende Geist durch die richtige Erkenntnis zu sich selbst und erfährt dabei »die höchste Befriedigung … die es geben kann«.[43] Damit ist der Kern der Ethik des in seiner Jugend so viel gescholtenen und oft missverstandenen Intellektuellen benannt: nicht Regeln und Maximen aufzustellen, was ein gutes Leben sein soll, sondern unausgesetzt daran zu arbeiten, die Irrungen und Wirrungen menschlicher Stimmungen, Gefühle, Urteile und Handlungen zu sezieren und von allem Falschen zu befreien. Spinozas Ethik ist eine analytische Geometrie des menschlichen Gefühlslebens, und zwar so, »als wären Linien, Flächen und Körper Gegenstand der Untersuchung«.[44] Am Ende steht das Versprechen, dass der sich selbst durchschauende Mensch möglichst viele irreführende Gefühle, die *Affekte,* überwindet. Allerdings nicht alle, wie es die antiken Stoiker anstrebten und wie es Spinoza etwas zu Unrecht auch Descartes als Ziel unterstellt.

Man kann vieles von dem, was Spinoza schreibt, kritisieren. Seine Gleichsetzung von Gott und Natur ist spekulativ. Ebenso die Annahme, dass der menschliche Erkenntnisapparat eine adäquate Erkenntnis der Welt ermöglichen soll. Und auch seine Theorie intuitiver Erkenntnis hält heutigen Ansprüchen kaum stand. In der Analyse von Gefühlen allerdings setzt Spinoza einen Meilenstein in die Philosophiegeschichte. Für ihn strebt alles danach, »in seinem Sein zu verharren«.[45] Das ist nicht einfach, denn in einer Welt von Ursache und Wirkung ist alles in Bewegung. Deshalb strebt jedes Ding in der Natur einschließlich des Menschen danach, sich gegen sämtliche äußeren Einwirkungen selbst zu erhalten. Beide Gedanken finden sich bereits bei den Stoikern: das Prinzip der *Selbsterhaltung* und das *Streben* danach. Bei Spinoza ist dieser Gedanke allerdings noch zugespitzter: Für ihn *strebt der Mensch danach, sein Streben zu erhalten,* also seinen ureigensten Spielraum an Aktivitäten.

Dieser Gedanke wird in der Philosophie eine große Karriere machen, allerdings erst in der Moderne. Die »Vitalisten« des späten 19. Jahrhunderts werden, wie der deutsche Biophilosoph *Hans Driesch* (1867–1941), die Selbsterhaltung zu einer biologischen Kraft stilisieren; *Friedrich Nietzsche* (1844–1900) wird daraus seinen natürlichen »Willen zur Macht« ableiten; die »Lebensphilosophen« werden, wie der Franzose *Henri Bergson* (1859–1941), den Lebenstrieb *(élan vital)* ins Zentrum ihres Menschenbilds stellen; der junge *Sigmund Freud* (1856–1939) wird ihn als Libido beschreiben; der britische Philosoph *Alfred North Whitehead* (1861–1947) als *creativity;* der deutsche Philosoph *Max Scheler* (1874–1928) wird den Lebenstrieb beim Menschen um ein intuitives Bedürfnis nach Werten ausweiten und der russisch-französische Psychiater *Eugène Minkowski* (1885–1972) ihn untrennbar damit verknüpfen, dass der Mensch nach gelingenden Handlungen strebt.

Dass alles Lebendige einem Grundtrieb nach gelingender Selbsterhaltung folgt, hatte bereits Aristoteles formuliert. Doch

Spinoza macht daraus eine Art Universalgesetz nicht nur für alles Leben, sondern für alles Sein. Und er benutzt dafür den Begriff »Trieb«: »Dieses Bestreben wird, wenn es auf den Geist allein bezogen wird, Wille genannt; wird es aber auf Geist und Körper zugleich bezogen, so heißt es Trieb, welcher also nichts anderes ist als das Wesen des Menschen selbst, aus dessen Natur das, was zu seiner Erhaltung dient, notwendig folgt; daher ist der Mensch bestimmt, es zu tun. Auch ist zwischen Trieb und Begierde kein Unterschied, abgesehen davon, dass ›Begierde‹ meist auf den Menschen bezogen wird, insofern er sich seines Triebes bewusst ist. Man kann daher so definieren: *Die Begierde ist ein Trieb mit dem Bewusstsein desselben.* Aus all dem geht darum hervor, dass wir nichts erstreben, wollen, verlangen oder begehren, weil wir es für gut halten, sondern dass wir umgekehrt darum etwas für gut halten, weil wir es erstreben, wollen, verlangen oder begehren.«[46]

Wenn Sigmund Freud 1917 schreibt, dass der Mensch »kein Herr im eigenen Haus« sei, so ist das nicht seine ureigenste Entdeckung, für die er sie ausgibt. In Spinoza, den er kennt, aber nur selten zitiert, hat er seinen Ahnherrn. Dieser nennt in der *Ethik* drei Kardinalaffekte: die Begierde *(cupiditas)*, die Freude *(laetitia)* und die Trauer *(tristitia)*. Wir streben danach, Freude zu erlangen und Trauer zu vermeiden. Als vorstellungsbegabte Wesen *lieben* wir die Dinge, von denen wir erwarten, dass sie uns Freude machen, und *hassen* jene, die Trauer auslösen. All dies geschieht normalerweise überaus reflexhaft. Und nicht wir steuern, was wir begehren, sondern unser Begehren steuert uns. Für eine Ethik sind dies erschreckende Einsichten. Denn nach Spinoza erstreben wir nicht das Gute, weil wir das Gute wollen. Sondern wir halten das für das Gute, was uns guttut. Moral ist also keine Frage eines Willens, einer bewussten Entscheidung! Vielmehr steht alles Streben unter der Diktatur unserer Gefühle.

Auch hierin ist Spinoza ein Wegweiser. Über David Hume, Arthur Schopenhauer und Friedrich Nietzsche führt der Weg wiederum zur modernen Hirnforschung. Mit unbestechlichem Blick sortiert der kühle Rationalist die Gefühle der Liebe, des Hasses, des Neides, der Eifersucht, der Furcht und so weiter in sein Schema ein. So entspringt die Eifersucht aus dem Bedürfnis, die lustvolle Gegenwart eines Menschen zu behalten, und aus der Angst, sie zu verlieren. Nicht nur Erlebtes, auch Erhofftes und Erwartetes prägen damit unser Gefühlsleben. Kombiniert man unser Streben nach Lust und das Vermeiden von Unlust mit den menschlichen »Imaginationen«, so wird schnell deutlich, warum Menschen sich so verhalten, wie sie es gemeinhin tun. Was einmal eine negative Erfahrung ausgelöst hat, wird lange damit verbunden – und umgekehrt. Auf diese Weise projiziere ich ganze Vorstellungswelten in Dinge und bilde mir Urteile über solch komplexe Zusammenhänge wie die Menschheit im Allgemeinen, über Bevölkerungsgruppen, Religionen, über Politik und über den Staat.

Spinoza übersieht nicht, dass diese Urteile immer wieder durch andere Menschen bestätigt und bekräftigt werden müssen. Geschieht dies nicht, so geraten wir leicht ins Grübeln und Schwanken. Erleben wir jedoch Zuspruch von anderen, so wird unser Urteil umso fester. Folglich werden Menschen allzu oft von dem schädlichen Ehrgeiz getrieben, anderen Menschen abzuverlangen, die Welt ebenso zu sehen wie sie. Selbstüberschätzung und Unterschätzung der anderen, Machtstreben und Beherrschungswille nehmen hieraus ihren Anfang.

Spinozas Theorie bildet eine gute Erklärung dafür, warum Menschen lieber ihren Gefühlen vertrauen als abgewogenen Einsichten. Und sie erklärt, warum sich Gefühle nicht durch Fakten widerlegen lassen – ein bekanntes Problem in Liebesbeziehungen ebenso wie in der Politik. »Ich weiß, dass es keine Geister gibt«, erklärte mir einmal eine Bekannte, »aber ich fürchte sie!« Dagegen ist jede Vernunft machtlos, bedauerlicherweise auch bei großen gesellschaftlichen Wahnvorstellungen. Von denen gab es zu allen Zeiten viele – selbst wenn wir erst heute von unserer Gesellschaft als einer »postfaktischen« sprechen.

Spinoza begnügt sich nicht damit, die Irrungen und Wirrungen menschlicher Affekte nur zu beschreiben. Unter dem ganzen Schneematsch von Gefühlen und falschen Vorstellungen liegt für ihn das eigentliche gute Leben verborgen. Allerdings gibt es bei Spinoza zwei Definitionen des Guten. Einmal ist das Gute, wie gesehen, das, was wir erstreben, weil wir es erstreben. Dieses »Gute« aber führt oft zu falschem Ehrgeiz, zur Gier nach Materiellem, zur Schadenfreude, zu Überheblichkeit und so weiter. Das eigentlich wahre Gute ist, sich von solchen falschen Begierden zu befreien. Ebenso sahen das schon die meisten antiken Philosophen. Auch Spinozas ethische Ziele, das Selbstvertrauen *(animositas)*, der Edelmut *(generositas)* und die Ehrbarkeit *(honestas)*, sind schon in der Antike bekannt. Nach Spinoza gewinnen wir sie dadurch, dass wir die Affekte überwinden und Furcht in Seelenstärke, Selbstsucht in Hochherzigkeit und den Geltungstrieb in Ehrgefühl verwandeln.

So weit, so nachvollziehbar. Leider aber fehlt Spinozas Theorie eine Erklärung dafür, *auf welchem Weg* sich ein Mensch von seinen Begierden befreien kann, wenn er doch so gefangen ist in seinem natürlichen Streben. Spinozas kluge Affektenlehre ist hier psychologisch leider etwas dürftig. Er stellt sich einfach einen kontemplativen Menschen vor, der das eigentliche und gute Streben hinter allen Affekten herausarbeitet – also letztlich sich selbst in der Rolle des weisen Philosophen. Doch nur wenigen ist es vergönnt, ein solcher Supervisor der Natur und des eigenen Trieblebens zu sein. Die Seele zu stabilisieren durch Einsicht in die Gott-Natur ist ein Programm für Spezialisten. Und es geht nur, wenn ich ein zurückgezogenes Leben führe, das mich von allen unfreiwilligen Verstrickungen in die Affekte anderer befreit.

Von den beiden Werken, die Spinoza über das gedeihliche Zusammenleben der Menschen in der Politik schreibt, kann er nur eins vollenden. Von ihnen wird im nächsten Kapitel die Rede sein. Am 21. Februar 1677 stirbt er im Alter von vierundvierzig

Jahren in seiner Mietwohnung an der Paviljoensgracht in Den Haag, vermutlich an Tuberkulose. Im selben Jahr veröffentlichten seine wenigen Freunde seine *Ethik*. Das Buch wird verboten, kaum dass es erschienen ist. 2011 fanden Forscher sogar eine Kopie aus dem Jahr 1675 in den Geheimarchiven des Vatikans, wie auch immer sie zu Spinozas Lebzeiten dorthin gelangen konnte. Doch von einer einzigen Ausnahme abgesehen, macht das Vermächtnis des Linsenschleifers zunächst nur bei wenig bekannten niederländischen Philosophen Eindruck. Diese Ausnahme ist allerdings nicht irgendwer. Es ist der bedeutendste deutsche Universalgelehrte der Epoche: *Gottfried Wilhelm Leibniz* (1646–1716).

Die perfekte Ordnung

Am 18. November 1676 steht der fremde Besucher aus Leipzig in Den Haag vor Spinozas Tür. Leibniz ist gerade dreißig Jahre alt, aber bereits ein bekannter Mann in halb Europa. Soeben ist der promovierte Oberappellationsrat und Chefdiplomat des Mainzer Kurfürsten aus London zurückgekommen, wo man ihn für seine Rechenmaschine aller vier Grundrechenarten gefeiert und zum auswärtigen Mitglied der hochehrenhaften Royal Society ernannt hat. In Paris hat er zuvor die führenden Intellektuellen, wie die einflussreichen Theologen *Nicolas Malebranche* (1638–1715) und *Antoine Arnauld* (1612–1694), kennengelernt, dazu den bedeutenden niederländischen Mathematiker, Physiker und Astronomen *Christiaan Huygens* (1629–1695), den Erfinder der Pendeluhr.

Nun also Spinoza. Anders als die Intellektuellen in Paris und London, mit denen Leibniz zusammentraf, ist der Linsenschleifer in Den Haag kein berühmter Mann und seine Philosophie allenfalls eine Art Geheimlehre. Doch Leibniz hat auch zu ihm in Briefen Kontakt aufgenommen. Er hat das Denken des

»Juden«, wie er ihn nennt, ergründet und sich seinen Teil dazu gedacht.

Ein größerer Gegensatz als zwischen dem menschenscheuen Spinoza, der seine Gedanken in sehr wenigen Werken immer neu ordnet, und dem galanten, geltungsbewussten und übersprudelnden Leibniz ist kaum vorstellbar. Als Person ist er nur schwer greifbar, zu leicht verschwindet Leibniz hinter seinem bekannten Antlitz, dem großen Kopf unter der pompösen Lockenperücke. Auf ungewöhnlich zufriedene Weise erscheint er als Sonnenkönig im Reich der Ideen, dabei äußerst selbstsicher und der Welt zugewandt.

Wie bei seinem sächsischen Zeitgenossen Johann Sebastian Bach ist Leibniz' Werk ein Fluss ohne Ufer, ein mäandernder Strom mit ungezählten Nebenflüssen, ein ganzes Delta mit Flutungen und Überschwemmungen: Abhandlungen, Bemerkungen, Eingaben, Gelegenheitsschriften und Forschungen zu nahezu jedem Wissensgebiet seiner Zeit, von der Philosophie über die Jurisprudenz und die Mathematik bis zum Bildungssystem, der Ökonomie und zum Bergbau. Eine Geschichte des Herrscherhauses der Welfen, bei denen er mehr als ein halbes Leben lang in Hannover angestellt ist, beginnt er mit einer ausführlichen Betrachtung der niedersächsischen Mineralien, ohne je bei den heutigen Herrschern anzukommen. Leibniz schreibt über 15 000 Briefe, adressiert an mehr als tausend Briefpartner. Wie die Künste im Barock die Grenzen zwischen Malerei, Architektur und Skulptur aufheben, so ist er ein Grenzgänger zwischen allen Wissenswelten. Friedrich der Große nannte Leibniz dafür später eine »ganze Akademie« in einer einzigen Person.

Bis heute sind weite Teile des Gesamtwerks unveröffentlicht. Die große Akademie-Ausgabe, 1923 begonnen, ist noch lange nicht vollendet. Gerade einmal vierzig der geplanten über hundert Bände sind bis heute erschienen. Den kompletten Leibniz angemessen darzustellen dürfte niemandem möglich sein. Was bleibt, sind immer neue und ähnliche Versuche, so etwas wie eine philosophische

Quintessenz aus all dem Verstreuten und manchmal Widersprüchlichen herauszufiltern und übersichtlich zu erzählen.

Schon als Kind hatte der früh verwaiste Sohn eines Leipziger Philosophieprofessors als Genie gegolten, als Jugendlicher hatte er versucht, geometrische Begriffe arithmetisch darzustellen, und mit zwanzig wurde er in Jura promoviert. Eine Stelle an der Universität schlägt er früh und auch später aus. Leibniz' Rollenmodell in der Philosophie ist das eines Generalisten, eines Experten für alles. Ein ordentlicher Professor, ein Spezialist auf einem Gebiet, will er nicht werden. Der ehrgeizige junge Mann möchte die Gesellschaft verbessern, durch Erfindungen bereichern, durch diplomatische Vorschläge befrieden und ihr durch ein neues Gesamtsystem des Wissens ein besseres Fundament geben.

Als Leibniz Spinoza besucht, will er mit ihm über Optik diskutieren. Doch der Linsenschleifer ist nicht daran interessiert, über seinen Brotberuf zu reden. Leibniz bleibt vier Tage in der bescheidenen Wohnung in der Paviljoensgracht. Seinen Gesprächspartner über das Mikroskop findet er in der Woche darauf in Delft in *Antoni van Leeuwenhoek* (1632–1723), dem Erfinder des Lichtmikroskops. Mit Spinoza redet Leibniz über Gott und die Welt, insbesondere über die Schwächen der Gottesbeweise von Descartes. Dass Gott am Anfang allen Philosophierens stehen muss, in dieser Frage sind sich beide einig. Nur mit Spinozas Gott-Natur möchte sich Leibniz nicht anfreunden. Sein Gott ist noch immer der Gott des Christentums. Er ist nicht die Welt, sondern mehr als die Welt. Er ist der Schöpfer, der in einem Akt die Welt schuf. Und diese Welt, davon ist Leibniz überzeugt, ist eine gute Welt, sogar die beste aller möglichen Welten. Was der vom Leid der Welt arg gebeutelte Spinoza nicht gelten lässt, wird Leibniz' philosophisches Lebensprogramm: das große Gute der Welt zu beweisen und philosophisch zu fundieren!

Dieser unerschrockene Optimismus ist erstaunlich, wenn nicht sogar verstörend. Als Leibniz geboren wird, ist der Dreißigjährige Krieg gerade beendet. Die alten Freund-Feind-Linien der Protestanten und Katholiken sind nicht beseitigt, sondern neu zementiert. Ganze Landstriche sind für lange Zeit verwüstet, und fast die Hälfte der Bevölkerung ist ermordet, erschlagen und dahingemetzelt. Die Gedichte von *Andreas Gryphius* (1616–1664) und der *Simplicissimus* von *Hans Jakob Christoffel von Grimmelshausen* (1622–1676) berichten unmissverständlich von den Irrungen und Wirrungen einer chaotischen Zeit. Das Geistes- und Kulturleben auf deutschem Boden liegt weitgehend brach, die Bauern sind verarmt und die Fürsten errichten sich immer größere Prunkschlösser – die beste aller möglichen Welten?

Leibniz bestreitet nicht, dass es viel Leid in der Welt gibt. Wie sollte er das auch tun? Aber er muss dieses Elend der Welt auf neue Weise mit einem guten und vollkommenen Gott zusammendenken. Ansonsten müsste er das Christentum wohl endgültig abhaken. Ohne einen gütigen Gott, so meint Leibniz anders als Spinoza, keine Ethik. Und ohne Ethik keine positive Veränderungsmöglichkeit der Menschen und der Politik. Was daraus folgt, ist ein ehrgeiziges Programm: Leibniz möchte den unendlich gütigen Gott auf der Höhe des an der Mathematik geschulten rationalistischen Denkens aus der Welt heraus begründen – und die Welt umgekehrt aus einem unendlich gütigen Gott.

Die Bausteine, die Leibniz für sein Weltsystem benutzt, sind, wie könnte es anders sein, nicht neu. Schon früh wird er durch seinen Jenaer Lehrer, den Mathematiker und Erfinder *Erhard Weigel* (1625–1699), mit der antiken Gedankenwelt der Pythagoreer vertraut. Danach besteht unser Kosmos aus einer einzigen großen Harmonie, aufgebaut und erkennbar durch Zahlen. Was immer Leibniz im Laufe seines rastlosen Lebens lernt, studiert, liest und hört, wird er in diese Vorstellung einbauen. Auch den Traum von einem »Gedankenalphabet«, den er bereits als Jugendlicher hat, wird er nie aufgeben. Ob in Zahlen oder in Worten ausgedrückt, die Welt besitzt eine eindeutige Struktur. Je präziser das Zeichensystem ist, mit dem Menschen diese Struktur beschreiben, umso wahrhaftiger wird unsere Erkenntnis. Dieses

Projekt, das bis in die Antike zurückreicht, charakterisiert Leibniz' Denken mehr als alles andere. Und wenn Philosophen es aus guten Gründen aufgegeben haben, so beflügelt es doch heute noch viele Mathematiker …

Dass Leibniz zeit seines Lebens die universelle Harmonie im Aufbau der Welt beschwört, ist nicht den Irrungen und Wirrungen des 17. Jahrhunderts abgelauscht. Stattdessen belebt er damit die pythagoreische Vorstellung, dass das Verhältnis der Zahlen zueinander harmonisch geordnet sei. Was die musikalische Harmonielehre zum Klingen bringt, sei das zentrale Ordnungssystem der Welt. »Harmonie«, so definiert Leibniz, »ist Einheit in der Vielheit.«[47] Und sie durchwaltet alles: die Ordnung der Schöpfung, die innere Ordnung des Individuums, die Ordnung des Empfindens und Denkens und nach Möglichkeit auch das Zusammenleben der Menschen.

Gottes Prinzipien

Wenn es eines gibt, vor dem die Denker der Barockzeit einen schier grenzenlosen Respekt haben, dann sind das *Regeln* und *Prinzipien.* Die Architektur ist ein fast unüberschaubares formales Regelwerk, die Architekten planen idealsymmetrische Städte und Befestigungsanlagen. Und die Welt der Literatur und der Musik füllt sich mit strengen Anleitungen, Notationssystemen und Gebrauchsanweisungen. In Frankreich kommt das Regeldrama in Mode, in Deutschland die Regelpoetik des Schlesiers *Martin Opitz* (1597–1639). Kein Wunder, dass den Philosophen die Aufgabe zufällt, diese Fülle von Regeln, Anordnungen und Prinzipien tiefer zu legen. Sie wollen sie metaphysisch verankern und festmachen. Allesamt suchen sie das geheime Widerlager der Welt des Ideellen.

Auch Leibniz' Programm ist damit klar definiert: im vermeintlichen Chaos der Welt die Harmonie zu entdecken, in der Verschiedenheit der Dinge ihre Einheit aufzuspüren und im Ungeordneten und Ungereimten die Regeln und Gesetze zu entdecken, die alles wieder einen. Nun hatten dies auf ihre Weise sowohl Descartes als auch Spinoza bereits versucht. Doch Leibniz hat gute Gründe, mit seinen Vorgängern unzufrieden zu sein. Descartes' Dualismus von Geist und Materie hat nie eine tragfähige Brücke zwischen beidem geschlagen. Wenn ein Hund nur Materie ist, ein seelenloser Automat, warum fürchtet er sich dann, wenn er den Knüppel sieht, mit dem er einmal geschlagen wurde? Wie kann bloße Materie Erinnerungen haben, Befürchtungen und Hoffnungen? Descartes hatte den Punkt verfehlt, an dem Geist und Materie zusammentreffen. Doch auch mit Spinozas Monismus wird Leibniz nicht glücklich. Ein Gott, der nicht mehr ist als die Natur, ist ihm zu kalt, zu nüchtern, zu amoralisch und zu unchristlich. Und wie klein wird der Mensch, wenn er bloß endliche Materie ist? Wo bleibt die Einzigartigkeit eines jeden Individuums und wo seine Unsterblichkeit?

Wie Spinoza, so entwickelt Leibniz sein System von oben nach unten. An erster und höchster Stelle steht Gott: »Gott schuf alles gemäß der größtmöglichen Harmonie und Schönheit.«[48] Wenn es trotzdem Disharmonie und Hässliches in der Welt gibt, so einzig deshalb, weil ohne Schatten kein Licht erkennbar ist. Harmonie bedeutet also nicht: »widerspruchsfrei und aus einem Guss«. Harmonie bedeutet, dass eine unendliche Vielfalt und Gegensätzlichkeit so zusammenklingt, dass daraus eine unüberbietbar große und vollkommene Einheit entsteht. In diesem Sinne ist die Ordnung der Welt perfekt, denn hätte Gott die Welt nur ein klein wenig anders geschaffen, was ihm durchaus möglich gewesen wäre, so wäre sie weniger vollkommen als die unsere. Denn ein vollkommenes Wesen wie Gott kann gar nicht anders handeln, als das vollkommenste Mögliche zu erschaffen – ansonsten wäre es nicht vollkommen.

So weit, so christlich. Doch in mindestens zwei Punkten schießt Leibniz klar über das Christentum hinaus. Wenn Menschen die

Welt oft ziemlich unvollkommen, ja grausam, armselig und hoffnungslos erscheint – wer sagt denn, dass Gott die Welt für den Menschen geschaffen hat? Für den Christen steht dies bereits in der Genesis der Bibel, wo Gott die Welt einzig und allein zum Nutzen und Frommen des Menschen erschafft. Doch Leibniz kennt keine solche menschliche Sonderstellung. Die Welt gehört allen beseelten Wesen, von den Pflanzen über die Tiere bis zum Menschen. Die Vollkommenheit der Schöpfung ist nicht an den Bedürfnissen des Menschen ausgerichtet, sondern an einem Maximum an Arten und am »Glück der Geister«[49] – das heißt: aller bewusst empfindenden Lebewesen.

Der zweite unchristliche Punkt ist die Methode, mit der Leibniz sein System begründet. Für den Glauben ist darin ebenso wenig Platz wie für Gebete. Leibniz' System gründet sich, wie bei Descartes und Spinoza, auf eiskaltes Gedankenschach. Gott ist nicht nur unendlich gut und weise, sondern zugleich unendlich vernünftig. Folglich kann man ihm auch durch vernünftiges Denken am besten gerecht werden und nahekommen. In einer Skizze für den Welfenherzog Rudolf August schlägt er vor, die Welt in einem digitalen Zeichensystem wie bei seiner Rechenmaschine darzustellen: Das Eine – also Gott – ist die 1, und das Nichts ist die 0. Es ist die erste zarte Idee dessen, was wir heute Digitalisierung nennen und uns seitdem mit immer neuen Zauberapparaten und Heilsversprechen um den Menschenverstand bringt. Ein anderes Mal schließt Leibniz die Erkennbarkeit Gottes mit der von ihm unabhängig von *Isaac Newton* (1642–1726/1727) zeitgleich entwickelten Infinitesimalrechnung kurz. Wenn sich selbst das Unendliche berechnen lässt – zeigt das nicht, dass Gottes ewiges rationales Harmoniegesetz alles durchwirkt?

Kein Verteidiger des Christentums hatte jemals zuvor zu solchen Mitteln gegriffen. Keiner hatte sich auf so radikale Weise am Denken der zu Leibniz' Zeit hoch erfolgreichen Physik orientiert. Und keiner hatte mit solcher Stringenz universale *Prinzipien* aufgestellt. Das Prinzip, dass *eine wahre Aussage keinen*

Widerspruch enthalten darf, war seit Aristoteles ein Klassiker (selbst wenn Llull und Cusanus das etwas anders sahen). Zu Leibniz' Zeiten stand es allerdings argem Zweifel gegenüber. Francis Bacon hatte der Logik allgemein das Misstrauen ausgesprochen. Und Descartes hatte es für denkbar gehalten, dass Gott auch eine andere Logik und eine andere Mathematik hätte schaffen können.

Leibniz widerspricht energisch. Für ihn gründet alle Mathematik auf der Logik (was, wie wir heute wissen, nicht stimmt). Und ohne Mathematik keine Beweistheorie *(Ars iudicandi)* und keine Erfindungskunst *(Ars inveniendi)*. Dass die Logik und die Mathematik dabei auch anders sein könnten, als sie in unserer Welt sind, ist für ihn ebenfalls Unsinn. Denn wenn die Welt die beste aller möglichen Welten ist, dann sind die Logik und die Mathematik auch die besten ihrer Art. Andernfalls hätte Gott, der sich in ihrer Rationalität verkörpert, eine andere Logik und eine andere Mathematik erschaffen. Die ganze Welt besteht also aus einer absolut optimalen mathematisch-logischen Grundstruktur. Und wer sie widerspruchsfrei erkennt, der erkennt die universalen *Vernunftwahrheiten.*

Neben der allseits bekannten Widerspruchsfreiheit stellt Leibniz allerdings noch ein zweites Prinzip auf: *das Prinzip des zureichenden Grundes.* Gott, davon ist Leibniz fest überzeugt, tut nichts ohne Grund. Denn handelte er nur nach Lust und Laune, wäre er nicht vernünftig, sondern irre. Und die Welt wäre ein Irrsinn, unerkennbar und undurchschaubar. Stattdessen aber geschieht nichts in der Welt ohne eine Ursache. Und diese Ursache hat etwas mit Gott zu tun und seinem unendlich vernünftigen Schöpfungsplan. Gottes Zwecke verwirklichen sich in der Natur als *Kausalität* – als Zusammenhang von Ursache und Wirkung. Was ich auf diese Weise beobachte, die Temperatur, bei der Wasser gefriert, oder die Gesetze der Optik und der Mechanik, sind *Tatsachenwahrheiten.* Sie genügen dem Prinzip des zureichenden Grundes. Von den Vernunftwahrheiten unterscheiden sie sich dadurch, dass sie nicht streng logisch sind. Denn dass Wasser bei 0 Grad Celsius gefriert, ist nicht logischer, als wenn es das bei 10 Grad Celsius täte. Es entspricht lediglich einer unendlich oft gemachten Erfahrung, woraus wir schließen können, dass Gott es offensichtlich so wollte.

Mit dem Prinzip des zureichenden Grundes überbrückt Leibniz jene Kluft zwischen deduktiver Logik und induktiven Experimenten, die Descartes nicht hatte schließen können. Wer ein physikalisches Experiment macht, begründet keine Naturgesetze, sondern er erfährt ihre Wirkung. Jeder Vorgang in der Natur ist Teil einer unendlichen Kette von Ursachen und Wirkungen, die niemand vollständig überschauen kann – außer Gott. Dabei erkennen wir neben den beiden genannten Prinzipien noch weitere, zum Beispiel, dass es in der Natur *keine zwei völlig identischen Dinge* gibt. Leibniz soll viel Spaß daran gehabt haben, als er die feine Gesellschaft des Welfenhofes in den Herrenhäuser Gärten zwei identische Blätter suchen ließ und sich keine fanden. Ein weiteres Prinzip ist das *Kontinuitätsprinzip,* wonach die Natur keine Sprünge macht, sondern alle Bewegungsabläufe kontinuierlich verlaufen. Und schließlich formuliert Leibniz das *Prinzip des Besten.* Da Gott unendlich gut und perfekt ist, muss es auch seine Schöpfung sein. Immerhin hat er sie aus unendlich vielen Möglichkeiten heraus gewählt, und zwar, weil er es wollte. Und mit unendlicher Kraft hat er sie optimal verwirklicht. Kein Wunder, so Leibniz, dass der wache und forschende Geist überall in der Welt den Willen und die Kraft Gottes wahrnimmt, die seine Schöpfung durchwalten.

Anders als Spinoza gesteht Leibniz Gott wieder einen Willen und auch Zwecke zu. Der eigentliche Grund dafür dürfte mehr sein als nur persönliche Frömmigkeit. Denn Leibniz möchte nicht nur die Kluft zwischen der Vernunft (dem Reich der Zwecke) und der Natur (dem Reich der Ursachen) schließen. Er möchte zugleich die Einzigartigkeit des Individuums retten, die bei Spinoza in einer unendlichen Kette von Kausalitäten arg verloren gegangen ist. Diesem Projekt widmet Leibniz von 1695 an in drei etwas umfangreicheren Werken viel Aufmerksamkeit. In seinem *Neuen System der Natur,* der *Monadologie* und den *Prinzipien der Natur und der Gnade.*

Die Monade

Descartes hatte alles Körperliche dadurch definiert, dass es »ausgedehnt« sei. Es besteht aus Größe und Gestalt. Für den Physiker Leibniz greift diese Definition zu kurz. Denn alles, was ausgedehnt ist, ist unendlich teilbar und damit keine »Substanz«, sondern nur eine Anordnung, ein Aggregat. Die Steine auf dem Feld sind solche Aggregate, man kann sie unendlich zerbröseln. Wenn es etwas gibt, das physikalische Körper im Innersten zusammenhält, dann ist es ihre *Energie* oder *Kraft.* Ein kleiner Stein kann einen großen Stein nicht ins Rollen bringen, weil ihm dafür die Kraft fehlt. Nicht die Ausdehnung, sondern die Kraft verleihe einem Ding seine Substanz.

Aus Sicht der Physik ist dies ein bahnbrechender Gedanke, denn Körper werden nun nicht mehr geometrisch bestimmt, wie bei Descartes, sondern endlich physikalisch. Doch Leibniz ist nicht nur Physiker, sondern in erster Linie Metaphysiker. Die Energie, von der er spricht, sei nämlich nicht einfach physikalische Kraft, sondern sie sei rein geistig. Sie ist ein Ausfluss Gottes, der in jedem Körper wirkt und ihn danach streben lässt, sich selbst zu erhalten oder nach Möglichkeit – bei höheren Lebewesen – sich zu vervollkommnen. Der Grundgedanke ist nicht neu. Bereits Aristoteles hatte davon gesprochen, dass jedes Lebewesen danach strebt, sich gemäß seiner Konstitution zu verwirklichen. Sich-selbst-ins-Ziel-Bringen *(Entelechie)* lautet seitdem der philosophische Fachbegriff. Genau dies greift Leibniz auf und bettet es in seine Theorie von Gottes perfekter Schöpfung ein. Das Ergebnis ist als die Lehre von den Monaden in die Philosophiegeschichte eingegangen – als eine äußerst fruchtbare und folgenreiche Idee.

Es ist nicht ganz leicht zu sagen, woher Leibniz das Wort »Monade« nahm. Wie wir gesehen haben, dachte sich bereits Giordano Bruno die Welt als eine Vielheit aus beseelter Urmaterie, also als eine Ansammlung von »Monaden«. Leibniz dagegen erwähnt lieber die ähnliche Konzeption bei Cardano. Was also sind nach Leibniz Monaden? Es sind sich selbst erhaltende rein geistige Automaten. Sie haben Empfindungen, Wahrnehmungen und ein je unterschiedlich komplexes Bewusstsein. So sind Pflanzen primitive Monaden, Tiere fortgeschrittene Monaden, der Mensch eine hochkomplexe und vernunftfähige Monade, und die perfekteste Monade ist Gott. Aus diesen Monaden und aus ungezählten Aggregaten wie etwa Steinen, Gasen und Gewässern besteht unsere Welt.

Doch wie kann eine Monade rein geistig und völlig unkörperlich sein und trotzdem als Ding wie ein Baum, ein Hund oder ein Mensch in der Welt vorkommen? Weil die Monade, quasi als weltliche Einkleidung, einen Körper besitzt. Der Körper ist das Gewand, das die Monade trägt, um in der Natur sichtbar zu sein, wahrzunehmen und zu handeln. Alle innere Energie der Monade, ihre Fähigkeit, zu empfinden, etwas zu begehren, sich etwas vorzustellen, sich zu erinnern und so weiter, braucht den Körper als Träger.

Für unsere heutige Zeit, die weiß, dass alles Geistige elektrochemisch erzeugt wird, ist das eine befremdliche Vorstellung. Für uns ist es der Körper, der das Geistige erzeugt, und nicht das Geistige, das den Körper benutzt, um sich in der Natur zu realisieren. Unsere Vorstellung von der Natur alles Lebendigen ist spätestens seit Darwin evolutionär. Und wir erklären die Welt seit dem frühen 19. Jahrhundert von unten nach oben – von der Urmaterie bis zum menschlichen Bewusstsein. So betrachtet, sprechen wir von *Emergenz* (Emporsteigen), davon, dass die Evolution auf mehreren Stufen Eigenschaften hervorbrachte, die nicht vorhersagbar waren. In diesem Sinne entstanden aus unbelebter Materie Leben und aus Nervenzellen im Gehirn Bewusstsein und Geist. Aus diesem naturwissenschaftlichen Denken heraus ist es für die meisten von uns heute selbstverständlich, dass der Körper, genauer das Gehirn, Träger des Geistigen ist.

Doch Leibniz' Erklärungsmodell funktioniert genau anders herum. Er blickt von oben auf die Welt, und statt von Emergenz spricht er von *Emanation* (Ausfließen). Die Idee stammt aus dem Neuplatonismus Plotins und hatte später das Christentum durchdrungen. Alles fließt vom »Einen« aus, dem Göttlichen, und ist zunächst geistig. Erst auf einer späteren, tieferen Stufe kommt das Körperliche hinzu. Dieses Denken ist im 17. Jahrhundert weit verbreitet. Denn die Barockzeit kennt noch keine Biologie im heutigen Sinne. Ihre materialistischen Erklärungen taugen, wie gesehen, nicht viel, und die Mechanik erklärt kein Leben. Kein Wunder, dass auch Leibniz mit dem Geistigen ansetzt statt mit dem Körperlichen. Seine Monaden sind beseelte und ihrem Ursprung nach rein geistige Atome. Doch von Atomen zu reden bedeutet für ihn nicht, zu den »Atomisten« zu gehören wie Gassendi oder Hobbes. Für sie besteht alle Natur aus Materie, aus unbeseelten Atomen. Doch Leibniz ist davon nicht überzeugt. Auf diese Weise lässt sich nämlich nicht im Ansatz erklären, wie die Natur Geist und Bewusstsein erzeugen soll – eine Frage, die übrigens selbst in unserer neurobiologisch gut informierten Zeit nicht vollständig geklärt ist …

Um Leibniz zu verstehen, müssen wir verstehen, mit welchem philosophischen Argument er seinen Weg von oben nach unten beschreitet. Alles, was wir über uns und die Welt wissen, wissen wir als bewusstseinsfähige Wesen. Die Welt ist »in unserem Kopf«. Wären keine bewusstseinsfähigen Monaden da, so wäre auch die Welt nicht da. Das heißt, sie wäre vermutlich da, aber sie wäre in niemandem präsent, der, wie Leibniz sagt, »sie spiegelt«. Insofern *verwirklicht sich die Welt im Bewusstsein der Monaden.* Und das eigentlich Wesentliche ist der alles »spiegelnde« Geist.

Für einen naturwissenschaftlich geschulten Menschen klingt das heute vermutlich noch immer fremd und »esoterisch«. Doch Leibniz sah sich mit seinem System in keinerlei Widerspruch zur Naturwissenschaft. Hätte die Hirnforschung im 17. Jahrhundert schon etwas anzubieten gehabt, er hätte sich gewiss brennend dafür interessiert. Denn was die »Biologie« seiner Zeit anbelangt, war er durchaus kein Ignorant. Unter Leeuwenhoeks Mikroskop sah er die gerade entdeckten Spermien umherzappeln. Das Prinzip des Lebens war offenbar überall, es durchdrang alles und war allerorts enthalten. Insofern besteht jede Monade offensichtlich aus Millionen anderen Monaden. Überall gibt es Leben, das leben will in anderem Leben: »Es gibt eine Welt geschaffener Wesen – von lebenden Wesen, Tieren, Entelechien und Seelen – im kleinsten Teil der Materie. Man kann sich jeden Teil der Materie als einen Garten voller Pflanzen und als einen Teich voller Fische vorstellen. Doch jeder Zweig, jede Pflanze, alle Gliedmaßen jedes Tieres und jeder Tropfen ihrer flüssigen Teile ist selbst ebenso ein ähnlicher Garten oder Teich.«[50]

Die Welt – ein Monadengewusel! Eine einzige große Einheit der Gott-Natur, wie Spinoza sie »mit kläglichen und unverständlichen« Beweisen behauptet hätte, schreibt Leibniz, gibt es nicht. Überall begegnen uns Einheiten, die sich qua Energie selbst organisieren, Seelen ausprägen und als Individuen voneinander unterscheidbar sind. Obwohl viele wichtige Prozesse in ihnen unbewusst ablaufen, sind komplexere Monaden wie der Mensch in der Lage, ein Bewusstsein von der Welt sowie von sich selbst auszubilden. Der »leidende« (empfindende) Zustand der Monade geht dann in einen »tätigen« (denkenden) Zustand über. Doch so viel auch immer ich denke, mein Bewusstsein ist doch zugleich ein Gefängnis. Denn die Grenzen meines Bewusstseins sind die Grenzen meiner Welt.

In diesem Sinne nennt Leibniz die Monaden »fensterlos«: Es ist nie möglich, aus meinem Bewusstsein herauszuschauen. Denn jedes Bewusstsein kennt nicht mehr als sich selbst. Versiegt unser

Bewusstseinsstrom durch den Tod unseres Körpers, so fallen wir in einen tiefen Schlaf. Unser Bewusstsein gleicht nun dem einer Pflanze. Monaden sterben also nicht, sondern nur ihre leibliche Hülle. Doch gibt es aus dem Monadenschlaf ein Erwachen? Ein einmaliges, oder eine Art permanenter Wiedergeburt? Leibniz' Aussagen dazu lassen keine eindeutige Antwort zu. Sicher ist nur, dass er sich hier vom Christentum weit entfernt. Kein Jesus errettet die Monaden, und keine »Erlösung« verheißt ihnen das Paradies.

Doch wenn Monaden »fensterlos« sind, wie können sie sich dann untereinander austauschen? Was geschieht im Gespräch oder bei einer körperlichen Begegnung wie einem Zweikampf, bei Zärtlichkeit oder Sex? Auch hierbei, so erklärt Leibniz, bleiben wir gefangen in unserem eigenen Bewusstsein. Zwar treten unsere Körper-Aggregate in eine Ursache-Wirkung-Beziehung zueinander. Aber wir tauschen uns nicht wirklich aus, sondern wir tauschen uns mit anderen nur *in unserem Bewusstsein* aus. Mehr ist, nach Leibniz, auch gar nicht nötig. Denn hinter allen Einzelwelten in Millionen Monaden mit ihren kleineren Unter-Monaden steht ein göttlicher Masterplan. Alles ist auf das Bestmögliche miteinander abgestimmt in einer *prästabilierten Harmonie*. Und wenn Körper und Seele, die Welt der Ursachen und die Welt der Zwecke in jeder Monade perfekt zusammenspielen, so deshalb, weil der gesamte Kosmos auf diese Weise perfekt durchgeplant ist. Überall begegnet uns die größtmögliche Vielheit bei größtmöglicher Einheit. Und genau diesen Zustand nennt Leibniz »Harmonie«.

Wenn Leibniz über die Harmonie und die unendliche Weisheit Gottes spricht, so redet er zu uns aus der Vogelperspektive. Er ist Gottes Kanzleibeamter, der uns dessen Weltenplan aufzeichnet und erklärt. Doch auch Leibniz ist eine Monade mit dem für Monaden typischen begrenzten Einsichtsvermögen. Er ist bestimmt durch unbewusste Antriebe, die er nicht durchschaut, und erfüllt von Gedanken, die er nicht überschaut. Denn alle möglichen

Gedanken zu überschauen und alle Ursachenketten zu kennen ist allein der perfekten Gottes-Monade vorbehalten. Wie also kann ein kluger Mensch wie Leibniz überhaupt zu seinen universellen Einsichten gelangen? Und wie können wir es tun?

Genau über dieses Thema hat sich Leibniz viele Gedanken gemacht. Wie kommt man zu klaren, logischen und deutlichen Aussagen über die Welt? Mit großer Neugier widmet er sich allen erdenklichen Sprachen bis hin zu chinesischen Schriftzeichen. Er fahndet nach dem Ursprung der Sprache und will wissen, wie und warum Menschen in der Vorzeit »aus einem natürlichen Trieb« darauf kamen, »den Lauten Affekte und Seelenregungen zuzuordnen«.[51] Er möchte die Sprache pflegen, um sie zu einem geeigneten Instrument zu machen, Gedanken und Gefühle auszudrücken, nicht zuletzt durch Poesie. Und er träumt davon, eine Präzisionssprache für den wissenschaftlichen Gebrauch zu entwickeln, ähnlich jenem »Gedankenalphabet«, das ihm schon als Jugendlicher vorschwebte. Deren Aufgabe ist für Leibniz klar: Sie soll dem Menschen helfen, seine angeborenen Ideen im Bereich der Vernunftwahrheiten auszudrücken oder, wie Leibniz sagt, die Erkenntnisse »aus seinem Inneren zu nehmen«.

Da dem Menschen die umfassende Einsicht Gottes fehlt, ist er gezwungen, sich dabei durch »Symbole« zu behelfen, also durch Zeichen wie »Wörter, Buchstaben, chemische, astronomische, chinesische Figuren, Hieroglyphen, Musiknoten, geheimschriftliche, arithmetische, algebraische Notizen«.[52] Als »mechanische Fäden« helfen sie dem schwachen Menschenverstand beim Denken. Doch so aufregend Leibniz' Untersuchungen über die Bedingungen einer »Kalkülsprache« sind – die gesuchte *Ars characteristica* wird ihm nicht gelingen, und auch keinem anderen nach ihm. Der Wiener Kreis wird im 20. Jahrhundert zwölf Jahre lang – von 1924 bis 1936 – an einem ähnlichen Projekt arbeiten und ebenso scheitern.

Doch die Frage, wie menschliches Denken Gottes Ideen und Bauplänen adäquat sein kann, ist nur eines von zwei gigantischen Problemen der leibnizschen Erkenntnistheorie. Denn auch das zweite ist ein ganz dickes Brett. Es lautet: Wie kann die Menschen-Monade in einer von Gott perfekt durchdesignten und vorausgedachten Welt überhaupt auf eigene Gedanken kommen? Steht es mir denn frei, zu denken, was ich will, wenn alles Teil eines in alle Zukunft vorherbestimmten Masterplans ist? Wie ist – mit einer der ältesten Fragen der Philosophie gefragt – *Freiheit* möglich?

Der Zweifel von Port Royal

Das Kloster Port Royal des Champs ist heute eine Ruine. Nur die alte Kapelle steht noch unversehrt in der grünen Hügellandschaft südwestlich von Versailles. Im Jahr 1710 verwüsteten die Truppen Ludwigs XIV. das Terrain, um den Jansenisten, den Anhängern des niederländischen Theologen *Cornelius Jansen* (1585–1638), endgültig das Handwerk zu legen. Zuvor hatte das Kloster unter der Äbtissin *Angélique Arnauld* (1591–1661) eine intellektuelle Blüte erlebt. Die ältere Schwester des berühmten Antoine Arnauld, den Leibniz später in Paris kennenlernen sollte, versammelte um sich eine Schar ausgezeichneter Denker, darunter den Dramatiker *Jean Racine* (1639–1699). Der berühmteste aber war der junge *Blaise Pascal* (1632–1662), ein Wunderkind seiner Zeit. Schon vor Leibniz hatte Pascal eine primitive Rechenmaschine erfunden. Er beschäftigte sich auf höchstem Niveau mit Geometrie, Stereometrie und Wahrscheinlichkeitstheorie und versuchte zu beweisen, dass sich auf physikalische Weise ein Vakuum erzeugen lässt. Mit zweiundzwanzig Jahren wurde Pascal plötzlich stark religiös. Er suchte die Nähe zu den Jansenisten von Port Royal. Und wie diese schimpft er auf die moralische Verkommenheit der Kleriker, insbesondere der Jesuiten.

Pascal stieß genau in jenem Moment zu den Jansenisten, als diese von Papst Innozenz X. verurteilt wurden. Doch das Verbot radikalisierte seinen Glauben nur zusätzlich. In seinen *Briefen in die Provinz* wettert er gegen die Nachsichtigkeit der Jesuiten und fordert eine streng katholische Lebensweise. Anlass des Streits zwischen Jansenisten und Jesuiten, in den Pascal mit seinen *Briefen* eingreift, ist die Freiheitskonzeption des spanischen Jesuiten *Luis de Molina* (1535–1600). Für Molina hat der allwissende Gott die Welt so geschaffen, dass jeder Mensch seine freie Entscheidung fällen kann. Dass Gott vorher weiß, wie er sich entscheiden wird, tue dieser Freiheit keinen Abbruch. Denn Gott weiß die Entscheidungen zwar, aber er manipuliert sie nicht. Molinas Konzeption verbreitete sich unter den Jesuiten wie ein Lauffeuer, sehr zum Ärger ihrer Rivalen, den Dominikanern. Als Cornelius Jansen Molinas Sicht mit Verweis auf die Gnadenlehre des Augustinus angriff, eskalierte der Streit vollends.

Wie Jansen, so verteidigt auch Pascal die Lehre von der Vorherbestimmtheit des menschlichen Schicksals. Dabei hatte er es sich mit dem Glauben nicht leicht gemacht. Seine Vernunft findet mindestens ebenso viele Argumente gegen die Existenz Gottes wie dafür. Die Wahl für Gott begründet er ausgerechnet mit einer Wette. Nach allen Regeln der Wahrscheinlichkeit sei es am Ende besser, auf Gott zu wetten, als gegen ihn. Man sollte meinen, dass eine so knappe Entscheidung für die Existenz Gottes zu ziemlich liberalen oder toleranten Schlussfolgerungen im Hinblick auf den Glauben oder Unglauben anderer Menschen führen sollte. Aber weit gefehlt! Pascals Glaube ist erschreckend kompromisslos. Wenn ja, dann aber konsequent und ohne Gnade gegenüber jeglichen Verfehlungen!

Während die Jesuiten jeden Menschen zum freien Herren seiner selbst erklären, glaubt Pascal an die Prädestination. Allerdings geht er dabei nicht so weit wie Luther oder Calvin. Selbst wenn Gott unsere Erlösung im Vorhinein beschlossen hat, so müssen wir ihn dabei mit aller Kraft unterstützen. Andernfalls nämlich verwirken wir seine Gnade. Denn »jener, der uns ohne uns geschaffen hat, kann uns nicht ohne uns retten«.

Heute ist Pascal nicht für seine Gnadentheorie berühmt, sondern für die feinsinnigen und feinfühligen Aphorismen in seinen *Pensées sur la religion et sur quelques autres sujets (Gedanken über die Religion und einige andere Themen)*. Der gleiche Pascal, der die Ungläubigen als des Teufels verdammt, ist ein großer Psychologe all der widerstreitenden Kräfte, die unsere Psyche so menschlich machen. »Das Herz hat seine Gründe, die der Verstand nicht kennt«, sieht er auf der einen Seite.[53] Doch auf der anderen Seite ermahnt er die Menschen, sich trotz all ihrer Nichtigkeit immer wieder ihres Verstands zu bedienen: »Je mehr Einsicht man hat, desto mehr Größe und Niedrigkeit entdeckt man im Menschen.«[54] Nicht weniges an den 1669 veröffentlichten *Gedanken* inspiriert auch Leibniz zutiefst. Man denke an Sätze wie: »Zu unserer Natur gehört die Bewegung, die vollkommene Ruhe ist der Tod.«[55] Und insbesondere: »Vielfalt, die nicht auf Einheit zurückgeht, ist Wirrwarr; Einheit, die nicht auf Vielfalt gründet, ist Tyrannei.«[56] Kein Wunder, dass der junge Leibniz die *Gedanken* zunächst lobt. Doch Pascals Kritik an der menschlichen Einsichtsfähigkeit will er sich nicht anschließen. Und erst recht nicht an dessen tiefe Freiheitsskepsis.

An der menschlichen Freiheit zu zweifeln, wie Pascal es tut, ist durchaus nicht ungewöhnlich im religiös tief verunsicherten 17. Jahrhundert. Schon mancher antike Philosoph und viele Denker des Mittelalters wie Thomas von Aquin, Johannes Duns Scotus und Wilhelm von Ockham hatten sich recht erfolglos damit herumgeschlagen: Wie passt die Freiheit des Menschen, eine eigene Wahl zu treffen, in eine von einem allwissenden Gott entworfene Welt? Das Problem war nicht geringer geworden, als die Renaissance begann, das Individuum zu entdecken – den psychisch komplexen Menschen als Herren seiner selbst. Erasmus hatte die Freiheit dieses Individuums verteidigt. Luther und Calvin hatten sie mit religiösen Argumenten bestritten, Pomponazzi mit physikalischen.

Die Freiheit des Möglichen

Die Frage nach der menschlichen Freiheit ist eine *der* Fragen des von Kriegen und Verunsicherungen zerfurchten 17. Jahrhunderts. Die Freund-Feind-Linien verlaufen dabei quer durch die religiösen Lager. In Deutschland machte sich vor allem der Schuster *Jakob Böhme* (1575–1624) seine Gedanken zum Freiheitsproblem. Böhme lebte in Görlitz und war Autodidakt. In seiner Schrift *Aurora (Die Morgenröte im Aufgang)* geißelte er 1612, sechs Jahre vor Ausbruch des Dreißigjährigen Krieges, die dogmatische Verkrustung der Protestanten und der katholischen Gegenreformation. Das Werk erregte schnell Misstrauen und brachte Böhme in eine missliche Lage. Doch Anfeindungen und Schreibverbot hielten den frommen Schuster nicht davon ab, seine Studien fortzusetzen. Wie Meister Eckhart, Llull und Cusanus und später Sebastian Franck und Valentin Weigel verteidigt Böhme in zahlreichen weiteren Schriften das »innere« Christentum gegen das äußerliche. Und wie alle sogenannten Mystiker sieht er Gott als »Ungrund« in jeder menschlichen Seele walten. Gott ist für ihn weder himmlische Autorität noch Richter und Weltenlenker. Stattdessen findet der Mensch Gott »in sich« und in der allbeseelten Schöpfung. Für seine Philosophie musste Böhme, wie einst Meister Eckhart, die passenden deutschen Worte erst selbst schaffen. In immer neuen Anläufen grübelt er (wie Descartes) über den fehlenden Zusammenhang von Geist und Materie. Und wie später Pascal kennt er die vielen Widersprüche in der menschlichen Seele.

Unausgesetzt beschäftigt sich Böhme dabei mit der Frage der menschlichen Freiheit. Da Gott für ihn keine allwissende Autorität ist, sondern »Ungrund« der Seele, löst er die Freiheitsfrage ähnlich wie die Neuplatoniker und mit ihnen Eckhart und Cusanus. Je mehr sich der Mensch in seine Seele vertieft und Gott findet, umso freier wird er. Freiheit ist damit weniger eine Frage der Weltordnung als vielmehr eine Frage des persönlichen Selbstverhältnisses.

Böhmes Schriften wirkten breit: in Skandinavien, in Russland, bei den Quäkern in England und Amerika und in den deutschen Pietismus hinein. Und Leibniz wäre nicht Leibniz, wenn er Böhme nicht gelesen und kommentiert hätte. Er nennt ihn einen »guthen ehrlichen alten Teutschen« und lobt ihn für den Gebrauch der deutschen Sprache. Nicht ohne Dünkel bescheinigt Leibniz dem Schuster aus Görlitz, für einen Mann seines Bildungsniveaus manches Große und Schöne geschrieben zu haben. Zudem sieht er ihn als einen Verbündeten gegen die Anhänger Luthers. Schon früh nämlich hatte Leibniz dessen Schrift *Über den geknechteten Willen* gelesen. Leibniz lehnte Luthers Lehre von der Vorherbestimmtheit des Willens ab, ohne allerdings zunächst einen guten Ausweg zu wissen.

Ein solcher Ausweg war das Sehnsuchtsziel vieler. Doch die meisten Konzepte waren schlecht. Völlig ungangbar war für Leibniz der Weg, den der flämisch-niederländische Theologe *Arnold Geulincx* (1624–1669) in Leiden eingeschlagen hatte. Wie Descartes trennt Geulincx den Körper scharf vom Geist und sieht zwischen beiden keine Verbindung. Stattdessen vergleicht er Leib und Seele mit zwei exakt identischen Uhren, die zwar synchron laufen, aber völlig getrennt voneinander funktionieren. Schneide ich mir mit einem Messer in den Finger, so löst dies eine geistige Vorstellung aus, nämlich Schmerz und vielleicht auch die Angst vor einer Verletzung. Doch die Verbindung geschieht nicht automatisch. Tatsächlich nämlich, meint Geulincx, sei dieser Transfer ein Eingreifen Gottes, der »bei Gelegenheit« *(occasion)* einschreite und solche Verbindungen stifte. Obwohl Geulincx' *Okkasionalismus* kaum mehr als eine Verlegenheitslösung ist, überzeugte er damit den äußerst einflussreichen Philosophen Nicolas Malebranche, mit dem Leibniz seit ihrem Pariser Zusammentreffen 1675 in regem Briefwechsel stand.

Das Terrain ist also weitreichend vermint. Dass Gott millionenfach in das Leben der Menschen eingreifen soll, wie die Okkasionalisten glauben, ist für Leibniz intellektuell unzumutbar. Ebenso wenig mag er den kalten Gott Spinozas, der den Menschen nur als »endliche Form« innerhalb seines unendlichen Selbst hervorgebracht haben sollte. Danach steht es dem Menschen lediglich frei, sich selbst besser zu erkennen. Von Willens- oder gar Handlungsfreiheit aber kann kaum die Rede sein. Doch Leibniz schätzt auch die »innere Freiheit« Böhmes nicht: zu mystisch, zu dunkel, zu spekulativ. Und die Gnadenlehre der Jansenisten, die Pascals Denken durchzieht und die Freiheit des Menschen lediglich aufs Bejahen reduziert, ist für Leibniz ebenfalls unannehmbar.

Pascal meint, dass der rationale Geist viel zu klein und zu schwach sei, um die großen Wahrheiten zu erkennen – also genau das Gegenteil dessen, wofür sich Leibniz ein Leben lang starkmacht. Die Haltung wird ihm auch nicht sympathischer, als der französische Philosoph *Pierre Bayle* (1647–1706) sie in seinem berühmten *Historisch-kritischen Lexikon* 1697 erneut zum Ausdruck bringt. Bayle listet zu jeder Meinung überall gleichrangige Gegenmeinungen auf und zieht alle angeblich gesicherten Fakten durch anderslautende Überzeugungen in Zweifel. Auch für Bayle ist der menschliche Geist allenfalls zu scharfer Kritik in der Lage, nicht aber zur Erkenntnis zeitloser Vernunftwahrheiten. Der Franzose schreckt nicht davor zurück, den großen Leibniz kritisch unter die Lupe zu nehmen, insbesondere dessen Konzept der »prästabilierten Harmonie«.

Leibniz weiß, dass er in dem französischen Skeptiker einen klugen Gegner hat. Er macht es sich mit seiner Rechtfertigung nicht leicht. Mit den Franzosen Malebranche und Bayle streitet er sich über Metaphysik, mit den Engländern Isaac Newton und Nicolas Fatio de Duillier, wie wir noch sehen werden, über Physik. Sein Ausgangspunkt in der Freiheitsfrage erinnert dabei an Molina. Geht es nach dem Jesuiten, so weiß Gott alles, aber er bestimmt es nicht. So ähnlich formuliert es Leibniz. Er sagt, dass Gott den

Lauf der Welt zwar vorhersieht, aber nicht festlegt, sondern nur *anpasst*. Seine Begründung der Freiheit ist sowohl metaphysisch als auch psychologisch: Die Welt ist ein Kosmos an Möglichkeiten, die sich im Bewusstsein der Monade spiegeln. Folglich kann sich die bewusste Monade viele mögliche Welten vorstellen und somit viele erdenkliche Handlungsmöglichkeiten. In dieser schier unbegrenzten Vorstellungswelt gründet ihre Freiheit. Nicht anders will es Gott, denn er lässt diese Freiheit zu. Natürlich sieht er dabei voraus, welches die »künftige Wahl« der Monade »sein wird; darum entschließt er sich, ihr die Vorherbestimmung rechtzeitig anzupassen«.[57]

Nicht das Wirkliche ist damit streng genommen frei, sondern nur das Mögliche. Wenn man es übel auslegen will, so verficht Leibniz hier sogar eine Art reaktiven Okkasionalismus. Gott variiert den Masterplan seines Weltenlaufs, und zwar abhängig davon, was die bewussten Monaden tun werden. Dabei ist deren Möglichkeitskosmos allerdings – dem Prinzip nach – gut vorstrukturiert. Denn die bewussten Monaden wollen eigentlich alle dasselbe. Sie wollen, wie Leibniz meint, das Gute! Gerade im 17. Jahrhundert mit seinen schrecklichen Verheerungen ist das eine steile Annahme! Denn dieses Gute ist nicht das Gute im Sinne von Spinoza, nämlich Selbsterhaltung, Selbstbestätigung und Selbsterkenntnis. Leibniz' Gutes ist das ideale Gute, so wie es die Philosophie seit Platon kennt und gewöhnlich über alles andere stellt. Was sollte den Menschen in seinem sittlichen Tun motivieren, wenn nicht eine zeitlose Vernunftwahrheit? Und wie bei Platon, so ist auch Leibniz' Gutes größer als alles andere. Größer sogar als Gott, denn es steht Gott nicht frei, das Gute zu wollen. Es ist immer schon in ihm da.

Wie alles in Gottes Schöpfung zur Vollkommenheit des Guten drängt, so strebt auch Leibniz' Mensch danach, sich zu vervollkommnen. Streben, Vollkommenheit und Gutes bilden eine Einheit; die metaphysische Verfassungspräambel der Welt, festgelegt durch Prinzipien und Naturgesetze. Dies ist die Quintessenz von

Leibniz' *Theodizee,* des Weltenlaufs, so wie Gott ihn vorherbestimmt hat. Alles Metaphysische folgt diesem Zweck, alles Kausale realisiert ihn in der Welt, und die bewusste Monade setzt es mit der Entschlossenheit zum Guten im Rahmen ihrer Möglichkeiten um. An dieser Konzeption hält Leibniz über Jahrzehnte fest, unbeirrbar und unerschrocken: Das Gute ist die eigentliche Welt, das Böse ein mehr oder weniger notwendiger Kollateralschaden, ohne den das Gute keine Kontur erhält.

Voltaire wird sich im 18. Jahrhundert über die beste aller möglichen Welten lustig machen. Die Nase des Menschen, spottet er in seinem Roman *Candide,* sei unübertreffbar dafür gemacht, als Sitz der Brille zu dienen. Arthur Schopenhauer wird die Welt im 19. Jahrhundert die »schlechteste aller möglichen Welten« nennen. Doch auch für Leibniz selbst steht der Glücksstern nicht ewig am Firmament. Auf seine größten gesellschaftlichen Triumphe am preußischen Hof in Berlin und am russischen Hof Peters des Großen folgt die Demütigung im heimatlichen Hannover. Der Welfenherzog fordert die noch immer fehlende Geschichte seines Herrscherhauses ein und sperrt Leibniz die Bezüge. Der Gescholtene wird auf Eis gelegt und bleibt verbittert zurück. 1716 fällt die große Leibniz-Monade in ihren Schlaf …

Gebändigte Gewalten

Mr. Hobbes of Malmesbury – Leviathan –
Von der Natur zum Staat – Vertrag und Recht

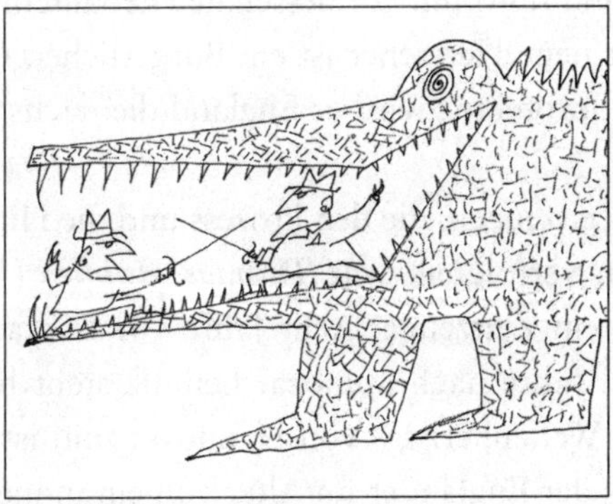

Mr. Hobbes of Malmesbury

»Umsonst verwendeten sich eifrigst die Mächte Frankreich und Holland, umsonst laut schreiend die Nation der Schotten, umsonst tief flehend die Königstochter, seine Gemahlin, beim Parlamente, und sein Sohn bei der Armee, umsonst überall seine nicht wenige Anhänger zu seiner Rettung …« Dramatisch beschreibt der Dichter *Gottfried August Bürger* 1793 in seinem Werk *Die Republik England* das ungeheuerliche Geschehen. Als erster Monarch der europäischen Geschichte besteigt Karl I. das Schafott, gestürzt über den »alten asiatischen Glauben der Könige, daß sie ihre Kronen unmittelbar nur von Gottes, nicht aber des Volkes Gnaden tragen … Sein unglückliches Haupt fiel am 30. Jänner 1648 unter dem Beile des obersten Volksgerichtes. Ohne jenen heillosen Glauben und seine Ausbrut hätte Karl seine Herrscherbahn im Glanze des Glückes und mancher persönlicher Tugenden, die ihm auch seine bittersten Feinde nicht absprechen, vollenden können.«[58]

Die Enthauptung Karls I. ist ein Wendepunkt in der Geschichte Europas. Alle Welt konnte sehen, wie ein Herrscher von Gottes Gnaden in tiefe menschliche Ungnade fiel und kein Weltenlenker ihn rettete. Nach Jahren des Bürgerkriegs wegen Hochverrats angeklagt, macht der neu gegründete hohe Gerichtshof dem König den Prozess und führt ihn vor dessen neu gebautem Ballsaal aufs Schafott. Der neue Herrscher ist ein Bürgerlicher, Oliver Cromwell. Als Lordprotektor wird er England die nächsten neun Jahre regieren.

Einer der Zeitzeugen, die den Prozess und die Hinrichtung des Königs genau verfolgten, war *Thomas Hobbes* (1588–1679). Und was für ein Zeitzeuge! Acht Jahre vor Descartes geboren, stirbt er zwei Jahre nach Spinoza. Leibniz steht bereits in den Diensten des Welfenherzogs von Hannover und ist ein berühmter Mann, als der Engländer im Alter von einundneunzig Jahren in der Grafschaft Derbyshire das Zeitliche segnet. Hobbes erlebt an die zwanzig Kriege, darunter den Dreißigjährigen Krieg und den Englischen Bürgerkrieg. Er ist Zuschauer des gesellschaftlichen Umbruchs, der Großen Pest und des Brandes von London. Als er stirbt, hat England die absolute Monarchie, Cromwells »Commonwealth«, die Verfolgung der Presbyter, dann die Verfolgung der Katholiken und schließlich die katholische Restauration Karls II. durchlitten. Hobbes ist *der* intellektuelle Zeitzeuge des Jahrhunderts.

Geboren wird er am Karfreitag, dem 5. April 1588, knapp zwei Monate bevor die spanische Armada, die Flotte Philipps II. von Spanien, von Lissabon aus gen England in See sticht. »Meine Mutter«, schreibt er später, »empfing eine solche Furcht … dass sie Zwillinge gebar, mich und zugleich die Furcht.«[59] Der Sohn eines Landpfarrers aus Malmesbury in der südenglischen Grafschaft Wiltshire erlebt gleichwohl eine ruhige Kindheit. Das Elisabethanische Zeitalter steht in Blüte, und schon mit fünfzehn Jahren besucht der begabte Hobbes die Universität Oxford. Er studiert scholastische Logik, Physik und Metaphysik. Mit zwanzig ist er Bachelor der Philosophischen Fakultät. Doch er strebt keine Karriere an der Universität an. Wie Bacon, Descartes, Spinoza oder Leibniz sucht er ein Leben jenseits der Mauern der universitären Welt – und begegnet ihr sein langes Leben über mit Skepsis.

Seine erste Herausforderung ist die eines Mentors und Reisebegleiters. Die hochadelige Familie Cavendish nimmt ihn in ihre Dienste. Hobbes begleitet den zwei Jahre jüngeren William Cavendish auf dessen Grand Tour – der obligatorischen Bildungsreise junger englischer Adeliger durch Europa. Fünf Jahre lang touren die beiden Männer über den Kontinent, durch Frankreich, Deutschland und Italien. Zurück in England, ist Hobbes Cavendishs Sekretär. Er lernt Francis Bacon kennen, den damaligen Lordkanzler. Als Cavendish 1628 stirbt, begleitet Hobbes einen weiteren Adeligen auf der Grand Tour. Dabei stößt er in einer Bibliothek auf die *Elemente,* das Euklid zugeschriebene mathematische Lehrbuch der Antike. Das Werk, nach der Bibel das meistgedruckte Buch der Weltliteratur, nimmt Hobbes gefangen. Während er sich einerseits mit Geschichte beschäftigt, orientiert er sich in seinem Denken immer mehr am Exaktheitsanspruch der Mathematik. Auch er möchte, wie zeitgleich Descartes und später Spinoza und Leibniz, die Welt »more geometrico« erklären: klar, deutlich, lückenlos und nach unwiderlegbaren Prinzipien.

Als Hobbes 1634 mit dem nächsten Cavendish-Spross zu seiner dritten Kavalierstour aufbricht, ist er kein ganz unbekannter Mann mehr. Er ist sechsundvierzig Jahre alt und hat Thukydides' *Geschichte des Peloponnesischen Krieges* ins Englische übersetzt. Über Descartes' Freund Marin Mersenne erhält er Zugang zu dem berühmten Philosophen. Doch die beiden Männer verstehen sich überhaupt nicht. Descartes lässt Hobbes nur als Moralphilosophen gelten; Hobbes schätzt Descartes allenfalls als Mathematiker. In gemeinsamer Gegnerschaft zu Descartes verbündet er sich mit Pierre Gassendi. Wichtiger noch ist ihm der Besuch beim alten Galileo Galilei in Florenz. Hobbes bewundert Galilei sehr.

Dass man jedes Problem zunächst in seine Bestandteile auflösen müsse, um sie dann Schritt für Schritt wieder neu zusammenzusetzen – diese Methode wird er von dem italienischen Physiker übernehmen. Aber er wird sie nicht auf die Naturwissenschaften anwenden, sondern auf jene Frage, die ihn am brennendsten interessiert – auf den Staat.

Das England, aus dem Hobbes auf den Kontinent aufgebrochen ist, brodelt und bebt. 1628 hat das Parlament eine *Petition of Rights* aufgestellt, um die alten Rechte des Parlaments neu einzufordern. Doch Karl I. willigt nur kurzfristig ein. Im Jahr darauf löst er das Parlament auf und baut seine absolutistische Herrschaft weiter aus. Der Machtkampf im Staat eskaliert. Der Landadel und das zu Geld gekommene Bürgertum in den Städten, vor allem in London, rebellieren gegen die Macht des Hochadels und der Krone. Dazu kommt ein fast unübersichtlicher religiöser Zwist. Das England des 17. Jahrhunderts beherbergt mehr christliche Glaubensrichtungen als heute die ganze Welt. Hart ist die Auseinandersetzung mit den Puritanern innerhalb der anglikanischen Kirche. Und härter noch ist der Kampf mit den Presbytern. Sie stehen außerhalb der anglikanischen Kirche, wollen die Bischöfe absetzen und die Kirche demokratisieren.

Als Hobbes 1634 nach England zurückkommt, eskaliert der Streit mit den Presbytern in Schottland. Zwei Jahre später bricht der bewaffnete Kampf aus. Ohne die Hilfe des Landadels kann die Krone diesen Krieg nicht gewinnen. Das eilig wieder einberufene Parlament aber stellt sich gegen den König und verweigert dem Krieg die Zustimmung. Ebenso eilig löst Karl I. das Parlament wieder auf. Doch seine militärischen Desaster in Schottland zwingen ihn bald darauf, das Parlament erneut um Unterstützung zu bitten. Und dieses Mal nutzt es die Gunst der Stunde und beschneidet die Befugnisse des Königs. Zum ersten Mal in der Geschichte Englands muss sich die Regierung vom Parlament kontrollieren lassen. Doch der König schlägt zurück. Im Januar 1642 versucht er die führenden Parlamentarier zu verhaften. Der Plan misslingt, und Karl I. zieht sich nach Oxford zurück, um seine Truppen um sich zu scharen. Im Gegenzug stellt auch das Parlament eine Armee auf. Es ist der Beginn des Englischen Bürgerkriegs.

Während die Erde in England überall Risse bekommt, arbeitet Hobbes an seinem großen philosophischen Werk. Ein erster Vorentwurf, die *Elements of Law, Natural and Politic,* kursieren von 1640 an in Abschriften. Der Autor wagt nicht, sie in wirrer Zeit in Druck zu geben. Stattdessen emigriert er nach Paris, wo er sich sicherer fühlt. Sein Geld verdient er zeitweilig als Mathematiklehrer. Er unterrichtet den Sohn von Karl I., den späteren Karl II. Hobbes kritisiert Descartes' kurz zuvor erschienenen *Discours,* veröffentlicht Schriften über Optik und arbeitet weiter an seinem dreiteiligen Gesamtwerk – eine Philosophie, die von der Natur der Dinge über die Natur des Menschen bis zur Natur des Staates vordringen soll. Doch schlagartig berühmt wird er durch ein anderes Werk, mit einem für ein philosophisches Buch ungewohnt bombastischen Titel …

Leviathan

Es gibt kein berühmteres Titelbild in der Geschichte der Philosophie (vgl. Abb. S. 157): ein zweigeteiltes Blatt, im oberen Teil ein Herrscher mit Krone, Schwert und Bischofsstab. Hinter den Bergen aufgegangen wie die Sonne, blickt er, dem Philosophen Thomas Hobbes in den Gesichtszügen ähnlich, gütig über Stadt und Land; ein stattlicher Potentat mit Knebelbart und langem wallenden Haar. Im unteren Teil ein Setzkasten mit Accessoires auf beiden Seiten. Die weltlichen Requisiten Burg, Krone, Kanone, Flaggen und Schlachtengetümmel links, die geistlichen Requisiten Kirche, Bischofshut, Bannstrahlen, Distinktionen und ein Konzil rechts. Und in der Mitte eine Fahne mit dem Titel: *Leviathan. Or the Matter, Forme and Power of a Commonwealth Ecclesiasticall and Civil.* Darunter der Verfasser: Thomas Hobbes of Malmesbury.

Was für ein Buch ist das? Unter einem Leviathan verstanden die Menschen im 17. Jahrhundert nichts anderes als heute: ein biblisches Ungeheuer, eine Art Drachen oder Krokodil, wie er dem Leser der Bibel im Buch Hiob begegnet. Aber von einem solchen Drachen ist im *Leviathan* nirgendwo die Rede. Der Titel bezieht sich nur auf einen einzigen Satz, mit dem die Bibel das Ungetüm beschreibt: »Auf Erden ist seinesgleichen niemand; er ist gemacht, ohne Furcht zu sein.« (Hiob 41,25). Der Leviathan – das ist für Hobbes der Staat, die uneingeschränkte Gewalt, zusammengesetzt aus dem Willen seiner Bürger wie jene dreihundert in Kupfer gestochenen Menschen, aus denen sich der Körper des Weltenherrschers auf dem Titelblatt zusammensetzt. Was wie ein Wollpullover aussieht, ist nichts anderes als das Ornament der Masse.

Das Werk, in Paris verfasst, erscheint im April 1651. Descartes ist ein Jahr zuvor gestorben. Der Dreißigjährige Krieg ist beendet und auch der Englische Bürgerkrieg. Karl I. ist hingerichtet und Oliver Cromwell der neue starke Mann im Staat, der kein *Kingdom* mehr ist, sondern ein *Commonwealth* (Gemeinwohl). Königtum und Oberhaus sind abgeschafft, dem Gesetz nach liegt alle Macht beim Parlament, tatsächlich allerdings eher beim Staatsrat und damit bei Cromwell. In diesem neu geordneten England, formal eine Republik, veröffentlicht Hobbes seinen *Leviathan* – eine Verteidigung der Monarchie!

Der Philosoph aus Malmesbury ist ein kluger, gebildeter und rationaler Kopf; ein Mann mit Lebenserfahrung, dreiundsechzig Jahre alt, ein Wolf, der schon viel Schnee gesehen hat. Und er kannte die Willkürherrschaft Karls I. aus der Nähe. Wie kann er eingedenk all diesen Wissens die Monarchie verteidigen? Wie kann er gar – falls die Geschichte stimmt – dessen Sohn, seinem ehemaligen Mathematikschüler Karl II., ein prächtig gebundenes Exemplar seines Buchs überreichen? Der Thronfolger im Exil, ein bildungsferner Hallodri und berüchtigter Frauenheld, hat nicht entfernt das Zeug zum weisen und gerechten Herrscher, zum Hüter des Gemeinwohls.

Das Urteil über Hobbes ist noch immer gespalten. Die einen sehen ihn als den ersten Aufklärer der abendländischen Geschichte, als einen Pionier der Moderne. Die anderen wundern sich bis heute über seinen unzeitgemäßen Royalismus. Unter seinen Zeitgenossen dominiert das zweite Urteil. Der *Leviathan* eckt an, kaum dass er erschienen ist. Die Anhänger der Republik verdammen das Buch ebenso wie sämtliche Kirchen. Puritaner, Presbyter und Katholiken sind sich ausnahmsweise einig. Als auch der Thronfolger im Exil und seine Berater den *Leviathan* wegen seines »Atheismus« ablehnen, ist die Phalanx geschlossen. Hobbes sitzt genau da, wo er nie sein wollte: zwischen allen Stühlen!

Doch was macht das Buch so anstößig? Hobbes' Vision, die Politik und den Staat zu erneuern und auf eine sichere Grundlage zu stellen, kommt nicht aus heiterem Himmel. Dunkle Wolken liegen nicht nur über den Bürgerkriegen der Zeit, sondern ebenso über der Staatsphilosophie. Ein Mann wie *Marsilius von Padua* (um 1275–1342/1343), der 1324 in seinem *Verteidiger des Friedens* gefordert hatte, dass sich auch die Herrschenden an die Gesetze zu halten hätten, ist lange vergessen. Ebenso vergessen ist der Gedanke, dass nur eine gute Herrschaft eine legitime Herrschaft sei. Und ein Herrscher, der schlecht regiere, dürfe abgesetzt werden. Das Naturrecht des Herrschers zu herrschen, so Marsilius, sei nur dann Recht, wenn es mit guter Herrschaft einhergeht. Für das Mittelalter war Marsilius' Betrachtungsweise neu gewesen. Denn nicht Gott, sondern der Philosoph legt fest, was eine gerechte Herrschaft ist und was nicht. Und die Untertanen sind der Schiedsrichter.

Hobbes kennt Marsilius nicht. Die wenigen Exemplare seines *Defensor Pacis* verstauben weiter in mittelalterlichen Klosterbibliotheken. Der einflussreichste Theoretiker des Staates vor Hobbes ist der Franzose *Jean Bodin* (1529–1596). Bodin hatte die Hugenottenkriege in Frankreich erlebt und *Les six livres de la république (Sechs Bücher über den Staat)* geschrieben. Er bündelte die vielen Ideen, die es zu seiner Zeit über den Staat gab, vom eiskalten Machiavellismus bis zur flammenden Idee, die Bürger an der Regierung zu beteiligen. Bodin war ein vorsichtiger Mensch. Er war der Ansicht, dass es nicht *eine* optimale Staatsform gäbe. Für ihn bestimmte die Temperatur das Temperament der Menschen. Und ein kaltes Land mit fleißigen Menschen bräuchte naturgemäß eine andere Herrschaftsform als ein warmes mit all seinen trägen Gesellen. Für Frankreich favorisierte Bodin eine Erbmonarchie – was weniger dem Klima geschuldet sein dürfte als der schwierigen Situation der französischen Könige. Bodin wünschte sich, dass die Monarchie in Frankreich nach all den Wirren der Religionskriege wieder zu uneingeschränkter Macht kam. Und der König sollte ein ausgleichender Souverän sein, der milde und stark über allen Interessen und Religionen steht.

In einer Zeit, in der das religiöse und damit das moralische Fundament weggerutscht ist, verbreitet sich Bodins Werk rasch in Westeuropa. Besonders revolutionär ist der Gedanke, dass der König selbst keiner religiösen Partei angehören sollte – eine Idee, die Hobbes allerdings missfällt. Für den Engländer ist Bodins Werk ohnehin philosophisch nur lausig begründet. Er möchte den Raum nutzen, den Naturwissenschaftler wie Galilei und Bacon erkämpft haben, um sich nicht mehr an politische oder religiöse Dogmen halten zu müssen. Das Verhältnis hat sich umgekehrt: Statt dass Politiker Naturwissenschaftlern die Spielregeln vorgeben, soll die politische Philosophie selbst eine Naturwissenschaft werden. Die Gegenstände der Natur? Nicht göttlich inspiriert, sondern Reiz-Reaktions-Automaten! Und der Staat? Kein Gottesstaat, sondern eine Maschine, ertüftelt von technisch und praktisch denkenden Menschen! Auf der Bühne des Welttheaters führt einzig der Mensch Regie und verschiebt mechanisch die Kulissen. Gott dagegen ist weit entrückt in einen kalten und dunklen Himmel.

In diesem Geist sucht Hobbes einen radikalen Neuaufbau nach dem Vorbild »geometrischer« Exaktheit. Sowohl im *Leviathan* als auch in seinem dreiteiligen Lebenswerk, den *Elementa Philoso-*

phiae (Elemente der Philosophie), beginnt er seine Architektur auf der untersten Ebene. Von der Naturphilosophie über die Anthropologie will er zum einzig logischen Staatsmodell vordringen. Seine Staatsphilosophie soll dabei so rational sein, wie ein Mathematiker sie konsequenterweise entwickeln muss. Hobbes' Theorie des Staates ist nicht eine Theorie unter anderen, sie gehorcht keiner Glaubensrichtung, keiner Tradition und keiner persönlichen Vorliebe. Stattdessen soll sie die einzig rational sinnvolle Theorie sein; eine Grundlegung, die so bestechend vernünftig ist, dass man sie nicht widerlegen kann. Mit einem Wort: Hobbes sucht nach einem Staatsmodell, das vor allem eines ist: alternativlos.

Von der Natur zum Staat

Im 17. Jahrhundert gibt der religiöse Himmel keine Vorgaben mehr für das Handeln. Ein göttlicher Staat und eine göttliche Ethik sind den klugen und kühlen Denkern des Barocks gar nicht oder nur noch durch aufwendigste Konstruktionen, wie bei Leibniz, vorstellbar. Doch auch der physikalische Himmel gibt den Menschen nicht jene Vorgaben, die Campanella sich von ihm erhofft hatte. Die alte Einheit von Kosmos und Polis, die Platon und viele seiner Nachfolger beseelte, ist unwiederbringlich verloren. Physik und Metaphysik passen nicht mehr zusammen – von diesem Ausgangspunkt muss jede Staatsphilosophie im 17. Jahrhundert ihren Anfang nehmen.

Hobbes weiß das, und er verlässt sich auf nichts, das ihm nicht logisch und vernünftig erscheint. Stattdessen sucht er nach einem Staatsmodell, das er aus einer Analyse sämtlicher einzelner Teile des Menschseins herleiten kann. In dieser Hinsicht ist er so modern wie Descartes. Kein Wunder, dass auch die naturphilosophischen Betrachtungen seinem französischen Kontrahenten verwandt sind. Wie Descartes orientiert er sich an der Mechanik, an der im 17. Jahrhundert kein Weg vorbeiführt. Alle physiologischen Vorgänge sollen sich durch Druck und Gegendruck erklären lassen. Doch in zwei wichtigen Punkten weicht Hobbes ab. Für ihn gibt es nämlich keine Sonderrolle des Geistes und ebenso keine »eingeborenen Ideen«. Alles, was wir wissen, verdanken wir unseren Sinnen. So üben äußere Gegenstände einen Sinneseindruck auf uns aus, dem wir durch einen inneren Gegendruck entgegenwirken. Aus diesem Spiel von Druck und Gegendruck entstehen nach Hobbes unsere Vorstellungen und Ideen – eine eher schwache Erklärung! Denn woher kommt der Gegendruck? Worin besteht er? Was geschieht dabei in unserem Gehirn? All diese Fragen bleiben unbeantwortet. Und nehme ich meine Umwelt tatsächlich so passiv war? Oder gebe ich in Wahrheit nicht jedem sinnlichen Eindruck gleichzeitig einen Sinn, indem ich ihn sofort (und nicht erst durch einen »Gegendruck«) einordne und als »Licht«, »Pferd«, »Haus« und so weiter benenne? Unser Bewusstsein besteht nicht aus namenlosen Eindrücken, zu denen ich die passende Bezeichnung erst finden muss.

Anders als Descartes stellt Hobbes nicht infrage, dass es die Außenwelt, so wie ich sie als Mensch wahrnehme, tatsächlich gibt. Und er vertraut einer allzu schlichten Theorie der Wahrnehmung. Wesentlich interessanter dagegen sind seine Einsichten in die menschlichen Erkenntnisfähigkeiten, insbesondere in die Sprache. Für Hobbes hat Gott den Menschen die Sprache geschenkt. Sie ermöglicht es ihnen, den Sinneseindrücken passende Etiketten zu geben und sich untereinander zu verständigen. Denn ohne Sprache keine Regeln und keine Befehle, die jeder verstehen kann. Ohne die Sprache »hätte es unter den Menschen weder Staat noch Gesellschaft, Vertrag und Frieden gegeben – nicht mehr als unter Löwen, Bären und Wölfen«.[60]

Menschen unterscheiden sich von anderen Lebewesen nicht durch ihren Verstand – den traut Hobbes auch vielen Tieren zu –, sondern durch ihre komplexe Lautsprache. Dass er damit Taubstumme aus der Menschengemeinschaft ausschließt, scheint ihm nicht aufgefallen zu sein. Seine Leidenschaften verbinden den

Menschen allerdings weiterhin mit den Tieren. Wie sie strebt er danach, dass es ihm »gut« geht, das heißt, dass sein Begehren erfüllt wird. Hobbes' Definition des Guten ist rein naturalistisch, ebenso wie später bei Spinoza. Gut ist das, was ich verlange, schlecht das, was ich verabscheue. Der Mensch, so wie Hobbes ihn sieht, ist stark auf sich selbst bezogen. Aber das macht ihn noch lange nicht zu einem Egoisten, also zu einem Menschen, der seine Interessen schonungslos durchsetzen möchte auf Kosten anderer. Vielmehr sieht Hobbes sehr genau, dass Menschen sowohl zu sozialen als auch zu asozialen Gefühlen und Handlungen neigen, dass sie für andere ebenso Schlechtes erstreben wie Gutes. Insofern kann der Mensch dem anderen Menschen ein Wolf sein oder auch ein Gott.

Beide Sätze, *»homo homini lupus«* (Der Mensch ist dem Menschen ein Wolf) und *»homo homini deus«* (Der Mensch ist dem Menschen ein Gott), finden sich in der Widmung von Hobbes' Schrift *De cive (Vom Bürger)*, dem zuerst erschienenen Teil seiner *Elemente*. Erfunden hat er sie nicht. Schon der römische Komödiendichter Titus Maccius Plautus schreibt den Wolfs-Satz. Und Hobbes kennt ihn von Francis Bacon und dem walisischen Schriftsteller *John Owen* (1564–1622), dessen Epigramme im 17. Jahrhundert in ganz Europa berühmt sind. Owen hatte den Menschen als Wolf und als Gott charakterisiert, und alles, was Hobbes tut, ist, ihn zu zitieren.

Dass der Mensch von Natur aus schlecht sei, hat Hobbes nie behauptet. Ganz im Gegenteil. Er meint, dass selbst »die, welche böse sind«, nicht »von Natur böse geschaffen sind«. Gleichwohl sind Menschen schwierige Gesellen: unausgeglichen und wankelmütig, mit sich selbst und anderen selten im Reinen. Konkurrenz, Misstrauen und Ruhmsucht sind ihre gefährlichsten Abgründe. Damit unterscheidet sich Hobbes von Aristoteles. Mit anderen auszukommen, ihre Nähe zu suchen, sich in einer Gemeinschaft und einem Staatswesen zu organisieren, hatte der griechische Großphilosoph zur Natur des Menschen erklärt. Der Mensch war für ihn ein Zoon politikon, ein auf Gemeinschaft und Staatenbildung ausgerichtetes Tier. Einem solch positiven Bild möchte Hobbes in seinem Jahrhundert der Kriege und Bürgerkriege nicht folgen. Für ihn strebt der Mensch zwar ebenso wie für Aristoteles nach Selbsterhaltung. Aber er strebt nicht unwillkürlich danach, deshalb mit anderen gut auszukommen. Menschen können sozial handeln und sie können zeitweilig gut miteinander klarkommen – doch sie müssen es nicht zu jeder Zeit wollen! Das Interesse an mir *und* an den anderen spielt nicht unweigerlich zusammen. Das »und« hält beides oft weit auseinander.

Wie also leben Menschen unter solchen Vorzeichen »von Natur aus« zusammen? Im berühmten 13. Kapitel des *Leviathan* entwirft Hobbes einen solchen »Naturzustand« *(natural condition of mankind)*. Er spricht von einer üblen Zeit, einem »Krieg aller gegen alle«. Doch glaubte der Philosoph aus Malmesbury wirklich, dass die Ur- und Frühgeschichte des Menschen so aussah? Zu Hobbes Zeiten gab es noch keine Paläoanthropologie, und das Wissen um die Kultur früher Menschen lag bei null. Offiziell begann die Geschichte mit Adam und Eva im Jahr 4004 vor Christus. Die Zahl hatte der anglikanische Bischof *James Ussher* (1581–1656) ein Jahr vor dem Erscheinen des *Leviathan* ganz genau errechnet.

In dieser Lage bleibt Hobbes nichts anderes übrig, als sich auf die vielen Reiseberichte zu verlassen, die im 16. und 17. Jahrhundert vor allem von den Indianervölkern Südamerikas erzählen. Abenteurer wie der Brite Sir Walter Raleigh schilderten darin, dass sich die »Wilden« unentwegt bekriegten. War dies der »Naturzustand« des Menschen? Hobbes' Entwurf einer Ausgangslage der Menschheit schwankt zwischen zwei Polen. Auf der einen Seite *konstruiert* er einen Naturzustand und behandelt ihn »more geometrico« als axiomatischen Anfang. Auf der anderen Seite aber will er diesen Zustand dadurch abgesichert sehen, dass er sich in Südamerika *tatsächlich auffinden* lässt. In diesem Sinne schreibt er im *Leviathan*: »Aber, möchte jemand sagen, es hat niemals einen Krieg aller gegen alle gegeben! ... Wird nicht selbst zu unseren Zeiten noch an vielen Orten ein solches Leben geführt? Die Amerikaner leben zum Teil so, bloß, dass sie sich in kleinen Familien gewissen väterlichen Gesetzen unterworfen haben, und die Eintracht dieser Familien dauert nur so lange, als sie von gleichen Absichten beseelt werden.«[61]

Doch warum ist der Naturzustand so übel, wenn die Menschen nicht böse geschaffen sind? Für Hobbes liegen die Gründe auf der Hand. Es ist nicht die Aggression oder das Böse, sondern es ist die Furcht und das Misstrauen der Menschen untereinander, die das Klima vergiften. Wo (Rechts-)Unsicherheit herrscht, traut man den anderen alles erdenklich Böse zu und reagiert darauf seinerseits mit Bösem. Denn jeder fürchtet die gewaltsamen Übergriffe auf seinen Besitz, solange die Eigentumsverhältnisse nicht »von oben« geregelt sind. Wie bei den Indianern in Amerika, so bekämpfen sich die Menschen im Naturzustand in ihren Kleingruppen und Familienverbänden, weil keine höhere Ordnungsmacht die Spielregeln klar definiert. Ohne Zentralinstanz keine Regeln, ohne Regeln keine Ordnungsmacht und ohne Ordnungsmacht keinen Frieden.

Das Problem, das Hobbes hier beschreibt, ist heute unter dem Namen »Gefangenendilemma« bekannt. In den Fünfzigerjahren entwickelten Mitarbeiter der Rand Corporation, einer Denkfabrik des US-Militärs, eine Dilemma-Situation. Berühmt wurde sie bald darauf in der Version des US-amerikanischen Spieltheoretikers *Albert W. Tucker* (1905–1995): Zwei Gefangene haben zusammen eine Straftat begangen. Bedauerlicherweise aber kann die Staatsanwaltschaft das Verbrechen nicht beweisen, wenn nicht einer den anderen verpfeift. Die Gefangenen kommen in getrennte Zellen und werden gesondert verhört. Die Staatsanwaltschaft bietet jedem der beiden Folgendes an: Auf das Verbrechen steht eine Haft von sechs Jahren. Gesteht der Gefangene seine Tat, erhält er nur vier Jahre. Gesteht er nicht und die Tat kann ihm nicht nachgewiesen werden, dann gibt es nur zwei Jahre wegen unerlaubten Waffenbesitzes. Arbeitet er mit der Staatsanwaltschaft zusammen, schweigt über sein eigenes Tun und belastet den anderen Gefangenen, kriegt er als Kronzeuge nur ein Jahr Haft. Das gleiche Angebot wird auch dem zweiten Gefangenen unterbreitet. Welches ist die beste Lösung?

Mathematisch gesehen ist es für beide Gefangenen am besten zu schweigen. Jeder wird dann zu zwei Jahren Haft verurteilt, also zusammen vier. Persönlich ist die beste Lösung, den anderen zu verraten (ein Jahr Haft) und darauf zu vertrauen, dass der andere seinerseits dies nicht tut. Aber kann man sich darauf verlassen? Muss man nicht Angst haben, dass der Komplize ebenso auf seinen Vorteil bedacht ist? Aus Misstrauen könnte es deshalb zur mathematisch übelsten Lösung kommen. Jeder verpfeift den anderen, und beide kriegen vier Jahre, also insgesamt acht.

Genau diese Logik liegt auch Hobbes' Staatstheorie zugrunde. Alle Unsicherheit im Zusammenleben entspringt aus dem Misstrauen darüber, was der andere tut. Deshalb tricksen sich die Menschen wechselseitig aus, belügen und bestehlen sich, obgleich es viel sinnvoller wäre, sich auf eine gemeinsame Friedensstrategie zu einigen. Eine solche Strategie wäre mathematisch logisch, denn sie stiftet einen großen Nutzen und verringert den Schaden.

Hobbes ist der Erste in der Geschichte des Abendlands, der sein Staatsmodell streng »logisch« denkt und vorführt. Weil jeder Mensch und jede menschliche Gruppierung sich selbst entfalten möchte, muss man vor anderen Menschen und Gruppierungen geschützt werden. Mit anderen Worten: Seine Freiheit auszuleben bedeutet, sie einschränken zu lassen. Für Hobbes hat diese Logik die Folgerichtigkeit eines Naturgesetzes. Anders als viele andere, die über Moral und Gesellschaft nachdachten, möchte er den Menschen nicht ändern. Wie Machiavelli entwirft er kein Utopia und auch kein Besserungsprogramm für die Menschheit. Er entwirft eine logische Kette von Schritten, die Menschen, so wie sie nun mal sind, im eigenen Interesse bejahen müssen.

Weil ihnen an Selbsterhaltung und Frieden gelegen sein muss, schließen die Menschen einen Pakt oder Bund *(covenant)* miteinander. Sie delegieren ihre Souveränität an eine höhere Ebene, eine Zentralgewalt mit einem Gewaltmonopol. Auch hier ist es keine moralische Einsicht, die bei Hobbes zum Staat führt, sondern eine logische. Und genau darin liegt für Hobbes der Ursprung aller Staatlichkeit: in einer Art Urvertrag, wie ihn vernünftige Wesen eingehen müssen, um sich voreinander zu schützen; ein Pakt, der Bürger hervorbringt, wo früher Wölfe hausten.

Auch Hobbes weiß, dass sein Modell nur ein Modell ist und keine historische Wirklichkeit. Das, was man im 17. Jahrhundert einen »Staat« nennt, ist nirgendwo das Ergebnis eines freiwilligen und einvernehmlichen Urvertrags. Zwar hatte schon Epikur zu Anfang des 3. vorchristlichen Jahrhunderts von einem »Vertrag« als Grundlage der Polis gesprochen. Und Cicero hatte das Gleiche für die Römische Republik geltend gemacht. Aber die antiken Großmächte waren nicht wirklich durch einen solchen voraussetzungslosen Gesellschaftsvertrag entstanden, sondern aus einem fortwährenden Auf und Ab unterschiedlicher Gesellschaftsordnungen. Nicht anders hatten sich die Großmächte Europas entwickelt. Allein die Schweiz und die Niederlande beruhen auf einem Bund und einem ungeschriebenen Gesellschaftsvertrag – aber auch diese waren nicht dem Naturzustand abgetrotzt, sondern dem Heiligen Römischen Reich beziehungsweise einem achtzigjährigen Krieg gegen Spanien.

Ebenso unhistorisch ist die Logik, nach der die Menschen ihre Zentralgewalt schaffen. Denn um sich wechselseitig über den Weg zu trauen und einen Herrschaftsapparat über sich zu errichten, muss es diesen Apparat bereits geben. Andernfalls wäre es kaum möglich, ihn überhaupt hervorzubringen. Aber auf diese historische Logik kommt es Hobbes nicht an. Sein Modell kennt keine historische Dimension, sondern nur eine mathematisch abstrakte. Doch spätestens der nächste Schritt verlässt jedwede Logik. Die absolut souveräne und uneingeschränkte Zentralgewalt wird zwar nicht genau festgelegt, aber die Leser des *Leviathan* spürten und wussten, was Hobbes vorschwebt, nämlich ein König! Denn nur ein Einziger, fantasiert Hobbes, könne als Stellvertreter aller das Wohl des Staates verkörpern. Ein kleiner Blick ins Leben hätte den Philosophen schnell davon überzeugen können, dass das Privatinteresse von Königen und das öffentliche Interesse ihrer Untertanen nur selten zusammenfallen. Wenn Englands Herrscher durch eines aufgefallen waren, dann sicher nicht dadurch, der freien Selbsterhaltung ihrer Bürger zu dienen.

Man kann Hobbes nicht vorwerfen, dass er sich für England im 17. Jahrhundert kein allgemeines Wahlrecht erträumte. Die Zahl der Analphabeten in den ländlichen Regionen dürfte bei über 90 Prozent gelegen haben. An eine hinreichende Schulbildung war noch lange nicht zu denken, geschweige denn an Massenmedien, die die Menschen flächendeckend über Politik informiert hätten. Eine funktionierende Demokratie ist an eine Infrastruktur gebunden, die im 17. Jahrhundert schlichtweg nicht vorhanden war. Und doch – so bemängelten auch Hobbes' Zeitgenossen – hätte dem Denker »more geometrico« etwas Besseres einfallen können als ausgerechnet die vielfach in Verruf gekommene Monarchie, eben jenes Modell, von dem man sich in England gerade, wenn auch nur zeitweilig, verabschiedet hatte.

Vertrag und Recht

Die Grundidee von Hobbes' Staatstheorie ist das freiwillige Abkommen. Und die Zentralgewalt des Staates ist nicht von Gott oder durch ein Naturrecht legitimiert, sondern allein dadurch, dass sie *nützlich* ist. Doch was ist, wenn der absolute Herrscher seiner Pflicht, für Frieden und Rechtssicherheit zu sorgen, nicht nachkommt? Auf diese Frage hat Hobbes keine gute Antwort. Denn die naheliegende Folge, dass das Volk den Herrscher absetzen darf, wenn seine Herrschaft nicht dem Gemeinwohl dient, will er nicht ziehen. In diesem Punkt fällt Hobbes, der loyale Royalist, weit hinter Marsilius von Padua zurück.

Das Kernproblem lässt sich leicht benennen. Das Abkommen, das die Menschen zum wechselseitigen Vorteil miteinander schließen, bringt einen Souverän hervor, der seinerseits nicht Teil des Pakts ist. Denn nicht Volk und Zentralgewalt schließen einen Bund, sondern nur die Menschen untereinander. Von einem »Vertrag« zwischen Volk und Herrscher kann also nicht die Rede sein. Die Zentralgewalt ist zu nichts rechtlich verpflichtet und steht selbst außerhalb der vertraglich geschlossenen Vereinbarung: Der »Oberherr« kann »von seinen Untertanen rechtmäßig weder mit dem Tod noch sonst auf eine Art gestraft werden; denn wer kein Unrecht zu begehen imstande ist, der kann nicht angeklagt und noch weniger bestraft werden. Was er beging, hat jeder Bürger begangen.«[62]

Hobbes' »Vertragstheorie« hat also nur wenig mit Verträgen zu tun, wie sie zu seiner Zeit überall geschlossen werden – zwischen Staaten ebenso wie zwischen Handelsgesellschaften. Die Juristen der Schule von Salamanca und der Schule von Coimbra hatten dieses Vertragswesen philosophisch bereits gründlich durchleuchtet, allen voran der spanische Theologe *Francisco Suárez* (1548–1617). Erschüttert von den Gräueltaten der Spanier und Portugiesen in Südamerika, lehrten die Dominikaner in Salamanca und die Jesuiten in Coimbra, dass alle Menschen »von Natur aus« gleich und frei seien – für die damalige Zeit ein mutiger und bedeutender moralischer Fortschritt. Man kritisierte die Eroberungskriege der Spanier und Portugiesen. Und man bemühte sich um eine international gültige Rechtsordnung, die jedermanns Gleichheit und Freiheit Rechnung tragen sollte.

In diesem Geiste veröffentlichte auch der Niederländer *Hugo Grotius* (1583–1645) im Jahr 1625 sein bahnbrechendes Werk *De jure belli ac pacis (Über das Recht des Krieges und des Friedens)*. Die Schrift schuf nichts weniger als die Grundlage des »Völkerrechts«. Auch das Völkerrecht ist eine freiwillige Übereinkunft. Die Staaten Europas sollen sich zu ihrem wechselseitigen Nutzen dazu verpflichten, sich an bestimmte Regeln zu halten. Und zwar sowohl im Frieden als auch im Krieg. Grotius' Werk ist ein Meilenstein in der Geschichte des internationalen Rechts. Das »Völkerrecht«, vorgedacht von Denkern wie Suárez, kommt in die Welt und ist seither nicht mehr wegzudenken. Bereits drei Jahre nach seinem Tod beruft man sich auf den Staatsrechtler aus Delft. Die Männer, die den Westfälischen Frieden aushandeln und damit den Dreißigjährigen Krieg beenden, kennen seine Schrift. Ein unbekannter niederländischer Meister der Zeit malt dazu das berühmte Gemälde des Friedensschlusses: die Unterzeichnung der Dokumente auf dem Marmorsarkophag des Grotius!

Friedensfähigkeit bedeutet, den anderen als anderen anzuerkennen. Von Grotius aus wird dieser Gedanke durch die Philosophie- und Rechtsgeschichte wandern, über Kant und Fichte bis zum modernen Völkerrecht. Und selbst wenn es seither hundertfach gebrochen wurde – zuletzt von der NATO in Jugoslawien, von den USA im Irak und von Russland auf der Krim –, so werden solche Verstöße durch das Völkerrecht überhaupt erst zu »Verstößen«.

Grotius selbst wollte mehr als nur internationale Spielregeln. Er wollte nicht nur Konflikte vermeiden, Gefahren verringern und Grausamkeiten eindämmen. Er wollte ein »Naturrecht« sichern, das grundsätzlich und immer gelten soll, und zwar für die ganze Menschheit. Hobbes kennt Grotius' Schriften. Doch inwieweit der niederländische Philosoph und Rechtsgelehrte ihn inspiriert, ist unklar. Im Unterschied zu Grotius interessiert sich Hobbes bei seinem »Abkommen« nämlich nur für England. Von einer internationalen Friedensordnung ist bei ihm nirgendwo die Rede. So »geometrisch« sein Modell entwickelt ist, so regional und begrenzt ist die Welt, in der er es zur Grundlage seiner staatspolitischen Absichten macht.

Nicht weniger zwiespältig ist Hobbes' Vorstellung vom Recht. In seinem Naturzustand existieren weder Rechte noch Gesetze. Denn Rechte muss man jemandem »zusprechen«, und Gesetze werden »erlassen«. Allerdings gibt es für Hobbes gleichwohl Gesetze der

Natur. So listet er im *Leviathan* einundzwanzig »Naturgesetze« auf, an die der Mensch sich zu halten habe, weil sie – vernünftig durchdacht – seiner Selbsterhaltung und der Selbsterhaltung der anderen dienen. Diese Naturgesetze sind für Hobbes schlichtweg »Wahrheiten«. Man soll den Frieden suchen und wahren, und man darf keine Unschuldigen bestrafen usw. Aber was ist, wenn der souveräne Herrscher einen Krieg vom Zaum bricht oder Unschuldige bestraft? In diesem Fall werden aus den »Wahrheiten« nur noch Richtlinien, über die sich der Souverän von Fall zu Fall hinwegsetzen darf. Denn »nicht durch Wahrheit, sondern durch öffentliche Bestätigung wird etwas zum Gesetz«.[63]

Befriedigend ist das nicht, denn es öffnet der Willkür Tür und Tor. Selbstverständlich hat Hobbes recht, wenn er die Zentralgewalt mit der Macht ausstattet, Fehlverhalten zu bestrafen. Denn »bloße Worte können keine Furcht erregen«.[64] Aber er trennt die gesetzgebende Gewalt (Legislative) nicht von der ausführenden Gewalt (Exekutive) – eine Forderung, die zu Hobbes' Zeiten in England heiß diskutiert und zwischenzeitlich erprobt wird. Kein Wunder, dass uns ein anderes Werk politisch viel fortschrittlicher erscheint als der *Leviathan,* auch wenn es heute ziemlich vergessen ist. Im Jahr 1656 veröffentlichte der englische Landadelige *James Harrington* (1611–1677) eine Schrift mit dem Titel *The Commonwealth of Oceana.* Mit leicht durchschaubaren Tarnnamen treten hier die politischen Akteure der Zeit auf, unter anderem auch Hobbes. Doch Harrington geht es nicht um eine Scharade, sondern um den bestmöglichen Entwurf einer Republik.

Er formuliert eine Verfassung aus dreißig Gesetzen, darunter die Idee, ein Zweikammersystem einzurichten und die Ämter der Parlamentarier turnusmäßig rotieren zu lassen. Harrington gehört zu den Ersten, die offen aussprechen, dass Macht an Besitz gebunden ist. Wer viel Land besitzt, ist mächtig, wer wenig oder nichts besitzt, ist arm. Wenn man die Macht im Staat ausgeglichen verteilen will, so muss man zugleich das Land umverteilen. Nicht in Form einer Revolution, sondern in einem schrittweisen

Programm, so dass am Ende ein jeder etwa gleich viel erhält. Der Vorschlag ist kühn und modern. Und er enthält reichlich gesellschaftlichen Sprengstoff – im 17. Jahrhundert nicht weniger als heute. Doch einmal in der Welt, beschäftigt er von nun an die Gemüter. Immer wieder wird er in den nachfolgenden Jahrzehnten und Jahrhunderten diskutiert und fast nie umgesetzt – jedenfalls nicht organisch und schrittweise.

Harringtons Ziel ist die *Balance*. Ein guter Staat ist für ihn vor allem ein gut ausbalancierter Staat. Niemand darf zu viel Macht haben, denn das öffnet der Willkür und Ungerechtigkeit Tür und Tor. Wer die Kräfte in der Gesellschaft ausbalanciert, vermeidet allzu große Ungleichheit. Jeder Bürger soll Besitz erhalten, und jeder Besitzbürger soll wählen und kandidieren dürfen. Harringtons Idealstaat wird von einer breiten Mitte getragen. Und statt einzelner Menschen herrscht das Gesetz. Wie Aristoteles, so argumentiert auch Harrington für eine durchmischte Gesellschaft ohne zu starke Interessengruppen. Denn Stabilität bedeutet ausgewogene Vielfalt. Entsprechend wünscht er sich die Verfassung. Viele Institutionen sollen sich die Macht teilen und sich wechselseitig kontrollieren.

Wenn es einen Urvater moderner bürgerlicher Verfassungen gibt, dann ist es Harrington. Seine Anhänger bringen den Verfassungsentwurf tatsächlich ins Parlament ein. Aber natürlich setzt er sich nicht durch. Immerhin bezieht fast jeder Intellektuelle damals dazu Stellung – nur Hobbes übergeht die Sache mit Schweigen. Im Vergleich zu Harrington wirkt sein *Leviathan* plötzlich wie aus einer anderen Zeit.

Antiquiert ist auch, dass Hobbes die Staatsreligion ein für alle Mal festgelegt sehen will. Er sieht keine andere rechtmäßige Kirche als die anglikanische. Eine Entscheidung »more geometrico«? Oder schlichtweg Opportunismus? Die katholische Kirche, der Papst und erst recht die presbyterianischen Kirchen sind für ihn »das Reich der Finsternis«. Die Forschung ist gespalten in der Frage, ob Hobbes tatsächlich religiös und Christ war. Auf der einen Seite wimmeln seine Werke nur so von Bibelzitaten. Der Bund der Menschen zum wechselseitigen Nutzen wird von ihm mit dem Bund Gottes mit den Menschen nach der Sintflut gleichgesetzt. Und die Zentralgewalt ist für ihn gleichbedeutend mit dem »Reich Gottes«. Auf der anderen Seite braucht seine Staatstheorie eigentlich gar keinen Gott und käme auch ohne jede religiöse Einkleidung aus. Fest steht, dass er den Stuart-Königen Karl I. und Karl II. religiös stets suspekt war und nicht nur ihnen als »Atheist« galt. Er selbst meinte dazu nur mit englischem Humor: »Denken Sie, ich kann ein Atheist sein und es nicht wissen?«[65]

Wenig angetan von Mr. Hobbes ist auch das französische Königshaus. Der Hof und seine Geistlichkeit sehen es ungern, dass sich in Paris ein Engländer herumtreibt, der das Papsttum als »Gespenst des untergegangenen Römischen Reiches« verdammt, »das gekrönt auf seinem Grabe sitzt«.[66] Im Winter 1651/1652 kehrt Hobbes eilig nach England zurück. Doch selbst hier feindet man ihn an, und zahlreiche Schriften wenden sich gegen ihn. Der Vatikan setzt Hobbes' *De cive* 1654 auf den Index. Doch der Gescholtene lebt gut und sicher in der Gunst der Familie Cavendish im pompösen elisabethanischen Landhaus Hardwick Hall in Derbyshire. Hinter einem Schutzwall aus dicken Mauern und unerschütterlicher Arroganz vollendet er seine dreiteiligen *Elementa*. Vor *De cive* setzt er die beiden Teile *De corpore (Vom Körper)* und *De homine (Vom Menschen)*. Argwöhnisch, aber mit ungebrochener Streitlust, verwickelt er sich in alberne Rechthabereien mit weit überlegenen Mathematikern. Unnötig ist nicht minder sein Scharmützel mit *Robert Boyle* (1627–1691), dem bedeutendsten Chemiker seiner Zeit. Das wichtigste Werk, das er noch schreibt, ist seine Geschichte des Englischen Bürgerkriegs.

Während Hobbes in Derbyshire als ergraute Eminenz der Philosophie schreibt und streitet, wird das Königtum in England wiederhergestellt, und Karl II. übernimmt den Thron. Die Große Pest fordert 70 000 Menschenleben, und weite Teile Londons werden 1666 ein Opfer der Flammen. Alle Verträge in der Realität sind nichts wert, als England zur gleichen Zeit in den Englisch-Niederländischen Krieg segelt. »Was kommt es auf diesen oder jenen Grund an? Was wir wollen, ist ein Stück mehr von dem Handel, den die Holländer jetzt haben«, gibt Flottenführer George Monck unumwunden zu. Der König selbst erhofft sich reichlich Beute aus dem Kaperkrieg, die ihm allerdings versagt bleibt. Ganz England sieht, dass ein leibhaftiger Souverän meist mehr im Geiste des Naturzustands denkt denn als Wahrer von Frieden, Recht und Vernunft.

Als Hobbes im Dezember 1679 in Hardwick Hall stirbt, ist seine Idee eines ideellen Abkommens zum Nutzen aller gleichwohl nicht tot. Ein halbes Jahr zuvor ist ein siebenundvierzigjähriger Mann von Frankreich nach London zurückgekehrt, um auf dieser Grundlage sein politisches Hauptwerk zu schreiben; ein Werk, dessen Einfluss und Wirkung den *Leviathan* noch einmal bei Weitem übertreffen wird. Die Rede ist von John Locke …

PHILOSOPHIE
DER AUFKLÄRUNG

Der »Tempel der Vernunft«,
entworfen von Étienne-Louis Boullée: unten urwüchsige Natur und darüber ein Halbkreis des riesigen Himmelsgewölbes

PHILOSOPHEN ZEITLEISTE AUFKLÄRUNG

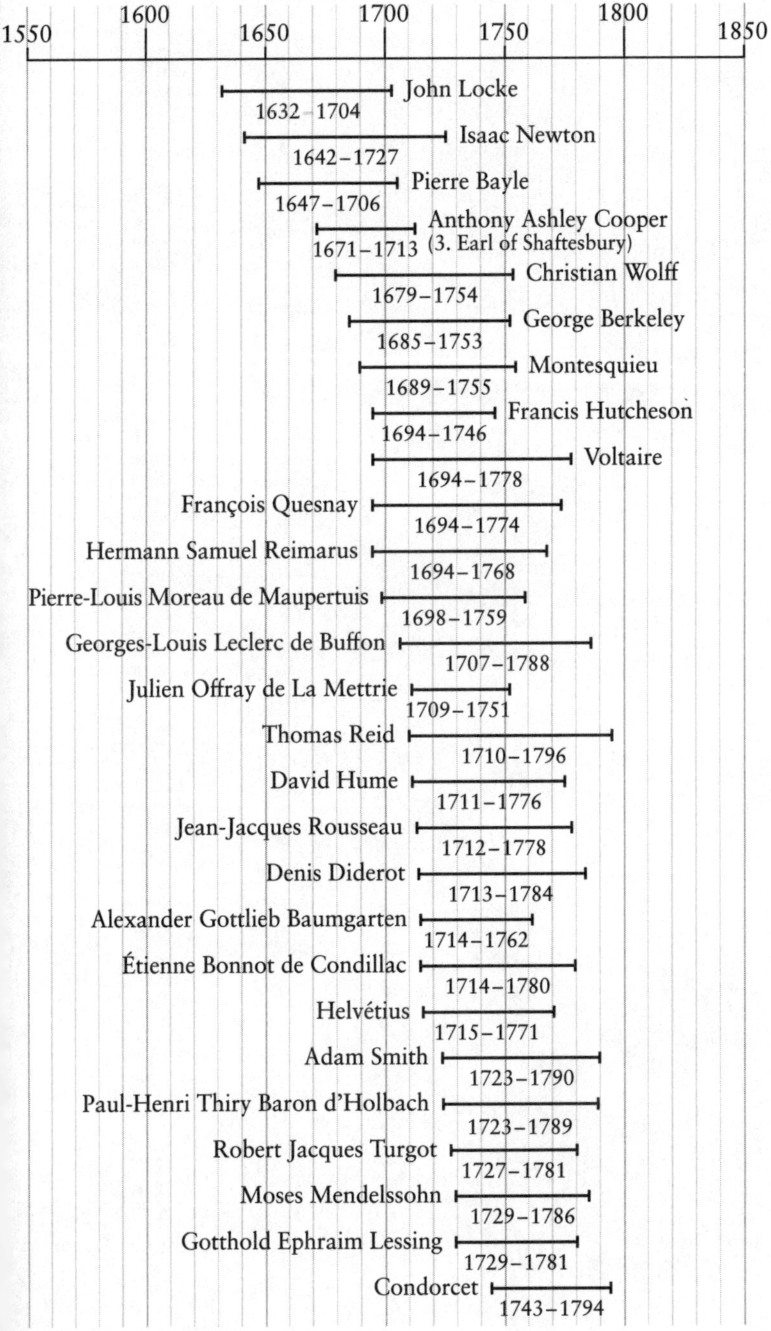

Der Einzelne und sein Eigentum

Der talentierte Mr. Locke – Ideelle Verträge –
Im Anfang war das Eigentum – Der Wert der Arbeit –
Lockes Doppelmoral – Die Toleranz des Kaufmanns

Der talentierte Mr. Locke

In dem Dörfchen Wrington, nahe der Städte Weston und Yatton im äußersten Westen der Grafschaft Somerset, kam 1632 ein Mann auf die Welt, dessen besonderes Talent schon in seiner Kindheit weithin auffiel. Und tatsächlich: Im selben Jahr geboren wie Spinoza, wird *John Locke* (1632–1704) der europäischen Geistes- und Wirtschaftsgeschichte einen Stoß versetzen, der nachhaltiger ist als der anderer Zeitgenossen; ein Impuls, der bis heute in allen westlichen Gesellschaften nachwirkt.

Lockes Vater ist nur ein kleiner Gerichtsbeamter. Sein Großvater hat allerdings ein nicht unbeträchtliches Vermögen damit gemacht, Textilien in Heimarbeit anfertigen zu lassen und auf den Märkten zu verkaufen. Tüchtig, ehrgeizig und sparsam, teilt er das Ideal der Puritaner – ein Leben in Arbeit, ausgerichtet allein auf Gott und den unbedingten wirtschaftlichen Erfolg. Wie seine

Glaubensbrüder steht Lockes Großvater dem Königshaus kritisch gegenüber. Er verachtet die Monarchie und ihren dekadenten Katholizismus und verteidigt das Parlament.

Sein hagerer, fuchsgesichtiger Enkel, dessen langer Haarschopf ihm bis ins Alter erhalten bleibt, fällt früh auf. Ein wacher Junge mit scharfem Verstand und rascher Auffassung. Durch Fürsprache einflussreicher Parlamentarier schafft es John 1647 sogar auf die renommierte Westminster School in London. Zwei Jahre später erlebt er die Hinrichtung des Königs. Anschließend bringt ihn ein Stipendium ans Christ Church College in Oxford. Er studiert das übliche Programm, bestehend aus klassischer Philologie, Metaphysik und Scholastik. Von 1658 an unterrichtet er selbst Griechisch, Rhetorik und später Ethik.

Als der Vater 1661 stirbt, wird Locke »Landbesitzer« und damit Teil der politischen Öffentlichkeit Englands. Die finanzielle Unabhängigkeit hilft ihm, Interessen nachzugehen, die leidenschaftlicher sind als die, die er in Oxford ausleben kann. Locke ist fasziniert von der aufstrebenden Welt der Naturwissenschaften. Er besucht Vorlesungen in Medizin und lernt schnell bedeutende Männer kennen wie Hobbes' Intimfeind Robert Boyle und *Thomas Sydenham* (1624–1689), den damals angesehensten englischen Arzt. Im Jahr 1668, nach seinem Bachelor in Medizin, wird Locke Mitglied der acht Jahre zuvor gegründeten Royal Society, dem »House of Lords« der englischen Naturwissenschaften. Er begegnet einem Superstar wie Isaac Newton und bleibt ihm ein Leben lang verbunden. Die große Wende in seinem Leben aber tritt ein, als er auf *Anthony Ashley Cooper* (1621–1683) trifft, den späteren 1. Earl of Shaftesbury. Der Schatzkanzler ist der kommende Mann im Staat, ein Menschenfänger und Menschenkenner. In dem talentierten Mr. Locke sieht er den richtigen Helfer und Komplizen für seine politischen Ambitionen und macht ihn zum persönlichen Sekretär. Als Ashley Coopers Leibarzt soll Locke, obgleich kein approbierter Arzt, eine Leberoperation durchgeführt haben, die seinem Herrn das Leben rettet.

Unter dem Einfluss des Mentors widmet sich Locke verstärkt der Politik. Ashley Cooper vertritt die Interessen des Landadels und ist Gegner der Krone. Er ist der führende Mann einer Partei, die man bald darauf als *Whigs* bezeichnen wird – eine Abkürzung für *Whiggamore* (Viehtreiber). Der Begriff ist ein Schimpfwort der *Tories*, der konservativen Hofpartei. Doch die Whigs werden ihren Namen bald mit Stolz tragen. Ihre Leute stellen die ersten mechanischen Webstühle auf, gründen Manufakturen und exportieren Baumwolle auf den Kontinent. Entsprechend kämpfen sie dafür, dass der Staat seinen Bürgern die größtmögliche Freiheit gibt – im Denken, Glauben, Handeln und im Handel. Sie sind es, denen die Zukunft gehört. Sie repräsentieren eine Bewegung, die man seit dem frühen 19. Jahrhundert Liberalismus nennt.

Doch die Situation ist verworrener, als sie klingt. Denn auch die Tories begrüßen den Handel, allen voran den Seehandel der Britischen Ostindien-Kompanie. Die Gesellschaft steht dem Königshaus nahe und erhält Stück für Stück alle erdenklichen Privilegien, ähnlich wie die Ostindien-Kompanie der Niederländer. Ihre Geschäftsführer und Sekretäre sind politisch einflussreiche Männer und verteidigen wortgewaltig ihre Kaste und den Freihandel. Für ihre Rivalen, die Whigs, ist der Freihandel hingegen eine zweischneidige Sache. Denn der Landadel profitiert nicht entfernt so stark davon wie die reiche Kaufmannselite. Fast alle Liberalen der Zeit sind deshalb Protektionisten. Das Interesse der Ostindien-Kompanie und das Interesse Englands sind für sie nicht das Gleiche. Sie kämpfen dafür, dem Landadel, den kleinen und den mittleren Gewerbetreibenden zu ihrem politischen und wirtschaftlichen Recht zu verhelfen. Wie kann der Staat durch seine Rechtsordnung nicht nur die Freiheit der Großen, sondern aller Besitzbürger schützen? Von einer guten philosophischen Begründung ist die Politik der Whigs Mitte des 17. Jahrhunderts weit entfernt. Und genau dies ist die Aufgabe, die Ashley Cooper seinem Schützling Locke zudenkt.

Seit 1672 ist Locke angesehenes Mitglied der politischen Gesellschaft und sitzt auf einem einträglichen, wenn auch wenig bedeutenden Posten in der Regierung. Er lernt alle wichtigen Politiker kennen, erlebt heftige Debatten um die Regierungsform und die Redeschlachten um Protektionismus oder Freihandel. Schon bald erringt er das Amt eines Staatssekretärs und später einen wichtigen Posten im Handels- und Kolonialministerium. Doch die Zeit ist nicht nur günstig für liberale Positionen und Politik. 1675 beginnt Ashley Coopers Stern zu sinken, und Locke begibt sich vorsichtshalber nach Frankreich. Aus dem Exil verfolgt er, wie sein Mentor für ein Jahr inhaftiert wird. Als sich die Lage 1679 beruhigt, kehrt Locke nach England zurück. Es ist das Jahr, in dem Hobbes stirbt und Locke seine Arbeit an seinen politischen Grundsatzschriften aufnimmt, den *Two Treatises of Government (Zwei Abhandlungen über die Regierung)*. Doch es bleibt unruhig. Während Locke an seinem Manuskript arbeitet, wird Ashley Cooper erneut verhaftet. Als er freikommt, ist er sämtliche Illusionen über einen Wandel durch Annäherung von Liberalen und König los. Zu allem entschlossen, plant er einen Putsch gegen Karl II. Der Plan misslingt, und der gescheiterte Putschist flieht in die Niederlande. Locke folgt ihm ein Jahr später; doch kurz darauf ist Ashley Cooper tot.

Locke ist allein in den Niederlanden. Akribisch feilt er dort weiter an seinem Mammutprojekt zur Erkenntnistheorie. Einen großen Erfolg wird er später mit einem Buch feiern über seine Einsichten und Erfahrungen als Erzieher von Ashley Coopers Söhnen: *Some Thoughts Concerning Education (Gedanken über Erziehung)*. Doch sein eigentlicher Ehrgeiz gilt anderen Werken. Locke möchte eine Erkenntnistheorie, eine Ethik und eine Politik liefern, die frei sind von jedweder Spekulation. Grundlage aller Ansichten soll allein die *Erfahrung* sein. Und für das, was moralisch gut im Privatleben und im Staat ist, kennt Locke nur einen Maßstab: Gut ist das, was für den einzelnen Menschen und für das Gemeinwohl *nützlich* ist …

Ideelle Verträge

Über zwei Jahrtausende hatten Philosophen in ganz Europa Moral, Herrschaft und Recht von einer sicheren Vorlage abgeleitet: nämlich aus der »Natur« oder aus dem »Willen Gottes«. In diesem Sinne existierte entweder eine natürliche oder eine gottgewollte Ordnung der Welt. Und für die absolutistischen Könige galt beides. Ebenso gab es eine natürliche und gottgewollte Ordnung unter den Menschen. Doch im 17. Jahrhundert schwankt der Boden. Die Erkenntnisse der Physik entsprechen schon lange nicht mehr dem gesunden Menschenverstand. Und von einem klaren und deutlichen Willen Gottes kann in zwei Jahrhunderten unausgesetzter Religionskriege keine Rede mehr sein. Das große Loch zwischen Naturordnung und menschlicher Ordnung lässt sich kaum noch überbrücken.

Genau dies ist die Lücke, in die Hobbes mit seiner Idee eines »Abkommens« vorgestoßen war: logische und praktische Regeln statt metaphysischer Legitimation! Kaum in die Welt gesetzt, wird die Idee eines Gesellschaftsvertrags die dominierende Gedankenfigur der politischen Philosophie. Die Vertragstheorie ersetzt die nicht mehr glaubhafte natürliche Ordnung durch ein ideelles, ein gespieltes oder simuliertes Sein. Wo früher eine vermeintlich reale Vorlage für die Ordnung im Staat da war, steht nun ein *Gedankenspiel* über einen Naturzustand. Man betrachtet die Gesellschaft und den Staat so, *als ob* sie sich logisch aus der Natur herleiten ließen – obgleich natürlich jeder zeitgenössische Leser weiß, dass sie sich historisch nicht genau so entwickelt haben.

Die Vertragstheorie tritt damit an die Stelle der Utopie. Wo die politischen Denker der Vergangenheit ideale Staaten auf imaginäre Inseln verlegten, erdenkt man sich nun ideale Staaten auf der Grundlage imaginärer Verträge. Wer eine Vertragstheorie entwirft, zeigt, dass Traditionen für ihn nur noch eine untergeordnete Rolle spielen. Tatsächlich fallen die neuen Theorien in eine

Zeit, die dem Bürgertum eine führende Rolle beimisst und nicht mehr dem Adel. Statt um Gewohnheitsrecht geht es um einen »vernünftigen Staat«. Und dieser Staat soll den alten Feudalstaat nicht nur ersetzen, sondern es soll ein »Mehr« an Staatlichkeit geben, um den Bürger und seinen Besitz grundsätzlich und absolut vor jeder Willkür zu schützen. Auch Familienbande und Verwandtschaftsbeziehungen verlieren damit politisch an Bedeutung. Und jeder Mensch fällt unter das gleiche vernünftige und unbestechliche Gesetz.

Der moderne Staat trennt die politische Sphäre des *Logos* von der privaten Einheit der Familie, dem *Oikos* – nicht anders als einst Platon es sich in seinen Idealstaaten Kallipolis und Magnesia erträumt hatte. Das Leben des Bürgers zerfällt dadurch in zwei Welten: in das »Privatleben« und in den »öffentlichen Raum«. In der ersten Welt lebt man seine Freiheiten aus und in der zweiten werden bestimmte Freiheiten beschnitten – und zwar im Interesse aller.

Für diesen Staat leistete Hobbes, trotz seines rückwärtsgewandten Royalismus, wichtige Pionierarbeit: Die politische Philosophie gibt sich ein wissenschaftliches Fundament. Sie leitet den Staat als vernünftige Lösung aus der Natur des menschlichen Zusammenlebens her. Und sie entwirft Gesetze, deren einzige Funktion darin liegt, *nützlich* zu sein und dem Interesse aller zu dienen. Dies ist die Ausgangslage, die Locke vorfindet. Von hier aus will er nun weiter vorstoßen als Hobbes. Er will einen Staat legitimieren, der die Freiheit der Bürger zwar schützt, aber der sie nicht abgibt an einen unantastbaren Souverän.

Als Locke 1679 mit der Arbeit beginnt, liegen inzwischen mehr Vertragstheorien vor als nur jene von Hobbes. Auch Spinoza hat eine entwickelt, im ersten seiner beiden politischen Bücher, dem 1670 anonym veröffentlichten *Tractatus Theologico-Politicus*. Das Buch ist stark von Hobbes beeinflusst, allerdings mit einer für Spinoza typischen Note. Er fügt ein, was für ihn das Ziel eines jeden menschlichen Lebens sein soll: die Wahrheit zu ergründen und Weisheit zu finden. Spinozas Ethik – nennen wir sie eine »Ethik für ungläubige Mönche« – vervollständigt sich in einer solchen Politik. Sinn und Zweck des Staates ist es, seinen Bürgern zu ermöglichen, *frei und unbeschadet die Wahrheit suchen* zu können und sich entsprechend zu verwirklichen. Zu diesem Zweck schließen die Bürger wie bei Hobbes vernünftigerweise einen Vertrag zum wechselseitigen Nutzen. Sie statten den Staat mit der Macht aus, für Ordnung zu sorgen und damit die Freiheit jedes Einzelnen zu wahren.

Spinoza möchte die Menschen durch den und vor dem Staat schützen, damit sie ungestört philosophieren können. Dazu gehört auch – das erste Mal in der europäischen Geistesgeschichte – die unbedingte Redefreiheit! Jeder Glaube und jede philosophische Überzeugung muss respektiert werden! Eben deshalb darf es, anders als bei Hobbes, keine Staatskirche geben, die vorschreibt, was man zu glauben hat. Religion ist für den verbannten Linsenschleifer ohnehin nur ein Behelfsmittel, ein Zufluchtsort für Menschen, denen es an Intellektualität fehlt. Damit stellt er sich in die Tradition des andalusischen Philosophen Averroës im 12. Jahrhundert und einiger Denker des Spätmittelalters: Religion ist eine einfache und oft einfältige Ersatzlösung für Menschen, die zu höheren Einsichten nicht fähig sind; ein Bilderbuch fürs Volk.

Dass es im Leben in erster Linie ums Philosophieren gehen soll, ist nicht nur aus heutiger Sicht eine sehr spezielle Pointe. Ohne Zweifel ist sie elitär und weltfremd. Das Gleiche gilt für Spinozas Blick auf die Politik seines Heimatlands. Er schätzt den niederländischen Ökonomen *Pieter de la Court* (1618–1685), der sich in einem Gedankengang für die bürgerliche Freiheit wie für den Freihandel einsetzt. Die Freiheit des Handels und die Freiheit des Handelns sollten sich wechselseitig bedingen – eine zentrale Formel des Liberalismus! Deshalb lobt Spinoza seine Heimatstadt Amsterdam und die Politik ihres wichtigsten Staatsmanns, *Johan de Witt* (1625–1672). Dieser sieht den Bürgerfrieden vor allem durch den regen Austausch der Handelsbeziehungen gewährleistet. Aus dem Gespinst der vielfältigen Geschäfte entstehe ein Staat, der die Interessen der einzelnen Bürger bestens vernetzt und verkörpert.

Spinozas Werk ist kaum erschienen, da löst es gleich eine Flut an lutherischen, calvinistischen und katholischen Gegenschriften aus. Man verschreit den Autor als blasphemischen Ketzer und Atheisten. Zugleich wird der liberale Staat, den Spinoza preist, zutiefst erschüttert. Die Niederlande, verstrickt in einen Krieg gegen Frankreich, stehen vor der völligen Kapitulation. Eilig durchsticht man die Deiche und flutet das Land. Die Armee Ludwigs XIV. wird gestoppt, doch der Preis ist hoch. In Amsterdam erheben sich die Bürger und lynchen die Gebrüder de Witt. Nicht die Vernunft, sondern der Affekt siegt und zerstört den fein gesponnenen Bürgerfrieden. Spinoza ist gezwungen, einen zweiten Anlauf zu nehmen, und beginnt den *Tractatus Politicus*. Nicht die Vernunft, sondern die Affektivität, räumt er nun ein, bestimmt das politische Geschehen. Wie sollte es, seiner eigenen Theorie zufolge, auch anders sein? Wenn nur äußerst wenige Menschen durch ihre Vernunft bestimmt werden, wie soll man dann einen Staat darauf gründen?

Spinoza distanziert sich von Hobbes und gibt den Glauben an einen »Vertrag« auf. In seiner neuen Konzeption geht er vom Naturrecht aus, jenem Recht, das allen Menschen unter allen Umständen zukommt. Dieses Naturrecht darf niemals an den Staat abgetreten werden: »Was die Politik anbelangt, so besteht der Unterschied zwischen mir und Hobbes, dass ich das natürliche Recht immer unangetastet lasse ...«[67] Spinoza wirbt für die Demokratie. Schon im *Tractatus Theologico-Politicus* hat er sie als die natürlichste Regierungsform bezeichnet. In einer Demokratie gibt der Einzelne seine Macht am wenigsten ab, und die Macht aller vereint sich zur Staatsmacht. Ein solcher Staat muss so transparent wie möglich sein. Und er muss aus vielen getrennten Gremien bestehen: aus beratenden, aus entscheidenden und aus ausführenden Gremien. Je mehr Entscheidungsträger es gibt, umso eher werden die Affekte der Menschen ausgeglichen. Der Ehrgeiz der einen neutralisiert sich durch den der anderen. Und die Befürchtungen der einen werden durch die Befürchtungen der anderen aufgehoben.

Auch Spinoza träumt von einem »ewigen« Staat, der sich fortwährend selbst erhält wie ein Organismus. Größere Veränderungen und Verbesserungen im Laufe der Zeit sind seinem Modell ebenso fremd wie jenem von Hobbes. Doch nicht seine weltfremde Statik, sondern seine Haltung zur Religion als »Philosophie für Arme« sorgen 1674 für ein Verbot des *Tractatus Theologico-Politicus* in den Niederlanden. Der *Tractatus Politicus,* erst 1677 aus dem Nachlass herausgegeben, kommt schon nach einem Jahr auf den Index, gemeinsam mit dem *Leviathan.*

Wenn es um seine politischen Idealvorstellungen geht, so hat Spinoza einen langen Weg zurückgelegt. Am Anfang beflügelt ihn die Hoffnung, den Staat dadurch friedlicher und stabiler zu gestalten, dass man die Urteilskraft seiner Bürger schult. Nicht anders dachte auch Leibniz. Je mehr Vernunft und Weisheit sich unter den Menschen ausbreitet, umso besser wird es um das Staatswesen bestellt sein. Am Ende aber sieht Spinoza ein, dass auf die Vernunft der Menschen wenig Verlass ist. Nun setzt er seine Hoffnung in ein Netzwerk von Gremien, das die vielen Affekte ausgleicht und die Entscheidungen abgewogener macht.

Soll man einen guten Staat auf ideellen Verträgen aufbauen? Oder soll man darauf hoffen, dass möglichst viele Menschen zur Vernunft kommen, so dass sich der Rest folgerichtig ergibt? Während die Engländer einen ausgesprochenen Sinn für Verträge haben, wollen die deutschen Philosophen lieber auf die Menschen einwirken. Und Spinoza steht irgendwo dazwischen.

Seine politischen Schriften fallen nicht auf fruchtbaren Boden; zu unbekannt der Autor, zu schnell verboten seine Werke. Auch Locke kennt Spinoza nicht, wohl aber den einzigen deutschen Vertragstheoretiker. Allgemein hat die Vertragstheorie in Deutschland einen schweren Stand. Immerhin ist das Heilige Römische

Reich Deutscher Nation kein Nationalstaat. Die große Ausnahme ist der Philosoph und Rechtsgelehrte *Samuel von Pufendorf* (1632–1694). Der Sachse in schwedischen Diensten, gleichaltrig mit Spinoza, hat als Kind den Dreißigjährigen Krieg erlebt. Gerne ist er bereit, Hobbes' Staatsmodell weitreichend zu folgen. Und zwar in seinen *Acht Büchern vom Natur- und Völcker-Rechte* aus dem Jahr 1672 und einer Kurzfassung: *Über die Pflicht des Menschen und des Bürgers nach dem Gesetz der Natur* (1673). Wie Hobbes, der zeit seines Lebens keine Notiz von ihm nimmt, sieht er den Staat als Folge aus dem Sicherheitsbedürfnis seiner Bürger. Doch er erkennt die berühmte Schwäche an Hobbes' »Abkommen« – dass es den Souverän nicht zum Vertragspartner macht! Pufendorf erweitert das »Abkommen« dadurch, dass er es in zwei getrennte Verträge fasst – nämlich einmal in den Urvertrag der Menschen untereinander und zweitens in einen Vertrag der Untergebenen mit ihrer Zentralgewalt.

So weit, so klug. Erstaunlich realitätsfern plädiert er allerdings dafür, dass sich die Menschen ihre Regierungsform – Monarchie, Aristokratie oder Demokratie – frei aussuchen sollen. Er selbst macht keinen Hehl daraus, dass er die Monarchie bevorzugt. Ein starker Mann könne viel rascher entscheiden und handeln als eine schwerfällige Demokratie – ein bis heute beliebtes Argument von Kritikern demokratischer Systeme. Wie Hobbes' kennt Pufendorfs System keine Gewaltenteilung, sondern nur uneingeschränkte Herrschaftsgewalt. Doch auch hier ist er *»Hobbes light«*. Denn der Souverän hat, wenn schon nicht das positive Recht, so doch zumindest das Naturrecht zu achten – also jene einundzwanzig Gesetze, die Hobbes als Grundrechte benennt. Ganz ausdrücklich betont Pufendorf die Pflicht des Staates, das Eigentum aller zu schützen; auch der König darf sich nicht willkürlich bereichern.

Pufendorfs Vorschläge sind viele kleine Schönheitsoperationen an einem todkranken Patienten. Denn das Übel der Willkür wird nicht wirklich gebändigt. Doch immerhin einer seiner Gedanken ist tatsächlich bahnbrechend, nämlich das *Verhältnismäßigkeits-*

prinzip. Der Herrscher darf nur insoweit in die Freiheit seiner Untertanen eingreifen, als ein höherer Staatszweck dies zwingend erfordert. Für die Rechtsgeschichte ist diese Neuerung ein Meilenstein, ebenso wie Pufendorfs Auslegung des Völkerrechts. Stärker noch als Grotius betont der sächsische Rechtsprofessor, dass ein Krieg nur unter einer einzigen Bedingung legitim ist: dass ein Feind die Rechte oder das Territorium eines Staates verletzt und angreift.

Im Anfang war das Eigentum

Locke kennt Pufendorfs Schriften. Die *Acht Bücher vom Natur- und Völcker-Rechte* nennt er »das beste Buch seiner Art«. Doch um selbst eine solch gediegene Abhandlung zu schreiben, fehlt ihm die Muße. Seine eigene Vertragstheorie entwickelt er nicht in gelehrsamer Absicht, sondern im Rahmen einer politischen Streitschrift. Sein Gegner ist der englische Monarchist *Robert Filmer* (1588–1653). Zwar ist der Kontrahent schon lange tot, aber dessen Rechtfertigung des Königtums ist auch Jahrzehnte später noch äußerst populär. Filmer hatte nicht das Format von Hobbes. Stattdessen argumentiert er auf abenteuerliche Weise mit der Bibel. Aus Adam wurde der erste Weltenherrscher mit dem Auftrag, sich die Welt untertan zu machen. Alle andere Kreatur, darunter Eva und sämtliche Nachgeborenen, hatten sich ihm unterzuordnen. Seitdem gäbe es in allen Ländern und zu allen Zeiten einen Adam, dem sich alle anderen unterwerfen müssten – also einen absolut regierenden König.

Locke macht sich erstaunlich viel Mühe, um die Bibel gegen Filmer zu verteidigen. So etwa ist Eva für ihn nicht Adam untertan. Wo bitte soll das stehen? Ist sie nicht vielmehr Partnerin mit nahezu gleichen Rechten – zum Beispiel jenem, Herrscherin zu werden wie Maria Stuart oder Elisabeth I.? Die Frau schließt mit dem Mann im Bund der Ehe doch keinen Unterwerfungsvertrag, sondern einen Ehevertrag. Sie hat Teil an allen materiellen Gütern und darf sich sogar scheiden lassen – sofern ihr der Mann dafür einen triftigen Grund gibt.

Lockes' Sicht der Frau ist revolutionär. Ein Feminist ist er trotzdem nicht. Denn wie nahezu alle Männer seiner Zeit hält er den Mann nicht nur für den Stärkeren, sondern zugleich auch für den »Fähigeren«. Im Zweifelsfall gehört ihm deshalb das letzte Wort. Das Vertragsmodell der Familie wird damit deutlich anders begründet als das des Staates. In der biologisch motivierten Welt der Familie rechtfertigen Stärke und Fähigkeit am Ende doch die Herrschaft. Genau dies aber lehnt Locke in seinem politischen Vertrag ab. Hier tritt er dafür ein, dass alle Bürger gleich und frei sind, und zwar unabhängig davon, wer der Stärkere oder der Fähigere sei. Im Staat legitimieren biologische, standesmäßige oder intellektuelle Unterschiede gerade keine Herrschaft!

Schaut man sich diesen Staatsvertrag an, so erinnert er zunächst stark an Hobbes. Auch Locke entwirft einen Naturzustand, den es so nie gab. Die Kritik an seinem Vorgänger trifft deshalb ebenso ihn. Wer sagt denn, dass die Menschen vor langer Zeit in Anarchien gelebt haben und nicht immer schon in Herrschaftsverhältnissen, wie Aristoteles meinte? Und welcher Staat ist jemals durch einen Urvertrag zustande gekommen? Auch Locke könnte damit kontern, dass es bei seinem Naturzustand darauf nicht ankommt. Statt wie ein Historiker betrachtet er ihn wie ein Physiker. Er analysiert den komplexen Zustand heutiger Gesellschaften und reduziert ihn auf seine Grundstruktur. Am Ende sieht er nur noch das Prinzipielle, die Bewegung der Elemente in einem herrschaftslosen Raum.

Tatsächlich aber liegt selbst Lockes »Naturzustand« irgendwo dazwischen. Er ist weder historisch noch physikalisch. Noch stärker als bei Hobbes ist er der Vertragspraxis des 17. Jahrhunderts entlehnt. Man denke an die Art, wie Kaufleute ihre Rechtsgeschäfte machen. Wer einen freiwilligen Handelsvertrag miteinander schließt, der akzeptiert den anderen im Regelfall nicht nur als frei, sondern auch als gleich: gleiches Recht und gleiche Rechtsgrundlage für beide Parteien. Entsprechend wichtig sind für Locke die Eigentumsrechte. Im Vergleich zu Hobbes ist Lockes Naturzustand nicht ganz so arg. Denn die meisten Menschen achten sogar in diesem Zustand einen ganzen Katalog von »Naturgesetzen«. Man will sich selbst erhalten und räumt ein, dass andere das ebenfalls wollen. »Wohlwollen, gegenseitige Hilfe und Erhaltung«[68] gehören zur menschlichen Natur dazu. Und Mord und Totschlag sind deshalb eher die Ausnahme als die Regel.

Inwieweit gegenseitige Hilfe ein »Naturgesetz« ist, darüber werden die Gelehrten noch lange streiten und tun es bis heute. Wichtiger ist, dass es Locke nicht, wie Hobbes, allein um Leib und Leben geht – sondern um den Erhalt des *Eigentums*! Beides ist untrennbar miteinander verbunden: Ohne Besitz keine Selbsterhaltung! Und genau deshalb braucht es einen Vertrag: damit jeder das, was er zu einem »angenehmen Leben« benötigt, erwerben und behalten kann, ohne dass jemand es ihm streitig macht.

Doch was und wie viel sind für ein angenehmes Leben erforderlich? Locke kennt zwei Schranken, die das Eigentum im Naturzustand begrenzen: die *Verderblichkeitsschranke* und die *Gleichwertigkeitsschranke*. Niemand darf sich mehr verderbliche Güter, also Lebensmittel, aneignen, als er tatsächlich verzehren kann. Und er hat tunlichst darauf zu achten, dass auch die anderen genug bekommen. Und was für verderbliche Dinge gilt, gilt ebenso für den Boden, auf dem sie gedeihen. Selbst die Erde muss so geteilt werden, dass jeder ausreichend davon erhält.

Ist Locke ein Kommunist? Nicht wirklich! Denn beide Schranken gelten nur im Naturzustand. Die weiter entwickelten Gesellschaften werden diese Schranken nämlich völlig außer Kraft setzen – durch das Geld! Die Münzen überwinden spielend die natürlichen Schranken und schaffen damit eine andere Welt mit einer anderen moralischen Ordnung. »Das aber wage ich kühn zu behaupten: dieselbe *Regel für das Eigentum*, nämlich daß jeder Mensch so viel haben sollte, wie er nutzen kann, würde auch noch heute, ohne jemanden in Verlegenheit zu bringen, auf der Welt gültig sein, denn es gibt genug Land, das auch für die doppelte Anzahl von Bewohnern noch ausreicht, wenn nicht die *Erfindung des Geldes* und die stillschweigende Übereinkunft der Menschen, ihm einen Wert beizumessen (durch Zustimmung), die Bildung größerer Besitztümer und das Recht darauf mit sich gebracht hätte.«[69]

Die Erfindung des Geldes setzt die Spielregeln im Naturzustand außer Kraft – und es ist nicht so, als ob Locke dies bemängelt! Stattdessen beschreibt er den positiven Effekt der Geldgier. Wenn Menschen nach mehr streben, als ihnen von Natur aus zusteht, treibt dies die Gesellschaft voran. Statt weiterhin nur nach dem Nutzen einer Sache zu schauen, strebt man nun nach Geld als Mittel und Selbstzweck. Die naturgegebenen Schranken fallen damit weg. Im Vergleich zum Naturzustand entsteht ein bemerkenswerter Wohlstand. Allerdings wächst auch die Ungleichheit zwischen den von Natur aus gleichen Menschen. Es gibt keine natürliche Grenze mehr, die der Einzelne in seinem Besitzstreben im Hinblick auf das Gemeinwohl aller zu berücksichtigen hat. Diese Grenze ist ein für alle Mal weg, und ein Leben am Rande des Existenzmaximums ist völlig legitim. Die Frage, ob der Erwerb weiterer Milliarden einem Milliardär noch Wesentliches zur Selbsterhaltung hinzufügt, muss dieser nicht mehr beantworten – und er muss es bis heute nicht, in keinem kapitalistischen Land der Welt …

Ist diese Entwicklung moralisch gut oder schlecht? Für Locke ist die Antwort einfach. Sie ist gut! Denn je stärker der Wohlstand einer Gesellschaft wächst, umso mehr profitierten ebenso die Ärmsten davon. Locke macht sich allerdings nicht die Mühe, diese steile These zu belegen. Und er hat sie auch nicht erfunden. Nicht anders argumentierten bereits die Lobbyisten der Britischen Ostindien-Kompanie seit einem halben Jahrhundert. Für Männer wie *Thomas Mun* (1571–1641), *Gerard de Malynes* (1586–1641) und *Edward Misselden* (1608–1654) war der Kaufmann der Held der modernen Welt. Seine Taten und sein persönliches Gewinnstreben verhalfen der ganzen Nation zu Wohlstand. »*What else makes a Common-wealth, but the private-wealth?*«, fragt Misselden in seiner Schrift über den Kreislauf des Handels im Jahr 1623.[70] Die Sprache macht es ihm leicht, im Wort »*wealth*« die Bedeutungen »Wohl« und »Reichtum« einander gleichzusetzen. Dass der Erfolg großer Unternehmen am Ende allen nützt, ist seitdem eine millionenfach wiederholte Behauptung. Doch ob sie zutrifft oder nicht, darüber entscheiden im wirklichen Leben ziemlich viele Bedingungen.

Moral, Gerechtigkeit und Tugend – für die Antike waren sie Eigenschaften des guten Staatsbürgers. Der Kaufmannsstand hingegen wurde im antiken Griechenland wie im Mittelalter eher verfemt. Er war politisch rechtlos und galt als unmoralisch. Platon und Aristoteles sahen in den Kaufleuten windige Gesellen und in den Geldverleihern Verbrecher. Doch die italienische Renaissance wandelte das Image. Auch ein Händler konnte nun ein guter Staatsbürger werden, nämlich dann, wenn er sich tugendhaft und großzügig für seine Stadt engagierte. Die Propagandisten des neureichen englischen Kaufmannsstandes hingegen legen die staatsbürgerliche Gesinnung des einzelnen Händlers gar nicht mehr auf die Waage. Jeder Händler ist moralisch, gerecht und tugendhaft, schlichtweg, weil er Kaufmann ist. Aus antiken Bürgertugenden werden neuzeitliche Kaufmannstugenden. Der Händler muss sich noch nicht einmal anstrengen, ein guter Mensch zu sein. Sein Gewinnstreben ist von Natur aus gut, weil es allen anderen Engländern gleichsam *automatisch* Wohlstand bringt. Platon und Aristoteles hätten erbost gegen ihre Särge geklopft, angesichts einer solch dreisten Verdrehung …

Doch nicht nur die Glorifizierung der Kaufleute ist neu. Malynes, Mun und Misselden trennen auch zwischen einer *Sphäre des Privaten* und einer *Sphäre des Politischen.* In der Antike hat der Mensch immer und überall tugendhaft zu sein. Die Engländer des 17. Jahrhunderts aber ziehen eine scharfe Trennlinie. Zum guten Staatsbürger wird der Händler, weil er Gewinne macht. Was er dagegen in seinem Privatleben treibt, ist seine Sache. Ob jemand privat ein netter Mensch ist, ob er dort kluge Entscheidungen als Gatte oder Familienvater trifft oder ob er sich widerwärtig aufführt – solange er keinen öffentlichen Schaden anrichtet, ist er moralisch unbescholten. Für die Moralphilosophie ist dies eine ganz neue Perspektive! Denn nicht die *Gesinnung*, sondern allein die *Nützlichkeit* für die Allgemeinheit entscheidet über den Wert einer Tat. Wer die Gesellschaftsordnung über eine Vertragstheorie legitimiert, kann und darf nicht mehr »moralisieren«. Doch wie unterscheidet er den nützlicheren vom weniger nützlichen Menschen? Die Antwort fällt Locke nicht schwer – durch die *Arbeit*!

Der Wert der Arbeit

Mun, Malynes und Misselden waren keine Liberalen. Aber sie bereiteten den Boden, auf dem der Liberalismus, wie jener Lockes, gedeihen konnte. Aus Ethik, wie sie in der Antike und im Mittelalter metaphysisch begründet wurde, wird eine Kaufmannsethik. Das Leben – ein Markt und ein Tauschgeschäft. Der Mensch – ein Händler, in jeder Lebenslage, ein *Homo mercatorius*, wie John Wheeler, der erste Sekretär der *Merchant Adventurers*, bereits 1601 feststellte. Für ihn sind, modern ausgedrückt, alle Sozialnormen letztlich Marktnormen – nicht anders als heute wieder für manche Ökonomen und Soziobiologen.

Was verändert sich durch eine solche Sichtweise? Nun, die Gesinnung wird unwichtig; wichtiger ist die Frage, wie nützlich oder schädlich ein Verhalten, eine Maßnahme oder eine Regierungsform für das Gemeinwohl sind. Und das Eigentum erhält eine Bedeutung, die es in diesem Umfang in der Philosophie zuvor niemals hatte. Für Locke fällt der Anspruch auf Leben, auf Freiheit und auf Eigentum untrennbar zusammen. In dieser Hinsicht gilt er zu Recht als Ahnherr des »Kapitalismus« und aller darauf gegründeten bürgerlichen Gesellschaften. Bis heute bestraft das Recht in Staaten wie der Bundesrepublik Deutschland Banküberfälle in der Regel weit höher als zum Beispiel Körperverletzungen. Locke selbst setzt Raub und Diebstahl sogar mit Mord gleich und fordert dafür die Todesstrafe.[71]

Doch was macht Eigentum zu unantastbarem Besitz? Es sind die Mühe und der Fleiß, den jemand hineinsteckt, es zu erwerben. Also mit anderen Worten: die Arbeit! Gegenüber Hobbes ist dieser Aspekt völlig neu. Aber im späten 17. Jahrhundert ist er in aller Munde. Wer mehr und tüchtiger arbeitet, erwirbt mehr Besitz und mehr Geld und kann anschließend Handel betreiben. Leistung, so würden wir heute formulieren, lohnt sich und belohnt sich. Doch auch Locke weiß, dass es einen solchen fairen Wettbewerb um den Erwerb von Land in England schon lange nicht mehr gibt – falls es ihn jemals gegeben haben sollte. Grund und Boden sind nicht mehr zu erschließen, sondern längst äußerst ungleich verteilt. Was also sollen die Millionen von Menschen tun, die als mittellose Tagelöhner auf den Feldern oder in den Manufakturen arbeiten? Sie haben nicht die Spur einer Chance, ihre Tüchtigkeit in fairem Wettkampf zu beweisen.

Lockes Antwort ist äußerst fadenscheinig. Wie viele seiner gut betuchten Zeitgenossen bezweifelt er die Leistungsbereitschaft und das Arbeitsethos der englischen Landarbeiter – nicht anders als es heute viele weiße Farmer in ganz Afrika hinsichtlich ihrer Landarbeiter tun. Dass das Sein das Bewusstsein bestimmt, ist für ihn keine Aufforderung dazu, das Sein zu ändern. Doch Locke kennt noch eine zweite Rechtfertigung der bestehenden Besitzverhältnisse. Für ihn haben alle Menschen einmal zugestimmt, dass das Geld eingeführt wird. Und somit haben sie sich auch mit den Spielregeln der Ungleichheit einverstanden erklärt.

Was für eine abenteuerliche Begründung! Locke ist natürlich klar, dass kein englischer Landarbeiter jemals gefragt wurde, ob er mit der Einführung des Geldes einverstanden ist. Und selbst wenn er nicht so genau weiß, dass und wie die Lyder im 6. vorchristlichen Jahrhundert das Münzgeld einführten – dass es dabei keine Volksabstimmung gab, kann er sich gewiss denken. Im Hinblick auf den »Geldvertrag« bewegt sich Locke auf äußerst dünnem Eis. Das Gleiche gilt auch für die These, dass Eigentum der Lohn sei, den man durch Arbeit erwirtschaftet. Im England des 17. Jahrhunderts werden bereits beträchtliche Summen schlichtweg vererbt. Und dass der Reichtum und die Armut in einem Land stets verlässlicher Gradmesser individueller Tüchtigkeit sind, ist eine Legende, die selbst von Hardcore-Liberalen nicht ernsthaft vertreten werden kann.

Wenn sich die bestehenden Eigentumsverhältnisse philosophisch nicht gut begründen lassen, dann vielleicht psychologisch? Denn Ungleichheit, meint Locke, fördert immerhin den Ehrgeiz, damit den Wettbewerb und schließlich den allgemeinen Wohlstand. Der Gedanke steht völlig unverbunden neben seinem philosophischen Schema. Mit einem Naturzustand oder Sozialvertrag hat er nichts zu tun. Doch die Beobachtung könnte trotzdem richtig sein – jedenfalls solange es einen echten Wettbewerb gibt nach fairen Regeln. Allerdings befindet sich der englische Tagelöhner nicht entfernt in einem Wettbewerb mit seinem Gutsherren oder einem Kaufmann der Ostindien-Kompanie. Die Startvoraussetzungen trennen sie meilenweit. Um einen echten Wettbewerb zu ermöglichen, braucht man eine allgemeine Schulbildung und ein flächendeckendes Bildungssystem – im England des 17. Jahrhunderts eine fromme Utopie.

Lockes Philosophie hat ein doppeltes Gesicht. Auf der einen Seite verteidigt er die natürliche Gleichheit und Freiheit aller Menschen. Und auf der anderen Seite rechtfertigt er die Ungleichheit (und Unfreiheit) der Menschen in einer durch Geld beherrschten Gesellschaft. Denn für Locke ist die ungleiche Geld- und Verwertungsgesellschaft allemal besser als der gleichberechtigte Naturzustand. So vergleicht er England gerne mit den Kolonien in Nordamerika, wo man dem Naturzustand noch nahe sei, denn es gibt hier ausreichend Boden für alle zu erobern. Doch von englischem

Wohlstand könne keine Rede sein. Im unzivilisierten Amerika lebe selbst ein König schlechter als ein Tagelöhner in England.

Locke argumentiert kühl und nüchtern – eine Haltung im Geist der Zeit. Den Maßstab dafür legt ein Mann, der als Arzt, Philosoph und Ökonom von sich reden gemacht hat: *William Petty* (1623–1687). In kleinen Verhältnissen aufgewachsen, bringt er es im Englischen Bürgerkrieg zu Reichtum und zu einem zweifelhaften Ansehen. Als Mensch ist Petty eine äußerst schillernde Figur, und auch als Ökonom fällt er durch seine Unerschrockenheit auf. In seiner *Political Anatomy of Ireland (Politische Anatomie Irlands)* diagnostiziert er die sozialen und ökonomischen Probleme des Landes mit der Nüchternheit eines Arztes. Am Ende schlägt er vor, alle Bewohner und Wertgegenstände nach England zu verschiffen. Das sei billiger und effektiver als jede andere Maßnahme. Pettys kaltes Denken motiviert später den irischen Schriftsteller *Jonathan Swift* (1667–1745) zu seiner berühmten Satire *A Modest Proposal (Ein bescheidener Vorschlag)*. Angesichts der ungeheuren Armut und Überbevölkerung Irlands regt Swift dazu an, dass man das ökonomisch Sinnvollste aus der Lage machen sollte – nämlich die Babys der Iren als Nahrungsmittel an die Engländer zu verkaufen.

Wo andere Menschen und Schicksale sehen, sieht Petty Ressourcen. Auch in seiner *Political Arithmetic (Politische Arithmetik)* besticht er durch mathematische Kühle. Er begründet die Verwaltungsstatistik und lässt sich allein durch Zahlen beeindrucken. Wie später *Charles Davenant* (1656–1714) meint Petty, dass Regieren nur auf der Grundlage verlässlicher Zahlen und Statistiken möglich sei, ja, dass es im Grunde die Vernunft der Statistik ist, die der Regierung die Entscheidungen diktiert – ein Gedanke, der heute unter Ökonomen und Politikern mehr Anhänger hat denn je, auch wenn er die politische Kreativität dramatisch verengt.

Vermutlich ist Petty der Erste, der einen rein ökonomischen Wertbegriff formuliert. Danach errechnet sich der Wert einer Sache sowohl aus dem Wert von Grund und Boden als auch aus der menschlichen Arbeit. Locke ist davon schnell zu überzeugen. Wie viele damalige Nationalökonomen betont er den Anteil der Arbeit an der Wertschöpfung. Je mehr Aufwand an Zeit und Menschen ich darein investiere, eine Ware herzustellen, umso teurer ist sie. Folglich stimmt Locke mit Petty darin überein, den Lohn der Land- und Manufakturarbeiter möglichst gering zu halten. Denn nur dies schafft Wettbewerbsvorteile gegenüber Konkurrenten wie Frankreich und den Niederlanden.

Dass dem Lohndumping damit jede Tür geöffnet ist, ist klar. Doch niemand dürfte den Zynismus dieses Unterbietungswettbewerbs so klar beschrieben haben wie der niederländische Arzt *Bernard Mandeville* (1670–1733). Seit 1693 in London lebend, schreibt er in aller Deutlichkeit, »daß in einem freien Volke, wo die Sklaverei verboten ist, der sicherste Reichtum in einer großen Menge schwer arbeitender Armer besteht«.[72] Wenn »die arbeitende Bevölkerung in einem Land zwölf Stunden am Tag und sechs Tage in der Woche arbeitet, während sie in einem anderen Lande nur acht Stunden am Tage und nicht mehr als vier Tage in der Woche beschäftigt wird«, produziert sie deutlich billiger. Einen Wettbewerbsvorteil verschafft sich eine Nation nur, wenn »ihre Nahrungsmittel und alle Lebensbedürfnisse ... billiger sind, oder aber ihre Arbeiter sind fleißiger oder arbeiten länger oder begnügen sich mit einer einfacheren Lebensführung als ihre Nachbarn«.[73]

Lockes Doppelmoral

In der zweiten Hälfte des 17. Jahrhunderts hat sich die Moral weitgehend von der Idee eines sittlichen Lebens entfernt. Statt einer Tugendethik regiert eine Kaufmannsethik, die unterstellt, dass das, was den Reichen nützt, am Ende allen zugutekommt. Sein Geld zu vermehren – in der Antike und im Mittelalter stets kritisch betrachtet – wird nun selbst zu einer Tugend. Doch die neue ökonomische Nützlichkeitsethik zahlt einen hohen Preis. Im Kern entpuppt sie sich schnell als Doppelmoral. Denn was das Wohl der freien und gleichen Menschen anbelangt, so interessiert sich Locke nur für das Besitzbürgertum und hier allein für das englische. Seine zahlreichen Überlegungen zur Wirtschaft, zum Geld, zum Handel und zur Besteuerung drehen sich, nicht anders als die der englischen Ökonomen, allein um das eigene Land. Wie kann England mehr Edelmetall, insbesondere Silber, gewinnen und möglichst wenige Münzen ans Ausland verlieren? Wie verschafft England sich einen Wettbewerbsvorteil, und welche Steuerpolitik ist dafür die richtige? Wie lässt sich das eigene Land auf Kosten anderer stärken?

So naheliegend solche Überlegungen sind, so wenig haben sie mit einer Philosophie zu tun, die vom Naturzustand aus auf das Gemeinwohl *der Menschen* zielt. Denn mögen auch alle Menschen von Geburt an gleich und frei sein, ein Engländer zählt allemal mehr als ein Ausländer. Es scheint, als ob jene Werte, die man später als Fundament der »Aufklärung« bezeichnen wird, vor allem für die eigenen Leute reserviert sind – ein Denken, das sich trotz späterer Erklärungen der Menschenrechte durch das französische Parlament und die UNO erhalten hat. Den Wohlstand in Ländern wie Deutschland auf mindestens gleicher Stufe zu erhalten ist den meisten Deutschen heute weit wichtiger, als Menschen in aller Welt zu einem menschenwürdigen Dasein zu verhelfen.

Noch deutlicher tritt diese Doppelmoral bei einer anderen Frage zutage. Wenn alle Menschen gleich und frei sind, warum dann nicht die Frauen? Warum dürfen sie selbst bei Locke, der ihnen vergleichsweise wohlwollend gesonnen ist, nicht wählen? Offensichtlich sind für ihn Mann und Frau in der Praxis nicht ganz so gleich wie in der Theorie. Und was die universelle Freiheit anbelangt, so endet sie für den Philosophen da, wo seine privaten finanziellen Interessen betroffen sind. Locke selbst ist ein äußerst cleverer Finanzstratege. Er verdient viel Geld mit Spekulationsgeschäften. Und wo die Logik des Kapitals herrscht, fallen die Werte auch gerne mal unter den Tisch. Zumindest schreckt der Philosoph der Freiheit nicht davor zurück, in ein Geschäft zu investieren, das traumhafte Renditen verspricht – in den Sklavenhandel!

Sklaven aus Afrika und Südostasien zu holen und sie in Amerika zu verkaufen ist der zweitgrößte Markt des Fernhandels hinter den Gewürzen. Als Sekretär im Kolonialministerium sitzt Locke an der Quelle und erwirbt Aktien der 1672 gegründeten Royal African Company (RAC). Die Gesellschaft handelt zwar auch mit Gold, Elfenbein, Tropenholz und Gewürzen, aber in erster Linie mit Schwarzen, die in Gambia, Sierra Leone, der Elfenbein- und der Sklavenküste gejagt worden sind. Städte wie Liverpool und Bristol prosperieren als Hauptumschlagplätze. Und ausnahmslos alle europäischen Machthaber sind dabei. Im 16. Jahrhundert hatten die Portugiesen ihren Reibach gemacht, aber auch das deutsche Handelshaus der Welser. Und der Papst segnete das blutige Geschäft ebenso ab wie sein deutscher Gegenspieler Martin Luther.

Im 17. Jahrhundert sind die Engländer neben den Niederländern im großen Stil dabei. Der Sklavenhandel entvölkert in Westafrika ganze Landstriche und zerstört deren Wirtschaft und das Zusammenleben der Stämme und Völker. Doch Locke beeindruckt das wenig. Gemeinsam mit Ashley Cooper – dem drittgrößten Eigner der RAC – investiert er große Summen ins Geschäft und verkauft seine Aktien gewinnbringend. Auch beim Sklavenhandel auf den Bahamas ist er als Aktionär beteiligt. Bereits in den 1660er Jahren hat Ashley Cooper seinem Schützling Grund und Boden in Carolina sowie eine entsprechende Stelle als Sekretär verschafft. Locke betätigt sich als Schiedsrichter und Schlichter und wahrt dabei die Interessen der verschiedenen Sklavenhandelsgesellschaften. Man nimmt an, dass er der Urheber jenes Freibriefs ist, der festlegt: »Jeder freie Mann in Carolina erhält die absolute Macht und Autorität über seine Neger-Sklaven, egal welcher politischen Ansicht oder Religion er ist.«

Locke kennt die Verhältnisse in Amerika aus eigener Anschauung. Er reist nicht nur nach Carolina, sondern auch auf die Westindischen Inseln. Hier gibt es weit mehr Land und Bodenschätze zu gewinnen als im dicht besiedelten und hochgerüsteten Europa. Doch viele seiner Zeitgenossen stehen dem Kolonialismus skeptisch gegenüber; die einen, weil sie keinen wirtschaftlichen Gewinn darin sehen, die anderen, weil sie schon im 17. Jahrhundert moralische Bedenken haben, den Ureinwohnern widerrechtlich ihr Land zu nehmen.

Man wünscht sich, man könnte schreiben, dass Locke zu den Letzteren zählte. Aber weit gefehlt. Der Philosoph der Gleichheit und Freiheit und leidenschaftliche Anwalt des Eigentums spricht den Indianern keinerlei Recht auf ihr Land zu. Dabei argumentiert er wie ein Puritaner: Wer seinen Boden nicht landwirtschaftlich nutzt und ausbeutet, dem gehört er auch nicht! Denn erst durch die Arbeit wird aus Fläche tatsächlich Besitz. In Amerika sieht Locke überall ungenutzte Bodenflächen, die größer sind, »als die darauf wohnenden Menschen wirklich gebrauchen oder nutzen können«. Deshalb seien sie »aus diesem Grunde jetzt noch Gemeingut«.[74] Man will sich nicht ausmalen, wie Locke argumentierte, wären die Indianer nach England gekommen und hätten dort ungenutztes Land in Besitz genommen. Wie viele seiner Zeitgenossen meint Locke, dass nur Europäer etwas von Landwirtschaft verstehen – und hier insbesondere die Engländer. »Denn ich frage, ob in den wildwachsenden Wäldern oder unbebauten Einöden Amerikas ... tausend Acres den bedürftigen, armseligen Bewohnern ebenso viele Lebensmittel einbringen wie zehn Acres ebenso fruchtbaren Bodens in Devonshire, wo sie richtig bebaut sind?«[75]

Lockes Argumentation ist hanebüchen, aber bis heute nicht völlig aus der Mode. Ob unerschrockener Globalisierungsfreund oder anarchistischer Hausbesetzer – beide rechtfertigen sich gerne damit, dass sie ungenutzten Raum kultivieren und damit gleichsam naturrechtlich erwerben. Noch befremdlicher ist die Rechtfertigung der Sklaverei. Für Locke gibt es nur einen einzigen denkbaren Fall, der es erlaubt, jemanden zu versklaven: nämlich einen

Soldaten, der als Teil einer völkerrechtlichen Aggression in Kriegsgefangenschaft gerät. Nun ist das bei den Schwarzen in Westafrika und den Indianern in Amerika sichtlich nicht der Fall. Allesamt führen sie keine Angriffskriege gegen England. Doch Locke weitet das Prinzip des »gerechten Krieges« äußerst elastisch aus. Denn wenn Engländer gemäß Gottes Willen das Land in Afrika beackern wollen, um es fruchtbar zu machen, leisten die Ureinwohner gemeinhin Widerstand. Sie widersetzen sich damit Gottes Willen und dem rechtmäßigen Prinzip der Aneignung. Folglich ist es gerecht, dass Engländer die Widerstand Leistenden gefangen nehmen und versklaven – als Beute eines »gerechten Krieges«.

Locke weiß selbst, wie dünn seine Rechtfertigung ist. Denn wer eine Generation später als Kind von Sklaven geboren wird, hat nie Widerstand geleistet und ist folglich auch nicht Beute eines gerechten Krieges. Außerdem wünscht sich Locke sicher nicht, dass man Engländer im Falle eines von ihnen begangenen Angriffskrieges als Beute in Frankreich oder in den Niederlanden versklaven soll. Sein Argument gilt also nur im Fall von »vernunftlosen« Schwarzen und Indianern, deren Mangel an Einsichtsfähigkeit sich an ihren unbeackerten Böden ablesen lässt. Der Vernunftbegriff verengt sich dramatisch auf die im 20. Jahrhundert von Theodor W. Adorno und Max Horkheimer so genannte instrumentelle Vernunft – auf das kaufmännische Effizienzdenken.

Lockes Staat vertritt die Interessen aller Besitzenden. Er ist kein Tugendstaat im klassischen Sinne, denn allein sein wirtschaftlicher Erfolg macht ihn tugendhaft. Genau deshalb kann er andere Länder unterwerfen, Kolonien gründen und der Sklaverei Tür und Tor öffnen. Dem Liberalen Locke, der allen Menschen naturrechtlich Gleichheit, Freiheit und Eigentum zuspricht, steht der Kapitalist Locke gegenüber, der überall, wo es um England und um Geschäftsinteressen geht, Ausflüchte findet. Nicht anders denkt auch der große Isaac Newton. Und ebenso denken hundert Jahre später die Gründerväter der USA, wenn sie sich in ihrer Unabhängigkeitserklärung auf Lockes zweiten *Treatise of Government* berufen: »Wir erklären, dass alle Menschen gleich und frei erschaffen wurden …« Thomas Jefferson, James Madison und George Washington waren Sklavenhalter, die alle Augen zukniffen bei dem, was sie so pathetisch verkündeten. Die Kunst, moralisches Denken und kommerzielles Handeln so im Bewusstsein zu speichern, dass sie dort nicht zusammentreffen, kennzeichnet nicht nur unsere heutige Zeit, die Kakao genießt, dessen Bohnen von Kindern in Ghana in Sklavenarbeit geerntet werden. Diese Kunst ist mindestens so alt wie die Anfänge des liberalen Kapitalismus selbst.

Die Toleranz des Kaufmanns

Was die beiden *Treatises of Government* anbelangt, so sieht man jetzt klarer. Locke möchte den Royalisten Filmer widerlegen. Und er möchte – vielleicht zum ersten Mal in der europäischen Philosophie – den passenden Staat für die zeitgenössische Wirtschaft konstruieren. Denn genau das unterscheidet Locke von Hobbes und von Harrington: Seine Staatsidee verspricht keine Friedenssicherung oder Gerechtigkeit für alle. Er entwirft einen Staat, der möglichst gut zu der von ihm so ausführlich gerechtfertigten liberal-kapitalistischen englischen Ökonomie passt. Die Vorzeichen haben sich verkehrt. Die Ökonomie hat nicht dem Staat und seinen Bürgern zu dienen, wie bei allen einschlägigen Theorien der Antike und des Mittelalters. Sondern der Staat soll so entworfen werden, dass er der Ökonomie dient. Nach Lockes Kaufmannsethik nutzt eine blühende Wirtschaft unweigerlich allen – ein gerechter Staat hingegen nicht unbedingt.

Locke zäumt das Pferd neu auf. Der Staat hat dem Interesse aller Eigentümer zu dienen, so dass diese frei handeln und wirtschaften können. Dabei bevorzugt er eine konstitutionelle Monarchie mit einem starken Parlament. Dass Eigentümer zu ihrem Schutz einen König als obersten Repräsentanten brauchen, glaubt Locke wahrscheinlich nicht selbst. Jedenfalls fehlt jede logische

Herleitung. Den König König sein zu lassen entspricht eher der politischen Lage im Jahr 1689. Als Locke seine beiden *Treatises* veröffentlicht, hat England gerade die *Glorious Revolution* vollzogen – den Sturz Jakobs II. Obgleich öffentlich keine Katholiken, standen die Stuarts immer der Papstkirche nahe. Grund genug für die anglikanische Kirche und die immer stärker werdenden Whigs, ihre Interessen zu fusionieren. Kandidat ihrer Wahl ist der protestantische Niederländer Wilhelm von Oranien-Nassau. Ohne die Unterstützung des Landadels und breiter Teile der Kaufmannsschicht kann Jakob II. seine Position nicht angemessen verteidigen und flieht nach Frankreich.

Als Wilhelm III. regiert von 1689 an ein Niederländer ganz Britannien. Der neue König verdankt seine Macht den Whigs, der nun stärksten Kraft im Land. In dieser Lage passen Lockes mehr als zehn Jahre alte Gedanken über die Verteilung der Macht im Staat eigentlich ganz gut in die Zeit. Das Volk, eine Ansammlung von Eigentümern, schließt einen Sozialvertrag und überträgt seine Macht Institutionen, die seine Interessen am besten vertreten. Ein König wie Wilhelm III. soll wissen, dass seine Macht nur geliehen ist. Verstößt er gegen die Interessen des Volkes, so kann er abgesetzt werden. Das souveräne Volk besitzt ein Widerstandsrecht, von dem Hobbes nichts hatte wissen wollen. Und die wahre Macht im Staat liegt ohnehin bei der Legislative, der gesetzgebenden Gewalt – also beim Parlament. Kein König, sondern einzig die Vertretung der Besitzbürger soll in Zukunft Steuern erheben können. Für den Monarchen bleibt allein die Exekutive, die vollziehende Gewalt.

In der Geschichte der politischen Theorie gehört Locke, wie vor ihm Harrington, zu den Vätern der »Gewaltenteilung« – obgleich die Calvinisten in Genf und die Puritaner in Amerika sie schon seit vielen Jahrzehnten praktizieren. Doch Locke gibt die bis dahin ausführlichste psychologische Erklärung: »Bei der Schwäche der menschlichen Natur, die stets bereit ist, nach der Macht zu greifen, würde es … eine zu große Versuchung sein, wenn dieselben Personen, die die Macht haben, Gesetze zu geben, auch noch die Macht in die Hände bekämen, diese Gesetze zu vollstrecken. Dadurch könnten sie sich selbst von dem Gehorsam gegen die Gesetze, die sie geben, ausschließen und das Gesetz in seiner Gestaltung wie auch in seiner Vollstreckung ihrem eigenen persönlichen Vorteil anpassen.«[76]

Die größte Macht liegt beim Parlament. Doch das bedeutet nicht, dass die Parlamentarier ständig tagen sollten. Stattdessen sollen sie in regelmäßigen Abständen zusammenkommen und zwischendurch ein ganz normales Leben führen. Das England der Kaufleute, das Locke vorschwebt, braucht keine ständige parlamentarische Vertretung, sondern nur Gesetzgeber von Fall zu Fall. Wichtig sind ihm allerdings turnusmäßige Parlamentswahlen, damit nicht immer die Gleichen dort sitzen, so wie zu Zeiten des Langen Parlaments (Long Parliament) von 1640 bis 1660. Erstaunlicherweise akzeptiert Locke nicht nur das *House of Commons,* sondern auch das *House of Lords,* die Versammlung des Erbadels, die mit einer kurzen Unterbrechung im Bürgerkrieg die Verhältnisse in England stets entscheidend mitbestimmt hat. Ein solches Privileg des Adels lässt sich weder aus der Annahme einer natürlichen Gleichheit aller Menschen noch aus einem Sozialvertrag zur Staatsgründung ableiten. Selbst ein zwingender wirtschaftlicher Nutzen ist nicht erkennbar.

Lockes *Treatises* sind keine Grundlegung wie Hobbes' *Leviathan,* und »more geometrico« sind sie auch nicht. Vielmehr haben wir es mit einem pragmatischen Kompromiss zu tun, angepasst an die Zeit. Die beiden Texte versammeln die zentralen Forderungen der Whigs, wie das Widerstandsrecht gegen schlechte Monarchen, die Freiheit des Individuums und des Handels sowie die Souveränität des gewählten Parlaments. Diese Grundsätze sind auch nach der Glorious Revolution nicht gesichert. Zwar hatte das Parlament Wilhelm III. 1689 dazu genötigt, die *Bill of Rights* anzuerkennen. Doch deren Inhalt, etwa die Redefreiheit für alle Parlamentarier, die Zustimmung des Parlaments bei Steuern und

Abgaben und das Recht jedes Bürgers auf Waffenbesitz, steht ständig auf dem Spiel.

Belastet werden diese permanenten Scharmützel zwischen König und Parlament durch die desolaten Staatsfinanzen. Längst ist das Meer zum permanenten Kriegs- und Kaperschauplatz der Großmächte England, Frankreich und der Niederlande geworden. Im Jahr 1693 reiben die Franzosen vor Lagos eine niederländisch-englische Handelsflotte von fast hundert Schiffen auf; für England ein enormer wirtschaftlicher Verlust. Viele Kaufleute und ihre Versicherer gehen in Konkurs. Für einen sicheren Schutz der Handelsflotte fehlt das Geld, ebenso für den Krieg mit Frankreich, den Wilhelm III. vorantreiben will. In dieser Lage werden die Kaufleute aktiv. Ein Konsortium von vierzig Großhändlern findet über 1200 Gläubiger, die bereit sind, dem König 1,2 Millionen Pfund zu acht Prozent Zinsen zu leihen. Im Gegenzug gewährt Wilhelm III. dem Konsortium eine Banklizenz. Die Bank of England ist gegründet, und der König ist ihr großer Schuldner. Als erste Bank der europäischen Geschichte erhält sie das Recht, Banknoten auszugeben – der Beginn des weltweiten Handels mit Papiergeld.

Das Verhältnis zwischen dem König und der Kaufmannsschicht hat sich umgedreht. Der König, einstmals Souverän, ist nun Bittsteller und Schuldner beim eigenen Volk. Auch seine Religion ist ein für alle Mal festgelegt. Jeder englische König ist von nun an Anglikaner. Die Frage ist nur, wie tolerant oder intolerant er sich gegenüber anderen Glaubensgemeinschaften verhält. Auch mit dieser Frage hat sich Locke wiederholt beschäftigt. Als junger Mann verteidigt er das Recht des katholischen Stuart-Königs Karl II., die Religion festzulegen. Doch unter dem Einfluss Ashley Coopers plädiert er 1667 das erste Mal für religiöse Toleranz. Sein 1685 in den Niederlanden verfasster *Letter Concerning Toleration (Brief über die Toleranz)* sorgt vier Jahre später in England für Furore. Locke privatisiert darin die Religion: »Der einzige und nur schmale Weg, der zum Himmel führt, ist der Obrigkeit nicht besser bekannt als privaten Personen, und folglich kann ich den nicht mit Sicherheit zum Führer nehmen, der wahrscheinlich den Weg ebenso wenig kennt wie ich selbst und der sicherlich weniger besorgt um mein Heil ist, als ich selbst es bin.«[77]

Lockes Verhältnis zur Religion ist so pragmatisch wie kaufmännisch nüchtern. Kirchen sind für ihn Vereine, denen man im eigenen Interesse freiwillig beitritt. Noch nie zuvor hatte man sie als Zweckgemeinschaften definiert, bei denen Menschen durch einen gewissen Aufwand an Frömmigkeit in ihr Seelenheil investieren. Schon aus Prinzip ist es Locke wichtig, dass der Staat sich nicht in Belange einmischt, für die er nicht konzipiert ist. Denn wen kümmert beim Sozialvertrag die Religion? Geht es nicht ausschließlich um den Erhalt des *property* – also um Leib, Leben und Eigentum? Und hat Jesus selbst sich etwa dazu geäußert, welche Regierung er sich wünscht? In der Bibel jedenfalls findet sich keine Passage, in der der Erlöser einer Obrigkeit das Schwert in die Hand gedrückt hätte mit dem Auftrag, andere damit in seinem Namen zu bekehren.

In den Fragen der Religion ist Locke Kaufmann und nicht Moralist. Listig fragt er in seinem Essay von 1667, ob Toleranz sich nicht vorteilhaft auf die Arbeitsproduktivität auswirke. Immerhin tragen die Puritaner erheblich zu Englands Wohlstand bei, wie Locke nicht zuletzt aus seiner eigenen Familie weiß. Und ist es dagegen nicht viel teurer – sozial und ökonomisch –, andere Glaubensgemeinschaften zu verbieten und zu unterdrücken?

Doch Locke wäre nicht Locke, wenn seine Verteidigung der Glaubensfreiheit nicht auch pragmatische Ausnahmen kennen würde. Ausgenommen sind nämlich die den Whigs verhassten Katholiken. An ihnen stört ihn vor allem der im Exil lauernde Jakob II., der größte Feind der Liberalen. Und wie immer findet Locke die passende philosophische Theorie zu einer Ansicht, die eigentlich ganz politisch und pragmatisch ist. Der Katholizismus verteidige nämlich das Prinzip des Gottesgnadentums der Könige; ein Prinzip, das Locke in feindlicher Übernahme des Wortes

»ketzerisch« nennt. Ebenfalls nicht toleriert werden Atheisten: Diejenigen sind »ganz und gar nicht zu dulden, die die Existenz Gottes leugnen. Versprechen, Verträge und Eide, die das Band der menschlichen Gesellschaft sind, können keine Geltung für einen Atheisten haben. Gott auch nur in Gedanken wegnehmen, heißt alles auflösen. Auch abgesehen davon können die, die durch ihren Atheismus alle Religion untergraben und zerstören, sich nicht auf eine Religion berufen, auf die hin sie das Vorrecht der Toleranz fordern könnten.«[78]

Hat kein Staat nach Locke die Befugnis, seinen freien Bürgern vorzuschreiben, *was* sie zu glauben haben, so hat er doch offensichtlich die Befugnis festzulegen, *dass* sie etwas zu glauben haben. Konsequent ist das nicht. Und selbst wenn es stimmt, dass das »Naturrecht« nach Locke von Gott gemacht wurde, so funktioniert seine Argumentation eigentlich ganz gut ohne Gott und könnte auch für Atheisten plausibel sein. Man darf wieder rätseln, ob Locke nicht nur ein Zugeständnis an den Zeitgeist macht. Ist er hier nicht einfach sorgsam darauf bedacht, sich neben absichtlichen Kontroversen nicht noch unbeabsichtigte einzuhandeln? Aus Sicht dessen, was man später »Aufklärung« nennen wird, ist Locke in der Frage der Religion jedenfalls weit weniger mutig als sein Zeitgenosse Pierre Bayle. Auch der skeptische Gegenspieler von Leibniz argumentiert mit dem Evangelium. Wie Locke kann er daraus keine Aufforderung zur Intoleranz herauslesen. Aber in seinem zeitgleich mit Lockes Toleranzbrief verfassten *Dictionnaire* nimmt Bayle nicht nur für keine Religion Stellung, sondern auch gegen keine – auch nicht gegen den Atheismus.

Lockes *Letter* ist gleichwohl ein Bestseller. Sofort nach Erscheinen ins Niederländische wie ins Französische übersetzt, gilt er als Meilenstein auf dem Weg zum religiös toleranten Staat. Das Thema liegt allerdings in der Luft, an Toleranzaufrufen besteht kein Mangel. So sorgt der Schriftsteller *Daniel Foe* (um 1660–1731), der sich selbst mit falschem Adelstitel *de Foe (Defoe)* nennt – lange bevor er seinen *Robinson Crusoe* schreibt –, mit zwei Schriften zur Toleranz für Furore: *The True-Born Englishman (Der waschechte Engländer) aus dem Jahr 1701 und The Shortest Way with The Dissenters (Das kürzeste Verfahren mit den Dissentern)* von 1702. Die zweite Schrift enthält so harsche Angriffe gegen die Intoleranz der anglikanischen Kirche, dass sie Foe eine kurze Zeit im Gefängnis einhandelt.

Anders als bei seinem *Letter* ist Lockes Erfolg mit den *Treatises of Government* zunächst gering. Nur drei Zeitgenossen setzen sich, soweit wir wissen, damit näher auseinander. Im Vergleich zum bombastischen publizistischen Erfolg von Hobbes' *Leviathan* eine Enttäuschung! Woran liegt das, wenn Lockes politische Positionen doch eigentlich gut in den Zeitgeist passen?

Die Krux besteht in seiner persönlichen Situation. Ohne Ashley Cooper an seiner Seite fehlt Locke der starke Mentor. Nirgendwo tritt er als Wortführer in den öffentlichen Debatten auf. Ganz im Gegenteil. Er zeigt sich in der Tagespolitik erstaunlich indifferent – wie so viele politisch interessierte Philosophen heute. Locke hat die Verfassung von 1689 nicht kritisiert, obgleich sie hinter seinen Forderungen in den *Treatises* zurückgeblieben war. Ein mutiger Streiter in eigener Sache ist er nicht. Auffälliger noch ist sein Schweigen zu den Folgen der Geldpolitik der Bank of England. Innerhalb kürzester Zeit gerät Englands Politik fast völlig in die Hände weniger Bankiers und Finanzjongleure mit dramatischen Folgen für die Souveränität des Parlaments. England im ausgehenden 17. Jahrhundert ist plötzlich ein Eldorado der Spekulation und der Korruption. Auch viele Whigs sehen das mit großer Sorge. Als Anhänger von Harringtons Idee des sozialen Ausgleichs bekämpfen sie die Fehlentwicklungen, ohne dass Locke ihnen beisteht.

Der Philosoph reagiert apathisch auf den Riss innerhalb seiner liberalen Weltanschauung. Auf der einen Seite steht sein wirtschaftsliberales Herz; es hegt keinen Zweifel an den Segnungen der Geld- und Kapitalwirtschaft. Doch auf der anderen Seite müsste er mit den Neo-Harringtonianern um den sozialen Frieden fürchten, um den Verlust des freien Marktes wie um die Souveränität des Parlaments. Doch Locke entzieht sich. Sein Stern als großer politischer Philosoph wird dadurch erst später aufgehen. Das 18. Jahrhundert zählt dreiundzwanzig englische und elf französische Ausgaben der *Treatises*. Und in der Mitte des 18. Jahrhunderts ist der zweite *Treatise* eine der am meisten gelesenen politischen Schriften in der westlichen Welt mit gewaltigen politischen Folgen.

Großen Ruhm als Philosoph begründet Locke zu Lebzeiten also nicht als politischer Philosoph. Er erringt ihn mit einem fast völligen Neuanfang in der Erkenntnistheorie …

Das unbeschriebene Blatt

Vivisektion des Verstandes –
Der Weg zum Markt und zur Börse – Streit mit Leibniz –
Esse est percipi! – Was ist »Idealismus«? –
Sinn und Sinnlichkeit – Zoologie der Erfahrung

Vivisektion des Verstandes

Wenn die Philosophen des 17. Jahrhunderts über das Leben schrieben, schauten sie aus dem Fenster. Mitunter eher heimlich, wie John Locke in den Jahren 1684 bis 1686 in den Häusern seiner Gastgeber Egbert Veen und Pieter Guenellon. Wenn sein Blick scheu und ängstlich, die Denunziation fürchtend und den Verrat, auf das nächtliche Pflaster von Amsterdam fiel, sammelte er letzte Indizien für seine Philosophie eines Verstandes ohne Indizien auf angeborenes Wissen. Grenzenlos fähig, aber ohne natürlich eingegebenen Inhalt erschien ihm der menschliche Geist, den er von allen falschen Unterstellungen befreien wollte, in seinem *Essay Concerning Human Understanding (Ein Versuch über den menschlichen Verstand)*.

Unter Theologen und Ärzten – Lockes Gastgeber Veen zergliederte zu seiner Ankunft im Januar 1684 eine erfrorene Löwin – erinnerte er sich an seine eigenen medizinischen Ambitionen. Doch statt menschliche Leiber zergliederte er nun weiterhin den menschlichen Verstand wie ein Chirurg; ein Organ von ganz speziellem Zuschnitt und widerspenstiger Natur: »Wie das Auge lässt uns der Verstand alle anderen Dinge sehen und wahrnehmen, ohne doch dabei seiner selbst gewahr zu werden, und es erfordert Kunst und Mühe, um einen gewissen Abstand von ihm zu gewinnen und ihn zu seinem eigenen Objekt zu machen.«[79]

Schon in den 1660er Jahren hatte Locke sich für die grundlegenden Fragen menschlicher Erkenntnis interessiert. Doch was manchem heute wie ein spezielles akademisches Vergnügen erscheint, ist kein L'art pour l'art. Lockes Theorie der Erkenntnis hat ein politisches Motiv. Er will viele religiöse und metaphysische Annahmen, auf denen die Urteile und Vorurteile, die Moral und die Gesellschaft beruhen, zu den Akten legen – nicht wert, dass man sich weiterhin damit beschäftigt.

Wie fast jeder Denker der Zeit studiert er Descartes. Und wie so viele andere will er den Franzosen, dem er viel verdankt, widerlegen. Als Sekretär Ashley Coopers steht ihm dafür von 1671 an ein Gesprächskreis zur Verfügung. Wie in seiner Staatstheorie, so möchte Locke auch in der Erkenntnistheorie gründlich abspecken. Was lockt, ist ein System der Welt, das nur auf der tatsächlichen Erfahrung, der *Empirie,* gründet, weswegen man es *empiristisch* nennt. Nur das Gesicherte und das Notwendige sollen stehen bleiben. Und alles Spekulative will Locke loswerden.

Lockes Idee, alle Erkenntnis aus der Erfahrung abzuleiten, ist nicht völlig neu. Zahlreiche antike Philosophen hatten Ähnliches versucht, darunter Leukipp, Demokrit und Epikur. Auch Aristoteles hatte der Erfahrung eine große Bedeutung beigemessen, allerdings keine ausschließliche. Im Mittelalter hatten Denker wie Roger Bacon, Wilhelm von Ockham und Johannes Buridan ihre Erkenntnistheorie fast ausschließlich auf die Erfahrung gegründet. Und das Gleiche gilt für Leonardo da Vinci, Galilei, Francis Bacon und Hobbes.

Was also ist neu an Lockes Theorie der Erkenntnis? Auffallend ist zunächst der große Umfang seiner Untersuchungen. Doch er bastelt nicht an einem streng systematischen erkenntnistheoretischen System wie Descartes, Spinoza oder Leibniz. Stattdessen möchte er die weltanschaulichen Vorurteile aus dem Weg räumen, die andere Denker in der Erkenntnistheorie hinterlassen haben, um ihre Ethik oder ihre Theologie darauf zu errichten. Wo die Denker der Scholastik Pflöcke in unserem Geist eingeschlagen haben, zieht Locke sie wieder raus. Und wenn die Vertragstheorie einen »Naturzustand« des Menschen konstruiert, um alles andere darauf zu errichten, so sucht Locke auch nach einem solchen »Naturzustand« des Verstandes.

Doch wie sieht dieser Naturzustand aus? Wer sich mit Erkenntnistheorie beschäftigt, muss spätestens seit Descartes gute Antworten auf die beiden grundlegenden Fragen finden: Woher weiß ich, was ich weiß? Und: Wie wirklich ist die Wirklichkeit? Um herauszufinden, was ich über die Welt wissen kann, hat Descartes, wie gezeigt, drei »Ideen« voneinander unterschieden – Ideen nicht im Sinne von Einfällen, sondern von *Vorstellungen.* Unsere Vorstellungen sind angeboren, erworben oder selbst gemacht. Zu den angeborenen Vorstellungen gehören bestimmte Denkstrukturen, zum Beispiel ein Sinn für Logik oder elementare Begriffe wie »Gut« und Böse«. Erworbene Vorstellungen bekommen wir dadurch, dass unsere Sinne etwas wahrnehmen und durch Wiederholung einordnen lernen. Selbst gemachte Vorstellungen entstehen dann, wenn wir Wahrgenommenes eigenständig aufeinander beziehen und uns goldene Berge oder Einhörner ausdenken.

Alles, was Descartes über erworbene und selbst gemachte Vorstellungen schreibt, ist auch für Locke richtig. Der kritische Punkt sind die angeborenen Vorstellungen. Diese Bedenken sind alles andere als neu. Bereits Platon hatte von angeborenen Vorstellungen gesprochen – und sein Schüler Aristoteles hatte sich vehement dagegen gesträubt! Allerdings hatte Platon seine angeborenen Vorstellungen auch höchst abenteuerlich begründet. Wenn wir mit einer Vorstellung von Gut und Böse oder einem Sinn für Gerechtigkeit auf die Welt kommen, so sah Platon darin eine Erinnerung an ein früheres Leben. Genauer: an eine Zeit, in der unsere Seele vor und zwischen ihren Wiedergeburten dem Absoluten nahe war – dem sphärischen Reich der Ideen.

Diese Theorie war selbst im 4. vorchristlichen Jahrhundert den meisten Zeitgenossen zu abstrus. Doch warum kann sich jedermann ein Dreieck vorstellen, obgleich es streng geometrische Dreiecke in der Erfahrungswelt nirgends gibt? Wie sind Vorstellungen wie diese in unser Gehirn gekommen, wenn sie nicht, wie bei Platon, dem Reich des Absoluten entstammen, dem unsere Seele einmal nahe gewesen sein soll? Für Platon war das Erkennen des Dreiecks ein »Wiedererkennen«. Für Descartes war das Dreieck ein Bewusstseinsgebilde, allen Menschen eingepflanzt von Gott. In beiden Fällen gehört es zu unserer Grundausstattung, dass wesentliche Erkenntnisstrukturen – wie etwa Dreiecke – bereits da sind. Wer die Wahrheit sucht, löse sich von seinen Sinneseindrücken und fahnde in sich selbst nach dem, was, wie Descartes sagt, »längst in mir« ist.[80]

Gibt es einen solchen Urgrund aller Erfahrung? Etwas, das sich durch »reines Denken« erkennen lässt? Sollte es nicht existieren, so ist nahezu alle zeitgenössische Philosophie auf dem Holzweg, von Descartes bis zu Lockes berühmtem Zeitgenossen Leibniz. Und genau mit dieser These tritt der englische Gentleman aus der Deckung. Wie Hobbes behauptet er, dass alles Wissen allein aus der Erfahrung stammt. Schon früh spricht er von den »leeren Tafeln« des Geistes, in denen nichts eingeritzt ist. Und in seinem *Essay* beschreibt er noch viel mehr Blätter, um den menschlichen Geist als »unbeschriebenes Blatt« zu beschreiben. Platons Ideenlehre und die »eingeborenen Ideen« des Rationalismus finden bei Locke ihren Platz im Märchenbuch. Verfügt wirklich jeder Mensch über einen Sinn für Logik oder eine eingeborene Vorstellung von Gerechtigkeit? Locke bestreitet das vehement. Für ihn ist unser Bewusstsein bei der Geburt ein »dunkles Zimmer«. Sollten dort bereits Möbel drinstehen, so doch nur dann, wenn jeder sie hat. Doch welche grundlegenden Ideen und Prinzipien finden sich schon im Kopf von Kleinkindern, Wilden und Idioten?

Ein Kind im Mutterleib, so witzelt Locke, wird sicher nicht dem Prinzip zustimmen, dass ein logischer Satz keinen Widerspruch enthalten darf. Aber hat Descartes das tatsächlich behauptet? Hatte er nicht vielmehr gesagt, dass der Sinn für Logik in uns *angelegt* sei? Und dass es eine mühselige Aufgabe sei, sich diese Anlage in vollem Umfang bewusst anzueignen? Eine Aufgabe, an der die meisten Menschen gewöhnlich scheitern. Der Rationalismus ist ein archäologisches Programm. Jeder muss die Fundamente seiner angeborenen Strukturen erst vom Dreck der Erfahrung freikratzen.

Der Descartes, den Locke in seinem *Essay* verbal erschießt, ist also nur ein Pappkamerad. Mit dem historischen Descartes und dessen Ansichten hat er nur entfernt zu tun. Denn es ist ein großer Unterschied, ob ich von einem Säugling erwarte, dass er der Aussage *zustimmt*: Zwei plus zwei ergibt vier. Oder ob der Säugling über ein angeborenes *Potenzial* verfügt, dieser Aussage später einmal zustimmen zu *können*.

Locke übertreibt die Position seiner Gegner dermaßen stark, dass das Problem so nicht zu lösen ist. Die Frage nach den angeborenen Strukturen des Denkens wird die Philosophen noch lange beschäftigen. Heute ist sie die Domäne der Neurobiologen und der Entwicklungspsychologen. So unterscheiden Hirnforscher zwischen *vermittelnden* und *modulierenden* Schaltkreisen im Gehirn. Der vermittelnde Schaltkreis ist so etwas wie die »Werkseinstellung« des Gehirns. Er ruft Verhalten direkt hervor, ohne dass es dafür vieler Erfahrungen bedarf. In dieser Hinsicht bestätigt er die Rationalisten. Der modulierende Schaltkreis dagegen überträgt unsere sinnlichen Erlebnisse in den anderen Schaltkreis. Machen wir mehrfach bestimmte Erfahrungen, so verändern sich die Schalter *(Synapsen)* des Gehirns. Sie werden stärker oder schwächer. Die Erfahrung ändert also die Feinabstimmung unserer Werkseinstellung. Diese Seite der Medaille bestätigt die Empiristen – allerdings ohne dass sie dem Rationalismus widerspricht. Denn dass Menschen im Laufe ihres Lebens viel dazulernen, hat Descartes nie bestritten. Sein Irrtum besteht nicht darin, dass er annahm, Menschen besäßen angeborene Denkstrukturen. Er besteht darin, dass er sie mit konkreten Inhalten füllte. Denn so gut strukturiert unser Gehirn bei der Geburt auch ist – fertige Begriffe wie »Gott« oder »das Gute« liegen darin nicht parat.

Der Weg zum Markt und zur Börse

Die Wahrheit liegt also in der Mitte, und Lockes Empirismus ist eine einseitige Übertreibung. Unser Gehirn ist kein unbeschriebenes Blatt. Doch wie sieht es mit der zweiten erkenntnistheoretischen Frage aus: Wie wirklich ist die Wirklichkeit? Als Mitglied der Royal Society kennt Locke viele Naturwissenschaftler seiner Zeit. Und deren mechanistische Erklärungen der Natur sind ihm gut vertraut. Alles, was in der Natur geschieht, besteht aus Ursache und Wirkung. Oder in der Sprache der Physiker: aus Stößen und Wirkungen. Nicht anders erklärt Locke die Erkenntnis. Unsere Sinnesorgane werden mechanisch gereizt, wir erfühlen, riechen, hören, schmecken und sehen etwas. Auf diese Weise entstehen die Bilder in unserem Gehirn, die Locke *ideas* nennt.

Alles, was wir über die Welt wissen, besteht aus solchen Vorstellungen. Doch wie adäquat sind sie? Entsprechen die Vorstellungen, die wir uns über die Welt machen, der objektiven Welt? Mit Locke gefragt: Sind unsere Vorstellungen identisch mit den Dingen, wie sie »an sich« *(as it is in itself)* sind? Sind unsere *ideas* ein getreues Abbild der Realität, der *originals,* wie Locke sagt? Oder sind *ideas* nur etwas Gedachtes oder Vorgestelltes? Bilder, bei denen wir nicht mit Sicherheit sagen können, ob sie einer objektiven Realität entsprechen?

Diese Unterscheidung ist eine der wichtigsten Unterscheidungen in der Geschichte der Philosophie. Möglicherweise war der Grieche Parmenides der Erste, der sie im 5. vorchristlichen Jahrhundert in Elea, in der Nähe von Neapel, formulierte. Im Mittelalter erkannten Denker wie Dietrich von Freiberg oder Meister Eckhart, dass alles Wissen über die Welt immer ein Wissen in meinem Bewusstsein ist. Auch Llull und Cusanus dachten in diese Richtung. Und genau dies war der Ausgangspunkt der *Meditationen* von Descartes.

Locke tut sich mit seiner Antwort nicht leicht. Denn der naturwissenschaftlich interessierte Arzt in ihm, der sich nahe bei Naturforschern sieht, denkt etwas anderes als der Philosoph. Das Ergebnis ist ein folgenschwerer Kompromiss. Als Naturforscher ist Locke weit davon entfernt, eine objektive Realität zu bestreiten. Als Philosoph aber weiß er, dass jeder Mensch nur Vorstellungen im Kopf hat und keine objektiven Realitäten. Woher aber kommt dann sicheres Wissen?

Locke skizziert drei Wege zur objektiven Erkenntnis. Der erste Weg ist die *Intuition.* Jeder gesunde Mensch weiß, dass er er selbst ist (was auch immer das im Einzelnen heißen mag). In diesem Punkt schließt sich Locke seinem Vorgänger Descartes an. Das Wissen um die eigene Existenz ist allen normalen Menschen eine intuitive Gewissheit. Eine zweite sichere Erkenntnisquelle ist für Locke die *Demonstration.* Sicher demonstrieren lassen sich für ihn die Wahrheiten der Mathematik, weil niemand ihnen widersprechen kann. Auch Gott soll sich für Locke sicher demonstrieren lassen. Schon Thomas von Aquin hatte argumentiert, dass alles in der Welt einen Anfang haben müsse. Und zwar einen ewigen Anfang, der selbst nicht auf eine vorausliegende Ursache zurückgeführt werden könne. Locke wiederholt diesen kosmologischen Gottesbeweis. Doch nicht die Frömmigkeit bringt ihn dazu, Gott zu demonstrieren. Er braucht ihn für sein puritanisches Verständnis von Fleiß, Arbeit und Strebsamkeit. Ohne Gott keine gerechte Ordnung in der Welt und keine Garantie dafür, dass derjenige richtig lebt, der in Gottes Sinne seinen Wohlstand mehrt.

Doch was ist nun mit der Existenz der sinnlichen Außenwelt? Sie ist weder intuitiv völlig gewiss noch logisch demonstrierbar. Was könnte ihre Existenz trotzdem sicherstellen? Was garantiert uns, dass wir uns nicht fortwährend täuschen oder dass wir träumen? Genau diese Frage stellt sich Locke im *Essay*. Er fragt sich, »ob wir von der Idee mit Gewissheit auf die Existenz von irgend etwas außer uns, das dieser Idee entspricht, schließen dürfen«.[81] Immerhin können Menschen sich alles Mögliche vorstellen, das es definitiv nicht gibt. Oder wir rufen uns Dinge, Gerüche und Aromen ins Gedächtnis, die wir in diesem Moment gar nicht sehen, riechen oder schmecken. Allerdings, so fährt Locke fort, wissen wir normalerweise, dass es das Vorgestellte gar nicht gibt. Und wir spüren einen feinen Unterschied zwischen dem, was wir tatsächlich sehen, riechen oder schmecken, und dem, an das wir nur denken. Insofern gibt es eine dritte Erkenntnisquelle, die *sensitive Erkenntnis,* auf die im Regelfall ganz gut Verlass ist. Und dieser Weg der Erkenntnis führt uns so gut durch den Alltag, dass wir durchaus zuversichtlich sein können.

Wenn der gesunde Menschenverstand uns sagt, dass es die Dinge, die wir wahrnehmen, tatsächlich gibt, so sollten wir ihm auch trauen. Gewiss sind unsere Sinne nicht perfekt, denn man könnte besser sehen, hören oder riechen als der Mensch. Manche Tiere sind uns in der einen oder anderen Hinsicht voraus. Aber Gott hat dem Menschen schon das passende Rüstzeug fürs Leben mitgegeben. Denn hätten wir zum Beispiel mikroskopische Augen, die stets das Kleinste scharf sehen, wie sollten wir dann den Weg »zum Markt und zur Börse« finden? Das Beispiel ist typisch für Lockes Kaufmannsverstand. Anderen wäre vielleicht der Weg zum Pub und zum Pferderennen eingefallen …

Der menschliche Verstand ist also begrenzt und nur im praktischen Sinne optimal. Im Anschluss an seinen Freund und Gesprächspartner, den Chemiker Robert Boyle, glaubt Locke, dass die stofflichen Dinge der Welt aus so feinen Teilchen bestünden *(Korpuskeln)*, dass auch die naturwissenschaftliche Forschung sie niemals völlig klar erfassen und enträtseln kann. Selbst der Naturwissenschaftler kann also nur annehmen, dass es eine objektive Realität der Dinge »an sich« gibt. Und so selbstgewiss er die *Existenz* von »Substanzen« voraussetzt, so verborgen bleibt ihm doch ihre wahre *Essenz*.

Was muss man sich unter solchen real existierenden Substanzen vorstellen? Die Frage hat eine lange Tradition. Und Locke reiht sich ein in eine Linie, die von Aristoteles über Galilei zu Descartes führt. Mit ihnen trennt er die *primären* Eigenschaften der Dinge von den *sekundären*. Um primäre Eigenschaften an einem Objekt wahrzunehmen, brauche ich *mehrere Sinne*. Das betrifft die Festigkeit, die Ausdehnung, die Gestalt, die Menge und die Beweglichkeit eines Dings. Ich kann sie sehen und fühlen, manchmal auch hören. Bei so vielen Indizien liegt es nahe, dass primäre Eigenschaften tatsächlich *Eigenschaften der Dinge* sind. Anders dagegen verhält es sich mit sekundären Eigenschaften. Sie sind jene Aspekte, die ich nur durch *einen einzigen Sinn* wahrnehme: Wärme, Farbe, Geruch und Geschmack. Sie sind *subjektiv*, denn das, was ich wahrnehme, ist eine Empfindung. Wenn ich nahe am Feuer stehe, empfinde ich es als heiß, bin ich weiter weg, ist es kälter. Der blaue Himmel ist bei einem anderen Lichteinfall grau. Und ein Geruch kann zunehmen oder abnehmen, je nachdem, wie die Umstände sind. Auch die sekundären Eigenschaften haben etwas mit den Dingen zu tun. Aber anders als die primären Eigenschaften sind sie keine Qualitäten des Objekts. Das jeweilige Ding hat nur die *Kraft*, diese Eigenschaften *in mir* auszulösen.

Locke war sich sicher, dass er mit dieser Unterscheidung auf festem Boden stand. Denn er folgt hier Robert Boyle, der sich in zwei Schriften 1666 und 1671 mit genau dieser Frage beschäftigt hat. Sein Ergebnis: Die sekundären Eigenschaften sind nur *relativ*. Allerdings ändert die Tatsache, dass ein Gegenstand für den einen unerträglich stinkt, für den anderen aber noch ertragbar ist, nichts daran, dass von dem Gegenstand ein Geruch ausgeht. Denn aus Sicht des Chemikers ist ein Feuer auch dann heiß, wenn der Betrachter zu weit davon entfernt steht, um die Hitze zu spüren.

Locke hält sich an Boyle, doch er verschiebt ein wenig die Pointe. Als Erkenntnistheoretiker ist ihm wichtig, dass Licht, Hitze, Wärme und Geruch sich einzig und allein daran erkennen lassen, dass ein Beobachter sie *sinnlich spürt*. Wogegen die Menge und die Ausdehnung eines Gegenstands nicht erspürt werden. Stattdessen werden sie deutlich neutraler an ihm wahrgenommen und sind somit, wie Locke meint, *substanziell*.

Stimmt das? Wie substanziell ist zum Beispiel die Bewegung eines Gegenstands? Eine Kugel, die rollt, ist durch Bewegung gekennzeichnet; eine Kugel, die ruht, nicht. Ist Bewegung nun eine Eigenschaft der Kugel oder ist sie es nicht? Den Strich zwischen Objektivität und Subjektivität quer durch unsere Erfahrung zu ziehen, hilft nur sehr begrenzt weiter. Zum einen lässt er sich gar nicht sauber zeichnen. Und zum anderen beantwortet er die große Frage von Descartes nicht: Woher können wir sicher wissen, dass dem, was wir uns in unserem Bewusstsein vorstellen, eine objektive Außenwelt entspricht?

Lockes Antwort hat die Philosophen nicht lange zufriedengestellt. Denn einerseits weiß er, dass all unser Wissen aus *Vorstellungen in unserem Kopf* besteht. Doch andererseits behauptet er, dass es *unabhängig von unserer Erfahrung* eine objektiv vorhandene Außenwelt gibt. Von dieser Außenwelt weiß ich aber nur etwas durch Vorstellungen in meinem Kopf, nämlich in Form der von mir wahrgenommenen primären Eigenschaften. Diese Vorstellungen sollen, nach Locke, der objektiven Realität entsprechen *(correspond)* – und zwar durch Indizien, die wiederum nichts anderes sein können als Vorstellungen in meinem Kopf. Man kann es drehen und wenden, wie man will: Alles, was ich über die Welt weiß, ist stets eine Vorstellung in meiner Innenwelt. Und jede Behauptung einer »Substanz an sich« bleibt ebendies – eine Behauptung! Genau an diesem Punkt wird Lockes klügster Kritiker sechs Jahre nach dessen Tod ansetzen. Doch bevor wir uns damit beschäftigen, wollen wir noch einmal einen Blick auf das Design von Lockes Gedankengebäude werfen und auf den Gegensatz zu seinem großen Kontrahenten auf dem Kontinent.

Streit mit Leibniz

Lockes Anspruch ist, die Philosophie zu entrümpeln. Hatten die Scholastiker und Rationalisten den Geist mit ihren Begriffskaskaden geflutet, so soll sein Empirismus ein reinigendes Gewitter sein. Völlig neu ist die Kaufmannssprache, in die Locke seine Erkenntnistheorie einkleidet. Am Anfang ist unser Verstand ein leeres Lagerhaus *(store)*, das nach und nach mit Erfahrungsgütern bestückt wird. Der Begriff »Lagerhaus« taucht gleich sechsmal im *Essay* auf. Die Ware kann auf zwei verschiedene Weisen erworben werden. Entweder wir eignen sie uns sinnlich an *(sensations)*. Oder wir erwerben sie dadurch, dass wir über uns selbst nachdenken *(reflections)*. Um im Bild zu bleiben, ist das Erste so etwas wie das Urbarmachen von neuem Land. Das Zweite ist die mannigfache handwerkliche Bearbeitung des Materials zu hochwertigen Einsichten.

Zeitgenössische wie spätere Philosophen haben darauf hingewiesen, dass diese Theorie nicht stimmig ist. Denn mit welchem Werkzeug werden die sinnlichen Erfahrungsgüter bearbeitet? Wo kommt es her? Locke spricht von allgemeinen angeborenen Vermögen. Aber können diese Vermögen sich selbst reflektieren? Wer steuert diesen Prozess? Oder aus späterer Perspektive gefragt: Wo ist das »Ich«, das den Geist im Innersten zusammenhält? Denn ohne Kommandozentrale keine Erfahrungsverarbeitung. Und ohne »Ich« keine reflektierende Instanz.

Irgendwie hat auch Locke dieses Problem geahnt. Statt eines »Ichs« fügt er plötzlich am Ende seines *Essays* ein Kapitel »Über die Vernunft« *(On reason)* ein. Huch, so mag der aufmerksame

Leser denken, wo kommt denn die auf einmal her? Die Vernunft stammt doch nicht aus der sinnlichen Erfahrung? Aber angeboren darf sie ebenfalls nicht sein, sonst bricht das ganze Kartenhaus des Empiristen zusammen. Für Locke ist die Vernunft so etwas wie der »gesunde Menschenverstand«. Er bildet sich nach und nach heraus, gespeist aus vielen intelligent verarbeiteten Erfahrungen. So wie Aristoteles die Klugheit *(phrónesis)* in jedem klugen Polis-Bürger heranreifen sah, so Locke die Kaufmannsklugheit *(reason)* bei jedem cleveren Engländer. An dieser Vernunft ist nichts angeboren, außer dem Potenzial, sie zu haben. Alle Inhalte aber sind dem Leben abgelauscht und veredelt worden durch die Selbstreflexion.

Was für die Vernunft gilt, gilt für Locke selbstverständlich auch für die Sprache und für die Moral. Die Sprache ist für ihn, wie für die Nominalisten des Mittelalters, nur eine Konvention. Wörter sind Zeichen, auf die sich eine Kultur geeinigt hat, und sonst nichts. Anders als für Descartes sind die Begriffe für Locke nicht im menschlichen Gehirn als Potenzialitäten verankert. Das Gleiche gilt für die Moral. Nichts davon ist in unserem Verstand vorstrukturiert. Einen Sinn für Gut und Böse entwickeln wir durch Lernen – und zwar jeder psychisch gesunde Mensch. Bereits Kinder können einsehen, dass ein erfolgreiches Zusammenleben darauf beruht, dass man sich an die Spielregeln hält. In diesem Sinne hält Locke moralische Einsichten für demonstrierbar – nicht anders als mathematische Lehrsätze. Damit ist allerdings nicht gesagt, dass jeder Mensch zu der gleichen Einschätzung gelangt, was er Gutes oder Böses zu tun bereit ist. Selbst »Geächtete und Räuber, die sonst mit aller Welt gebrochen haben«, müssen »unter sich auf Treue und Billigkeit halten, da sie ohnedem nicht zusammen bestehen können; kann man aber deshalb sagen, dass die, welche vom Betruge und Raube leben, angeborene Grundsätze der Gerechtigkeit und Wahrheit haben, welche sie anerkennen und denen sie zustimmen?«[82] Moralische Prinzipien und edle Absichten sind also zwei völlig verschiedene

Dinge – eine kluge Erkenntnis, die bis heute nichts von ihrer Gültigkeit verloren hat.

Eine solch nüchterne Betrachtung der Moral ruft natürlich Widerspruch hervor. In Hannover sucht Leibniz den brieflichen Austausch mit Locke, doch der ist nicht interessiert. Der Großphilosoph des Kontinents kontert schließlich mit seinen *Nouveaux essais sur l'entendement humain (Neue Abhandlungen über den menschlichen Verstand)*. Die Abwehr des Empirismus fällt in die ersten Jahre des 18. Jahrhunderts, und Leibniz arbeitet daran, als Locke 1704 stirbt. Für den Rationalisten hat Lockes Philosophie eine gefährliche materialistische Tendenz. Er verteidigt seine »eingeborenen Ideen«, denn für ihn liefern die Sinne nicht alles, sondern nur »Beispiele«. Und die »notwendigen Wahrheiten müssen Prinzipien haben, deren Beweis in keiner Weise von Beispielen abhängt, und folglich auch nicht vom Zeugnis der Sinne, selbst wenn wir ohne Sinne niemals dazu gekommen wären, sie zu denken«.[83] Für Leibniz aktivieren und schulen unsere Sinne ein reichhaltiges inneres Potenzial. Denn es sei zwar richtig, »dass nichts in der Seele ist, das nicht von den Sinnen stammt. Aber man muss die Seele selbst und ihre Affektionen davon ausnehmen.«[84] Nichts, so sagt Leibniz, ist im Verstand – außer dem Verstand selbst! Das Gleiche gilt für ihn auch für die »moralischen Prinzipien«. Wiewohl sie nicht bindend sind – insofern man gegen sie verstoßen kann –, so sind sie doch für alle vernünftigen Wesen in gleichem Maße verbindlich. Und zwar deshalb, weil sie uns von Gott eingepflanzt sind.

Die Wahrheit zwischen Locke und Leibniz liegt, wie bereits erzählt, in der Mitte. Allerdings muss Locke seinen sächsischen Kontrahenten nicht ernsthaft fürchten. Dessen Ruf in England hat sich seit seinem Erfolg mit der Rechenmaschine im Jahr 1673 dramatisch verschlechtert. Ruiniert haben ihn die heftigen Auseinandersetzungen mit Newton, dem Gott-König des englischen Wissenschaftsbetriebs. Ein erster Zankapfel der beiden großen Geister war der Streit um Raum und Zeit. Newton, der keinen

Widerspruch gewohnt war und ihn auch nicht akzeptierte, sah das Universum als eine einzige große Schachtel an, in die Gott alles andere hineingesetzt hatte. Insofern war der Raum für ihn das »Sensorium Gottes«. Er war wie Gott ewig und unendlich und absolut existent. Das Gleiche galt für ihn für die Zeit. Sie war objektiv in der Welt vorhanden: »Zeit ist, und sie tickt gleichmäßig von Moment zu Moment.«

Leibniz hingegen meint, dass es einen solchen absoluten Raum und eine solche absolute Zeit gar nicht gibt. Alles, was wir über Raum und Zeit sagen könnten, ist, dass sie relativ sind. Denn was Raum und Zeit sind, erfahren wir einzig und allein durch zeitliche und räumliche Relationen. Raum entsteht, wenn etwas in einem Beziehungsgefüge mit anderem steht als Nebeneinander, Übereinander, Entfernung und so weiter. Und das Gleiche gilt für die Zeit. Absolute Zeit ist nicht erfahrbar und, nach Leibniz, auch nicht existent. Es gibt nur ein Vorher und Nachher. Oder um es mit einem Bild zu sagen: Wenn man einen Stammbaum seiner Familie zeichnet, so malt man Striche vom Großvater zum Vater und vom Vater zum Sohn. Diese Striche drücken die wahren Verwandtschaftsverhältnisse aus. Aber das heißt noch lange nicht, dass es sie dinglich gibt. In der wirklichen Welt gibt es keine Verwandtschaftsstriche, wie wahr auch immer sie im Schema sind.

Auf gleiche Weise sieht Leibniz Raum und Zeit als etwas Ideelles an – als ein menschliches Ordnungsgefüge – und nicht als etwas absolut Reales. Bezeichnenderweise wird diese Kontroverse nie vollständig aufgelöst. So etwa wechselt Locke, entsprechend seiner Zwitterstellung als Naturwissenschaftler und Philosoph, ziemlich unsicher zwischen dem Raum als absoluter Ausdehnung und als relativer Erfahrung hin und her. Und so viel Kluges seitdem über Zeit und Raum gedacht wurde: Für die meisten Naturwissenschaftler sind sie noch heute absolut und »objektiv vorhanden« – für die meisten Philosophen nicht.

Noch verheerender für Leibniz ist der leidige »Zickenkrieg« über den Infinitesimalkalkül. Wer hat als Erster einen Kalkül formuliert, der die Differenzial- und Integralrechnung ermöglicht? Tatsächlich ist es Newton, der bereits 1665/1666 die Gravitationstheorie und die Fluxionsrechnung entdeckt hat. Allerdings veröffentlicht er sie erst mehr als zwanzig Jahre später in seiner *Philosophiæ Naturalis Principia Mathematica* (1687). In der Zwischenzeit entwickelt Leibniz unabhängig von Newton seine Differenzialrechnung – was ihm in England aber kaum jemand abnimmt. Belastend bringen Newton und seine Anhänger vor, dass Leibniz Kenntnis von einschlägigen Newton-Briefen aus den Jahren 1672 und 1676 hat, aus denen allerdings kaum etwas Verwertbares hervorgeht. Im Jahr 1699 erhebt der Schweizer Mathematiker *Nicolas Fatio de Duillier* (1664–1753), ein glühender Verehrer Newtons, zum ersten Mal den Vorwurf des Plagiats. Von nun an reißt die Kette der Anschuldigungen aus England gegen Leibniz nicht ab. Newton selbst, ein großer Physiker, aber ein hinterhältiger und zänkischer Charakter, befeuert einen regelrechten Vernichtungskrieg gegen den Kontrahenten in Hannover. Im Jahr 1712 verurteilt die Royal Society unter ihrem Präsidenten Newton Leibniz öffentlich aufs Schärfste. Dem Gescholtenen geht das Trommelfeuer aus London sichtlich an die Substanz. Gereizt antwortet er mit einer Flugschrift, in der er nun seinerseits Newton als Plagiator angreift. Die Engländer schäumen vor Wut, und jeder Versuch von Leibniz, die Sache einzurenken, schlägt fehl.

Der Zank um den Infinitesimalkalkül schadet Leibniz schwer. Und so geschieht es, dass seine klugen Argumente gegen den englischen Empirismus kaum wahrgenommen werden. Damit übersieht die gelehrte Welt, dass ausgerechnet der Rationalist Leibniz dem Unbewussten eine ganz neue Rolle in unserem Denken einräumt. Für Locke ist Denken immer bewusstes Denken. Für Leibniz aber gibt es auch die undeutlichen Ahnungen der Nacht und des Tages. Denn, wie schon Descartes wusste: Nicht alles, was sich an denkerischem Potenzial in mir befindet, muss mir bewusst sein. Die Einsicht ist bahnbrechend und beeinflusst später zwei Disziplinen: die Ästhetik und die Entwicklungspsychologie.

Einige Jahrzehnte darauf wird, wie wir noch sehen werden, Alexander Gottlieb Baumgarten ein ganzes Buch über die unscharfe sinnliche (»ästhetische«) Erkenntnis schreiben. Und im Kopf von Kindern macht Leibniz ungefähre Vorstellungen und verschwommene Vorstellungen aus, die erst durch gründliches Lernen und mühselige Selbstreflexion klarer werden. Ähnlich sieht das heute die Entwicklungspsychologie, wenn sie von vorgezeichneten Stufen der Ich-, der Sprach- und der Moralentwicklung bei Kindern spricht.

Ausgerechnet der Empiriker Locke hat für die biologisch-psychologisch vorgezeichnete Entwicklung des Bewusstseins kein Auge. Ganz im Gegensatz zum Rationalisten Leibniz, der damit seine angeborenen Denkstrukturen und Denkinhalte verteidigt. Kaum aufgefallen ist auch, dass Leibniz eine feine Linie zieht zwischen zwei völlig verschiedenen Begründungen. Wenn Locke meint, dass der Verstand von Neugeborenen leer sei, so argumentiert er *zeitlich*. Erst ist nichts da, und später kommt einzig durch Erfahrung dies und jenes dazu. Nicht anders betrachten heute Naturwissenschaftler wie evolutionäre Psychologen und Entwicklungspsychologen den Menschen. Leibniz dagegen bevorzugt eine ganz andere Art der Argumentation. Er betrachtet den Verstand wie ein Mathematiker. Für die Mathematik spielen zeitliche Entwicklungsvorgänge keine Rolle. Der Satz »Zwei plus zwei ergibt vier« ist kein zeitlicher Vorgang, sondern ein *logischer.* Er entwickelt sich nicht nach und nach, sondern er gilt außerhalb jeder Erfahrung und jeder Vorstellung von Zeit.

In gleichem Sinne fragt Leibniz, was in der Philosophie *Geltung* beanspruchen kann. Und wenn er von »Vorher« spricht, dann meint er nicht »Vorher« im Sinne eines zeitlichen Früher. Er meint ein logisches »Vorher«. Was muss vorausgesetzt sein, damit eine philosophische Aussage gültig ist? Und welche Wahrheiten gelten logisch vor aller Erfahrung? Wie gezeigt, sind dies zumindest alle mathematischen Wahrheiten. Und zwar völlig ungeachtet des psychischen Entwicklungsstands einzelner Menschen, die sich an mathematischen Aufgaben versuchen. Mathematische Sätze gelten, wie Leibniz feststellt, unabhängig von der Erfahrung. Sie sind a priori, das heißt – *im logischen Sinne – vor der Erfahrung.* Doch für welche Bereiche gibt es solche apriorischen Erkenntnisse? Gibt es sie nur hinsichtlich bestimmter Erkenntnisvermögen meines Verstandes wie bei mathematischen Sätzen? *Oder lässt sich die Reichweite apriorischer Aussagen weiter ausdehnen bis hin zu unserem moralischen Verhalten?* Diese Frage ist weit mehr als eine Logelei. Sie ist die wichtigste erkenntnistheoretische Frage des 18. Jahrhunderts! Und die bedeutendsten Denker des Abendlands werden sich an ihr abarbeiten. Doch kommen wir nun zurück zur Frage: Wie wirklich ist die Wirklichkeit?

Esse est percipi!

Welcher Philosoph kann schon von sich sagen, dass nicht nur eine Universität, sondern gleich eine ganze Universitätsstadt nach ihm benannt ist? Und nicht irgendeine, sondern eine der berühmtesten der Welt? Idyllisch liegen die imposanten neoklassizistischen Gebäude am glitzernden Wasser der San Francisco Bay. Es ist jener Ort, an dem Robert Oppenheimer die Atombombe entwickelte und später jene Studentenrevolte losbrach, die man die Achtundsechziger nannte.

Als die Stadt in Kalifornien nach ihm benannt wurde, war *George Berkeley* (1685–1753) allerdings schon lange nicht mehr am Leben. Und auch der Slogan »*Westward the course of empire takes its way*« (»Westwärts nimmt der Gang des Imperiums seinen Lauf«), der der Stadt Berkeley zu ihrem Namen verhalf, war von ihm bei Weitem nicht so imperialistisch gemeint, wie er später ausgelegt wurde.

Berkeley war Ire und wurde in der Grafschaft Kilkenny geboren. Als Locke 1704 in Epping Forest in der Grafschaft Essex stirbt, besucht der junge Mann das Trinity College in Dublin.

Berkeleys Studium ist umfassend: alte Sprachen, Philosophie, Theologie und Mathematik. Von 1707 an wird er selbst an der Universität unterrichten. Aber ähnlich wie Locke bleibt er nur einige Jahre im Universitätsbetrieb. Wie alle Hochschulabsolventen am Trinity College wird er 1710 zum Priester geweiht. In der Druckerpresse in Dublin liegt bereits sein philosophisches Hauptwerk: *A Treatise Concerning the Principles of Human Knowledge (Eine Abhandlung über die Prinzipien der menschlichen Erkenntnis)* – veröffentlicht mit fünfundzwanzig Jahren! Der Anspruch des Buchs könnte größer kaum sein. Berkeley will den Graben zuschütten, der Philosophie und Naturwissenschaft inzwischen trennt. Und er möchte damit den Skeptikern ebenso das Wasser abgraben wie den Atheisten.

Der junge Lehrer am Trinity College beginnt bei Lockes Unterscheidung von primären und sekundären Eigenschaften. Wir erinnern uns: Primäre Eigenschaften sollen jene Qualitäten sein, die der Materie selbst zukommen. Wogegen sekundäre Eigenschaften nur subjektive Erscheinungen sein sollen, die eine Kraft in der Materie bei uns auslöst. Nach Berkeley ist diese Unterscheidung allerdings Unsinn. Denn für ihn sind *alle* Vorstellungen, die wir von der Materie haben, *subjektiv,* also nicht nur Geschmack, Geruch, Farbe und so weiter, sondern ebenso Ausdehnung, Größe, Gestalt und Beweglichkeit. Denn was soll »Größe« schon objektiv bedeuten? Was einem Menschen klein erscheint, ist für eine Ameise ein Berg. Und dass ein Ding mal in Bewegung und mal in Ruhe ist, macht, wie gesagt, auch die Bewegung relativ. Hinter den Dingen, die wir wahrnehmen, lauern also keine verborgenen Substanzen, die klar definiert und unveränderlich wären. Sondern alles, was wir wahrnehmen, ist ein Gegenstand unserer subjektiven Wahrnehmung. *Esse est percipi* – alles Sein ist Wahrgenommen-Werden!

Mit dieser berühmten Definition stellt sich Berkeley (ohne es zu wissen) in die Tradition Dietrich von Freibergs, von Meister Eckhart, von Llull und von Cusanus. Doch Berkeley sieht sich nicht als

Mystiker, als die man seine Vorgänger etwas irreführend bezeichnet. Er hält sich für einen scharfen Beobachter unserer Sinneswahrnehmung, über die er bereits ein Jahr zuvor sein erstes Buch geschrieben hat. Als solcher entdeckt er nirgendwo eine »Substanz«, die unabhängig davon existieren soll, dass unser Geist sie empfindet oder denkt. Für Locke waren sowohl der Geist als auch die Materie substanziell. Alles, was wir in der Natur als Gegenstand primärer Eigenschaften vorfinden, soll eine Substanz sein: Chemische Verbindungen, physikalische Kräfte, Steine, Bäume, Tiere und unser Gehirn sind materielle Substanzen. Und unser Bewusstsein ist eine geistige Substanz. Locke wusste allerdings genau, dass er hier auf dünnem Eis stand. Denn wird unser Bewusstsein nicht auch materiell erzeugt, wie schon Nicolaus von Autrecourt und Johannes Buridan im Spätmittelalter meinten? Locke möchte dem weder laut zustimmen noch widersprechen. Scharmützel mit der Kirche hatte er genug, und die Kritik daran, dass Geist und Seele immateriell sein sollen, war selbst im späten 17. Jahrhundert nicht ganz ungefährlich. Locke zog sich darauf zurück, dass das wahre Wesen von Substanzen ohnehin viel zu fein sei, als dass menschliche Wissenschaft es völlig enträtseln kann.

Berkeley dagegen ist viel konsequenter. Er bestreitet nicht nur, dass primäre Eigenschaften wie Ausdehnung, Größe, Gestalt und Bewegung etwas zu einer Substanz machen. Er streicht den Begriff der »Substanz« gleich völlig durch und mit ihm den Begriff der »Materie«! Alles, was wir von der Welt wissen, sind Vorstellungen in unserem Gehirn. Und diese Vorstellungen können wir zwar mit anderen Vorstellungen abgleichen – aber niemals mit der Realität, wie sie »an sich« ist. Denn diese Realität wird einzig und allein durch unsere Sinne und unseren Verstand erzeugt. Was auch immer wir zu ergründen suchen, stets verändern wir nur unsere Vorstellungen. Die Materie »an sich« ist uns so unzugänglich, dass wir daraus nur eine einzige Konsequenz ziehen können: dass es sie gar nicht gibt! Substanzen und Materie sind lediglich Vorstellungen in unserem Kopf!

Nun hat Locke eine ganze Reihe von Beispielen gebracht, wie sich die wahre Substanz einer Sache als solche erkennen lassen soll. Unser Mittel dazu ist die Sprache. Wenn ich von allen Menschen, die ich kenne, das jeweils Besondere weglasse, so entsteht durch Abstraktion die Vorstellung »Mensch«. Und Menschen sind, nach Locke, Substanzen. Das Gleiche soll für Dreiecke gelten. Auch hier soll, durch Weglassen des Besonderen, die allgemeine substanzielle Idee des Dreiecks entstehen: Ein solches substanzielles Dreieck »darf weder schief- noch rechtwinklig, weder gleichschenklig noch ungleichseitig sein, sondern all dies und keines davon zur gleichen Zeit«.[85] Berkeley amüsiert sich darüber prächtig. Gibt es nur einen einzigen Menschen, der sich so etwas vorstellen kann? All die Abstraktionen wie »Mensch« oder »Dreieck« gewinnen weder Farbe noch Kontur: »Kurz, Ausdehnung, Figur und Bewegung sind undenkbar, wenn sie von allen anderen Eigenschaften durch Abstraktion gesondert werden. Wo also die anderen sinnlichen Eigenschaften sind, da müssen sie auch sein, d. h. *im Geist und nirgendwo anders.*«[86]

Was hat Berkeley mit dieser Aussage gesagt? Hat er bestritten, dass es jenseits des menschlichen Bewusstseins überhaupt eine Welt gibt? Genau das ist immer wieder behauptet worden. Aber nicht von Berkeley selbst! Er hat nur gesagt, dass alles, was wir über die Welt zu wissen glauben, *abhängig von unserem Bewusstsein* ist und damit *Bewusstseinsstoff*. Dass wir niemals aus dem Gehäuse unseres Geistes ausbrechen und in eine Welt »an sich« springen können. Tatsächlich geht allerdings auch Berkeley von einer realen Außenwelt aus. Aber diese Welt jenseits unseres Bewusstseins – Naturwissenschaftler sollten sich festhalten! – ist *nicht materiell, sondern ideell.* Den Begriff der Materie hatte Berkeley ja schon zu den Akten gelegt. Denn was soll eine Materie sein, die nicht »an sich« erfahrbar, sondern nur als Vorstellungsinhalt gewärtig ist?

Doch wenn das stimmt, dass unsere ganze Welt nur als Bewusstseinsstoff erfahrbar ist – und wer wollte dem ernsthaft widersprechen? –, wer sichert dann zu, dass es gleichwohl eine objektive Welt gibt, an der selbst Berkeley nicht zweifelt? Was soll eine Welt sein, die nicht erfahren wird? Immerhin bedeutet einzig und allein Erfahren-Werden »Sein«. Nun, eine Welt, die von niemandem erfahren wird, würde tatsächlich nicht existieren, meint Berkeley. Aber das sei bei der realen Welt ja gar nicht der Fall. Sie wird durchaus in vollem Umfang erfahren, und zwar unabhängig von jedem einzelnen Menschen – nämlich durch Gott, jenen Unendlichen, das wir Endliche niemals zu erfassen vermögen! Die ganze Welt ist der – ideelle – Bewusstseinsstoff Gottes, der sich in unserer begrenzten Einzelerfahrung in Teilen wiederfindet.

Damit ist die Katze aus dem Sack! Berkeley möchte nicht den radikalen Skeptikern das Wort reden, die er unter den Naturwissenschaftlern vermutet. Stattdessen möchte er die aufstrebende Zunft der Physiker zurechtstutzen, indem er ihnen den Begriff der »Materie« als reines Konstrukt um die Ohren haut – als einen Bewusstseinsinhalt, der immer nur Bewusstseinsinhalt bleibt und nie die Welt »an sich« aufschlüsselt. Hat Robert Boyle nicht sogar vorgeschlagen, den Begriff der »Natur« ganz zu streichen und durch »Mechanismus« zu ersetzen? Da kann es nicht schaden, den Experten des Mechanismus ihr materielles Weltbild und ihr Pathos zu nehmen. Und selbst wenn Newton sich vor aller Augen immer wieder als gottesfürchtig inszeniert – für Berkeley gehört Gott nicht in die Physik, sondern die Physik ins Bewusstsein des Menschen und der Mensch ins Bewusstsein Gottes.

Was ist »Idealismus«?

Kennen Sie *Orphée* des französischen Autors *Jean Cocteau* (1889–1963)? Der Film ist eine poetische Bearbeitung des Orpheus-Motivs. Orpheus ist jener antike Sänger, der in die Unterwelt hinabsteigt, um seine Geliebte Eurydike aus dem Reich der Toten zu holen. In Cocteaus Version aus dem Jahr 1950 ist alles ein wenig anders, und der Tod ist eine schöne, schwarz verhüllte Frau. An einer Stelle des Films fragt Orpheus den Tod, wer eigentlich sein Herr und Meister sei. Der Tod zögert ein wenig, bevor er erklärt, dass keiner dies so ganz genau wisse: »Manche meinen, dass er an uns denkt. Und andere meinen, dass wir nur Gedanken in seinem Kopf sind.«

Wenn man es überspitzt ausdrückt, so gibt der Engel des Todes damit die Position Berkeleys wieder. Nur das Ideelle ist wirklich, und Urgrund des Ideellen ist Gott. Alles andere aber sind Vorstellungen, die mein Bewusstsein produziert. Und wenn ich etwas für »Materie« halte, weil es ausgedehnt und von bestimmter Gestalt ist, ruht, fließt oder fliegt, dann ist auch dies eine Vorstellung in meinem Kopf, nämlich die Vorstellung »Materie«. Dagegen sei eigentlich nichts einzuwenden, meint Berkeley, wenn nicht Physiker, Freidenker und Atheisten beanspruchten, dass diese Materie eine »Substanz« sei, die auch außerhalb meines Bewusstseins und dem Bewusstsein anderer »an sich« in der Welt existiert.

Bei den meisten Menschen rufen Berkeleys Gedanken noch heute sofort Widerspruch hervor. Und nicht anders zu Anfang des 18. Jahrhunderts. Als der junge Geistliche seinem *Treatise* drei Jahre später einen eleganten Dialog fürs größere Publikum hinterherschiebt, löst er damit lebhafte Diskussionen aus. Die *Three Dialogues Between Hylas and Philonous (Drei Dialoge zwischen Hylas und Philonous)* beschäftigen die Gemüter noch lange. Der schottische Autor *James Boswell* (1740–1795) erzählt, wie er einmal mit seinem Freund, dem berühmten englischen Schriftsteller *Samuel Johnson* (1709–1784), auf einem Friedhof über Berkeley diskutierte. Daraufhin trat Johnson mit Wucht gegen einen Stein und sagte: »Ich widerlege das *so.*«

Viele Leser dürften an dieser Stelle zustimmend nicken. Aber Johnson hat Berkeley keinesfalls widerlegt. Denn die schmerzhafte Erfahrung, die der Tritt gegen den Stein bei Johnson auslöst, ist – eine Erfahrung in seinem Bewusstsein! Berkeley hat nicht behauptet, dass Gegenstände uns keinen Widerstand entgegenstellen, sondern er hat gesagt, dass wir niemals aus der Immanenz unseres Bewusstseins aussteigen können. In gleichem Sinne kann man auch heute antworten, wenn jemand aus seiner Alltagsvernunft heraus sagt: »Was für ein Blödsinn. Die Steine auf dem Mond lagen doch schon da, bevor der erste Mensch sie zu Gesicht bekam.« Auch das würde Berkeley nicht grundsätzlich bestreiten. Er würde allerdings bestreiten, dass diese Aussage mehr ist als eine Aussage *in meinem Bewusstsein*, der sehr viele Menschen, die ebenfalls *in meinem Bewusstsein* sind oder darin vorgestellt werden, zustimmen werden.

Die Schwierigkeit mit Berkeleys Sicht ist, dass sie unserem Alltagsverstand widerspricht. Genau das allerdings teilt sie mit der modernen Physik. Von der Tatsache, dass sich die Erde um die Sonne dreht, bis zur Quantenmechanik können wir ihr intuitiv nicht beikommen. In solcher Lage gibt es noch eine andere Möglichkeit, mit Berkeley umzugehen. Man kann seine These schlichtweg irrelevant für unser normales Leben finden (ebenso wie auch die Quantenphysik). Als ich vor ein paar Jahren mit meinem guten Freund Timm durch die Berge Mallorcas wanderte, es war Hochsommer und der Tag war brütend heiß, fragte er mich, ob ich ihm nicht erklären könne, was Philosophie sei. Wir waren schon lange auf den Beinen und das Gespräch sollte uns etwas aufmuntern. Ich deutete auf eine Palme und fragte: »Für dich steht dort eine Palme, oder?« Timm nickte. »Für einen Philosophen dagegen«, meinte ich, »ist nicht völlig sicher, dass dort eine Palme steht. Alles, was ich sicher weiß, ist, dass diese Palme jetzt als Vorstellung in meinem Bewusstsein ist. Aber was macht mich sicher, dass das stimmt?« Timm, der sich schon über die Frage wunderte, meinte, dass das doch klar sei, dass da eine Palme stehe. Wir könnten ja mal dagegentreten. In jedem Fall würde auch er bezeugen können, dass dort eine Palme steht. Ich entgegnete das Gleiche, was ich oben gerade ausgeführt habe. Weder das Dagegentreten noch Timms Zustimmung geben mir eine letzte Sicherheit, denn beides wären nur Ereignisse in meinem Bewusstsein.

Ich erinnere mich gut, dass Timm meinte, ihm sei gerade ein wenig schwindelig, vermutlich hätten wir zu wenig Wasser getrunken. Ich war mir nicht sicher, ob er meinte, dass nur ich oder alle Philosophen den Verstand verloren hätten. Die nächste Stunde gingen wir schweigend weiter. Aber einige Zeit später fragte er mich, ob diese Frage denn überhaupt wichtig sei. Ich gab gerne zu, dass sie im Alltag völlig belanglos ist. Denn zumindest erscheinen uns die meisten Dinge, *als ob* sie objektiv und »an sich« wären, und das ist nicht wenig und reicht völlig aus. Etwas anders dagegen verhält sich die Sache, wenn wir Erkenntnistheorie betreiben oder über die Reichweite und Geltung wissenschaftlicher Forschung nachdenken. Davon wird noch reichhaltig die Rede sein.

Wir erinnern uns, dass Berkeley nicht der Einzige war, der das Geistige für eigentlich und die Materie für uneigentlich hielt. Auch Leibniz war in dieser Hinsicht »Idealist« gewesen – ein Wort, das er selbst mitgeprägt hat. Für Leibniz war nur die göttliche Sphäre des Geistigen eigentlich, nicht anders als für Berkeley. Doch während der »Empirist« Berkeley von der Art und Weise ausging, wie Menschen die Welt erfahren, orientierte sich der »Rationalist« Leibniz an logischen und mathematischen Prinzipien. Weder in den Sinnen noch in der Mathematik gibt es einen gesicherten Platz für die Materie! Kein Wunder, dass der alte Leibniz von Berkeley durchaus beeindruckt war: »Vieles von dem, was ich hier finde«, gestand er ein, »scheint mir korrekt zu sein.« Allerdings ging es ihm ein bisschen zu weit, die Materie gänzlich zu verabschieden. Leibniz hätte es völlig gereicht, sie zu »veruneigentlichen«: »Es genügt zu sagen, dass es sich bei ihr um ein Phänomen wie einen Regenbogen handelt.«[87]

Mit seiner philosophischen Wende – der Verabschiedung der Außenwelt als »an sich« unerkennbar – wird Berkeley zum Wegbereiter einer neuen Philosophie. Schon Descartes hat gesagt, dass das »Ich denke« der Ausgangspunkt aller Philosophie sein müsse, und nicht die Welt. Aber Berkeley ist einen großen Schritt weitergegangen und hat alle Fragen der Erkenntnis zu Fragen gemacht, die sich an das eigene Bewusstsein richten: »Erkenne dich selbst!« – der alte Spruch des Orakels von Delphi bekommt nun eine ganz neue philosophische Bedeutung.

Mochten seine Zeitgenossen darüber denken, was sie wollten. Berkeley ließ sich durch ihre Kritik kaum beeindrucken. Mit dem Erscheinen der *Drei Dialoge* war die Sache für ihn beendet – und ebenso seine Universitätslaufbahn. Von nun an wendet er sich dem normalen Leben zu. Er geht nach London und bereist sechs Jahre lang Frankreich und Italien. Man trifft ihn mitten im Winter in den Alpen, und im Juni 1717 ist er zugegen, als der Vesuv ausbricht. Zurück in London, mischt er sich ins gesellschaftliche Leben und gewinnt Freunde wie die Schriftsteller Jonathan Swift, Alexander Pope, Richard Steele und Joseph Addison. 1724 versetzt ihn eine Stelle als Dekan ins nordirische Derry. Doch Berkeley hat größere Pläne. Im Jahr 1728 überquert er den Atlantik und landet in Rhode Island an der amerikanischen Ostküste. Sein Plan: eine Schule auf den Bermudas zu errichten, in der alle – die Kinder der weißen Siedler und der Ureinwohner – gemeinsam unterrichtet werden sollen. Nicht nur im philosophischen, sondern auch im alltagssprachlichen Sinne war Berkeley ein »Idealist«. Und wie so viele Idealisten scheitert er mit seinem ehrgeizigen Plan, weil die versprochene finanzielle Unterstützung aus England ausbleibt. Nach drei Jahren untätigen Wartens gibt er auf. Zurück bleibt nur das Gedicht über die strahlende Zukunft Nordamerikas, das er vor seiner Abfahrt geschrieben hat und das später die Gründer der Stadt Berkeley so pathetisch wie patriotisch inspiriert.

1734 wird Berkeley Bischof in der Kleinstadt Cloyne bei Cork in Irland. In seiner Freizeit verfasst er Bücher über Fragen der Religion und der Mathematik. Die Ökonomie bereichert er mit einem Buch namens *The Querist (Der Fragesteller)*, das tatsächlich nur aus Fragen besteht, etwa jener, ob es nicht der Fleiß der Bevölkerung sei, der den Wohlstand schaffe, statt der Menge an

Silber oder Grund und Boden. Und als Theologe sorgt er sich darum, dass die Mathematiker sich zutrauten, das Unendliche zu berechnen. Aus dieser Skepsis heraus übt er kluge Kritik an den Grundlagen der leibnizschen und der newtonschen Integral- und Differenzialrechnung. Im Jahr 1752 siedelt er nach Oxford über, in ein bescheidenes Haus, in dem er nur noch ein Jahr lebt. Beigesetzt wird der Vordenker der modernen Subjektphilosophie in der Kathedrale von Oxford – jener Kirche, in der die Zeit bis heute stets fünf Minuten nachgeht ...

Sinn und Sinnlichkeit

Der Erfolg kam spät und dann mit dem falschen Buch. *David Hume* (1711–1776) gilt heute als der bedeutendste britische Philosoph des 18. Jahrhunderts. Aber seinen Zeitgenossen war er vor allem der Autor der *History of England (Geschichte von England)* – eines internationalen Bestsellers in vielen Bänden.

Als Hume berühmt wird, ist er dreiundvierzig Jahre alt und hat sich bis dahin mehr schlecht als recht durchgeschlagen. Als Sohn aus gutem, aber vergleichsweise armem Hause in Edinburgh geboren, geht er früh an die Universität. Locke war zwanzig, als er in Oxford studierte, Berkeley fünfzehn, als er sich am Trinity College in Dublin einschrieb – Hume ist, als er die Universität Edinburgh betritt, zwölf (!). Sein Gebiet sind die alten Sprachen und die Philosophie. Das Jurastudium, das er auf Wunsch der Familie drei Jahre später aufnimmt, bricht er ab. Denn er findet »in sich«, wie er in seiner autobiografischen Skizze kurz vor seinem Tod schreibt, »eine unüberwindliche Abneigung gegen alles außer gegen Philosophie und allgemeine Gelehrsamkeit«.[88]

Hume fühlt sich als geborener Philosoph. Er liest viel und schnell, verschlingt die Bücher regelrecht und vernachlässigt dabei seine Ernährung und seine Gesundheit. Der geschundene Körper schlägt zurück in Form von Skorbut und Speichelfluss. Hume kehrt in den Kreis seiner Familie zurück und wird nun im Gegenzug schnell übergewichtig – ein Problem, das ihn ein Leben lang begleitet. Widerwillig folgt er dem Wunsch der Familie und nimmt eine »anständige« Tätigkeit auf. Er geht nach Bristol, neben Liverpool die Hauptstadt des Sklavenhandels, und arbeitet als Schreibgehilfe eines reichen Sklavenhändlers. Als Hume seinen Arbeitgeber orthografisch korrigiert, wird er von diesem abgekanzelt. Ein Mann, der Unsummen mit schmutzigen Geschäften verdient, braucht keine saubere Rechtschreibung! Die Demütigung sitzt so tief, dass der belehrte Gelehrte später schreiben wird, dass Lob von falscher Stelle stets wertlos sei. So freue sich ein Soldat nicht über das Kompliment, beredt zu sein, ein Bischof wolle nicht witzig genannt werden, und kein Kaufmann sei geschmeichelt, wenn man ihm sage, er sei gelehrt.

In seiner autobiografischen Skizze schreibt Hume nur kurz: »Schon innerhalb weniger Monate merkte ich, dass dieses Leben für mich überhaupt nicht das Rechte war.«[89] Er verlässt England und lebt ärmlich in Frankreich, erst in Reims und dann in La Flèche, jenem Ort, an dem einst Descartes das Jesuitenkolleg besucht hat. Und hier schreibt er 1737/1738 sein erstes Werk: *A Treatise of Human Nature (Ein Traktat über die menschliche Natur)*. Das Buch – das vielleicht bedeutendste Werk der angelsächsischen Philosophie – ist ein publizistisches Desaster. Erst verkauft sich kaum ein Exemplar, dann vergreift sich auch noch *William Warburton* (1698–1779) daran, der gefürchtetste Kritiker Englands. Der zerpflückt den *Treatise* auf der ganzen Linie und verunglimpft den Autor nach allen Regeln böser Kunst. Fast achtzig Jahre lang wird sich das Buch nicht davon erholen. Keine tausend Exemplare werden von der Erstauflage bis dahin verkauft. Wäre Hume nicht später als populärer Historiker berühmt geworden, wer weiß, ob der *Treatise* je angemessen in die Philosophiegeschichte eingegangen wäre.

Das dreiteilige Werk verfügt über eine erstaunliche Reife, eine beeindruckende philosophische Tiefe und – wie zuvor schon bei

Berkeley – über einen auffallend klaren, präzisen und doch eleganten Stil. Humes Philosophie besticht durch ihre Nüchternheit. Hatte Locke den Menschen mal als Anatomen, mal als Ökonomen und manchmal auch als traditionellen gottesfürchtigen Philosoph betrachtet, so inspiziert Hume ihn wie ein Zoologe. Er untersucht ihn als eine bislang erst halb verstandene Spezies und interessiert sich für deren innere Organisationsstruktur, ihre Reflexe, ihre Konditionierungen und ihre arttypischen Verhaltensweisen. Und er sieht in ihm, mit einem Begriff des 19. Jahrhunderts gesagt, weniger ein »Vernunftwesen« als ein »Instinktwesen«. All das macht ihn bis heute zum Lieblingsphilosophen vieler Naturwissenschaftler, vom englischen Evolutionsbiologen *Thomas Henry Huxley* (1825–1895) bis zu dem Hirnforscher *Gerhard Roth* (* 1942).

Humes Philosophie gründet nicht in metaphysischen Annahmen über die Natur des Menschen wie bei Leibniz und zum Teil noch bei Locke und Berkeley. Bei Locke gibt Gott immerhin die Spielregeln vor, nach denen der Mensch sich entfalten und seinen Wohlstand mehren soll. Und bei Berkeley hat er den Ordnungsrahmen der Welt gesetzt, jenen Kosmos des Ideellen, in dem der Mensch existiert. Bei Hume aber diktiert niemand mehr die Regeln des menschlichen Seins, kein Gott, kein Kaiser noch Tribun. Allein die Natur lässt den Menschen Mensch sein.

Die Prinzipien, die unser Leben bestimmen, sind keine ewigen Gesetze, sondern jene biologischen und psychologischen Eigenheiten unserer Spezies, die wir an ihr beobachten. Denn alles, was wir über unseren Verstand, unseren Willen oder unsere Vernunft wissen, wissen wir durch Selbst- und Fremdbeobachtungen. Philosophen legen nicht die Welt frei und öffnen die Falten von Gottes Zaubermantel, sondern sie beobachten den Menschen und erfinden dazu die passenden Begriffe.

Hume ist ein ungewöhnlich aufgeräumter Denker, der auch noch dort Ordnung schafft, wo seine Vorgänger bis dahin gar nicht hingegrübelt haben. Besonders deutlich wird dies am Problem der Außenwelt, also an Berkeleys Ansicht, dass wir von den Dingen »an sich« nichts wissen und dass es sie deshalb auch gar nicht geben kann – Gott ausgenommen. Humes Antwort ist verblüffend, sie ist nämlich weniger philosophisch als auf äußerst pragmatische Weise psychologisch. Anders als Locke und Berkeley traut Hume dem menschlichen Verstand nämlich keine besonders große Urteilskraft zu. Was an unserem Denken und Verhalten geht schon darauf zurück, dass wir uns äußerst gründliche Gedanken gemacht haben? Und wohin sollten solche gründlichen Gedanken auch führen? Zu jeder Sicht der Dinge gibt es eine Gegensicht. Wäre das Leben ein Schachspiel mit sich selbst, so könnte man Hume sinngemäß zusammenfassen, so gewänne (wie schon bei Platon) nicht Weiß, sondern Schwarz. Denn immer wenn man über den nächsten Zug nachdenkt, fällt einem sofort eine bessere Entgegnung ein. Doch wenn das stimmt, dann können sich Menschen gar nicht von ihrer Vernunft leiten lassen, jenem klugen Kaufmannsverstand, von dem Locke spricht. Mit anderen Worten: Die Vernunft führt gar nicht zu endgültigen Lösungen oder definitiv richtigen Entscheidungen.

Hume ist sich sicher, dass normale Menschen dies (im Gegensatz zu den Philosophen) auch ahnen. Deshalb betätigen sie ihre Vernunft im Alltag auch eher wenig oder nur so viel, wie sie unbedingt müssen. Der größte Teil unseres Meinens und Verhaltens geschieht dagegen gleichsam reflexartig und automatisch. Das gilt auch für das Problem der Außenwelt. Wie mein Freund Timm, so meint Hume, dass die Frage eigentlich irrelevant sei. Selbst wenn man noch so oft wiederholt, dass es Dinge »an sich« nicht gibt – das normale Bewusstsein vertraut weniger auf die Logik der Beweisführung als auf seine Intuition. Es orientiert sich, mit einem aktuellen Wort gesagt, »postfaktisch«. Denn unsere Ansichten über die Welt stammen eher aus »einem Vorgang im fühlenden als im denkenden Teil unseres Wesens«. Und wenn alle normalen Menschen davon ausgehen, dass es die Außenwelt tatsächlich gibt, sollten die Philosophen sie, nach Hume, auch nicht wegdiskutieren. Berkeley mag noch so sehr recht haben mit seiner Argumentation, besonders belangvoll sei sie nicht.

Humes psychologischer Pragmatismus ist entwaffnend. Je weniger er sich mit der Frage: »Wie wirklich ist die Wirklichkeit?« herumschlagen muss, umso mehr Zeit hat er für die Analyse der Frage: »Woher weiß ich, was ich weiß?« Hier ist er weitaus genauer als Locke. Mit Scharfsinn hat er zweimal dessen Einteilung unserer Erfahrung geprüft. Und zwar sowohl in seinem *Traktat* als auch später in *An Enquiry Concerning Human Understanding (Eine Untersuchung über den menschlichen Verstand)*. Für Locke gibt es zwei Quellen, nämlich einmal Sinneswahrnehmungen *(sensations)* und zum anderen Selbstwahrnehmungen *(reflections)*. Sinneswahrnehmungen geben uns Vorstellungen wie »Pferd«, »grau«, »hart« oder »Kälte«. Und Selbstwahrnehmungen führen zu Vorstellungen wie »Denken«, »Fühlen«, »gut«, »Liebe« oder »Schmerz«. Für Hume ist diese Einteilung nicht ausreichend und etwas irreführend. Was ihm fehlt, ist eine klare Trennung zwischen Empfindungen und Vorstellungen. Deshalb erprobt er eine andere Unterteilung.

Alles, was ich erfahre, führt zu Auffassungen *(perceptions)*. Doch diese können recht unterschiedlicher Natur sein und fühlen sich auch verschieden an. Entweder handelt es sich um Eindrücke *(impressions)* oder um Vorstellungen *(ideas)*. Wenn ich ein Kornfeld sehe, eine Musik mich beschwingt, ein Anblick mich erschüttert, gewinne ich Eindrücke. Besinne ich mich auf solche Erlebnisse und rufe ich sie vor meinem inneren Auge wach, so gewinne ich eine Vorstellung von ihnen. Eindrücke sind dabei wesentlich lebendiger und intensiver, Vorstellungen dagegen schwächer und unbestimmter. Oft führt der Weg von den Eindrücken zu den Vorstellungen. Ich erlebe einen Sommertag oder eine Liebesnacht – und denke später daran. Oft setzen wir unsere Vorstellungen aber auch aus ganz verschiedenen Eindrücken selbstständig zusammen und lassen so unsere Fantasie kreisen. Sollten wir uns dabei immer stärker von unseren Eindrücken entfernen, so können wir annehmen, dass wir uns in eine Welt des Scheins begeben. Denn psychologisch gesehen, garantieren uns nur die Eindrücke das starke Gefühl von Wirklichkeit.

Humes entscheidende Trennlinie verläuft also nicht mehr zwischen Sinnes- und Selbstwahrnehmung. Denn ich kann Eindrücke haben, die von außen kommen (ich blicke ins helle Licht) und von innen (ich verspüre einen Abscheu gegen jemanden). Und das Gleiche gilt für meine Vorstellungen. Sie können über Eindrücke ebenso von außen angeregt werden (die Sonne scheint) wie von innen (ich kann XY nicht leiden).

Was Hume mit seiner neuen Einteilung sagen möchte, ist: *Es gibt nur eine Quelle für alles, was wir mit Sinn belegen – unsere Sinnlichkeit.* Und alle sinnvollen Vorstellungen gehen auf Eindrücke zurück. Tun sie es nicht, so drängt sich der brennende Verdacht auf, dass es sich um Unsinn handelt. Denn man muss immer nachforschen: Von welchem Eindruck stammt diese angebliche Vorstellung her? Lässt sich keiner aufzeigen, so bestätigt sich, dass es sich um etwas Sinnloses handelt. »Ich hoffe, diese klare Darlegung der Frage wird alle Streitigkeiten über dieselbe beseitigen und das von uns aufgestellte Prinzip in unseren Untersuchungen größere Bedeutung gewinnen lassen, als es bis jetzt gehabt zu haben scheint.«[90]

Humes Position ist eine ganz neue Form von Wahrheitstheorie. Nicht Gott oder die Logik stellt sicher, dass etwas wahr oder sinnvoll ist. Sondern das *Sinnkriterium* ist einzig und allein: *Lässt sich diese oder jene Vorstellung auf einen Eindruck zurückführen?* Das Gleiche gilt für Hume auch auf der Ebene der Sprache. Begriffe sind dann sinnvoll, wenn sie sich auf einen bestimmten Eindruck beziehen. Noch nie zuvor hatte ein Denker des Abendlands ein solch subjektives Sinnkriterium formuliert! Für Leibniz waren Begriffe dann wahr, wenn sie der allgemeinen und göttlichen Struktur der Welt entsprachen. Für Hume dagegen reicht es, wenn das bezeichnende Wort etwas konkret Bezeichnetem entspricht.

Die Bombe, die er damit auf die Metaphysik abwarf, schlummerte fast zweihundert Jahre in der Erde. Erst in den Zwanziger- und Dreißigerjahren gruben die Denker des Wiener Kreises sie aus. Wie Hume suchten sie ein eindeutiges Sinnkriterium, um wissenschaftlich klare Sätze von unsinnigen oder sinnlosen Behauptungen zu unterscheiden. Im Gegensatz zu Hume aber setzte sich der Logische Empirismus nicht nur mit einfachen Sätzen, sondern mit den inzwischen hochkomplexen Problemen der Sprachlogik und der Grammatik auseinander – ohne das selbst gesteckte Ziel jemals zu erreichen …

Zoologie der Erfahrung

Wenn Hume von »Eindrücken« und »Vorstellungen« spricht, dann sind uns diese Fähigkeiten nicht von Gott vorgegeben. Ihr Fundament liegt einzig und allein in unseren Nerven: »Ein Eindruck wirkt zunächst auf die Sinne ein und lässt uns Hitze oder Kälte, Hunger oder Durst, Lust oder Unlust der einen oder anderen Art empfinden. Von diesem Eindruck erzeugt der Geist ein Abbild, welches bleibt, nachdem der Eindruck aufgehört hat; dies Abbild nennen wir eine Vorstellung.«[91]

Hume schreibt dies im Alter von gerade mal sechsundzwanzig Jahren. Sicher, auch Locke hatte sich als Anatom und Physiologe der menschlichen Erfahrung gesehen. Aber was für ein Unterschied zwischen Lockes weitschweifigen, oft umständlichen und viele philosophische Konventionen berücksichtigenden Ausführungen in seinem *Essay* und Humes knapper und pointierter Analyse. Niemand zuvor hat auf so brillante Art und Weise untersucht, wie Menschen Erfahrungen machen und zu ihren Ansichten gelangen. Doch wie weit trägt ein solcher »naturalistischer« Ansatz? Beantwortet uns die Analyse von Empfindungen und Erfahrungen die Frage, *warum wir überhaupt in der Lage sind, Einsichten über uns selbst zu gewinnen*? Die Frage geht weit über den

Mechanismus von Eindruck und Vorstellung hinaus. Denn reicht der Verweis auf die Reizbarkeit unseres Nervensystems aus, um zu erklären, warum wir mathematischen Sätzen nicht widersprechen können? Und sagt uns unsere Gehirnchemie, dass Wahrheiten keinen logischen Widerspruch zulassen?

Die Frage, um die es hier geht, ist die genannte berühmte Frage: Gibt es Wahrheiten, die vor aller Erfahrung – also a priori – gelten? Sie gehört definitiv nicht zu Humes Lieblingsfragen, aber immerhin widmet er ihr einen kleinen Absatz in seiner *Enquiry*. Darin unterscheidet er zwischen »Beziehungen von Vorstellungen« und »Tatsachen«: »*Daß drei mal fünf gleich der Hälfte von dreißig ist* drückt eine Beziehung zwischen diesen Zahlen aus.« Diese Beziehung ist logisch und überzeugend, aber – und das ist wichtig – sie bezieht sich nur auf sich selbst, nicht auf die Welt. Denn »Sätze dieser Art lassen sich durch bloße Denktätigkeit entdecken, unabhängig davon, ob irgendwo im Weltall etwas existiert. Wenn es auch niemals einen Kreis oder ein Dreieck in der Natur gegeben hätte, würden doch die von Euklid demonstrierten Wahrheiten für immer ihre Gewißheit und Evidenz behalten.«[92]

Die Antwort auf die Frage lautet also: *Ja, es gibt Wahrheiten a priori – aber es gibt sie ausschließlich dort, wo unser Verstand mit sich allein ist.* Überall dort aber, wo Menschen auf Reize der Außenwelt angewiesen sind, wo sie Eindrücke und Vorstellungen aus dem Leben gewinnen, gibt es sie nicht! Hier gibt es nirgendwo einen festen Boden unter den Füßen. Denn kein Gesetz der Welt – auch kein Naturgesetz – garantiert mir, dass morgen die Sonne aufgeht, nur weil sie es bisher immer getan hat. Denn dass die Sonne aufgeht, ist ja nicht im strengen Sinne logisch. Wäre es logisch, so müsste sich die Sonne in einen Widerspruch verwickeln, wenn sie es nicht täte. Doch Beobachtungen in der Natur mögen so regelhaft sein, dass wir sie als »Gesetze« betrachten – die strenge Logik mathematischer Sätze erreichen sie nie. Jede Naturbeobachtung, egal, ob ich sehe, höre, wiege oder messe, bleibt immer eine Beobachtung. Und das »Gegenteil jeder Tatsache ist immer möglich«.[93] Jede Beobachtung ist damit subjektiv, selbst wenn ich mit Recht sagen kann: Es ist äußerst wahrscheinlich, dass morgen wieder die Sonne aufgeht. Und es ist ausgesprochen wahrscheinlich, dass Wasser – als reiner Stoff und bei gleichem Luftdruck – immer bei null Grad Celsius gefriert.

Was lernen wir daraus? Ganz einfach: Urteile entstehen dadurch, dass wir etwas zueinander in Beziehung setzen. In der Mathematik formulieren wir Axiome und beziehen Sätze aufeinander und kommen so, mit Leibniz formuliert, zu *Vernunftwahrheiten*. Alle anderen Urteile dagegen entstammen aus Beobachtungen und sind *Tatsachenwahrheiten*. Vernunftwahrheiten gelten a priori, Tatsachenwahrheiten dagegen nicht. Denn wenn Menschen die Natur beobachten, so sind es immer Menschen, die die Natur beobachten. Und alle Beobachtungen sind dadurch gefärbt und strukturiert, wie unser menschliches Bewusstsein arbeitet. Niemals wissen wir, ob die Dinge so sind, wie wir sie erfahren, auch wenn diese Frage im Alltag nicht wichtig ist. Wichtig ist sie nur, wenn ich die Arbeit der Naturwissenschaftler und der Philosophen bewerte. Denn beide dürfen sich nie einbilden, dass sie die Natur »an sich« erkennen, und zwar weder die der Außenwelt noch die des Menschen.

Die übliche Art, wie die Spezies Mensch Urteile fällt, ist die Verknüpfung. Menschen verknüpfen das, was sie beobachten, durch ein »weil«. Es ist hell, *weil* die Sonne scheint. Ich bin hungrig, *weil* ich ein Hungergefühl im Magen verspüre. Die Welt ist schlecht, *weil* es so viele schlechte Menschen gibt. Jedes Mal verknüpfe ich dabei eine *Ursache* mit einer *Wirkung*. Denn so wie das menschliche Bewusstsein funktioniert, kann ich gar nicht anders, als mir die Welt dadurch sinnvoll zu machen, dass ich die Dinge kausal miteinander verknüpfe. Solche Verknüpfungen können ganz triviale Alltagsbeobachtungen sein, die nur für mich gelten. Sie können aber auch den Anspruch erheben, allgemeingültig zu sein. Und sie können einen so hohen Anspruch auf Objektivität haben, dass ich behaupte, sie seien ein Naturgesetz.

Doch woher weiß ich, ob ein solches *Kausalurteil* – »diese Ursache hat folgende Wirkung« – stimmt? Für Hume gibt es nur eine einzige Quelle, eine Tatsachenbehauptung zu überprüfen: durch Erfahrung! In diesem Punkt unterscheidet er sich gewaltig von Leibniz. Der sächsische Rationalist nämlich hatte, wie gezeigt, behauptet, dass sich viele Wahrheiten rein logisch erschließen und überprüfen ließen. Und zwar nicht nur (wie bei Hume) in der Mathematik, sondern auch in den Naturwissenschaften und in der Philosophie.

Doch Hume zieht eine scharfe Grenze. Eine mathematische Wahrheit gilt immer und außerhalb jeder Zeit und Erfahrung. Eine Tatsachenbehauptung dagegen ist allemal an eine bestimmte Erfahrung gebunden. Ich habe hundertmal geschmeckt, dass Zucker süß ist, also gehe ich davon aus, dass er auch morgen süß schmeckt. Davon auszugehen ist, nach Hume, gut und richtig. Aber es ist nicht logisch erschließbar, dass Zucker noch morgen süß schmeckt. Warum sollten Beobachtungen nicht dem Wandel der Zeit unterliegen? Selbst die sogenannten Naturgesetze sind nur Beobachtungswahrheiten. Und keine Logik garantiert mir, dass sie stets die gleichen bleiben und sich nicht verändern.

Ob irgendetwas in der Natur gesetzmäßig konstant ist, hält Hume für unbewiesen und unbeweisbar. Für die meisten Menschen heute gilt es als sonnenklar, dass es völlig konstante Vorgänge sind, die festlegen, wie sich Energie von einem auf ein anderes Objekt überträgt oder was die Materie im Innersten zusammenhält. Konstanten wie die Lichtgeschwindigkeit oder die Elementarladung gelten überall im Weltraum und lassen sich nicht anzweifeln. Und doch ist Humes Zweifel daran, ob sogenannte Naturkonstanten tatsächlich konstant sind, heute wieder brandaktuell. Nach gegenwärtigem Stand der Forschung sind zumindest kleinste Abweichungen dieser Naturkonstanten über astronomische Zeiträume hinweg denkbar. So etwa könnte die Ausbreitung elektromagnetischer Strahlung vor einigen Milliarden Jahren ein klein wenig langsamer gewesen sein als heute –

ein Thema, an dem sich die Physiker seit wenigen Jahren entzünden.

Hume hätte beifällig genickt, aber es geht ihm nicht ums physikalische Detail. Es geht ihm darum, dass es bei allen Tatsachenwahrheiten *aus Prinzip* immer *denkbar* ist, dass sie nicht ganz genau stimmen. Und genau das unterscheidet sie von den Vernunftwahrheiten der Mathematik.

Erfahrung garantiert keine Konstanz. Und immer wenn ich aus einer Beobachtung in der Vergangenheit auf die Zukunft schließe, befinde ich mich auf logisch ungesichertem Terrain. Diese Einsicht ist als *Hume-Problem* oder *Induktionsproblem* in die Geschichte eingegangen. Für einen Briten, zwei Generationen nach Newton, ist das eine kühne Aussage – wenn auch eine sehr richtige. Der Mensch enthüllt nicht mehr mit kühnem Forschergeist die Prinzipien der Natur. Sondern er interpretiert sich die Natur zurecht nach der Art und Weise, wie sein Denken als Angehöriger der Spezies Mensch nun mal funktioniert. Wie Leibniz kann Hume nichts mit Newtons unendlichem Raum und unendlicher Zeit anfangen. Denn ein solcher Raum und eine solche Zeit sind nicht erfahrbar. Die Vorstellung geht auf keinen Eindruck zurück und ist somit leer. Wie kann ich dann behaupten, dass es sie gibt? Alles, was wir über Raum und Zeit wissen, rührt daher, dass wir ein Nebeneinander und ein Nacheinander wahrnehmen. Aber beides ist an die menschliche Perspektive gebunden und hat genau dort seinen Platz und sonst nirgends.

Was für die großen philosophischen Fragen gilt, das gilt für Hume in gleichem Maße im Alltag. Auch hier verknüpfen wir von morgens bis abends Dinge miteinander – und zwar völlig unabhängig davon, ob diese Verknüpfungen sinnvoll oder gar überprüfbar sind. Der Mensch ist ein Lebewesen, das sich in seinem täglichen Denken und Verhalten mit möglichst schnellen und weitgehend automatisierten Urteilen zufriedengibt. Eine kurze Empfindung, ein reflexartiger Bezug auf frühere Erfahrungen – und fertig ist das Urteil.

Noch nie zuvor in der Geschichte der Philosophie hatte ein Philosoph das Seziermesser derart an die psychologischen Denkmuster angelegt. Radikaler noch als Spinoza schneidet Hume den Menschen gedanklich auf und findet überall kurze Denkstränge und kaum je die langen Verästelungen der Vernunft. Menschen sind keine Vernunftmaschinen, sondern in erster Linie ungeordnete Bündel von Empfindungen und mehr oder weniger diffusen Vorstellungen. Und nicht der Verstand regiert uns, sondern die Gefühle. Unsere Urteile werden nicht im Geist durchdacht, sondern sie sind Produkte von emotionalen Routinen. Je häufiger wir eine Verknüpfung im Geist wiederholen, umso notwendiger erscheint sie uns. Dass Hume damit ins Schwarze trifft, belegt die Theorie des Hirnforschers António Damásio von den »somatischen Markern«, von der im Zusammenhang mit Spinoza bereits die Rede war. Die Verbindung neuer Erfahrungen mit Emotionen der Vergangenheit verläuft zumeist völlig automatisiert, ohne dass eine abwägende Vernunft die Chance erhält, Erlebnisse neu zu durchdenken.

Hume verwendet viel Zeit und Raum darauf, die zahlreichen Automatismen unseres Gehirns zu beschreiben. Neben Spinoza ist er der bis dahin gründlichste Anatom menschlicher Gefühle. Minutiös beschreibt er die verschiedenen Facetten unseres Gefühlslebens und führt es zurück auf unser Nervensystem. Keine emotionale Regung ohne die entsprechenden biologischen Vorgänge, die *animal spirits* oder *spiritus animales,* von denen – dreihundert Jahre vor dem britischen Ökonomen John Maynard Keynes – bereits Descartes sprach.

Es belustigt Hume geradezu, dass so viele Philosophen und Naturforscher vor ihm überall »Notwendigkeiten« in der Natur zu entdecken meinten, aber völlig übersahen, welche Notwendigkeit in uns selbst waltet: der Zwang, meinen eigenen Gefühls-, Vorstellungs- und Denkschematismen zu folgen, einer fortwährenden Kette von Ursache und Wirkung! Also auch hier, wie bei Berkeley: »Erkenne dich selbst!« statt »Erkenne die Welt!« Nur dass die Selbsterkenntnis bei Hume keinen ideellen Geist zutage fördert, sondern einen komplizierten Mechanismus aus Reizen und Reflexen. Und dass sie zu einer bemerkenswerten Konsequenz führt: Wenn all mein Fühlen und Denken der Abfolge von Ursache und Wirkung unterliegt, wo soll da Platz sein für einen »freien Willen« …?

Das Wohl aller

Lebenserfahrungen – Vom Glück, einen unfreien Willen zu haben – Moralische Empfindungen – Der Sinn für Moral – Der unparteiische Beobachter – Von der Moral zur Wirtschaft – Die Entstehung des Reichtums durch die natürliche Freiheit – Die unsichtbare Hand

Lebenserfahrungen

Kennen Sie *William Cleghorn* (1718–1754) oder zumindest *James Clow?* Wenn nicht, so macht das auch nichts. Ersterer war Professor für ethische und pneumatische Philosophie an der Universität Edinburgh. Und es dürfte recht selten vorkommen, dass jemand in die dortige Universitätsbibliothek geht, um die vier unveröffentlichten Bände mit Vorlesungsmitschriften zu studieren, die er als einzige Spur zurückließ. Der Zweite war Professor für Logik in Glasgow, und er hinterließ überhaupt kein Werk, ja nicht einmal seine Lebensdaten für uns.

Wenn man ihre Namen heute noch kennt, dann nur deshalb, weil sie einem Größeren im Weg standen. Cleghorn und Clow erhielten ebenjene Professuren, um die sich David Hume vergebens bewarb. Als Schattenmänner von heute geistern die Sieger von damals in der Geschichte herum. Denn anders als Hobbes, Locke, Spinoza, Leibniz oder Berkeley wünschte sich Hume nichts sehnlicher als eine ordentliche Professur. So sehr, dass er sich sogar auf unwürdige Weise verbog. In einem Brief schwadronierte er larmoyant über seine Gottesfürchtigkeit, obwohl er überzeugter Atheist war.

Hume war es finanziell nicht gut gegangen nach seinem *Treatise*. Die erhoffte Anerkennung blieb zunächst aus und auch eine akademische Stelle, die ihm seinen Lebensunterhalt ermöglicht hätte. Eigentlich waren die Bedingungen dafür nicht schlecht. Schottland hat gleich vier Universitäten zu bieten, und in der ersten Hälfte des 18. Jahrhunderts laufen sie England den Rang ab. Überall entstehen Professuren für Philosophie, und es herrscht akademische Aufbruchsstimmung. Doch selbst wenn sich die Philosophie institutionell von der Theologie und von den Naturwissenschaften abspaltet, ein guter schottischer Philosoph hat weiterhin gottesfürchtig zu sein – oder es zumindest geschickt zu simulieren. Daran, dass Menschen, die gedanklich stärker aus der Reihe tanzen, selten ordentliche Professuren ergattern, hat sich bis heute wenig geändert.

Bei seiner Bewerbung 1744 in Edinburgh geht es Hume um die Existenz. 1752 in Glasgow möchte er Teil einer Welt werden, zu der neben Adam Smith bald auch dessen Freund *James Watt* (1736–1819) gehört. Der bedeutendste Philosoph seiner Zeit hätte Tür an Tür mit dem bedeutendsten Ökonomen und dem bedeutendsten Erfinder seiner Zeit gelehrt. Stattdessen erleben wir Hume als Tutor des geistig behinderten Marquis von Annandale in St. Albans bei London. Doch der Philosoph soll nicht Lehrer sein, sondern Krankenpfleger. Heillos zerstritten mit dem Verwalter und denunziert vom Dienstpersonal wird er mit Schimpf und Schande entlassen. Man kann nicht behaupten, dass Hume zu jenen Philosophen gehört, die das Leben nicht kennenlernten. Auf die Demütigung von St. Albans – Hume streitet vor Gericht elf Jahre lang um seine Entlohnung – folgen die Abenteuer an der Seite des Generals *James Sinclair* († 1762). Als Sinclair Hume zu seinem Privatsekretär macht, plant er einen Angriff mit einer sechstausend Mann starken Armee auf die französischen Besitztümer im kanadischen Quebec. Doch das Wetter spielt Sinclair einen Streich. Statt nach Kanada geht es im September 1746 mit einer Verstärkung von weiteren zweitausend Mann in die Bretagne. Sinclair soll L'Orient (heute: Lorient) angreifen, das Hauptquartier der 1664 gegründeten Französischen Ostindien-Kompanie. Hume schreibt, dass Sinclair die Expedition weder »beabsichtigt« noch »geplant« noch »genehmigt« noch dass er »an den Erfolg geglaubt« hat.

Die Mission gerät zum Desaster, die Franzosen sind dem tollkühnen Angreifer zahlenmäßig fünffach überlegen. Es mangelt an Schießpulver, und die englischen Soldaten müssen die Kanonen ohne Pferde durch den Sand ziehen. Hume fungiert derweil als Kriegsgerichtsrat und trifft am laufenden Band moralische und juristische Entscheidungen, manchmal auch über Leben und Tod. Nach dem militärischen Fehlschlag zieht er sich ins Herrenhaus Ninewells bei Chirnside an der schottisch-englischen Grenze zurück. Er überarbeitet seinen *Enquiry* und verfasst mehrere Essays. Doch schon bald lockt ihn Sinclair mit einem neuen Abenteuer vom Schreibtisch weg. Diesmal geht es in diplomatischer Mission nach Wien, und fast das ganze Jahr 1748 reist Hume durch Deutschland und Österreich. Als er nach England zurückkehrt, schreibt er sein zweites Hauptwerk: *An Enquiry Concerning the Principles of Morals (Eine Untersuchung über die Prinzipien der Moral)*. Hume wird das Buch sein wichtigstes und bestes nennen.

Vom Glück, einen unfreien Willen zu haben

Um Humes Gedanken über Moral zu verstehen, muss man zunächst wissen, wie er die Frage beantwortet: Haben wir einen freien Willen? Die Antwort lautet nämlich: *Nein! Und das ist gut so!* Für viele Menschen ist diese Antwort einigermaßen verblüffend. Denn erstens gehen die meisten davon aus, dass sie einen freien Willen haben. Und zweitens finden sie die Vorstellung, dass ihr Wille nicht frei sein soll, eher beklemmend als gut. Wie also ist Hume auf beides gekommen?

Erinnern wir uns daran, was Hume über Ursache und Wirkung denkt. Anders als fast alle Naturwissenschaftler hält er die kausale Verknüpfung der Dinge nicht für ein Gesetz, das wir in der Natur vorfinden. Sondern er hält es für eines, das typisch ist für die Art und Weise, wie Menschen die Welt begreifen. Für Hume gibt es nirgendwo einen festen Boden in der Welt, stattdessen aber einen festen Grund in jeder menschlichen Psyche. Eine Art psychologischer Grammatik, zu der auch das »Kausalitätsgesetz« gehört, lässt uns die Welt so sehen, wie wir sie sehen. Wenn Eisenspäne von einem Magneten angezogen werden, so denkt man, es gibt eine »Kraft« im Magneten, die Eisen anzieht. Diese Kraft ist natürlich nichts weiter als die Übertragung einer Beobachtung aus der Menschenwelt auf den Magneten. Denn sehen können wir diese Kraft nicht. Doch wir fühlen uns *genötigt,* diese Kraft anzunehmen. Und wir sind *genötigt* zu vermuten, dass der Magnet dies beim nächsten Mal auch tut, weil Magnete dies offensichtlich immer tun.

Der Grund, dass wir beim Magneten von einer Ursache und beim Anziehen der Späne von einer Wirkung reden, liegt also darin, dass unser Geist uns *nötigt,* dies zu tun. Wenn es einen untrennbaren Zusammenhang von Ursache und Wirkung gibt, so deshalb, weil Kausalität ein Raster unseres Denkens ist. Es ist die Methode, mit der der menschliche Verstand Sinn produziert.

Dasselbe, was wir beim Magneten und den Spänen tun, tun wir auch fortwährend mit unseren Mitmenschen. Wir erklären ihr Handeln durch ein »weil«. Jemand hat gegessen, *weil* er hungrig war. Jemand hat nicht geantwortet, *weil* er gekränkt ist, und so weiter. Auf diese Weise unterstellen wir allen Handlungen *Motive*. Wer dagegen jenseits solcher Motive denkt und handelt, den halten wir für verrückt. Etwas ohne nachvollziehbares Motiv zu tun, ohne erkennbare Ursache, ist *irre*.

An dieser Stelle macht Hume nun eine subtile Überlegung. Ist es nicht so, dass wir bei Menschen, die sich irre verhalten, annehmen, sie seien geistig krank? Und denken wir nicht bei geistig Kranken, die Armen, sie wissen nicht, was sie tun, denn sie sind von inneren Kräften getrieben, denen sie hilflos ausgeliefert sind? Diese Kräfte machen den geistig Kranken unfrei, sie setzen ihn unter *Zwang*. Und er kann deshalb auch nicht für seine Taten verantwortlich gemacht werden.

Die meisten Menschen würden dem vermutlich zustimmen – aber Hume nicht! Er sieht die Sache nämlich genau anders herum. Der Geisteskranke erscheint uns nämlich nicht deshalb irre, weil er unter Zwang steht, sondern weil seine Handlungen *unberechenbar* sind. Das heißt, wir können sie nicht nach dem Schema Ursache – Wirkung oder Motiv – Handlung erklären. Das aber bedeutet im Umkehrschluss, dass Menschen dann »normal« sind, wenn man genau das tun kann. Wenn man sagen kann: Der hat das getan, weil er diesen oder jenen Grund oder dieses oder jenes Motiv oder diese oder jene Absicht hatte. Doch wenn das stimmt, dann sind es die normalen Menschen, die unter Zwang stehen – nämlich dem Zwang, ihrer psychologischen Grammatik von Motiv und Handlung zu folgen! Für die Motive und Absichten aber können wir gar nichts. Wir sehen ein leckeres Essen und bekommen Hunger. Wir fühlen Müdigkeit und wollen uns schlafen legen. Wir empfinden Neid und reden schlecht über jemanden.

Wenn Ursache und Wirkung die elementare Grammatik unserer Psyche bilden, gibt es keine Freiheit des Willens. Und unsere

Vernunft, unfähig, ohne die Gefühle zu werten und zu entscheiden, ist nichts anderes als eine Art Marketingabteilung, die im Nachhinein rechtfertigt, was unsere Gefühle vorher entschieden haben! Heutige Hirnforscher finden an dieser Position viel Gefallen. Sie versuchen nachzuweisen, dass die Impulse unseres Willens einem rationalen Zugriff entzogen sind. Viel Futter für ihre Kanonen lieferte 1979 eine Versuchsreihe des Hirnforschers Benjamin Libet, von dem im Zusammenhang mit Pomponazzi bereits die Rede war. Versuchspersonen, die eine Art Uhrzeiger verfolgten, sollten zu einem von ihnen selbst spontan ausgewählten Zeitpunkt den Finger heben. Gleichzeitig wurde gemessen, wann diese Entscheidung im Gehirn getroffen wurde. Die besondere Pointe war: Die Fingerbewegung lag vor der gemessenen Gehirnaktivität – etwa eine halbe Sekunde. Libet bestätigte damit, was vor ihm bereits seine deutschen Kollegen *Hans Helmut Kornhuber* (1928–2009) und *Lüder Deecke* (* 1938) in den Sechzigerjahren entdeckt hatten. Eine unbewusst bleibende Gehirnaktivität geht unseren bewussten Entscheidungen zeitlich voraus. Bezeichnenderweise sah Libet in seinen Experimenten nicht den Beweis dafür, dass der Mensch keinen freien Willen hat. Eine halbe Sekunde war für ihn Zeit genug, um die unbewussten Vorgaben unseres Gehirns entweder zu befolgen oder abzulehnen. Danach besäßen Menschen zwar keinen freien Willen, aber zumindest einen freien »Unwillen«, ein Vetorecht gegenüber unseren unbewussten Impulsen.

Libets Experimente sind vielfach und heiß diskutiert worden. Philosophisch fallen sie allerdings weit unter Humes Niveau. Denn woher soll denn der freie Unwille kommen? Hat nicht auch er einen unbewussten Auslöser, über den wir nicht verfügen können? Will man die Willensfreiheit verteidigen, dann sicher nicht so, wie Libet es tut. An der Kausalität eines *in dem Moment* nicht beeinflussbaren Willensimpulses und einer von *diesem oder konkurrierenden* Willensimpulsen bestimmten Reaktion führt kein Weg vorbei. Doch das heißt nicht, dass unser Wille nicht Teil unserer Biografie mit all den vielen Erfahrungen und Einsichten ist, die sie formen. Unser Wille ist nicht das unbekannte Tier in uns, sondern Teil eines sich unausgesetzt wechselseitig beeinflussenden Gesamtsystems, das wir aus unserer eigenen Wahrnehmungsperspektive heraus »Ich« nennen. Von diesen und ähnlichen Problemen wird bei der Diskussion der Gegenwartsphilosophie noch ausführlich die Rede sein.

Die Gehirnmechanismen des freien oder unfreien Willens sind bis heute nicht zureichend erforscht. Und viele neuere Ergebnisse widersprechen einander. Von Hume bleibt, dass er präziser und moderner belegt, was schon Pomponazzi gemutmaßt hatte: In einer Welt von Ursache und Wirkung gibt es keine Freiheit! Allerdings sah Pomponazzi die Kausalität als Gesetz der Physik an und nicht der Psychophysik wie Hume. Dieser verschiebt die Diskussion um die Freiheit des Willens für das 18. Jahrhundert so, wie Pomponazzi dies für das 16. Jahrhundert getan hatte. Grübelten die anderen darüber, wie der Mensch frei denken und handeln kann, wenn Gott die Welt allwissend vorherbestimmt hat – so sahen Pomponazzi und Hume nicht Gott als das Problem an, sondern die Kausalität.

Das Verblüffende ist, dass Hume den unfreien Willen ausdrücklich lobt! Denn gerade das macht uns ja berechenbar. Wir würden verrückt, wenn wir unsere Handlungen und jene der anderen nicht auf Ursachen zurückführen könnten, weil jeder einen völlig freien Willen hätte. Die Gedanken und Taten der Menschen würden nur so herumhüpfen. Nur wer annimmt, dass Menschen in bestimmten Bahnen oder Schienen denken, kann die menschliche Psyche wissenschaftlich erforschen. Wissenschaft braucht beobachtbare Reflexe, Routinen und Gesetzmäßigkeiten. Und genau dieses Projekt strebt Hume an: eine empirische Seelenforschung, die im deutschen Sprachraum »Erfahrungsseelenkunde« oder »Psychologia« heißt. Und das wichtigste Terrain dieser Seelen-Wissenschaft ist das präzise Studium menschlichen Sozialverhaltens; also das, was man in England *morals* nennt …

Moralische Empfindungen

Warum verhalten Menschen sich so, wie sie es tun? Diese Frage leitet Humes Untersuchung der Moral. Ein größerer Kontrast als zu Leibniz ist kaum denkbar. Hume interessiert sich nicht für moralische Prinzipien, Lehren oder Normen – sondern ihn interessiert, *wie sie zustande kommen.* Was wie Teilnahmslosigkeit aussieht, ist für ihn ein ethisches Programm. Gerade so will er die Gesellschaft besser machen – nicht dadurch, dass der Philosoph anderen Menschen sagt, was sie zu tun haben, sondern dadurch, dass er ihnen hilft, ihr eigenes Verhalten besser zu verstehen!

Hume ist achtunddreißig Jahre alt, als er sich an sein zweites Hauptwerk setzt. Hinter ihm liegen bewegte Jahre, die seine Menschenkenntnis gefördert haben. Und er hat bereits zahlreiche Gedanken über die Moral zu Papier gebracht. In einem ist er sich schon im *Treatise* völlig sicher: Wenn es um Fragen des *Sollens* geht, helfen Tatsachen logisch nicht weiter. Tatsachen festzustellen und ethische Handlungen einzufordern sind zwei völlig getrennte Welten. Aus dem Satz: »Nur jeder dritte Deutsche benutzt regelmäßig eine Zahnbürste« folgt nicht, dass mehr Deutsche regelmäßig eine Zahnbürste benutzen *sollen.* Und aus dem Satz: »Jeder dritte Deutsche kauft alle vier Jahre ein neues Auto« folgt auch nicht, dass mehr oder weniger Deutsche neue Autos kaufen *sollen.* Und aus der Tatsache, dass der Mensch ursprünglich ein baumbewohnender Primat an sonnigen Lichtungen und Waldrändern war, folgt nicht, dass er auf Bäumen oder an Waldrändern leben *soll.* (Auch wenn Architekten daraus die Lehre ziehen können, dass Menschen sich in höher gelegenen Wohnungen meist wohler fühlen als im Keller oder Erdgeschoss und dass die meisten Mitteleuropäer viel Licht in ihrer Wohnung lieben.)

Diese strikte Trennung von *Tatsachen* und *Normen* ist heute weltberühmt. In Humes eigenen Worten lautet sie: »In jedem Moralsystem, das mir bisher vorkam, habe ich immer bemerkt, dass der Verfasser eine Zeitlang in der gewöhnlichen Betrachtungsweise vorgeht, das Dasein Gottes feststellt oder Beobachtungen über menschliche Dinge vorbringt. Plötzlich werde ich damit überrascht, dass mir anstatt der üblichen Verbindungen von Worten mit ›ist‹ und ›ist nicht‹ kein Satz mehr begegnet, in dem nicht ein ›sollte‹ oder ›sollte nicht‹ sich fände. Dieser Wechsel vollzieht sich unmerklich, aber er ist von größter Wichtigkeit. Dies *sollte* oder *sollte nicht* drückt eine neue Beziehung oder Behauptung aus, muss also notwendigerweise beachtet und erklärt werden. Gleichzeitig muss ein Grund angegeben werden für etwas, das sonst ganz unbegreiflich scheint, nämlich dafür, wie diese neue Beziehung zurückgeführt werden kann auf andere, die von ihr ganz verschieden sind ... ich bin überzeugt, dass dieser kleine Akt der Aufmerksamkeit alle gewöhnlichen Moralsysteme umwerfen und zeigen würde, dass die Unterscheidung von Laster und Tugend nicht in der bloßen Beziehung der Gegenstände begründet ist, und nicht durch Vernunft erkannt wird.«[94]

Die scharfe Trennung von Tatsachen (*Ist*-Sätzen) und Normen (*Soll*-Sätzen) nennt man *Humes Gesetz*. Eine gewichtige Feststellung – auch wenn Sprachphilosophen das Gesetz in den letzten Jahrzehnten angezweifelt haben und manche Disziplinen wie die Evolutionäre Psychologie sich nicht so recht daran halten. In jedem Fall hält sich Hume an seine eigene Regel. Er untersucht das menschliche Sozialverhalten nur als Tatsache, und er versucht nicht Normen daraus abzuleiten. In diesem Punkt steht er nicht allein auf schottischer Flur. Denn auch *Francis Hutcheson* (1694–1746), *der* Philosophieprofessor der Universität Glasgow, sieht das ähnlich wie Hume. Hutcheson ist siebzehn Jahre älter und das Zentrum aller moralischen Diskussionen in Schottland jenseits der Kirche. Seinen späteren Titel als »Vater der schottischen Aufklärung« trägt er nicht, weil seine Werke bedeutender gewesen wären als die einiger anderer. Er war jener Lehrer, in dessen Umfeld philosophische Gedanken unabhängig von der Theologie am besten gedeihen konnten. Hutcheson predigte seine aufklärerischen Ideen geradezu und zog damit Schüler aus ganz Europa an. In der Mitte des 18. Jahrhunderts sind Edinburgh und Glasgow für etwa zwei Jahrzehnte die intellektuellen Zentren der westlichen Welt – noch vor London und Paris.

Als Hume seinen *Treatise* veröffentlicht, gehört Hutcheson zu den ganz wenigen, die das Buch schätzen. Denn auch der Glasgower Philosophieprofessor gründet seine Ethik nicht in göttlichen Prinzipien oder universalen Gesetzen. Wie Hume will er alle Moral im Menschen verankern statt im Himmel. Und Träger der Moral sind keine Vernunftwahrheiten, sondern Empfindungen. Hutcheson macht allerdings keinen Hehl daraus, dass Hume ihm dabei etwas zu weit über das Ziel hinausschießt. Als dieser ihm im Winter 1742/1743 ein kleineres Werk zur Moral schickt, wird der Unterschied offenbar. Hutcheson glaubt, dass jeder Mensch einen gleichsam angeborenen Sinn für Gerechtigkeit hat. Wie die Pflanze aus der Knolle, so wächst dieser Gerechtigkeitssinn unter günstigen Umweltbedingungen organisch aus dem Gefühl des Wohlwollens hervor. Denn ein reifes und erweitertes Wohlwollen führt zum Sinn für Gerechtigkeit und damit zum »Gemeinsinn« – jenem Begriff, den seit Hobbes jeder Philosoph in den Mittelpunkt stellt, der seine Auffassungen von Moral und Politik ohne Gott begründet.

Hutcheson war nicht allein auf sein Zutrauen in die »inneren Sinne« des Menschen gekommen. Die bahnbrechende Schrift zum Thema verfasste *Anthony Ashley Cooper* (1671–1713), der 3. Earl of Shaftesbury und Enkel von Lockes großem Mentor. In seiner *Inquiry Concerning Virtue, or Merit (Untersuchung über die Tugend)* sah er den Menschen als ein Tier, das ständig versucht, seine innere Balance zu finden. Und das gilt ebenso für den Umgang mit anderen wie mit uns selbst. Das Streben nach innerlicher und äußerlicher Harmonie sei dem Menschen angeboren und Teil seiner Natur. Shaftesburys Essays waren überaus einflussreich und enthalten ohne Zweifel einen wahren Kern. Dass wir den Zustand innerer Disharmonie meistens nur schlecht und nicht lange ertragen können, ist heute eine Standardansicht der Sozialpsychologie. Die beiden US-Amerikaner *Leon Festinger* (1919–1989) und *Stanley Schachter* (1922–1997) erforschten in den Fünfzigerjahren, was passiert, wenn unser Selbstbild nicht mit dem Bild übereinstimmt, das andere von uns haben. Lassen sich unsere Erwartungen, Gedanken und Meinungen nicht mit dem zur Deckung bringen, was andere aus guten Gründen für »wahr« halten, so erleben wir eine »kognitive Dissonanz«. Unsere innere Harmonie ist gestört und muss umgehend wiederhergestellt werden, und zwar entweder dadurch, dass ich mich korrigiere, oder dadurch, dass ich die Außenansicht auf mich Stück für Stück entwerte.

Dass alle Menschen eine innere Balance anstreben, denkt auch Hutcheson, wenn er von einem inneren Sinn für Tugend und Laster spricht, der sich aus Mitgefühl und Wohlwollen speist. Hume dagegen sieht die Sache anders. Für ihn folgt die Gerechtigkeit bei Weitem nicht so organisch aus dem Wohlwollen wie bei Hutcheson. Denn Wohlwollen ist eine höchst subjektive Sache. Wen wir lieben und schätzen, der erhält mehr davon. Wen wir nicht mögen oder den wir gar nicht kennen, der erhält wenig oder gar nichts. Wohlwollen und Gerechtigkeit stehen also nicht in einer direkten Verbindung. Sie können einander sogar heftig widersprechen.

Humes Kritik trifft Hutcheson ins Mark. Das ganze Programm des Moralprofessors besteht darin, Werte wie Schönheit, Ehre und Moral statt durch Gottes Güte durch »innere Sinne« im Menschen zu erklären. Für ihn ist der Mensch nicht Wolf unter Wölfen wie bei dem ihm verhassten Hobbes, sondern ein höchst soziales Tier mit einer entsprechenden inneren Ausstattung. Und wenn es gelingt, den Pfad nachzuzeichnen, der vom Mitgefühl über das Wohlwollen zum Wunsch nach Gerechtigkeit führt, dann ist der Königsweg gefunden. Dann kann man alles ohne Gott begründen: eine öffentliche Moral und einen Staat, die nichts anderes sind als die gemeinschaftliche Umsetzung eines angeborenen Programms! Moralisch ist, was Mitgefühl und Wohlwollen so weit wie möglich ausdehnt. Und ein guter Staat ist der, der die »größte Beglückung für die größte Anzahl« von Menschen ermöglicht. Genau diese Formel wird später als *Utilitarismus* in die Geschichte eingehen und das politische Denken in den angelsächsischen Ländern bis heute prägen.

Der Sinn für Moral

Mit dem Utilitarismus hat Hume nicht das geringste Problem. Auch er gehört zu seinen frühen Begründern. Aber er sieht den Pfad nicht, der vom Mitgefühl über das Wohlwollen zu Gerechtigkeit und zur Gemeinwohlorientierung führen soll. Für ihn ist die Gerechtigkeit keine angeborene Tugend, sondern eine »künstliche Tugend«. Mit dem Mitgefühl und Wohlwollen hat sie nur mittelbar zu tun. Zwar ist Mitgefühl eine wichtige Voraussetzung. Aber nicht jedes Mitgefühl führt zur Gerechtigkeit, manchmal führt es sogar dazu, dass wir ungerecht sind.

Mit dieser Kritik trifft Hume ins Schwarze. Wissenschaften wie die Primatologie und die Verhaltensökonomie, die sich des Themas in den letzten vierzig Jahren angenommen haben, sehen das weitgehend ähnlich. Der niederländische Primatenforscher *Frans de Waal* (* 1948) zeigt, dass unsere Moralität eine emotionale und intuitive Grundlage hat, die wir mit anderen Tieren, insbesondere Primaten, teilen. Im innersten Kern unseres Wesens stehen emotionale Reflexe. Eine Stufe weiter entwickelt sich bei Kleinkindern und auch bei Menschenaffen so etwas wie »kognitive Empathie«. Wir lernen die Emotionen anderer einzuschätzen und suchen Gründe für deren Verhalten. Hume würde wohl sagen, dass sich im Kleinkindalter der Sinn für Kausalität entwickelt. Hirnforscher dagegen fahnden nach der neuronalen Grundlage des Mitgefühls und machen seit den Neunzigerjahren oft sogenannte Spiegelneurone dafür verantwortlich. Auf der letzten Stufe der Moralentwicklung steht die Fähigkeit, in vollem Umfang die Perspektive eines anderen einzunehmen. Nur sie ist, nach de Waal, exklusiv menschlich.

Ähnliche Entwicklungen erkennt auch der österreichische Wirtschaftspsychologe *Ernst Fehr* (* 1956). Mit de Waal hält er für möglich, dass Menschen einen angeborenen Sinn für Unfairness haben, die ihnen widerfährt. Die Ausweitung dieses Gefühls auf andere geschieht aber nur zum Teil durch die allmähliche Entwicklung des Mitgefühls. Ebenso wichtig ist das soziale Umfeld, in dem wir uns bewegen. Verhalten sich andere Menschen fair und wird dieses Verhalten belohnt, so neigen wir dazu, ebenfalls fair sein zu wollen. Gibt jedoch unfaires Verhalten die Spielregeln vor, so passen wir uns oft äußerst geschmeidig an. Häufig genug ist es ein Gebot der Klugheit, nicht allzu moralisch zu sein, um keinen großen Schaden davonzutragen. Pointiert ausgedrückt: Menschen sind lieber die Bösen als die Dummen! In gleichem Sinne stellen auch Sozialpsychologen seit den Fünfzigerjahren fest, dass Menschen offensichtlich flexible Grundsätze haben und keine festen. Der US-amerikanische Psychologe *Jonathan Haidt* (* 1963) hebt hervor, dass unsere moralischen Empfindungen notwendig der Korrektur durch die Vernunft bedürfen, weil auf sie gerade kein Verlass ist; eine Position, die wir später bei Kant kennenlernen werden.

Was ist das Resultat? Unsere Moralität beruht sehr weitgehend auf Empfindungen, nämlich auf automatisierten Reflexen und der Fähigkeit zum Mitgefühl. Doch von unseren Empfindungen zu den höheren moralischen Einsichten führt kein streng vorgezeichneter Kanal, sondern ein ganzes Delta aus Strömen und Nebenströmen. Genau das aber ist für das 18. Jahrhundert ein großes Problem. Nicht nur Hutcheson, sondern auch seine Kollegen und Nachfolger wie Adam Smith, Thomas Reid und James Beattie behaupten ein festgelegtes Programm der Moralentwicklung. Für sie ist der Moralsinn *(moral sense)* ein Teil unseres »gesunden Menschenverstandes« *(common sense)* und damit so etwas wie eine anthropologische Werkseinstellung. Seit Hobbes und Locke vom *common sense* gesprochen hatten, ist er aus der englischen Philosophie nicht mehr wegzudenken. Und der Moralsinn soll jenes große Loch füllen, das der Verlust des Glaubens an die gute göttliche Weltordnung hinterlassen hat. Der Mensch wird somit zur einzigen Quelle des Guten – aber was ist, wenn sie nicht von Natur aus den vorgezeichneten Weg entlangsprudelt?

Hume hat recht, wenn er bei der Gerechtigkeit von einer »künstlichen« Tugend spricht, von etwas Abgeleitetem und nicht von der Quelle selbst. Warum aber folgen wir dann im Normalfall den sozialen Normen, den moralischen Spielregeln und den Gesetzen der Gesellschaft? Im *Treatise* hatte Hume geantwortet: Weil wir uns selbst lieben und deshalb gerne allen unnötigen Konflikten aus dem Weg gehen. Hutcheson war das zu wenig gewesen, denn es erklärt nicht, warum Menschen sich gut fühlen, wenn sie die »Guten« sind. Und es erklärt auch nicht, warum es überhaupt moralische Regeln gibt. Hume hatte ihm geantwortet, dass er die Moral wie ein Anatom betrachtet hätte und nicht wie ein Maler, der das Schöne am Menschen herausstellt. Diese »ästhetische« Betrachtung möchte Hume in seinem *Enquiry* nachreichen.

Der Ausgangspunkt ist folgender: Nahezu alle Menschen lieben sich selbst (selbst wenn sie viel an sich zu kritisieren haben, aber das machen sie nur, weil sie sich selbst lieben). Zu unserer Selbstliebe gehört, dass wir uns in den Menschen spiegeln, die uns nah sind. Auf diese Weise bilden wir einen emotional-moralischen Nahhorizont aus. Wir lieben und achten nicht nur uns selbst, sondern wir treten in ein emotionales Gespinst mit unserer Familie, unserer Großfamilie, unserem Clan ein. Die anderen werden Teil unserer Liebe und manchmal auch unseres Hasses. Und sie spiegeln uns, indem sie uns beurteilen. All dies ist Teil einer moralischen Stimmung, bei der wir Sympathie gemeinhin weit mehr schätzen als Antipathie. Unsere Freude daran, dass sich Mitmenschen uns gegenüber großzügig, freundlich und uneigennützig verhalten, ist so groß, dass wir irgendwann im Laufe der Kultur (und ebenso in der persönlichen Entwicklung jedes Einzelnen) anfangen, dieses Verhalten *generell* zu schätzen. So loben und verurteilen wir selbst die Taten von Menschen, die wir persönlich nie kennengelernt haben. Ja, wir loben und verurteilen bestimmte Verhaltensweisen »an sich«: Lieben, tapfer sein, barmherzig sein, loyal sein ist gut, das Gegenteil ist schlecht. Spiegeln uns andere durch ihre Reaktionen, dass wir viele gute Eigenschaften haben, so fühlen wir uns mit uns wohl und leben ein erfülltes Leben.

In dieser Hinsicht, meint Hume, sind sich alle Menschen und alle Kulturen ziemlich gleich. Überall gibt es ähnliche Tugenden, und kein Land lobt die Niedertracht, den Verrat, die Hartherzigkeit oder den Hass. Denn alle normalen Menschen mit gesundem Menschenverstand gehen den gleichen Weg von der Selbstliebe über die Eigenschaften, die ihr zuträglich sind, bis zu den Tugenden und dem Gemeinsinn. Hume verpackt diese Einsicht in ein schönes Bild: »Der Rhein fließt nach Norden, die Rhone nach Süden; und doch entspringen beide aus demselben Berg und werden auch ... von demselben Prinzip der Schwerkraft in Bewegung gesetzt. Die verschiedenen Neigungen des Bodens, auf dem sie fließen, verursachen den ganzen Unterschied des Laufes.«[95]

Weil die moralischen Instinkte überall in der Welt die gleichen sind, kann Hume von einem »Moralsinn« sprechen als Teil unseres gesunden Menschenverstandes. Aber dieser Moralsinn ist eben kein angeborenes Programm, sondern er speist sich aus den überall ähnlichen Erfahrungen, die Menschen mit ihrer Selbstliebe und ihrer Mitwelt machen. Es ist verkehrt, zu meinen, dass die Gefühle von Lust und Unlust bei ethischen Entscheidungen »in jedem einzelnen Falle durch eine *ursprüngliche* Beschaffenheit und *primäre* Gemütsverfassung erzeugt werden. Die Zahl unserer Pflichten ist gewissermaßen unbegrenzt, daher ist es unmöglich, dass jeder derselben ein ursprünglicher Instinkt zugrunde liegt.«[96] Moral ist nicht Natur, sondern Konvention, angeboren ist nur die Selbstliebe. Aus diesem Grund müssen wir unseren Moralsinn auch ständig kultivieren. Wir müssen uns bemühen, gute und anständige Menschen zu sein. Und wir müssen moralische Probleme sorgfältig durchdenken lernen, damit unser Moralsinn auf guter Grundlage seine Gefühlsentscheidungen treffen kann. In diesem Punkt ist sich Hume mit Hutcheson einig: Jeder Mensch, selbst jeder Richter, kann mit Vernunft nur die Lage sortieren. Ist alles übersichtlich geordnet, tritt der Moralsinn auf den Plan und entscheidet so, wie das stärkste Gefühl es vorgibt. Die Vernunft allein hingegen entscheidet gar nicht. Denn »es läuft der Vernunft nicht zuwider, wenn ich lieber die Zerstörung der ganzen Welt will, als einen Ritz an meinem Finger«.[97]

Auch mit diesen Ansichten schlägt Hume einen Pflock in den Boden, der dort bis heute steht. Dass am Ende die Gefühle entscheiden und nicht die Vernunft, bestätigen viele Hirnforscher. Und dass moralische Empfindungen eigentlich für einen Nahhorizont gemacht sind, ist heute ebenfalls wenig umstritten. Unsere Gefühle reichen nur bis an die Grenze unserer privaten Pfarrei, meint etwa der US-amerikanische Verhaltensökonom *Samuel Bowles* (* 1939). In unserer »Paroche« (von *Parochus:* Pfarrei) interessiert uns das Leben der anderen, jenseits davon eher nicht. Und selbst wenn Menschen sich um Kinder in Afrika kümmern, an ihrem privaten »Parochialismus« ändert dies wenig. Die eigenen Kinder sind uns näher als fremde, die Ereignisse in unserem Ort oder dem Umfeld, das wir uns ausgesucht haben, wichtiger als die in Usbekistan.

Der unparteiische Beobachter

Humes Erfolg als Moralphilosoph hält sich in Grenzen. Viel wirkungsmächtiger ist *Thomas Reid* (1710–1796) – der berühmteste britische Philosoph seiner Zeit. Reids Ansichten sind im Vergleich mit Hume schlicht, und genau das macht sie populär. Der Kontrahent meint, dass es in der Philosophie wie im Leben das Beste sei, immer dem gesunden Menschenverstand zu folgen. Er ist der Großphilosoph des überall beliebten *common sense.* Wenn unser

Menschenverstand uns sagt, dass es eine Außenwelt jenseits unserer Erfahrung gibt, dann sollten wir das auch so sehen. Dass Locke sekundäre Eigenschaften für »subjektiv« hält, kann Reid genauso wenig nachvollziehen wie Berkeleys Kritik an der Existenz der Materie. Sagt uns nicht unser gesunder Menschenverstand, dass etwas, was uns rot erscheint, auch rot ist, selbst wenn es bei anderer Beleuchtung seine Farbe ändern mag?

Dass die Empiristen die Außenwelt zugunsten der Erfahrung zurückdrängen oder gar infrage stellen, hält Reid für »einen Traum versponnener Männer«.[98] Für ihn ist die Außenwelt ebenso real wie unser Geist. Und wenn wir Moralität in uns spüren, dann ist ein solches Programm in uns vorhanden – und zwar vollständig und eingepflanzt von Gott. Reid verreißt Humes *Treatise*. Nachdem beide Denker zuvor Höflichkeiten ausgetauscht haben, darf Hume in Reids *Inquiry into the Human Mind on the Principles of Common Sense (Untersuchung über den menschlichen Geist, nach den Grundsätzen des gemeinen Menschenverstandes)* 1764 lesen, dass der *Treatise* ein »Monster des modernen Skeptizismus« sei. Die Situation wird auch nicht dadurch vergnüglicher, dass Reid inzwischen Professor für Philosophie in Glasgow ist – an eben jener Universität, die Hume zwölf Jahre zuvor abgelehnt hat.

Hume reagiert nie auf Kritik, weil sie ihn zu sehr aufregt. Als Reid und später dessen Schüler Beattie ihn bekämpfen, ist er indes gelassener. Denn aus seiner prekären beruflichen Situation ist er heraus. Der Durchbruch kommt in seiner Zeit als Bibliothekar am Juristenkolleg in Edinburgh; eine ruhige Stelle in einer großartigen Bibliothek. In seinen vielen Mußestunden verfasst er die ersten beiden Teile seiner mehrbändigen *Geschichte von England*. Das Werk ist ein internationaler Bestseller und macht Hume fast über Nacht berühmt. Nicht als Philosoph, sondern als populärwissenschaftlicher Autor ist er plötzlich in aller Munde. Es ist jene Zeit, in der der Schotte Allan Ramsay das berühmte Portrait malt: einen zufrieden dreinschauenden Mann im schmucken Hemd mit weichen Gesichtszügen und modischer Samtmütze.

Mit dem Erfolg kommt die gesellschaftliche Anerkennung. Hume lernt Persönlichkeiten kennen wie den aufstrebenden konservativen Politiker *Edmund Burke* (1729–1797), den Historiker *Edward Gibbon* (1737–1794), der später das große Standardwerk über das Römische Reich schreiben wird, und das US-amerikanische Multitalent *Benjamin Franklin* (1706–1790). Als Privatsekretär des britischen Botschafters bereist er Frankreich und wird zwei Jahre später kurzzeitig selbst Botschafter in Paris. Er freundet sich mit Denis Diderot an. Den egozentrischen Jean-Jacques Rousseau, dessen Charme Hume kurzzeitig erlegen ist, begleitet er nach England, um ihn ebenso schnell hassen zu lernen wie jeder andere.

Im Jahr 1767 wird Hume Unterstaatssekretär im Auswärtigen Amt in London. Zurück in Edinburgh, überarbeitet er sorgfältig seine Werke und verfasst *Dialogues Concerning Natural Religion (Dialoge über natürliche Religion)*. Der Text, eingekleidet in ein freundliches Dreiergespräch nach antikem Vorbild, hat es in sich. In Gestalt des Philo, einem der drei Diskutierenden, wendet Hume seine Philosophie auf die Gottesbeweise an. Geht der kosmologische Gottesbeweis davon aus, dass Gott eine Tatsache ist, ohne die es die Welt nicht gibt, so wiederholt Hume, dass aus Tatsachen keine Notwendigkeit folgt. Suchen wir eine Ursache für den Ursprung der Welt, dann eben nur deshalb, weil wir als Menschen nicht anders können, als im Raster von Ursache und Wirkung zu denken. Und selbst wenn ich mich auf das Spiel einlasse und eine ursprüngliche Ursache der Welt annehme, so folgt daraus noch lange kein »lieber Gott«, sondern nur ein physikalischer Weltgrund.

Auch der teleologische Gottesbeweis wird geprüft und von Philo verworfen. Dass die Welt planvoll eingerichtet und optimal durchdacht ist, wie Leibniz und die Barocktheologie meinten, ließe sich einfach nicht behaupten. Was wir für *intelligent design* halten, sei nur ein kleiner Teil des Kosmos, den wir uns nach typisch menschlichem Muster zurechtdenken. Könnte das, was uns wie ein Plan erscheint, nicht einfach ein natürliches Programm der Materie sein? Für Philo ist der Mensch einfach zu klein, um solche Fragen verlässlich zu beantworten. Man denke nur daran, wie ein vollkommener Gott gleichzeitig allmächtig und allgütig sein soll – ein Problem, an dem sich auch Leibniz abmühte. Insofern, folgert Philo, bleibt dem an Glaubensfragen Interessierten nur eine mögliche Haltung – die Skepsis!

Humes *Dialogues* sind eines der bedeutendsten Werke der Religionskritik, verfasst von einem Todkranken. Ihr Erscheinen erlebt er nicht mehr. In seinen letzten Jahren leidet er an Leberkrebs und magert ab. Kurz vor seinem Tod arrangiert er ein Abschiedsessen in London im Kreis seiner besten Freunde. Es ist der 4. Juli 1776 – der Tag, an dem fast sechstausend Kilometer entfernt die Gründerväter der Vereinigten Staaten von Amerika in Philadelphia ihre Unabhängigkeitserklärung unterzeichnen. Am 25. August ist Hume tot. Sein beträchtliches Vermögen aus dem Geschichtsbestseller und seinen Staatsämtern vermacht er seinem Bruder, guten Freunden, den Dienern und einigen Philosophenkollegen in Schottland, England und Frankreich. Einer davon ist zugleich sein letzter Besucher – Humes Freund *Adam Smith* (1723–1790).

Smith stammt aus Kirkcaldy in der Nähe von Edinburgh, das außer ihm vor allem Fußball- und Dartspieler hervorgebracht hat. Mit vierzehn kommt er nach Glasgow und studiert dort bei Hutcheson. Anschließend geht er nach Oxford. Zurück in Edinburgh, zieht er, obwohl in Gesellschaft oft schüchtern, als außerplanmäßiger Dozent Scharen von Anhängern in seinen Bann. Er lernt Hume kennen und bewundert ihn sehr. Smith ist ein freundlicher und umgänglicher Mensch und dabei äußerst vielseitig interessiert. Mit leichter Hand wechselt er von der Philosophie zur Literatur und zur Wirtschaft über. Mit gerade einmal siebenundzwanzig Jahren wird er 1751 Logik-Professor in Glasgow. Ein Jahr später wechselt er als Hutchesons Nachfolger auf den Lehrstuhl für Moralphilosophie, so dass Hume sich (vergeblich) um die Logik-Professur bewerben kann. Auch in Glasgow zeigt sich Smith ausgesprochen vielseitig und verbindet vor allem Philosophie und Ökonomie miteinander. Sein Lebensprojekt ist eine Geschichte der Zivilisation: von den Gefühlen des Einzelnen über Moral, Recht und Politik bis zur richtigen Form des Wirtschaftens. Und der Begriff, der alles überspannt, ist das »Gemeinwohl«, das bereits Harrington, Hutcheson und Hume so wichtig gewesen ist.

Wie müssen Gemeinschaften und Gesellschaften organisiert sein, damit sich der Mensch, ein soziales und moralisches Tier, darin artgerecht und möglichst optimal entfalten kann – und zwar der Möglichkeit nach *jeder* Mensch? Diese alte aristotelische Frage will Smith beantworten, nach dem philosophischen Kenntnisstand der Zeit und in pragmatischem Bezug auf die englische Wirtschaft in der zweiten Hälfte des 18. Jahrhunderts.

Das erste große Buch von 1759 möchte die anthropologischen Voraussetzungen klären. Was heißt es, ein soziales und moralisches Wesen zu sein? Das umfangreiche Werk ist kein Essay, keine Erörterung oder Abhandlung, sondern *The Theory of Moral Sentiments (Theorie der ethischen Gefühle)*. Smith übt darin freundliche Kritik an Hume. Viele feine Regungen des moralischen Gefühls scheinen ihm dort unterbelichtet zu sein. Im Wesentlichen geht es um zwei Fehler und einen wichtigen Zusatz. Der erste Fehler ist, dass Hume (wie übrigens auch Spinoza) *nur zwei Grundgefühle* kennt, nämlich Freude und Leid. Doch geht es in der Moral nicht um viel mehr? Wenn jemand uns in einem Trauerfall Beileid bekundet, so empfinden wir weder das eine noch das andere, sondern Dankbarkeit. Wenn wir es schätzen, dass ein Bekannter viel Geld an eine wohltätige Organisation spendet, dann freuen wir uns nicht einfach, sondern wir empfinden Respekt und Anerkennung für die Tat. Das Mitgefühl, von dem Hume redet, hat also sehr viele Facetten und nicht nur zwei. Smith erweist sich als wahrer Meister bei der Beschreibung feinster Seelenregungen, die alle irgendetwas mit Moral zu tun haben.

Aber Smith sieht noch einen zweiten Fehler bei Hume. Für ihn stellt der Freund die moralischen Gefühle unter einen falschen

Zweck – nämlich den der *Nützlichkeit.* Unsere Tugenden sollen sich deshalb etabliert haben, weil sie von der Gesellschaft als nützlich betrachtet werden. Nützlich sei, was dem Gemeinwesen zuträglich ist. Und genau deshalb würden sie auch von anderen mit Lob bedacht. Tatsächlich aber erfreuen sich Menschen vor allem an den *Motiven* des Handelns und nicht einfach an den *Folgen.* Wir sind gerührt, wenn jemand etwas Gutes versucht, selbst wenn es scheitert. Und wir schätzen Tugenden selbst jenseits ihres Nutzens. Man heißt etwas nicht einfach nur deshalb gut, weil es gute Folgen zeitigt, sondern wir schätzen es sehr, dass jemand sich »anständig« verhält. Nützlichkeit und Anständigkeit sind aber beileibe nicht das Gleiche.

Hume hätte damit kontern können, dass unsere Tugenden deswegen Tugenden sind, weil wir sie *prinzipiell* für nützlich halten. Das bedeutet dann nicht, dass sie es in jeder Situation sind. Smith aber interessiert sich sehr für die vielen verschiedenen Lebenssituationen und für den inneren Kompass, der uns bei unseren Entscheidungen leitet. In diesem Zusammenhang führt er einen schönen neuen Begriff ein, der bis heute mit ihm verbunden ist: den »unparteiischen Beobachter« *(impartial spectator)*. Die Grundidee dafür stammt bereits von Hume, wenn er meint, dass wir unsere Moralität immer nur aus der Außenperspektive wahrnehmen können. Niemand ist so gut oder schlecht, wie er sich fühlt.

Smith geht allerdings einen Schritt über Hume hinaus und verlegt den Beobachter als eine Art *Instanz* in uns. Alle normalen Menschen verfügen über ein gespaltenes Bewusstsein. Sie reden nämlich fortwährend mit sich selbst, oder genauer: Eine scheinbar neutrale Instanz in unserem Kopf bewertet unsere Antriebe und Bedürfnisse. Ich teile »mich offenbar … gleichsam in zwei Personen. Es ist einleuchtend, daß ich, der Prüfer und Richter, eine Rolle spiele, die verschieden ist von jenem anderen Ich, nämlich von *der* Person, deren Verhalten geprüft und beurteilt wird. Die erste Person ist der Zuschauer, dessen Empfindungen in bezug auf mein Verhalten ich nachzufühlen trachte, indem ich mich an seine Stelle versetze und überlege, wie dieses Verhalten mir wohl erscheinen würde, wenn ich es von diesem eigentümlichen Gesichtspunkt aus betrachte. Die zweite Person ist der Handelnde, die Person, die ich im eigentlichen Sinne mein Ich nennen kann, und über deren Verhalten ich mir – in der Rolle eines Zuschauers – eine Meinung zu bilden suche. Die erste ist der Richter, die zweite die Person, über die gerichtet wird.«[99]

Das Ich besteht also nicht nur aus mir selbst, sondern es kennt auch ein Du, dessen Position ich einnehme, um mich selbst zu bewerten. Smiths »unparteiischer Beobachter« ist eine der wirkungsmächtigsten Figuren in der Philosophie des Selbst. In sehr ähnlichem Sinne wird der US-amerikanische Psychologie-Pionier *William James* (1842–1910) später das erkennende Selbst *(self as knower, I, pure ego)* vom erkannten Selbst *(self as known, me, empirical ego)* unterscheiden. Bei Sigmund Freud wird aus dem Beobachter das *Über-Ich*. Der US-amerikanische Philosoph und Psychologe *George Herbert Mead* (1863–1931) spricht vom *generalized other*. Und in der heutigen Psychologie ist Smiths unparteiischer Beobachter unsere *Selbstaufmerksamkeit*, das beobachtete Ich das *Selbstkonzept*.

Die Instanz des unparteiischen Beobachters beantwortet für Smith eine wichtige Frage: Warum sind Menschen in der Lage, mit ihren jeweils unterschiedlichen Sympathiegefühlen auf einen gesellschaftlichen Nenner zu kommen, wenn dieser eben nicht nur in der Nützlichkeit besteht? Die Antwort heißt: dadurch, dass wir schon in unserem Geist abwägen, was ein neutraler Beobachter über unsere Gefühle in einer bestimmten Situation denkt! Die gesellschaftliche Konvention ist stets bei uns, lange bevor wir etwas sagen oder handeln. Der unparteiische Beobachter zensiert und korrigiert unsere Neigungen und prüft, ob das, was wir denken, anständig und recht ist. Und selbst wenn er nicht verhindern kann, dass wir uns manchmal falsch verhalten, so schafft er doch Raum für einen gemeinsamen moralischen Standpunkt in der Gesellschaft. Dieser Standpunkt ist die in unserem Geist vorexerzierte Regel: Handele stets so, wie du selbst behandelt werden möchtest!

Smiths Begründung der »Goldenen Regel« ist originell. Sie verweist nicht mehr auf die Spielregeln Gottes, sondern auf eine psychologische Beobachtung. All das funktioniert allerdings nur unter günstigen gesellschaftlichen Bedingungen. Schon Hume meinte, dass die Nützlichkeit der Tugenden stark schwankt, je nachdem wie eine Gesellschaft austariert ist. Herrscht dort ein zu großer Mangel an Gütern, so tritt die Nützlichkeit für alle schnell hinter der Barbarei zurück. Ein Befund, den Bertolt Brecht in der *Dreigroschenoper* treffend auf den Punkt gebracht hat: »Erst kommt das Fressen, dann kommt die Moral!« Das Gleiche gilt nach Hume aber auch für zu großen Überfluss. Denn wer alles hat und nichts mehr braucht, wird leicht asozial, weil ihn die anderen und das Gemeinwohl nicht kümmern müssen. In gleichem Sinne sorgt sich Smith um seinen unparteiischen Beobachter. Er setzt voraus, dass mir die anderen nicht völlig gleichgültig sind; ansonsten fällt er als moralische Instanz in mir aus. Der nächste Schritt in Smiths Zivilisationsgeschichte ist damit vorgezeichnet: Wie müssen die politischen und wirtschaftlichen Voraussetzungen aussehen, damit unsere hehren ethischen Gefühle angemessen zum Tragen kommen?

Von der Moral zur Wirtschaft

In einem Punkt waren sich die meisten britischen Philosophen des 18. Jahrhunderts einig: Moralphilosophie ist zugleich Gesellschaftslehre! Diese Sichtweise ist bemerkenswert, denn heutige liberal-kapitalistische Gesellschaften sehen das nicht so. Wir vertrauen nicht der Moral, sondern Gesetzen, Verfahren und Institutionen (weswegen Philosophen bei uns auch kaum noch eine Bedeutung haben). Umso interessanter ist der Blick auf den damals weit verbreiteten Gedankengang: Wenn Menschen ihrem wohlverstandenen Eigeninteresse folgen, dann entwickeln sie von sich aus Tugenden im Einklang mit der Gesellschaft. Und diese Tugenden wiederum bilden die Grundlage eines guten Staates und einer blühenden Wirtschaft.

Sowohl Hutcheson als auch Hume vertrauen dem ökonomisierten Tugendbegriff des 17. Jahrhunderts: das, was dem wohlverstandenen Eigeninteresse des Einzelnen nützt – einschließlich seines Gewinnstrebens –, das nützt am Ende allen! Moralisches Empfinden, Tugend und Kapitalismus sind untrennbar miteinander verknüpft. Und die kapitalistische Ökonomie ist nichts anderes als die gesellschaftlich ausgelebte Natur des Menschen. Zwar glaubt Hume nicht wie Locke, dass es im Naturzustand bereits Eigentum gegeben habe. Aber das Erringen von Eigentum ist für ihn ein wichtiger zivilisatorischer Fortschritt. Die kapitalistische Wirtschaft bringt die menschliche Tugend zur Blüte: in tüchtiger Arbeit, im Streben nach Fortschritt und in den Annehmlichkeiten des Wohlstands.

Für Hume sind alle Tugenden »soziale Tugenden« *(social virtues)*. Was gut an der Moral ist, ist immer gut im Hinblick auf die Gesellschaft. Je mehr Anerkennung Hume im Laufe seines Lebens bekam, umso besser erschien ihm zugleich die Gesellschaft, in der er lebte; ein Phänomen, das bis heute bei vielen Menschen auffällt. Wer Erfolg hat, ist meist unkritischer als der, dem es schlecht geht. Hat Hume im *Treatise* noch bestritten, dass der Moralsinn unweigerlich zum Sinn für Gerechtigkeit führt, so nimmt er dies in seinem *Enquiry* zurück. Hier glaubt er, dass die *morals* der vielen Einzelnen die Gesellschaft gedeihen und gedeihlich wirtschaften lassen. Ein liberaler Atheist wie er sah sich dabei nicht im geringsten Konflikt mit einem konservativen Kleriker wie *Josiah Tucker* (1713–1799), dem Dekan von Gloucester: »Die Selbstliebe und das Eigeninteresse jedes einzelnen … werden gleichzeitig mit der Sorge um sich selbst das öffentliche Wohl fördern.«[100] Die Allianz von Bischof, Bürger und Banken steht auf ziemlich breiten Füßen.

Doch von welchem öffentlichen Wohl ist die Rede? Hume

schreibt in der Mitte des 18. Jahrhunderts über die englische Wirtschaft, und auch Tuckers *Instructions for Travellers* erscheinen 1758. Das Land erlebt einen enormen ökonomischen Aufschwung. In der Regierungszeit Georgs II. wird der Jakobitenaufstand in Schottland niedergeschlagen, und die Briten bauen ihre Machtstellung in Europa weiter aus. 1761 leben in England 6,7 Millionen Menschen, dazu kommen etwa eine Million Schotten. Die Bevölkerung umfasst nur ein Achtel der heutigen Zahl, aber das Problem der Überbevölkerung ist ein Thema. Denn im Gegensatz zu den großen Städten ist das Leben auf dem Lande meist katastrophal. Sogenannte Einhegungen *(Enclosures)* nehmen den Bauern schon seit zwei Jahrhunderten das gemeinsam bewirtschaftete Gemeindeland weg. Und wo sich die Dörfer ehemals mit Getreide und Gemüse selbst versorgten, weiden jetzt Schafe für den internationalen Wollhandel und Rinder für den nationalen Fleischmarkt.

Hume kennt diese Entwicklung und beschreibt sie in seiner *History of England.* Er bringt viel Sympathie für die Aufstände der Kleinbauern im 16. Jahrhundert auf, aber über das Elend der Landarbeiter seiner Zeit schweigt er sich aus. Die Folgen der *Enclosures* sind die gleichen wie auch heute überall in Entwicklungsländern. Die Produktivität steigt, die Großgrundbesitzer werden reicher, und aus ehemaligen Bauern werden arme Tagelöhner. Der tugendhafte Liberalismus wird diese Entwicklung in der zweiten Hälfte des 18. Jahrhunderts immer stärker forcieren. In Hutchesons, Humes und Smiths schottischer Heimat werden die Highlands regelrecht von Kleinbauern gesäubert *(Highland Clearances)*, zugunsten einer gleichsam industriellen Schafzucht. Ganze Dörfer werden in die amerikanischen Kolonien und später in die USA deportiert oder die Bewohner zur Flucht genötigt – der Schatten William Pettys legt sich über sie.

Von Lockes hehrer Theorie vom Recht aller auf Grund und Boden ist dies weit entfernt. Und diese »innere Kolonisation« kommt auch nicht allen zugute. Seit 1700 sind die Armengesetze immer weiter verschärft worden. Während sich die Kaufleute in London als Nachfahren des Römischen Reiches sehen und überall klassizistische Monumente errichtet – von St. Paul's Cathedral über die Börse bis zur Bank of England –, darben die Tagelöhner und Arbeiter in den Manufakturen. Acht von zehn Engländern sind vom blühenden Wohlstand ausgeschlossen, und keine Tugend oder Strebsamkeit befreit sie.

Die Lage ist den Gelehrten nicht unbekannt. Der Edinburgher Geistliche *Robert Wallace* (1697–1771) schreibt seine *Various Prospects of Mankind, Nature and Providence (Verschiedene Entwürfe über die Menschheit, die Natur und die Voraussicht)*. Seine Diagnose des Fortschritts der Menschheit fällt ziemlich düster aus. Der moralische Zustand in Großbritannien und anderswo sei übel, ebenso die Erfolge in der Medizin. Könnte das nicht daran liegen, dass sich die privilegierten Schichten eben nicht um das Gemeinwohl kümmern, sondern nur um sich selbst? Im Prinzip, so Wallace, sei es nur konsequent, einen Kommunismus wie im »Naturzustand« einzuführen. Die gegenwärtige Wirtschaftsform habe jedenfalls keinen Fortschritt gebracht, sondern Armut, »Überarbeit«, Unwissenheit und unsittliches Handeln befördert. Natürlich würden sich die Mächtigen gegen einen solchen gerechten Kommunismus wehren, ihn einzuführen wäre schwierig. Aber das sei nicht der Grund, warum der Kommunismus nicht möglich ist. Der größere Haken sei, dass sich die Menschen in Großbritannien einfach zu schnell vermehren. Auch der Kommunismus könne sie auf die Dauer nicht sättigen. Es bräche unweigerlich jener Krieg aller gegen alle aus, den eine Überpopulation nun mal mit sich bringt – ein Gedanke, der später den englischen Pfarrer und Ökonomen *Thomas Robert Malthus* (1766–1834) zu seiner folgenreichen Warnung vor der Gefahr der Überbevölkerung anregen wird.

Wallace ist kein Unbekannter in der bunten Gelehrtenwelt Edinburghs. Seine Freunde nennen ihn »the Philosopher«, und Wallace gehörte zu den wenigen, die Hume bei der Bewerbung an der Universität unterstützten. Mit seinem Lob des Kommunismus steht Wallace allerdings 1761 noch allein auf weiter Flur. Erst 1775 wird ihm der englische Autor *Thomas Spence* (1750–1814) nachfolgen und eine Vergesellschaftung von allem Grund und Boden fordern, dazu die Gleichberechtigung von Mann und Frau.

Wallace und Hume kennen einander gut und schätzen sich. Beide verurteilen die Sklaverei und führen angeregte Diskussionen über das Problem der Überbevölkerung. Wird die britische Gesellschaft aufgrund von zu hohen Geburtenraten zwangsläufig verelenden? Bis heute scheiden sich an der Frage der Überbevölkerung die Geister. Nicht wenige halten sie auch im 21. Jahrhundert für das größte Menschheitsproblem – zwar nicht in Großbritannien, sondern global. Kann der wirtschaftliche Fortschritt je mit dem Anwachsen der Bevölkerungszahlen mithalten? Die Überbevölkerung nimmt heute eine ähnliche Rolle in den politischen Diskussionen ein wie im 18. Jahrhundert: Wer sie für das größte Übel der Menschheit hält, wird von einem untiefen Pessimismus erfüllt, den er allen moralischen Optimisten mit kalter Lust spielverderbend entgegenhält.

Das 18. Jahrhundert dagegen zählt weit mehr Optimisten als Pessimisten. Und der berühmteste unter ihnen ist – zumindest auf den ersten Blick – Smith. Schon seine Zuversicht in den unparteiischen Beobachter als moralische Instanz in uns kommt so freundlich daher wie der sympathische Philosoph selbst. Wenn er dabei auf den Spuren Hutchesons und Humes wandelt, so baut er doch zusätzlich die Ethik der antiken Stoiker ein. Wie sie fordert er die Menschen dazu auf, sich im Hinblick auf ihre Tugend zu vervollkommnen; immerhin seien wir bereits von Natur aus dazu bestimmt, Vollkommenheit anzustreben! Das ist sehr viel Optimismus, und die antiken Stoiker teilten ihn beileibe nicht. Doch an Vervollkommnung zu glauben, an unausgesetzten Fortschritt, gar an Perfektion, entspricht dem Geist der Zeit. Ob nun im Einklang mit Gottes Vorsehung oder ganz ohne sie – die protestantische Hoffnung auf einen Gotteslohn für Tüchtigkeit erfasst überall die

Philosophie der Moral, der Politik und der Ökonomie. Eine Vorstellung, die jeden antiken Stoiker hätte zurückschrecken lassen, denn kein freier Grieche vervollkommnete sich durch »Arbeit«!

Hume hatte in jungen Jahren daran gezweifelt, dass der Verstand unseren inneren Haushalt regelt und nicht vielmehr »Sklave unserer Gefühle« sei. Smith dagegen lobt die hehre Fähigkeit zur Selbstbeherrschung *(self-command)*. Je freier ich mich selbst beherrschen kann und je selbstbestimmter und unabhängiger ich wirtschafte, umso mehr Raum bietet sich der Tugend. Dass Smith damit 80 Prozent der britischen Bevölkerung die Rahmenbedingungen zur Entfaltung ihrer Tugend abspricht, scheint ihm nicht aufzufallen. Wenn er von »Menschen« redet, so meint er jene Menschen, die in der Lage sind, seine Bücher zu lesen. Denn um mich tugendhaft zu vervollkommnen, muss ich wirtschaftlich »frei« sein. Und um mich wirtschaftlich zu vervollkommnen, muss ich tugendhaft sein. Der Einspruch gegen den gleitenden Übergang von Tugend, Tüchtigkeit und Erfolg ist leicht zur Hand und gilt bis heute: Auf was soll der unfreie Land- oder Manufakturarbeiter seine Arbeitsmoral gründen, woraus soll er sie entwickeln? Und erntet umgekehrt wirklich jeder erfolgreiche Unternehmer die Früchte seiner Tugend?

Smiths *Theory* ist ein großer Erfolg in ganz Europa. Doch sein moralischer Optimismus bleibt seltsam. Die Tücke seiner moralischen Theorie ist ihm selbst bewusst. Als er siebzehn Jahre später und um einige Lebenserfahrungen reicher sein berühmtestes Buch schreibt, sieht er die Dinge etwas anders. Nun leitet er das Gute der Gesellschaft nicht mehr daraus ab, dass ein jeder Mensch von Gefühlen der Sympathie geleitet wird und nach Tugend strebt. Und die Tugend verwirklicht sich auch nicht automatisch in der Arbeit. Sondern die »Arbeit« – millionenfach multipliziert und aufgeteilt – bringt von sich aus das große Gute hervor! Ob jede Arbeit tugendhaft ist, darüber könne man vielleicht streiten. Darüber, dass die Summe der Arbeit in einer Gesellschaft deren Tugend ist, nicht.

Die Entstehung des Reichtums durch die natürliche Freiheit

Das Buch, das heute zu den folgenreichsten des Abendlands zählt, kommt in Frankreich zur Welt, in Toulouse und in Paris: *An Inquiry into the Nature and Causes of the Wealth of Nations (Der Wohlstand der Nationen)*. Als es 1776 in England erscheint, sind die Nationen Europas um eines ihrer wichtigsten Werke reicher. Neben Newtons *Principia*, Kants drei *Kritiken*, Darwins *Entstehung der Arten* und Marx' *Kapital* ist es von höchster überzeitlicher Bedeutung.

Dreizehn Jahre zuvor hat Smith seine Professur in Glasgow niedergelegt. *Charles Townshend* (1725–1767), neben *William Pitt* (1708–1778) der starke Mann in Englands Regierung, vertraut Smith seinen Stiefsohn an für dessen Grand Tour auf dem Kontinent. Die Drähte zwischen Politik und Philosophie sind noch äußerst kurz. Der Job ist bestens bezahlt und führt Smith im ersten Jahr nach Toulouse. Smith, gerade vierzig Jahre alt, ist als Reisebegleiter eine zweifelhafte Wahl. Der introvertierte Philosoph tut sich schwer, Französisch zu lernen, und sein Unterhaltungswert in den Salons der Stadt bleibt bescheiden. Umso mehr flüchtet er sich in die Arbeit und beginnt sein großes Buch über die Ökonomie. Ein drittes Buch soll später abschließend den Staat behandeln. Smith träumt von einer Philosophie der natürlichen Evolution. Anders als Hume lehnt er Lockes Vertragstheorie vehement ab. Er will zeigen, wie sich die Natur des Menschen in der Arbeitsgesellschaft verwirklicht, so dass logischerweise der passende Staat dazu entsteht. Grundgedanke ist die organische Entwicklung, ein in der Menschennatur vorgezeichnetes Programm. Eine Vertragstheorie beruht auf Akzeptanz; ein naturgeschichtliches Entwicklungsmodell nicht. Niemand muss der natürlichen Evolution der menschlichen Natur und Zivilisation zustimmen – sie entwickelt sich auch ganz ohne Zustimmung.

Das umfangreiche Werk schreitet schnell voran, denn Smith hat viel Zeit zum Schreiben. Der Besuch bei Voltaire in Genf ändert daran nichts, wobei die äußerst verschiedenen Männer einander schätzen. In Paris trifft Smith seinen Freund Hume wieder, der hier in Botschaftsdiensten steht. Humes Versuch, den scheuen Smith ins Pariser Gesellschaftsleben einzuführen, gelingt nicht wirklich. Immerhin kommt der angehende Nationalökonom mit den führenden Ökonomen Frankreichs, François Quesnay und Anne Robert Jacques Turgot, zusammen. Als die Grand Tour 1766 unvermittelt endet, weil der jüngere Bruder von Smiths Schützling tödlich erkrankt, ist das Gerüst des neuen Buchs fertig. Doch Smith wäre nicht Smith, wenn er nicht noch mit äußerster Akribie zehn Jahre daran feilte. Die »Entstehung des Reichtums« hat eine ähnlich lange Entwicklungsgeschichte wie ein Jahrhundert später Darwins *Entstehung der Arten.* Mit Büchern eingegraben in seiner Geburtsstadt Kirkcaldy schreibt er das Grundlagenwerk der Nationalökonomie.

Für Smith wie schon für Locke und viele seiner Zeitgenossen ist der Mensch von Natur aus ein Händler – ein *Homo mercatorius,* von dem John Wheeler schon 1601 gesprochen hat. Und die ganze Gesellschaft ist eine Vereinigung von Handeltreibenden, eine *commercial society,* wie Smith sie in seinem neuen Buch nennt. Ihr Wertezuwachs geschieht durch »produktive Arbeit«, also dadurch, dass man Rohstoffe bearbeitet und verarbeitet. Die Landwirtschaft leistet dagegen nach Smiths Ansicht wenig. Und Dienstleistungen trügen überhaupt nichts zum Wertzuwachs bei. Nur die Arbeit in der Fertigung ist ein Wert, der neue Werte schafft. Für einen Denker wie Locke war Arbeit das, was jemanden dazu berechtigt, Eigentum zu besitzen. Für Smith hingegen ist Arbeit viel mehr. Sie ist die Grundlage jedweder Produktivität und damit jedweden Wohlstands.

Wie Locke ist auch Smith ein Anwalt des unantastbaren Rechts auf Eigentum. Dass jeder ein gleiches Recht auf gleich großen Grundbesitz haben soll, wie Thomas Spence und der schottische

Universalgelehrte *William Ogilvie* (1736–1819) fordern, ist Smith fremd. In seinem *Essay on the Right of Property in Land* wird Ogilvie fünf Jahre nach Smiths *Wealth of Nations* festlegen, dass jeder Mensch ein ebensolches Recht auf seinen Anteil an Mutter Natur habe wic als Säugling auf die Muttermilch. Doch Smith möchte nicht an der herrschenden Eigentumsordnung rütteln. Wer am Eigentum kratzt, der gefährdet für ihn die soziale Ordnung. So erbittert er die Eigentumsprivilegien des Adels als »unproduktiv« verurteilt, so gerechtfertigt ist für ihn die Eigentumsordnung der bürgerlichen Gesellschaft, weil sie produktiv sei und den Fortschritt fördere – im Gesamtergebnis zu jedermanns Nutzen.

Smiths Begründung des Eigentums gehört zum schwächsten Teil seiner Philosophie. Wenn es um den Adel geht, so sieht er nicht ein, warum es Privilegien geben soll. Privilegien auf Herkunft zu gründen widerspricht der Leistungsgesellschaft und jedweder Vernunft. Wenn es aber um die Privilegien eines reichen Kaufmannssohnes geht, der ebenfalls nichts geleistet hat, so gelten für Smith Arm und Reich als Teil der natürlichen Ordnung, und Klugheit und Tugend treten dahinter zurück. Was Smith damit sagen möchte, ist: Wenn es um die prinzipiell richtige Wirtschafts- und Sozialordnung geht, so muss die Moral sich ihr unterordnen, eben weil das Ganze gut ist. Ist das Ganze aber schlecht, wie bei der Adelsherrschaft, tritt die moralische Vernunft auf den Plan und fordert im Namen des Gemeinwohls das Ende der Privilegien. Mit anderen Worten: In einem guten Gesellschaftssystem ist auch die Ungleichheit gut und gerechtfertigt; in einem schlechten Gesellschaftssystem nicht.

Mit dieser Ansicht betrachtet Smith die Moral nicht mehr aus der Perspektive des Einzelnen wie noch in seiner *Theory*, sondern aus der Perspektive des großen Ganzen. Und sein gesamtes System steht und fällt damit, ob das große Ganze wirklich für jeden gut ist. Wie oft hatten die Kaufleute und Philosophen des 17. Jahrhunderts behauptet, dass das Eigeninteresse des Einzelnen am Ende allen nütze. Aber keiner hatte dies hieb- und stichfest bewiesen. Genau dies möchte Smith tun – und zwar aus der Vogelschau auf das gesamte sich gerade herausbildende kapitalistische System.

Der Wechsel der Perspektive bringt Smith dazu, manche Dinge anders zu betrachten als in der *Theory*. Dort sieht er die Gesellschaft auf Anteilnahme und Tugend gegründet. Doch bei der Draufschau aufs Ganze stellt Smith fest, dass ein unsympathischer Großunternehmer weit mehr für England leistet als ein netter Pfarrer. Könnte es sein, dass es für den Wohlstand der Nationen gar nicht allzu erheblich ist, wie moralisch ihre Bürger sind? Smiths Zweifel sind nicht neu. Natürlich kennt er die provokative Ansicht des Niederländers Bernard Mandeville, von dem schon im Zusammenhang mit Locke die Rede war. In seiner skandalträchtigen Schrift *The Fable of The Bees: or, Private Vices Public Benefits (Die Bienenfabel, oder Private Laster, öffentliche Vorteile)* hat er bereits Anfang des 18. Jahrhunderts genau dies behauptet: dass am Ende das Laster zu einem funktionierenden Wirtschaftskreislauf führt und nicht die Tugend.

Smith widerspricht Mandeville zunächst, nicht anders als sein Lehrer Hutcheson. Doch je älter er wird, umso plausibler erscheint ihm Mandevilles Sicht. Die Tugend ist wichtig, um der Gesellschaft ihren sozialen Kitt zu geben, doch rein wirtschaftlich betrachtet führt sie allein zu gar nichts. Nicht Wohlfahrt, sondern Investitionen bringen die Gesellschaft so voran, dass der Staat Straßen, Kanalisationen, Schulen und Universitäten für alle bauen kann. Eigennutz nützt also am Ende dem Gemeinwohl: »Nicht vom Wohlwollen des Metzgers, Brauers und Bäckers erwarten wir unsere Mahlzeit, sondern von ihrer Bedachtnahme auf ihr eigenes Interesse. Wir wenden uns nicht an ihre Humanität, sondern an ihren Egoismus, und sprechen ihnen nie von unseren Bedürfnissen, sondern von ihren Vorteilen.«[101]

Wenn Smith zurückschaut auf das 17. Jahrhundert und die Zeit davor, kann er sagen, dass diese Art zu wirtschaften das Einkommen vieler Menschen erhöht hat. Und warum sollen es nicht langfristig alle sein? Wer die »natürliche« wirtschaftliche Freiheit *(natural system of liberty)* garantiert, der wird Unternehmer haben, die neue Märkte erschließen, die Exportüberschüsse erzielen und immer bessere Löhne zahlen können.

Die unsichtbare Hand

Als Smith über freie Märkte schreibt, gibt es sie nirgendwo in Europa. Auch in England herrscht eine Mischform aus Protektionismus und Freihandel, dazu der ewige Konflikt zwischen niedergehendem Adel und aufstrebendem Bürgertum. Hauptquelle des Reichtums ist der Handel, aber noch nicht im heutigen Sinne die Produktion. Smiths Welt ist eine Welt der Manufakturen, nicht von großen Konzernen. Die meisten Menschen sind in der Landwirtschaft beschäftigt, und wer als Entrepreneur in neue Geschäftszweige investiert, wird oft kritisch gesehen. Der Landadel hat ein sehr feines Gespür dafür, dass der Unternehmergeist des Bürgertums seine Vormachtstellung untergräbt. Und dieser Riss geht mitten durch die Whigs, die ursprünglich den Landadel vertraten, inzwischen aber mehr und mehr die aufkeimende Industrieproduktion.

Wenn Smith den neuen Unternehmergeist verteidigen will, so muss er zeigen, dass die oft gescholtene Selbstsucht des Unternehmers heilsam ist. Er muss erklären, was ein angemessener Preis für die vielen neuen Güter ist. Er muss vorführen, dass »bürgerliches« Wirtschaften unweigerlich zu Wachstum führt. Und er muss nachweisen, dass es dem Wohl aller dient.

Smith ist der Erste, der gründlich durchdenkt, wie heilsam es ist, Arbeit geschickt aufzuteilen. Die *Arbeitsteilung* hat einen zweifachen Effekt. Einerseits produziert der, der den ganzen Tag nur ein bestimmtes Produkt herstellt, einen Überschuss dieses Produkts gegenüber seinem Eigenbedarf. Er kann also Waren zum Tausch anbieten. Und zum anderen mangelt es ihm an anderen

Gütern. Er muss also etwas eintauschen. Nach Smith entfaltet der Mensch so seine angeborene Händlernatur, setzt ein reges Treiben in Gang und erhöht damit die wirtschaftliche Dynamik. Abgesehen davon, lässt sich spezialisierte Arbeit leicht effektiver machen, so dass ganze Industriezweige entstehen, was ebenfalls zu hoher Dynamik führt. Das berühmte Beispiel, das bis heute mit seinem Namen untrennbar verknüpft ist, ist die Produktion von Stecknadeln. Dabei hat Smith dieses Beispiel nur in der französischen *Enzyklopädie* gefunden. Eine Stecknadelmanufaktur produziert mit zehn Arbeitern bis zu 48 000 Stecknadeln am Tag. Wie lange würde wohl ein normaler Mensch in Heimarbeit dafür brauchen? Wahrscheinlich würde er nicht einmal eine einzige Nadel zustande bringen! Diese »durch die Arbeitsteilung bewirkte Vervielfältigung der Produkte in allen verschiedenen Künsten ist es, die in einer wohlregierten Gesellschaft jene allgemeine Wohlhabenheit hervorbringt, die sich selbst bis zu den untersten Klassen des Volkes erstreckt«.[102]

Dass die gleiche Produktionsweise im »Manchester-Kapitalismus« des 19. Jahrhunderts zur Massenverelendung führt, ahnt Smith nicht. Natürlich sieht er, dass eine Gesellschaft nur dann »blühend und glücklich sein« kann, wenn nicht »deren meiste Glieder arm und elend sind«.[103] Er plädiert für angemessene Löhne und reagiert sensibel, wenn er an die Abstumpfung der Arbeiter in den arbeitsteiligen Manufakturen denkt. Er sieht, wie die Menschen dort körperlich leiden, oft verstümmelt werden und seelisch darben: »Es ist, wie man mir oft gesagt hat, in den schottischen Hochlanden nichts Ungewöhnliches, daß eine Mutter, die zwanzig Kinder geboren hat, nicht zwei am Leben behält. Einige sehr erfahrene Offiziere haben mir versichert, daß sie, weit entfernt, ihr Regiment damit rekrutieren zu können, sogar niemals imstande gewesen sind, mit allen in demselben geborenen Soldatenkindern auch nur die Zahl der Trommler und Pfeifer vollzumachen.«[104] Doch Smiths Rezept gegen Armut und Kindersterblichkeit ist allenfalls philanthropisch. Immer wieder betont er, wie wichtig es sei, den einfachen Arbeitern mehr Bildung zu vermitteln und ihr Leben mit Gedanken anzureichern. Doch was nützt einem Bildung, wenn man sein kurzes schlechtes Leben lang Stecknadeln herstellt? Und wenn das gebildete Arbeiterkind erst gar nicht mehr in der Manufaktur arbeitet, wer soll diese wohlstandsmehrende Arbeit dann tun?

Smith verschwendet keinen guten Gedanken an Arbeitervertretungen, Gewerkschaften und Mitbestimmung. So wird es erst die später entstehende Arbeiterbewegung sein, die der fatalen Entwicklung der Massenverelendung Kontra gibt. Smith kennt kein solches Korrektiv. Arbeiterversammlungen steht er kritisch gegenüber. Für ihn ist es allein der Markt, der alles zum Guten regelt, auch Arbeit und Lohn. Keine Formulierung Smiths wird dabei so oft zitiert wie die »unsichtbare Hand« *(invisible hand)* des Marktes. Die Redeweise ist nicht originell, sondern im 18. Jahrhundert weit verbreitet. Und Smith benutzt sie in seinem gesamten Werk nur dreimal, darunter einmal im *Wealth of Nations*. Der Kontext ist zudem eher heikel, denn es geht an der bezeichneten Stelle des vierten Kapitels darum, dass England Handelsbeschränkungen für bestimmte Güter erlassen sollte, um seine Märkte vor billigeren Importwaren zu schützen.

Völlig zu Recht gilt Smith als ein früher Anwalt des Freihandels, zu einer Zeit, in der wirklicher Freihandel noch Utopie ist: »Die natürlichen Vorteile, welche ein Land in Hervorbringung gewisser Waren vor einem anderen voraus hat, sind mitunter so groß, daß es, wie alle Welt weiß, vergeblich sein würde, dagegen kämpfen zu wollen. Durch Treibhäuser, Mistbeete und Rahmen lassen sich in Schottland sehr gute Trauben ziehen und auch recht guter Wein davon gewinnen; nur würde dieser etwa dreißigmal so viel kosten als ein wenigstens ebenso guter Wein, den man aus fremden Ländern bezöge. Würde es nun ein vernünftiges Gesetz sein, die Einfuhr aller fremden Weine zu verbieten, bloß um die Erzeugung schottischen Klartes und Burgunders zu befördern?«[105] Doch auch Smith sieht, dass es berechtigte Ausnahmen geben muss, weil der Freihandel bestimmten Wirtschaftszweigen in England empfindlich schadet. Und ausgerechnet in diesem Zusammenhang spricht er von der »unsichtbaren Hand«. Der Kaufmann, der seinen Binnenmarkt in England geschützt sehen will, handelt aus Eigennutz, weil er nur unter der Handelsbeschränkung seine Produktivität steigern kann. Letztlich aber käme dieser Eigennutz allen Engländern zugute, denn der Kaufmann werde »in diesem wie auch in vielen anderen Fällen von einer unsichtbaren Hand geleitet, daß er einen Zweck befördern muss, den er sich in keiner Weise vorgesetzt hatte«[106] – nämlich das Wohl aller Engländer.

Dass es so etwas wie eine »unsichtbare Hand« im menschlichen Sozialverhalten gibt, wird von der Sozialpsychologie nicht bestritten. Ein schönes Beispiel dafür sind die Experimente des deutschen Verhaltensbiologen *Jens Krause* (* 1965). Er bat viele hundert Menschen, in einer Messehalle ständig zu gehen und dabei eine Armlänge Abstand zu anderen zu halten. Innerhalb kurzer Zeit bildeten sich zwei Kreise heraus: ein äußerer, der sich nach rechts drehte, und ein innerer von Menschen, die links herum gingen. Das genau gleiche Muster bildete sich ein ums andere Mal bei immer neuen Ansammlungen heraus. Wollte man diesen Automatismus angemessen beschreiben, so müsste man über das Schwarmverhalten der Menschen sagen: Sie bewegen sich, als würden sie von einer »unsichtbaren Hand« geleitet.

Doch Smiths »unsichtbare Hand« stammt nicht aus der Sozialpsychologie, sondern aus der Theologie. So wie der »unparteiische Beobachter« nichts anderes ist als der Blick Gottes auf uns, so ist auch die »unsichtbare Hand« die Güte des Herrn. Wie Hutcheson und in Teilen auch Hume überträgt Smith das Gedankengut der Theologie so in sein moralisches System, dass es auch ohne Gott funktioniert. Doch gilt das, was für Schwarmverhalten gilt, auch für den Schwarm aller Produzierenden in einem Wirtschaftskreislauf?

Wie die Ökonomie heute weiß, funktionieren halbwegs freie

Märkte nur unter ausgesprochen idealen Bedingungen. Und sie bedürfen der ständigen Überwachung und Korrektur durch eine »Ordnungspolitik«. Schon Smith wird Zeuge eindrucksvoller Fehlentwicklungen. Für ihn gibt es zwei Preise für ein Erzeugnis. Den natürlichen Preis – das, was die Ware in der Herstellung und Verbreitung gekostet hat – und den Marktpreis: das, was jemand bereit ist zu zahlen. In den meisten Fällen kommen Angebot und Nachfrage dem natürlichen Preis über kurz oder lang nahe, weil sich auch hier alles ausgleicht. Doch Smith sieht, dass kein Unternehmer an diesem Ausgleich tatsächlich interessiert ist. Folglich spricht er sich mit anderen ab und beginnt, den freien Markt zu manipulieren: »Leute von demselben Gewerbe kommen selten auch nur zum Vergnügen zusammen, ohne dass ihre Unterhaltung mit einer Verschwörung gegen das Publikum oder einem Plan zur Erhöhung der Preise endigt.«[107]

Smith kennt seine Pappenheimer. Kein Unternehmer liebt den freien Markt, sondern allenfalls seine starke Stellung darin. Gerade deshalb appelliert der Philosoph an das »Fair Play«, wie er es aus dem Kricketspiel kennt. Aber es bleibt beim Appell; zu einer Regelung, etwa einem Kartellgesetz, mag sich Smith nicht durchringen. Sein Idealzustand der Wirtschaft bleibt ein idealistisches Modell. Ihm fehlen die Instrumente, um die Fehlentwicklungen auszugleichen. Und er ist blind für die Dynamik starker Veränderungen.

Dass Smith Aktiengesellschaften ablehnt, ist verständlich, wenn man bedenkt, dass er dabei die Britische Ostindien-Kompanie vor Augen hat. Die Kompanie ist ein Monopolist auf dem britischen Markt und wird von gewissenlosen Geschäftsleuten geführt, denen man Tugend beim besten Willen nicht andichten kann. Smith stört, dass die Direktoren das Geld anderer Leute verwalten und damit entsprechend verantwortungslos umgehen: »Nachlässigkeit und Verschwendung muß also in der Verwaltung der Geschäfte immer mehr oder weniger herrschen.«[108] Die Aktionäre selbst haben dabei kaum den Durchblick, denn »der größte Teil der Aktionäre macht fast niemals Anspruch darauf, etwas von dem Geschäft der Gesellschaft zu verstehen, und gibt sich, wenn nicht gerade der Parteigeist unter ihnen herrscht, nicht damit ab, sondern ist zufrieden, die halbjährliche oder jährliche Dividende zu erhalten, welche die Direktoren zu geben für gut finden«.[109] Smith spricht damit ein überzeitliches Problem an, das heute so aktuell ist wie damals. Aber er sieht nicht, dass genau diesem von ihm verurteilten Firmenmodell gleichwohl die Zukunft gehört.

Dass nicht sein soll, was nicht ins ideale Modell passt, ist der Pferdefuß an Smiths Modell. Die industrielle Revolution, die zu seinen Lebzeiten beginnt, unterschätzt er gegenüber dem Handel. Schwankende Bevölkerungszahlen passen nicht ins Bild, und die Migration von Arbeitern kommt nur ganz am Rande vor. Die Zukunft von Dienstleistungen wird ebenso unterschätzt wie der Wandel der Gesellschaft durch technische Innovation. Smith führt die Ökonomie zu einem Endzustand, indem er diesen beschreibt. Veränderungen erscheinen ausgeschlossen. Und wo Josiah Tucker den Konflikt zwischen Landbesitzern und Finanzwirtschaft heraufdämmern sieht, erkennt Smith trotz eines Unbehagens gegenüber Spekulanten keine ernsthaften Probleme.

Die vierzehn verbleibenden Jahre nach Erscheinen des *Wealth of Nations* verbringt Smith zufrieden in Kirkcaldy. Als Autor zweier europaweit beachteter Bestseller genießt er internationale Anerkennung, ohne dass es ihn deswegen in die weite Welt zieht. Die Zahl der Geschichten über den zerstreuten und weltfremden Herrn Professor mit dem breitkrempigen Hut ist groß. Sein drittes Werk, das Buch über den Staat, wird er trotz ausgiebiger Studien nicht beenden. Die unveröffentlichten Manuskripte werden auf seinen Wunsch hin verbrannt. Dass Smith dem Staat Aufgaben überträgt, wie für die passenden Rahmenbedingungen, für Infrastruktur und Bildung zu sorgen, und dass er nach wie vor zur Landesverteidigung gebraucht wird, steht auch in seinen anderen Schriften. Doch wie er Arbeitsgesellschaft und Bildung miteinander verbinden will, bleibt unklar. 1790 stirbt Smith im Alter von siebenundsechzig Jahren. Sein Vermögen hat er schon vorher verschenkt, zu einem großen Teil an Bedürftige.

Was von Smith bleibt, ist der bis dahin monumentalste Versuch, »Sympathie«, Selbstinteresse und das Allgemeinwohl in einem großen System zu verklammern. Und genau von hier aus wird die neuzeitliche, ziemlich britische Tradition ihren Siegeszug um den Globus antreten: Individuum und Gesellschaft vor allem aus der Perspektive der Ökonomie zu begreifen! Das erste Land, das sich damit ausgiebig auseinandersetzt, ist ausgerechnet der größte politische Feind und Rivale – Frankreich!

Einstürzende Altbauten

Das »Weltereignis« – Der König, sein Hofphilosoph und ein unglücklicher Glücksforscher – Der Mensch: Affe und Maschine? – Die Grammatik der Sinne – Die Veränderlichkeit der Arten – Eine naturalistische Moral

Das »Weltereignis«

An einem milden Morgen im Spätherbst 1755 schwanken die drei Lüster der Hauptkirche von Rendsburg eine Stunde lang hin und her. Der Pastor, erschrocken vom schwer zu deutenden Zeichen, hält mit der Predigt ein. Viele Zuhörer flüchten vor Angst aus der Kirche. Nicht anders ist es in Flensburg, in Lunden, in Glückstadt, Wilster, Kellinghusen, Meldorf und Elmshorn. In Husum, Schobüll, Itzehoe und Lübeck steigt während der Ebbe das Wasser bedrohlich an, »sausete und braußte«. Die Seen in der Mark Brandenburg, in Norwegen und Schweden geraten in »wallende Bewegung«, wie ein gewisser Immanuel Kant verzeichnet. Schiffe reißen sich dort aus ihren Vertäuungen, nicht anders als in den Niederlanden. In Schottland und in der Schweiz steigen sogar die Wasserstände der Binnenseen. In Luxemburg erschlagen die Steine einer einstürzenden Kaserne viele Soldaten. In Sevilla wackeln die Türme der Kathedrale, und in Venedig erzittert das bleierne Dach des Dogenpalasts.

Doch all das ist nichts gegen jene Katastrophe im Epizentrum des Erdbebens, die Geschichte schreibt wic keine zweite. Es ist der 1. November 1755, der Tag, an dem die Welt aufhört, die »beste aller denkbaren Welten« zu sein. Um 9:40 Uhr bebt die Erde im Atlantik, zweihundert Kilometer vor der portugiesischen Westküste. Zwei weitere Beben folgen. Die Wellen der Flut türmen sich zu einem Tsunami auf, zwanzig Meter hoch rollen sie auf den portugiesischen Süden und Marokko zu. Auf der anderen Seite brausen sie über die Azoren und die Kapverden bis zu den Westindischen Inseln.

Es ist ein hoch symbolischer Tag. Die Christenheit feiert Allerheiligen und betet in ihren Kirchen. Nicht anders die 275 000 Einwohner von Lissabon. Dann der Schlag: Zehn Minuten lang erzittert der Boden. Die hunderttausend Kerzen der Seelenlichter in den Kirchen fallen um und entflammen die Stadt. Zwei Drittel aller Häuser stürzen ein oder werden Opfer des Feuers. Vierundfünfzig Klöster, fünfunddreißig Kirchen und dreiunddreißig Paläste brechen zusammen, darunter jene des Königs und der Inquisition. Die Prachtstraßen sind übersät mit Trümmern; Schwefeldämpfe und Rauchschwaden steigen sechzig Kilometer weit sichtbar in den Himmel. Meterdick liegt die Asche über der Stadt. In Panik fliehen die Menschen zu den Booten am Tejo, um aufs offene Meer zu fliehen. Hier ereilt sie der Tsunami, der eine halbe Stunde nach dem Beben in Lissabon eintrifft und die portugiesische Küste völlig verwüstet.

Niemand weiß, wie viele Menschen in der Katastrophe starben. Die Schätzungen reichen von 30 000 bis 100 000 in Lissabon und im portugiesischen Süden. Zeitgenossen hören die Zahl von 60 000 Opfern und verbreiten sie in ganz Europa. Eine Welle des Mitgefühls und der Solidarität erfasst die Menschen auf dem Kontinent. Ausländische Regierungen schicken Hilfsgüter wie Lebensmittel, Werkzeug und Geld. Auch wenn die Hilfe langsam auf Segelschiffen und Pferdefuhrwerken eintrifft, so ist sie beispiellos in der europäischen Geschichte. Die Völker des Kontinents, in ewigen Kriegen zerstritten, scheinen für eine Atempause durch Anteilnahme vereint. Ein »außerordentliches Weltereignis« hat sich für sie abgespielt. So jedenfalls deutet es Johann Wolfgang von Goethe in seinen Kindheitserinnerungen. Doch selbst wenn der sechsjährige Knabe wohl weniger betroffen davon war, als er in *Dichtung und Wahrheit* schreibt, so dürfte stimmen, dass das Erdbeben »einen ungeheuren Schrecken« verbreitete.[110]

Ein erschütterndes Weltereignis, zumindest in der gebildeten Welt, wird die Katastrophe von Lissabon vor allem durch einen Mann: *François-Marie Arouet* (1694–1778), der sich selbst *Voltaire* nennt. Voltaire ist ein internationaler Starautor, ein Mann, der neben einem eleganten Französisch auch in Italienisch und Englisch brilliert. Obwohl er eigentlich Literat, Historiker und Kritiker ist, wird er als »Philosoph« gesehen. Es gibt keine voltairsche Erkenntnistheorie, keine Ethik und kein System einer politischen Philosophie. Doch der Begriff des *philosophe* reicht in Frankreich weiter als in England oder in Deutschland. Für die Franzosen des 18. Jahrhunderts ist ein Philosoph ein öffentlicher Intellektueller – und ist es bis heute. Und wer passt besser in dieses Verständnis eines Philosophen als der scharfsinnige, galante, umtriebige, sich perfekt inszenierende, arrogante und stets lästernde Voltaire?

Der Pariser Anwaltssohn hat viel getan, um in jene Position zu gelangen, die die Franzosen vom 18. Jahrhundert als dem »Jahrhundert Voltaires« sprechen lässt. Er ist der Berufsprovokateur der Pariser Gesellschaft, das Enfant terrible der Salons. Wo immer er auftritt, kommt es zum Eklat. In seiner Jugend wird der stadtbekannte Emporkömmling von den Schlägern eines erbosten Adligen auf offener Straße verprügelt. Der berechtigte Vorwurf: die Anmaßung eines erfundenen Adelstitels. Gleich zweimal sitzt der stets elegant gekleidete Voltaire wegen Hochstapelei und

Majestätsbeleidigung in der Bastille. Ins Exil gezwungen, erst nach England, dann ins lothringische Cirey, schreibt er mit Verve und in unermüdlichem Fleiß Skandalstücke, Epen und Essays gegen die Kirche und das absolutistische Königtum.

Als 1755 in Lissabon die Erde bebt, hat Voltaire soeben sein stattliches Anwesen in Ferney, in der Nähe von Genf, bezogen. Was Ruhm und Geld anbelangt, so hat er es endlich in die feine Gesellschaft geschafft. Er ist der meistgespielte Bühnenautor Frankreichs, und sein findiger Geschäftssinn ist legendär. Die Dramatik des Erdbebens von Lissabon ist ihm schnell bewusst: »Da sieht man doch eine recht grausame Natur! … Welch trauriges Glücksspiel ist doch das Spiel des menschlichen Lebens!« So schildert er einem Brieffreund seine Gedanken, um dann zu bemerken: »Sie werden schon ihre Schwierigkeiten haben, herauszufinden, wie die Bewegungsgesetze in der besten aller möglichen Welten solche schrecklichen Katastrophen bewirken.«[111] Voltaire hat erkannt, dass das Erdbeben von Lissabon die leibnizsche Philosophie von der besten aller denkbaren Welten Lügen straft. Dass es das Böse unter den Menschen gibt, hatte Leibniz noch mit Gottes guter Schöpfung in Einklang bringen können. Aber dass die Natur so grausam auftritt wie in Lissabon, passt nicht zur Theodizee. Denn wäre es nicht besser gewesen, wenn das Erdbeben nicht all die vielen Menschen ins Unglück gerissen hätte? Und das auch noch an Allerheiligen?

Voltaire schreibt ein Gedicht: *Poème sur le désastre de Lisbonne (Gedicht über die Katastrophe von Lissabon)* und versieht es mit dem Untertitel: *Untersuchung des philosophischen Axioms ›Alles ist gut‹*. Das Werk verbreitet sich wie ein Lauffeuer durch Europa. Innerhalb eines Jahres sind zwanzig Ausgaben gedruckt. Leibniz' Optimismus, dass die Welt die beste aller *möglichen* Welten sei, wird von Voltaire im Angesicht der Katastrophe eines Besseren belehrt: Diese Welt ist nicht die *beste* aller möglichen Welten! Im gleichen Atemzug trifft Voltaires Kritik auch den von ihm vormals bewunderten Engländer *Alexander Pope* (1688–1744).

Hatte der nicht in seinem *Essay on Man* (1733) ähnlich wie Leibniz die Weltharmonie beschworen und alles für gut befunden?

Für die leibnizsche Philosophie ist Voltaires Gedicht der Todesstoß. Und der Literat wird nicht müde, sie auch noch in seinem Roman *Candide ou l'optimisme (Candide oder der Optimismus)* zu veralbern. Der aus dem herrlich friedlichen Westfalen in die bunte wilde Welt gestoßene einfältige Candide muss mühsam lernen, dass sein Optimismus immer wieder an der widerspenstigen Welt abgleitet. Schon im Erscheinungsjahr 1759 wird das Werk an siebzehn verschiedenen Orten in Europa gedruckt und erschüttert den Rationalismus zutiefst. Über Jahrzehnte hinweg hatte der aus Breslau gebürtige Universalgelehrte *Christian Wolff* (1679–1754) die Gedanken seines großen Lehrers Leibniz gesichtet, sortiert und zu einer Art System zusammengefügt. Als Professor in Halle achtete der deutsche Aufklärer darauf, alles in »demonstrativischer« Weise zu systematisieren. Dabei verwob er neben Leibniz auch andere Gedanken mit ins System, etwa Descartes und die Scholastik. Wolff schrieb seine Texte unter anderem auf Deutsch, was Leibniz kaum getan hatte. Er übersetzte viele lateinische Begriffe mit neuen deutschen Wörtern. Aus der berühmten *Conscientia* von Descartes und Leibniz wurde das »Bewusstsein«. Worte wie »Aufmerksamkeit« und »Bedeutung« halten durch ihn Einzug in den philosophischen Sprachschatz. Und wenn Philosophen über die Welt oder das Ding »an sich« streiten, so tun sie es in Wolffs Worten.

Wolff war Leibniz nicht in allen Punkten gefolgt; insbesondere mit dessen Monadologie tat er sich schwer. Gleichwohl sprach man im 18. Jahrhundert überall vom »Leibniz-Wolffschen System«. Als einflussreicher Hochschullehrer und Rechtsgelehrter genoss Wolff großes Ansehen, insbesondere im deutschsprachigen Raum und auch bei den Jesuiten und Benediktinern in Italien. Das Leibniz-Wolffsche System war die am weitesten verbreitete philosophische Lehre an den deutschen Universitäten des 18. Jahrhunderts und dort mindestens ebenso bedeutend wie Lockes Philosophie zur gleichen Zeit in England. Umso schlimmer war es, dass mit dem Erdbeben von Lissabon gleichsam das Herzstück dieser Philosophie erschüttert wurde. Denn an eine göttliche »Weltvernunft« mochte nach der Katastrophe kaum noch jemand glauben.

Wolff selbst hat den schweren Schlag gegen sein System nicht mehr erlebt. Der letzte große Rationalist stirbt eineinhalb Jahre vor dem Erdbeben von Lissabon in Halle. Philosophiehistoriker lassen mit seinem Tod gerne das Zeitalter des Barocks enden, obgleich seine Werke, die er oft als »Vernünftige Gedanken über …« betitelte, viel Aufklärerisches enthalten. Doch spätestens seit Lissabon ist der Weg auch auf dem Kontinent frei für den Siegeszug der englischen Philosophie und Naturwissenschaft. Und wo vorher »vernünftige Gedanken« ein rationales Weltsystem freilegten, betrachtet man die Welt mehr und mehr empirisch wie Locke und Hume. Alles, was wir über sie sagen können, kann nun vom Menschen ausgehen und nicht mehr von einer höheren Instanz. Damit ist dem skeptischen Denken ebenso viel Raum gegeben wie dem materialistischen. Nicht die göttliche Vernunft, sondern das Individuum wird zum Maß aller Dinge – so wie einst bei Protagoras. Und wie im antiken Athen stellt sich die Frage, wie die Menschen ihre Gesellschaft und ihren Staat selbst einrichten sollen, wenn kein Gott die Spielregeln vorgibt und kein Fürst die Berechtigung dazu hat.

Genau dieses Vakuum gibt Voltaire den Spielraum, als »Aufklärer« zu wirken, als *philosophe des Lumières,* wie er sich selbst sieht. Inspiriert ist er von England, wo er sich zweieinhalb Jahre aufhält, zwischen 1726 und 1728. Er liest Locke, den er als den ersten Aufklärer der Menschheit bewundert, und rühmt Newton, den großen Aufklärer des Himmels. Wie seine Vorbilder, so bricht der sarkastische Kirchenkritiker Voltaire nicht völlig mit dem Glauben. Hatte Locke nicht geschrieben, dass der Atheismus die Tugend verderbe? Nichts anderes behauptet auch Voltaire. Wenn Gott nicht existierte, wäre es deshalb notwendig, ihn zu erfinden – lautet eines seiner zahlreichen Bonmots. Und mit Newton vergleicht er die Welt mit einer Uhr, einem mechanischen Wunderwerk, hinter dem ein intelligenter Uhrmacher steckt.

Voltaires Lob des Glaubens als Quelle der Tugend stammt aus seinem *Dictionnaire philosophique portatif*, dem philosophischen Taschenwörterbuch von 1764. Er ist ein leidenschaftlicher Denker ohne Rücksicht auf Widersprüche und Selbstwidersprüche. Denn wie soll Gott die Quelle der Tugend sein, wenn er Katastrophen wie jene von Lissabon bewirkt oder zulässt? Der intelligente Uhrmacher ist also nicht so intelligent, dass ihm die Uhr nach Plan läuft. Was Voltaire 1755 klar gesehen hat, setzt er später wieder außer Kraft. Doch verweilen wir noch im Jahr der Katastrophe. Der Aufklärer hat nicht nur die Absicht, der Welt die Augen zu öffnen über Gottes mangelnde Anteilnahme am menschlichen Schicksal. Zugleich geht es ihm um sich selbst. Denn der Untertitel seines Lissabon-Gedichts, *Untersuchung des philosophischen Axioms ›Alles ist gut‹*, bezieht sich auf eine Preisfrage der Preußischen Akademie der Wissenschaften in Berlin. Und der Schutzherr, der über die Akademie wacht, ist für Voltaire ein guter Bekannter …

Der König, sein Hofphilosoph und ein unglücklicher Glücksforscher

Angefangen hatte es vergleichsweise harmlos. Im idyllischen wie provinziellen Rheinsberg, unweit von Berlin, langweilt sich Friedrich, der vierundzwanzigjährige Sohn des furchterregenden »Soldatenkönigs« Friedrich Wilhelm I. Von seinem Vater als Weichling verachtet, häufig verprügelt und durch weitere drakonische Strafen wie die Vernichtung seiner Bibliothek drangsaliert, träumt Friedrich von einem Sonnenkönigtum an der Spree, einem Hof nach dem Vorbild Ludwigs XIV.

Der Kronprinz ist zu klug, um nur zu träumen, zu gewieft, um nicht zu erkennen, welche Chancen ihm die Zukunft bringen wird. Wer ein großer Mann werden will, das hat Friedrich schon begriffen, braucht frühzeitig Männer, die ihn groß schreiben. Der Zeitgeist, zumindest in Preußen, hat die Prälaten aus dieser Funktion verweht, es bleiben die Literaten und Philosophen, von denen es im düsteren Kasernenstaat seines Vaters kaum welche gibt.

Die Suche nach adäquaten Kandidaten führt im Jahr 1736 unweigerlich nach Frankreich. Hier schreiben, plaudern und debattieren die kühnen Freigeister der Zeit über das neue Bild vom Menschen und die Gesellschaft der Zukunft. Besonders angesehen: *Bernard Le Bovier de Fontenelle* (1657–1757), der neunundsiebzigjährige Großmeister der Académie française. Doch dessen zeitlos kluges Urteil über einen von Friedrich angeregten Briefwechsel ist harsch: »Während die Fürsten, die den Philosophen so große Ehre erweisen, dadurch nur um so größere Fürsten werden, ist zu befürchten, dass die Philosophen dadurch kleinere Philosophen werden.«

Wer in der französischen Gesellschaft wirklich etwas zählt, ist gut beraten, Abstand zum preußischen Kronprinzen zu wahren. Zu verfänglich erscheinen die politischen Verwicklungen, einen ausländischen Fürsten durch freundliche Briefe bedeutsam zu schreiben. Was Friedrich braucht, ist ein Außenseiter, klug und eloquent, möglichst prominent, aber zugleich am französischen Hof schlecht gelitten. Vor allem jedoch: eitel genug, eine solche Liaison mit dem preußischen Kronprinzen in die weite Welt zu tragen!

Der Thronfolger findet seinen Mann in Voltaire, einer Starbesetzung für die Rolle. Friedrichs französische Agenten senden ein Portrait: Ein sensibler Mensch ohne Bindung, gesellig ohne Freunde, »eitel bis zum Exzess, aber mehr noch auf seinen Vorteil bedacht, arbeitet er weniger für seinen Ruf als für sein Geld; nach Geld hungert er, dürstet er. Er will Schätze sammeln.« Ohne Zweifel, die passende Wahl. Und richtig: Der freundliche Brief des jungen Prinzen an den einundvierzigjährigen Exilanten in Cirey, die Bitte, ihn zum »Schüler« zu nehmen, löst Begeisterung aus. Schon sieht sich der ausgestoßene Dichter als Lehrmeister des künftigen Königs, eine Rolle, die in Frankreich den hervorragendsten Prälaten vorbehalten ist. Voller Stolz auf seine augenscheinliche Ebenbürtigkeit mit dem Kronprinzen, lobt der Literat dessen »großherzigen Charakter« und dessen »Liebe zum Menschengeschlecht«. Ein wahres Festival wechselseitiger Lobgesänge setzt ein. Für Friedrich ist Voltaires Geist »der Zauber meines Lebens«, ehrfurchtsvoll huldigt er dem »größten der Franzosen«. Voltaire dagegen stellt »den jungen Salomon des Nordens« gleich in den Olymp: »Was gilt mir Sokrates, Friedrich ist's den ich liebe. Welch ein Unterschied doch zwischen einer attischen Plaudertasche mitsamt seinem Hausdrachen und einem Prinzen, der das Entzücken der Menschen ist und ihnen Glückseligkeit bringen wird … Wann werden meine Augen meinen Heiland sehen?«[112]

In Voltaires Lebenserinnerungen, vierundzwanzig Jahre später verfasst, wird sich die poetische Männerfreundschaft wesentlich prosaischer lesen: »Da sein Vater ihm wenig Anteil an den Staatsgeschäften gab – in diesem Land gab es ja kaum Staatsgeschäfte, da alles aus Paraden bestand –, benutzte er seine Muße, um den französischen Schriftstellern zu schreiben, die in der ganzen Welt bekannt waren. Die Hauptlast fiel auf mich. Es waren Briefe in Versen, oder metaphysische, historische und politische Abhandlungen. Er behandelte mich als einen göttlichen Menschen; ich ihn als Salomon. Die Epitheta kosteten uns nichts.«[113]

So abgeklärt, wie er es später zu Papier bringen wird, ist der Aufklärer zu Beginn der Korrespondenz freilich nicht ganz. Noch hat er die Hoffnung, der preußische Thronfolger könnte ihm in großem Stile nützen. Eifrig verbreitet er Friedrichs Briefe, kolportiert Geschichten für die Gazetten und macht sich als Prinzenfreund berühmt. Das Kalkül des Thronfolgers geht auf. Schnell spricht man in ganz Mitteleuropa von dem illustren Paar. Friedrich nobilitiert Voltaires erfundenen Adelstitel, der Franzose prägt im Gegenzug frühzeitig die Rede von »Friedrich dem Großen«: ein Beiname, von keiner weltgeschichtlichen Jury verliehen und keiner Nachwelt, sondern von einem dienstbaren Literaten.

Tatsächlich verstehen sich der König und Voltaire die meiste Zeit ihres Lebens eher schlecht. Fast immer ist es der Philosoph, der in ihrem Duell empfindliche Niederlagen einstecken muss. Argwöhnisch und neidisch versucht der Aufklärer, alle Nebengötter in Friedrichs Elysium madig zu machen. Vor allem des Königs Lieblingsphilosoph Christian Wolff, von dessen Metaphysik Voltaire wenig versteht, erfährt schmalbrüstige Kritik. Denn auch in der Philosophie, in der der Literat und Historiograf wenig bewandert ist, beansprucht er die volle Autorität. Der König jedoch weiß genau zu unterscheiden. Unbeirrbar hält er an Christian Wolff fest und bringt Voltaires Intimfeind, den französischen Mathematiker *Pierre Louis Moreau de Maupertuis* (1698–1759), als Akademiepräsidenten in Berlin zu höchsten Ehren.

In dem empfindlichen Maupertuis hat Voltaire seinen stärksten Konterpart. Wo Voltaire nach schönen Formulierungen sucht, grübelt der Akademiepräsident lieber dreimal. Und seine Erkenntnisse, von vielen Zeitgenossen verlacht, können sich sehen lassen. In seinem *Essai de cosmologie (Versuch einer Kosmologie)* möchte er die newtonsche Physik auf ein neues Fundament stellen und die Physik mit der Metaphysik versöhnen. Ihm fällt auf, dass die Natur immer den kürzesten Weg bevorzugt, das heißt, sie wirkt immer in der einfachsten Art und Weise. Alle Bewegungsgesetze folgen damit dem »Prinzip der kleinsten Aktion« – eine kluge Erkenntnis, die später nach dem irischen Mathematiker und Physiker *William Hamilton* (1805–1865) als »Hamilton'sches Prinzip« benannt wird und für die Quantenmechanik von größter Bedeutung ist.

Maupertuis zieht daraus weitreichende Schlüsse. Denn kann es wirklich Zufall sein, dass die Natur auf die gleiche rationale und effektive Weise funktioniert wie unser Denken? Auch der kluge Verstand sucht stets nach der einfachsten und zugleich effektivsten Lösung. Doch wenn beides nach dem gleichen Prinzip funktioniert – natürliche Rationalität und menschliche Rationalität –, so verbirgt sich dahinter ein wahres Weltgesetz, das nichts anderes sein kann als das Wirken Gottes. Auf diese Weise schafft Maupertuis den Spagat, die Physik neu mit Leibniz auszusöhnen.

Nicht weniger klug als seine Physik ist auch Maupertuis' »Biologie«. Als im Jahr 1734 eine »weiße Negerin« aus Surinam in Paris auftauchte, brachte dies die Gelehrten ins Grübeln. Wie war das möglich? Gemeinhin waren die Zeitgenossen davon überzeugt, dass Gott den gesamten Organismus des Menschen entweder im Ei oder im Spermium vorgeformt hat. Aristoteles hingegen hatte eine solche »Präformation« abgelehnt und stattdessen von einer schrittweisen individuellen Entwicklung gesprochen – der *Epigenese*. Wenn es möglich war, dass eine schwarze Frau acht Kinder mit unterschiedlicher Hautfarbe gebar, darunter eines mit weißer Hautfarbe, wie die »Negerin« von Paris, so weckte dies auch in Maupertuis starke Zweifel an der Präformation. Menschen waren offensichtlich etwas anderes als Blumenzwiebeln, von denen man annahm, dass das gesamte Programm zur Entwicklung der Pflanze minutiös vorgeplant war.

Maupertuis schreibt anonym ein kritisches Buch gegen die Präformation, mit dem hübschen Titel *Vénus physique* in der zweiten Auflage. Mit seiner Kritik weiß er sich in guter Gesellschaft. Auch Harvey und Descartes hatten die Präformationslehre abgelehnt. Aber sie hatten den Schlüssel nicht gefunden, der die individuelle Entwicklung bestimmt. Stattdessen sprachen sie, wie Descartes, von den *esprits animaux,* den ominösen »Lebensgeistern«. Irgendwie schien es ein unlösbares Problem zu sein, wie aus einem so seelenlosen Etwas wie einem Ei oder einem Spermium ein individuelles Lebewesen entsprang. Hauchte Gott ihnen jeweils neu einen Lebensodem ein, oder hatte er es nur am Anfang der Welt getan und damit alle folgenden Lebewesen gleich mit inspiriert?

Wie sein Zeitgenosse, der englische Naturforscher *John Turberville Needham* (1713–1781), findet auch Maupertuis keine völlig befriedigende Lösung. Needham spricht von »kleinsten lebenden Atomen«, die er unter dem Mikroskop findet und aus denen sich das Leben zusammensetzen soll. Maupertuis kreuzt Hunde, Hühner und Papageien, um die Gesetze der Vererbung ausfindig zu machen. Er spekuliert, dass sich bei der Zeugung »kleinste Teile« von beiden Seiten durch Anziehung zusammenfinden und so die Grundlagen bilden für die späteren Organe. Treten bei diesen vielen kleinen Vereinigungen Fehler auf, so kommt es zu Störungen und Abweichungen. In seinem *Système de la nature (System der Natur)* geht Maupertuis noch ein Stück weiter. Hier sind es nicht nur körperliche Anlagen, die sich im Zeugungsakt durch kleinste Teilchen vereinen, sondern auch geistige wie Begierde, Abneigung oder Gedächtnis. Die Teilchen sind somit allesamt »beseelt« – eine moderne Variante von Leibniz' »Monade«.

Maupertuis' Spekulationen sind folgenreich, denn sie motivieren seinen Schüler, den jungen Berliner *Caspar Friedrich Wolff* (1734–1794), die Epigenese experimentell zu beweisen. Nach zahlreichen Experimenten an Hühnern veröffentlicht er 1759 seine *Theoria generationis* – einen Meilenstein bei der Überwindung der Präformationslehre. Maupertuis' und Wolffs Einsichten versetzen der Theologie einen schweren Schlag. Denn anstatt dass Gott jeden Menschen nach seinem Gusto vorformt, wird die Zeugung zur Lotterie. In diesem Sinne sind Maupertuis und Wolff frühe Vorläufer der Genetik, insbesondere der *Mutationstheorie,* wie sie der Niederländer *Hugo de Vries* (1848–1935) zu Anfang des 20. Jahrhunderts entwickelt.

Ein drittes Feld, das Maupertuis beackert, ist die Moralphilosophie. Sein *Essai de philosophie morale (Versuch einer Philosophie der Moral)* ist ein höchst unkonventionelles Buch. Als Mathematiker interessiert Maupertuis an der Moral nur das, was er für berechenbar hält. Wie so viele Denker seit Epikur teilt er das Glück entlang der Achse Lust und Leid. Viel Lust ist gut, viel Leid ist schlecht. Von diesem Axiom aus beginnt die Mathematik des Glücks. Man addiere alle Momente des Glücks und multipliziere sie nach Dauer und Intensität, und dann vergleiche man sie mit jenen des Unglücks. Auf diese Weise errechnet Maupertuis das individuelle Glück – ein Gedanke, der sich heute in der etwas bizarren Wissenschaft der sogenannten Glücksökonomie (*Happiness Economics*) wiederfindet, die derzeit schwer in Mode ist. Dass das Leben bekanntlich kein Wunschkonzert ist und sich das Glück nicht durch Formeln steigern lässt, weiß Maupertuis allerdings besser als heutige Glücksforscher. Deswegen rät er seinen Lesern, ihr Leben nicht primär nach (epikureischer) Lustgewinnung auszurichten, sondern nach (stoischer) Leidvermeidung.

Die Kunst, Leiden auszublenden, wird in Maupertuis' eigenem Leben stark strapaziert. Die Resonanz, die der hochsensible Mathematiker auf seine Schriften erhält, ist alles andere als erfreulich. Seine Glücksökonomie wird von der französischen Schriftstellerin *Madeleine de Puisieux* (1720–1798) verlacht. Seine Vererbungstheorie fällt unter Atheismus-Verdacht und wird neben Caspar Wolff nur von Diderot geschätzt. Seine Physik des »Prinzips der kleinsten Aktion« gerät in die Spottmühle Voltaires und wird so gnadenlos geschreddert, dass Friedrich der Große seinen Hofphilosophen aus Potsdam verjagt und dessen Gegenschrift vom Henker öffentlich verbrennen lässt. Voltaire rächt sich mit einer anonymen Abrechnung: *Gedanken zur Person, zur Lebensweise und zum Hof des Königs von Preußen.* Erst mit fortschreitendem Alter werden sich König und Philosoph wieder versöhnen. Maupertuis hingegen erlebt keine Versöhnung mehr. Nach seiner Verunglimpfung durch Voltaire verlässt er 1753 den intriganten preußischen Hof und zieht ins friedliche Basel zu seinem Freund Johann II. Bernoulli, einem Mitglied der berühmtesten Mathematikerfamilie der Schweiz.

Der Mensch: Affe und Maschine?

Dass Maupertuis überhaupt frei über »biologische« Fragen spekulieren kann, verdankt er dem freigeistigen Umfeld der Berliner Akademie zur Zeit Friedrichs des Großen. Nur in den Niederlanden, in England, Italien und in der Schweiz herrscht ein ähnlich mildes Klima für Naturforscher, die den Menschen genauer unter die Lupe nehmen. Im katholischen Frankreich dagegen wacht seit der Regentschaft Ludwigs XIV. eine untrennbare Einheit von katholischer Kirche und Staat über das gesamte geistige Leben. Nur deshalb kann die Preußische Akademie im kleinen und wenig bedeutenden Berlin neben den deutschen so viele französische Denker an sich binden. Der provokanteste unter ihnen ist der Arzt und Philosoph *Julien Offray de La Mettrie* (1709–1751).

La Mettrie stammt aus Saint-Malo in der Bretagne, ebenso wie Maupertuis. Im Jahr 1748 ist er ein in Frankreich verfemter und verfolgter Autor, so dass der Akademiepräsident ihm in Berlin Asyl gewährt. Das Enfant terrible der Aufklärung hat Medizin in Frankreich studiert, geht aber später nach Leiden in den Niederlanden und arbeitet dort mit *Herman Boerhaave* (1668–1738) zusammen, dem berühmtesten Arzt des Kontinents. Nach einer Zwischenstation im heimischen Saint-Malo lässt er sich 1742 als Arzt in Paris nieder. Als einer der fortschrittlichsten Mediziner seiner Zeit nimmt er kein Blatt vor den Mund, wenn es darum geht, seine rückständigen und bornierten französischen Kollegen zu kritisieren. In den beiden folgenden Jahren arbeitet er als Armeearzt für den Herzog Louis de Gramont und findet dabei zugleich die Zeit, seine philosophischen Gedanken zu Papier zu bringen. 1745 erscheint die *Histoire naturelle de l'âme (Naturgeschichte der Seele)* anonym in Den Haag.

La Mettries Ausgangspunkt ist eine Selbstbeobachtung. Bei einem Fieberanfall fällt ihm auf, dass sein psychischer Zustand untrennbar an seinen körperlichen Zustand gekoppelt ist. Jede Seelenregung ist demnach nichts anderes als eine Folge physiologischer Vorgänge. Mit Lust und Spott weist der philosophierende Arzt die Philosophen darauf hin, dass sie Physiologen und Anatomen werden müssten, wenn sie die menschliche Seele verstehen wollen. Denn alles, was ich empfinde und denke, ist nichts anderes als die Folge von Sinnesreizen. Und will ich die Seele entwickeln, so muss ich die Sinne schulen und sonst nichts.

Dass Körper und Geist nur zwei verschiedene Aspekte der gleichen Sache seien, hat schon Spinoza behauptet. Doch La Mettrie geht weiter und springt völlig aus der Metaphysik heraus. Für Spinoza gibt es immerhin noch eine Wirkursache namens Gott, und das Materielle ist nur eine Spielart des Ideellen. Bei La Mettrie dagegen existiert überhaupt nichts Ideelles mehr, einzig Materie in Bewegung, mechanische Reize und die Chemie des Blutes. Da er damit Gott zu einer überflüssigen Hypothese erklärt und überdies die Ärzte seiner Zeit lächerlich macht, muss er Frankreich 1747 schleunigst verlassen. Sein Buch über die Seele wird ebenso öffentlich verbrannt wie seine Kritik an den Ärzten.

Wieder in den Niederlanden, zeigt La Mettrie, dass er sich von dem Aufruhr um seine Person nicht im Geringsten beeindrucken lässt. Denn nun legt er erst richtig los, und zwar mit seinem furiosen Buch *L'homme machine (Die Maschine Mensch)*. Schon Descartes hatte einst die Tiere zu Maschinen erklärt und Leibniz die »prästabilierte Harmonie« mit einem Uhrwerk verglichen – doch beide hatten an eine davon verschiedene unsterbliche Geist-Seele geglaubt. La Mettrie aber wendet das Maschinen-Bild ungerührt auf den Menschen an. Was soll die Menschen-Maschine schon Großartiges von den anderen Tier-Maschinen unterscheiden, wenn alles Psychische nur eine Frage der Physis ist?

Beflügelt wird La Mettrie von der regen Diskussion um den Status von Affen, insbesondere Menschenaffen. Am Ende des 17. Jahrhunderts haben sich die englischen Ärzte *Thomas Willis* (1621–1675) und *Edward Tyson* (1650–1708) schwergetan, einen kategorischen Unterschied zwischen dem Menschen und einem Schimpansen zu finden. Was sie trennte, lag jedenfalls nicht in den Gehirnen, ja, überhaupt nicht in der belebten Materie. Wenn man nun mit La Mettrie alles Spirituelle ablehnt und nur die belebte Materie anerkennt, dann sind Mensch und Menschenaffe durchweg aus dem gleichen Holz geschnitzt, beziehungsweise von der Natur gleich gebaute Maschinen: »Der Übergang von den Tieren zum Menschen ist kein gewaltsamer … Was war der Mensch vor der Erfindung der Wörter und der Kenntnis der Sprachen? Ein Tier seiner Art, das ... sich nicht mehr vom Affen und den anderen Tieren unterschied als der Affe selbst von diesen ...«[114] Nicht die Seele, sondern nur seine Sprache unterscheidet den Menschen also vom Affen. Denn wenn ein Affe sprechen könnte, so wäre er »weder ein ›wilder Mensch‹ noch ein missratener«. Er wäre vielmehr »ein vollkommener Mensch, ein kleiner Stadtmensch«.[115]

Mit dieser Formulierung bestreitet La Mettrie nicht nur den Seelenunterschied, sondern auch den Charakterunterschied von Menschen und (anderen) Affen. Wo soll der auch herkommen, wenn alle Tiere Selbsterhaltungs-Automaten sind, dazu bestimmt, ihre innere Bewegung aufrechtzuerhalten? Wenn es Charakterunterschiede dieser Maschinen gibt, so gehen sie nicht auf höhere oder niedere Seelen zurück. Die Unterschiede hängen vom Klima ab und von der Luft. Die Temperatur bestimmt das Temperament. Dazu kommt die jeweils etwas andere Mischung der Körpersäfte (wir würden heute sagen: der Neurotransmitter) und der unterschiedliche Stoffwechsel. Wer eine schnelle Verbrennung hat, ist temperamentvoller als eine Maschine mit langsamem Stoffwechsel. Und nicht zuletzt die Nahrungsaufnahme bestimmt über die Eigenheiten. »Der Mensch ist, was er isst!« – ein Bonmot, das zwar erst hundert Jahre später von Ludwig Feuerbach formuliert wird, aber bei La Mettrie bereits gedacht ist.

Mit alledem sieht sich der nassforsche Materialist auf der Höhe der medizinischen Forschung. Hatte nicht der große Schweizer *Albrecht von Haller* (1708–1777) gerade davon gesprochen, wie unsere Nerven unsere Muskelfasern »irritieren«, das heißt reizen? Wie Physiologie und Psychologie ein untrennbares Wechselspiel miteinander eingehen? La Mettrie erlaubt sich sogar den Spaß, sein Buch Haller zu widmen, der nicht nur ein bedeutender Arzt ist, sondern auch ein konservativer und gottesfürchtiger Politiker ...

La Mettries ketzerische Ansichten sind nicht aus der Luft gegriffen, und nicht wenig davon ist heute Standard in der Psychologie oder den Neurowissenschaften. Doch seine Theorie kann nur schlecht erklären, wie Lernen funktioniert und wie die Erziehung auf die Mensch-Maschine einwirken soll. Dass er hier nicht gut weiterkommt, gibt La Mettrie zu. Als einen großen Systemdenker sieht er sich auch gar nicht. Vielmehr hält er sich für einen bescheidenen Geist, der der Erforschung des Menschen den richtigen Weg weist – nämlich den der Erfahrung und der Praxis und nicht jenen der Spekulation und der Theorie. Wer den Menschen verstehen will, muss ihn zergliedern und seine Körperorgane studieren. Ansonsten soll man ihn leben lassen mit all seinen sinnlichen Gelüsten und seinem Hang zum Vergnügen.

Die Reaktion auf das Buch übertrifft noch die auf das Vorgängerwerk. Selbst die liberalen Niederländer haben die Faxen dicke, und La Mettrie flieht durch Maupertuis' Vermittlung nach Preußen. Friedrich II. gewährt ihm Asyl, eine Leibrente und einen Sitz in der Berliner Akademie. Kaum angekommen, schreibt der launige »Hofatheist« (Voltaire) des Königs sein nächstes Buch, das ihn dann endgültig zwischen alle Fronten bringt: den *Discours sur le bonheur (Über das Glück)*. Auf listige Weise hat der von Friedrich dem Großen so geschätzte Gesprächspartner die preußische Zensurbehörde ausgetrickst. Und er hat ein Buch geschrieben, das neben dem Preußen-König nahezu alle französischen Aufklärer seiner Zeit gegen ihn aufbringt. Getarnt als eine Einleitung zu Senecas *De vita beata (Vom glücklichen Leben)*, wagt La Mettrie eine völlig außermoralische Betrachtung des Glücks. Das Streben nach Glück sei eigentlich keine große Sache. Alle höheren Lebewesen tun dies und empfangen ihr Glück daraus, dass sie ihre Bedürfnisse stillen und ihr Begehren befriedigen. Mit Moral habe das Ganze nichts zu tun, denn kein Bedürfnis und kein Begehren sei prinzipiell besser oder schlechter als ein anderes. Was wir Tugend nennen – etwa den geistigen Genuss dem körperlichen vorzuziehen –, sei völlig willkürlich und unnatürlich. Denn die Pointe lautet ganz einfach: Gut für mich ist, was meiner Natur gemäß ist, was immer es auch sei.

Derselbe La Mettrie, der den Menschen zur physiologischen Maschine erklärt, verkündet zugleich seine Freiheit und sein Recht auf Selbstbestimmung: nämlich das tun zu dürfen, was die Maschine zum optimalen Funktionieren braucht. Unfrei ist der Mensch also nur in seinen Funktionsmechanismen. Er hat keine Willensfreiheit. In der Gesellschaft dagegen ist er völlig frei, das zu tun, was ihm guttut, denn Handlungsfreiheit besitzt er schon. Damit wird La Mettrie gleich in doppelter Weise zum Anarchisten: Er sieht die Maschine Mensch als ein reines Naturwesen, das keiner gesellschaftlichen Ordnung und keinem Glauben zu gehorchen hat. Und er schenkt ihr die Freiheit, das zu tun und zu lassen, was sie will. Haben Menschen bei dem, was sie tun, Gewissensbisse, so nur, weil gesellschaftliche Vorurteile sie ihnen aufzwängen. Die Natur des Menschen hingegen kenne keine Schuld, sie sei ausschließlich natürlich und eben nicht moralisch.

Dass alle gesellschaftlichen Konventionen, Normen, Werte und Tugenden der Natur des Menschen widersprächen, sorgt an der Tafelrunde des preußischen Königs für Unterhaltung. Als gedruckte Schrift hingegen löst diese Sicht einen Skandal aus. La Mettrie hat die Kritik an der gesellschaftlichen Ordnung seiner Zeit, die alle Aufklärer vereint, so weit getrieben, dass ihm keiner mehr folgen will. Ganz im Gegenteil. Der Arzt aus der Bretagne löst überall Ekel und Entsetzen aus. Im Grunde ist es ein Blick in einen Zerrspiegel: La Mettrie klärt die Aufklärer darüber auf, dass, wer mit der Natur des Menschen gegen die gesellschaftliche Ordnung argumentiert, am Ende in der Amoralität landet. Damit aber ist das ganze Projekt der Aufklärung gefährdet! Sieht sie sich nicht gerade dadurch im Recht, dass sie dem alten Feudalsystem *moralisch überlegen* ist?

Kein Wunder, dass die Kollegen mit Ingrimm und Abscheu reagieren. Als La Mettrie 1751 überraschend stirbt – sei es an einer verdorbenen Pastete, sei es durch einen Giftmord –, freut sich Voltaire auf übelste Weise: »Aufgedunsen und dick wie ein Fass« sei der lästige Konkurrent, »ob er wollte oder nicht, an der katholischen Kirche beerdigt« worden. Was für ein köstlicher Spaß! Auch Diderot setzt sich nicht argumentativ mit La Mettrie auseinander. Statt einzuwenden, dass es vielleicht doch ein angeborenes Programm geben könnte, das den Menschen moralfähig macht, zieht er es vor, den Spötter und Ironiker der Aufklärung dreißig Jahre lang totzuschweigen. Und im Alter ruft er ihm hinterher: »La Mettrie, sittenlos und schamlos, ein Narr und ein Schmeichler, war wie geschaffen für das Hofleben und die Gunst der Großen. Er ist so gestorben, wie er sterben musste: als Opfer seiner Maßlosigkeit und seiner Verrücktheit. Aus Unfähigkeit in der Kunst seines Berufes tötete er sich selbst. Dieses Urteil ist streng, aber gerecht, und es war schwer, dem Verteidiger des Lasters und dem Lästerer der Tugend gegenüber Maß zu halten.«[116] Ein in »seinen Sitten und Anschauungen so verdorbener Mensch« sei kein Philosoph gewesen, denn er habe weder die Wahrheit gesucht noch die Tugend geübt.

Wenn es hart auf hart kommt, so zeigt sich ein aufklärerischer Freigeist wie Diderot von der gleichen unnachgiebigen und arroganten Seite wie jene Glaubenshüter der alten Feudalordnung, die er so leidenschaftlich kritisiert …

Die Grammatik der Sinne

Überall wackeln in Frankreich in der Mitte des 18. Jahrhunderts die Altbauten aus früherer Zeit. Wenn die Historiker des 19. Jahrhunderts diese Zeit als jene des Ancien Régime – der alten Herrschaftsordnung – bezeichnen, so beschreiben sie damit genau den Zeitgeist. Fast jeder scheint zu spüren, dass die Bourbonen, die seit 1589 das Land regieren, keine lange Zukunft mehr vor sich haben. Das Gleiche gilt für den Machtanspruch der katholischen Kirche. Seit den Tagen Kardinal Richelieus ist er untrennbar mit der weltlichen Herrschaft verbunden – aber wie lange noch?

Bereits das Kellergewölbe der Erkenntnistheorie ist von Schimmelpilzen befallen. Denn was die »Natur« sein soll, auf der das Weltsystem und die Gesellschaftsordnung stehen, ist innerhalb weniger Jahrzehnte völlig unklar geworden. Dass sich mehr und mehr Denker in Frankreich seit den 1730er Jahren mit Newton und Locke beschäftigen sowie mit dem Wissen der englischen und niederländischen Ärzte, lässt überall die Mauern wanken. Bislang hat die Erkenntnistheorie in der französischen Philosophie, trotz Descartes, nicht die Hauptrolle gespielt. Wie in der Kunst die Stilllebenmalerei das unterste Genre ist, das mittlere das Portrait und die höchste Form das Schlachtengemälde, so stuft sich auch die Philosophie nach oben ab: von der Erkenntnistheorie als Stillleben über die Moral als Portrait bis zur politischen Philosophie als Schlachtenmalerei. Doch je mehr der Empirismus über den Kanal schwappt, umso gefährlicher wird er für die starre französische Gesellschaftsordnung.

In Frankreich verbindet sich die Erkenntnistheorie noch stärker als in England mit der Naturforschung. Die »Natur« wird von einem philosophischen Konzept zu einem »biologischen« – auch wenn es das Wort »Biologie« noch nicht gibt. Und so wie die Physik im 16. und 17. Jahrhundert die Kirche durch ein neues Weltbild provozierte, so tun es im 18. Jahrhundert die französischen Ärzte, Physiologen und experimentellen Naturforscher.

Warum gibt es Leben, wenn es nicht von Gott geschaffen ist? Wie wird das Individuum zum persönlichen Charakter, wenn es nicht vorgeformt ist? Wie gelangt der Mensch zu Weisheit und Einsicht, wenn die Vernunft nicht vom Himmel fällt, sondern aus den Sinnen erwächst? Im Frankreich des 18. Jahrhunderts schießen die Spekulationen ins Kraut – auf der Suche nach dem natürlichen Masterplan der Natur und den geheimen Mechanismen des Lebens. Die Zeugung – eine Lotterie? Der Mensch – eine Maschine? Die Vernunft – nichts als Umwelteinflüsse und Erziehung? Viele Gedanken, die jetzt ersonnen und erprobt werden, erweisen sich als inspirierend. Doch nur ein einziger französischer

Philosoph dieser Zeit wird ein systematisches Werk schreiben, das die Erkenntnistheorie entscheidend über Locke hinausbringt.

Wie es der französischen Tradition der Philosophie entspricht, findet dieser stille und sorgfältige Denker seinen Platz in der Philosophiegeschichte meist nur am Rande. Die Rede ist von *Étienne Bonnot de Condillac* (1714–1780). Als Junge leidet er unter einer schweren Augenkrankheit, die später abklingt, ihn aber zwischenzeitlich stark daran hindert zu arbeiten. Trotzdem schafft er im Laufe seines Lebens ein umfangreiches Gesamtwerk. Geboren in Grenoble, erzogen und ausgebildet zum Geistlichen, lernt er zu Anfang der 1740er Jahre in Paris Diderot und Rousseau kennen. Den Plan, gemeinsam eine Zeitschrift für Literaturkritik zu machen, geben sie nach der ersten Ausgabe auf.

Von den dreien ist Condillac der systematischste Kopf, der, der einen Stoff am tiefsten und genauesten durchdenkt. Kein Franzose vor ihm hat den englischen Empirismus so sorgfältig studiert und geprüft. Das Ergebnis ist der *Essai sur l'origine des connaissances humaines (Versuch über den Ursprung der menschlichen Erkenntnisse)* aus dem Jahr 1746. Das Buch erscheint kurz nach La Mettries *Naturgeschichte der Seele.* Doch was für ein Unterschied zwischen den witzigen und sprunghaften Gedanken des Bretonen und Condillacs sorgfältiger Arbeit! Wie Newton möchte er die Natur analytisch und ohne Vorurteile studieren. Und wie Locke verwirft er die Vorstellung »angeborener Ideen«. Alles, was wir wissen, wissen wir aus den Sinnen, aus der »Irritabilität« unserer Nerven.

Aber hat Locke tatsächlich gut erklärt, wie aus Sinnesreizen »Ideen« werden? Danach waren die menschlichen Begriffe so etwas wie Schachteln, in die unser Verstand die Sinnesreize einsortiert. Doch eine solche »Etikettentheorie« widerspricht nach Condillac der tatsächlichen Erfahrung. Zumindest bei erwachsenen Menschen sind die Begriffe immer schon zur Stelle, wenn es darum geht, etwas zu erfahren. Wir leben in einer Welt ständiger Erfahrung *(expérience constante)*, einem durchgängigen Bewusstseinsstrom (wie es Edmund Husserl im 20. Jahrhundert nennen wird). Dabei haben Menschen im Laufe ihrer Geschichte gelernt, »natürliche Zeichen« wie Töne, Laute und die Gebärdensprache zu »künstlichen und bedingten« Zeichen, nämlich Lautsprache und Schriftsprache, zu formen. Kein anderes Lebewesen ist in der Lage, aus bedeutungslosen Lauten bedeutungsvolle Wörter zu machen. Und diese Kunst begleitet uns so intensiv durch unser Leben, dass sich die »Instrumente« des Denkens von ihrem »Material«, den unmittelbaren Sinnesreizen, unabhängig gemacht haben. Wir können uns Erinnerungen vergegenwärtigen, Abstraktionen vornehmen oder Vergleiche anstellen. All unsere »Ideen« – und dies unterscheidet Condillac von Locke – sind *sprachliche* Ideen. Empfinden wir Schmerz, empfinden wir nicht nur einen Reiz, sondern wir sind uns zugleich auch immer bewusst, dass wir einen »Schmerz« empfinden. Sinneswahrnehmung und Wortbestimmung geschehen also untrennbar in eins.

Nur so ist für Condillac erklärbar, warum die Sprache unser Weltbild formt. Das natürliche und das gesellschaftliche Klima prägen uns und liefern uns die Begriffe – von der Kälte und der Wärme bis zur sozialen Kälte und Wärme. Wie die Sprache mit dem Vermögen unserer einzelnen Sinne zusammenarbeitet, beschreibt er 1754 in seinem *Traité des sensations (Abhandlung über die Empfindungen)*. Anders als Locke, kennt Condillac keine »inneren Wahrnehmungen« und keine inneren »Reflexionen«. Für den Franzosen verkennt sein englischer Vorgänger, wie Sinne und Sprache so untrennbar zusammenspielen, dass man sie gar nicht in »Äußeres« und »Inneres« trennen kann.

Condillac nimmt die menschlichen Sinne einzeln unter die Lupe. Geruch, Geschmack und Gehör hält er für ziemlich hilflos, wenn es darum geht, sich zu orientieren. Alleine und ohne Hilfe erzeugen sie keine Vorstellung von der Welt. Einzig der Tastsinn hilft, eine komplexe Vorstellung von der Außenwelt zu gewinnen. Er gibt uns ein Grundgefühl von der Welt und des Ich. Wenn ich mir gewiss sein kann, dass ich »Ich« bin, dann deshalb, weil ich mich selbst *fühle* (nicht etwa, weil ich mich höre, rieche oder schmecke). »Ich fühle mich, also bin ich«, hält Condillac seinem Kontrahenten Descartes sinngemäß entgegen. Und gegen Berkeleys Skepsis gegenüber der Außenwelt führt er ins Feld, dass es keine sicherere Gewissheit geben kann, als dass das, was ich *ertaste,* existiert.

Wie eine Zwiebel schichtet sich die menschliche Sinneswelt. Und je weiter man nach außen kommt, umso geringer wird das intuitive Wissen und umso wichtiger wird die Sprache als zusätzlicher Erkenntnissinn. Der Verstand, schreibt Condillac, sieht mehr als das Auge. Mit dieser Theorie macht er einen großen Schritt über Locke hinaus und markiert ein Terrain, das die heutige Kognitionspsychologie nicht sorgfältiger hätte abstecken können. Das vielfach untrennbare Zusammenspiel von Sinnen und Sprache sehen gegenwärtige Kognitionswissenschaftler kaum anders als Condillac. Die ursprünglichste aller »Ich-Gewissheiten« ist das »Körper-Ich« und nicht etwa das reflektierte Wissen um mich selbst. Entwicklungspsychologen und Neurowissenschaftler des 21. Jahrhunderts bestätigen darin gerne ihren Vorgänger aus dem 18. Jahrhundert.

Condillac zeigt der gelehrten Welt, wie das menschliche Erkenntnisvermögen Schritt für Schritt entsteht. Dabei denkt er nicht »logisch«, sondern »genetisch«. Descartes skizziert einen Denker, der alles weglässt, bis er zum logischen Kern seines eigenen Denkens und Seins vordringt. Condillac dagegen entwirft das Bild einer Statue, die zunächst unbelebt ist und dann Stück für Stück mit Sinnen versehen wird, bis sie ein vollständiger Mensch wird. Für Descartes liegt die Wahrheit in dem, was logisch übrig bleibt, wenn man alles Sinnliche weglässt. Für Condillac liegt sie in dem, was in der allmählichen sinnlichen Entwicklung vom Nullpunkt aus hinzukommt.

Descartes' Weg wird für Jahrhunderte jener der Philosophie bleiben; Condillacs Weg dagegen mündet in der *Psychologie* als Naturwissenschaft. Und auch wenn die Psychologie heute angeborene Strukturen kennt und nicht alle Erkenntnis aus der Sinneswahrnehmung ableitet, ist Condillac ein bedeutender Pionier. Trotz seines psychologischen Ansatzes ist er allerdings kein Materialist. Sein *Sensualismus* nimmt keineswegs für sich in Anspruch, zu erklären, wie tote Materie zu empfindsamem Leben wird. Die Empfindsamkeit ist noch lange nicht erforscht. Condillacs begeisterter Anhänger, der Schweizer Naturforscher und Philosoph *Charles Bonnet* (1720–1793), wird ihr zahlreiche biologische Studien widmen. Er untersucht die Blätter der Pflanzen, Insekten und auch die menschliche Psychologie.

Condillac selbst zieht sich nach dem *Traité* für längere Zeit aus der Erkenntnistheorie zurück. Als Prinzenerzieher geht er nach Italien und unterrichtet dort Ferdinand, den späteren Herzog von Parma. Erst neun Jahre später kehrt er nach Paris zurück. Er wird Mitglied der Académie française und beschäftigt sich überwiegend mit Fragen der Ökonomie. Erst im Alter, zurückgezogen auf dem Land, nimmt er seine erkenntnistheoretischen Studien wieder auf. Ein vorletztes Buch erscheint 1780 in seinem Todesjahr, ein letztes posthum 1798. In beiden widmet er sich noch einmal seiner Lieblingsfrage: Wie ermöglicht die Sprache unser Denken? Was er schon früher gesagt hat, bekräftigt er ausdrücklich: Die Lautsprache entspringt der Gebärdensprache, also einer Handlung. Menschen früherer Kulturen zerlegten diese Handlungen in einzelne Teile, um sie besser mitzuteilen. So entstanden nach und nach Begriffe, die sich allmählich verselbstständigten. Und je autonomer die Begriffe wurden, umso mehr schritt das Denken voran. Sprache und Denken sind also nicht voneinander zu trennen. Sie sind der »Stoff«, aus dem unsere Kenntnisse sind, wie er bereits 1746 das erste Mal geschrieben hat.

Wenn Condillac von Sprache redet, so spricht er dabei also nicht allein von der Lautsprache, sondern ebenso von Mimik und von Gestik. Das Interesse daran teilt auch sein Freund Diderot. Doch anders als Condillac begnügt er sich nicht mit philosophischer Erkenntnistheorie. Ihn fasziniert die emotionale und ästhetische Seite von Zeichen und Sprache in der Bildenden Kunst, im Tanz und in der Musik. Und er möchte dort weiterbohren, wo Condillac Halt gemacht hat: bei der Frage nach dem Leben, dem Stoff, aus dem wir sind. Condillac hat diesen Stoff nicht erklärt. Weder will er ihn auf »bloße Materie« reduzieren, noch will er diese Materie »beseelt« wissen. Genau Letzteres aber scheint Diderot die Lösung zu sein, und zwar so, wie Maupertuis es geschrieben hat: Die Materie selbst, ihre kleinsten Teilchen, die Moleküle, sind hochsensibel und voller Leben …

Die Veränderlichkeit der Arten

Denis Diderot (1713–1784) ist nicht als Naturforscher und auch nur am Rande als Erkenntnistheoretiker in die Geschichte eingegangen. Stattdessen kennt man den Sohn eines Messerschmieds aus Langres in der Champagne als den wichtigsten Kopf der französischen Aufklärung. Berühmt ist er als Autor des Romans *Jacques le fataliste et son maître (Jacques der Fatalist und sein Herr)*, einem Meilenstein der europäischen Literaturgeschichte. Tiefgründiger und redlicher als Voltaire, intelligenter und sozialer als Rousseau, ist er das wahre Kraftzentrum; ein Mann, der nahezu das gesamte Wissen seiner Zeit reflektiert und anzieht wie der Magnet die Eisenspäne.

Wie Condillac, so war auch Diderot für den Priesterstand bestimmt. Er besucht eine Jesuitenschule und geht zum Studium nach Paris. Doch sein Theologiestudium bricht er nach drei Jahren ab. Lieber verdingt er sich kurzzeitig als Anwaltsgehilfe, jobbt als Hauslehrer, Predigtenschreiber und Übersetzer aus dem Englischen ins Französische. Der junge Mann begeistert sich für nahezu alles – außer Theologie. Man sieht ihn im Theater wie in Mathematik- und in Medizinvorlesungen. Er will Schriftsteller werden oder Philosoph; Berufe, für die es keine Ausbildung, keine Anstellung und keinen festgelegten Lebensweg gibt. Der umgängliche und freundliche junge Mann übersetzt Shaftesburys *Inquiry* und vertieft sich in die *Essais* von Montaigne. Der Humanismus des englischen Earls fasziniert ihn ebenso wie der Skeptizismus des aquitanischen Edelmanns. In den Straßen und Cafés trifft er auf Gleichgesinnte, junge Männer wie Condillac, Rousseau, den sächsischen Baron *Friedrich Melchior Grimm* (1723–1807) und den Pariser Mathematiker *Jean-Baptiste le Rond d'Alembert* (1717–1789).

Als Diderot 1743 die mittellose Näherin *Anne-Antoinette Champion* (1710–1796) heiraten will, sperrt ihn sein erboster Vater in ein Karmeliterkloster bei Troyes. Diderot leidet wie ein Hund, flieht und heiratet seine Liebe auch ohne väterliche Einwilligung. Ein Leben lang verheiratet, pflegt Diderot gleichwohl intime Beziehungen mit langjährigen Freundinnen. Äußerst gesellig, wortgewandt und geltungsbewusst, wird er der intellektuelle Mittelpunkt des berühmten Salons von d'Holbach. Inzwischen tritt er mit eigenen Essays hervor, vor allem mit kritischen Werken gegen Theologie und Kirche.

Gehörigen Ärger bekommt er, als er 1749 in London seinen *Lettre sur les aveugles à l'usage de ceux qui voient (Brief über die Blinden zum Gebrauch für die Sehenden)* veröffentlicht. Die Ausgangsthese erinnert verdächtig stark an La Mettrie. Wie der von ihm wohlweislich nicht genannte Bretone sieht Diderot einen untrennbaren Zusammenhang zwischen dem Zustand der menschlichen Organe und unserem Empfinden und Denken bis hin zu allen unseren Vorstellungen über Moral und Metaphysik. Und wie Condillac beschreibt er die Entstehung allen Sinns aus der Sinnlichkeit.

Diderot erklärt seine Sicht anhand eines konkreten Beispiels, einem blind geborenen Mann aus Puiseaux. Der Blinde illustriert auf eindringliche Weise, was Condillac über den Tastsinn schreibt. Mithilfe seiner hochsensiblen Fingerspitzen ertastet er die Dinge und erschafft sich seine Welt. Raum und Zeit kennt er wie jeder Sehende, ebenso hat er ein präzises Bild von den Formen der

Gegenstände. Was ihm fehlt, ist ein Sinn für die Schönheit. Auch bewertet der Blinde moralische Fragen oft anders als ein Sehender. Auf Diebstahl reagiert er mit großer Empörung, denn der Verlust von Dingen zerstört seine Orientierung. Zudem wäre der Blinde selbst zu einem solchen Diebstahl gar nicht in der Lage – eine Ohnmacht, die seine Wut noch verstärkt. Schamgefühl dagegen habe der Blinde wenig, insbesondere, was den Zustand seiner Kleidung anbelangt. Und auch eine andere Beobachtung an Sehenden trifft nicht auf den Blinden zu: Für die sehenden Menschen gelte in moralischen Fragen oft ein »Aus den Augen, aus dem Sinn«. Je weiter ein moralisches Unrecht von uns entfernt ist, umso weniger beeindruckt es uns. Für den Blinden hingegen gäbe es diese Abstufung nicht – ein weiteres Zeichen dafür, dass unsere Sinnlichkeit unseren Sinn für Moral bestimmt.

Was für die Moral gilt, gilt für Diderot ebenso in der Metaphysik. Für ihn sind Blinde besser zu Abstraktionen in der Lage. Als Beispiel dient ihm der blinde englische Mathematiker *Nicholas Saunderson* (1682–1739). Was ihm an logischer Klarheit zugutekommt, lässt ihn weniger wild über das Übersinnliche spekulieren.

Eine solch nüchterne Erklärung für alles menschliche Denken und Verhalten, einschließlich der Sitten, der höheren Moral und der Theologie, erzürnt den französischen Kriegsminister. Diderot muss von Ende Juli bis Anfang November 1749 ins Staatsgefängnis von Vincennes. Als er wieder frei ist, überlegt er lange, was er in welcher Formulierung drucken lässt. Dazu kommt, dass auch Diderot zu jenen skeptischen Denkern gehört, bei denen beim Gedankenschach mit sich selbst die schwarzen Figuren gewinnen. Zu jedem Argument fällt ihm stets ein besseres Gegenargument ein. Kein Wunder, dass er nicht ein einziges systematisches Werk zu Ende bringt, sondern nur Fragmente hinterlässt, Skizzen, Dialoge, Briefe, Essays und Romane.

In unserer heutigen Zeit, die nicht mehr an ein geschlossenes Weltsystem glaubt, feiert man Diderot gerne als einen bewusst unsystematischen Denker. Doch das Lob tut ihm Unrecht. Wie alle anderen Aufklärer in seinem Umfeld sucht er die wahre Ordnung der Natur zu ergründen, an deren Existenz er nicht zweifelt. Und diese Ordnung soll sich auch finden lassen. Nach Newtons Vorbild enthüllt man sie durch ein kluges Zusammenspiel von Beobachtungen, Experimenten und Reflexionen.

Diderot möchte das große Geheimnis lüften, wie die Empfindsamkeit in die Materie kommt. Denn darauf, dass der Mensch empfindsam ist, beruht jeder Sensualismus. Doch bislang kann er den Ursprung dieser Empfindsamkeit nicht erklären. Was hat den Übergang von der toten zur lebenden Materie verursacht und verursacht ihn weiterhin in jedem einzelnen Lebewesen? Für die Denker, die mit dem Christentum und seinem Schöpfergott gebrochen haben – und das sind in Diderots Umfeld viele –, ist diese Frage eine harte Nuss. Gleich drei größere Schriften, neben vielen kleineren Skizzen, hat Diderot dazu verfasst, die *Pensées sur l'interprétation de la nature (Gedanken über die Interpretation der Natur) 1754, Le rêve de d'Alembert (D'Alemberts Traum)* 1769 und die *Élements de physiologie (Elemente der Physiologie)* 1774.

Das erste Werk behandelt Fragen der Biologie, Chemie und Physiologie und skizziert deren Wissen in vierundfünfzig kurzen Kapiteln. Im Hinblick auf die Empfindsamkeit schließt sich Diderot Maupertuis an. Bereits auf der untersten Ebene der Moleküle bestehe Sensibilität und damit der Drang, sich zu entfalten; ein Streben, das von Stufe zu Stufe höher steigt und immer komplexer wird. Was Diderot hier skizziert, ist nichts anderes als das, was man heute Emergenz nennt – die Entwicklung neuer Eigenschaften aus Bausteinen, die diese Eigenschaften selbst nicht besitzen. So wird nach Diderot aus toter Materie lebende Materie und aus einfacher lebender Materie komplexe lebende Materie – ein Gedanke, zu dem ihn der Arzt *Théophile de Bordeu* (1722–1776) inspiriert. Dieser Prozess ereignet sich sowohl bei der Entwicklung des einzelnen Lebewesens als auch bei der Entstehung von

Arten. Als einer der Ersten neben seinem Gesprächspartner, dem Naturforscher *Georges-Louis Leclerc de Buffon* (1707–1788), denkt sich Diderot die Naturgeschichte als eine allmähliche Höherentwicklung der Arten. Alles, was wir heute an Tier- und Pflanzenarten kennen, könnte sich aus »Prototypen« entwickelt haben, in einer unendlichen Kette von Lebewesen.

Neue Arten entstehen dadurch, dass bei der Vererbung auf Ebene der Moleküle »Irrtümer« entstehen. Das jedenfalls hat Maupertuis vermutet. Die Entwicklungsgeschichte ist damit nicht länger ein kontinuierlicher Zusammenhang. Die Kontinuität, meint Maupertuis, gefalle zwar unserem Geist, aber damit noch lange nicht der Natur. Wenn der von Maupertuis hochgeschätzte Leibniz von einer unendlichen Kausalität gesprochen hat, so bedeute dies noch lange nicht, dass sie keine Irrungen und Wirrungen enthalte.

Diderot denkt den Gedanken weiter und entwirft ein Gesamtbild von der allmählichen Entstehung der Arten im Laufe der Zeit: »Wer kennt die Tiergeschlechter, die uns vorausgegangen sind, und wer die Tiergeschlechter, die den unsrigen folgen werden? Alles verändert sich, alles vergeht, nur das All bleibt.«[117] Doch von welcher Zeitspanne der Entwicklungsgeschichte ist hier die Rede? Buffon, seit 1739 Intendant des Königlichen Botanischen Gartens zu Paris, macht dazu eine Reihe von Experimenten und kommt auf etwa 75 000 Jahre. Studiert er allerdings das Tempo von Sedimentbildungen, so muss es ein noch viel größerer Zeitraum sein, möglicherweise sogar drei Millionen Jahre. Dass die Erde im Jahr 4004 vor Christus entstanden sei, wie Bischof Ussher, der Zeitgenosse von Hobbes, errechnet hat, ist damit unsanft korrigiert.

Maupertuis, Diderot und Buffon sind frühe Pioniere der Evolutionstheorie, auch wenn ihnen noch vieles dunkel bleibt. Buffon spricht von unsterblichen organischen Molekülen, die sich in unendlicher Bewegung befinden. Diderot lässt d'Alembert träumen, sein Organismus gleiche einem Bienenschwarm, zusammengesetzt aus Teilen, die sich frei miteinander kombinieren. Beide erkennen sie dabei die Grenzen der newtonschen Physik. »Leben« ist offensichtlich etwas anderes als einfach nur Materie in Bewegung. Dem Prinzip des Lebens wohnt die Fähigkeit inne, sich selbst zu organisieren: »Die Organe schaffen die Bedürfnisse, und umgekehrt: die Bedürfnisse schaffen die Organe.«[118] Mit dieser klugen Einsicht sehen sich Denker wie Diderot und Buffon irgendwo im Niemandsland zwischen Leibniz und der bedeutenden Ärzteschule von Montpellier. Wie Leibniz erkennen sie eine »Energie«, die alle Monaden sich selbst erhalten lässt. Doch diese Energie kann nicht rein physikalisch sein wie bei Leibniz. Und wie die Schule von Montpellier sehen Diderot und Buffon die Energie als eine Art Lebenskraft an – allerdings als eine, die sich nicht einkreisen und lokalisieren lässt.

Diderot und Buffon sind sich sicher, dass die Naturforschung das Problem des »Lebens« in Zukunft lösen wird. Doch welche Rolle bleibt dann noch den Philosophen? Wird die Naturwissenschaft die Philosophie unnötig machen? In jedem Fall müssen die Philosophen immer vollständig auf der Höhe der biologischen Forschung sein, wie Diderot schreibt: »Es ist schwer, ein guter Metaphysiker oder ein guter Moralphilosoph zu sein, ohne auch Anatom, Naturkundler, Physiologe und Arzt zu sein.«[119] Mit solchen Skrupeln schlägt sich allerdings nur ein Skeptiker wie Diderot herum. Die Verfasser jener beiden Werke, die im Namen des »Materialismus« alle Probleme so gut wie gelöst sehen, haben sie nicht …

Eine naturalistische Moral

Welches Buch kann das schon von sich sagen? Vom Parlament, der Sorbonne, dem Erzbistum Paris, vom Papst und vom König zugleich verurteilt und verboten worden zu sein? Als religions- und staatsgefährdend wird es gleich nach Erscheinen 1758 öffentlich verbrannt. Die Rede ist von *De l'esprit (Vom Geist)*. Und sein Verfasser ist der Edelmann und königliche Kammerherr *Claude Adrien Schweitzer* (1715–1771), der sich *Helvétius* nennt.

Der Skandal ist umso größer, als Helvétius zur feinsten Pariser Gesellschaft gehört. Ursprünglich aus einer Familie von Ärzten stammend, hat er schon mit dreiundzwanzig Jahren finanziell ausgesorgt. Sein Vater hat ihm das lukrative Amt eines Hauptsteuerpächters gekauft, eines privaten Steuereintreibers im Dienst Ihrer Majestät. Viel Zeit mit seiner Arbeit bringt der junge Mann allerdings nicht zu. Der Beau ist ein Star in den Pariser Salons und ein begnadeter Tänzer. Als eine Art Rudolf Nurejew des 18. Jahrhunderts zieht er alle Blicke auf sich. Mit sechsunddreißig legt er sein Amt nieder und widmet sich von nun an ausschließlich dem schönen Leben und seinen geistigen Studien. Der Salon seiner Frau *Anne-Catherine de Ligniville* (1722–1800) wird zum Anziehungspunkt der Pariser Szene, nicht zuletzt aufgrund der überwältigenden Schönheit beider Gastgeber. Wer im Salon Helvétius verkehrt, hat es geschafft und gehört zu den oberen Fünfhundert der Stadt.

Die Gefahr, dass ihm etwas passieren könnte, muss Helvétius sehr gering eingeschätzt haben. Nicht anders lässt sich erklären, dass er *De l'esprit* so schreibt, wie er es schreibt: ein Grundsatzwerk der materialistischen Philosophie, voller Anklagen gegen Theologie und Religion, und ein Manifest der sexuellen Freiheit. Das Buch erscheint zur gleichen Zeit wie Adam Smiths *Theorie der ethischen Gefühle*. Beide Verfasser wollen nicht weniger als eine neue sachliche Moralwissenschaft begründen. Doch was für ein Unterschied zwischen Smiths optimistischer Evolution der Gesellschaft und Helvétius' revolutionärer Abrechnung mit aller Metaphysik! Der eine möchte die gesellschaftliche Ordnung seines Heimatlandes stützen, der andere die seines Vaterlandes umstürzen. Natürlich sind die gesellschaftlichen Herrschaftsverhältnisse in England und Frankreich verschieden. Vieles von dem, was die französischen Aufklärer sich wünschen, ist in England zumindest in Teilen verwirklicht. Aber der Unterschied zwischen Smith und Helvétius ist damit nicht ausreichend erklärt. Der liebenswürdige Schotte ist ein aufgeklärter, aber gleichwohl gläubiger Mann, der jedem Streit aus dem Weg geht. Der Franzose mit sächsischen Vorfahren ist ein Salon-Dandy, ein Hedonist und glühender Atheist. Dagegen, dass er einen Skandal provoziert, hat er nichts einzuwenden, solange es ihn berühmt macht und nicht sein Leben und Vermögen gefährdet.

Dieser Unterschied zwischen gediegener angelsächsischer und schillernder französischer Philosophie besteht bis heute. Kein Wunder, dass englische Philosophiehistoriker sich mit Männern wie Helvétius kaum befassen. Befremdlich erscheint schon der unbedarfte Größenwahn eines Werks wie *De l'esprit.* Man staunt über die Unerschrockenheit, ein Weltsystem zu basteln, das von der Himmelsphysik bis zur Moral und zur Politik führt. Aber genau dieses Programm steht im Zentrum der französischen Aufklärung. Eben dadurch will man die alte Ordnung des religiösen Absolutismus ersetzen. Die »Materialisten« denken groß und total (und tun es oft bis heute). In ihrem Furor sind sie nicht weniger ambitioniert als vor ihnen die Theologen vom Mittelalter bis zum Ancien Régime.

Man kann sich kaum noch vorstellen, welche Faszination im 18. Jahrhundert von Newton ausging. Und welch schöne Morgenröte Männer wie Helvétius heraufdämmern sahen, wenn sie glaubten, von nun an alle Phänomene des Lebens naturwissenschaftlich erklären zu können. Der dunkle Schatten des Glaubens, den die Kirche seiner Ansicht nach fast zwei Jahrtausende auf die Tatsachen geworfen hat, weicht dem hellen Sonnenlicht. Aus Gottes Willen wird physikalische Bewegung und aus dem Odem, den er dem Menschen eingehaucht hat, die Elektrizität der Nervenreize.

Wie Condillac und Diderot, die in seinem Salon verkehren, orientiert sich Helvétius am Vorbild Newtons und Lockes. Sein Buch soll exakte Wissenschaft sein ohne Spekulation. Was ist der

Mensch, und wie verhält er sich? Wo andere Normen aufstellen, möchte Helvétius die Unbestechlichkeit eines Verhaltensforschers an den Tag legen. Dabei sieht er den Schlüssel in Newtons Physik und strapaziert sie im Weiteren arg über. So wie das physikalische Gesetz der Bewegung den Kosmos regiert, so regiere die Sinnlichkeit des Menschen seinen moralischen Kosmos. Eine steile Folgerung, die alle Probleme der Biologie einfach überspringt! Entsprechend holprig geht es weiter. Alle Moral ist erlebte und im Gedächtnis abgespeicherte Sinnlichkeit. Und was wir »Geist« nennen, ist nichts anderes als der physikalische Cursor zwischen unseren Empfindungen oder zwischen den Empfindungen und den Gegenständen, die sie hervorrufen.

Gesteuert wird dieser Cursor von unseren Leidenschaften. Denn allein das Begehren weckt unser »Interesse« an den Dingen. Was ist alle Moral anderes als ein Abwägen von Interesse und Nutzen? Ziel des Lebens ist die Selbsterhaltung, gespeist aus elektrochemischer Selbstliebe. Und was meinem Interesse dient, ist moralisch gut, was ihm zuwiderläuft, ist schlecht. Auch Spinoza und Hume haben das so gesehen. Allerdings haben beide gefordert, das eigene Interesse klug und weise zu prüfen, ob es dem allgemeinen Interesse dient oder schadet. Helvétius schlägt in die gleiche Kerbe. Wie Hume richtet er die Tugend nach der Nützlichkeit für die Gesellschaft aus. Doch wie soll man in einer so unübersichtlichen Welt wie der, in der der moderne Mensch lebt, immer wissen, was für alle nützlich ist? Reicht es in der Moral aus, nur den Nutzen zu sehen? Ist es nicht besser, die Tugend um der Tugend willen zu schätzen? Smith hat für diese Streitfrage eine clevere Lösung gefunden und den »unparteiischen Beobachter« in jedermanns Kopf verfrachtet. Der gute kleine Mann im Gehirn verbindet auf wundersame Weise das Wohl aller mit einer persönlichen Instanz, die sich an ihrem eigenen Gutsein erfreut.

Eine solche psychologische Lösung hat Helvétius nicht parat. Stattdessen vertraut er völlig auf die Erziehung, die jedermanns Interesse aufs Allgemeinwohl richten soll. Dass der Eigennutz des

Einzelnen der gesamten Gesellschaft nützt, wie so viele Engländer meinen, kann er nicht nachvollziehen. Er denkt damit, wie wir noch sehen werden, typisch französisch. Sein »Allgemeinwohl« stellt sich nicht von Zauberhand ein, wenn jeder geflissentlich an sich selbst denkt. Es ist ein *Ideal,* das die Erziehung jedem Menschen einpauken muss. Und da alle gesunden Menschen nach Helvétius von Natur aus gleich begabt sind, lassen sie sich gewiss auch entsprechend formen.

Keiner seiner Zeitgenossen bemängelt, dass er in seiner Schrift gegen Humes Gesetz verstößt. Denn aus der newtonschen Physik (der Beschreibung des *Seins*) lässt sich nicht folgern, dass alle Menschen dem Allgemeinwohl verpflichtet sein *sollen.* Genauso gut könnte man einem schlauen Opportunismus frönen und einem raffinierten Eigennutz. Und welche Machtinstanz bestimmt eigentlich, was für die Gesellschaft »nützlich« sein soll? Doch die Vertreter des Ancien Régime stören sich nicht daran. Vielmehr ärgert sie, dass Helvétius von Natur aus keine moralisch guten oder schlechten Handlungen kennt. Erlaubt ist, was gefällt, solange es der Allgemeinheit keinen konkreten Schaden zufügt. Damit ist die Befriedigung privater Lustempfindungen aller Art völlig legitim, solange sich alle Betroffenen darüber einig sind. Auch dass alle Menschen gleich und gleich begabt sein sollen, lasen die Männer der Kirche und des Königs nicht gerne. Vor allem aber reizen sie die vielen abfälligen Ausfälle gegen das Christentum, von denen die Schrift nur so wimmelt.

Nur mit Mühe gelingt es Helvétius, gesund aus der Sache herauszukommen. Er muss öffentlich widerrufen und hält sich in den nächsten Jahren mit radikalen Äußerungen zurück. Einer seiner bevorzugten Gesprächspartner wird dabei *Paul Henri Thiry Baron d'Holbach* (1723–1789), dessen Salon unter Intellektuellen berühmter ist als der von Helvétius, dafür aber weniger glamourös. Auch d'Holbach lässt es sich nicht nehmen, einen materialistischen Gesamtentwurf zu wagen; ein Buch mit dem Titel *Système de la nature ou des loix du monde physique & du monde moral (System der Natur)*. Als das Werk 1770 erscheint, versteckt sich sein Autor vorsichtshalber unter dem Pseudonym Jean Baptiste de Mirabaud, einem Philosoph, der bereits zehn Jahre zuvor das Zeitliche gesegnet hat.

D'Holbach entstammt einer deutschen Winzerfamilie aus Edesheim bei Landau. Als Achtjähriger kommt er in die Obhut seines Onkels, eines reichen Finanzmaklers. Franz Adam Holbach trägt wesentlich zum Aufbau der Banque royale in Paris bei und investiert früh in die Geschäfte der 1664 nach englischem Vorbild gegründeten Französischen Westindien-Kompanie, die 1719 mit der Französischen Ostindien-Kompanie fusionierte. Von seinen enormen Gewinnen kauft er sich in Wien einen Adelstitel und fördert die Karriere seines Neffen. Der junge Holbach studiert Jura und Naturwissenschaft in Leiden, dem Ort, an dem auch die englischen Whigs ihren Nachwuchs ausbilden lassen. Holbach erweist sich als talentierter Netzwerker und schließt zahlreiche Freundschaften zu später sehr erfolgreichen Politikern. Sein stolzer Onkel adoptiert ihn, und beide übernehmen die französische Staatsbürgerschaft. Als der Onkel 1753 stirbt und ihm sein Vermögen hinterlässt, ist d'Holbach ein reicher Mann. Zusätzliches Prestige bringt ihm die Heirat mit einer Cousine zweiten Grades. Basile Geneviève Suzanne d'Aîne öffnet ihm die Tore zum Pariser Stadtadel, zwischen dem er sich von nun an selbstverständlich bewegt.

In kürzester Zeit wird der Salon d'Holbach zum geistigen Zentrum der Aufklärung. Hier hält der Baron mit seiner zweiten Frau, der Schwester seiner ersten Gemahlin, Hof und empfängt seine Freunde wie Diderot, d'Alembert, Condillac, Grimm, Helvétius und Rousseau. Überall in der Stadt redet man von der Clique um d'Holbach, der *coterie holbachique*. Die große Zahl ausländischer Gäste trägt den Ruhm bis weit über Frankreich hinaus, und der Salon wird legendär als *café de l'europe*. Unter den Geistern seiner Zeit ist d'Holbach der Fachmann für Mineralogie und Chemie. Dazu verfasst er, wie im Freundschaftskreis üblich, kritische

Schriften über die Kirche. Er lässt die Werke in den Niederlanden anonym oder pseudonym drucken und schmuggelt sie auf abenteuerliche Weise nach Frankreich ein.

D'Holbach ist sechsundvierzig Jahre alt, als er sein philosophisches Hauptwerk über die Natur veröffentlicht. Wie Helvétius zwölf Jahre zuvor zeichnet er ein philosophisches System, das von der Physik nahtlos in die Gesellschaftsphysik übergehen soll. Beide Werke gleichen sich derart, dass es verwundert, wie d'Holbach nach so langer Zeit ein so ähnliches Buch schreibt wie sein Freund. Die Zutaten sind die altbekannten: Newtons Physik, La Mettries mechanischer Materialismus, Condillacs Sensualismus und eine Moral des Allgemeinwohls, die sich allein an ihrem Nutzen orientiert. Dazu hat sich d'Holbach intensiv mit Spinoza beschäftigt. Wie dieser lehnt er den »Dualismus« von Geist und Körper ab zugunsten eines »Monismus«. Das Konzept findet sich allerdings schon bei Helvétius und bei Diderot. Die Lektüre Spinozas regt d'Holbach dazu an, die Freiheit des Willens anzuzweifeln. Wie dieser und wie der junge Hume sieht er für die Willensfreiheit keinen Platz. Wenn alles in der Welt der Kausalität von Ursache und Wirkung unterliegt, so auch der menschliche Wille. Eine solche Haltung führt allerdings sofort zu einem Problem, das d'Holbach nicht sieht: Denn wie soll sich ein Mensch durch Erziehung davon überzeugen lassen, das Gemeinwohl zu schätzen, wenn er nicht einmal einen freien Willen hat?

D'Holbachs Buch betont eine Systematik, die es nicht ansatzweise hat. Es ist weitschweifig, ungelenk geschrieben, voller Wiederholungen und chemischer Fachexkursionen ohne erkennbares Ziel. Manchmal liest es sich wie ein unredigierter Mitschnitt wahlloser Salongespräche. Es hat eine solche Spannweite, dass d'Holbach mühelos alle Widersprüche des Materialismus darin unterbringt, ohne dass sie ihm groß auffallen. Die Physik wird genauso überstrapaziert wie bei Helvétius, die Biologie ist dunkel, der Sensualismus geht keinen einzigen Schritt über Condillac hinaus, und die moralischen Folgerungen und Forderungen hängen in der Luft. Denn aus der Tatsache, dass sich die Natur physikalisch erklären lässt und menschliche Erfahrung abhängig ist von den Sinnen, folgt nicht, dass die Menschen deswegen nicht an Gott glauben *sollen*.

Immerhin gelingt d'Holbach das Kunststück, dass sein *System* öffentlich verbrannt wird, obgleich seine Widersacher den kalten Kaffee schon zur Genüge kennen. Dafür lässt der Autor in seinem Buch auch keine Gelegenheit aus, die christliche Religion als absichtliche Verfälschung der Wahrheit anzuprangern; ein System, das betrügerische Priester ersannen, um sich Vorteile zu verschaffen und andere zu täuschen. Doch nicht nur die gleichsam verschwörungstheoretische Theorie vom Entstehen der Kirche erregt Anstoß. In Potsdam mokiert sich Friedrich der Große über die Naivität des Autors, der seinem System mehr zu glauben scheine als seiner Erfahrung. Er motiviert seinen Hofmathematiker *Johann Castillon* (1708–1791) dazu, eine ebenso umfangreiche Widerlegung zu schreiben. Dem jungen Goethe dagegen vergeht schon auf halber Strecke die Lust an der d'Holbach-Lektüre. Hume blättert in England darin herum und findet das Buch »umständlich geschrieben« und »gewagt«. Die kurze laute Aufregung zerplatzt wie eine Seifenblase. Frankreich steht keine zwanzig Jahre vor der Revolution. Und das Feld, auf dem die großen Schlachten geschlagen werden, ist nicht mehr die Erkenntnistheorie, sondern die politische Philosophie …

Die öffentliche Vernunft

Die Enzyklopädie – Montesquieu – Das allgemeine Interesse – Rousseau – Der Ursprung der Ungleichheit – Der Gesellschaftsvertrag – Lebe einsam und frei! – Ideen ohne Staat – Das Evangelium des Herrn Condorcet – Im Tempel der Vernunft – Die Gesetze des Fortschritts

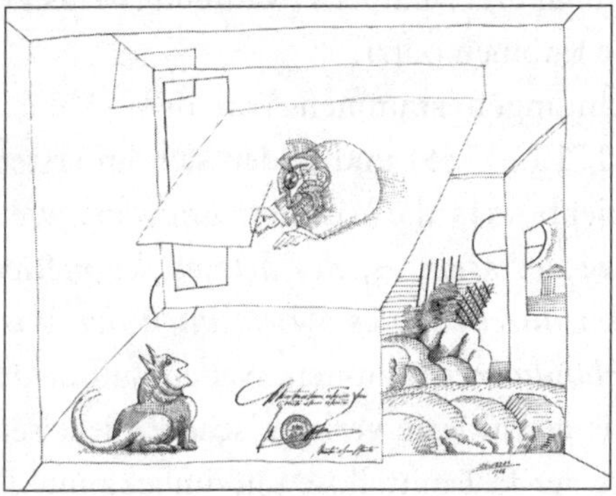

Die Enzyklopädie

Wie zerstört man einen religiösen Glauben? Indem man ihn wörtlich nimmt! Zum Beispiel die Frage, wie es wohl auf der Arche Noah zuging, wenn man die Zahlen der Genesis ernst nimmt. Gewaltig war sie schon, die Arche, nach heutigen Maßen 133 Meter lang, zweiundzwanzig Meter breit und dreizehn Meter hoch. Noahs Schiff hätte gewiss vielen Tieren Platz geboten. Doch wie viele Jahre hätte der Auserwählte mit seinen beiden Söhnen daran gearbeitet? Irgendetwas zwischen zweiundfünfzig und einhundert Jahren vermutlich. Und wie viele Tierarten waren es genau? Für die im 18. Jahrhundert bekannten Säugetierarten hätte man sechsunddreißig Stallungen gebraucht und sechsunddreißig Großvolieren für die Vögel, alles ausgewogen im Schiff verteilt und gut belüftet. Dazu brauchte man sechsunddreißig Vorratsräume für das Tierfutter, bestehend aus 47000 Kubikmeter Heu und Hunderten Schafen für die Fleischfresser. Dazu kamen 36000 Tonnen Wasser. Vier Kabinen hätten die vier Mitglieder der Familie Noah benötigt. All das hätte wohl an Bord gepasst, aber was war mit dem Ausmisten der Ställe? Jeden der vierzig Tage auf dem Meer hätten die Noahs damit verbracht, die Tiere zu versorgen und ungeheure Mengen an Kot und Mist ins Meer zu schaufeln. Und das mit gerade einmal drei Männern, während Noahs Frau das Essen kocht und die Kabinen putzt.

Die Berechnungen stammen von dem Abbé *Edmé-François Mallet* (1713–1755) und finden sich im ersten Band eines Mammutprojekts, das die Autoren *Encyclopédie ou Dictionnaire raisonné des sciences, des arts et des métiers (Enzyklopädie oder ein durchdachtes Wörterbuch der Wissenschaften, Künste und Handwerke)* nannten. Neben Buffons *Histoire naturelle* ist es das gewaltigste verlegerische Projekt seiner Zeit. Eigentlich sollte der fast mittellose und unbekannte Diderot 1749 nur ein zweibändiges englisches Lexikon übersetzen, die *Cyclopaedia* aus dem Jahr 1728. Doch der pfiffige junge Literat erkennt schnell, welch unglaubliche Möglichkeit sich ihm bietet. Gemeinsam mit seinem Freund d'Alembert will er ein vielbändiges Werk schaffen, ein Kompendium allen relevanten Wissens seiner Zeit. Diderot möchte nicht nur informieren. Sein Projekt soll neben vielem Nützlichen auch alle Denkströmungen, Glaubensrichtungen und Philosophien gleichrangig nebeneinanderstellen. Schon der Gedanke, alles alphabethisch zu ordnen, ist subversiv, denn er macht jedes Wissen prinzipiell gleichrangig und vergleichbar.

Als Vorbild dient das höchst erfolgreiche *Dictionnaire historique et critique* von Bayle. Doch Diderots und d'Alemberts *Enzyklopädie* hat eine ganz andere Dimension. 144 Autoren, darunter die wichtigsten französischen Aufklärer, werden daran arbeiten und zahlreiche Artikel schreiben. Allein der Abbé Mallet steuert über fünfhundert Einträge zum ersten Band bei, der 1751 erscheint. Im Jahr 1780 ist das Projekt abgeschlossen und die Reihe angewachsen auf fünfunddreißig Bände. Von allen Werken der Aufklärung hat sie wahrscheinlich am meisten geleistet und bewirkt. Ganz im Sinne Diderots, der über die *Enzyklopädie* unter dem gleichnamigen Stichwort schreibt, das Ziel sei, dass »unsere Enkel nicht nur gebildeter, sondern zugleich tugendhafter und glücklicher werden, und damit wir nicht sterben, ohne uns um die Menschheit verdient gemacht zu haben«.

Sich um die Menschheit verdient zu machen bedeutet für Diderot, alles theoretische und praktische Wissen allgemein zugänglich zu machen. Und es meint auch den Mut zu tendenziösen Artikeln. Zwar ordnet die *Enzyklopädie* alphabetisch alles auf Augenhöhe, aber sie behandelt es inhaltlich durchaus unterschiedlich. Religiöse Dogmen, Sitten und Gebräuche werden so distanziert betrachtet, dass sie, wie die Arche Noah, schnell lächerlich wirken. Und der Artikel »Eucharistie« enthält sogar einen Querverweis auf den »Kannibalismus«.

Diderot ist gleichwohl nur selten zufrieden. Die *Enzyklopädie* leidet unter dem gleichen Problem wie heute Wikipedia. Je nach Kenntnis und Interesse geraten einige Artikel unverhältnismäßig lang, andere zu kurz. Und von einem einheitlichen Tonfall kann auch nicht die Rede sein: »Hier erscheinen wir geschwollen & unförmig, dort mager, klein, winzig, kraft- & saftlos. An einer Stelle gleichen wir Gerippen, an einer anderen sehen wir aus wie Wassersüchtige. Wir sind abwechselnd Zwerge & Riesen, Giganten & Pygmäen; bald gerade gewachsen, gut geraten & wohlproportioniert, bald buckelig, lahm und missraten.«[120]

Frischer Wind kommt ins Projekt, als d'Holbach 1752 mit einsteigt. Sein Salon bietet dem Mammutwerk ein räumliches Zentrum. D'Holbach unterhält die Gäste mit breitem Wissen, Diderot mit Charme und seinem ausufernden Geist. Doch die Zeiten sind nicht ungetrübt. Neid und Missgunst bestimmen die Zusammentreffen ebenso wie der gedankliche Austausch. Im Hintergrund lauert stets das Ancien Régime, das dem Projekt verständlicherweise kritisch und drangsalierend gegenübersteht. Im Jahr 1759 wird die *Enzyklopädie* sogar zwischenzeitlich verboten, und einige ihrer Autoren werden polizeilich verfolgt. Die Herausgeber verlagern den Druck des Werks (zum Teil nur zum Schein) in die Schweiz: nach Genf, Lausanne, Neuchâtel und Bern.

Dass das Projekt nicht scheitert, ist das Verdienst des königlichen Oberzensors *Chrétien-Guillaume de Lamoignon de Malesherbes* (1721–1794). Der einflussreiche Jurist und Politiker sieht die *Enzyklopädie* und ihre Verfasser mit deutlich mehr Wohlwollen, als sein Amt es gebietet. Immer wieder vermittelt er zwischen den Interessen der Krone und des aufstrebenden Bürgertums. Klug und vorausschauend, wie er ist, verbietet er dem Adel, seine hohen Justizämter zu vererben. Trotzdem verliert er sein Leben hochbetagt auf der Guillotine, weil er 1792 König Ludwig XVI. vor dem Konvent verteidigt – irgendjemand musste es ja machen.

Zermürbt von den Querelen des Jahres 1759 verabschiedet sich d'Alembert aus dem Mammutprojekt. Stattdessen intensiviert er seinen Kontakt zu Friedrich dem Großen – sehr zum Missfallen Diderots, der den aufgeklärten Monarchen verachtet, seit dieser 1756 den Siebenjährigen Krieg vom Zaun gebrochen hat. Hat Friedrich sich in jungen Jahren bei den französischen Aufklärern durch seinen *Antimachiavell* beliebt gemacht, so betreibt er nun selbst machiavellistische Politik der zynischsten und grausamsten Art. Der König von Preußen kämpft nicht mehr mit Worten, sondern mit Kanonen um seine Rolle in Europa. Der Krieg, den er entfesselt, zieht alle Mächte Europas mit hinein. Während auf ungezählten Schlachtfeldern der erste »Weltkrieg« tobt, kämpft Diderot mit Sittenwächtern und Zensurbehörden um sein gedrucktes Friedensprojekt: »Gewiß wird dieses Werk mit der Zeit eine Revolution im Denken bewirken, und ich hoffe, daß die Tyrannen, Unterdrücker, Fanatiker und Unduldsamen das Nachsehen haben. Wir werden der Menschheit einen Dienst erweisen;

doch wir werden schon lange Staub und Asche sein, bevor man uns dafür Dank weiß.«[121]

Ein Höhepunkt für Diderot und seine Mitstreiter ist der Aufenthalt Humes im Salon d'Holbach in der Rue Royal. Als der herausragende Kopf 1763 in Paris eintrifft, wetteifern die Salondamen um seine Gunst, die Intellektuellen um sein offenes Ohr. Für Hume ist das äußerst schmeichelhaft. Mitte des 18. Jahrhunderts ist die französische Hauptstadt nach langem intellektuellen Schlaf ein akademischer *place to be* geworden – allerdings nicht an den Universitäten, sondern einzig im Gesellschaftsleben. Doch der leibhaftige Hume, groß, dick und ungelenk, enttäuscht so manchen Salonlöwen. Zum glänzenden Unterhalter ist er nicht geboren, dafür aber zum scharfsinnigen Beobachter. Als er im Salon d'Holbach den hübschen Witz macht, dass er nicht an die Existenz von Atheisten glaube, wird er von d'Holbach humorlos eines Besseren belehrt: »Monsieur, zählen Sie, wieviel Leute wir hier sind … Es ist ein Glückszustand, daß ich Ihnen mit einem Schlag fünfzehn zeigen kann. Die drei übrigen wissen nicht recht, was sie darüber denken sollen.«[122]

Der Atheismus ist ein vorzüglicher Religionsersatz; denn nichts hält die Clique um Diderot und d'Holbach so sehr zusammen wie ihre glühende Feindschaft gegenüber der Kirche. Dem bedächtigen Hume dagegen geht der furiose Atheismus seines Gastgebers bald auf die Nerven. Weder schmeckt ihm die Selbstgerechtigkeit der gut eingespielten Religionswitze, noch glaubt er in gleichem Maße wie d'Holbach, Diderot oder Helvétius an die Allmacht der Naturwissenschaften. Auch was die Politik betrifft, kann er den Optimismus seiner französischen Kollegen nicht teilen. Für Hume ist das Allgemeinwohl etwas, das aus einer Summe entspringt. Handelt jeder Mensch in einem ausgewogenen Verhältnis von Eigennutz und Tugend, so könnte dies am Ende der Gesellschaft nützen. Für die »Scheichs in der Rue Royal«, wie Hume seine Gastgeber nennt, ist das Allgemeinwohl eine höhere Instanz, der man sich unterwirft. Es entgeht ihm nicht, dass für die strenggläubigen Atheisten das Allgemeinwohl eine ähnliche Rolle spielt wie für die Theisten Gott. Den Tugendterror Maximilien Robespierres wird Hume nicht mehr erleben, seine unfreiwilligen Vordenker in ihrem intoleranten Eifer verstand er aber bereits besser als sie sich selbst.

Montesquieu

Von welchen politischen Ideen träumten die Franzosen in der Mitte des 18. Jahrhunderts? 1751, in dem Jahr, in dem der erste Band der *Enzyklopädie* erscheint, setzt die katholische Kirche ein Werk auf den Index der verbotenen Schriften, das bereits in zwanzig Auflagen in halb Europa verbreitet ist: *De l'esprit des loix (Vom Geist der Gesetze)*. Sein Verfasser ist ein Adeliger aus der Gascogne, ein Rechtsgelehrter und ehrenwertes Mitglied der Académie française. Die Rede ist von *Charles-Louis de Secondat, Baron de la Brède et de Montesquieu* (1689–1755). Frühen Ruhm als politischer Schriftsteller gewinnt er bereits 1721 durch seine *Lettres persanes (Persische Briefe)*. Obgleich das Werk anonym in Amsterdam gedruckt wird, spricht sich der Autor schnell herum. Montesquieu bedient sich der zu seiner Zeit sehr beliebten Form des Briefromans in illustrem Gewand. Zwei persische Standesherren, der eine klüger und weiser als der andere, diskutieren über die Sitten in der arabischen Welt und vergleichen sie mit denen in Paris. An Frankreich schätzen sie die Art und Weise, wie sich Frauen in der Gesellschaft bewegen dürfen, und loben die freizügigere Sexualmoral. Umso erstaunter sind sie über den befremdlichen Glauben der Christen. Sie verehren Menschen wie den Papst, »ein altes Götzenbild, das man aus Gewohnheit beweihräuchert«. Wie rückständig, einem »Zauberer« zu vertrauen, der behauptet, Brot in den Leib Christi zu verwandeln. Und sie verstehen nicht, wie die Religion der Liebe überall zu erbitterten Kriegen der Christen untereinander führt oder dass Spanier und Portugiesen Andersgläubige »wie Stroh« verbrennen.

Montesquieus Frühwerk enthält mehr als nur beißende Religionskritik. Es widmet sich auch der Staatsphilosophie am Beispiel des imaginären Volks der Troglodyten, der »Höhlenbewohner«. Die persischen Weisen erzählen, wie im Naturzustand die Troglodyten von Despoten beherrscht wurden, ungeschlachten Hordenführern. Im Fahrwasser von Hobbes skizzieren sie dann, dass der Sturz der Despoten nicht zur Freiheit führt, sondern zur Barbarei und zu schrankenlosem Egoismus. Folglich beschließen dic Weisesten, dass die Troglodyten einen König bräuchten, der sein Amt unter Tränen annimmt. Anders als Hobbes' Staatslenker weiß der Troglodyten-König, dass diese Lösung keine ist. Denn jeder Alleinherrscher wird über kurz oder lang zu einer Geißel der Gemeinschaft.

Montesquieus *Persische Briefe* sind eine elegante Satire und Gesellschaftskritik an der Zeit Ludwigs XV. in Frankreich. Doch einen Ausweg aus dem Dilemma der falschen Staatsformen weisen sie nicht. Um gedanklich weiterzukommen, braucht ihr Autor neue Anregungen und mehr Lebenserfahrung. Er verkauft sein Richteramt und pendelt zwischen seinem Heimatschloss in La Brède in der Nähe von Bordeaux und Paris hin und her. 1728 begibt er sich auf eine lange Bildungsreise, tourt durch Deutschland, Italien und die Niederlande. Zwei Jahre lebt er in England und findet dort vielfältigen Anschluss an die intellektuelle und politische Szene. Die Erfahrungen mit der englischen Politik prägen ihn stark. Zurück in Frankreich, schreibt er ein Buch über den Aufstieg und den Niedergang des Römischen Reiches – eine Art Blaupause für das Funktionieren und Scheitern von Staaten. Für Montesquieu gibt es eine »Natur der Dinge«, eine Gesetzmäßigkeit, nach der alle Staaten sich entwickeln. Am Anfang steht meist eine Landnahme. Der Ackerboden wird einigermaßen gerecht aufgeteilt, und der Bürger begreift sich als Teil einer Gemeinschaft, die er bereit ist, gegen jeden äußeren Feind zu verteidigen. Im Laufe der Zeit aber schleicht sich die Ungleichheit ein, es entwickeln sich Arm und Reich. In gleichem Maße schwinden Tugend, Moral und die Verantwortung für die Gemeinschaft. Am Ende stehen sich eine moralisch verwahrloste Oberschicht und verarmte Massen gegenüber. Wo früher ein Gemeinschaftsgefühl den Staat im Innersten zusammenhielt, bekämpfen sich jetzt Mächtige und Ohnmächtige. Allmächtige Kaiser leben weit abgehoben vom »Pöbel«. Aus der Wehrpflicht werden Söldnerheere. Brot und Spiele sollen die Abgehängten ablenken, befriedigen und befrieden. Und am Ende geht das ganze morsche Gebilde zugrunde.

Montesquieu redet von Rom, aber er meint auch Staaten wie England und Frankreich. Doch was kann man gegen das Naturgesetz des Werdens und Vergehens von Staaten tun? Gibt es einen Ausweg aus dem Dilemma? Diese Frage ist das Thema seines berühmten *De l'esprit des loix,* der 1748 nach über zwanzigjähriger Arbeit in Genf erscheint. Schon zuvor hatte Montesquieu keinen Hehl daraus gemacht, dass er sich einen Staat wünscht, der tugendhaft und genügsam *(frugalité)* ist wie das frühe Rom. Doch wie schützt sich ein solcher Staat vor den Gefahren von falschem Ehrgeiz und maßloser Gier, die über kurz oder lang jedes Staatsmodell ruinieren? Und wie verhindert man, dass solchermaßen gefährdete Staaten in ihr Gegenteil umschlagen und maßlose Gleichheit zu unheilvoller Pöbelherrschaft ausartet? Mit einem Wort: Was sichert einem Staat das richtige Maß? Wie Harrington und Locke, den er genau studiert hat, sieht Montesquieu die Lösung in der Gewaltenteilung. Berühmt für die Nachwelt wird er, weil er neben der gesetzgebenden und der Regierungsgewalt noch eine *dritte Gewalt* auf gleicher Stufe einführt: die *juristische* Gewalt. Legislative, Exekutive und Judikative bilden für ihn das Dreigestirn, das sorgfältig getrennt den Bestand eines tugendhaften Staats sichert. Denn kein Korrektiv ermöglicht nach Montesquieu so sehr den Bestand einer Staatsordnung wie unabhängige Richter, die einzig dem Gesetz verpflichtet sind.

So weit, so klug – und so folgenreich für die europäische und US-amerikanische Geschichte. Doch ist damit noch nicht gesagt, welche Gesetze die richtigen sind. Montesquieu macht es sich mit seiner Antwort nicht leicht. Er gibt zu bedenken, dass überall auf der Welt das Klima über das Temperament der Menschen bestimmt. Je wärmer es ist, umso lethargischer sind sie – ein Gedanke, den schon die antiken Ärzte kannten. Und auch Bodin hatte den Franzosen den Absolutismus empfohlen als passende Lösung für ihr Temperament. Wenn die absolute Monarchie für Montesquieu definitiv keine Lösung ist, so muss eine ideale Verfassung doch den Faktor Temperament mit einbeziehen. Naturell, Moral und Gesetzestreue – auf diese drei Faktoren kommt es an.

Wie Locke orientiert sich Montesquieu an den grundlegenden Idealen der Gleichheit, der Freiheit und der religiösen Toleranz. Doch auch er ist inkonsequent. Er misstraut dem Volk, dem er nur die Wahl von Repräsentanten zugesteht. Neben die Volksvertretung stellt er noch eine des Adels. Die Regierungsgewalt, die Exekutive, behält er sogar einem Monarchen vor, den die Vertreter von Volk und Adel bei Verfehlungen nicht belangen können. Theoretische Gleichheit und praktische Gleichheit sind also zwei sehr verschiedene Dinge. So amüsiert sich Montesquieu über die Vorurteile, mit denen andere die Sklaverei rechtfertigen. Doch zu einem generellen Verbot kann auch er sich nicht durchringen. Er kritisiert nur, wie die Sklavenhalter ihre Sklaven behandeln. Für Diderot und seine Mitstreiter, die sich beim Thema Sklaverei fast sämtlich bedeckt halten, ist Montesquieu gleichwohl der Mann, um ihnen die *Enzyklopädie*-Artikel zum Thema »Demokratie« und »Despotismus« zu schreiben.

Doch zu einer intensiven Zusammenarbeit kommt es nicht mehr. Im Februar 1755 infiziert sich Montesquieu in Paris mit einem Virus und stirbt. So verpasst er nur knapp, dass der korsische Freiheitskämpfer *Pasquale Paoli* (1725–1807) im selben Jahr das Prinzip der Gewaltenteilung auf Korsika einführt. Für dreizehn kurze Jahre wird es das erste Mal praktiziert, bis Frankreich die Insel erobert. Durchschlagender ist der Erfolg in der US-amerikanischen Verfassung von 1787. In Frankreich dagegen wird es noch lange dauern, bis die Gewaltenteilung eingeführt wird. Die französischen Revolutionäre sind von einem ganz anderen Geist geprägt als von Montesquieus ausgewogener Balance und seiner Tugend des Maßhaltens. Ihr Ideal ist die allgemeine Vernunft und eine streng rationale Staatstheorie ohne Rücksicht auf Sitten, Gebräuche und Mentalitäten. Kein Wunder, dass Helvétius sich in seinem *L'esprit* an Montesquieus *L'esprit des loix* abarbeitet. Denn was auch immer die allgemeine Vernunft relativiert, kann nur eines sein – falsch!

Das allgemeine Interesse

In der Mitte des 18. Jahrhunderts ist Paris nicht mehr die größte Stadt Europas, was es jahrhundertelang war. Mit rund 575 000 Einwohnern zählt es hunderttausend Menschen weniger als London. Und während Englands Hauptstadt boomt und bis zum Ende des Jahrhunderts seine Bevölkerung auf weit über eine Million verdoppelt, stagniert Paris. Nur wenige Menschen leben in den prächtigen Marmorbauwerken mit ihren pompösen Salons, in denen sich der Adel feiert und die *philosophes* debattieren. Schon eine Ecke weiter ist man in den dreckigen, lichtlosen Gassen, den Bergen von Unrat, den Straßen voller Exkremente, in einer lauten Stadt des Geschreis, des tagtäglichen Existenzkampfs, der Kriminalität und der rohen Sitten. Hier lebt der größte Teil der Menschen in der Hauptstadt eines Landes, dessen Staatsfinanzen ruiniert und dessen Getreide dem Spiel der Spekulanten ausgeliefert ist. Und eine Agrarkrise folgt auf die andere.

In solcher Lage wandert nicht nur der Blick der Philosophen sehnsüchtig über den Kanal. Auch Ökonomen wie *Vincent de Gournay* (1712–1759) blicken nach England. Als Handelsintendant steht der Mann aus der Bretagne im Zentrum der Macht. Mit Locke betont er die Freiheit des Individuums und das Ideal des tüchtigen englischen Kaufmanns. Doch die Verhältnisse in Frankreich sind anders. Vier Fünftel der französischen Wirtschaftsleistung bestehen in der Mitte des Jahrhunderts noch aus der Agrarproduktion, und jeder Wirtschaftskreislauf ist von der Regierung streng reglementiert. Gournay und seine Mitstreiter fordern dazu auf, das Zunft- und Gesellenwesen aufzulösen, allen Menschen eine freie Berufs- und Ortswahl zu ermöglichen und Gewerbekontrollen durch einen Hersteller- und Produktionsschutz zu ersetzen. Nur wirtschaftliche Freiheit, so folgert Gournay aus dem Beispiel Englands, könne die Produktivität wesentlich erhöhen.

Im absolutistischen Frankreich sind dies neue Töne. Besonders gerne gehört werden sie bei Hofe nicht. Noch hat der königliche Zentralstaat alle Fäden in der Hand, und zu viel Individualismus in der Wirtschaft erregt unverzüglich Widerwillen. Kein Wunder, dass Gournay nicht die Wirkung entfalten kann wie ein anderer Ökonom der Zeit, nämlich *François Quesnay* (1694–1774). Der königliche Hofarzt aus dem Arrondissement Rambouillet ist ein Freund d'Alemberts und verfasst zahlreiche Artikel für die *Enzyklopädie*. Allerdings schreibt er bevorzugt über ökonomische Themen, insbesondere über Landwirtschaft. Wie das Blut, so bilde die Agrarwirtschaft einen Kreislauf. Doch Quesnay geht es nicht allein um ökonomische Fragen. Wie Smith in Schottland schwebt ihm ein neues Gesamtsystem von Individuum, Gesellschaft und Wirtschaft vor.

Auch Quesnay schließt sich dem Empirismus und dem Sensualismus an. Alle Erkenntnis geht von den Dingen aus, die von unseren Sinnen »mit Evidenz« erfasst werden. Doch nicht nur die Dinge der Natur sind dem Menschen vorgegeben, sondern gleichfalls seine »natürliche Ordnung«. Quesnay braucht keinen *idealen* Naturzustand zu entwerfen wie die Vertragstheoretiker. Mit dem antiken Philosophen Epikur, der im 18. Jahrhundert in

Frankreich stark in Mode ist, sieht er einen *natürlichen* Naturzustand. Und dieser Zustand soll jeder gesellschaftlichen Ordnung als Leitbild dienen.

Wie sieht dieser Naturzustand aus? Ursprünglich lebt der Mensch, nach Quesnay, von den Früchten des Bodens, den er beackert. Mensch zu sein bedeutet Landmann zu sein und auf dem Lande zu leben. Erfreulicherweise sind Menschen in der Lage, mehr zu erzeugen, als sie selbst zum Leben brauchen. Dieser »Mehrwert« *(produit net)* bildet die Grundlage jeder Ökonomie. Auf ihm fußt der Wohlstand einer Nation, hervorgebracht von der einzig »produktiven Klasse«, nämlich den Bauern. Mit dieser Definition begründet Quesnay die Schule oder »Sekte« der »Physiokraten«. Nicht die »Arbeit«, wie bei Smith, sondern einzig die Landwirtschaft produziere den Mehrwert. Deshalb fordern der Meister und seine Anhänger, alle Energie darauf zu verwenden. Die Landwirtschaft soll strukturell verbessert werden, und den Landbesitzern soll selbst überlassen sein, was sie anbauen wollen oder nicht.

Von Industrie und Handel, die in England als Quelle des allgemeinen Wohlstands gefeiert werden, hält Quesnay wenig. Wenn er an den Handel denkt, so denkt der Mann aus der ländlichen Umgebung von Paris an die internationale Kaufmannsschicht in den Hafenstädten, die mit Getreide und anderem spekuliert und sich um die Nöte der französischen Bauern nicht im Geringsten sorgt. Diese Kaufleute sind für Quesnay nicht die Träger des »Handels«; vielmehr widerspricht ihr Interesse den Handelsinteressen der allermeisten Franzosen. Akzeptieren die britischen Ökonomen Spekulationsblasen, Preiswucher und Ernährungskrisen als Kollateralschäden, so verachten die Physiokraten alle Personen, die aus Spekulationsgeschäften ihren Gewinn ziehen. Für Quesnay ist nur der Handel selbst notwendig, nicht aber das Gewinnstreben der Kaufleute.

Um den einzigen echten Mehrwert zu erzeugen, den *produit net* der Landwirtschaft, muss das Eigentum der Landbesitzer geschützt sein. Frei ist nur, wer Grund und Boden besitzt, schreibt Quesnay. Bei Locke ist es gerade umgekehrt gewesen! Für den englischen Liberalen ist jeder (weiße) Mensch frei und hat damit das Recht, Eigentum zu erwerben. Bei Quesnay ist der Mensch frei, *wenn* er Eigentum besitzt – und zwar jeder Mensch, der Bürgerliche genauso wie der Adelige. Genau das ist die Pointe, auf die der Franzose hinauswill: Freiheit ist keine Grundeigenschaft des Menschen, sondern Folge einer sozialen Ordnung und Verteilung! Eine solche Definition hat weitreichende Folgen. Denn wenn Freiheit Besitz ist, dann kann niemand mit Hinweis auf seine Freiheit Besitz einklagen! Quesnays Modell ist also nicht nur fortschrittlich, indem es das besitzende Bürgertum mit dem besitzenden Adel gleichsetzt. Es ist zugleich auch konservativ, weil niemand das Recht hat, im Namen der Freiheit irgendwelche Rechte oder Ansprüche einzufordern. Vier von fünf Franzosen aber besitzen in der Mitte des 18. Jahrhunderts überhaupt kein Land – eine Klientel, die als »vierter Stand« hinter Adel, Klerus und Bürger bezeichnet wird und bei Quesnay völlig durch den Rost fällt.

Quesnays Denken öffnet dem Bürgertum eine Luke, aber es bremst jede echte revolutionäre Umwälzung von Wirtschaft und Gesellschaft aus. Den Optimismus, den so viele Briten verbreiten, wenn sie die Tugend der Arbeit und ihre segensreichen Folgen beschwören, vermögen die meisten Franzosen nicht zu teilen. Für sie ist, wie beispielsweise auch für d'Holbach, der Mensch von Natur aus faul und nicht strebsam. Auf das Individuum ist kein Verlass, nur gute und gerechte Gesetze brächten eine Gesellschaft weiter. Und nicht die Tugend des Einzelnen, sondern das gesetzlich verankerte und durchgefochtene Allgemeininteresse *(intérêt général)* sorgt für eine bessere Gesellschaft. In diesem Punkt denkt Quesnay wie d'Holbach und Helvétius. Was sie an Pessimismus im Hinblick auf den einzelnen Menschen deprimiert, fängt ihr optimistischer Glaube an die segensreiche Kraft der Allgemeinvernunft auf. Bei Adam Smith war es gerade umgekehrt gewesen.

Für ihn schaffen, überspitzt formuliert, selbst schlechte Menschen einen guten Staat. Für Quesnay und die Materialisten ermöglicht dies einzig und allein die Gesetz gewordene Vernunft.

Der übertriebene Glaube an die staatliche Vernunft hat in Frankreich einen naheliegenden Grund. Wer – anders als die Briten – wenig Erfahrung mit einem echten Parlament hat, darf noch naiv sein im Hinblick auf den Stellenwert des Allgemeininteresses in der real praktizierten bürgerlichen Politik – eine gefährliche Naivität, die viele französische Aufklärer vereint. Seine feierlichste Überhöhung findet dieser Fetisch der allgemeinen Vernunft im Werk jenes Mannes, dessen Name heute meist als Erstes fällt, wenn man an die französische Aufklärungsphilosophie denkt – bei Rousseau!

Rousseau

Er war ein Hochstapler, ein Frauenschwarm, ein unleidlicher Mensch und die hysterische Ausnahme-Zicke unter den Freigeistern in d'Holbachs Salon. Und doch hinterließ er der Welt die wirkungsmächtigste Theorie des 18. Jahrhunderts. Als *Jean-Jacques Rousseau* (1712–1778) im Jahr 1742 in Paris aufschlägt, blickt der Sohn eines Genfer Uhrmachers auf ein unstetes Wanderleben zurück. Er war Kunststecher, betrügerischer Bettelmönch, Musiklehrer mit falschen Referenzen, Erzieher, Schreiber im Katasteramt, Erfinder einer neuen Notenschrift und Komponist zweitklassiger Musikstücke. Mit dreißig lernt er den ein Jahr jüngeren Diderot kennen und freundet sich rasch mit ihm an. Gemeinsam mit Condillac gehen sie einmal die Woche essen im Hôtel du Panier fleuri. Rousseau gehört zu den frühen Autoren der *Enzyklopädie*. Als Musikexperte, für den er sich hält, verfasst er einschlägige Artikel, sehr zum Verdruss von *Jean-Philippe Rameau* (1683–1764), dem gefeierten Musiker und Musiktheoretiker seiner Zeit.

Seinen großen Durchbruch hat Rousseau, als er sich 1749 an der Beantwortung einer Preisfrage der Akademie von Dijon beteiligt: »Hat der Fortschritt der Wissenschaften und Künste zum Verderb oder zur Veredelung der Sitten beigetragen?« Rousseau hat gerade La Mettries Skandalbuch über das Glück gelesen, demzufolge es kein Glück in der Tugend gibt, sondern einzig und allein das Glück der Leidenschaften. Rousseau ist aufgewühlt von der Lektüre. Hat La Mettrie recht? Ist alle gesellschaftliche Moral nur ein Trug? Zu dieser Zeit sitzt Diderot in Vincennes im Gefängnis, und Rousseau besucht ihn regelmäßig. Selbstredend, dass sich die Freunde über La Mettrie unterhalten und auch über die Preisfrage. Vermutlich ist es der clevere Diderot, der Rousseau dazu ermuntert, die Akademie in Dijon mit einer überraschenden Antwort zu provozieren. Denn auffallen kann nur, wer die Frage gegen den Strich bürstet und behauptet, dass der Fortschritt der Wissenschaften die Sitten nicht veredelt, sondern verdorben hätte.

Rousseau macht sich ans Werk, und Diderot begleitet das Projekt in allen Etappen und schlägt einige Verbesserungen vor. Über seine Motive können wir nur spekulieren. Denn zu behaupten, dass der Fortschritt der Künste und Wissenschaften die Menschheit verderbe, ist genau das Gegenteil des Projekts der *Enzyklopädie*. Will Diderot die Öffentlichkeit zu einer Gegenreaktion zu Rousseau zwingen? Und will er dann auf die vielen Missstände der Königs- und Kirchenherrschaft hinweisen, die noch beseitigt werden müssen, damit die Künste und Wissenschaften tatsächlich allen Menschen dienen können?

Die Wahrheit hinter Diderots Plänen ist heute verborgen. Sichtbar ist nur noch der schwere Weihrauch, den Rousseau später über die Ereignisse geschwenkt hat. In seinen autobiografischen Bekenntnissen berichtet er von einem seiner Besuche bei Diderot in Vincennes an einem brütend heißen Sommertag. Zufällig hat er den *Mercure de France* bei sich und liest dort von der Preisfrage: »Sobald ich diese Zeilen gelesen, sah ich rings um mich eine andere Welt und ward ein anderer Mensch.«[123] Noch pathetischer wird er in einem Brief an Malesherbes: »Hat jemals etwas einer schnelleren Eingebung geglichen, so war es die Bewegung, welche in mir vorging, als ich diese Frage las. Auf einmal fühlte ich, dass mein Geist von tausend Lichtern geblendet wird, ganze Massen lebhafter Gedanken stellen sich ihm mit einer Gewalt und in einer Unordnung dar, die mich in eine unaussprechliche Verwirrung versetzt; meinen Kopf ergreift ein Schwindel, welcher Trunkenheit gleicht. Ein heftiges Herzklopfen beklemmt mich, hebt meine Brust hervor; da ich gehend nicht mehr atmen kann, lasse ich mich am Fuße eines Baumes am Wege hinsinken ...«[124] Wir haben hier den typischen Rousseau. Diderot kommt in der Geschichte nur noch als Statist vor. Aus dem strategischen Plan wird ein christliches Erweckungserlebnis wie einst bei Paulus auf dem Weg nach Damaskus oder bei Augustinus im Mailänder Garten. Pathos, Tränen und das große Auserwähltsein lassen die Legende die Geschichte korrigieren. Und am Ende steht ein Gesegneter: »All meine kleinen Leidenschaften wurden durch die Begeisterung für die Wahrheit, die Freiheit und die Tugend erstickt, und das erstaunlichste daran war, dass dieses innere Gären und Leuchten länger denn vier oder fünf Jahre in einem höheren Grad vorhielt, wie es vielleicht noch niemals in dem Herzen eines anderen Menschen der Fall gewesen ist.«[125]

Kein Philosoph dürfte sich auf vergleichbare Weise selbst verkitscht haben wie Rousseau. Seine Beantwortung der Preisfrage bringt ihm den erwünschten ersten Preis. Über Nacht wird er berühmt, ein gefeierter Mann weit über Frankreich hinaus. Überall diskutiert man seine These, dass die Wissenschaften und Künste die natürliche Moral des Menschen zerstörten, dass es im antiken Sparta und im alten Rom noch gesittet zugegangen sei und dass, wie schon Montesquieu meinte, der kulturelle Fortschritt zugleich zu immer größerer Ungleichheit und schließlich zur Verderbtheit geführt hätte.

Der Ursprung der Ungleichheit

Obwohl keiner seiner Gedanken völlig neu ist, wird Rousseau zum Star der Kulturkritik. Nach seinem Volltreffer bei der Beantwortung der Akademie-Frage von Dijon beteiligt er sich wenige Jahre später erneut am gleichen Wettbewerb. Dieses Mal lautet die Frage: »Welches ist der Ursprung der Ungleichheit unter den Menschen und ob sie durch das natürliche Gesetz autorisiert wird?«

Rousseaus Antwort ist der *Discours sur l'origine et les fondements de l'inégalité parmi les hommes (Diskurs über den Ursprung und die Grundlagen der Ungleichheit unter den Menschen)*. Das Buch wird 1755 in Amsterdam gedruckt, aber dieses Mal geht der stürmische Denker bei den Juroren in Dijon leer aus. Dabei ist die Schrift noch furioser als die Antwort auf die frühere Preisfrage. Rousseau erzählt darin die Zivilisationsgeschichte des Menschen auf eine ziemlich neue Weise. Wie Hobbes und Locke beginnt er bei einem Naturzustand. Die Frage, inwieweit es sich um einen echten Naturzustand handeln soll, bleibt offen; Rousseau spricht von »hypothetischen Überlegungen«. In diesem Punkt ist er nahe bei seinen englischen Vorbildern. Doch im Gegensatz zu diesen sieht er den Fortschritt der Menschheit nicht als einen Aufstieg zum Besseren – sondern als einen Abstieg, eine Geschichte des moralischen Verfalls!

Am Anfang war der Mensch nach Rousseau gar kein Mensch, sondern ein Tier. Während Diderot über das Entstehen und Aussterben von Arten nachdenkt, wendet Rousseau den Gedanken der Evolution bereits konsequent auf den Menschen an. In seinem »tierischen Zustand« *(condition animale)* hat der Mensch noch keinerlei Vorstellung von Eigentum, Recht, Sprache, Vernunft, Moral und Herrschaft. Er streitet sich auch nicht und führt keine Kriege. Bei Locke hingegen war der Mensch von Gott bereits von Anfang an als Händler erschaffen worden, der Waren tauscht und sein Eigentum verwaltet. Für Rousseau sind das spätere Zivilisationskrankheiten. Das Menschentier besitzt für ihn nur animalische Instinkte wie die Selbstliebe oder das von Condillac so genau beschriebene Gefühl der eigenen Existenz.

Die Evolution des Menschen in seinem tierischen Zustand beginnen zu lassen, als sprachloser *homme sauvage,* ist klug und hellsichtig. Äußerst seltsam ist jedoch, dass Rousseau ihn als ein unsoziales Wesen sieht, das nur sich selbst genügt. Spätestens hier bricht sich ein persönliches Ideal des Philosophen Bahn: das Ideal, völlig frei in der Natur zu sein und niemanden zu brauchen! Dabei ist es nicht schwer, überall zu sehen, dass viele Säugetiere oder Vögel von Natur aus gesellig sind. Und warum hätte der Mensch gesellig werden sollen, wenn es seiner Natur widerspricht? Was motiviert diesen Prozess? Mit seinem Einzelgänger-Ideal fällt Rousseau weit hinter Aristoteles und Locke, ja selbst hinter Hobbes zurück und erklärt seine private Fantasie kurzerhand zur wahren Natur des Menschen.

Spannend und weitsichtig ist dagegen der Gedanke, dass nicht der Tausch und der Besitz den Menschen zum modernen Menschen machten. Stattdessen entwickelt Rousseau ein psychologisches Gegenmodell zum *Homo mercatorius* der Briten. Alle Entwicklung hin zu einer bürgerlichen Gesellschaft entspringt für ihn aus einem Gefühl oder einer Neigung: dem Wunsch, etwas zu bevorzugen oder selbst bevorzugt zu werden. Aus ihm entstehen die Liebe und die Familie, aber auch die Eifersucht, der Neid und der Hass. Durch ihre emotionale Verstrickung begeben sich die Menschen in Beziehungen zueinander, und das Gefühlsleben wird immer komplizierter. Unausgesetzt vergleicht man sich mit den anderen, verliert seine Selbstsicherheit und wird abhängig von fremden Blicken. Man kultiviert seine Eigenliebe und giert nach Aufmerksamkeit und Anerkennung. Wer mehr davon erlangt, gerät in einen besseren Status als der, der leer ausgeht – der Anfang aller Ungleichheit!

Ungleichheit, so wie Rousseau sie erklärt, ist vor allem eine

Folge psychischer Deformationen des gesellig gewordenen Menschen, mithin seiner »Kultur«. Damit widerspricht er der englischen Tradition, wonach die Ungleichheit der Menschen »natürlich« sei. Stattdessen ist sie kulturell und pathologisch. Denn ein gesunder autarker Mensch strebt nicht nach immer mehr Besitz. Wo sich bei Locke der Mensch die Erde untertan machen soll, träumt Rousseau davon, sie zu verschonen. Doch auch er weiß, dass es kein freiwilliges Zurück für die Menschheit gibt. Aus den Einzelgängern sind »Herden« geworden, Familien haben sich gebildet und später Nationen. Durch Ackerbau und Metallurgie wurde nicht nur das Land bearbeitet, sondern zugleich verteilt und damit die Ungleichheit an Besitz festgeschrieben. Genüsslich verweist Rousseau auf Locke, der alles Unrecht mit dem Verstoß gegen die Eigentumsregeln beginnen lässt. Denn was Locke völlig unkritisch sieht, wird bei Rousseau zum Sündenfall: »Der erste, der ein Stück Land eingezäunt hatte und sich einfallen ließ zu sagen: *dies ist mein* und der Leute fand, die einfältig genug waren, ihm zu glauben, war der wahre Gründer der bürgerlichen Gesellschaft.«[126]

Das Eigentum verdirbt den Charakter. Aus der unschuldigen Selbstliebe wird böse Selbstsucht. Wenige Reiche entstehen und sehr viele Arme. Dies ist der »bürgerliche Zustand«, wie Rousseau ihn im 18. Jahrhundert in Frankreich vorfindet. Will man ihn gerechter und besser machen, so braucht es eine Rechtsordnung, die die ursprüngliche Gleichheit der Einzelgänger wiederherstellt. Zurück zur Freiheit der Natur geht es nicht mehr, der Weg ist versperrt. Doch wenn der Mensch schon unfrei in den Ketten des bürgerlichen Zustands leben muss, so soll doch zumindest die Rechtsordnung dafür sorgen, dass die Kluft zwischen Arm und Reich überwunden wird. Rousseaus Gedankenmodell trägt damit dialektische Züge: Der Mensch braucht die gesellschaftliche Ordnung, um durch sie so gleich zu werden, wie er früher einmal war – obgleich es gerade die Gesellschaft ist, die ihn ungleich gemacht hat!

Sinn der Rechtsordnung ist es, die Gleichheit des Menschen gleichsam über den zweiten Bildungsweg wiederherzustellen. Doch wie soll diese Rechtsordnung im Detail aussehen? Rousseau arbeitet lange an einem großen Werk mit dem Titel *Institutions politiques,* das nie erscheint. Stattdessen zieht er sich in die Einsamkeit zurück. Er wird Ehrenbürger seiner Heimatstadt Genf. Doch je berühmter er wird, umso greller tritt sein Narzissmus hervor. Innerhalb weniger Jahre verstrickt er sich in Hunderte Scharmützel und in kleinliches Gezänk mit seinen Freunden – und verliert fast alle. Rastlos zieht er umher, schreibt, ist verzweifelt, jubiliert, triumphiert über die Welt, zieht sich zurück, hadert und posiert wieder.

Mit seinen Freunden zerstreitet er sich endgültig, als er mit den Calvinisten darauf besteht, dass in Genf weiterhin keine Theaterstücke aufgeführt werden dürfen. Voltaire, der seine Stücke gerne in der Stadt gespielt gesehen hätte, tobt. Doch Rousseau, der früher selbst Stücke geschrieben hat, urteilt vernichtend über die Schauspielkunst. Sie schade der Arbeitsmoral, beeinträchtige die Kreativität und verderbe durch die lasterhaften Schauspielerinnen die Sitten.

Der Gesellschaftsvertrag

Rousseau hat eine neue Rolle gefunden. Er ist jetzt kein Lebemann mehr, sondern strenger Reformator. Sein politisches Werk aus dem Jahr 1761 widmet er den Bürgern der Stadt Genf: *Du contrat social, ou principes du droit politique (Vom Gesellschaftsvertrag oder Prinzipien des Staatsrechts)*. Doch die Oberen Genfs sind alles andere als geschmeichelt, sondern hell empört. In Frankreich dauert es gerade mal eine Woche, bis das Buch verboten wird.

Über was sind die Zensoren so erzürnt? Was sie am meisten stört, ist Rousseaus Verhältnis zur Religion. Anders als der Kreis um d'Holbach und Diderot ist der Mann aus Genf zwar kein Atheist. Aber die Rolle, die die Religion im Staat spielen soll, gefällt weder den protestantischen Schweizern noch den katholischen Franzosen. Für Rousseau braucht der Staat Religion, damit die soziale Einheit gesichert wird. Nicht eine Wahrheit oder eine Offenbarung sichert ihren Bestand, sondern ihre zivile Nützlichkeit. Für einen Mann, der zweimal aus taktischen Gründen die Konfession gewechselt hat, ein naheliegender Gedanke.

Philosophisch bedeutend ist der Gesellschaftsvertrag aber weniger wegen seiner theologischen Aussagen als seiner politischen. Wie Hobbes und Locke entwirft Rousseau eine Vertragstheorie. Sinn des Vertrages ist es, die Freiheit des Einzelnen so gut zu bewahren und zu schützen, wie es einer bürgerlichen Gesellschaft bestenfalls möglich ist. Legitim ist eine Herrschaft dann, wenn sie die Autonomie des Bürgers so gut schützt, wie es geht: »Finde eine Form des Zusammenschlusses, die mit ihrer ganzen gemeinsamen Kraft die Person und das Vermögen jedes einzelnen Mitglieds verteidigt und schützt und durch die doch jeder, indem er sich mit allen vereinigt, nur sich selbst gehorcht und genauso frei bleibt wie zuvor.«[127]

Dass Rousseau zu den freien und gleichen Menschen weder Frauen zählt noch, wie der Enzyklopädist *Louis »Chevalier« de Jaucourt* (1704–1779), die schwarzen Sklaven in den Kolonien, ist weniger erfreulich. Seine Bürger sind weiße Männer. Zu deren bürgerlichen Freiheiten gehört ein Recht darauf, Eigentum zu erlangen, und zwar als Frucht von Arbeit und sonst nichts. Dabei ist sorgfältig darauf zu achten, dass die Besitzverhältnisse im Maß bleiben, so dass »kein Staatsbürger so reich sein darf, um sich einen anderen kaufen zu können, noch so arm, um sich verkaufen zu müssen«.[128] Die elegante Formel ist von zeitloser Kraft und unterscheidet Rousseau fundamental vom Mainstream der britischen Philosophen. Bei Locke war es der Schutz des prinzipiell nicht eingeschränkten Eigentums, der den Gesellschaftsvertrag überhaupt erforderlich macht. Für Rousseau dagegen sichert der Vertrag das Anrecht darauf, zu Eigentum kommen zu können. Anders als bei Locke gibt der Bürger bei Rousseau seine Souveränität auch nicht an ein Parlament ab, das Gesetze entwirft und verabschiedet. Sondern jeder einzelne Bürger ist und bleibt souverän. Doch wie soll diese direkte Demokratie praktisch aussehen?

Der Wille aller *(volonté de tous)* formt bekanntlich noch keinen Gemeinwillen *(volonté générale)*. Denn jeder will in erster Linie etwas für sich selbst, und wenn alle das Ihre wollen, muss noch lange kein Gemeinwille dabei herauskommen. Wie seine französischen Kollegen, so unterschreibt auch Rousseau nicht, was Adam Smith glaubt: dass das Privatinteresse aller Einzelnen am Ende zu einer guten Gesellschaft führt. Und er verzichtet ganz bewusst auf Montesquieus Prinzip der Gewaltenteilung. Stattdessen beschwört er den Fetisch der »allgemeinen Vernunft«, die das Gleiche sein soll wie die *volonté générale*. Durchgesetzt wird dieser Gemeinwille durch einen »Gesetzgeber« *(législateur)*, den Inbegriff der allgemeinen Vernunft, der vom Volk gewählt wird und niemals nur eine einzige Person sein darf.

Dass Tausende unvernünftige Wähler eine Instanz hervorbringen sollen, die die allgemeine Vernunft verkörpert, ist ohne Zweifel die große Schwachstelle des ganzen Systems. So fortschrittlich Rousseau auch ist, wenn er die Ständegesellschaft abgeschafft, den Adel entmachtet und die direkte Demokratie eingeführt sehen will – der strenge Glaube an die allgemeine Vernunft macht seine Utopie weltfremd. Und sie öffnet alle Tore für eine totalitäre Herrschaft. Denn wer den Gesellschaftsvertrag verletzt, hat nach Rousseau sein Recht auf Leben verwirkt! Und das, obwohl er ein anderes Mal in einem Brief schreibt, das Blut eines einzelnen Menschen sei von größerem Wert als die Freiheit des ganzen Menschengeschlechts – auch dies einer von zahlreichen unaufgelösten Widersprüchen …

Lebe einsam und frei!

Rousseau ist ein leidenschaftlicher Mensch ohne Maß, mal faszinierend und charmant, dann wieder brüsk und unausstehlich. Wenn er heute Teil der Literatur- und Philosophiegeschichte ist, dann deshalb, weil er diese innere Zerrissenheit, dieses Leiden an sich und der Welt mit einem Schwung und einer Leidenschaft zu Papier brachte, wie kaum jemand vor ihm. Seine Werke haben nicht nur die Philosophie, sondern auch die Literatur stark beeinflusst und nicht zuletzt die Pädagogik.

Nachdem er sich in eine unglückliche Liebesaffäre verstrickt hat, schreibt Rousseau *Julie ou la Nouvelle Héloïse (Julie oder Die neue Héloïse)* – einen Jahrhundertbestseller. Sentimentale Liebesgeschichten im Spagat von tiefer Leidenschaft und moralischem Zeigefinger kennt man bis dahin nur aus England. Doch Rousseau füllt eine Menge eigener Zutaten hinein: das Idyll der Schweiz, den englischen Landschaftsgarten, das Loblied des bescheidenen Lebens, Unschuld und Tod, eine Kritik allen Standesdünkels, eine Hymne auf eine Spiritualität ohne die Dogmen der Religion und eine reine unschuldige Tugend, die als strenger Richter über allem schwebt. Die naturidentischen Aromastoffe verfehlen nicht ihre Wirkung: Das Buch trifft den Zeitgeschmack und erlebt bis zur Jahrhundertwende siebzig Auflagen. Noch Goethe wird dreizehn Jahre später mit seinem *Werther* in den gleichen Gewässern fischen und fündig werden.

Für einen Mann, der zeit seines Lebens ohne jede Rücksicht die Gefühle vieler Frauen ausnutzte, ein erstaunliches Buch. Wie später der dänische Dichter Hans Christian Andersen flüchtet sich der Autor in eine ideale Fantasiewelt, die das genaue Gegenteil seiner persönlichen Unzulänglichkeit ist. Und je hartherziger und selbstbezogener er sich im realen Leben aufspreizt, umso weicher und mitfühlender ist er in seiner selbst erfundenen Welt. Nicht anders ist es um seinen zweiten großen Bucherfolg bestellt, den Erziehungsroman *Émile* aus dem Jahr 1762. Einerseits nötigt Rousseau seine Frau Thérèse Levasseur, alle ihre gemeinsamen Kinder als Neugeborene im Findelhaus abzugeben – er will keinerlei Verantwortung für niemanden übernehmen. Auf der anderen Seite schreibt er ein bahnbrechendes Buch über die Erziehung eines Kindes und Jugendlichen. Von allen negativen kulturellen Einflüssen verschont, wächst der junge Émile zu einem selbstbewussten Mann heran. Sein Erzieher lässt ihn natürlich wachsen wie einen Baum. Nur hin und wieder bastelt er für ihn Situationen, an denen er reift. Nicht zu einem Bürger mit entsprechendem Beruf, sondern zu einem Menschen soll Émile heranreifen. Dafür braucht er viel Freiheit. Denn er muss aus der Erfahrung lernen und nicht durch Bücher. Und Strafen sind nichts, was ein Erziehungsberechtigter austeilt, sondern sie sind die negativen Konsequenzen aus dem eigenen Tun, die sich oft unweigerlich ergeben.

Für das 18. Jahrhundert ist der *Émile* eine Provokation und eine Sensation. Kaum jemand dürfte seine Kinder so freiheitlich erzogen haben, wie Émile es erfährt. Und kaum jemand dürfte so sehr davon überzeugt gewesen sein, dass jedes Kind eine natürliche Moral in sich hat, die frei von der Gesellschaft zur Blüte gebracht werden muss, wie Rousseau. Der Einfluss des Buchs auf die spätere Pädagogik ist enorm. Nicht erziehen, sondern sich bilden und wachsen lassen, lautet die Maxime, denn alles Gute im Menschen ist schon von Natur aus da. Manche Einsichten sind so weise, als hörte man sie im 21. Jahrhundert, etwa wenn es heißt, man solle »Zeit verlieren und nicht gewinnen« – ein Satz, den man jedem pädagogischen Optimierer unseres heutigen Effizienzzeitalters ins Stammbuch schreiben kann. Anderes hingegen erscheint uns heute als Schwärmerei. Denn Rousseaus literarischer Schützling wird auf geradezu fahrlässige Weise von der Gesellschaft ferngehalten. Und die zugrunde liegende Vorstellung von »Natur« ist so romantisch wie verschwommen.

In jedem Fall bringt Rousseau ein völlig neues Konzept von Erziehung in die Welt, das seine große Wirkung nicht verfehlt.

Der *Émile* inspiriert zahlreiche Denker von Immanuel Kant, Johann Gottfried Herder und Johann Heinrich Pestalozzi bis zu Maria Montessori und der Reformpädagogik. Und dass Kinder »nicht wie Fässer gefüllt, sondern wie Leuchten entzündet« werden wollen – jene Weisheit des Humanisten *François Rabelais* (um 1494–1553) –, erhält von Rousseau einen pädagogischen Zuschnitt von überzeitlichem Format.

Die neue Héloïse und der *Émile* sind international erfolgreich. Doch der *Émile* wird ebenso verboten wie vordem der *Gesellschaftsvertrag*, und der Autor wird von der Polizei verfolgt. Rastlos irrt Rousseau durch die Schweiz, findet in Neuchâtel für zweieinhalb Jahre Zuflucht und geht dann mit Hume nach England. Auch hier bleibt er nicht lange, kehrt 1767 nach Frankreich zurück und hastet weiter durch zahlreiche Wohnorte. Überall fühlt er sich verfolgt, obwohl die Aufregung um seine Person allmählich abflaut. Er schreibt seine *Bekenntnisse* und verspricht darin eine schonungslose Selbstenthüllung. Pathetisch beginnt er das Buch, indem er darauf verweist, dass sein Unternehmen ohne Beispiel ist. Vor allem die deutschen Dichter und Philosophen der Empfindsamkeit und der Romantik werden sich davon stark beschwingen lassen. Gleichzeitig versenkt sich der Autobiograf mit stetig wachsender Leidenschaft in die Botanik. Ein weiteres Buch unausgesetzter Selbstrechtfertigungen, *Rousseau juge de Jean-Jacques (Gespräche oder Rousseau richtet über Jean-Jacques)*, trägt er 1776 pathetisch nach Paris, um es auf dem Altar von Notre-Dame niederzulegen; allerdings vergeblich, denn der Altarraum ist verschlossen. Zwei Jahre später stirbt der unausgesetzte Querulant seiner selbst an einem Schlaganfall. Sein idyllisches Grab auf der Pappelinsel in Ermenonville darf er nicht lange behalten. Im Oktober 1794 holt ihn ein Beschluss des Nationalkonvents aus der Natur und bestattet ihn mit Pomp und Gloria im Pantheon, Seite an Seite neben seinem Intimfeind Voltaire.

Anders als der zeitgleich erschienene *Émile* war der *Gesellschaftsvertrag* zunächst kein großer Erfolg. Rousseau ist Anfang der 1760er Jahre unter den französischen Aufklärern isoliert. Und seine basisdemokratische Utopie ist ohnehin nicht nach deren Geschmack. Rousseau weiß selbst, dass sein Gesellschaftsvertrag auf das Frankreich seiner Zeit nicht übertragbar ist. Das Land ist zu groß für eine direkte Demokratie. Als Ideal dient ihm ein sich selbst verwaltender Stadtstaat, eine Polis wie im alten Athen. Gerade deshalb widmet er das Buch der Stadt Genf. Doch was sollen die Franzosen damit anfangen? Soll man das Land aufteilen in Kleinstaaten? Und was in dem gebildeten Stadtstaat Genf funktioniert – eine politisch aktive Bürgerkultur –, existiert in Frankreich nur in wenigen Städten. Man denke nur an die Arroganz, mit der Voltaire den »Pöbel« verachtet. Und auch Diderot und d'Holbach kämpfen zwar leidenschaftlich gegen den Feudalabsolutismus und die Kirche – aber sie sind keine Demokraten. Wie soll man den bettelarmen und völlig ungebildeten französischen Bauern ein Wahlrecht geben?

Sowohl der Begriff »Gesellschaftsvertrag« als auch der Begriff *»volonté générale«* finden sich bei Diderot. Aber sie führen nicht, wie bei Rousseau, zu einer Staatsordnung, die im Namen der allgemeinen Vernunft die Bürger streng regiert. Diderots Staatsverständnis ist erstaunlich diffus. Er möchte, dass die von Natur aus freien Bürger ihren Gemeinwillen verwirklichen. Mit anderen Worten: dass das Menschentier gemäß seiner Gattungsbedürfnisse artgerecht leben kann. Entsprechend schreibt er in der *Enzyklopädie* unter dem Stichwort »Naturrecht« über den *volonté générale:* »Der allgemeine Wille ist in jedem Individuum ein reiner Akt des Verstandes, *un acte pur de l'entendement,* welcher, während die Leidenschaften schweigen, darüber nachdenkt, was der Mensch von seinesgleichen fordern kann, und darüber, was seinesgleichen von ihm zu fordern berechtigt ist.«

Das Manko ist, dass Diderot dazu keine passende Staatsform einfällt. Denn das, was er hier definiert, gilt nicht allein für ein konkretes Staatsgebilde, sondern für die Menschheit im Allgemeinen. Konsequenterweise arbeitete er mit an der *Histoire philosophique et politique des établissements et du commerce des Européens dans les deux Indes (Die Geschichte beider Indien)*. Das Werk von *Guillaume-Thomas François Raynal* (1713–1796) über Indien und Südamerika ist ein Meilenstein bei dem Gedanken, die Menschenrechte universell aufzufassen und nicht nur Europäern zuzugestehen. Doch Kolonialismus, Sklaverei und Despotie zu geißeln heißt noch nicht, zu wissen, wie eine ideale Regierungsform aussehen könnte.

Aus Verlegenheit liebäugelt Diderot eine Zeit lang mit einer aufgeklärten Monarchie wie jener in Preußen. Doch spätestens der Siebenjährige Krieg nimmt ihm alle Illusionen. Diderot lernt Friedrich den Großen zu verachten. Aber noch immer fällt ihm nicht ein, wie Bürger und Herrscher einen Gesellschaftsvertrag schließen könnten, der den *volonté générale* bestmöglich verkörpert und umsetzt. Während sich Rousseau in den 1770er Jahren immer mehr in die Welt seines Egos und der unschuldigen Pflanzen zurückzieht, schreibt Diderot Text um Text gegen die Tyrannei und prognostiziert großes Elend. Doch da er Montesquieus Gewaltenteilung weiterhin ebenso ablehnt wie seine Mitstreiter, entwickelt er keine tragfähige Alternative zum Ancien Régime.

Nicht anders sieht es bei d'Holbach aus, der im Alter weiterhin anonym mehrere politischen Schriften verfasst. Wie Diderot setzt er auf einen aufgeklärten Herrscher. Sollte der Herrscher seine Leidenschaften und Laster überwinden und sich dem Allgemeinwohl verpflichten, so wäre das wohl die beste Form der Regierung. Auf gar keinen Fall dürfe es zu einem gewaltsamen Umsturz kommen, denn ein solcher führt zwangsläufig ins Chaos.

Konsequenter ist dagegen Helvétius. Er kennt nicht nur das Recht auf Leben, Freiheit und Glück für jedermann und das Ideal des »allgemeinen Wohls«. Er macht auch ganz pragmatische Vorschläge, etwa das Erbrecht einzuschränken, um allzu große Vermögensunterschiede zu verhindern. Und seine Forderung nach einer Gleichberechtigung der Geschlechter ist sensationell. Doch alle seine Versuche, eine empirisch-sensualistische Theorie des richtigen Zusammenlebens zu entwerfen, bleiben Fragment. Der Traum, Moraltheorie und politische Philosophie wissenschaftlich exakt zu machen, scheitert. *De l'homme, de ses facultés intellectuelles, et de son éducation (Vom Menschen, von seinen geistigen Fähigkeiten, und von seiner Erziehung)*, ein Werk, das zwei Jahre nach seinem Tod erscheint, bringt weder die Moral- noch die Staatstheorie entscheidend weiter. Wie man es auch wendet und dreht: Das Zusammenleben des Menschen lässt sich bei Weitem nicht so streng wissenschaftlich normieren, wie der Verfasser es sich erhofft. Und so wegweisend die Zutaten von Helvétius' Philosophie sind – eine konkrete Idee zur völligen Neuordnung der Herrschaftsverhältnisse bleibt auch bei ihm Fehlanzeige.

Die *philosophes* sind hin- und hergerissen. Einerseits möchten sie das Eigentum eines jeden geschützt sehen. Und andererseits erstreben sie ein Leben in Wohlstand für alle. Sie wollen die Freiheit des Einzelnen bewahren und gleichzeitig jedem zu seinem Recht verhelfen. Vor allem aber erträumen sie sich ein Leben, das für 95 Prozent der Bevölkerung in Frankreich unter den gegebenen Umständen völlig undenkbar ist. Als eine Art Hipster-Bewegung des 18. Jahrhunderts produzieren sie die Leitbilder eines zukünftigen Lebens. Aber auf welcher ökonomischen Basis soll es sich für möglichst alle realisieren lassen? Was muss in Frankreich geschehen, damit die Aufklärung nicht Folklore für hippe Adelige am Rande des Existenzmaximums und besserverdienende Publizisten in ihren Salons bleibt?

Das Erdbeben von Lissabon hat die Fundamente des Feudalabsolutismus zerstört, der Erfolg des englischen Liberalismus die

Wirtschaftsordnung des Ancien Régime infrage gestellt. Doch die führenden Ökonomen wie Quesnay lehnen die völlig liberalisierte Wirtschaft ebenso ab, wie die *philosophes* mit der Gewaltenteilung fremdeln. Stattdessen beruft sich in den 1770er Jahren jeder auf das »Allgemeininteresse«, die Physiokraten ebenso wie Rousseau, d'Holbach, Helvétius und Diderot – aber jeder meint dabei etwas anderes! In der Idee einer autoritären Staatsgewalt reichen sich der konservative Reformer Quesnay und der revolutionäre Freigeist Rousseau die Hand. Doch während der Zweite zugleich von der »Volkssouveränität« träumt, schwärmen die Physiokraten von einem legalen Despotismus des Staates *(despotisme légal)*, der an die Stelle des beliebigen Despotismus *(despotisme arbitraire)* treten soll.

Diderot, der den Physiokraten eine Zeit lang nahesteht, misstraut allerdings jeder despotischen Herrschaftsform. Nach der Lektüre des italienischen Abbé *Ferdinando Galiani* (1728–1787) entdeckt er diesen Despotismus nicht nur in der uneingeschränkten Staatsgewalt, sondern auch in der unkontrollierten Wirtschaftsgewalt. Ein völlig freier Markt, so erkennt Diderot weitsichtig, führt über kurz oder lang nicht automatisch zum Interessensausgleich, sondern zu Monopolen und Oligarchen. Entsprechend stellt er sich gegen den freien Getreidehandel – also gegen jene zentrale Forderung, die auf der Fahne der ansonsten marktskeptischen Physiokraten steht. Staatsdiktatur oder Marktdiktatur? Diderot will beides verhindern. In d'Holbachs Salon, dem *café de l'europe*, diskutiert er mit Quesnay ebenso leidenschaftlich wie mit Humes bestem Freund Adam Smith, der 1765 zu Gast ist. Doch wie soll ein »dritter Weg« aussehen?

Die Chance darauf bietet sich, als für ein Zeitfenster von zwei Jahren ein Mann aus dem Umkreis der *philosophes* Generalkontrolleur der Finanzen wird, also so etwas wie der Finanzminister von Frankreich. Die Rede ist von *Anne Robert Jacques Turgot* (1727–1781). Der normannische Adelige war Reisebegleiter Gournays bei dessen Touren durch Frankreichs Provinzen. Eng befreundet mit Madame Helvétius, arbeitete er an der *Enzyklopädie* mit und machte zugleich in schnellen Schritten Karriere. 1761 wurde er Intendant der Provinz Limoges im nordwestlichen Zentralmassiv, einer der ärmsten Gegenden Frankreichs. Turgot verändert das Steuersystem und entlastet die Bauern von zu hohen Abgaben. Von nun an soll nur noch der Nettogewinn versteuert werden. Im Rahmen seiner Möglichkeiten fördert er eine liberale Wirtschaftspolitik und nimmt die Landbesitzer in die Pflicht, sich um die Armen zu kümmern. 1774 befördert ihn Ludwig XVI. ins hohe Staatsamt.

Turgot entschlackt die Privilegienwirtschaft des Adels und der Landbesitzer, ersetzt unfähiges durch fähigeres Personal und verringert das notorisch hohe Staatsdefizit. Persönlich unbestechlich, will er das Land moralischer machen, wobei seine Begriffe von Tugend und Moral kaum festen Boden gewinnen. Turgot erkennt wohl, dass die persönliche Tugend des Einzelnen etwas anderes ist als das Allgemeininteresse, das sich im Staat verwirklicht. Doch weder vertraut er darauf, dass eine große Zahl tugendhafter Menschen die Gesellschaft moralisch machen könnten, noch glaubt er wie Rousseau und Diderot an den *volonté générale*. Stattdessen schwankt er unschlüssig hin und her. Er verteidigt die Ungleichheit der Menschen und der Besitzverhältnisse als naturgegeben und ärgert sich darüber, dass die Verfasser der Unabhängigkeitserklärung in Amerika behaupten, dass alle Menschen gleich seien. Was den Amerikanern leichtfällt, da sie weder Adel noch Klerus haben und das Land noch nicht völlig aufgeteilt ist, ist für Turgot ein alltägliches Problem. Wie macht man eine Gesellschaft wie den Feudalabsolutismus effizienter und moralischer, ohne seine ineffizienten und unmoralischen Besitzverhältnisse anzutasten?

Turgot will Reformer sein, nicht Revolutionär. Nicht anders wäre es wohl Diderot und d'Holbach ergangen, wären sie an die Schalthebel der Macht gelangt. Ohne eine Alternative für die Praxis muss jede feurige Rede für die Freiheit und Gleichheit erkalten. Und ein Interessensausgleich aller Stände lässt sich leicht herbeischreiben – ohne einen revolutionären Akt ist er nicht zu verwirklichen. Als Turgot endlich den von den Physiokraten verlangten freien Getreidehandel durchsetzen will, fällt sein Plan genau in die Zeit der großen Hungersnot im Winter 1774/1775. Die Aufstände, als »Mehlkrieg« ein Vorbeben der späteren Revolution, ersticken seine Reformpläne. Ebenso wenig Glück hat Turgot mit dem Versuch, alle Stände zu besteuern und nicht nur Bürger, Handwerker und Bauern. Der Klerus wird von königlicher Seite sofort ausgenommen. Als Gegner der Gewaltenteilung wie der Parlamente bleibt Turgot abhängig vom Wohlwollen des Königs und dessen Ministern. Als Ludwig XVI. ihn auf Drängen seiner Berater 1776 fallen lässt, sind alle guten Pläne dahin: ein Wahlsystem, das alle Landbesitzer, unabhängig von ihrer Abkunft als Adelige oder Bürger, mit gleicher Stimme ausstattet, ebenso wie sein Bildungs- und Fürsorgesystem für die arme Bevölkerung. Der einzige französische Aufklärer, der je dazu kommt, seine Ideen verwirklichen zu können, scheitert an dermaßen verkrusteten Strukturen, dass die Reformunfähigkeit des Ancien Régime überdeutlich wird. Immerhin stirbt er im Bett, anders als der bedeutendste seiner Schüler, der größte Optimist unter allen Philosophen …

Das Evangelium des Herrn Condorcet

Stellen Sie sich einen Menschen vor, der sich vor seinen Verfolgern in einem Keller versteckt; vor Leuten, die er selbst auf so seltsame neue Gedanken gebracht hat, dass sie sich nun bemüßigt fühlen, ihn unbedingt ermorden zu müssen. Einen Menschen überdies, der, das Schafott vor Augen, gleichwohl fieberhaft an einem Buch schreibt, das nichts anderes verheißt als den unausgesetzten moralischen Fortschritt der Menschheit! Ein solcher Mensch war *Marie Jean Antoine Nicolas Caritat, Marquis de Condorcet* (1743–1794).

Wie der spanische Abenteurer Miguel de Cervantes seinen launigen *Don Quijote* hinter Kerkermauern in Sevilla begann, wie der Dominikanermönch Tommaso Campanella seine Utopie vom *Sonnenstaat* in der Folterhaft des Castel Nuovo in Neapel entwarf, so schreibt auch Condorcet seinen Heilsplan der Menschheit im Schatten des Schafotts. Von September 1793 an hält er sich in einem Versteck in Paris auf. Fieberhaft arbeitet er an seinem Manuskript der frohen Botschaft: Die Entwicklung der Menschheit sei eine kontinuierlich ansteigende Linie zum Höheren und Besseren. Wissenschaft, Wahrheit und Moral gehen dabei Hand in Hand und führen das Menschengeschlecht von seinen primitiven Anfängen über Hunderte von Querelen schließlich zu einer idealen Gesellschaft. Arm und Reich gleichen sich an, genug Wohlstand für alle, eine schier unendliche Wissensgesellschaft demokratisiert die Weltgemeinschaft, vereint in einer friedlichen Zivilisation, verbunden durch eine einzige, allgemein verständliche Sprache. Die Geschichte der Menschheit ist eine Geschichte des fortwährend ansteigenden Glücks.

Am 24. März 1794, in eben jenem Moment, in dem Condorcet das Manuskript beendet, spüren ihn die Henker in seinem Versteck auf. Der Philosoph flieht, kommt aber nur noch bis ins nahe gelegene Clamart. Drei Tage später wird er dort in einer Kneipe gestellt. Man bringt ihn nach Bourg-la-Reine. Der Rest liegt im Dunkeln. Ob ihn die Häscher vergiften, ob er an Erschöpfung stirbt oder ob er sich am Ende sogar selbst tötet, bleibt Spekulation.

Das Buch erscheint trotzdem: *Esquisse d'un tableau historique des progrès de l'esprit humain (Entwurf eines historischen Gemäldes der Fortschritte des menschlichen Geistes)*. Unter den Philosophen der französischen Aufklärung gehört Condorcet heute zu den wenig beachteten. Dabei war er eine der bedeutendsten Größen seiner Zeit, ein Universalgelehrter von beachtlichem Format. Geboren 1743 im nordfranzösischen Ribemont, besucht er das Jesuitenkolleg in Reims. Anschließend geht er nach Paris ans Collège Mazarin, einer Kaderschmiede der katholischen staatstragenden Intelligenz. Doch Condorcet wird kein guter Katholik. Seine Leidenschaft gilt nicht dem Glauben, sondern der Logik und dem Kalkül. Mit zweiundzwanzig Jahren veröffentlicht er seine erste mathematische Arbeit über Integralrechnung. Weitere Arbeiten folgen Schlag auf Schlag, dann weitet der junge Mathematiker sein Interesse rasant aus. Die Welt der Differenziale und Integrale befriedigt ihn nicht mehr. Sollte die Mathematik nicht die ganze Gesellschaft durchdringen? Kann man Politik und Sozialleben auf mathematische Formeln bringen und nach den Regeln der Wahrscheinlichkeitsrechnung erklären?

Die Idee kommt ihm 1770 während eines Besuchs bei Voltaire auf dessen Schloss Ferney in der Nähe von Genf. Man unterhält sich über die Agrarkrise in Frankreich. Das Land leidet mal wieder unter einer fürchterlichen Missernte. Millionen Bauern und Landarbeiter sind vom Hungertod bedroht. Hat der Staat versagt, oder liegt die Schuld bei den Landbesitzern? Und wie kann man solche Katastrophen in der Zukunft verhindern?

Condorcet ist elektrisiert. Der Staat und die Wirtschaft brauchen einen Masterplan, eine alles umfassende Theorie der Wirtschaft, der Politik, des Sozialen und der Moral. In der Denkweise des Mathematikers kann dies nur eine *Sozialmathematik* sein, ein kalkuliertes und für die Zukunft weiter kalkulierbares System des menschlichen Zusammenlebens. Diese Idee hält er bis an sein Lebensende aufrecht – dass ausgerechnet die Mathematik einen alles entscheidenden Beitrag dazu leisten soll, das Leben der Menschen vernünftiger und damit besser zu machen! Zwei Jahre später begegnet er Turgot. Der Finanzminister ernennt den jungen Sozialmathematiker zum Generalinspekteur der staatlichen Münze. Gemeinsam wollen sie den Filz und die Vetternwirtschaft des Hofes aufräumen und das Spiel der freien Märkte beleben. Doch die Widerstände sind, wie erzählt, zu groß. Der König jagt Turgot 1776 aus dem Amt, der marode Staat wehrt sich gegen alle Reformen. Blind und taub stolpert die Monarchie in den Untergang.

Condorcet aber arbeitet längst an der Zukunft. Seit 1776 ist er Ständiger Sekretär der renommierten Académie des sciences, sechs Jahre später steigt er auf in die Staatselite der Académie française. Seine Ideen sind ehrgeizig – und sie sind radikal: Warum gibt es in jedem Land eigene Gesetze statt einer allgemeinen und gleichen Rechtsprechung in aller Welt? Mit welchem Recht hält man Sklaven und unterdrückt die Schwarzen, wo sie doch auch Menschen sind? Warum werden die Frauen in aller Welt vom Wahlrecht ausgeschlossen, statt gleichberechtigt zu sein?

Condorcets Lieblingsthema aber ist, das Verhalten der Menschen nach den Gesetzen der Wahrscheinlichkeitsrechnung zu erklären. Der Ausgangspunkt ist einfach: Jeder Mensch muss in seinem Leben zwischen verschiedenen Möglichkeiten wählen. Was überzeugt mich und was nicht? Was ist für mich gut und was ist schlecht? Was heute in ungezählten Studien beinahe täglich von Wirtschaftspsychologen und Verhaltensökonomen untersucht und überprüft wird, ist zur damaligen Zeit noch eine ungewöhnliche Frage: Nach welchen Kriterien treffe ich im Leben meine Entscheidungen?

Condorcets Idee ist neu. Und theoretisch hätte er einer der bedeutendsten Psychologen der Frühen Neuzeit werden können – theoretisch! Doch merkwürdigerweise trifft der Mathematiker gleich zu Anfang eine dramatische Fehlentscheidung: Er geht von einem falschen Axiom aus. Danach ist das wichtigste Kriterium unserer Lebensentscheidungen – die *Wahrheit*! Tag für Tag, ja Stunde um Stunde, suchen wir im Leben danach, das objektiv Richtige vom objektiv Falschen zu unterscheiden. Selten dürfte die Natur des Menschen großartiger verkannt worden sein. Denn etwas so Nebliges und Fernes wie die Wahrheit spielt im täglichen Leben der Menschen nur selten eine Rolle. Und sie ist beileibe nicht zu verwechseln mit dem inständigen Bedürfnis vieler Menschen, recht haben zu wollen.

Doch Condorcets Glaube an die enorme Bedeutung der Wahrheit für das menschliche Leben ist unerschütterlich. Erstes Axiom: Jeder Mensch strebt im Leben nach Glück. Zweites Axiom: Glück erfährt der Mensch durch das Streben nach Wahrheit und Gerechtigkeit. Je mehr die Menschen wüssten, umso leichter sollte es ihnen fallen, kluge und richtige Entscheidungen für ihr Leben zu fällen und glücklich zu sein. Und je glücklicher die Menschen seien, umso besser sei dies für die Allgemeinheit. Ist dies richtig, so ist es der wichtigste Auftrag des Staates, seine Bevölkerung so gut wie möglich zu informieren und zu bilden. Denn je mehr Bildung, umso mehr Wahrheit. Und umso mehr Wahrheit, umso besser für die Moral und die Politik. Und genau so formuliert Condorcet sein Programm: Jeder Mensch soll so viel Bildung wie möglich erhalten. Er soll die Menschenrechte kennen und schätzen lernen. Er soll die allgemeinen Prinzipien der Sozialwissenschaft verstehen und ihnen gemäß leben. Und er soll die Volkswirtschaft durchschauen und entsprechend mit seiner Arbeitskraft und seinem Geld umgehen.

Im Jahr 1789 schlägt Condorcets Stunde. Ludwig XVI. ruft die Generalstände zusammen, der Staat ist bankrott. Im Juni schwören sich die Reformer im Pariser Ballhaus, dass sie eine neue Verfassung durchsetzen werden. Am 14. Juli stürmen fünftausend Bürger das Pariser Staatsgefängnis, die Bastille. Die neu gegründete Nationalversammlung verabschiedet am 26. August die Erklärung der Menschen- und Bürgerrechte: »Von ihrer Geburt an sind und bleiben die Menschen frei und an Rechten einander gleich ...«

Während der König gezwungen wird, von Versailles nach Paris umzuziehen, sieht Condorcet die Chance, seine neue Wissenschaft der Moral publik zu machen. Mit Gleichgesinnten schließt er sich zusammen zur *Société de 1789* und publiziert in deren neu gegründeter Zeitschrift. Von nun an ist er einer der wichtigsten Vordenker der Revolution. Kein Wunder, dass man ihn 1791 in den neunköpfigen Ausschuss beruft, um eine neue Verfassung auszuarbeiten. Condorcet ist ein Streiter in hehrer Mission. Die neue Verfassung soll seine Sozialmathematik zum Abschluss bringen: die Übereinstimmung von Freiheit, Vernunft und Gesetz. Als Präsident der Nationalversammlung sieht er sich als Geburtshelfer einer vorurteilsfreien rationalen Welt, einer universalen Wissensgesellschaft. »Der gute Condorcet«, wie ihn seine Freunde und Mitstreiter aufgrund seiner konsequent moralischen Lebensweise nennen, ist in seinem Element: Ein Programm zur Volksbildung wird verabschiedet, *sein* Programm: Alle Bürger zu bilden ist die *Pflicht* der Gesellschaft!

Im Frühjahr 1793 wendet sich das Blatt, die Jakobiner ergreifen die Macht in Paris. Die neue Verfassung, Condorcets ganzer Stolz, fliegt in den Papierkorb. Von nun an regiert der »Wohlfahrtsausschuss« unter Führung des radikalen Advokaten *Maximilien Robespierre* (1758–1794), einem glühenden Verehrer Rousseaus. Der soeben noch allmächtige Condorcet findet sich auf der Anklagebank wieder. Allzu laut hatte er seine Verfassung verteidigt, die zur »Verfassung« erklärten Schmierblätter der Jakobiner verlacht – sein Todesurteil! Die Idealwelt des Schönen, Wahren, Guten und die Realwelt der Revolution passen nicht mehr zusammen. Condorcet ist neunundvierzig Jahre alt, und er hat nur noch neun Monate zu leben.

Doch was für Monate sind das! In seinem Pariser Versteck stürzt sich der gescheiterte Revolutionär in die Arbeit an seinem Hauptwerk über den unaufhaltsamen Fortschritt des Menschengeschlechts. Von der Frühgeschichte bis zur Gegenwart geht es stetig zum Höheren und Besseren. In wärmsten Farben malt er die menschliche Natur, um anschließend mit mathematischer Präzision den Fortschritt des Menschen bis zur Vollkommenheit vorherzusagen.

Das Buch ist sein Testament; ein Evangelium der Hoffnung. Während um ihn herum die Schreckensherrschaft der Jakobiner die Stadt verwüstet, Tausende von unschuldigen Menschen verleumdet, gehetzt und geköpft werden, während auf der Place de la Révolution die Guillotine auf ihn wartet, schreibt Condorcet mit fiebriger Hand die frohe Botschaft nieder. Wie alle leidenschaftlichen Atheisten ist er ein gläubiger Mensch und sieht sich als Verkünder: Der menschliche Fortschritt ist unaufhaltsam und unumkehrbar, allen historischen Katastrophen zum Trotz. Die Zukunft wird das Paradies. Der Siegeszug der Wissenschaften und der Technik wird das Leben erleichtern, die Staaten werden gerecht werden, eine universale Einheitssprache wird die Menschen verbinden und versöhnen. Kriege werden überflüssig, die Güter werden angemessen verteilt, und die Volksbildung wird eine Explosion der Kreativität mit sich bringen.

Niemand um ihn herum sieht die Wahrheit und die Moral auf eine so logische und untrennbare Weise miteinander verknüpft wie der Sozialmathematiker des Fortschritts. Die Liebe zur Wahrheit und die Liebe zum Guten speisen sich aus derselben Quelle. Und so wie die Naturwissenschaft der Technik die Mittel vorgibt, so soll die Moral das Werkzeug sein für eine gute Gesellschaft. Dass die Interessen einzelner Menschen auch in der Zukunft ganz andere sein könnten als die der Mehrheit – diese Befürchtung hat Condorcet nicht. Denn wenn es im 18. Jahrhundert Klassengegensätze gibt und Interessenskonflikte, so sind sie nur Folge einer noch unreifen und ungebildeten Gesellschaft. Die Kunst der zukünftigen Gesetzgeber aber wird sein, den nur *scheinbaren* Widerstreit zwischen den Interessen der Einzelnen und dem Gemeinwohl aufzuheben durch eine gerechte und deshalb von allen gern befolgte Gesellschaftsordnung. Gut zu sein wird den Menschen guttun – und schlecht sein, schlecht. Denn »Wahrheit, Sittlichkeit und Glück« sind »durch ein unzerreißbares Band verknüpft«.

Der Tag wird kommen, so schließt Condorcet mit zittrigen Fingern sein Buch, an dem die Geschichte einlöst, was die Revolution von 1789 verheißen hat …

Im Tempel der Vernunft

Am 10. November 1793 huldigen die Revolutionäre von Paris »der Vernunft und der Freiheit« in der Kathedrale Notre-Dame – nicht länger ein christliches Gotteshaus, sondern von nun an ein »Tempel der Vernunft«. Dreizehn Tage später werden alle christlichen Kirchen der Stadt zu Tempeln der Vernunft umgeweiht. Der Architekt *Étienne-Louis Boullée* (1728–1799), der zuvor bereits eine riesige Kugel als Leergrab für Isaac Newton entworfen hat, projektiert sogar ein völlig neues stereometrisches Kultgebäude als »Tempel der Vernunft«: unter der Erde ein Halbkreis mit Felsengrotte und antiker Fruchtbarkeitsgöttin und darüber der Halbkreis des riesigen leeren Himmelsgewölbes (vgl. Abb. S. 251)

Doch welche Vernunft soll man in diesem Tempel feiern? Wie sieht sie aus, diese Vernunft? Welche Gestalt hat sie? Kann man sie überhaupt klar erfassen und definieren? Und wer verbürgt, dass das Vernünftige überhaupt das Gute ist? Für Heraklit, Platon, Plotin und so viele andere altgriechische Denker war der Logos, die Vernunft, göttlichen Ursprungs. Und der Mensch konnte nicht mehr erwarten, als »Anteil« an ihr zu nehmen, indem er sich ihr grübelnd oder meditierend näherte. Nicht anders war es um die Vernunft in der arabischen Philosophie des frühen Mittelalters bestellt. Sie war etwas außerhalb des Menschen, etwas Absolutes, dem sich der Mensch nur denkend annähern konnte. All diese Vernunft war *deistisch*. Sie war etwas Göttliches, eine absolute Wirkkraft, aber sie war keine Person. Zwar konnte der Mensch Anteil an ihr haben, indem er sie verstand, aber diese Vernunft nahm selbst keinen Anteil am Schicksal des Menschen.

Eine solche deistische Vernunft ist unvereinbar mit dem Glauben des alten Judentums an einen mit allen menschlichen Eigenschaften ausgestatteten Gott, einen Handwerker der Schöpfung und Übervater Israels. Genau an dieser Aufgabe sollten sich die klügsten der christlichen Philosophen abarbeiten. Wie ließ sich der unbeteiligte kalte Logos der Griechen mit einer Gottesvorstellung verbinden, die die persönliche Wärme des Christentums ausstrahlte? Meister Eckhart, Ramon Llull und Cusanus fanden die Lösung in jenem inneren Gott, der in der Spiritualität der Selbstversenkung zu uns spricht. Wenn Llull von seiner *Logica nova* spricht, in der die Vernunft weiser ist als der Verstand, und wenn Cusanus die Gegensätze im menschlichen Seelengrund aufgehoben sieht, so versöhnten sie in ihrer Philosophie Deismus und Theismus.

So klug die Vernunft der Mystiker war, so bot sie den Anwälten der Vernunft zwar Orientierungspunkte wie Toleranz, Frieden, Freiheit, Gleichheit vor Gott und Brüderlichkeit, aber sie enthielt keine politische Handlungsanweisung. Die Vernunft konnte nun in Esoterik abgleiten wie bei Marsilio Ficino oder ihren Zweck einzig in der Kirchenkritik finden wie bei Pomponazzi. In der protestantischen Ethik des frühen Kapitalismus wendet sie sich gar zum reinen Kosten-Nutzen-Kalkül, zur Kaufmannsvernunft. In der Traditionslinie von Wheeler bis Smith soll sie am Ende die ganze Gesellschaft beglücken: Aus der privaten Schläue entspringt, gütig gewendet von der »unsichtbaren Hand«, das Allgemeinwohl.

Die französischen Philosophen hingegen sind Ungläubige des Marktes. Für sie ist die Vernunft vor allem eins: ein Kampfbegriff gegen das Glaubensgebäude des feudalen Absolutismus! Was vorher Gott war, das Gute, die naturgegebene Ordnung in der Welt, die universelle Gerechtigkeit, soll nun die Vernunft sein. Aus dieser Perspektive feiern Revolutionäre wie *Jacques-René Hebert* (1757–1794) oder *Pierre-Gaspard Chaumette* (1763–1794) im hitzigen Winterhalbjahr des Tugendterrors ihre Kulte der Vernunft in Notre-Dame und anderswo. Unter der Herrschaft des glühenden Rousseau-Verehrers Robespierre wird der *volonté générale* zum neuen Logos: zu einer überindividuellen, gleichsam göttlichen Instanz, der sich der Einzelne bedingungslos zu unterwerfen hat.

Der Tempel der Vernunft ist ein kalter leerer Ort wie auf Boullées Architekturzeichnung; der eng stakettierte Kolonnadenring, der irdische von himmlischer Natur trennt, ein Gefängnisgitter. Der konservative Edmund Burke spottet und erschaudert über die »metaphysischen Abstraktionen« des französischen Vernunftbegriffs. Dessen Sinnbild wird die Fallbeil-Ästhetik der Guillotine. Als Axiom ist sie aus den drei geometrischen Grundformen zusammengesetzt: ihr Gestell ein Rechteck, ihr Fallbeil ein Dreieck und der Kreis der Ort, der den Kopf des Delinquenten vom Körper trennt. Nicht anders mutet das »Haus des Reifenmachers« des französischen Architekten *Claude-Nicolas Ledoux* (1736–1806) an, das auf den Menschen zu warten scheint, der seinen Hals durch die kreisrunde Öffnung steckt. Und die Planer des neuen Frankreichs zerschneiden die historisch gewachsenen Provinzen und zergliedern sie in dreiundachtzig flächengleiche Quadrate.

Kult, Abstraktion und Formalismus ersetzen, was an konkreten Gestaltungsideen für das menschliche Zusammenleben fehlt. Rousseaus Stadtstaaten-Modell ist unrealistisch für den französischen Flächenstaat. D'Holbachs aufgeklärter Ständestaat hat keine Verfassung und keinen überzeugenden Bezug zu seinem Natursystem. Helvétius' gute Ideen hängen nicht minder in der Luft. Diderot weiß sehr genau, wogegen er ist, aber in der praktischen Umsetzung nicht, wofür. Und Montesquieus Idee der Gewaltenteilung ist so englisch und untypisch für französisches Denken, dass sie kaum ernst genommen wird.

Die Gesetze des Fortschritts

Was bleibt von der französischen Aufklärung? Die Enzyklopädisten haben die Welt entzaubert und ihre »Mechanik« freigelegt. Die Natur ist erklärt und der Kosmos von allem Fantastischen gereinigt. Doch welche Mechanik soll den Menschen sagen, was sie tun und wie sie zusammenleben sollten? Die irre Abfolge bahnbrechender Werke in kürzester Zeit täuscht über die Orientierungslosigkeit im Sozialen und Politischen leicht hinweg. La Mettries *L'homme machine,* Maupertuis' *Essai de philosophie morale,* Montesquieus *De l'esprit des loix,* Condillacs *Traité des sensations,* Diderots *Pensées sur l'interprétation de la nature* und Helvétius' *De l'esprit* erscheinen innerhalb von nur zehn Jahren. Der Mensch ist als physiologischer Reiz-Reflex-Mechanismus beschrieben, sein Glücksstreben mathematisiert, sein sogenanntes Denken aus den Sinnesempfindungen erklärt, sein Platz in der Evolution fixiert und sein Sein ins große Ganze der Physik einsortiert.

Doch so schnell, wie das alte Weltgebäude abgerissen ist, entsteht kein neues. Anders als die Religion hat die Vernunft keine Infrastruktur in der Gesellschaft, in Institutionen und in den Köpfen der Menschen. Und die Revolution ist keineswegs gesichert, sondern umzingelt von realen und imaginierten Feinden. Kein Wunder, dass Robespierre mit Rousseau umspringt wie später Lenin mit Marx. Der Idee nach gilt die Herrschaft der allgemeinen Vernunft für alle Menschen und Gesellschaften, ebenso wie die neu verkündeten »Menschenrechte«. Doch deren Siegeszug geschieht nicht in der Logik Condorcets.

Alles über den Menschen zu wissen und eine durch und durch rationale Gesellschaft aufzubauen, sind zwei verschiedene Dinge. So kann man daran zweifeln, ob sich die Menschen eine durch und durch vernünftige Gesellschaft wünschen oder wünschen sollten. Vermutlich wünschen sich die meisten auch heute kein vollständig vernünftiges Leben und eine bis in jedes Detail vernünftige Gesellschaft. Unvernünftige leidenschaftliche Liebesaffären hätten darin genauso wenig ihren Platz wie Leistungssport, Spiele, Horoskope und so weiter. Unsere gesamte Vorstellung von »Freizeit« ist definiert als jener Bereich, in dem wir freundlicherweise nicht gezwungen sind, vernünftig zu sein.

Selbst wenn die Vernunft bei Condorcet überanstrengt wird –

wie berechtigt ist gleichwohl sein Optimismus? Ist unsere Gesellschaft gegenüber dem 18. Jahrhundert weiser und damit besser geworden? Wer sich die Geschichte der Medizin anschaut, die Fortschritte der Chemie, die Entwicklung des Wohlstands, die sozialen Errungenschaften der Arbeitswelt, wer auf die Freizeitgestaltung der »normalen« Bevölkerung blickt, auf die Hygiene, die Freiheiten der Lebensgestaltung, die Fortschritte in der Kindererziehung, die Geschlechterrollen von Frau und Mann, ist geneigt, Condorcet weitgehend recht zu geben. Die Geschichte des technischen Fortschritts, der Volksbildung, der Sozialgesetzgebung, der Wirtschaftswelt, des Rechtssystems und der politischen Demokratisierung ist eine Erfolgsgeschichte – zumindest in den Ländern der westlichen Welt. Condorcet in einem modernen Krankenhaus wäre begeistert, Sozialhilfe und Arbeitslosengeld registrierte er mit Genugtuung, Fabrikarbeiter und Bauern erschienen ihm als reiche Leute, unsere Lebensmittel brächten ihn zum Staunen, unsere Schulen und Universitäten verführten ihn zum Jubel, und auch die erträumte »Weltsprache« über alle Ländergrenzen hinweg ist längst Realität. Ein Wermutstropfen nur für den Aufklärer, dass es Englisch geworden ist und nicht Französisch.

Viele von Condorcets Prognosen wurden noch weit übertroffen. Und die Explosion des Wissens hat in der Tat die Lebensverhältnisse fast aller Menschen in unserer Kultur dramatisch verbessert. Wie aber kommt es dann, dass uns Condorcets Evangelium heute gleichwohl so befremdlich erscheint? Wir haben eine interessante Erfahrung gemacht: Der technische Fortschritt und die psychische Entwicklung gehen nicht Hand in Hand. Der Durchschnitt der Menschen in der westlichen Welt ist heute viel umfangreicher über die Welt informiert als in jeder Zeit zuvor. Millionen Menschen lesen Zeitungen, schauen fern oder informieren sich über das Internet. Unsere moderne Informationstechnik brächte die Aufklärer des 18. Jahrhunderts grenzenlos ins Schwärmen. Umso enttäuschter wären sie allerdings, wenn sie uns dabei zuhören könnten, was wir mit diesen Zaubermitteln die meiste Zeit über machen. Nutzen wir unsere futuristischen Mobilfunkgeräte jedes Mal, um uns wechselseitig zu bilden und weiterzubringen? Oder erzählen wir uns nicht stattdessen den lieben langen Tag die gleichen Belanglosigkeiten wie die Menschen vor zweihundert Jahren? Unsere Satelliten funken Sekunde um Sekunde Bilder aus dem Weltall. Damit wir etwas lernen und die Welt besser verstehen? Manchmal vielleicht schon. Aber viel öfter sehen wir millionenfach Nachmittags-Talkshows oder YouTube-Videos, angefüllt mit dem immer gleichen Blödsinn, von dem wir in unserem Leben ohnehin ausreichend umzingelt sind. Das Denken ist den Menschen in unserer Kultur zwar gestattet, aber auch das Recht, ihre Gedanken zu sparen.

Obwohl viele Erwartungen erfüllt, viele Prophezeiungen eingetroffen sind, wähnen wir uns heute weder in der klügsten noch in der besten aller denkbaren Welten. Weder halten wir uns für vollkommen gut noch für weise und durch und durch vernünftig. Stattdessen schlagen wir uns heute mit gewaltigen Problemen herum, von denen Condorcet noch gar nichts wusste. Jeder Fortschritt bringt nämlich auch neue Sorgen mit sich. Die Beherrschung der Natur, von der die Menschen so lange geträumt haben, hat diese zugleich ausgeplündert und zerstört. Und dass eine Wissensgesellschaft neben Universitäten, Kraftwerken, Computern und Robotern ebenso Atomraketen und Chemiewaffen mit sich bringt, liegt noch außerhalb der Fantasie des 18. Jahrhunderts.

Was stattdessen darin herumspukt, zeigt das Buch *L'an deux mille quatre cent quarante (Das Jahr 2440)* von Condorcets Zeitgenossen *Louis-Sébastien Mercier* (1740–1814). Auch Mercier wird von den Jakobinern verfolgt und entrinnt nur knapp der Guillotine. Sein Paris der fernen Zukunft ist eine Welt des Guten und des Gerechten, nicht anders als Condorcets Prophezeiung es verheißt. Die Infrastruktur der Stadt ist modern, und die Seine-Brücken sind repariert. Die Tuilerien, die Gemächer des

Königs, gehören der Öffentlichkeit. Die stinkenden Spitäler sind modernen Krankenhäusern gewichen. Und in den Universitäten wird auf Französisch unterrichtet statt in unverständlichem Latein. Die Abschaffung der Zölle hat einen florierenden Binnenmarkt geschaffen. Die Armee ist reduziert auf das Allernötigste. Alle Bürger leben gut und maßvoll, und es gibt nicht einmal mehr unglückliche Ehen: Wo der sanfte Flügel der Tugend weilt, regieren Sitte und Anstand. Selbst die Steuern zahlt man freiwillig und gerne.

Anders als Condorcet erkennt Mercier im Paris des Jahres 1771 einige neue und gewaltige Probleme, die er in der Zukunft jedoch spielend behoben sieht: die »giftigen Dämpfe« der Großstadt zum Beispiel und das Verkehrschaos auf den Straßen. Tatsächlich sollen sich genau diese im Rückblick noch harmlosen Schwierigkeiten bis in unsere Zeit dramatisch verschärfen. Die kontinuierliche Ausbeutung der Natur mit ihrer unaufhaltsamen Zerstörung der Umwelt ist nicht geahnt. Woher aber sollen die Ressourcen für den Wohlstand aller stammen?

Die Geschichte lässt sich nur schwer berechnen. Kein Prophet des 18. Jahrhunderts sieht die globale Umweltzerstörung voraus oder die Klimakatastrophe. Die Geschichte des Fortschritts und die Geschichte des Glücks sind zwei verschiedene Geschichten. Sie berühren sich immer wieder – aber sie verlaufen nicht gleichmäßig nebeneinander. In Westeuropa herrscht seit siebzig Jahren Frieden, so lange wie nie zuvor. Doch noch immer gibt es zahlreiche Kriege auf der Welt, überfallen Staaten ihre Nachbarn und gieren nach deren Bodenschätzen und Ressourcen. Noch immer gibt es keine echte kulturübergreifende Solidarität. Noch immer sterben Millionen Menschen für den Wahn der Herrschenden, den Hunger nach Macht und Gold. Und noch immer träumen selbst die reichsten Länder der Welt von einem »Mehr«, das sie den Armen abtrotzen.

Wer etwas dagegensetzen will, wird sich nicht allein auf die allgemeine Vernunft berufen können. Neben der Gleichheit und

Freiheit muss er zugleich die *Unantastbarkeit* des menschlichen Lebens ins Feld führen. Oder mit Pico della Mirandola gesagt: die menschliche *Würde*. Doch wer sich nur auf die Physik beruft, wie Helvétius und d'Holbach, kann diese Würde und den Wert des Menschen nicht sichern. Es braucht eine neue Versöhnung von Physik und Metaphysik. Dieses monumentale Projekt war die große Aufgabe Immanuel Kants …

PHILOSOPHIE DES DEUTSCHEN IDEALISMUS

PHILOSOPHEN ZEITLEISTE DEUTSCHER IDEALISMUS

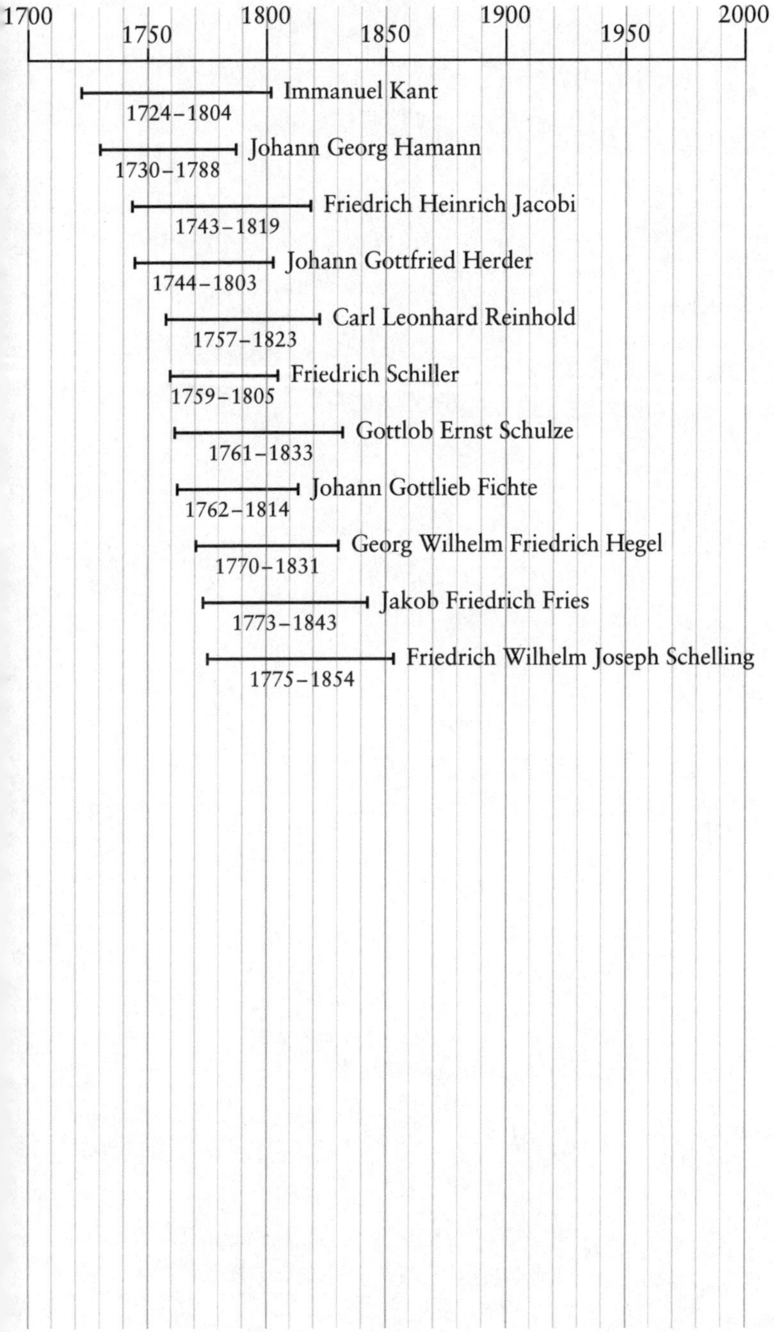

Im Kosmos des Geistes

Auf der Welteninsel – Abschied vom Dogma –
Die Brücke ins Geisterreich – Das große Erwachen –
Eine kopernikanische Wende – Die Grammatik des
Bewusstseins – Kein Wissen über Ich, Kosmos und Gott –
Das Reich der Freiheit

Auf der Welteninsel

Am 8. April 1756 bewirbt sich ein junger Gelehrter in Königsberg um eine verwaiste Professur. Seit fünf Jahren ist das außerplanmäßige Ordinariat für Logik und Metaphysik nicht mehr besetzt worden, und der Einunddreißigjährige hält sich für den idealen Mann. Kaum ein Fachbereich, mit dem er sich nicht beschäftigt hätte. Er hat über die »Lebenskraft« geschrieben, über das Feuer und über die Himmelsmechanik. Und von der Metaphysik versteht er ebenso viel wie von der Physik.

Der Adressat des Briefes ist kein Geringerer als Friedrich der Große. Doch der König hat andere Sorgen, als sich um akademische Posten zu kümmern. Preußen steht kurz vor dem Siebenjährigen Krieg. Im Kopf des »Großmächtigsten Königs«

spuken Kanonen, Haubitzen und Mörser herum, keine Philosophen. Nicht einmal eine Absage ist ihm das Ansinnen des Königsberger Gelehrten wert. Und so ergeht es *Immanuel Kant* (1724–1804) zunächst nicht anders als David Hume: Sein Wunsch nach einer Professur, die ihn sorglos weiter forschen lässt, bleibt unerfüllt.

Kant war 1724 in Königsberg geboren worden als Sohn eines Riemermeisters, der Pferde, Wagen, Kutschen und Schlitten mit Lederzeug ausstattete. Die weit intensivere Bindung aber hatte der kleine zarte Knabe zu seiner Mutter. Sie führte ihn hinaus in die Natur, zeigte ihm die Tiere und Pflanzen und den Sternenhimmel, der den Jungen zutiefst mit Ehrfurcht erfüllte. Kant war zwölf, als seine Mutter starb; mit zweiundzwanzig war er Vollwaise. Der Tod des Vaters regte den Studenten an der Albertus-Universität in Königsberg dazu an, seine erste wissenschaftliche Schrift zu verfassen, seine *Gedanken von der wahren Schätzung der lebendigen Kräfte*.

Das Talent des jungen Mannes wurde früh entdeckt. Der ehemalige Feldprediger Franz Albert Schultz hat ihm das Collegium Fridericianum und anschließend die Albertina ermöglicht. Und er bringt ihm die rationalistische Philosophie Christian Wolffs nahe. Sein zweiter Mentor, Martin Knutzen, Professor für Logik und Metaphysik an der Albertina, begeistert Kant für die Naturwissenschaften, insbesondere für die Astronomie. Der Student liest Newtons *Principia* und den Briefwechsel, den der englische Philosoph *Samuel Clarke* (1675–1729) mit Leibniz geführt hat. Die großen Fragen nehmen Kant ein Leben lang gefangen. Sind Zeit und Raum absolut oder relativ? Gibt es sie, oder sind sie nur Ordnungsschemata des menschlichen Geistes? Beides erscheint Kant auf gewisse Weise richtig und bedenkenswert. Einen ähnlichen Widerstreit findet er zwischen Newtons und Leibniz' Vorstellung der »Kraft«, die alles in Bewegung versetzt. Für Newton ist »Kraft« (wie schon für Descartes) Masse mal Beschleunigung. Leibniz dagegen meint, dass Kraft Masse mal Geschwindigkeit im Quadrat sei. Für Newton macht diese Quadratur keinen Sinn. Aber Leibniz braucht sie, um zu erklären, woher lebendige Körper ihre Energie beziehen.

Kant erkennt schnell, dass Newtons Formel tatsächlich nur für physikalische Körper taugt, aber nicht für innere Lebensvorgänge. Doch auch Leibniz hat das Problem nur verschoben, wenn er mit einer zweifelhaften mathematischen Formel dagegenhält. Lassen sich Lebensvorgänge denn überhaupt mathematisch beschreiben? Für Kant nicht. Für ihn müssen »die lebendigen Kräfte gänzlich aus der Gerichtsbarkeit der Mathematik ausgeschlossen werden«.[129] Seelengesetze sind keine mathematischen Gesetze, sondern sie gehorchen eigenen Spielregeln. Diese tiefe Überzeugung wird er ein Leben lang behalten. Mit Leibniz glaubt er an eine »Seelenkraft« *(vis viva)*, allerdings nicht an eine mathematisch erklärbare.

Der zweiundzwanzigjährige Kant ist begeistert von seiner neuen Synthese und tief enttäuscht, als keiner sie ernst nimmt. Hat er nicht etwas Neues und Richtiges entdeckt? Wie sollen die Körpervorgänge mit einer Theorie von Masse mal Beschleunigung erklärt werden, wenn die Seele gar keine Masse ist? Ist es denn nicht so, dass nicht nur das Körperliche auf die Seele einwirkt, sondern ebenso das Seelische auf den Körper? Wenn wir schweren Kummer haben, fühlt sich unser Leib elend und erkrankt leichter. All das aber erklären uns weder Mechanik noch Mathematik. Tatsächlich wirft Kant damit eine Frage auf, die zur gleichen Zeit Condillac beschäftigt und die auch der Franzose nicht lösen, sondern nur als Rätsel formulieren kann.

Der junge Kant fällt durch, weil er zwar zu Recht die Grenzen der Physik benennt – aber er kann nicht mehr liefern als eine Spekulation. Ohne öffentliche Resonanz ist an eine akademische Karriere vorerst nicht zu denken. Das unverstandene Genie verdingt sich notgedrungen als Hauslehrer in der ostpreußischen Provinz. Doch er hat sich nicht abschrecken lassen. Mit gleicher Verve wirft er sich auf ein noch größeres Thema: die Entstehung des Kosmos! Und wieder stellt er gängige Theorien gegeneinander, die ihn nicht vollständig überzeugen. Wie bei seiner Arbeit über die »lebendigen Kräfte« beginnt er bei Newton. Natürlich ist auch Kant vom englischen Großphysiker begeistert. Aber er sieht schärfer als Helvétius oder d'Holbach, dass Newton nicht jedes menschliche Problem mit seiner Physik löst. Selbst in den Naturwissenschaften bestehen Rätsel fort. Die Gravitationskraft erklärt vieles, aber wer oder was erklärt die Gravitationskraft? Dass alles in der Welt der Physik angezogen und zurückgestoßen wird, erhellt nicht, warum das so ist.

Anders als in seinem Aufsatz über die Lebenskraft ist Kant diesmal vorsichtiger. Er möchte die Naturgeschichte des Himmels erhellen, aber er möchte dafür keine zusätzliche Kraft einführen, die er nicht beweisen kann. Er hat Maupertuis' *Essay über Kosmologie* gelesen und gelernt, dass die Natur stets ökonomisch mit ihren Kräften umgeht und den kürzesten Weg sucht. Wenn es den Kosmos so gibt, wie er heute existiert, so gibt es dafür nur *eine* Ursache und nicht mehrere. Ähnlich sparsam mit Ursachen ist auch Buffon, dessen erster Band der *Naturgeschichte* Kant 1750 gleich nach Erscheinen in der deutschen Übersetzung in die Hände fällt. Doch er ist trotzdem unzufrieden mit Newtons Theorie, alles auf die Schwerkraft zurückzuführen. Denn die Schwerkraft alleine erklärt noch nicht, warum es im Kosmos *mehrere* Galaxien gibt. Mit dem einzigen Fernrohr in Königsberg kann der junge Universalgelehrte das zwar nicht sehen. Aber er weiß es aus *Thomas Wrights* (1711–1786) *An Original Theory or New Hypothesis of the Universe,* die ebenfalls 1750 erscheint. Der englische Astronom beschreibt die Milchstraße als ein System aus Einzelsternen; ein System in Form einer Scheibe, von denen es ungezählte im Universum gibt. Das Universum besteht also aus Galaxien, aus »Welteninseln«, wie Kant sie nennt.

Was Giordano Bruno nur spekulieren konnte, hat Wright gezeigt. Die Nebel im Kosmos bilden unendliche Welten! Doch welche Gesetzmäßigkeit hat sie hervorgebracht? Für Kant sind die

Welteninseln kreisförmig oder (aus anderer Perspektive) elliptisch geformt. Sie sind jene »länglichrunden Plätzchen«, von denen Maupertuis spricht. Als Wirbel entstehen sie durch die turbulente Anziehung und Abstoßung der Elementarteilchen. Überall im Kosmos gibt es solche Systeme, die Teile von Systemen sind und ein unfassbar großes Gesamtsystem bilden.

Doch wer hat das Ganze in Bewegung versetzt? Für Newton ist es Gott, nicht anders als für Descartes. Sein Finger bewegt die Materie – und zwar jedes Mal in jedem einzelnen Bewegungsakt! Für Kant ist das nicht befriedigend. Könnte es nicht sein, dass der leere Raum, Newtons Weltschachtel, früher einmal angefüllt war mit zerstreuter Materie? »Ich nehme die Materie aller Welt«, schreibt er in seiner *Allgemeinen Naturgeschichte und Theorie des Himmels,* »in einer allgemeinen Zerstreuung an und mache aus derselben ein vollkommenes Chaos. Ich sehe nach den ausgemachten Gesetzen der Attraktion den Stoff sich bilden und durch die Zurückstoßung ihre Bewegung modifizieren. Ich genieße das Vergnügen, ohne Beihülfe willkürlicher Erdichtungen, unter der Veranlassung ausgemachter Bewegungsgesetze sich ein wohlgeordnetes Ganzes erzeugen zu sehen.«[130]

Kants Antwort auf die Frage: »Was hat die Materie in Bewegung versetzt?« ist einfach. Sie war schon immer bewegt und hat sich dann Stück für Stück zum heute bekannten Kosmos organisiert. Damit ist Gott aus dem Spiel – allerdings nicht völlig. Denn warum gibt es Materie in Bewegung? Kant braucht Gott nicht, um die Dynamik der Welt zu erklären. Aber er braucht ihn weiterhin, um zu erklären, warum es alles gibt und nicht nichts.

Kants Synthese aus Newton, Maupertuis und Wright ist ein Meilenstein in der Geschichte der Kosmogonien, aber Erfolg hat er wieder nicht. Die Astronomie und die Physik verlangen Beobachtungen, Messungen und Beweise, keine Spekulationen am Schreibtisch. Sein Büchlein wird vergessen. Vor dem gleichen Dilemma stand schon der schwedische Universalgelehrte *Emanuel Swedenborg* (1688–1772), als er in seinen *Principia rerum naturalium* 1734 zu sehr ähnlichen Schlüssen kam wie später Kant. Erst sechzig Jahre nach Swedenborg und vierzig Jahre nach Kant wird die »Nebularhypothese« als solche anerkannt. Allerdings nicht als Leistung eines Schweden oder eines Deutschen, sondern als Entdeckung des französischen Naturforschers *Pierre-Simon Laplace* (1749–1827).

Abschied vom Dogma

Gerade dreißig Jahre alt, hat Kant sich an den größten Fragen der Philosophie versucht: »Was ist Leben?« und »Was ist der Kosmos?« In der Mitte des 18. Jahrhunderts gehören beide Fragen noch immer in die Theologie, in Deutschland nicht anders als in Frankreich. Wer das Leben und das Universum weitgehend ohne Gott erklärt, macht sich verdächtig. Kein Wunder, dass man ihm umgehend die Gretchenfrage stellt: Wie hältst du es mit der Religion? Und was genau denkt der winzig kleine Kant auf der kleinen Erde im großen Sonnensystem irgendwo inmitten einer riesigen Welteninsel im unendlichen Kosmos über Gott?

Kant ist in einem pietistischen Umfeld groß geworden, und die Mutter war sehr fromm. Sein erster Mentor Schultz glaubte ebenso an einen christlichen Gott wie sein zweiter Mentor Knutzen. Doch Kants Gott ist nicht der Gott des Christentums. Wie bei Leibniz ist er die erste Ursache, der Weltenschöpfer, der die bewegte Materie schuf und sie nach ewigen Gesetzen und Prinzipien walten lässt. Gott zu erfahren bedeutet nicht, in eine Kirche zu gehen und zu beten. Wer das göttliche Prinzip verstehen will, der richte seinen Blick in den Himmel und verliere sich in den unendlichen Welten des Kosmos. Immer wieder wird Kant von seiner Ehrfurcht vor dem bestirnten Himmel erzählen, am eindrücklichsten in der *Kritik der praktischen Vernunft*. Hier stehen jene Sätze, die später auf seiner Gedenktafel am Königsberger Schloss eingraviert werden: »Zwei Dinge erfüllen das Gemüt mit immer neuer und zunehmender Bewunderung und Ehrfurcht, je öfter und anhaltender sich das Nachdenken damit beschäftigt: der bestirnte Himmel über mir und das moralische Gesetz in mir.«[131]

Kants Religiosität entspringt einer ästhetischen Faszination: sich klein zu fühlen angesichts eines unendlich Großen: »Der Anblick einer zahllosen Weltenmenge vernichtet gleichsam meine Wichtigkeit, als eines tierischen Geschöpfs, das die Materie, daraus es ward, dem Planeten (einem bloßen Punkt im Weltall) wieder zurückgeben muß, nachdem es eine kurze Zeit (man weiß nicht wie) mit Lebenskraft versehen gewesen.«[132] Angesichts dieser gewaltigen zeitlichen und räumlichen Dimension macht es Kant überhaupt nichts aus, dass die Erde nicht der Mittelpunkt des Universums ist. Wie viele seiner Vorgänger und Zeitgenossen hält er auch andere Planeten für bewohnt: »Ich bin der Meinung, dass es eben nicht notwendig sei, zu behaupten, alle Planeten müssten bewohnt sein, ob es gleich eine Ungereimtheit wäre, dieses, in Ansehung aller, oder auch nur der meisten, zu leugnen.«[133] Auch Giordano Bruno, Bernard Le Bovier de Fontenelle, Christiaan Huygens, Alexander Pope, Christian Wolff und Emanuel Swedenborg glaubten an außerirdische Lebensformen. Neu ist nur, dass Kant sich über das Denkvermögen dieser Außerirdischen für ihn typische Gedanken macht. Je näher die Planetenbewohner der Sonne sind, umso träger sei ihr Denken. Je weiter entfernt sie in den Weiten des Alls leben, umso freier und luftiger denken sie. Die Erde liegt dabei irgendwo in der Mitte. Ihre Bewohner schwanken zwischen den schweren Triebkräften der Sinne und einem leichten, beweglichen Geist auf einer »gefährlichen Mittelstraße« hin und her.

Dass seine Gedanken über die »Bewohner der Gestirne« spekulativ sind, weiß Kant auch. In solchen Fragen kann man nur der Wahrscheinlichkeit folgen, sicheren Boden unter den Füßen hat man nicht. Das Gleiche gilt für die in der ersten Hälfte des 18. Jahrhunderts modische »Physikotheologie« – den Versuch,

Gott aus seinem zauberhaften Wirken in der Natur zu beweisen. Als Kant 1763 seine Schrift *Der einzig mögliche Beweisgrund zu einer Demonstration des Daseyns Gottes* veröffentlicht, bringt er zwar Sympathie dafür auf, Gott in der Natur zu erspüren. Aber er hält dies im mathematischen Sinne nicht für einen Beweis. Alle Gottesbeweise sind für ihn keine Beweise. Wir glauben nicht an Gott, weil wir logisch aufzeigen können, dass es ihn gibt. Wenn wir Gott ins Spiel bringen, so nur aus moralischen Erwägungen heraus. Für Kant ist Gott, wie er später schreibt, »nichts anderes als ein *regulatives Prinzip* der Vernunft, alle Verbindung in der Welt so anzusehen, *als ob* sie aus einer allgenügsamen notwendigen Ursache entspränge« und nicht die »Behauptung einer an sich notwendigen Existenz«.[134] Wenn es Gott geben muss, dann nicht aus logischen Gründen, sondern damit Menschen ihr Verhalten danach ausrichten und sich sittlich benehmen.

Kants Gott ist ein Konjunktiv, wir sollten ihn so annehmen, als ob wir sicher wüssten, dass er existiert. Mit dieser vorsichtigen Haltung liegt er im Trend. Auch auf deutschem Boden kritisieren Freidenker die Kirche, in Hamburg, in Berlin und in Wolfenbüttel. Doch Deutschland besitzt weder ein intellektuelles Zentrum noch finden sich dort viele glühende Atheisten. Die deutsche Religionskritik ist sanfter als in Paris und sie stellt nicht die Existenz Gottes infrage, sondern nur einen falschen Dogmatismus. An der Elbe veröffentlicht der Gymnasialprofessor für orientalische Sprachen, *Hermann Samuel Reimarus* (1694–1768), im Jahr 1754 seine *Vornehmsten Wahrheiten der natürlichen Religion*. Wie Leibniz versucht er zu beweisen, dass die Welt »von einem selbstständigen Wesen, als einer wirkenden Ursache ... zur Wirklichkeit gebracht, geschaffen, oder hervorgebracht worden«.[135] Denn woher sollen die Zwecke und Ziele im menschlichen Leben kommen, wenn die unbelebte Natur gar keine Zwecke oder Ziele hat? Dass der Mensch nach einem Sinn seines Tuns verlangt, ist eine Zutat, die nicht von dieser Welt sein kann. Allerdings steht er damit nicht allein auf weiter Flur. Auch die Tiere verhalten sich zweckhaft und zielgerichtet. Reimarus' *Allgemeine Betrachtungen über die Triebe der Thiere* aus dem Jahr 1760 baut sie ganz bewusst in Leibniz' beste der Welten ein. Reimarus hat Buffon gelesen und gelernt, dass Tiere eine produktive Einbildungskraft haben. Sie können sich erinnern und einen Willen bilden. Auch Tiere verfügen über »eingeborene Ideen«. Sie wissen von vielen Dingen und müssen dies nicht erst erlernen. Im großen Schöpfungsplan gehören sie deshalb an die Seite des Menschen und nicht in die Welt der seelenlosen toten Natur – ein wegweisender Gedanke, den Kant allerdings nicht teilt.

Reimarus ist Deist und verurteilt die wörtliche Auslegung der Bibel als völlig unvernünftig. Er bezweifelt die Göttlichkeit Jesu, den Glauben an Wunder und an die Auferstehung. Seine härteste Kritik, die *Apologie oder Schutzschrift für die vernünftigen Verehrer Gottes,* behält er allerdings zu Lebzeiten in der Schublade. Veröffentlichen wird sie *Gotthold Ephraim Lessing* (1729–1781), seit 1770 Bibliothekar in der Herzog August Bibliothek in Wolfenbüttel. Obwohl der Text nur in »Fragmenten« und anonym erscheint, löst er einen Skandal aus, den »Fragmentenstreit«. Mehr als fünfzig Schriften erscheinen gegen die *Fragmente eines Ungenannten.*

Für Lessing ist die Lage prekär, denn er teilt Reimarus' Ansichten nur bedingt. Lessing verehrt Spinoza und hält die Bibel für Menschenwerk. Allerdings gesteht er dem Christentum zu, dass es naive und ungebildete Menschen dazu anhält, sich moralisch zu verhalten. Für ihn sind Religionen »Stadien« auf dem Weg zur *Erziehung des Menschengeschlechts,* wie er sein Alterswerk von 1780 nennt. Gleichwohl ist er kein Deist. Das Christentum durch eine »natürliche Religion« der Vernunft zu ersetzen, wie Reimarus fordert, geht ihm zu weit. Denn was soll diese Universalreligion der Vernunft sein? Sind Überlegungen der Vernunft und religiöse Überzeugungen nicht zwei völlig verschiedene Dinge? Die ersten geben Antworten auf das Wie der Welt, die zweiten Antworten auf das Warum. Vernunftwahrheiten suchen »faßliche Beweise ...

die aus der Natur der Dinge fließen«, religiöser Glaube dagegen suche »Zeugnisse und Erfahrungssätze«[136] in den »Labyrinthen der Selbsterkenntnis«.[137] Besonders deutlich wird dies an der Interpretation biblischer »Wunder«. Für den Deisten Reimarus sind sie schlichtweg wissenschaftlicher Unsinn. Lessing betrachtet sie als Zeugnisse einer vergangenen Zeit, die offensichtlich einmal große Überzeugungskraft hatten – und das sei nicht wenig, sondern viel. Wo Reimarus den Glauben des »gemeinen Mannes«, des »blinden Pöbels« und der »Priester« verlacht, hält Lessing ihn ungläubig in Ehren. Und wenn Reimarus von der Warte der Vernunft völlige Toleranz für jeden Glauben fordert, so ergänzt Lessing, dass Toleranz für ihn vor allem ein Gebot des Christentums sei.

Lessing kritisiert die Religion nicht, weil sie irrt. Denn irgendwie irren wir doch alle! Nicht naiver Glaube, sondern Intoleranz ist für ihn das große Übel: »Ich hasse alle die Leute, welche Sekten stiften wollen, vom Grund meines Herzens. Denn nicht der Irrtum, sondern der sektiererische Irrtum, ja sogar die sektiererische Wahrheit machen das Unglück des Menschen; oder würden es machen, wenn die Wahrheit eine Sekte stiften wollte.«[138] Nicht der Glaubensinhalt, sondern die Rechthaberei macht Religionen verdächtig und mit ihr auch alle deistischen oder atheistischen Glaubens- und Unglaubensvereinigungen, die sich im Besitz der Wahrheit wähnen. Wie wahr sind diese Worte – bis heute!

Lessings wichtigstes Werk zur religiösen Toleranz ist keine Abhandlung, sondern ein Drama: *Nathan der Weise* (1778). In der Figur Nathans setzt er seinem Freund *Moses Mendelssohn* (1729–1786) zu dessen Lebzeiten ein Denkmal. Geschult durch die eindringliche Lektüre des mittelalterlichen jüdischen Philosophen Moses Maimonides ist der aus Dessau gebürtige Mendelssohn zum Star der kleinen Berliner Philosophenszene aufgestiegen. Sein Werk *Phädon oder über die Unsterblichkeit der Seele* hat ihn 1767 berühmt gemacht. Mendelssohn schätzt Locke, Shaftesbury, Wolff, Leibniz und Rousseau. Die dogmatischen Atheisten um d'Holbach dagegen lehnt er ab, dessen *System der Natur* hält er gar für »seichtes Geschwätz«. Dabei sieht er sich von zwei Seiten bedroht: von den religiösen Eiferern des Christentums, die ihn wiederholt bekehren wollen, und von den strenggläubigen Atheisten. In seinem *Phädon* argumentiert er für die Unsterblichkeit der Seele, weil alles in der Natur in etwas anderes übergeht und Sein niemals in Nicht-Sein verwandelt werden kann. Mit Dogmen, Wundern, der Trinität und Ähnlichem kann er hingegen nichts anfangen. Seine Religiosität ist eine des Herzens und der Lebensweisheit. Jude zu sein bedeutet für ihn, die mosaischen Gesetze zu befolgen, aber nicht etwas ganz Bestimmtes zu glauben.

Die Brücke ins Geisterreich

Im Jahr 1766, Mendelssohn beendet gerade seinen *Phädon,* erhält er ein anonym verfasstes Buch mit einem Begleitbrief. Das Päckchen kommt aus Königsberg, und der Absender ist Immanuel Kant. *Träume eines Geistersehers, erläutert durch Träume der Metaphysik* lautet der seltsam anmutende Titel. Kant hat sich mit einem berühmten Gelehrten seiner Zeit auseinandergesetzt, teils einfühlend, teils schnodderig, mitunter polemisch und immer auf der Suche nach dem eigenen Standpunkt.

Mit keinem anderen Denker seiner Zeit wird sich Kant so ausführlich öffentlich beschäftigen wie mit Swedenborg. Es ist jener schwedische Autor, der zwanzig Jahre vor ihm über die Entstehung von Galaxien geschrieben hat und von dem der schwedische Nobelpreisträger Svante Arrhenius meinte, Kant habe von ihm abgeschrieben.

Swedenborg wurde 1688 als Sohn eines lutherischen Bischofs geboren. Ein Studienaufenthalt in England weckt seine Begeisterung für die Naturwissenschaften. Er findet sich unter den wenigen Menschen, die der große Astronom *John Flamsteed* (1646–1719) in seiner Himmelswerkstatt in Greenwich duldet.

Noch keine fünfundzwanzig Jahre alt, sieht er sich selbst als Teil der gelehrten High Society Londons. Er treibt Studien über Chemie, Optik, Mathematik und Physiologie und schmiedet ungezählte Pläne für technische Erfindungen. Swedenborg wird außerordentlicher Assessor am Bergwerkskollegium, der wichtigsten Industriebehörde Schwedens. Wie Leibniz seine Erfindungen in den Werkstätten der hannoverschen Bergwerke im Harz erprobt hat, stellt Swedenborg physikalische und chemische Untersuchungen an, bastelt an technischen Erfindungen und konstruiert Modelle neuer Maschinen. In Karlskrona baut er ein Schiffsdock, der Lauf der Göta soll trotz der Trollhättan-Wasserfälle schiffbar gemacht werden – ein bis dato einmaliges Schleusenprojekt.

Swedenborg zerklopft Felsbrocken aus den Schächten und Gruben, die Findlinge der Täler, die Kieselsteine der Flüsse, vergleicht die Metallspuren der verschiedenen erzhaltigen Gesteine, misst Ebbe und Flut und berechnet die Gestirnsbewegungen. In nur zwei Jahren erfindet er neue, rentablere Methoden der Erzverhüttung, verfasst ein Lehrbuch der Algebra in zehn Bänden, unterbreitet mathematische und astronomische Studien in einem vierhundert Quartseiten starken Manuskript, unterbaut Descartes' »Zittertheorie« der Nerven und Membranen mit gründlichen anatomischen Beobachtungen und publiziert seine in England erdachte Methode der Längengradbestimmung.

Sein ganzes Wissen verwandelt Swedenborg in Schriften. Die gelehrten Zeitschriften huldigen ihm, und die Akademien öffnen ihm die Tore. Doch an der Schwelle zum Ruhm geschieht das Erstaunliche. Swedenborg ist Anfang fünfzig, als er am *Regnum animale* arbeitet, einem mehrbändigen Werk über die biologische Natur mit einigen bemerkenswerten Betrachtungen auf dem Gebiet der Gehirnanatomie. Das mechanistische Denken, das ihn in seiner Jugend so begeistert hatte, befriedigt ihn dabei schon lange nicht mehr. Die Zweifel an seinen bisherigen Erkenntnissen sind radikal. Schonungslos martert Swedenborg sein Gehirn, treibt sich selbst an den Rand der völligen Erschöpfung, experimentiert, spekuliert. Den wirren Träumen der Nacht folgen Anfälle bei Tag, Zittern und Krämpfe. Minutiös beobachtet sich der Gelehrte dabei selbst, verzeichnet jede Gemütsregung und jeden Traum in seinem Tagebuch. Kurz darauf wird sich sein Leben verändern.

Im Jahr 1744 notiert er eine erste Christus-Vision. Der Naturforscher steht im Zenit seines Ansehens. Doch der Erwählte vernimmt einen höheren Ruf. Seine naturwissenschaftlichen Studien legt er für immer beiseite. Von jetzt an gilt sein Interesse nur noch dem Jenseits. Swedenborg zieht in ein kleines Haus mit einem hübschen Garten bei Stockholm. Tag für Tag erfährt er Visionen und Auditionen. Und wieder schreibt er, Band um Band. Auch die neuen Werke widmen sich dem Ursprung allen Seins, dem Problem von Leib und Seele, dem Wesen der Dinge und ihren Erscheinungen. Die Einsicht in die Unfähigkeit der Sprache, das Bezeichnete durch ein genau entsprechendes Zeichen auszudrücken, öffnet ihm den Weg für seine eigenen Interpretationen. Wie auf den Gesichtern der Menschen ihr inneres Wesen verdeckt wird, so liegt das wahre Sein der Dinge unter der Sprache verschüttet.

In Swedenborgs Welt gibt es keine scharfe Trennung von Leib und Seele. Auch der Tod stellt keine gewaltige Barriere dar. Wenn ein Mensch stirbt, sagt Swedenborg, wird ihm sein Tod zunächst nicht bewusst. Alles, was ihn umgibt, bleibt zunächst völlig gleich. Der gestorbene Mensch findet sich in der Geisterwelt wieder. In lebendigen Farben und mit vielen Einzelheiten beschreibt Swedenborg das Leben der Geister. Alles ist intensiver, der Schleier, der die klare Erkenntnis und Erfahrung unserer Welt vernebelt, ist weggezogen. Das Unbegreifliche wird fasslich, konkret. Nach und nach scheiden sich in der Geisterwelt alle Widersprüche. Die im irdischen Leben untrennbar miteinander verwobenen guten und schlechten Kräfte treten nun in reiner Form hervor. Gottes Ordnungsgesetze sorgen für ihre Verteilung auf den Himmel und die Hölle. Die Freiheit des Menschen jedoch wird nicht angetastet.

In Swedenborgs Schau überlässt Gott es jedem Menschen selbst, sich den Platz im Jenseits seinen Neigungen entsprechend auszuwählen.

Swedenborg schafft die Strafe ab und auch die Belohnung. Sein Himmel gleicht weniger einem Garten der Lüste als einem Garten Eden der Aufklärung. Alle die Forderungen der Menschen sind hier erfüllt: Der Wille ist frei, sie können über sich selbst bestimmen. Die himmlische Welt kennt Tempel, in denen gepredigt, himmlische Lauben, in denen disputiert, himmlische Hörsäle, in denen doziert wird, himmlische Akademien, in denen Vorträge gehalten, himmlische Gerichtssäle, in denen Urteile gefällt, und himmlische Gelehrtenstuben, in denen Bücher geschrieben werden. Wie ein Reiseschriftsteller notiert Swedenborg alles, was er im Reich der Geister, im Himmel und in der Hölle zu sehen bekommt. Auf mehr als zwanzigtausend Druckseiten schildert der Visionär das jenseitige Leben.

Was interessiert Kant an Swedenborg? Man kann meinen, dass er ihn dazu benutzt, sich selbst zu therapieren. Wie der Schwede möchte auch Kant den »Geist« vor dem Zugriff der Physiker retten. Gibt es nicht einen immateriellen Geist in uns, der mit unserem Leib korrespondiert? Wieder geht es um das Thema, das ihn schon als jungen Mann in seiner ersten Schrift bewegt hat. Was ist es, was den Menschen im Innersten zusammenhält und das sich den Instrumenten der Physik entzieht? Welcher Natur sind die Seelenregungen in unserem Kopf und in unserem Herzen? Die Philosophen haben den »Geist« nur unterschiedlich interpretiert, es geht aber darum, seine Existenz sicherzustellen. Es geht, mit einem Wort, um die Berechtigung der »Metaphysik« und nicht nur um jene der Physik.

Um die Metaphysik zu retten, benutzt Kant Swedenborg als Sparringspartner. Er weiß, dass sein schwedischer Kontrahent ein sympathischer und aufrichtiger Mensch ist, auch wenn er dessen Geisterseherei intellektuell nicht nachvollziehen kann. Um den »Geist« als etwas Objektives zu retten, darf man ihn nach

Kant nicht in die Sphäre einer für andere nicht nachvollziehbaren Innenwelt verlagern. Denn wenn »von verschiedenen Menschen ein jeglicher seine eigene Welt hat, so ist zu vermuten, dass sie träumen«.[139] Man darf nicht sagen: Das ist das, was ich erfahren habe, auch wenn ihr nichts davon wisst! Die Sphäre des Geistes darf nicht subjektiv behaupten, sondern sie muss intersubjektiv begründet werden. Die »Schmetterlingsflügel der Metaphysik«[140] müssen also gestutzt werden, um nicht im Nirgendwo zu enden. Metaphysik zu betreiben bedeutet als Erstes, ihre Grenzen zu erkennen.

Zum Zeitpunkt, als Kant sich mit Swedenborg beschäftigt, kann er die Metaphysik nur negativ definieren: als ein Korrektiv, das der Physik zeigt, dass sie nicht alles erklären kann. Sie ist das andere der Physik. Man kann nur sicher sagen, dass es Geistiges und Seelisches gibt und dass es den Leib beeinflusst. Kant liebt diese Welt, er möchte sie schützen, erretten und bewahren, sie ist die Welt des Schönen, Wahren und Guten. Aber er möchte es nicht um Swedenborgs Preis tun, mit Spekulationen und Einbildungen im Schattenreich zu landen. Noch fühlt er sich intuitiv auf der richtigen Seite, als Anwalt der Vernunft gegen den »Unsinn«. Doch die Metaphysik, in welche er »das Schicksal« hat »verliebt zu sein«, obgleich er sich »von ihr nur selten einiger Gunstbezeugungen rühmen kann«,[141] wird bald vor eine viel größere Herausforderung gestellt, die Kant fast in den Abgrund reißt. Im Jahr 1771 liest er die gerade erschienene Übersetzung von Humes *Treatise* …

Das große Erwachen

Der Wille unfrei, der Geist ein Sklave der Affekte, die Natur ein Abbild der Kausalmechanismen in unserem Gehirn – was für ein Buch ist das, was Kants Schüler und Freund *Johann Georg Hamann* (1730–1788) da ins Deutsche übersetzt hat?

Seit 1766 ist Kant Unterbibliothekar an der Schlossbibliothek. Zwei Berufungen auf Professorenstellen, in Erlangen und in Jena, hat er abgelehnt. Er will in Königsberg bleiben, und 1770 wird er dort Professor für Logik und Metaphysik. Er ist sechsundvierzig Jahre alt und hat endlich erreicht, wovon er schon immer geträumt hat. Er hat eine Habilitation geschrieben, in der er die Sinnenwelt sorgfältig von der Verstandeswelt getrennt hat, wie es vor ihm alle Rationalisten von Descartes bis Wolff getan haben. Er hat mit Leibniz eingesehen, dass Raum und Zeit nur relative Ordnungsschemata des Geistes sind, um die Sinnenwelt zu erfassen und zu begreifen. Und er bereitet sich vor, seine eigene Metaphysik der Erkenntnis und der Sitten zu schreiben, die ihm schnell von der Hand gehen soll. Und dann dieser Schlag!

Kant kennt Hume schon lange, allerdings nur dessen *Philosophical Essays* von 1748. Den frühen radikalen Hume kennt er nicht. Umso bestürzter ist er, als er Hamanns Übersetzung des Schlusskapitels des ersten Bandes des *Treatise* in den *Königsberger Gelehrten und Politischen Zeitungen* liest. Diese von Hamann so genannten *Nachtgedanken eines Zweiflers* bestürzen ihn zutiefst. Kant glaubt, dass der Boden unter ihm nachgibt. Er ist, wie er später schreibt, aus seinem »dogmatischen Schlummer gerissen«. Ist nicht all das wahr, was Hume schreibt? Dass es gar keine Metaphysik gibt, für die Kant seit einem Jahr Professor ist? Dass alles Metaphysische nur aus unhaltbaren Spekulationen besteht und aus unauflösbaren Widersprüchen des Geistes? Dass alle Erkenntnis sinnliche Erkenntnis ist? Dass der Verstand gar nicht frei ist, sondern Untergebener eines unerbittlichen Kausalitätsschemas? Dass alle moralischen Entscheidungen von Gefühlen bestimmt werden, deren wir nicht Herr sind?

Fast zwei Jahre arbeiten diese gewaltigen Zweifel in Kants Seele. Erst dann zeigt sich ein erster Hoffnungsschimmer. Kant hat Humes Argumente zergliedert, geprüft, neu gelesen, wieder durchdacht, gewogen und sie neu zergliedert. Im Februar 1772 skizziert er seinem Schüler *Marcus Herz* (1747–1803) einen Ausweg, die »Kritik der reinen Vernunft, welche die Natur der theoretischen sowohl als praktischen Erkenntnis, sofern sie bloß intellektual ist, enthält«.[142] Doch das Buch erscheint nicht – und auch kein anderes. Kant bastelt und feilt, führt aus und verwirft, hadert und zaudert. Zwölf Jahre wird dieser zermürbende Prozess dauern. Sein Freund, der Jurist *Theodor Gottlieb von Hippel* (1741 –1796), karikiert ihn derweil als wirren Großvater, der sich in den Widersprüchen der Metaphysik heillos verstrickt hat. Kein Mensch in Kants Umfeld scheint noch zu glauben, dass die *Kritik der reinen Vernunft* je fertig geschrieben wird.

Als das Manuskript im Herbst 1780 doch noch abgeschlossen wird, lehnt der Nachfolger seines alten Verlegers es ab. Hilfe kommt von Johann Friedrich Hartknoch aus Riga, der es im Mai 1781 herausbringt. Die Resonanz ist ein Fiasko. Kants Freund Hippel beklagt, dass er kein Wort versteht. Mendelssohn legt das Buch genervt aus der Hand. In den *Göttinger Gelehrten Anzeigen* rezensiert *Christian Garve* (1742–1798) das Werk, der neben Mendelssohn bekannteste deutschsprachige Philosoph seiner Zeit. Auch Garve hadert mit Kants Stil: »Ich gestehe ihnen, ich weiß kein Buch in der Welt, das zu lesen mir soviel Anstrengung gekostet hätte.«[143] Kant schätzt Garve und ist verletzt. Überdies ist die Rezension stark verstümmelt und redigiert worden, so dass Garve sich bei Kant entschuldigt. Gleichwohl besteht Kants Kritiker darauf, dass man Bücher wie die *Kritik der reinen Vernunft* auch einfacher schreiben könne und sollte. Kant ist hin- und hergerissen. Er verteidigt sich, dass »Nachforschungen, die so hoch hinauf langen«, nicht populär geschrieben werden könnten. Aber er gibt auch zu, dass man nicht zu dunkel schreiben dürfe: »Sie belieben des Mangels an Popularität zu erwähnen, als eines gerechten Vorwurfs, den man meiner Schrift machen kann, denn in der Tat muss jede philosophische Schrift derselben fähig sein, sonst verbirgt sie, unter einem Dunst von scheinbarem Scharfsinn, vermutlich Unsinn«[144] Ein Satz von zeitloser Wahrheit; einem jeden Philosophen noch heute ins Stammbuch zu schreiben.

Schon der Titel des Werks löst heute leicht Irritationen aus: *Kritik der reinen Vernunft* – was soll das heißen? Wer kritisiert hier wen? Wird die Vernunft kritisiert oder kritisiert die Vernunft? Für Kants Zeitgenossen ist das weniger schwierig. Sie verstehen, dass »Kritik« nicht Beanstandung meint, sondern »Durchleuchtung« oder »prüfende Untersuchung«. Die Vernunft verständigt sich mit sich selbst über sich selbst. Und sie fragt sich: »Ist Metaphysik möglich?« Kann man sich, mit einem Buchtitel Christian Wolffs, *Vernünfftige Gedancken von Gott, der Welt und der Seele des Menschen* machen? Oder muss man mit Hume einsehen, dass unser Verstand von all diesen Dingen nichts Objektives weiß, und das philosophische Projekt beenden?

Kants Antwort steht von vornherein fest. Man kann – aber nicht auf die bisherige Weise! Die *Dogmatiker* sind stets weit über das Ziel hinausgeschossen und haben Dinge behauptet, die sie nicht beweisen konnten. Kant denkt an die lange Tradition von Platon, Aristoteles und den Scholastikern bis zu Descartes, Spinoza, Leibniz und Wolff. Schon bei seiner Auseinandersetzung mit Swedenborg hat er Wolff einen »Luftbaumeister« genannt, dessen Gedankengebäude »aus wenig Bauzeug der Erfahrung« und aus »erschlichenen Begriffen gezimmert« sei.

Die *Skeptiker* hingegen, angefangen bei den Kynikern, bei Pyrrhon und bei Arkesilaos bis zu Locke, Berkeley und Hume, haben selbst das bestritten, was man an metaphysischen Einsichten durchaus beweisen kann. Was Kant sucht, ist die große Synthese aus Rationalismus und Empirismus; ein neues System, das endgültig erhellt, wie unsere angeborenen Erkenntnisstrukturen und unser Erfahrungswissen zusammenspielen. Und das beweist, wie wir auch in den metaphysischen Fragen nach dem Wahren, nach dem Schönen und vor allem nach dem Guten zu letzten Einsichten kommen können.

Aus der Philosophie der Dogmatiker, insbesondere Wolffs, kann Kant sich frei bedienen, ohne deren Spekulationen zu teilen. Sein schärfster Gegner ist und bleibt Hume. Ihn muss er widerlegen – oder seine radikalste Skepsis zumindest entmachten. Für Hume ist alles, was wir erleben, Teil einer unausgesetzten Kette von Ursache und Wirkung. Allerdings nicht, weil die objektive Welt so ist, denn von der wissen wir gar nichts. Wir erleben die Kausalität, weil unser Gehirn gar nicht anders kann, als kausal zu denken, wenn es sich in der Welt orientiert. Insofern ist die Kausalität objektiv, weil alternativlos. Das Gleiche gilt aber nicht für Endzwecke, für Ziele oder alles, was in unserem Leben Sinn stiften soll. Denn in der unendlichen Kausalkette gibt es *nichts Notwendiges*. Nichts folgt zwingend aus dem anderen. Die Kette hat weder ein Ende noch ein Ziel noch erzeugt sie Sinn. All diese metaphysischen Dinge sind nichts als psychische Bedürfnisse ohne irgendeinen Halt in der Welt. Weder das Wahre noch das Gute haben einen Platz im Weltsystem; beides existiert nur als subjektive Einbildung. *Kein Sein gibt dem Sollen die Richtung vor!*

Hume selbst hat diese nackte Sicht später versöhnlich eingekleidet und dem moralischen Empfinden gleichwohl viele nützliche Eigenschaften für die Gesellschaft zugesprochen. Aber Kant hat sich an dem jungen Hume abzuarbeiten, der zweifellos verstörend Kluges gesagt hat. Hat der »Angriff« Humes das »Schicksal« der Metaphysik besiegelt und sie ein für alle Mal beendet?[145]

Eine kopernikanische Wende

Kant nennt seine eigene Philosophie *Transzendentalphilosophie* – die Wissenschaft, die herausfindet, wie Menschen etwas erkennen können. Was sind die allgemeinen und notwendigen Bedingungen, um sich selbst und die Welt zu verstehen? Wie entsteht unser Wissen über das Sein? Welche Urteile kann unser Verstand fällen, und worauf gründen sie sich? Und welche Begriffe müssen wir dabei benutzen? Der Mann in der Königsberger Studierstube sieht sich auf großer Mission. Er möchte »einen Piloten geben, der, nach sicheren Prinzipien der Steuermannskunst, die aus der

Kenntnis des Globus gezogen sind, mit einer vollständigen Seekarte und einem Kompass versehen, das Schiff sicher führen könne, wohin es ihm gut dünkt«.[146]

Um Kants kritische Metaphysik zu verstehen, muss man sehen, wo er nach sicherem Boden unter den Füßen sucht. Er sucht ihn nicht im Kosmos, nicht in der Natur und nicht bei Gott. Er sucht ihn *im denkenden Menschen selbst*! »Erkenne die Welt« heißt deshalb immer: »Erkenne dich selbst!« Wie Kopernikus die Perspektive von der Erde auf das Sonnensystem lenkte, so möchte Kant die Perspektive der Metaphysik verändern: vom Blick in den Kosmos hin zu einem Blick in den Kosmos unseres Geistes. Von Hume hat Kant gelernt, dass alle Welt in unserem Bewusstsein stattfindet. Sie ist das, was unser Geist sich darunter vorstellt. Nicht die Welt ist rational, wie Descartes, Spinoza, Leibniz und Wolff glaubten, sondern unser Bewusstsein sortiert sie auf rationale Weise. Dabei leistet es allerdings eine bewundernswerte Arbeit, die weit über das hinausreicht, was sich die britischen Empiristen darunter vorstellen.

Kant selbst vergleicht sich mit dem Astronomen der Renaissance und nennt seine Philosophie eine »kopernikanische Wende«. Doch diese Wende ist beileibe nicht so ernüchternd für den Menschen wie die Verdrängung aus dem Mittelpunkt der Welt. Ganz im Gegenteil: Wenn wir endlich erkennen, dass alle Welt in uns ist, alle Rationalität unser eigenes Vermögen, alle Kausalität unser ureigenster Psycho-Mechanismus, dann begeben wir uns auf eine faszinierende Reise in den schillernden Kosmos unseres Geistes.

Der Mensch ist der vernunftbegabte Schöpfer seiner Welt – diese »gänzliche Veränderung der Denkungsart«[147] ist Kants große Leistung. Sie beschwingt ihn, zahlreiche neue Begriffe zu erfinden, um die Arbeitsweise der Vernunft zu erforschen wie noch nie jemand zuvor. Der Geist jedes einzelnen Menschen – der neue Mittelpunkt des Universums – wird nun im Hinblick auf das Zusammenspiel von sinnlicher Erfahrung und Erkenntnis untersucht.

Die Rolle der Begriffe im sinnlichen Erfassen wird herausgestrichen, wobei der Einfluss Condillacs auf Kant bis heute nicht gut geklärt ist. Kant unterteilt den menschlichen Denkapparat in verschiedene Denk- und Unterscheidungsvermögen und lotet ihre Leistung aus. Er malt eine »vollständige Seekarte« des Bewusstseins, die umfassender ist als alle anderen Karten zuvor.

Bevor es mit diesen Detailanalysen des menschlichen Bewusstseinsvermögens losgeht, muss Kant allerdings ein großes Problem lösen, von dem abhängt, ob eine Metaphysik möglich ist oder nicht. Es sind jene Fragen, die Leibniz aufwarf und sogleich bejahte: Gibt es Urteile, die, *logisch betrachtet,* vor aller Erfahrung liegen? Also Urteile a priori? Und wenn ja, kann man diese Urteile ausweiten auf menschliche Probleme wie die Moral?

Wir erinnern uns an den Unterschied zwischen logischen Aussagen und zeitlichen Ereignissen. Logische Aussagen sind zeitlose Aussagen, denn zwei plus zwei ergibt immer vier, heute, morgen und gestern. Zeitliche Ereignisse hingegen stehen in einer zeitlichen Reihenfolge. Wenn wir fragen: »Wie kommen wir zu Erkenntnissen?«, dann kann man sowohl eine zeitliche als auch eine logische Antwort darauf geben. Zeitlich betrachtet gilt der Satz, mit dem Kant die Einleitung zu seiner *Kritik der reinen Vernunft* beginnt: »Dass all unsere Erkenntnis mit der Erfahrung anfange, daran ist gar kein Zweifel; denn wodurch sollte das Erkenntnisvermögen sonst zur Ausübung erweckt werden, geschähe es nicht durch Gegenstände, die unsere Sinne rühren und teils von selbst Vorstellungen bewirken, teils unsere Verstandestätigkeit in Bewegung bringen, diese zu vergleichen, sie zu verknüpfen oder zu trennen, und so den rohen Stoff sinnlicher Eindrücke zu einer Erkenntnis der Gegenstände zu verarbeiten, die Erfahrung heißt?«[148]

Erfahrung setzt also voraus, dass Menschen über Erkenntnisvermögen verfügen, die die sinnlichen Eindrücke überhaupt erst zu Erfahrungen machen. In der Welt der Erfahrung gibt es, wie Hume gezeigt hat, nichts Notwendiges, sondern nur Beobachtungen. Wenn es trotzdem etwas Allgemeines und Notwendiges im menschlichen Bewusstsein gibt, wie Kant annimmt, dann muss es jenseits der sinnlichen Erfahrung liegen. Es muss ein Vermögen sein, das unser Verstand von sich aus mitbringt. Ein einfaches Beispiel für ein solches allgemeines und notwendiges Urteil ist der Satz: »Eine Kugel ist rund.« Dieser Satz gilt immer und vor oder jenseits seiner Überprüfung in der Realität. Er ist ein apriorisches Urteil. Denn es ist ja die Definition der Kugel, dass sie rund ist. Wäre sie nicht rund, wäre sie keine Kugel. Wenn etwas deshalb allgemein und notwendig gilt, weil es seiner Definition entspricht, handelt es sich um ein *analytisches Urteil a priori*.

Dem entgegengesetzt sind all jene Urteile, die aus unserer Erfahrungswelt stammen, etwa der Satz: »Diese Kugel ist schwarz.« Das ist nun keinesfalls von sich aus bewiesen, sondern hängt von meiner Farbwahrnehmung ab. Ein solches Urteil ist nicht analytisch, sondern *synthetisch*, nämlich aus meinem Erfahrungswissen *zusammengesetzt*. Synthetische Urteile gelten nicht von vornherein und jenseits der Erfahrung. Vielmehr sind sie a posteriori, also aus der Erfahrung heraus (»im Nachhinein«) gebildet. Sie sind allerdings weder allgemeinverbindlich noch notwendig.

Warum ist Kant dieses Thema so wichtig? Weil jede Metaphysik davon abhängt, dass es nicht nur analytische Urteile a priori gibt, sondern auch *synthetische Urteile a priori*. Dass es also Allgemeinverbindliches und Notwendiges gibt, das mehr mit dem menschlichen Leben zu tun hat als eine bloße Definition. Und Kant bejaht diese Frage! Für ihn sind bereits mathematische Urteile synthetische Urteile a priori. Der Satz »Eins und eins ergibt zwei« ist eine selbstevidente Definition. Doch wenn ich 26742 mal 95558 nehme, dann ist nichts selbstevident. Dann muss ich rechnen und mich somit meiner Anschauung bedienen. Eine solche Rechenaufgabe ist zusammengesetzt und trotzdem apriorisch gültig. Auch in der Naturwissenschaft sieht Kant solche synthetischen Urteile a priori. Warum also sollte es sie nicht in einer wissenschaftlich begründeten Metaphysik geben? Genau dies zu beweisen ist die Aufgabe der *Kritik der reinen Vernunft*.

Die Grammatik des Bewusstseins

Bis heute bereitet das Buch Unbehagen. Philosophiestudenten erinnern sich an Seminare, in denen in einem ganzen Semester nicht einmal die Einleitung zu Ende besprochen wurde. Der berüchtigte Stil – Kants Orientierung an der lateinischen Schulgrammatik – trägt auch nicht zur Ermunterung bei, das Werk zu lesen. In der Tat ist es der dritte Achttausender, der nun bestiegen werden muss nach Spinozas Weltsystem und Leibniz' Prinzipien. Aufgebaut ist das Werk wie ein Lehrbuch. Der erste Teil, die »Transzendentale Elementarlehre«, untersucht in zwei großen Kapiteln die menschliche Sinnlichkeit und das menschliche Denken. Der zweite Teil, die »Transzendentale Methodenlehre«, beleuchtet in zwei kleineren Kapiteln den Verstand und die Vernunft.

Schauen wir uns das große Gebäude einmal im Detail an. Der erste Teil der Elementarlehre ist die *transzendentale Ästhetik*. Das Wort »Ästhetik« hat hier nichts mit Schönheit oder Kunst zu tun, sondern meint, wie bei den antiken Griechen, *aisthesis,* »Wahrnehmung«. Unsere Wahrnehmung besteht daraus, dass unsere Sinne uns Empfindungen liefern. Aber sie besteht nicht *nur* daraus, denn all unsere Eindrücke werden sofort gerastert, nämlich erstens räumlich und zweitens zeitlich. So wie unser menschliches Bewusstsein arbeitet, steht alles in einer räumlichen und einer zeitlichen Beziehung zueinander. Wenn ich an einen »Elefanten« denke, dann ist er ausgedehnt im Raum und befindet sich irgendwo. Und er ist jetzt da, oder war es gestern. Ein nicht ausgedehnter Elefant, der sich nirgendwo befindet, ist nicht vorstellbar. Unsere Anschauungen sind also immer räumlich und zeitlich – und zwar, weil unser Gehirn gar nicht anders kann, als sie so zu sehen! Wie für Leibniz gibt es für Kant auch nach jahrzehntelangem Grübeln weder »die Zeit« noch »den Raum« als etwas absolut Vorhandenes. Ohne ein menschliches Bewusstsein, das etwas räumlich und zeitlich einordnet, sind Raum und Zeit nicht vorhanden. Sie sind typisch menschlich oder vielleicht auch typisch animalisch, aber sie existieren jedenfalls nur in einem Bewusstsein. Allerdings gibt es kein gesundes menschliches Bewusstsein, in dem sie nicht ihre Arbeit verrichten. Insofern sind Raum und Zeit für Kant allgemein und notwendig. Denn ohne das Raster von Raum und Zeit erleben und erkennen wir gar nichts. Insofern kann Kant sagen, dass der Raum die »apriorische Anschauungsform« unseres »äußeren Sinnes« ist. Und die Zeit ist die apriorische Anschauungsform unseres »inneren Sinnes«.

Wenn Physiker wie Newton oder Menschen, die sich auf den »gesunden Menschenverstand« berufen, meinen, dass Raum und Zeit auch ohne den Menschen existieren, dass sie »an sich« da sind, ernten sie von Kant nur ein mildes Lächeln. Natürlich kann man das behaupten, aber diese Behauptung lässt sich nicht überprüfen! Sie ist eine (vielleicht naheliegende) Spekulation. Und gerade damit will Kant sich nicht mehr abgeben. Ein weiterer Beweis dafür, dass Raum und Zeit »in uns« sind, liefert ihm die Mathematik. Denn nur weil sie als Anschauungsformen in uns wirken, könnten wir Mathematik betreiben: eine räumliche Mathematik, die Geometrie, und eine zeitliche Mathematik, die Arithmetik.

Damit sind wir schon beim zweiten Teil der Elementarlehre, der *transzendentalen Logik*. Immer wenn wir etwas erkennen, haben wir es mit einem Zusammenspiel von sinnlicher Erfahrung und Verstand zu tun. Während unsere Sinnlichkeit den Rohstoff des Erfahrenen zeitlich und räumlich rastert, sortiert unser Verstand ihn dadurch, dass er ihn mit passenden Begriffen versieht. Ohne den Verstand kommen die Sinne nicht zur Erkenntnis. Und ohne die Sinne hat der Verstand kein Material, das er verarbeiten könnte. Insofern gilt: »Gedanken ohne Inhalt sind leer, Anschauungen ohne Begriffe sind blind.«[149]

Doch wie findet unser Denkapparat die passenden Begriffe? Mit welchen Einteilungen und Unterscheidungen arbeitet er? Auf diese Frage hatte schon Aristoteles geantwortet. Er hatte erkannt, dass sich Urteile hinsichtlich von vier *Kategorien* beschreiben lassen, nämlich Quantität, Qualität, Relation und Modalität. So unterteilt die Logik seit mehr als zweitausend Jahren, und Kant schließt sich dem an. Allerdings unterteilt er jede Kategorie in drei weitere Merkmale zur näheren Bestimmung. Die Frage der Quantität lässt sich nach Einheit, Vielheit und Allheit aufdröseln. Die Qualität bestimmt über Wirklichkeit, Unwirklichkeit und Reichweite eines Urteils. Die Relation zweier Dinge kann das Verhältnis von Substanz und Akzidenz, von Ursache und Wirkung oder eine Wechselwirkung ausdrücken. Und die Modalität gibt Auskunft über Möglichkeit/Unmöglichkeit, Dasein/Nichtsein und Notwendigkeit/Zufälligkeit. Es gibt also *zwölf verschiedene Urteilsformen,* und Kant spricht deshalb von zwölf verschiedenen Kategorien. Sie sind die Schubladen, in denen unser Verstand die passenden Begriffe sucht: vier Schränke mit jeweils drei Fächern.

Wenn ich etwas sehe, höre, fühle und so weiter, kramt unser Verstand in der passenden Schublade, findet einen geeigneten Begriff und fügt ihn in ein entsprechendes Urteil ein. Auf diese Weise entstehen logische Verknüpfungen, also Urteile. All das geht nur, weil Menschen von Geburt an über dieses Schubladensystem verfügen, also *Urteilskraft besitzen.* In diesem Punkt ist Kant Rationalist. Wenn Locke sagt: »Es ist nichts im Verstand, was nicht zuvor in unseren Sinnen war«, und Leibniz kontert »… außer dem Verstand selbst!«, dann schlägt sich Kant auf Leibniz' Seite. Wir bringen eine *rationale Grundausstattung* mit, ohne die unsere Sinne hilflos wären und zu nichts in der Lage, außer zu empfinden. Doch wenn es um das Kausalitätsgesetz geht, folgt Kant nicht Leibniz, sondern Hume. Kausalität ist kein Prinzip der Natur, sondern ein Schematismus des menschlichen Geistes. Sie ist das Prinzip, wonach unser Verstand die sinnlichen Eindrücke ordnet. Deshalb erscheint uns alles kausal miteinander verknüpft. Was der gewöhnliche Mensch für Realität hält, ist jene Realität, die unser menschlicher Sinnes- und Verstandesapparat erzeugt.

Dass unser bewusstes wie unser unbewusstes Erleben an unseren Sinnes- und Verstandesapparat gebunden ist, wird heute kaum mehr ernsthaft bezweifelt. Jede kognitionswissenschaftliche Untersuchung geht davon aus. Statt um die Strukturen der Welt geht es heute um die Strukturen der Welt*erzeugung* in unserem Gehirn. Wer über ein Seitenliniensystem verfügt wie Fische, wer blind ist und sich mit Echolot orientiert wie Fledermäuse oder Wärmefelder wahrnimmt wie Schlangen, modelliert in seinem Gehirn eine ganz andere Welt, als etwa Menschen es tun. Jeder Sinn ist abhängig von der Sinnlichkeit der Wahrnehmung. In dieser Hinsicht ist Kant mit seinem »transzendentalen« Denken ein Pionier, der die Bedingung der Möglichkeit menschlicher Erkenntnis untersucht. Dass die moderne Kognitionswissenschaft sich schwer damit tut, zwölf verschiedene Kategorien in unserem Bewusstsein zu verankern und mit dem Begriff einer »reinen Vernunft« nicht viel anfangen kann, ist eine andere Sache. Wir werden sie im Hinblick auf die Philosophie der Gegenwart noch ausführlich beleuchten.

Kein Wissen über Ich, Kosmos und Gott

Bislang hat Kant untersucht, mit welchen Fähigkeiten das menschliche Bewusstsein ausgestattet ist. Im zweiten Teil, der *transzendentalen Dialektik*, will er wissen, wie weit man damit kommen kann. Dafür unterscheidet er den Verstand von der Vernunft. Man darf sich nicht davon täuschen lassen, dass Kant den Begriff »Vernunft« zweifach verwendet. Einmal gibt es die titelgebende »reine Vernunft«. Sie ist der *Oberbegriff für alle Kräfte des menschlichen Geistes und Gemüts*. Und zweitens gibt es die Vernunft als eine *besondere Fähigkeit* neben Sinnlichkeit und Verstand. Die Sinnlichkeit ist die Fähigkeit, etwas zu erfahren und mithilfe von Zeit und Raum zu einer Anschauung zu formen. Der Verstand ordnet diese Anschauungen unter passende Begriffe. Und nun tritt die Vernunft auf den Plan, *»das Vermögen zu schließen«*. Die Vernunft ist eine Art höherer Beurteilungsfähigkeit, die übergeordnete Zusammenhänge herstellt. Sie ist das Leitungsgremium, das »Regeln« und »Ideen« vorgibt. Sie sucht nach dem großen Ganzen, nach übergeordnetem Sinn, nach dem Unbedingten.

Leider ist der Traum der Vernunft oft größer als die Fähigkeiten des Verstandes. Die Vernunft strebt nach sicherem Wissen über meine Seele, den Kosmos und Gott. Wie leicht neigt sie dazu, sich zu überschätzen und über Dinge zu urteilen, über die sie nicht urteilen kann! Sollte sie nicht lieber an den psychologischen und kosmologischen Gewissheiten zweifeln, die sich bei näherer Betrachtung schnell als Blendwerk herausstellen? Selbst der große Newton war hier fehlgegangen und hatte unvorsichtigerweise behauptet, dass es eine immaterielle menschliche Seele gäbe, eine Welt aus Substanzen und einen höchsten Gott. Aber woher, fragt Kant, will Newton alles drei wissen? Sollten wir nicht äußerst vorsichtig sein, einen Begriff wie »Ich« zu benutzen? Denn was immer dieses »Ich« sein soll – eine feste, durchgängige und unverwechselbare Substanz ist es jedenfalls nicht.

Dass es mit einem klaren und gewissen »Ich« wie bei Descartes nicht weit her ist, meinte bereits Hume. Denn »das, was wir Geist nennen«, sei nichts »als ein Haufen oder eine Sammlung verschiedener Perzeptionen, die durch gewisse Relationen untereinander verbunden sind; und fälschlich wird angenommen, dem Geist komme vollkommene Einfachheit und Identität zu«.[150] Auch der von Kant geschätzte Rousseau hatte seinem savoyischen Vikar im *Émile* den Satz in den Mund gelegt: »Wir kennen uns selber nicht; wir kennen weder unsre Natur noch unser aktives Prinzip.«[151] Dass jeder Mensch eine unverwechselbare Seelensubstanz besitzen soll, wie Newton und Mendelssohn schreiben, kann Kant nicht glauben. Die Vernunft kann noch so lange über sich selbst nachdenken, alles, was sie dabei findet, ist das Gefühl, dass meine Gedanken meine Gedanken sind. Kant ist hier weit näher bei Condillac als bei Descartes. Ohne Zweifel haben wir eine Art Ich-Gefühl, ein »Bewusstsein, das unsere Begriffe begleitet«.[152] Aber dass dieses Ich mehr sein soll als ein Gefühl, nämlich ein fester

Punkt, ist eine unbewiesene Spekulation. Oder wie Kant sagt, »eine gänzlich leere Vorstellung«.[153]

Wie ernst es ihm damit ist, muss später der Arzt *Samuel Thomas Soemmerring* (1755–1830) erfahren. Der Mainzer Anatom ist so stolz auf seine Schrift *Über das Organ der Seele* (1796), dass er sie an Kant schickt mit der Bitte um ein Nachwort. Der Philosoph traut seinen Augen nicht, als er sieht, was Soemmerring da versucht hat. Der kühne Arzt will den großen Graben zwischen experimenteller Forschung und philosophischer Letztbegründung zuschütten in einer »transzendentalen Physiologie«. Soemmerring meint nämlich, dass er im Gehirn den Ort gefunden hat, an dem die Seele sitzt, die in uns denkt und sich denkend der Welt vergewissert, so wie Kant es in der *Kritik der reinen Vernunft* vorführt. Kant tut sich mit seinem Nachwort nicht leicht. Am Ende wiederholt er sinngemäß, was er schon in der *Kritik* geschrieben hat. Alles das, was wir Seele oder Ich nennen, ist nichts materiell Vorhandenes, sondern etwas, was unser »innerer Sinn« sich ausspinnt. Deshalb kann es nicht mit »äußeren Sinnen« wahrgenommen und irgendwo als Substanz identifiziert werden.

Hume, La Mettrie und Kant gehören zu den frühen Zweiflern an einem konstanten »Ich«. Viele andere werden ihnen folgen, so dass der österreichische Physiker *Ernst Mach* (1838–1916) zu Anfang des 20. Jahrhunderts sagen wird: »Das Ich ist unrettbar.«[154] Die Frage wird uns im dritten Band dieser Philosophiegeschichte noch ausgiebig beschäftigen, zumal sich neben der Philosophie auch die Psychologie und die Neurowissenschaft dieses komplizierten Themas angenommen haben.

Viel intensiver als mit dem Ich und der Seele beschäftigt sich Kant mit unserem Wissen über den Kosmos. Newton hatte geglaubt, dass seine *Principia* ihn endgültig erhellt hätten. Aber haben sie das wirklich? Begegnen uns denn hier nicht gleich vier unauflösbare Widersprüche, die Kant *Antinomien* (»Gegen-Gesetze«) nennt? Der erste Gegensatz lautet: Hat die Welt einen Anfang und ist räumlich begrenzt? Oder war sie schon immer da und ist unendlich und unbegrenzt? Der zweite Gegensatz heißt: Besteht alles in der Welt aus einfachen Teilen? Oder ist alles in der Welt zusammengesetzt und etwas Einfaches existiert gar nicht? Der dritte Gegensatz: Unterliegt alles in der Welt der Kausalität von Ursache und Wirkung? Oder gibt es darüber hinaus auch ein Reich der Freiheit? Und der vierte Gegensatz: Gehört zur Welt notwendigerweise ein Wesen dazu, das wir als ihre Ursache annehmen müssen? Oder muss ein solches Wesen gar nicht notwendig existieren?

Fast jeder große Philosoph seit der Antike hat sich bei diesen Fragen für die eine oder andere Antwort entschieden. Aber zu Unrecht, wie Kant meint. Denn bei allen vier gegensätzlichen Aussagepaaren gibt es keine einfache Entscheidung, »weil sowohl Satz als Gegensatz durch gleich einleuchtende klare und unwiderstehliche Beweise dargetan werden können«.[155] Nun muss es aber eine Lösung geben, denn das Universum ist entweder zeitlos und unendlich, oder es ist es nicht usw. Doch vielleicht – und das ist Kants Lösung – sind die Fragen falsch gestellt. Für ihn liegt das Missverständnis im Begriff »Welt«.

Was meine ich mit »Welt«? Meine ich die sinnlich erfahrbare empirische Welt? Oder meine ich das, was mein Verstand intellektuell unter »Welt« versteht? Für Kant ist der alte Streit zwischen Rationalisten und Empiristen nämlich vor allem eine Frage des Blickwinkels. Betrachte ich zum Beispiel den ersten Gegensatz rein empirisch, so sind beide Aussagen Unsinn. Wenn alles der Kausalität von Ursache und Wirkung unterliegt, dann kann die Welt keinen Anfang haben. Denn vor jedem Anfang muss wieder ein Anfang liegen, von nichts kommt nichts. Doch auch dass etwas völlig zeitlos, unbegrenzt und ohne jeden Anfang ist, widerspricht unseren Erfahrungen. Empirisch betrachtet sind also beide Aussagen falsch. Trotzdem kann ich mir beide Vorstellungen im Verstand bilden: die eines Anfangs aus dem Nichts und die der Unendlichkeit. Und der Intellekt sagt mir, dass eines von beidem stimmen muss. Empirische Erfahrung und Intellekt kommen also zu einander widerstreitenden Schlüssen, und wir verlieren jedweden festen Boden unter den Füßen. Nicht anders verhält es sich beim zweiten Gegensatz.

Mit dem dritten und dem vierten Gegensatz sieht die Sache, nach Kant, etwas anders aus. Nehmen wir das vierte Aussagenpaar: Es muss Gott geben. Und: Es muss Gott *nicht* geben. Bei dieser Frage können wir mit unserem Erfahrungswissen nichts anfangen. Denn Gott und die Schöpfung der Welt sind nichts, was ich sinnlich erfahre oder was prinzipiell sinnlich erfahrbar wäre. Damit ist Gott unbeweisbar, und zwar sowohl in seiner Existenz als auch in seiner Nichtexistenz. Die Behauptung »Es ist Gott« sowie die Behauptung »Es ist kein Gott« sind gleichermaßen spekulativ. Während bei den zwei ersten Gegensätzen *empirisch* beide Aussagen falsch sind, können beim vierten Gegensatz *theoretisch* beide Aussagen stimmen. Allerdings können wir die richtige Antwort niemals wissen.

Das Reich der Freiheit

Berühmt ist Kants Auflösung der dritten Antinomie: der Widerspruch zwischen Kausalität und Freiheit. Es ist der Punkt, auf den es ihm vor allen anderen ankommt. Denn ohne Freiheit keine verantwortlichen Handlungen, und ohne diese keine Ethik. Für Kant spricht vieles dafür, dass Hume recht hat: Unser Verstand rastert die Welt nach dem Kausalitätsprinzip und erkennt überall Ursache und Wirkung, Bedingung und Bedingtes. Aus diesem Schema kommen wir nicht heraus. Andererseits glauben wir gerne, dass es so etwas wie Freiheit gibt, dass etwas »von selbst angefangen« hat, zum Beispiel die Welt. Was also stimmt?

An diesem Punkt zieht Kant eine sehr wichtige Linie ein. Er gibt Hume recht, dass bei allem, was unserer Erfahrung *erscheint,* das Kausalitätsprinzip gilt. Denn unser Verstand »schreibt der Natur die Gesetze vor«. Der Satz ist berühmt, obwohl er eigentlich nur das wiedergibt, was schon Hume gesagt hat: Alles als Ursache und Wirkung zu erkennen ist die Art und Weise, wie unser Verstand sich die Welt strukturiert. Kants Satz vom »Vorschreiben« der »Gesetze« klingt allerdings noch gewichtiger, und mancher Naturwissenschaftler zuckt hier unwillkürlich zusammen. Sind Naturgesetze etwas, was der menschliche Verstand aufstellt? Existieren sie nicht völlig außerhalb des menschlichen Verstandes? Ein Apfel fällt doch auch dann zu Boden, wenn kein menschlicher Geist ihm das vorschreibt.

Wir sind hier wieder bei der Frage: »Wie wirklich ist die Wirklichkeit?«, die Berkeley und Hume so sehr beschäftigt hat. Und beide hatten geantwortet: So wirklich, wie sie mir *erscheint*. Doch Berkeley hatte zugleich behauptet, dass es außerhalb der menschlichen Erfahrungswelt noch eine objektive Sphäre gibt: die ideale Welt Gottes, die uns im alltäglichen Leben allerdings nie direkt begegnet. Hume hatte sich auf diese Gotteswelt als eigentliche Welt nicht eingelassen. Die Welt ist das, was ich sinnlich erfahre. Und über alles Weitere kann ich nichts sagen.

Kant folgt den beiden britischen Empiristen sehr weit. Wie Berkeley und Hume weiß er, dass alle Welt die Welt in meinem Kopf ist. Und diese Welt wird durch die von Hume beschriebene Kausalität von Ursache und Wirkung gerastert. In dieser Welt gibt es keine Freiheit. Doch völlig aufgeben möchte Kant die Freiheit nicht. Wenn sie schon nicht in der Welt der Erscheinungen angesiedelt ist, dann vielleicht außerhalb davon? Da wo Berkeley Gottes ideale Welt sah, sieht Kant eine dem menschlichen Bewusstsein verschlossene Außenwelt. Hier existiert das »Ding an sich«, das in meinem Kopf als »Erscheinung« aufleuchtet. Das »Ding an sich« ist also die reale Vorlage, von der ich annehme, dass sie der Grund dafür ist, dass mir Dinge in meinem Bewusstsein erscheinen. Anders als die Welt der Erscheinungen in meinem Kopf ist die mir unzugängliche Welt der »Originale« nicht durch meinen Verstand gerastert. Sie unterliegt damit auch nicht dem Psycho-Mechanismus, alles als Ursache und Wirkung zu deuten.

In der Welt des »Dings an sich« gibt es keine Kausalität, es gibt keine Kategorien, keinen Raum und keine Zeit. Von dieser Welt wissen wir nichts, sie liegt jenseits unserer Erfahrung. Unser Verstand »schreibt« ihr nicht »die Gesetze vor«, sondern sie ist: das *Reich der Freiheit*!

Hume ist seit fünf Jahren tot, als die *Kritik der reinen Vernunft* erscheint. Und Kant weiß, dass der englische Großphilosoph hier laut an den Sarg klopft. Was soll ein Reich der Freiheit sein, von dem meine Sinne nichts wissen? Ein solches Reich ist allenfalls eine Vermutung. Kant hätte dem nicht widersprochen. Das Reich der Freiheit ist in der Tat eine Vermutung, aber eine, die wir notwendig annehmen sollten. Wir müssen es *postulieren,* damit wir davon ausgehen können, frei zu handeln. Auf gleiche Weise hat Kant bereits Gott postuliert, als etwas, was wir annehmen sollten, um sicher zu sein, dass es richtig ist, das Gute zu wollen und zu tun. Sowohl Gott als auch die Freiheit erscheinen bei Kant im Modus des »Als ob«. Für eine Metaphysik ist das eine ungewöhnliche Begründung. Normalerweise gehen Metaphysiken von festen, gesicherten Punkten jenseits des Menschen aus wie die Gott-Natur Spinozas oder der rationale Gott von Leibniz. Doch die Metaphysik, die Kant seine »Geliebte« nennt, lebt nicht in der Welt, sondern im menschlichen Kopf. Und ihre faszinierendste Fähigkeit, erhaben wie sonst nur der Sternenhimmel, ist ihre Fähigkeit zur Moral … !

Das moralische Gesetz in mir

Aufklärung oder Vormundschaft? – Der gute Wille –
Der kategorische Imperativ – Der gute Affe –
Gottes zweckmäßige Welt – Zum ewigen Frieden –
»Nichts Bestimmtes«

Aufklärung oder Vormundschaft?

Zwölf Jahre lang hat Kant an der *Kritik der reinen Vernunft* gearbeitet, von 1768 bis 1780. Jeden Morgen war er um fünf Uhr aufgestanden, hatte von sieben bis neun seine Vorlesungen gehalten und sich danach in seine Studierstube zurückgezogen. Unterdessen hat der englische Kapitän James Cook Australien entdeckt, und Deutschland wurde von einer Hungersnot heimgesucht, die dem Kartoffelanbau zum Durchbruch verhalf. Russland und

Preußen teilten zum ersten Mal Gebiete Polens unter sich auf, in Frankreich tobte der »Mehlkrieg«, und Turgot erlebte seinen Aufstieg und Fall, ein gewisser Goethe schrieb seinen *Götz* und den *Werther,* Quesnay, Hume, Rousseau und Voltaire starben, und Smiths *Wohlstand der Nationen* erschien. Die Dampfmaschine wurde erfunden, die amerikanischen Gründerväter verabschiedeten ihre Unabhängigkeitserklärung, und der Freiheitskrieg gegen England begann. Die Kaiserin Maria Theresia von Österreich starb, und Kant lebte in Königsberg tagein und tagaus im immer gleichen Rhythmus. Er empfing seine Gäste zum Mittagessen, das er jetzt nicht mehr im Wirtshaus einnahm, und machte seinen Nachmittagsspaziergang, so regelmäßig, dass man die Uhr danach stellen konnte, arbeitete bis in den Abend und ging pünktlich um zehn zu Bett.

Als die *Kritik der reinen Vernunft* erscheint, blüht auch in mancher deutschen Stadt die Aufklärung, vor allem in Berlin. Doch die dortigen Aufklärer sind von Kants Werk enttäuscht: zu unkonkret, zu umständlich, zu unverständlich. Besonders heftig ärgert sich Kants temperamentvoller Freund Hamann, der sich in Königsberg mit einer Stelle als Packhofverwalter begnügen muss. Hat Kant in seinem Werk nicht das Kind mit dem Bade ausgeschüttet? Wie kann man die Vernunft von all dem reinigen, was menschliche Überlieferung und Glaube ist? Ist die Vernunft nicht ein historisches und kulturelles Konzept? Wird sie nicht durch Erziehung vermittelt und durch die Erfahrung der Sinne geprägt? Für Hamann ist Kant ein sanfter Diktator. Denn die »Gesundheit der Vernunft ist der wohlfeilste, eigenmächtigste und unverschämteste Selbstruhm, durch den alles zum voraus gesetzt wird, was eben zu beweisen war, und wodurch alle freye Untersuchung der Wahrheit gewaltthätiger als durch die Unfehlbarkeit der römischkatholischen Kirche ausgeschlossen wird«.[156]

Mit seiner Kritik an einer zeitlosen und gesetzgebenden Vernunft legt Hamann den Finger in jene Wunde, die später im Tugendterror der Französischen Revolution zu bluten beginnt. Und während der erzürnte Packhofverwalter Kultur und Geschichte vermisst, bemängelt Garve in Breslau das Fehlen der Psychologie in Kants Buch. Wo bleiben die empirischen Beweggründe wie Gefühle, sinnliche Antriebskräfte und all die alltagspragmatischen Situationen, von denen unser Vernunftgebrauch abhängt? Ist es nicht seltsam blutleer, der Vernunft ein Regiment zuzusprechen, das sie so in keinem einzigen Menschen von Fleisch und Blut ausübt?

Trotz ihrer Enttäuschung über Kants seltsame unhistorische Betrachtung der Vernunft, der »Reinigung der Philosophie«, wie Hamann schreibt, suchen die anderen Aufklärer Kants Rat und Beistand. In seiner ganzen Sperrigkeit erkennen sie ihn doch als einen von ihnen. Besonders die Berliner »Gesellschaft der Freunde der Aufklärung« um Mendelssohn und den Verleger Friedrich Nicolai sucht Kants Unterstützung. Im Jahr 1783 geben sie zum ersten Mal die *Berlinische Monatsschrift* heraus. Ihr Ziel ist, die Aufklärung populärer zu machen. Für die Dezemberausgabe 1784 gelingt es ihnen tatsächlich, Kant als Autor zu gewinnen.

Die Kritik daran, dass sein großes Buch so unverständlich sei, hat ihn ernsthaft beschäftigt. Doch auch der Versuch einer populären Kurzfassung mit dem umständlichen Titel *Prolegomena zu einer jeden künftigen Metaphysik, die als Wissenschaft wird auftreten können* darf als gescheitert angesehen werden. Nun kommt der Sechzigjährige dem Wunsch nach, einige wichtige Gedanken in einen Beitrag zur Monatsschrift zu packen. Schon der klare Titel zeigt einen ganz neuen Kant: *Idee zu einer allgemeinen Geschichte in weltbürgerlicher Absicht.* Auch der Inhalt des Essays überrascht: Kant redet hier tatsächlich von ganz realen Menschen mit ganz realen Schwächen. Wie er von Rousseau weiß, ist der Mensch »ungesellig gesellig«, er kann schlecht mit, aber auch nicht gut ohne die anderen. Dazu liegt er im ständigen Clinch mit sich selbst, seine Gefühle und seine Vernunft sind schlecht aufeinander abgestimmt. Er ist aus so »krummem Holze«, dass daraus nichts ganz Gerades gezimmert werden kann. Kein Wunder, dass die Menschheitsgeschichte »aus Torheit, kindischer Eitelkeit, oft auch aus kindischer Bosheit und Zerstörungswut zusammengewebt« ist.[157] Gleichwohl erkennt Kant einen allmählichen Fortschritt. Denn erst in einer bürgerlichen Gesellschaft, einer vom Recht geleiteten Republik, kann der Mensch zu sich selbst finden und seine Moral kultivieren. Am Schluss werden all diese bürgerlichen Staaten in einen »Völkerbund« eintreten und endlich in Frieden miteinander leben.

Zwei Jahre vor dem Tod Friedrichs des Großen verkündet Kant die Republik als artgerechte politische Ordnung des Menschen. Und er verbreitet einen revolutionären Geschichtsoptimismus, der weit über alles hinausgeht, was er sich je zu schreiben getraut hat. Berühmter aber noch als sein Essay zur Geschichts- und Staatsphilosophie wird sein zweiter Beitrag in der Monatsschrift. Der Titel ist so knapp, als erlaube sich Kant mit seinen bisherigen Überschriften einen Scherz: *Beantwortung der Frage: Was ist Aufklärung?* Es ist sein berühmtester Essay und einer der am meisten zitierten Texte der Philosophie überhaupt. Insbesondere der Anfang ist ein Klassiker: »Aufklärung ist der Ausgang des Menschen aus seiner selbst verschuldeten Unmündigkeit. Unmündigkeit ist das Unvermögen, sich seines Verstandes ohne Leitung eines anderen zu bedienen. Selbstverschuldet ist diese Unmündigkeit, wenn die Ursache derselben nicht am Mangel des Verstandes, sondern der Entschließung und des Mutes liegt, sich seiner ohne Leitung eines anderen zu bedienen. Sapere aude! Habe Mut dich deines eigenen Verstandes zu bedienen! ist also der Wahlspruch der Aufklärung.«[158]

Im Vergleich zu seiner *allgemeinen Geschichte* ist Kant hier näher bei der *Kritik der reinen Vernunft*. Denn »Aufklärung« wird als Prozess beschrieben, in dem ein Einzelner sich über sich selbst aufklärt und autonom wird. Wer mutig ist, der befähigt sich zur Mündigkeit. Diese Verkündigung unterschätzt die eisernen Fesseln der Geschichte, der Macht, der Erziehung, der religiösen Bevormundung, der preußischen Obrigkeit – sie schwärmt von der Kraft des selbstbestimmten Einzelnen. Statt mit einem gesellschaftlichen Problem haben wir es nur mit einem psychologischen zu tun: Manchem fällt es schwer, »sich aus der ihm beinahe zur Natur gewordenen Unmündigkeit herauszuarbeiten. Er hat sie sogar lieb gewonnen.«[159] Und zwar aus »Faulheit und Feigheit«. Wie bei Rousseau muss der Mensch seine kulturellen Gewohnheiten abschütteln, die ihn unfrei machen. Er muss seine wahre Vernunftnatur entdecken, um frei zu werden, und zwar durch kontinuierliche Arbeit an sich selbst!

Arbeit an sich befreit vom Zwang – das ist die Botschaft, die Kant den Juristen, Ärzten, Verwaltungsfachleuten, Pädagogen, Theologen, Staatsbeamten und Apothekern mitgibt, die die *Monatsschrift* lesen. Sicher kritisiert Kant damit zugleich jede öffentliche Gängelung, die dem Freiheitsstreben des Einzelnen Grenzen setzt. Aber der mutige Mensch befreit sich halt davon.

Von wem redet Kant hier? Von jenen Aufklärern, die wie *Christian Thomasius* (1655–1728) und Christian Wolff ordentliche Professoren waren, denen nichts Schlimmeres passieren konnte als ein zeitweiliges Lehrverbot? Von sich selbst, der sich seines Lebens, seiner persönlichen Freiheit und seiner Stellung ebenso sicher sein kann? Dass jeder preußische Bürger in seinem Amt und gegenüber dem Staat brav funktionieren muss, hat Kant nicht bestritten. Aber er setzt dem öffentlichen Berufsmenschen einen privaten Weltbürger entgegen, der das Recht und die innere Pflicht hat, sich im Hinblick auf seine Mündigkeit selbst zu kultivieren. Ist er zudem ein öffentlicher Gelehrter, so fällt beides, Privatgebrauch und öffentlicher Gebrauch der Vernunft, zusammen.

Das alte Konzept der antiken Stoiker – die permanente Mühe, sich zu vervollkommnen – erhält bei Kant eine neue zeitgemäße Politur: Denken macht frei! Es erlöst von religiöser Bevormundung. Und freie Menschen schaffen eine stabile und gerechte gesellschaftliche Ordnung auf der Basis der Vernunft. Doch noch immer stellt sich die Frage: An welche Klientel ist gedacht, wenn Kant dazu aufruft, sich seines »eigenen Verstandes zu bedienen«?

Jedenfalls nicht an den »gedankenlosen großen Haufen«, als den Kant die meisten Menschen seiner Zeit sieht und den Voltaire den »Pöbel« nannte. Gewiss will Kant auch diese Menschen, die Tagelöhner, Bauern und Landarbeiter, eines Tages »aufgeklärt« sehen. Aber 1785 sieht er sie zum freien Vernunftgebrauch noch völlig außerstande. Stattdessen huldigt er seinem König, der es »verdient von der dankbaren Welt und Nachwelt als derjenige gepriesen zu werden, der zuerst das menschliche Geschlecht der Unmündigkeit, wenigstens von Seiten der Regierung, entschlug ...«[160] Für Kant ist das Zeitalter der Aufklärung nicht das Jahrhundert Voltaires, Rousseaus, Humes und Diderots, sondern das »Jahrhundert Friedrichs«.

Der preußische Obrigkeitsstaat, diese kommode Militärdiktatur als Vorbild der Welt? Was mag Kant bloß dabei gedacht haben, fragt Hamann, sich so untertänig zu zeigen? Liegt es daran, dass er einfach nur den Absolutismus von der Politik in die Philosophie verschiebt? So wie der preußische Staat dem öffentlichen Menschen die Spielregeln diktiert, so die Vernunft dem privaten? Kants Kult der Vernunft ist für seinen Freund einmal mehr diktatorisch, eine »selbstverschuldete Vormundschaft«. Noch mehr bringt ihn auf, dass der privilegierte Professor »hinter dem Ofen und in der Schlafmütze« den Unmündigen die Schuld gibt, statt jenen ungenannten anderen, die ihn unmündig halten. Wird hier nicht das Opfer der Verhältnisse, der von Kindesbeinen an drangsalierte Untertan, zum Täter an sich selbst gemacht?

Hamann schlägt scharfe Töne an und findet brillante Formulierungen. Er sieht Kant auf der falschen Seite der Geschichte stehen, ein »Maulaffe«, blind für das Leiden der Armen und Unterdrückten; ein Mann, der sich zu Unrecht als Vormund aufspielt. Denn was ist dessen flammender Appell anderes als »ein kaltes, unfruchtbares Mondlicht ohne Aufklärung für den feigen Verstand und ohne Wärme für den feigen Willen; und die ganze Beantwortung der aufgeworfenen Frage eine blinde Illumination für jeden Unmündigen, der im Mittage wandelt«?[161]

Der gute Wille

Hamanns Kritik an Kant trifft einen Nerv der Aufklärung: den Widerspruch, dass jemand anderes mich auffordert, selbst und frei zu denken! Die Vernunft – oder der Philosoph, der in ihrem Namen spricht – drängt mich, ihr zu gehorchen. Beuge ich mich dieser Anweisung, so soll ich selbstbestimmt sein. Besonders überzeugend ist das nicht. Doch was ist, wenn dieser Imperativ, vernünftig zu handeln, gar nicht von außen kommt? Wenn er in jedem Menschen selbst angelegt ist? Und der Philosoph ist nur der »Geburtshelfer«, die »Hebamme«, wie Sokrates ihn nannte, der Menschen hilft, ihre eigenen Gedanken zur Welt zu bringen? Denn nicht, weil ich es sage, denkt Kant, sondern weil die Vernunft in jedem von uns es selber fordert, soll man von ihr Gebrauch machen!

Gibt es einen »Imperativ« der Vernunft? Spricht da etwas in mir und sagt, ich soll bedächtig, ausgewogen, überlegt und sogar »gut« handeln? Ohne Zweifel! Meine Lebensklugheit sagt mir, dass ich ein bestimmtes Ziel leichter erreiche, wenn ich die Mittel dafür sorgsam einsetze. Wenn ich abwäge, was ich tue, wenn ich vorausdenke, wenn ich Strategien entwickele, um zu einem Ziel zu kommen, wenn ich die Folgen meiner Handlungen abschätze und mit ihnen kalkuliere. Und ist es nicht ratsam, meist freundlich zu anderen Menschen zu sein und ihre Gefühle und Befindlichkeiten mit einzurechnen? Genau so haben bereits Hume und Smith ihre Ethik entwickelt. Wer seine Ziele erreichen will, muss (meistens) freundlich sein. Seine Handlungen dürfen andere nicht verstören, sondern müssen im weitesten Sinne als berechtigt und sinnvoll wahrgenommen werden. Insofern ist es *nützlich,* sich über die Folgen der eigenen Handlungen Gedanken zu machen und sorgfältig abzuwägen. Passenderweise haben wir den Blick der anderen als »unparteiischen Beobachter« schon immer in uns, wie Smith meinte. Er bringt uns dazu, aus Nützlichkeitserwägungen heraus (meistens) »gut« zu sein.

Eine solch britisch-pragmatische Begründung der Moral ist Kant ein Gräuel. Denn Triebfeder meines Handelns ist ja gar nicht das »Gute«, sondern das Nützliche. Gut zu sein ist bei Hume und Smith kein Ziel, sondern ein Mittel. Die Aufforderung zum Gutsein ist zweckgebunden. Was Hume und Smith begründen, ist für Kant nur ein *hypothetischer Imperativ* – die Aufforderung, sich zum guten Handeln zu entschließen, weil die Gelegenheit es erfordert. Gegen so viel Pragmatismus möchte Kant das Gute retten, das man um seiner selbst willen anstrebt. Doch gibt es ein solches Handlungsziel im Menschen? Kann man den Willen zum Guten wissenschaftlich ausfindig machen und daraus eine Regel ableiten, wie Menschen handeln sollen?

Diese Frage möchte ein schmales Bändchen beantworten, das Kant 1785 vorlegt. Im Alter von einundsechzig Jahren veröffentlicht er seine erste Schrift zur Moral: *Grundlegung zur Metaphysik der Sitten*. Das Ziel ist ehrgeizig: Kant möchte eine Ethik entwickeln ohne Rücksicht auf emotionale Antriebe, Umstände, Nützlichkeitserwägungen und kulturelle Prägungen. Natürlich weiß er, dass all dies unser Handeln im Alltag stark bestimmt. Aber darauf kann man keine wissenschaftliche Ethik gründen. Immerhin hat Hume völlig überzeugend erklärt, dass aus dem *Sein* kein *Sollen* folgt. Deshalb hat Hume für Kant auch keine Ethik begründet, sondern nur Empfehlungen gegeben, was der Mensch mit seiner Fähigkeit zur Sympathie und seinem gesunden Menschenverstand Nützliches für die Gesellschaft leisten könne. Für Kant ist das zu wenig. Er sucht etwas Allgemeines und Notwendiges, was *vor* allen praktischen Erwägungen liegt und uns zum Guten drängt.

Kants Ethik soll »unbedingt« gelten und »von sich aus«. Sie soll auf Vernunftprinzipien gründen, die jeder Mensch »in sich« hat. Doch wo liegt diese Quelle des Guten? Sicher liegt sie nicht in der Intelligenz, denn die intelligenteren Menschen sind gewiss nicht die moralisch besseren als die weniger intelligenten. Sie ist auch keine Frage der Bildung, denn natürlich gilt, dass die Gebildeten nicht die besseren Menschen sein müssen. Ist der Drang zum Guten eine Frage des Temperaments? Sicher nicht, denn ob heißblütig oder lethargisch, auf diesen Unterschied kommt es nicht an. Ist er eine Frage des Charakters? Schwer zu sagen, denn was ist ein Charakter? Jedenfalls nichts, was man unveränderlich besitzt. Hat das Gute etwas mit dem Streben nach Glück zu tun? Der Gedanke ist naheliegend, immerhin fußt auf dieser Behauptung fast die ganze antike Ethik. Platon hatte das Streben nach dem Glück mit dem Guten gleichgesetzt. Nur wer das Gute will und umsetzt, kann wahrhaftig glücklich sein. Und gibt es ein größeres Glück, als das Gute zu tun?

Doch genau aus dieser Tradition schert Kant aus. Den Begriff »Glück« schätzt er überhaupt nicht. Ist es nicht »ein Unglück, dass der Begriff der Glückseligkeit ein so unbestimmter Begriff ist, dass, obgleich jeder Mensch zu dieser zu gelangen wünscht, er doch niemals bestimmt und mit sich selbst einstimmig sagen kann, was er eigentlich wünsche und wolle«.[162] Glück ist ein wackeliges Wort, bei dem jeder sich vorstellen kann, was er will: Macht, Reichtum, Anerkennung, Gesundheit usw. Aber keine von diesen Zutaten macht zwangsläufig glücklich. Kant löst das, was er »wahre Moralität« nennt, völlig von solchen Bedürfnissen. Für ihn soll es sich nicht »lohnen«, gut zu sein, sondern der wahrhaft moralische Mensch handelt auch dann moralisch, wenn es sich nicht lohnt. Gerade darin liegt, wie er später schreibt, das Besondere der Tugend. Sie ist »so viel wert, weil sie so viel kostet, nicht weil sie etwas einbringt«.[163]

Gut ist, wer das Gute um seiner selbst willen anstrebt. Und die Quelle dafür sind weder Nützlichkeit noch Glück noch Charakter noch Temperament, sondern einzig und allein der »gute Wille«! Es »ist überall nichts in der Welt, ja überhaupt auch außer derselben zu denken möglich, was ohne Einschränkung für gut könnte gehalten werden, als allein ein *guter* Wille«.[164] Der gute Wille ist jener Wille, der das Gute will und nicht in erster Linie das Gute *für mich*. Ein solcher Wille ist sowohl Hume wie Smith völlig fremd gewesen. Aber Kant glaubt, dass es diesen Willen zum Guten in jedem normalen und gesunden Menschen gibt.

Kants Ethik ist eine *Gesinnungsethik,* bei der es einzig und allein auf die gute Absicht ankommt: »Der gute Wille ist nicht durch das, was er bewirkt oder ausrichtet, nicht durch seine Tauglichkeit zu Erreichung irgend eines vorgesetzten Zweckes, sondern allein durch das Wollen, d. i. an sich, gut.«[165] Wer etwas reinen Herzens tut, handelt gut, auch dann, wenn seine Handlung wider besserer Absicht negative Konsequenzen hat. Für Kant ist dies ohnehin ein seltener Fall, denn der gute Wille setzt normalerweise Handlungen in Gang, die zu dem gewollten guten Ziel führen. Der gute Wille ist nicht blind, sondern durch und durch vernünftig. Und er realisiert, dass das, was ich tun soll, genau das ist, was auch andere (mir gegenüber) tun sollen.

Der kategorische Imperativ

Diese Weisheit hat eine lange Tradition. Man nennt sie die *Goldene Regel,* und sie begegnet uns in allen Hochkulturen, bei Konfuzius, bei den Hindus, den Jainas, im Buddhismus, im persischen Zoroastrismus, in Platons *Nomoi* (bezogen auf das Eigentum), bei den Sophisten, bei Seneca, Epiktet, im Juden- wie im Christentum und auch im Islam.

Ist das, was Kant formuliert, nicht eine Allerweltsweisheit? Nicht ganz, denn neu ist die Begründung. Alle alten Formulierungen der Goldenen Regel waren Lebensweisheiten. Kant dagegen sieht darin nicht nur eine Regel, sondern ein »Gesetz« der Vernunft. In der *Grundlegung* formuliert er dieses Gesetz gleich fünfmal mit jeweils etwas anderem Akzent. Am einfachsten lautet es: »Handle nur nach derjenigen Maxime, durch die du zugleich wollen kannst, daß sie ein allgemeines Gesetz werde.«[166]

Kant nennt sein Gesetz der Vernunft den *kategorischen Imperativ* – eine Aufforderung, die immer und grundsätzlich gilt und nicht manchmal je nach Situation. Der gute Wille ist *unbedingt* und seiner Natur nach nicht beeinträchtigt durch die jeweiligen Lebensumstände. Mit der Sinnenwelt hat Kants kategorischer Imperativ nichts zu schaffen. Seine Heimat ist das *Reich der Freiheit,* das Kant in der *Kritik der reinen Vernunft* behauptet hatte. Der normale Mensch schwankt damit in seinem Leben unausgesetzt hin und her. Als Vernunftwesen kann er sich in seiner freien Verstandeswelt aufhalten, in der der kategorische Imperativ ihn zum Guten verpflichtet. Als Sinneswesen dagegen lebt der Mensch in der Welt der Kausalität, der Abhängigkeiten und der Umstände. Um sich dort zielsicher zurechtzufinden, ist es klug, sich an Vernunfteinsichten zu halten. Am besten lässt man sich durch vernünftige Handlungsregeln leiten, die Kant *Maximen* nennt.

Ist dieses »Gesetz« der Vernunft ein wissenschaftliches Gesetz? Kant selbst ist davon überzeugt. Beweisen möchte er es mit der *Kritik der praktischen Vernunft,* die 1788, drei Jahre nach der *Grundlegung,* erscheint. Das Buch ist ähnlich aufgebaut wie sein theoretisches Hauptwerk. Wieder beginnt Kant mit einer »Elementarlehre«. Er unterscheidet den Menschen als erkennendes und als handelndes Wesen. Wer etwas erkennt, nutzt seine Vernunft theoretisch, wer handelt, nutzt sie praktisch. Jeder, der handelt, muss sich dabei nach etwas richten. Denn kein normaler Mensch tut etwas ohne einen Grund. Wer gibt diese Gründe vor? Für Hume und Smith lagen die Gründe in den Umständen, also in Dingen, die »außer uns« liegen. Handeln heißt, sich in der Sinnenwelt zu orientieren und sich dabei von dem leiten zu lassen, was nützlich ist oder zu dem der »unparteiische Beobachter« uns rät.

Für Kant ist das zu wenig, denn eine solche Ethik ist keine Wissenschaft. Sie kennt nichts, was notwendig und allgemeingültig ist. Wenn es ein Gesetz der Moral gibt, so muss es nach Kant »in uns« liegen. Und tatsächlich glaubt er, dass es in der Vernunftwelt ein solches Gesetz gibt. Es sagt uns zwar nicht, was wir tun *müssen* (wie die Naturgesetze), aber es sagt uns, was wir tun *sollen.*

Dieses »Sollen« kommt nirgendwo in der Natur vor, außer in der Menschenwelt. Als inneres Sollen ist es in uns da, und als äußeres Sollen gießen wir es in die Form von juristischen Gesetzen. Daran, dass es »da« ist, besteht für Kant kein Zweifel. Der Mensch ist das einzige Tier, das ein schlechtes *Gewissen* haben kann, das so verzweifelt ist über das, was es getan hat, dass es weint oder bereut. Und das kann es nur, weil es einen Unterschied in sich verspürt zwischen dem, was es will, und dem, was es soll.

Natürlich kennt auch Smith diesen Unterschied. Klärt uns denn der »unparteiische Beobachter«, unser »Über-Ich«, nicht ständig darüber auf, was wir tun sollen? Doch dieser Beobachter ist nur ein Produkt unserer Erziehung, kein Gesetzgeber wie Kants praktische Vernunft. Er stammt aus der Sinnenwelt mit ihren kausalen Verknüpfungen. Kants Gebot des Sollens, sein kategorischer Imperativ, aber soll damit nichts zu tun haben. Er ist »bloße Form« und damit frei von Erziehung, Kultur, Temperament und Umstand. Es ist eine innere Stimme, die in uns spricht: »Handle so, dass die Maxime deines Willens jederzeit zugleich als Prinzip einer allgemeinen Gesetzgebung gelten könne.«[167]

Besonders eine Konsequenz aus dem kategorischen Imperativ ist Kant wichtig: dass ich andere Menschen nicht für meine Absichten »verzwecken« darf. Wer über Vernunft verfügt, hat für Kant einen »inneren Wert«. Er gehört nicht in die Welt der Dinge, die einen Preis haben, sondern in die Welt der Dinge, die einen Wert besitzen. Diesen »inneren Wert« nennt Kant in der *Grundlegung* zum ersten Mal die *Würde*. Wer über eine Würde verfügt, ist ein »Zweck an sich« und darf niemals ein reines Mittel dafür sein, damit andere ihre Ziele erreichen. Kant hat den Begriff der »Menschenwürde« nicht erfunden. In seiner modernen Form wird er, wie erzählt, schon in der Renaissance gedacht, vor allem bei Pico della Mirandola.

Kants Erklärung, warum der Mensch »sittlich autonom« sei und nicht »verzweckt« werden dürfe, macht eine eindrucksvolle Karriere in der Rechtsprechung und im Selbstverständnis freiheitlich-demokratischer Gesellschaften. Wenn wir heute als selbstverständlich voraussetzen, dass wir andere Menschen achten sollen, dass jeder Mensch ein unbedingtes Lebensrecht hat und dass alle Menschen (als reale oder potenzielle Vernunftwesen) gleichwertig sind, dann geht dieses Selbstverständnis vor allem auf Kant zurück. Denn dass vernunftbegabte Wesen grundsätzlich unantastbar sind, hat kein anderer Denker der Aufklärung so klar formuliert. Für viele französische Revolutionäre war nicht der einzelne Mensch das höchste Gut, sondern die allgemeine überpersönliche Vernunft. In dieser Hinsicht ist Kants »Menschenwürde« ein großer moralischer Fortschritt. Gleichwohl wird sein Konzept heute in der Philosophie oft kritisiert. Warum soll ausgerechnet die schwer identifizierbare Vernunft einem Lebewesen Wert und Würde verleihen? Ebenso gut, oder vielleicht besser, könnte man die allgemeine Bewusstseinsfähigkeit oder die Leidensfähigkeit zum Kriterium machen – ein Maßstab, der viele andere Tiere in den Klub ethisch wertvollen Lebens mit aufnehmen würde.

Im 18. Jahrhundert ist Kants Konzept der »Menschenwürde« in jedem Fall ein richtungsweisender Schritt. Und sein kategorischer Imperativ ist verbindlicher als Smiths »unparteiischer Beobachter«. Er tritt mit der Strenge eines Gesetzes auf, das ich unterschreiben soll, sofern ich ganz bei Trost bin. Doch für diese Notwendigkeit bezahlt Kant einen hohen Preis. Seine Ethik sieht von all den praktischen Verstrickungen ab, die eine reale Handlungssituation ausmachen. Und er legt den Ursprung unserer Moralität so tief in uns hinein, dass er dafür eine ganz eigene Sphäre, »das Reich der Freiheit«, erfinden muss. Natürlich würde Kant sagen, dass er die Sphäre der Freiheit nicht *erfunden,* sondern in uns *aufgefunden* hat. Doch dass jeder Mensch »Bürger zweier Welten«, der bedingten Sinnenwelt und der freien Verstandeswelt, sei, überzeugt nicht jeden. Schleppt Kant hier nicht ein altes rationalistisches Erbe mit sich? Seit Heraklit und Platon haben Philosophen immer wieder Sphären des Reinen erfunden, die jenseits unserer Sinneswelt dem Menschen und dem

Kosmos einen höheren Sinn verleihen. Auf diesen Schultern steht auch Kant, wenn er dem Kosmos des menschlichen Geistes Autonomie verleiht und ein »reines Sittengesetz«, eine Welt des Guten, in uns entdeckt.

Der gute Affe

Die schönen Stunden mit der tief religiösen Mutter unter dem Sternenhimmel – hat Kant sie nicht einfach mit enormer Begriffsarbeit fundiert? Hat er nicht das Erhabene des Sternenhimmels mit der Reinheit seiner Mutter verbunden und in jeden Menschen hineingelegt? Hat er, mit einem Wort, nicht aus dem erhabenen Kosmos der Außenwelt einen erhabenen Kosmos der Innenwelt gemacht? So jedenfalls liest sich der Gänsehaut erregende Schluss der *Kritik der praktischen Vernunft*, dessen erste Sätze schon zitiert wurden: »Zwei Dinge erfüllen das Gemüt mit immer neuer und zunehmender Bewunderung und Ehrfurcht, je öfter und anhaltender sich das Nachdenken damit beschäftigt: *Der bestirnte Himmel über mir, und das moralische Gesetz in mir.* Beide darf ich nicht als in Dunkelheiten verhüllt, oder im Überschwänglichen, außer meinem Gesichtskreise, suchen und bloß vermuten; ich sehe sie vor mir und verknüpfe sie unmittelbar mit dem Bewusstsein meiner Existenz. Das erste fängt an dem Platze an, den ich in der äußern Sinnenwelt einnehme, und erweitert die Verknüpfung, darin ich stehe, ins unabsehlich Große mit Welten über Welten und Systemen von Systemen, überdem noch in grenzenlosen Zeiten ihrer periodischen Bewegung, deren Anfang und Fortdauer. Das zweite fängt von meinem unsichtbaren Selbst, meiner Persönlichkeit an, und stellt mich in einer Welt dar, die wahre Unendlichkeit hat, aber nur dem Verstande spürbar ist, und mit welcher (dadurch aber auch zugleich mit allen jenen sichtbaren Welten) ich mich nicht, wie dort, in bloß zufälliger, sondern allgemeiner und notwendiger Verknüpfung erkenne. Der erste Anblick einer zahllosen Weltenmenge vernichtet gleichsam meine Wichtigkeit, als eines *tierischen Geschöpfs,* das die Materie, daraus es ward, dem Planeten (einem bloßen Punkt im Weltall) wieder zurückgeben muß, nachdem es eine kurze Zeit (man weiß nicht wie) mit Lebenskraft versehen gewesen. Der zweite erhebt dagegen meinen Wert, als einer *Intelligenz,* unendlich, durch meine Persönlichkeit, in welcher das moralische Gesetz mir ein von der Tierheit und selbst von der ganzen Sinnenwelt unabhängiges Leben offenbart ...«[168]

Ohne Zweifel: Kant hat Platons guten Kosmos in die Innenwelt geholt und tief in jedem von uns verankert: als ein reines und edles Reich der Freiheit. Diese Trennung der Welten, die Welt des Sinnlichen und die Sphäre der Freiheit mit ihrem »Ding an sich«, hat seine Philosophie angreifbar gemacht. Schon Zeitgenossen empfinden sie als unnachvollziehbar. Aber hat Kant nicht zumindest damit recht, dass alle Menschen so etwas in sich spüren wie ein Gewissen? Und dass dieses Gewissen, sofern es nicht korrumpiert ist, nach dem Guten strebt?

Die Frage hat bis heute nichts von ihrer Aktualität verloren. Primatenforscher wie Frans de Waal sehen im Menschen einen »guten Affen« – nicht anders allerdings als andere Menschenaffen. Von Natur aus haben Primaten ein hohes Interesse daran, mit anderen klarzukommen. Und auch Reue, Verzweiflung oder Scham scheinen nicht exklusiv menschlich zu sein. Wie moralisch Menschen »von Natur aus« eingestellt sind, zeigt auf eindrückliche Weise eine Versuchsreihe des deutschen Verhaltensforschers *Felix Warneken* und des US-Amerikaners *Michael Tomasello* (* 1950) am Max-Planck-Institut für evolutionäre Anthropologie in Leipzig aus dem Jahr 2005. Menschen, die offensichtlich Hilfe brauchten, weil sie eine Schranktür nicht öffnen konnten, einen Textmarker fallen gelassen hatten oder einen Schwamm aus der Hand verloren, bekamen spontan und unaufgefordert Hilfe von ein-, zweijährigen Kindern, die die Szene beobachteten. Die gleiche Unterstützung leisteten ihnen aber auch Schimpansen. Und das, obwohl die Kleinkinder und Schimpansen für ihr Tun nicht belohnt wurden. (Ganz im Gegenteil: Belohnt man Kinder und Schimpansen für ihre Hilfe, so helfen sie fortan nur noch für Belohnungen.)[169]

Der gute Wille unterscheidet Menschen nicht von anderen Affen, wahrscheinlich aber die Fähigkeit, für alles Verhalten einen *Grund* auszumachen und sich im Zweifelsfall für sein Tun zu *rechtfertigen.* Das Universum unseres moralischen Handelns besteht aus Gründen. So gesehen hat Kant zweifellos etwas Richtiges festgestellt – die Frage ist nur, welche Bedeutung das von ihm so genannte Sittengesetz, die Selbstverpflichtung zum Guten, in unserem täglichen Leben hat. Aus Sicht von Entwicklungspsychologen bestimmen vor allem frühkindliche Prägungen über unser Moralverhalten. Für Sozialpsychologen und Verhaltensökonomen entscheidet meist der Kontext darüber, wie wir uns verhalten. Als soziale Tiere richten wir uns oft weitgehend nach den anderen und tanzen nur ungern stark aus der Reihe – selbst dann, wenn das, was gerade getan wird, unseren moralischen Überzeugungen *eigentlich* widerspricht.

Kant hätte all dies nicht bestritten. Ein kurzer Blick ins Leben belehrte auch ihn unmissverständlich darüber, dass dic meisten Menschen sich von ihren »Neigungen« leiten lassen statt von ihrer »Pflicht«. Im zweiten Teil der *Kritik der praktischen Vernunft,* der »Dialektik«, beschäftigt er sich ausgiebig mit dem alltäglichen Widerspruch von sinnlicher Begierde und tugendhafter Pflicht. Während die Begierde nie zu tugendhaften Handlungen führt, kann unser Pflichtgefühl immerhin auf die Begierde einwirken und sie zügeln. In ähnlichem Sinne hatte Platon unsere Psyche mit einem »Seelenwagen« verglichen, der vom Wagenlenker straff geführt werden muss. Auf diese Weise mogelt Kant am Ende doch noch das so oft kritisierte Glück in seine Ethik ein. Zwar soll der Mensch nicht nach dem Glück streben, sondern nach dem Guten. Aber ein gutes Leben könne den Menschen immerhin »glückswürdig« machen. Und wer weiß, ob sich dann nicht (mit etwas Glück) vielleicht doch Glückseligkeit einstellt – jedenfalls eher, als wenn ich unmoralisch lebe.

Glück, so wie Kant es hier versteht, ist in erster Linie Leidvermeidung und nicht Lustgewinnung. Nicht anders hatten dies die Stoiker und viele andere antike Philosophen gesehen. Doch ist es nicht gerade diese Leidenschaftslosigkeit, die Kants Ethik dröge und verstaubt erscheinen lässt? Auf junge Menschen wirkt sie oft knöchern und wenig verführerisch. Wird hier nicht das Milchpulver für die wahre Milch ausgegeben? Und ist das Rauschmittel zur Glückseligkeit nicht alkoholfreies Bier? Zumindest für Kant scheint zu gelten, was die französische Chansonsängerin Édith Piaf einmal ganz allgemein meinte: »Moral ist, wenn man so lebt, dass es gar keinen Spaß macht, so zu leben.«

Kants eigenes Leben wirkt so, als hätte er nur gelebt, um seiner Philosophie ein gutes Beispiel zu geben. Keine Gemeinheit, kein Hass, keine Leidenschaft, keine unvernünftige Lebensentscheidung sind von ihm bekannt. Stattdessen lebt er getreu der eigenen Maximen. Man kann es allerdings auch umgekehrt sehen. Weil Kant ein Mensch ist, dem es schwer gelingt, seine Leidenschaften zu leben, aber einfach, sie zu unterdrücken, macht er sich selbst zum Maßstab. Die Vernunft, die er beschreibt, und der unbedingte Wille zum Guten, den er in sich spürt, sind das, was vor allem ihn selbst ausmacht. Man hat Kant in den letzten Jahrzehnten immer wieder nachgesagt, dass er am Asperger-Syndrom gelitten habe, einer leichten autistischen Störung, bei der Menschen sich schwer damit tun, die Gefühlsregungen anderer zu deuten und zu verstehen. Menschen mit Asperger müssen das, was sie emotional nicht verstehen, rational deuten, was häufig einhergeht mit einer hohen Intelligenz für Logik und Strukturen. Den Berichten seiner Zeitgenossen zufolge war Kant in der Tat äußerst strukturiert, manchmal sogar bis zur Karikatur. Doch kennt man auch einen Kant, der sich und andere bei Tisch mit Witz und Humor unterhält und sehr gerne lacht – für einen Asperger-Fall eher untypisch.

Doch selbst wenn Kant kein Asperger hatte, hat er dann nicht eine Ethik für Menschen aufgestellt, die sich wie Asperger-Fälle verhalten sollen? Seine Emotionen unterdrücken und auf die Logik eines Gesetzes in uns hören? Sich im Leben so weit wie eben möglich an Maximen halten, statt sich von Situationen zu Handlungen verführen zu lassen? Spontaneität in allen moralischen Situationen unterdrücken und stets vernünftig handeln? Das Sollen in jedem Fall über das Wollen stellen? Und ist all dies nur eine Regel der Leidvermeidung oder tatsächlich allgemeingültig und notwendig?

Über die Wissenschaftlichkeit von Kants Ethik wird bis heute diskutiert. Ohne Zweifel hat sie einen enormen Einfluss auf die Philosophie ausgeübt und noch im 20. Jahrhundert zahlreiche bedeutende moralphilosophische Theoriegebäude inspiriert. Andererseits mangelt es nicht an kritischen Einwänden. Bereits Hamann hat gleich nach der Lektüre der *Grundlegung* den Kopf geschüttelt. Schon wieder hat Kant ein Phantasma erfunden, das über den Menschen bestimmen soll, das es in Wahrheit aber gar nicht gibt: »Statt der *reinen Vernunft* ist hier von einem anderen Hirngespinst und Idol die Rede, dem *guten Willen.*«[170] Und *Friedrich Schiller* (1759–1805), der Kant sehr bewundert, kann die Rigorosität nicht nachvollziehen, mit der der Meister die Neigungen der Menschen ihrem Pflichtgefühl entgegenstellt. Gibt es denn nicht auch eine Neigung, seine Pflicht zu tun, weil das unsere Psyche befriedigt? Und ist seine Pflicht zu tun damit nicht eine Neigung unseres Gemüts unter anderen? Auf den Punkt gebracht: Ist die philosophische Unterscheidung zweier Welten, Begierde und Vernunft, richtig, wenn sie psychologisch nicht überzeugt …?

Gottes zweckmäßige Welt

Kant weiß, dass er eine große Frage offen gelassen hat: Welche Rolle spielen die Gefühle? Wenn Sinnlichkeit und Verstand bei unseren alltäglichen Urteilen zusammenspielen, dann sind sie in jedem Fall beide beteiligt. Ständig beurteilen wir etwas im außermoralischen Sinn als gut oder schlecht, weil es entweder »Lust« bereitet oder »Unlust«. Entweder ist das, was ich erlebe, gut, angenehm und in Ordnung, oder aber es schmerzt, nervt, stört, irritiert und verärgert.

Warum das so ist, und welche Gesetzmäßigkeiten unseren Urteilen zugrunde liegen, ist das Projekt der dritten »Kritik«: der *Kritik der Urteilskraft*. Sie soll die Kluft zwischen den beiden anderen »Kritiken« schließen. Was ein »Urteil« ist, hat Kant bereits in der *Kritik der reinen Vernunft* erklärt. Urteilen bedeutet, das, was ich sinnlich erlebe, mithilfe meines Verstandes auf den Begriff zu bringen. In diesem Sinne definiert Kant: »Urteilskraft ... ist das Vermögen, das Besondere als enthalten unter dem Allgemeinen zu denken.«[171] Wer urteilt, ordnet das Erlebte mithilfe von vorgegebenen Begriffen ein. Er sucht die Regel, das Prinzip oder das Gesetz, das ihm hilft, seine Welt zu sortieren. Diesen Vorgang erleben Menschen, nach Kant, als befriedigend. Ihre *bestimmende* Urteilskraft kommt ans Ziel, wenn sie die sinnlichen Erlebnisse angemessen verarbeitet.

Doch wie ist das möglich? Wie schafft es unser Verstand, die Welt zu begreifen? Kants Antwort ist verblüffend: dadurch, dass wir annehmen, dass sie zu dem Zweck da ist, von uns begriffen zu werden! Überall in der Natur erkennt der Verstand »Zweckmäßigkeit«, das heißt Strukturen, die er erfassen und verstehen kann. Für einen naturwissenschaftlich denkenden Menschen ist dies bereits die dritte Zumutung. Die erste war, dass Zeit und Raum nur im menschlichen Bewusstsein existieren, die zweite, dass unser Verstand der Natur die Gesetze vorschreiben soll. Und die dritte ist nun, dass die Natur von sich aus zweckmäßig dafür sein soll, vom Menschen begriffen zu werden.

All das ist nur verständlich, wenn man an Kants Perspektive denkt. Seine Frage ist eben nicht, wie die Natur »an sich« ist. Denn darüber können wir ja nichts wissen. Sondern seine Frage ist: Wie stellt sich die Natur unserem Bewusstsein dar, wie erleben wir sie? Auch der kühlste Rechner und exakteste Naturforscher kommt aus dieser Welt seines Bewusstseins nicht heraus, selbst wenn er nach objektiven Erkenntnissen über die Welt sucht und seine Messungen für solche hält. Wenn Kant die Natur »zweckmäßig« nennt, dann meint er nicht, dass sie »an sich« zweckmäßig für irgendetwas ist, denn das ist sie sicher nicht. Er meint, dass unser Bewusstsein gar nicht anders kann, als sich die Natur »zweckmäßig« vorzustellen. Denn wäre sie es nicht, würden wir den ganzen Tag lang nichts verstehen und befänden uns in einem Zustand der Überforderung und Irritation, also der Unlust.

Aus diesem Grund sehen wir die Natur als zweckmäßig an. Und zwar so, als wenn sie es ganz real wäre. Wir erfassen sie mit unserer bestimmenden Urteilskraft und finden uns so in der Welt zurecht. Nur selten kommt es vor, dass wir zu dem, was wir erleben, keinen passenden Begriff finden. Unsere Urteilskraft pendelt dann zwischen sinnlichem Erleben und Begreifen hin und her. In diesem Fall ist unsere Urteilskraft nicht wie meistens bestimmend, sondern *reflektierend*.

Der eine klassische Fall für den Gebrauch der reflektierenden Urteilskraft ist die Erfahrung des *Schönen*. Auf sie kommen wir noch ausführlich zurück. Der andere Fall ist, wenn wir die Natur so betrachten, als ob alles in ihr einen Zweck, das heißt, einen Sinn hätte. Menschen neigen dazu, das, was sie erleben, in größere Sinnzusammenhänge einzubetten. Alles soll ein Ziel oder einen Sinn haben. Wie Kant bereits in der *Kritik der reinen Vernunft* schrieb, strebt unsere Vernunft nach dem Unbedingten. Doch während die sinnliche Welt überall aus Ursache und Wirkung besteht, ist das in der Vernunftwelt überhaupt nicht so. Wenn wir der Welt einen Zweck unterstellen, ihr Sinn und Ziel geben, dann tun wir es, *als ob* sie einen solchen Zweck hätte. Tatsächlich aber ist es nur ein Streben, eine »regulative Idee«, etwas, zu dem uns unsere Vernunft nötigt.

Weil unsere Vernunft so ist, wie sie ist, erscheint uns die Natur zweckmäßig. Insbesondere die belebte Natur ist ein einziger

Sinnzusammenhang. Wenn wir Pflanzen und Tiere wissenschaftlich betrachten, so erblicken wir ein zweckmäßiges Ganzes. Auf ähnliche Weise hatte Leibniz die Natur als optimal erkannt und beschrieben. Doch für Kant ist das Planmäßige und das Zielgerichtete nicht das Werk Gottes, sondern ein Bedürfnis, das unsere Vernunft in die Natur hineinprojiziert, um sie begreifen zu können. Wir erkennen keinen Zweck in der Natur, sondern wir *beurteilen* sie so, *als ob* sie einen hätte. Der Naturwissenschaftler, der die Welt verstehen will, unterstellt, dass es da etwas zu verstehen gibt. Er glaubt, dass die Welt sinnvoll organisiert ist. Tatsächlich aber übertragen wir damit ein menschliches Bedürfnis auf die Natur. Kein Wunder, dass jemand wie Leibniz sich ein Wesen vorgestellt hat, das die Welt erschaffen und sinnvoll geordnet hat. Unsere Vernunft kann eigentlich gar nicht anders, als ein solches absolut notwendiges Wesen zu denken, auch wenn sie es niemals erkennen oder beweisen kann.

Für Kant entspringt Gott also aus einem Bedürfnis der Vernunft. Er ist eine unentbehrliche Idee. Besonders gottesfürchtig ist das nicht, jedenfalls nicht im traditionell christlichen Sinne. Als die *Kritik der Urteilskraft* 1790 erscheint, weiß Kant, dass er sich damit in eine schwierige Position bringen kann. Mit dem Tod Friedrichs des Großen im Jahr 1786 hat sich der Wind in Preußen gedreht. Sein Nachfolger, Friedrich Wilhelm II., ist ein schwacher Mensch, beeinflusst von stark religiösen Kreisen. Der König schätzt Kant und lässt sich sogar in Königsberg krönen. Doch mit der geistigen Freiheit ist es vorbei. Der Staat erlässt zwei »Censur-Edikte« und wacht argwöhnisch über jede Publikation, die nicht der staatlichen Religionspolitik entspricht.

Kant reagiert auf seine Weise. Er ist siebenundsechzig Jahre alt und in den deutschen Landen inzwischen weithin berühmt. 1791 schreibt er einen religionskritischen Aufsatz in der *Berlinischen Monatsschrift: Über das Misslingen aller philosophischen Versuche in der Theodizee.* Am Beispiel Hiobs macht er klar, dass alle Religiosität in tiefer Moralität gründet. Also nicht Religion macht moralisch, sondern der moralische Mensch drückt seine inneren Überzeugungen in seiner Religion aus. Wichtiger als alle religiösen Überzeugungen ist der »gute Lebenswandel«, der Rest ist schmückendes Beiwerk.

Bald darauf folgt ein zweiter Essay, diesmal *Über das radikal Böse in der menschlichen Natur.* Der Text setzt sich mit der »Erbsünde« im Christentum auseinander. Dabei enthält er einen für Kant neuen Gedanken. Bislang sah er den Menschen hin- und hergerissen zwischen den niederen Trieben und der reinen Vernunft. Schlecht war, wer nur den Begierden, gut, wer der Vernunft folgt. In seinem neuen Essay aber erkennt Kant an, dass Menschen auch wohlüberlegt dazu kommen können, das Böse zu tun. Gut oder Böse – das ist also nicht einfach nur eine Frage der Willensschwäche. Denn zu dem, was der Mensch im moralischen Sinne ist oder werden soll, macht er sich selbst. Die Vernunft ist also nicht mehr unweigerlich gut. Und wenn Menschen gut oder schlecht handeln, verrät dies nichts darüber, wie reflektiert sie dies tun.

Seinen nächsten Text für die *Monatsschrift* kann Kant nicht veröffentlichen. Die Zensurbehörde hat genug von dem Freigeist aus Königsberg. Doch Kant geht einen Umweg und publiziert seine Gedanken nun in einem Buch, das er in Sachsen drucken lässt: *Die Religion innerhalb der Grenzen der bloßen Vernunft. Vorgestellt von Immanuel Kant.* Das Projekt aus den Jahren 1793/1794 ist eine Provokation. Denn Kant kehrt die bisherigen Verhältnisse, wie man sie aus der Theologie kennt, einfach um. Nicht die Bibel ist die Autorität, sondern die *Kritik der praktischen Vernunft.* An ihr muss sich die Bibel messen lassen. Was mit ihr übereinstimmt oder vereinbar ist, ist gut und richtig, was nicht, ist schlecht und falsch. Was die Heilige Schrift »Erbsünde« nennt, ist die Freiheit des Menschen, sich für das Böse entscheiden zu können. Was dem Christen die »Erlösung« ist, ist der Sieg der Tugend über das Laster. Die Kirche? Nichts anderes als eine Vereinigung von Menschen, die sich der Tugend verpflichten. Die wahre Kirche ist kein Gotteshaus und keine Institution, sondern sie ist »unsichtbar«. Die Rituale des Gottesdienstes? Gut und richtig, solange sie dem moralischen Leben dienen. Denn einzig darauf kommt es an. *»Alles, was außer dem guten Lebenswandel, der Mensch noch tun zu können vermeint, um Gott wohlgefällig zu werden, ist bloßer Religionswahn und Afterdienst Gottes.«*

Das sitzt! Einzig und allein das gute Leben zählt – für genau diese Auffassung hat Augustinus im 4. und 5. Jahrhundert die Anhänger des Briten Pelagius verfolgt und ermorden lassen. Und auch die protestantische preußische Zensurbehörde ist nicht angetan. Vollends zerschnitten ist das Tischtuch, als der unnachgiebige Kant 1794 den Essay *Das Ende aller Dinge* in der *Monatsschrift* folgen lässt. Hier greift er alle an, die sich einbilden, im Namen von Kirche und Religion andere zu maßregeln. Wer das tut – und Kant denkt an seine Berliner Zensoren –, der bereite das Zeitalter des »Antichristen« vor. Dem König reicht es, er verbietet Kant von nun an alle Einlassungen über Religion. Der Beschuldigte reagiert empört, zieht es aber vor, sich an das Verbot zu halten. Was er zu sagen hat, hat er hinreichend deutlich gesagt.

Zum ewigen Frieden

Für die preußische Zensur ist Kant ein störrischer alter Mann, der offensichtlich nicht weiß, was er tut. Dass der Königshof immer allergischer auf allzu freidenkerische Ansichten reagiert, hat einen Grund. Seit 1792 befindet sich das Land im Krieg mit Frankreich. Die alten Mächte Europas wollen die neue Zeit aufhalten, die mit der Französischen Revolution in die Welt kam. Während Kant an der *Kritik der Urteilskraft* arbeitet, hat sich der »Dritte Stand« – das Bürgertum – zur Nationalversammlung erklärt. Man stürmte die Bastille, das Staatsgefängnis, und erklärte die »natürlichen, unveräußerlichen und heiligen« Menschen- und Bürgerrechte.

Im fernen Königsberg, weitab vom Epizentrum der Revolution, erhebt der preußische Professor für Logik und Metaphysik,

Immanuel Kant, das Weinglas. Ungeduldig wartet er auf jede neue Nachricht aus Paris, begeistert schwärmt er vor seinen Tischgenossen. »Die große Begebenheit beschäftigte seine Seele so sehr, dass er in Gesellschaften fast immer auf sie, wenigstens auf Politik, zurückkam.«[172] In einer Fußnote zur *Kritik der Urteilskraft* vergleicht Kant die Revolution, die »neuerlich unternommene gänzliche Umbildung eines großen Volkes zu einem Staat«,[173] mit der Natur. So wie unsere Vernunft die belebte Natur nur denken kann, indem sie sie sich als »Zweck« vorstellt, so mache die Revolution in Frankreich jedes Mitglied der Gesellschaft zu einem Zweck, statt zu einem Mittel. Selbstverständlich ist Kants schwärmerischer Vergleich nur ein Bild. Denn die Gesellschaft funktioniert bei Weitem nicht so zweckgebunden, wie wir es der Natur unterstellen. Kant ist kein Soziobiologe, der aus der Natur die Spielregeln für das menschliche Zusammenleben abliest. Und doch kann er gar nicht anders, als seiner Begeisterung für die Revolution an einer Stelle Luft zu machen, wo sie streng genommen nicht ganz hinpasst.

Für seine Freunde ist Kant kaum wiederzuerkennen. Den Terror der Jakobiner, den Siegeszug der Guillotine sieht er als Übergangsphänomen an, als bedauerlichen Kollateralschaden. Keine schlechte Nachricht aus Paris vermag ihn zu ernüchtern. Hat er der Masse, dem »gedankenlosen großen Haufen«, früher nicht über den Weg getraut, weil sie zu ungebildet sei, so argumentiert er jetzt mit Hamanns damaliger Kritik gegen sich selbst: Erst kommt die Freiheit, dann die Vernunft! Denn »man kann zu dieser nicht *reifen,* wenn man nicht zuvor in Freiheit gesetzt worden ist (man muss frei sein, um sich seiner Kräfte in der Freiheit zweckmäßig bedienen zu können)«.[174]

Mit der *Kritik der praktischen Vernunft* hat Kant bislang nur das Feld abgesteckt, auf dem die Philosophie ihre Aussagen über Moral und Gesellschaft treffen kann. Beflügelt durch die Vorgänge in Frankreich, arbeitet Kant nun an einer positiven Sittenlehre: Was können wir über Tugend und Recht sagen? Was ist eine vernünftige Gesetzgebung für Menschen und Staaten? Und was bedeutet ein tugendhaftes Leben im Detail? Kants *Metaphysik der Sitten* ist ein viel umfangreicheres und lebenspragmatischeres Werk als seine *Kritik der praktischen Vernunft*. Jede moralische Frage des täglichen und des politischen Lebens wird darin erörtert und nach Maßgabe der Vernunft entschieden.

Im Jahr 1795 klinkt Kant einen kleinen Aufsatz aus seinen Überlegungen zum Staatsrecht aus und veröffentlicht ihn separat. Der kurze Text ist ein Bestseller: *Zum ewigen Frieden*. Schon der Titel ist für Kants Verhältnisse ausgesprochen humorvoll. Kant hat ihn als Name eines Wirtshauses entdeckt, das gegenüber einem Friedhof liegt. Denn »ewigen Frieden«, einen alten Menschheitstraum, kann es eigentlich nur nach dem Tode geben. Trotzdem, fährt Kant fort, sollten wir alles Menschenmögliche tun, um diesem Ideal nahezukommen. Sein Text schlägt plötzlich um. Auf einmal haben wir es mit einem Vertrag zu tun, eingeteilt ihn »Präliminarartikel« und »Definitivartikel«. Kant gibt den Völkern der Welt eine gemeinsame internationale Verfassung, wie sie in Zukunft respektvoll miteinander umzugehen haben.

Der Philosoph als Gesetzgeber der Menschheit – in Kant erwacht der Geist Platons; keine »Kritik« mehr, sondern klare, direkte und vernünftige Anweisungen. Oberstes Ziel ist die dauerhafte Sicherung des Friedens. Keiner soll bei einem Friedensschluss bereits an künftige Kriege denken, keiner seine Staatsgrenzen verändern wollen, keiner weiterhin stehende Heere unterhalten, keiner sich in die Angelegenheiten anderer Staaten einmischen. Der Krieg als Mittel der »Realpolitik« soll verschwinden. Kant möchte die politische Topografie (mindestens Europas) für immer als unveränderlich sichern. Allerdings nur, was Grenzen und Territorien anbelangt. Denn in seinen »Definitivartikeln« stellt er Forderungen auf, die die gekrönten Häupter Europas zutiefst verstören. Die einzige vernünftige und akzeptable Staatsform ist die bürgerliche Republik. Die Begründung ist ganz einfach: Wenn alle Soldaten und sonstige Leidtragende eines Krieges darüber abstimmen, ob sie einen Krieg beschließen, ist die friedliche Gesinnung optimal gewährleistet. (Das Gleiche würde heute wohl gelten, wenn jeder Staatspräsident als erster Soldat in vorderster Reihe in den Krieg ziehen müsste, den er vom Zaun bricht.) Kant definiert einen Föderalismus aus lauter freien Staaten und wiederholt sein »Weltbürgerrecht«, von dem er schon in seiner Betrachtung über den Lauf der Weltgeschichte gesprochen hat. Dazu gehört auch, dass kein Staat der Welt das Recht hat, in einen anderen einzudringen, um ihn zu kolonialisieren. Man hat Kant vorgeworfen, dass er an anderen Stellen sämtliche Klischees seiner Zeit über die »Negers in Afrika« geglaubt und übernommen hat. Gleichwohl möchte er »die Negerländer, die Gewürzinseln, das Kap usw.« vor europäischen Kolonialisten geschützt sehen.

Ende des 18. Jahrhunderts sind das überaus fortschrittliche Töne, und vieles davon wünscht man sich noch heute. Auch die »Rechtslehre« der *Metaphysik der Sitten* ist äußerst modern. Kant definiert Recht als den »Inbegriff der Bedingungen, unter denen die Willkür des einen mit der Willkür des anderen nach einem allgemeinen Gesetze der Freiheit vereinigt werden kann«.[175] Staaten werden für Kant durch das Gesetz zusammengehalten. Die Gewaltenteilung nach Montesquieus Vorbild sichert die Gleichheit und Freiheit aller Bürger. Den Umgang der Staaten miteinander gewährleistet das Völkerrecht, wie er es im *Ewigen Frieden* definiert hat. Durchgesetzt und überwacht wird es durch einen »Völkerbund« im Sinne einer »*Genossenschaft* (Föderation)«.

Was die Rechtslehre für die Gesellschaft und die Völker leistet, soll für den einzelnen Menschen die »Tugendlehre« sicherstellen. Sie handelt von den Pflichten, die jeder Mensch sich selbst und anderen schuldet. Als animalisches Wesen ist der Mensch seiner *Selbsterhaltung* verpflichtet; als moralisches Wesen seiner *Selbstachtung*. Ein moralischer Mensch hält sich an die Wahrheit und handelt nicht gegen sein Gewissen. Er strebt nach Erkenntnis und Selbsterkenntnis. Die Skizze, die Kant in der *Kritik der prakti-*

schen Vernunft gezeichnet hat, wird nun im Detail ausgemalt. Im Umgang mit anderen gibt es Pflichten der Liebe, wie Wohlwollen, Anteilnahme und Dankbarkeit. Zu den Pflichten der Achtung gehört, andere Menschen nicht als Zweck zu sehen, sondern jene »Würde« zu respektieren, die er in der *Grundlegung* definiert hat. Bedauerlicherweise kennt Kant diese Pflichten nur gegenüber Menschen. Gegen Tiere hat der Mensch keine Pflichten, sondern es gibt nur die »Pflicht des Menschen gegen sich selbst«.[176] Im Prinzip darf der Mensch Tiere behandeln, wie er will. Allerdings soll er sich »in Ansehung der Tiere« nicht allzu grob verhalten, um seine Selbstachtung nicht zu verlieren und zu verrohen.

»Nichts Bestimmtes«

Die *Metaphysik der Sitten* wird Kants letztes großes Buch. Geplant aber hat er etwas ganz anderes. Nach einer langen Phase der Reifung in den 1770er Jahren werden seine Pläne im Alter immer gigantischer. Die drei »Kritiken« erscheinen dem alten Kant nur noch als Baugrund für ein Gedankengebäude, das jede gotische Kathedrale in den Schatten stellt. Immer höher setzt er das Mittelschiff an, immer voluminöser wird der Bauplan. Das Hauptwerk, lässt er seine Freunde wissen, kommt erst noch! Es soll die Metaphysik mit der Physik zusammenbringen, also jene beiden Welten, die Kant seit seinem Hume-Erlebnis so streng voneinander getrennt hat. Doch zwischen der freien Innenwelt und der kausalen Außenwelt, sinniert Kant, muss es einen »Übergang« geben. Wenn die Vernunft sich durch ihre Taten in der Welt verwirklicht, gleitet sie von der Freiheit in die Kausalität. Und so getrennt diese Welten gedacht werden können, so verbunden müssen sie zugleich in der Realität sein.

Das Monumentalprojekt wirkt völlig untypisch für Kants bisheriges Denken. Denn einen solchen »Übergang« schließt seine Philosophie gerade aus. Doch der alte Mann beginnt sich zu verändern. Die Vernunft verliert für ihn an Faszination. Dafür interessiert er sich mehr und mehr für das Körperliche. Besonders beeindruckt ist er von dem medizinischen Bestseller *Die Kunst das menschliche Leben zu verlängern.* Sein Autor, der bestens vernetzte Weimarer Hofarzt *Christoph Wilhelm Hufeland* (1762–1836), hat es ihm so sehr angetan, dass Kant ihm eine ausführliche Dokumentation der eigenen Fitness-Maximen und Ernährungsgewohnheiten zur Veröffentlichung schickt. Besonders nah ist Kant Hufelands Begriff der »Lebenskraft«. Der alte Herr in Königsberg sieht sich an sein Jugendwerk zum gleichen Thema erinnert. Doch wie Kant fünfzig Jahre zuvor, so kann auch Hufeland die »Lebenskraft« nur durch Indizien ermitteln, nicht erklären. Für beide scheint diese Kraft eine Art Batterie zu sein. Und richtig zu leben bedeutet, Energie zu sparen und sich nicht unnötig zu verausgaben. Wer sittlich lebt und mit sich im Reinen ist, verzehrt weniger Energieressourcen als ein Heuchler und Betrüger. Gut und gesund ist auch, was die Batterie auflädt. Für Kant sind das zum Beispiel Hobbys, wie sich um Singvögel zu kümmern oder am allerbesten: zu philosophieren!

Manche dieser Lebensweisheiten hat der Professor über zwanzig Jahre lang seinen Studenten eingeschärft. 1798 veröffentlicht er sie in seiner *Anthropologie in pragmatischer Hinsicht.* Während seine Zeitgenossen unter »Anthropologie« die Wissenschaft vom Menschen als Naturwesen verstehen, also Naturgeschichte, Medizin und »Seelenkunde«, interessiert sich Kant nur für das, was der Mensch »als frei handelndes Wesen aus sich selber macht, oder machen kann und soll«.[177] Auf welche Weise kann und soll der Mensch sich selbst kultivieren? Dadurch, dass er seine Vernunft gebraucht und sich so wenig wie möglich von seinen sinnlichen Reflexen und Begierden leiten lässt, lautet die wenig überraschende Antwort. Das ganze Leben ein Kampf gegen das »Andere der Vernunft«, also die Leidenschaften! Denn fast alle Sinnengenüsse sind von Ekel begleitet, außer dem »Zustand der Ruhe nach der Arbeit«. Wenig erbaulich sind auch Kants Ansichten von der Ehe, die er nur vom Hörensagen kennt. Von herrschsüchtigen Weibern ist die Rede und von Männern, die beherrscht werden wollen und ihre Freiheit verlieren. Wissenschaft und Vorurteil vermischen sich in onkelhaftem Ton und erregen auch bei Zeitgenossen Unmut. Goethe stellt fest, dass er das Werk nur »in geringen Dosen« verträgt, »denn im ganzen, wie es dasteht, ist es nicht erquicklich. Von diesem Gesichtspunkte aus sieht sich der Mensch in pathologischem Zustande, und da man, wie der alte Herr selbst versichert, vor dem sechzigsten Jahr nicht vernünftig werden kann, so ist es ein schlechter Spaß, sich die übrige Zeit seines Lebens für einen Narren zu erklären.«[178]

Anders als Hufeland ist sich Kant sicher, dass man im Alter nicht alle Kräfte schonen sollte, zumindest nicht die geistigen. Mit dieser Einstellung arbeitet er an seinem selbst erklärten Hauptwerk, das von »Gott, der Welt und dem seiner Pflicht angemessenen Menschen in der Welt« handeln soll, wie ein Arbeitsblatt vermerkt. Doch der gewünschte »Übergang von den metaphysischen Anfangsgründen der Naturwissenschaft zur Physik«, die Brücke vom Transzendentalen zum Realen, will ihm nicht recht gelingen. Kopfschmerzen stellen sich ein und immer wieder Erschöpfung und Ermattung. Kant trennt das Ich als den Ursprung seiner (Gedanken)welt von jenem Ich, das sich der Mensch als »Ich« vorstellt. Wenn wir zu uns selbst »Ich« sagen, so schafft sich unser transzendentales Ich ein personales Ich. Oder anders ausgedrückt: Jede Vorstellung von unserem Ich ist eine *Vorstellung von mir* über mein Ich. Mein »Ich« als Person (das, für was ich mich halte) ist eine Vorstellung neben anderen Vorstellungen, irgendwo zwischen Gott und der Welt der Dinge angesiedelt. Von diesem »höchsten Standpunkt« soll die Transzendentalphilosophie zu einem großen System werden. Doch anders als früher möchte Kant dieses System gleichzeitig naturwissenschaftlich fundieren. Was ist das Ich, das sich seine Welt und sein Ich schafft? Aus welchem Stoff besteht es? Zur gleichen Zeit, als deutsche und französische Naturforscher das Wort »Biologie« prägen, fahndet Kant nach dem »Äther« oder »Wärmestoff«, aus dem unsere Gedanken und unsere Vorstellungswelt physisch bestehen.

Während Kant in der medizinischen Literatur nach dem Stoff der Gedanken sucht, beginnt dieser ihn mehr und mehr zu verlassen. Die Batterie erlischt, der alte Herr magert zum Skelett ab, nur der Humor lässt ihn zuweilen durchatmen: »Es ist eine große Sünde, alt geworden zu seyn«, schreibt er an Hufeland, »dafür man aber auch ohne Verschonen mit dem Tode bestraft wird.«[179] Die lichten Momente werden seltener, die Altersdemenz zersetzt Kants kluges Gehirn. Auf die Frage, was er sich von der Zukunft erwarte, äußert er noch vielsagend: »Nichts Bestimmtes.« Im Februar 1804 verlässt ihn die Lebenskraft. Dem Arzt bleibt nichts, als »die Wirklichkeit seines Todes« zu bestätigen.

Der höchste Standpunkt

Von Ulm nach Zürich – Fragen an Kant –
Ich und Nicht-Ich – Experte für alles

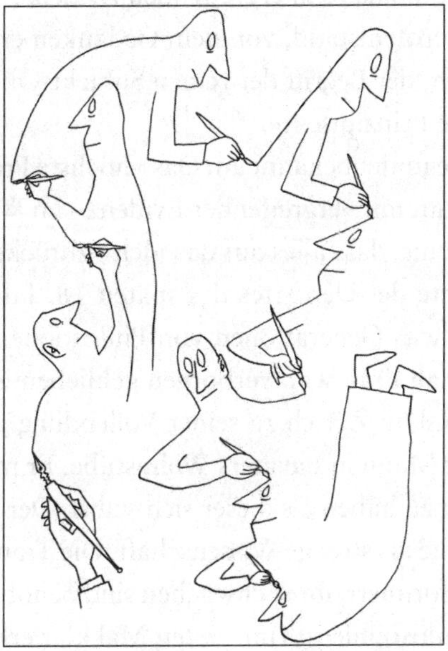

Von Ulm nach Zürich

Das Ambiente ist idyllisch. Die St.-Peter-Hofstatt am linken Ufer der Limmat, unweit des großen Turmzifferblatts von St. Peter, ist ein beschaulicher Winkel der Zürcher Altstadt. Der Gastgeber *Johann Caspar Lavater* (1741–1801), Pfarrer an der benachbarten Kirche, berühmt durch die Behauptung, den Charakter eines Menschen an seiner Physiognomie ablesen zu können, bietet einem energischen Sachsen mit großen Augen, hervorspringender Nase und kleinem Knubbelkinn die Gelegenheit zu öffentlichen Vorlesungen. Und so steht *Johann Gottlieb Fichte* (1762–1814) im Winter 1793/1794 in Lavaters Wohnhaus und entwickelt zum ersten Mal die Grundgedanken seiner Philosophie. Wie genau, wissen wir aus Fichtes Darstellung gegenüber Freunden. Sein Enkel erinnert sich, wie sie ihm erzählten, »dass er damals über das höchste Prinzip der Philosophie lange und anhaltend meditierend, wie mit einer plötzlich ihn ergreifenden Evidenz, während er am warmen Winterofen stand, von dem Gedanken ergriffen worden sei, nur das Ich, der Begriff der reinen Subjekt-Objektivität, könne das höchste Prinzip sein«.[180]

Die Szenerie mutet bekannt an. Das »höchste Prinzip der Philosophie«, erkannt mit »ergreifender Evidenz« im Winter am Ofen, mit dem Ergebnis, dass alles auf das »Ich« zurückgeführt werden muss? Ist Fichte der Descartes des späten 18. Jahrhunderts, der das entdeckt, was Generationen von Philosophen einschließlich Kant, der so nah dran war, verborgen geblieben ist? Ist das, was in Ulm entstand, in Zürich zu seiner Vollendung gelangt? Genau das glaubt der Mann in Lavaters Wohnstube. Er meint, Kant besser verstanden zu haben als dieser sich selbst. Der Weg ist frei für eine Philosophie als strenge Wissenschaft. Die Transzendentalphilosophie ist reformiert, ihre Schwächen sind behoben, das höchste Prinzip der Philosophie ist zum ersten Mal klar erkannt. Und dieses Prinzip ist das »Ich« – jenes Ich, das bei Descartes als selbstevidente Intelligenz aufflackert und nun von Fichte seinen wahren Platz zugeteilt bekommt: als Gesetzgeber unserer ganzen Welt!

In der abendländischen Geschichte wird Fichtes »Ich« nur eine Zwischenstation sein, ein pathetisches Intermezzo auf der langen Reise von Descartes zu Freud und zur modernen Neurobiologie. Für den vor Stolz überschäumenden einunddreißigjährigen Philosophen ist es der Höhe- und Endpunkt aller Philosophie.

Wer ist dieser Fichte? Worin liegt seine berechtigte Kritik an Kant? Und was hat es mit seinem »Ich« als höchstem Prinzip auf sich? Als einer von wenigen Philosophen seines Jahrhunderts stammt Fichte aus armen Verhältnissen, ärmer noch als bei Rousseau. Mit sieben Geschwistern wächst er in Rammenau in der

Oberlausitz auf. Schon früh entdeckt man seine Intelligenz, als der Achtjährige die Sonntagspredigt des Pfarrers aus dem Kopf aufsagen kann. Ein Gutsherr fördert seine Schullaufbahn, und Fichte beginnt ein Theologiestudium in Jena. Aber die hochgesteckten Erwartungen erfüllen sich nicht. Der junge Mann bricht die Universität ab und verdingt sich unstet als Hauslehrer. Seine Verlobte, die er in Zürich kennenlernt, hört zwei Jahre nichts von ihm, während Fichte in Leipzig Kants Schriften studiert. Sein unruhiger Geist erlebt dabei seine »seligsten Tage«. In Kant entdeckt Fichte die Grundlage, um die seiner Ansicht nach schlechte und verdorbene Gesellschaft zu erneuern. Sein Berufsziel steht fest: Er will Philosoph werden. Er will Kants Philosophie von allen Unklarheiten befreien, und er will sie populär machen, indem er Kant populärer darstellt. Nun schreibt er wieder an die Braut und erklärt ihr seine Faszination für Kant. Zwei Einsichten begeistern ihn an dem Königsberger Philosophen ganz besonders: dass der Wille frei sein soll und dass es im Leben nicht um das maximale Glück gehe, sondern darum, sich dem Glück würdig zu erweisen.

Jetzt gilt es, den verehrten Kant so schnell wie möglich persönlich kennenzulernen. Im Juli 1791 taucht Fichte in Königsberg auf, aber der Besuch verläuft nicht nach Plan. Die Temperamente der beiden sind äußerst unterschiedlich, und Fichte hat nichts vorzuweisen, was ihn als Philosophen qualifiziert. Sofort beginnt er zu schreiben. In wenigen Wochen entsteht der *Versuch einer Kritik aller Offenbarung*, eine religionskritische Schrift mitten in der Zeit des preußischen Kulturkampfes. Fichte spricht ungeschminkt aus, was Kant über Religion denkt. Wenn Gott eine Bedeutung hat, dann nicht für die Welterkenntnis, sondern einzig für die Ethik. Wenn der Gläubige von »Offenbarung« spricht, so kann das nur heißen, dass Gott uns aufscheint als Gesetzgeber unseres inneren Sittengesetzes. Alle anderen Offenbarungen, etwa die Behauptung, einen unmittelbaren Zugang zur Wahrheit eröffnet bekommen zu haben, sind für Fichte Quatsch. Ebenso alle Dogmen und Gebote, die nicht der Moral dienen, sondern der Religion selbst.

Die Schrift verfehlt nicht die beabsichtigte Wirkung. Der alte Herr in Königsberg ist entzückt und sorgt für die anonyme Veröffentlichung. Fichtes Ansinnen, ihn auch mit Geld zu unterstützen, lehnt der sparsame Kant ab. Immerhin ist die Schrift ein Erfolg. Weil viele sie für Kants eigenes Werk halten, wird sie überall diskutiert. Und als der zu Unrecht Gefeierte den wahren Autor preisgibt, ist Fichtes Name plötzlich in aller Munde. Schnell schiebt er eine andere Schrift hinterher. Diesmal geht es um die Französische Revolution, von der Fichte restlos begeistert ist. Dabei schießt er noch weit über Kant hinaus. Der alte Meister war von der Revolution tief ergriffen, als abschätzender Philosoph aber plädierte er allgemein für den Weg der Reform und nicht für die Revolution. Fichte hingegen schwärmt vom Umsturz auf der anderen Seite des Rheins, von Bürgerrechten und einem »Bürgervertrag« wie bei Rousseau. Wenn heutige Historiker das Buch gleichwohl nur mit spitzen Fingern anfassen, dann deshalb, weil sich darin zugleich antisemitische Hetze der übelsten Sorte findet. Es wird nicht der einzige Widerspruch in Fichtes bizarrem Fühlen und Denken bleiben …

Fragen an Kant

Alle deutsche Philosophie Ende des 18. Jahrhunderts ist Philosophie auf den Schultern Kants. Eine ganze Generation junger Philosophen wird sich an ihm abarbeiten und sich dabei mitunter zu luftigsten Höhen aufschwingen. Aus deutscher Perspektive erwächst daraus ein zweiter Höhepunkt der Philosophie, ihre größte Blüte seit den Tagen des antiken Athen. Angelsächsische Philosophen sehen dies meist anders. Während Kant in seiner Bedeutung noch neben Hume rangiert, betrachten sie den Idealismus seiner Nachfolger oft als einen Irrweg in das Gestrüpp haltloser Spekulationen.

In jedem Fall steht Fichte mit seiner Kritik nicht allein. Und wie so viele andere junge Denker hält er es für seine Aufgabe, die Philosophie als Wissenschaft zu Ende zu führen. Was Kant begonnen hat, will die Generation Fichtes durch einige notwendige Korrekturen und Umbauten vollenden. Als Lohn winkt das fertige Lehrgebäude der Philosophie!

Welche Baustellen haben die Nachfolger Kants ausgemacht? Zunächst stört sie, dass Kant die Welt in seinem System gespalten hat – die unzugängliche Natur hier, das menschliche Bewusstsein dort. Eine Brücke zwischen beidem gibt es nicht. Was in der Natur geschieht (das Wirken der physikalischen Kräfte, die biologischen Gesetze), und das, was Menschen erfahren (ihre Kultur und Geschichte), stehen unverbunden nebeneinander. Eine Einheit existiert nur *im* Bewusstsein, nicht aber zwischen Bewusstsein und Welt. Kant selbst war dies im Alter, wie erzählt, schmerzlich bewusst. Aber das geplante Hauptwerk, das alles miteinander verbinden sollte, gewann keine Form mehr und blieb ein Stapel von Bögen und Zetteln.

Eine zweite Kritik betrifft die Gefühle. Für sie bleibt nur ein negativer Platz im System, etwas, das es zu überwinden gilt, weil Leidenschaften Leiden schaffen. Ist Kants scharfe Trennung von sinnlichen Affekten und reiner Vernunft plausibel? Schon Hamann kritisiert, dass Kant *die Rolle der Sprache* offensichtlich nicht begreife. Für Hamann ist Sprache nicht ein steriles Instrument des Verstandes, wie bei Kant, sondern sinnlicher Ausdruck des Lebens. Und kann es nicht sein, dass die sinnliche Sprache unser Denken bestimmt, statt das reine Denken die Sprache?

Hamanns Einwand ist zukunftsweisend. Er gilt heute als wichtigster Kritikpunkt an Kant. Auch dessen Schüler, der ostpreußische Dichter und Kulturphilosoph *Johann Gottfried Herder* (1744–1803), sieht die Sprache im Zentrum des Denkens und nicht die reine Vernunft. Was Kant »Vernunft« nenne, sei etwas, was der Mensch aus Erfahrung lerne und sprachlich ausforme. Dabei bleibt er immer der Welt seiner Gefühle verhaftet, denn reines Denken ohne Fühlen, Vernunft ohne Sinnlichkeit sind für Herder Unsinn. Wer den Menschen verstehen will, der suche nicht nach der Grammatik der Vernunft, sondern untersuche die Sprache und das Denken im Laufe der menschlichen Kulturgeschichte. In seinen *Ideen zur Philosophie der Geschichte der Menschheit,* die er von 1784 bis 1791 veröffentlicht, beleuchtet er die vielfältigen Lebensweisen und Ausdrucksformen der Menschen. Wie Lessing glaubt Herder an eine allmähliche Höherentwicklung der Menschheit durch die Vernunft. Doch diese Vernunft ist nichts Reines, sondern das Produkt gesellschaftlicher Konflikte und Lernerfahrungen.

Mit seinem Konstrukt einer reinen und einer praktischen Vernunft steht Kant auf dünnem Eis. Viele Zeitgenossen sind nicht überzeugt. Erwähnt wurde bereits die Kritik Schillers an der Sterilität des Vernunftkonzepts. Warum müssen Pflicht und Neigung, Tugend und Begierde eigentlich Gegensatzpaare sein? Strebt eine »schöne Seele« nicht leidenschaftlich danach, tugendhaft zu sein? Und ist eine solche Leidenschaft zum Guten nicht etwas Gutes? Muss es immer nur der dröge Befehl der Vernunft sein, der uns zum Besseren leitet, und nicht ein feuriger Herzenswunsch?

Schillers Kritik legt den Finger in eine tiefe Wunde. Denn bei Kant gibt es nicht nur den Gegensatz von Pflicht und Neigung. Seine ganze Philosophie besteht aus ungezählten Gegensatzpaaren: reine Vernunft und praktische Vernunft (durch die Urteilskraft miteinander verbunden), Sinnlichkeit und Verstand, Empirisches und Reines, Materie und Form, Dinge als Erscheinung und das »Ding an sich«, a priori und a posteriori. Die ganze Welt ist eine Kommode mit linker und rechter Schublade für gegensätzliche Artikel. Doch wer sagt eigentlich, dass es immer und überall Dualismen sein müssen? Warum gibt es immer zwei und nicht drei, vier oder fünf Möglichkeiten? Besteht die Welt tatsächlich aus Gegensatzpaaren, oder hat Kant einen Tick? Und gibt es in diesem System der Paare zumindest nicht irgendwo einen festen Punkt, von wo aus man die ganze Ordnung begreifen kann?

Gerade die Suche nach einem Ausgangspunkt, dem obersten Grundsatz, ist von größter Verführungskraft für Kants Nachfahren. Von hier aus wollen sie sein unübersichtliches System neu strukturieren. In die Welt gesetzt wird die Forderung von dem Österreicher *Carl Leonhard Reinhold* (1757–1823). In seinen *Briefen über die Kantische Philosophie,* die er seit 1786 im *Teutschen Merkur* veröffentlicht, möchte er Kant populärer machen. Für Reinhold enthält das Denken des Königsberger Philosophen alles, was es braucht, um die Gesellschaft zum Besseren zu erziehen. Entsprechend fordert er eine »Revolution der Denkungsart«. Allerdings muss dafür die Sprache entschlackt und Kants Denken verständlicher dargereicht werden. Wie das gehen könnte, erklärt Reinhold 1791 in seiner Schrift *Über das Fundament des philosophischen Wissens.* Vieles, was Kant ausbreitet, ist nicht das Ergebnis strenger und logischer Folgerungen. Manche Gegensatzpaare, wie etwa Materie und Form, scheinen eigentümlich in der Luft zu hängen. Und wer ein Schaubild der kantschen Philosophie malt, stellt schnell fest, wie unverbunden die einzelnen Teile sind. Auch Kant selbst hat dies gewusst. Sollte nicht sein spätes Hauptwerk diese Lücken schließen, gedacht von einem höchsten Punkt der Transzendentalphilosophie?

Reinhold weiß noch nichts von Kants Absichten im Spätwerk, als er 1791 dazu auffordert, dessen Philosophie von einem sicheren Fundament aus neu zu strukturieren und ein lückenloses System herzuleiten. Was er auch nicht weiß, ist, dass er damit den klügsten Kritiker der kantschen Philosophie auf den Plan ruft; einen Kritiker, der die Systembaufehler Kants für so groß erachtet, dass er sie überhaupt nicht für reparabel hält. Dieser Mann ist *Gottlob Ernst Schulze* (1761–1833).

Der junge Professor in Helmstedt schreibt 1792 ein Buch mit dem langen Titel: *Aenesidemus oder über die Fundamente der von dem Herrn Professor Reinhold in Jena gelieferten Elementar-Philosophie. Nebst einer Vertheidigung des Skeptizismus gegen die Anmassungen der Vernunftkritik.* Schulze fragt: Was soll eigentlich das »Gemüt« sein, in dem sich die theoretische und praktische Vernunft befinden? Diese seltsame Sphäre tief im Inneren des Menschen ist merkwürdig unbestimmt. Ist sie etwas Absolutes wie das »Ding an sich«? Man möchte dies annehmen, nur dass es das »Ding an sich«, wie Schulze überzeugend klarmacht, gar nicht gibt! Hat Kant nicht (mit Hume) behauptet, dass Kausalität etwas ist, was es nur in der sinnlichen Welt der Erscheinungen gibt? Wie aber kann ich dann aus der Tatsache, dass mir Dinge sinnlich erscheinen, kausal folgern, dass es sie jenseits meiner Erfahrungswelt »an sich« gibt? Für Kant existiert in der Welt des »Dings an sich« keine Kausalität – und auch keine Zeit und kein Raum. Wie kann ich dann kausal darauf schließen, dass das »Ding an sich« die Ursache ist und meine Erscheinungswelt dessen Wirkung in meinem Bewusstsein?

Nun hängt aber die ganze Moralphilosophie Kants davon ab, dass es eine Welt des »Dings an sich« – das Reich der Freiheit – gibt! Gerade damit hatte er sich gegen Hume gewandt, der einzig und allein die Welt der Kausalität gelten lässt und von Freiheit im Willen und in der Moral nichts wissen will. Für Schulze bricht Kants komplette Konstruktion aus »notwendigen« Erkenntnissen und »notwendigen« Postulaten zusammen, weil sie einen Selbstwiderspruch enthält: die kausale Herleitung eines Reichs der Freiheit! Denn was kausal hergeleitet wird, ist *durch diese Herleitung bedingt* und *niemals unbedingt*. Unbedingt sind nur Spekulationen, und gerade die wollte Kant doch eigentlich überwinden. Für Schulze ist Kants philosophisches Projekt damit gescheitert. Die Philosophie darf getrost auf Humes Skepsis zurückgesetzt werden. Wer über Moral redet, soll empirische Psychologie betreiben, aber nicht mehr von »inneren Gesetzen« und »Notwendigkeiten« fantasieren.

Schulzes Kritik trifft mitten ins Herz der kantschen Philosophie. Und wer von nun an die Transzendentalphilosophie retten will, muss Schulze widerlegen. Oder er muss sich überlegen, wie er in Zukunft ohne das »Ding an sich« auskommen will. Diesen Vorschlag hat bereits 1787 der Düsseldorfer Philosoph *Friedrich Heinrich Jacobi* (1743–1819) noch vor Schulze gemacht. Der Privatgelehrte auf seinem Landgut in Pempelfort ist weit davon entfernt, selbst diesen Weg einzuschlagen. Im Jahr 1785 hat er ein kritisches Büchlein über Spinoza geschrieben, weil ihm dessen »pantheistischer« Gott zu rational, zu konstruiert und überhaupt viel zu klein gedacht ist. Die Schrift löst eine heftige Debatte aus, ein Für und Wider, an dem sich Kant, Goethe, Mendelssohn und viele jüngere Philosophen beteiligen. Spinoza ist plötzlich in aller Munde – das Letzte, was Jacobi beabsichtigt hat!

Wenn Jacobi zwei Jahre später den Vorschlag macht, auf das »Ding an sich« zu verzichten, geschieht ihm noch einmal das Gleiche. Der Geister, die er nur im Spott anruft, wird er nicht mehr Herr. Er selbst hält die Objektivität der Außenwelt für unstrittig, weil sie uns intuitiv gewiss ist. Will man aber in Kants System bleiben, so muss man auf das »Ding an sich« verzichten. In diesem Sinne fordert Jacobi die Kantianer dazu auf, »den kräftigsten Idealismus, der je gelehrt worden ist, zu behaupten, und selbst vor dem Vorwurf des spekulativen Egoismus sich nicht zu fürchten«.[181] Denn wer das »Ding an sich« aufgibt, der landet unweigerlich bei einer Position wie derjenigen Berkeleys. Alles wird subjektiv, nichts bleibt mehr objektiv (außer vielleicht Gott). Für Jacobi ist dies ein Ausflug nach Absurdistan – tatsächlich aber wird von hier aus der »deutsche Idealismus« erst richtig aufblühen. Und der Erste dieser Idealisten ist Fichte!

Ich und Nicht-Ich

Als Fichte das Buch von Schulze liest, ist er erschüttert. Denn die Kritik ist völlig berechtigt. Das Buch hat ihm »Kant verdächtig gemacht« – jenen Kant, den er so sehr verehrt! Gleichwohl glaubt Fichte weiterhin an die Wahrheit der Transzendentalphilosophie. Aber er ist gezwungen, Kant, wie er meint, »von neuem aufzubauen«.[182] Dabei muss er ohne das »Ding an sich« auskommen, weil »der Gedanke von einem Dinge, das an sich, und unabhängig von irgendeinem Vorstellungsvermögen, Existenz und gewisse Beschaffenheit haben soll, eine Grille, ein Traum, ein Nicht-Gedanke ist«.[183]

In Lavaters Wohnstube entsteht ein Neuansatz. Der Titel, den Fichte für seine Philosophie wählt, klingt missverständlich und karg. Was Kant Transzendentalphilosophie nannte, nennt Fichte Wissenschaftslehre. Gemeint ist genau das Gleiche: eine streng wissenschaftliche Philosophie, die allen anderen Wissenschaften eine Basis gibt. Sowohl für Kant als auch für Fichte ist die Philosophie die Wissenschaft von der Wissenschaft. Noch bevor der Mathematiker eine Gleichung aufstellt, der Physiker seine Messungen beginnt, der Chemiker einen Versuch aufbaut, gilt grundsätzlich das, was die Wissenschaftslehre erkannt hat. Sie sagt uns, auf welche Weise wir etwas erfahren und erkennen. Sie beschreibt uns die Bedingungen, Möglichkeiten und Grenzen menschlicher Erkenntnis nicht anders, als es schon Aristoteles in seiner »Ersten Philosophie« und Descartes in seinen *Meditationen* versucht hat.

Fichtes Ehrgeiz ist Kants Ambitionen mindestens ebenbürtig. Er sieht sich als jenen Mann, der die Philosophie vollendet. Doch zur gründlichen Ausarbeitung fehlt ihm die Zeit. Im Frühjahr 1794 eilt er von Zürich nach Jena, um dort eine Professur anzutreten. Da er kein Examen hat, muss er dort schnell zum Magister ernannt werden. Seine *Wissenschaftslehre* erscheint nach und nach, und Fichte händigt den unredigierten Text Bogen für Bogen an seine Studenten aus. Immer wieder wird er in den folgenden Jahren diesen Entwurf überarbeiten, neu gliedern und anders formulieren. Die *Wissenschaftslehre,* so selbstbewusst und autoritär sie auftritt, gerät zum *work in progress.*

Um Fichtes Ausgangspunkt zu verstehen, beginnt man am besten mit einer Vorlesungsmitschrift von 1797, die erst 1937 veröffentlicht wird. Die einprägsamen Sätze, die in keiner Philosophiegeschichte fehlen dürfen, waren fast allen Zeitgenossen und der gesamten Nachwelt völlig unbekannt. Fichte meint, dass es nur zwei konsequente philosophische Systeme gibt: den »Dogmatismus« und den »Idealismus«. Der Dogmatismus beginnt sein System bei den »Dingen an sich«. Wenn wir Erfahrungen machen, so deshalb, weil die »Dinge an sich« unsere Sinne reizen und damit Erfahrungen und Erkenntnisprozesse auslösen. So hatten dies, mit der Ausnahme von Parmenides und vielleicht auch der Skeptiker, die meisten antiken Philosophen gesehen. Für Fichte ist der Prototyp des Dogmatikers Spinoza. Dogmatiker gehen davon aus, dass es eine Welt gibt – und fragen dann danach, wie wir sie zureichend erfassen können. Fast alle heutigen Naturwissenschaftler werden jetzt nicken.

Das Gegenteil des Dogmatikers ist der »Idealist«. Er weiß nichts von einer vom Menschen unabhängigen Welt. Denn alles, was ich über die Welt weiß, weiß ein *Ich* über die Welt. Die Quelle meiner Erfahrung ist also nicht eine Außenwelt der »Dinge an sich«, sondern die Quelle meiner Erfahrung bin ich selbst. Und selbst wenn ich behaupte, dass die Dinge in der Welt unabhängig davon sind, dass ein Mensch sie wahrnimmt, so bleibt es doch eine Behauptung *in meinem Bewusstsein.* Es ist jene Argumentation, die wir schon von Berkeley kennen.

Welche der beiden Positionen ist logisch richtig und philosophisch folgerichtig? Zunächst gibt sich Fichte in dieser Frage jovial: »Was für eine Philosophie man wähle, hängt sonach davon ab, was man für ein Mensch ist: denn ein philosophisches System ist nicht ein toter Hausrat, den man ablegen oder annehmen könnte, wie es uns beliebte, sondern es ist beseelt durch die Seele des Menschen, der es hat.«[184] Doch Fichtes Nonchalance ist nur gespielt. Tatsächlich fordert er eine klare Entscheidung für den »Idealismus«. Denn »der Dogmatismus ist gänzlich unfähig, zu erklären, was er zu erklären hat, und dies entscheidet über seine Untauglichkeit«.[185] Wie Schulze überzeugend erklärt hat, kann eine von aller Erfahrung unabhängige Außenwelt der »Dinge an sich« niemals auf unser Bewusstsein einwirken. Denn was immer sich in unserem Bewusstsein befindet, ist Bewusstseinsstoff, und nichts daran ist *an sich,* sondern alles ist *in uns.* Die Dogmatiker irren also bereits in ihrer Grundannahme, dass es in der Welt etwas gäbe, das unabhängig vom menschlichen Bewusstsein »an sich« existiert.

Mit Reinhold ist Fichte der Überzeugung, dass alle Philosophie von einem obersten Prinzip entwickelt werden muss. Denn nur so könne sie strenge Wissenschaft sein. Dieses oberste Prinzip, das wird aus aller Kritik am »Ding an sich« klar, kann nicht in der Welt liegen, sondern nur im Bewusstsein. Es ist das »Ich«. Alles, was ich erfahre und erkenne, erfährt und erkennt mein Ich. Eine Welt außerhalb dieses Ich gibt es nicht. Nichts ist »an sich«, sondern alles ist im Ich, sogar das, was ich von mir selbst unterscheide, also Bäume, Töne, andere Menschen usw.

Doch was ist dieses »Ich«? Hat nicht jeder Mensch ein anderes »Ich«? Ja und nein, antwortet Fichte. Empirisch betrachtet, ist jeder Mensch ein wenig anders und denkt eigene Gedanken. Doch in dem Umstand, ein »Ich« zu haben, sind sich alle Menschen gleich. Dieses allgemeine überindividuelle Ich ist es, von dem er fortan redet. Fichtes »Ich« – als eine überindividuelle Intelligenz – ist das neueste Update einer philosophischen Tradition, die bis auf Heraklit und Platon zurückgeht: die Vorstellung, dass der Logos, das Intellektuelle, die Vernunft oder eben Fichtes »Ich« als eine Art Weltintelligenz schlechthin vorhanden ist. Fichtes »Ich« ist größer als der einzelne Mensch: »Nur die Vernunft ist … (der Persönlichkeit) ewig; die Individualität aber muß unaufhörlich absterben.«[186] Wenn Fichte vom »Ich« redet, meint er nicht ein empirisches Ich, nicht den Umstand, Anfang dreißig zu sein und »Fichte« zu heißen. Er meint jenes »Ich«, das unabhängig von allen Umständen und Besonderheiten zu sich selbst »Ich« sagt. Jenes absolute Sein, das um sich selbst als Bedingung der Möglichkeit seiner Erfahrungen weiß.

Eine solche »Ichheit« als Weltvernunft ist den meisten heutigen Menschen suspekt. Wer gegenwärtig noch auf Fichte aufbaut, wie die »Heidelberger Schule« um den deutschen Philosophen *Dieter Henrich* (* 1927), hält die Vernunft nicht für eine Himmelsmacht. Ohne Zweifel vertritt Fichte hier ein nahezu ausgestorbenes Konzept, bei dem etwas Unbegreifliches zu einer real vorhandenen Substanz erklärt wird. Dieser Gedanke ist aus der Philosophie weitgehend verschwunden. *Die* Vernunft *schlechthin* gibt es nicht mehr. So reden wir heute von mathematischer Rationalität und von individueller Intelligenz, aber nicht mehr von *der* Vernunft. Trotzdem aber lohnt es sich, Fichtes Gedankengang zu folgen. Denn er ist auch dann erhellend, wenn man das allgemeine universale Ich nicht für eine *Substanz* in der Welt hält, sondern für einen *philosophisch-psychologischen Vorgang*.

Für Fichte ist das »Ich«, ähnlich wie bei Descartes, das Fundament allen Wissens. Und wie Descartes will Fichte alles Weitere streng logisch aus diesem »Ich« ableiten und ein unwiderlegbares System schaffen. Und dieses System ist hoch dynamisch. Konnte man bei Kant den Eindruck haben, dass die Dinge wohl sortiert in unserem Bewusstsein vorhanden sind, so entsteht für Fichte unsere Welt, einschließlich all unserer Erkenntnisfähigkeiten, erst durch das *Tun*. Das »Ich« ist eine *Tathandlung*. Kein anderer Philosoph vor Fichte hat mit solcher Konsequenz darauf bestanden, dass alles Sein eine Tätigkeit ist: *To do is to be!* »Das Tun ist nicht aus dem Sein abzuleiten ... vielmehr ist das Sein aus dem Tun abzuleiten.«[187] Jean-Paul Sartres Existenzialismus wird diese steile Vorlage im 20. Jahrhundert wieder aufgreifen. Auf das Tun kommt es an, denn dass ich etwas tue, ist die einzige philosophische Gewissheit, über die sich nicht streiten lässt.

Indem ich etwas tue, erzeuge ich, nach Fichte, meine *Freiheit*. Sie ist nichts, was ich in einer Sphäre des »Dings an sich« *vorfinde* wie bei Kant. Sie ist etwas, das aus der Kraft meines Bewusstseins *entsteht*. Denn für Fichte tut das »Ich« in jedem Menschen das Gleiche: Es unterscheidet das Ich als Subjekt seines Erlebens von den Objekten, die es erlebt. Also, in Fichtes Worten, es unterscheidet sich von alledem, was »Nicht-Ich« ist. *Das Ich »setzt« das Nicht-Ich*. Diese Unterscheidung macht jeder gesunde Mensch, und zwar pausenlos. Jede Sekunde und Minute unterscheiden wir uns als Subjekte von Objekten und diese wieder von uns als

Subjekt usw. Ständig führen wir solche »Wechselbestimmungen« durch. Nur im Tun, dem permanenten Setzen des »Nicht-Ichs«, erfährt sich das »Ich« selbst und konstruiert seine Umgebung.

Unser Bewusstsein erschafft sich seine Welt nach seinen eigenen Spielregeln! Der Gedanke ist philosophisch spannend und beseelt heute noch den sogenannten Konstruktivismus. Alle Welt ist Bewusstseinsstoff! Von diesem Punkt aus möchte Fichte den gesamten menschlichen Erkenntnisapparat aufdröseln. Allerdings nicht als Biologe, der nach materiellen Ursachen sucht, sondern als Idealist, der die ideellen Ursachen, also Voraussetzungen, Gründe, notwendigen Annahmen, Ableitungen usw., freilegt. Das »System« unseres Gehirns besteht aus Nervenbahnen, doch das System unseres Bewusstseins besteht aus logischen und notwendigen Verbindungen: »Ich kann keinen Schritt tun, weder Hand noch Fuß bewegen, ohne die intellektuelle Anschauung meines Selbstbewusstseins in diesen Handlungen …«[188] Wenn das »Ich« sich vom »Nicht-Ich« unterscheiden kann, dann deshalb, weil es »Einbildungskraft« besitzt. Nicht die Sinnesempfindung wie bei Kant, sondern die Einbildungskraft erzeugt unsere Welt. Sie »schwebt« in uns und webt zwischen »Ich« und »Nicht-Ich« hin- und herschwebend unsere Welt. Die Einbildungskraft bringt unsere Vorstellungswelt »während ihres Schwebens, und durch ihr Schweben hervor«.[189]

Bedauerlicherweise ist die schwebende Einbildungskraft nicht allmächtig. Alles, was wir uns vorstellen, ist lediglich »Anschauung«, ein vom Verstand »fixierter« Ausschnitt der Welt. Wie bei Kant gehören auch bei Fichte Raum und Zeit zur Anschauung dazu. Denn ohne sie könnten wir die Dinge nicht nebeneinander und nacheinander unterscheiden. Raum und Zeit ermöglichen, unsere Welt frei zu arrangieren, zu gestalten und zu überschauen. Wir sind nicht *im* Raum und *in* der Zeit, sondern wir *erzeugen* sie. Allerdings muss auch Fichte zugeben, dass wir dabei nicht völlig frei sind. Denn das, was wir als »Nicht-Ich« von uns unterscheiden, begrenzt zugleich unsere Freiheit. Raum und Zeit und die vielen Dinge in der Welt setzen unserem Streben Grenzen. Trotz unseres allmächtig setzenden »Ichs« entfaltet sich unsere konkrete Subjektivität immer nur relativ im praktischen Ich. Unser tägliches Leben findet in den Grenzen des gesetzten Ichs, nicht im setzenden »Ich« statt. Denn das setzende »Ich« ist etwas, was uns nur in der philosophischen Reflexion bewusst wird, nicht im Alltag.

Die Begriffe, mit denen der Idealist Fichte das praktische Ich beschreibt, muten ziemlich biologisch an. Unser Ich »strebt« fortwährend nach freier Entfaltung, es wird bestimmt vom »Gefühl«, und es hat »Triebe« – ein Begriff, den Fichte von Reinhold übernimmt. Selbst der »kategorische Imperativ« ist für Fichte ein »Trieb«, ein inwendiges moralisches Bedürfnis, das Menschen vernünftigerweise haben. Gefühle und Triebe – all das, was Kant in die moralische Dunkelkammer gestellt hat, gehört für Fichte untrennbar und unüberwindbar zur menschlichen Subjektivität dazu: »Wer der Begierde entledigt sein will, der will des Bewusstseins entledigt sein.«[190] Ein noch immer gültiger Satz, denn ohne emotionalen Antrieb weiß unsere Intelligenz nicht, was sie tun soll. Für Fichte ist *alles* Fühlen, Denken und Handeln »Setzen«, also eine Tätigkeit, und zwar eine *praktische* Tätigkeit in der Welt. Immer tun wir etwas aus einer *Absicht* heraus. Und immer und immer wieder verfolgen wir Zwecke. Wenn wir einen Stuhl als »Stuhl« von uns unterscheiden, dann, weil wir an ihm als Stuhl interessiert sind. Das Gleiche gilt auch für Verben und Adjektive und alle nicht-praktischen Dinge wie Wolken oder Singvögel. Worte für etwas zu finden bedeutet, Zwecke (im Sinne von »Sinn«) zu versprachlichen.

Experte für alles

Was für eine Philosophie ist das? Man hat Fichte oft mit Spinoza verglichen, obwohl der Idealist aus Ostpreußen sich den Linsenschleifer aus Amsterdam als Gegenspieler, nämlich als »Dogmatiker« gegenübergestellt hat. Doch die Gemeinsamkeiten sind in der

Tat verblüffend. Beide entwickeln sie die Welt aus einem obersten Grundsatz, und beide sind sie »Monisten«. Bewusstsein und Welt sind identisch, nur dass Spinoza die *Welt* als das Eigentliche ansieht und Fichte das *Bewusstsein.* Und wo Spinoza die Welt determiniert sieht durch physikalische Kräfte, beruft sich Fichte auf einen biologischen Bildungstrieb.

Fichtes großer Versuch, die ganze Welt aus dem »Ich« heraus zu erklären, wird nie ganz vollendet. Er hat seine *Wissenschaftslehre* zeit seines Lebens immer wieder überarbeitet. Bestimmte Bereiche wie die Sittenlehre oder das Naturrecht bekommen eigene Darstellungen in gesonderten Schriften. Wie Spinoza und Kant geht es Fichte in erster Linie um die Moral. Philosophie ist Erziehung zur Sittlichkeit. Und der Gelehrte »soll der sittlich beste Mensch seines Zeitalters« und »Priester der Wahrheit« sein.[191]

Was für ein Anspruch! Was überanstrengt in der Theorie klingt, verspricht eine anstrengende Lebensführung. Doch Fichte sieht das anders. Ein gutes richtiges Leben ist gar nicht so schwer. Denn Kants Kritiker sieht die Leidenschaften und die Vernunft nicht in permanentem Clinch. Sie marschieren, wohlverstanden, in die gleiche Richtung. All unser Streben gilt der Freiheit. Und ein freies Leben ist nur möglich, wenn man moralische Regeln nach Maßgabe des kategorischen Imperativs beherzigt und andere achtet, wie man sich selbst achtet. Da Fichte die theoretische Vernunft als Teil der praktischen sieht, muss er keine Brücke zwischen beiden bauen. Die reine Vernunft und der praktische Wille brauchen keine Vermittlung. Fichte stellt keine »Maximen« auf, die den Willen unter die Vernunft zwingen sollen wie bei Kant. Seine Moralität liegt in der »Ichheit« selbst. Und sie benötigt auch kein »Reich der Freiheit« in einer unzugänglichen Außenwelt, um, wie bei Kant, möglich zu sein. Wer sich selbst und die eigene Freiheit richtig versteht, der handelt unweigerlich moralisch!

Was Fichte über den »Trieb«, moralisch zu handeln, schreibt, ist philosophisch sauberer gedacht als bei Kant. Hierin liegt ohne Zweifel eine große Stärke. Doch wo kommt dieser »sittliche Trieb« her? Wie der junge und der alte Kant, so sucht auch Fichte einen Verbündeten in der Biologie – eine Theorie, die biochemisch erklärt, was der Philosoph hergeleitet hat. Er findet sie bei dem Göttinger Zoologen und Anthropologen *Johann Friedrich Blumenbach* (1752–1840). Dessen Buch über den *Bildungstrieb und das Zeugungsgeschäfte* (1781) fasziniert und inspiriert viele Zeitgenossen. Blumenbach meint, dass in jedem Lebewesen ein zielgerichteter und formgebender innerer Antrieb waltet. Er prägt die Gestalt aus und formt den Organismus. Fichte ist begeistert! Unerschrocken überträgt er den »Bildungstrieb« auf den Geist als »einzige untheilbare Grundkraft des Menschen«.[192] Aus dem »Bildungstrieb« als »Lebenskraft« bei Blumenbach wird bei Fichte ein verborgenes unbewusstes »Streben des Geistes« nach Vollendung. Und wo der Bildungstrieb den Organismus nach festen Gesetzen formt, ist er im Geist freies Schöpfungsvermögen.

Ohne Schöpfungsvermögen keine moralische Selbstverwirklichung. Der strebende Trieb und das Bedürfnis, pflichtgemäß zu handeln, verschwimmen in einer eigentümlichen Mixtur aus biochemischer Theorie und Vernunftphilosophie. Sie erklärt unseren Willen zum Guten, der stets von einem guten Gefühl begleitet wird. Wenn das gesetzte Ich tut, was das setzende Ich für richtig hält, geht es uns gut. »Dieses Gefühl täuscht nie, denn es ist … nur vorhanden bei völliger Übereinstimmung unseres empirischen Ich mit dem reinen, und das letztere ist unser einziges wahres Sein und alles mögliche Sein und alle mögliche Wahrheit.«[193] Wenn der Mensch gleichwohl Böses tut, dann, weil der Charakter des konkreten Ich zu schwach ist, um dem *Gewissen* – der permanenten Anwesenheit des reinen Ich im Hintergrund – zu folgen.

Fichte listet zahlreiche Pflichten auf, von denen manche nur aus seiner Zeit zu verstehen sind und nicht den Eindruck machen, aus dem »reinen Ich« abgeleitet zu sein. Neu und bedeutend ist seine »Pflicht zum Diskurs«. Nur wenn man seine Meinung im Gespräch mit anderen überprüft, kann man seinen Standpunkt entgrenzen. Und um das zu können, muss man die anderen achten. Der Gedanke wird später das Herzstück der Philosophie des deutschen Philosophen *Karl-Otto Apel* (1922–2017).

Vieles von dem, was Fichte als Ableitungen innerhalb seines Systems angibt, sind allerdings keine. Fichtes Logik und Folgerichtigkeit erregt bei Logikern damals wie heute leicht Schwindelgefühle. Besonders auffällig wird dies in der *Grundlage des Naturrechts,* die Fichte 1796/1797 kurz vor seinem *System der Sittenlehre* veröffentlicht. Wie Kant trennt Fichte die Moral und das Recht. Recht gibt es deshalb, damit jeder seine Freiheit so leben kann, dass sie die Freiheit des anderen nicht beeinträchtigt. Doch das Recht darf nicht davon abhängig sein, ob Menschen sich aus innerer Überzeugung gut oder schlecht benehmen. Die Sphäre des Rechts wird nicht moralisch hergeleitet. Sie entsteht dadurch, dass Menschen einen Leib haben und mit anderen leiblichen Wesen zusammenleben. Dafür müssen die »Urrechte« gesichert sein: das Recht auf körperliche Unversehrtheit, auf Selbsterhaltung und Eigentum, also jene Grundrechte, die wir schon von Locke kennen. Wer gegen die Urrechte verstößt, wird durch das Zwangsrecht bestraft. Wie seit Hobbes und Locke geläufig, schließt man dafür einen Vertrag, der die Freiheit des Einzelnen einschränkt, um sie allen zu ermöglichen.

So weit, so konventionell. Doch was Fichte anschließend an angeblich streng logisch hergeleiteten Rechtsvorschriften auflistet, gerät unfreiwillig zur Karikatur. Hunderte von Einzelbestimmungen legen das menschliche Handeln fest, ein wildes Gemisch aus Zeitgeist, Vorurteilen, durchdachten Gesetzen und absurden Folgerungen. Jeder zivilrechtliche Bereich wird genau bestimmt, von den Straßenbauregeln bis zur Gesundheitskontrolle. Der Ableitungsfantasie sind keine Grenzen gesetzt. Aus der Herrschaft des »Ich« über die Natur ergeht der Auftrag an die Jägerschaft, alle »nicht-nützlichen« Tiere, zum Beispiel Sperlinge, auszurotten. Fichte ist Experte für alles. Er legt die Ehevorschriften fest, reguliert Handel und Gewerbe und definiert den Zuschnitt von

Pässen. Frauen werden vom Wahlrecht ausgeschlossen. Wer sich passiv und billigend bei der Zeugung verhält, der sollte dies auch in der Politik tun. Ist all das folgerichtig und notwendig aus dem »Ich« abgeleitet? Hätte man Fichtes subjektiven Idealismus persiflieren wollen, man hätte es nicht besser machen können als der Meister selbst. Doch Fichte kennt tatsächlich keine Grenzen seines Ansatzes und möbliert die ganze Welt mit »notwendigen« Bestimmungen.

Kein Welterklärer, mit Ausnahme vielleicht des albanischen Diktators Enver Hodscha, hat sich derartig als platonischer Gesetzgeber missverstanden. Das ist umso erstaunlicher, als Fichte von einer repräsentativen Demokratie träumt mit Gewaltenteilung. Doch was sollen die Volksvertreter eigentlich entscheiden, wenn der Philosoph jede Einzelheit bereits unhinterfragbar festlegt? Philosophische Allmachtsfantasie und Volkswille passen nicht entfernt zusammen – ein Umstand, der Fichte offensichtlich gar nicht auffällt. Als Theoretiker ohne Grenzen ist ihm die Praxis der Politik ohnehin fremd, ebenso wie die Ökonomie. Doch nichts hindert ihn daran, auch diese Felder mit ungezählten »Deduktionen« zu erobern.

Fichte hat weder Smith gelesen noch sonst einen führenden Ökonomen seiner Zeit. Gleichwohl entwirft er das Modell eines »geschlossenen Handelsstaats«. Fichtes Ideal ist ein Fürsorgestaat, der jedem ermöglicht, »von seiner Arbeit leben zu können«.[194] Das ist so ehrenwert wie fortschrittlich. Doch anschließend deduziert Fichte einen »vernünftigen« Staat, der nahezu auf jeden Handel mit anderen Staaten verzichtet und alle ökonomischen Entscheidungen streng reglementiert. Auch hier wird ein isoliertes Wirtschaftsmodell wie das Albaniens unter Hodscha oder Nordkoreas unter den Kims vorausgedacht. Der Staat, der nur dazu da ist, jedem die Freiheit seines Handelns zu gewährleisten, mündet in der Bevormundungsdiktatur.

Fichtes überspanntes Ich ist groß genug, um noch viel mehr Widersprüche darin unterzubringen. In den Jahren 1798/1799 lösen seine sonntäglichen Vorlesungen in Jena den berühmten »Atheismusstreit« aus. Wie Kant wird auch Fichte nicht müde, Gott aus der sinnlichen Welt zu verbannen. Fast alles, was die Christen glauben, ist »totaler Unsinn«. Die einzige Rechtfertigung Gottes ist, dass unser sittliches Handeln ihn annehmen muss, um an den Sieg des Guten zu glauben. Für einen gläubigen Christen ist dieser hypothetische Gott eine Zumutung. Fichte schlägt starker Wind entgegen. Als der aufgebrachte Hochschullehrer während der heftigen Scharmützel seinen Rücktritt androht, nimmt die Universität das nicht ganz ernst gemeinte Angebot dankend an. Der kämpferische Fichte kriecht eilig zu Kreuze und relativiert seine mutigen Thesen: Alles nicht so gemeint! Wer nicht an Gott glaube, versteigt er sich maßlos, sei »nicht mehr als ein Tier«.[195] Doch zu spät. Seine weiteren Werke veröffentlicht er als Privatgelehrter. *Die Bestimmung des Menschen* von 1800 ist ein wenig geglückter Versuch, seine Wissenschaftslehre zu popularisieren. Zudem möchte er sich vom Atheismusverdacht reinwaschen und beweihräuchert das absolute Ich mit so viel theologischem Dunst, dass bewusst unklar wird, ob es sich nicht doch um ein *spirituelles Etwas* handelt, statt um einen *idealistischen Ausgangspunkt*.

Mit seinem Buch über *Die Grundzüge des gegenwärtigen Zeitalters* entwirft Fichte 1806 eine zielgerichtete Menschheitsgeschichte – wie zuvor Lessing und Herder. Der Weg führt von der unschuldigen Unvernunft über die Sünde zur selbstgewissen heiligen Vernunft. Bedauerlicherweise steht die Welt zu Anfang des 19. Jahrhunderts im tiefsten Sündenschlamassel. Die Aufklärung hat die alte Unschuld zerstört, aber für die heilige Vernunft, die ohne ein Verständnis von Fichtes Wissenschaftslehre nicht anbrechen kann, ist die Zeit noch nicht reif. Worte wie »verbittert« und »selbstgerecht« bieten sich an, wenn er en passant alle seine philosophischen Kontrahenten ins Zeitalter der begrenzten Einsicht einsortiert und nur sich selbst davon ausnimmt.

Inzwischen ist das Zeitalter der Sünde an Fichtes Wohnort überall sichtbar, und zwar in Gestalt der napoleonischen Armee.

Preußen ist von Frankreich besiegt worden und Berlin besetzt. Was Goethe und Hegel mit Respekt und Ehrfurcht erfüllt, ist Fichte ein Gräuel. Längst vorbei die Zeit, in der er von der Revolution der Franzosen schwärmte. Jetzt sind sie für ihn ein dunkler Schatten, den er in seinen *Reden an die deutsche Nation* verteufelt. Den Weg zur heiligen Vernunft ebnet für den nun konservativen Nationalisten nur die »Nationalerziehung«. Wenn seine Wissenschaftslehre von so vielen nicht verstanden oder abgelehnt wird, dann muss sie in einer entsprechenden Erziehungslehre der Jugend vermittelt werden. Am Wesen der fichteschen Philosophie soll die deutsche Jugend genesen. Wieder denkt man an Hodscha, der eigenhändig die Lehrpläne für Albaniens Schulen schrieb. In schrägem Wahn hält Fichte die Deutschen für das auserwählte Volk, um »die neue Zeit, vorangehend und vorbildend für die übrigen, zu beginnen«.[196] Die Überlegenheit entspringt der deutschen Sprache. Denn in welcher Sprache lässt sich schon angemessen philosophieren, außer in der deutschen? Fichtes Schwärmerei für das Deutschsein in schwerer Zeit kennt keine Grenzen. Schließlich versteigt er sich sogar zu der Behauptung, dass »Charakter haben, und deutsch sein, ohne Zweifel gleichbedeutend« sei.[197]

Fichtes Patriotismus zahlt sich aus. Als im Herbst 1810 die Universität Berlin gegründet wird, bestellt man ihn zum Dekan der Philosophischen Fakultät, bald darauf sogar zum Rektor. Doch schon im Februar 1812 tritt er zurück, heillos zerstritten mit den studentischen Verbindungen. Ein Jahr später meldet er sich zum »Landsturm« gegen die Franzosen. Seine Frau tut ihren Dienst als Pflegerin. Als sie an einem Nervenfieber erkrankt, steckt Fichte sich an. Im Januar 1814 stirbt er im Alter von einundfünfzig Jahren.

Seelenwelt oder Weltseele?

Ein fruchtbares Erbe – Natur gleich Geist –
Der Mann im Schatten – Hegels Dialektik –
Der Weg des Geistes

Ein fruchtbares Erbe

Deutschland hatte keine Revolution, es hatte den »Deutschen Idealismus« und die »Romantik«. Die »Revolution der Denkungsart« sollte die politische Revolution vorbereiten, wenn nicht sogar ersetzen. In diesen kurzen Sätzen lässt sich beschreiben, was aus heutiger Sicht leicht unverständlich wirkt. Wie konnten deutsche Philosophen in der Nachfolge von Kant sich in solche Höhen versteigen wie Fichte? Und wie konnte dieser, wie wir gleich sehen werden, so fruchtbar wirken und andere Denker zu ihren eigenen nicht minder schwindelerregenden Gedankengebäuden inspirieren?

Philosophisch betrachtet, bleibt der Gedanke, alles aus dem »Ich« heraus zu erklären, ein wichtiges und bedenkenswertes Konzept. Es gibt einen guten Grund, einen Ansatz zu wählen wie Fichte; einen Ansatz, der vom Bewusstsein ausgeht, das sich mit sich selbst verständigt, und nicht von einem »Ding an sich«. Mit diesem Ansatz begründet Fichte einen bestimmten Typus des Denkens. Alles Wissen über die Welt wird durch das Wissen um dieses Wissen erklärt. Und auf diese Weise – und zwar nur auf diese – vergewissert sich der Philosoph über das Leben. Eineinhalb Jahrhunderte lang, bis in die Mitte des 20. Jahrhunderts, hat sich ein erheblicher Teil der deutschen Philosophen in genau diese Tradition eingereiht. Und auch heute noch findet sich der eine oder andere Anhänger.

Doch muss ich alles, was ich im Bewusstsein vorfinde, notwendig unter ein oberstes Prinzip stellen? Muss man tatsächlich behaupten, dass dieses absolute reine Ich eine Substanz ist oder gar als etwas Göttliches in der Welt existiert? Und ist es nicht völlig überspannt, alles, aber auch wirklich alles, wie Frauenwahlrecht und Personalausweise, von diesem obersten Prinzip messerscharf ableiten zu wollen? Bei Fichte werden sogar »Luft« und »Licht« aus dem Ich abgeleitet, nämlich als Medien, ohne die wir andere Individuen nicht wahrnehmen können. Es »muss« also Luft und Licht geben, damit Intersubjektivität möglich ist. Solche seltsamen Ableitungen von Notwendigem überzeugen heute kaum jemanden mehr. In der Maske von Tiefsinn begegnet hier tatsächlich Schwachsinn.

Während Fichte sich in einem Dschungel aus Bestimmungen verirrt, ist sein Heimatland Preußen auf der Weltbühne nur Statist. Der Armee Napoleons hat man nichts Gleichwertiges entgegenzustellen. Der Staat ist eine rückständige Monarchie mit einer verschwindend kleinen bürgerlichen Elite. Berlin ist noch immer eine mittelgroße Stadt mit nur 150 000 Einwohnern, darunter 25 000 Soldaten. Die Universitätsstadt Jena beherbergt nicht einmal fünftausend Menschen, das berühmte Weimar ist kaum größer. Ein Zeitzeuge spricht von einem »kleinen, toten, schlecht gebauten, recht widrigen Städtchen«.[198] Die hygienischen Zustände sind erbärmlich, die Landstraßen schwer passierbar. Gleichwohl tummelt sich fast die ganze klassische deutsche Geisteselite an diesen drei Orten: Goethe und Schiller, Herder und Christoph Martin Wieland, Friedrich und August Wilhelm Schlegel, Novalis und Wilhelm Tieck. Und mittendrin Fichte und seine beiden großen Nachfolger und Antipoden Schelling und Hegel.

Das Klima geistiger Inzucht befähigt und befeuert die handelnden und schreibenden Personen zu Höchstleistungen in der Literatur und in der Philosophie. Aber auch zu Zänkereien, Eifersüchteleien und einem oft befremdlich heroischen Selbstverständnis. Ein Hauch von Pascals Port Royal liegt in der preußisch-sächsischen Luft. Die bewegten Zeitläufte von der Französischen Revolution bis Napoleons Fall werden diskutiert – und glorifiziert. Kleinstädter ohne Nationalstaat wünschen sehnsüchtig die Revolution herbei, kritisieren und verwerfen sie. Die Weltordnung erscheint aus den Fugen und mit ihr die Welt des Transzendentalen wie des Transzendenten. Zwischen Kuhweiden und Abtrittgruben, in stinkenden engen Gassen im Schein von mit Tran gefüllten Laternen diskutiert man die Frage: Was ist die Weltenlogik, was die Kraft, die alles Paradoxe zusammenhält? Wo zwischen Physik und Unsterblichkeit findet sich der Mensch? Wie hellenisch oder deutsch ist sein Geist? Liegt das neue Athen an der Spree? Und in welchem deutschen Kopf wird die einzig mögliche Wahrheit formuliert? Es ist dieses Klima, in dem das »Absolute« entsteht, die wirkungsmächtigste philosophische Abstraktion dieser Zeit.

Im Jahr 1798 schreibt der deutsche Kulturphilosoph und Schriftsteller *Friedrich Schlegel* (1772–1829) im 216. *Athenäums-Fragment:* »Die Französische Revolution, Fichtes Wissenschaftslehre, und Goethes Meister sind die größten Tendenzen des Zeitalters. Wer an dieser Zusammenstellung Anstoß nimmt, wem keine Revolution wichtig scheinen kann, die nicht laut und materiell ist, der hat sich noch nicht auf den hohen weiten Standpunkt der Geschichte der Menschheit erhoben.«[199] Schlegels Standpunkt in Jena ist so hoch und so weit, dass er das, was sich in Thüringen abspielt, gleichberechtigt mit der Französischen Revolution für die Tendenz des »Zeitalters« hält. Doch anders als Kant wird Fichte jenseits der deutschen Grenzen kaum irgendwo zur Kenntnis genommen – und wenn überhaupt, dann nur seine politischen Schriften.

Gleichwohl wirkt Fichte am Ende des 18. Jahrhunderts in Deutschland wie ein Missionar. Der Reformer Kants ist der große Reformator der Philosophie, seine Wissenschaftslehre das Evangelium des Ichs. Zweimal kommt er nach Tübingen, im Juni 1793 und im Mai 1794. Am dortigen Stift studieren drei Theologiestudenten, von denen jeder auf seine Weise von Fichte fasziniert ist: *Friedrich Hölderlin* (1770–1843) und Hegel haben ihr Studium 1793 gerade beendet. Nur der jüngere *Friedrich Wilhelm Joseph Schelling* (1775–1854) plagt sich noch mit dem trockenen Lehrplan und dem Mief der höheren Lehranstalt.

Schon mit fünfzehn Jahren ist das Wunderkind aus dem württembergischen Leonberg ans Tübinger Stift gekommen und überragt die anderen von Anfang an als Klassenbester. Der junge Schelling liest Platon, Leibniz, Kant, Rousseau, Herder und Spinoza. Und wie viele seiner Kommilitonen schwärmt er für die Französische Revolution. Als er Fichte (möglicherweise auch persönlich) kennenlernt, ist er elektrisiert: »Die Philosophie«, schreibt er an Hegel, »ist noch nicht am Ende. Kant hat die Resultate gegeben, die Prämissen fehlen noch … Fichte wird die Philosophie auf eine Höhe heben, vor der selbst die meisten bisherigen Kantianer schwindeln werden.«[200] Postwendend schreibt der selbstbewusste junge Mann eine Zusammenfassung von Fichtes Kant-Kritik und schickt sie an den Meister in Jena. Ein zweites Buch folgt gleich darauf: *Vom Ich als Prinzip der Philosophie oder über das Unbedingte im menschlichen Wissen.* Schelling ist zwanzig und erfüllt von dem, was auch seine Freunde am Tübinger Stift bewegt: Er sehnt sich nach Freiheit statt nach Zwang, nach wahrer Erkenntnis statt nach Dogmen, nach etwas Absolutem statt nach einem konkreten christlichen Gott. In Fichtes »Ich« erkennt Schelling sein eigenes »Streben nach Freiheit« wieder. Wenn alles im Ich ist, so ist jede weltliche Autorität nur relativ.

Doch wo steht dieses Ich in der Welt? Schelling ist hin- und hergerissen zwischen dem Unbedingten, das man »Welt« oder »Gott-Natur« nennt wie bei Spinoza, und dem Unbedingten des »Ichs« wie bei Fichte. Wo liegt das »Ein und Alles« – *in mir* oder in einem Absoluten *außer mir*? Wie so viele im Stift ist Schelling stark vom religiösen Jacobi beeinflusst. Dieser schätzt Kant ebenso wie Fichte, aber er sieht in ihren intelligenten Systemen nur das, was der Verstand begreifen kann. Doch wer sagt, dass die Wahrheit tatsächlich *im menschlichen Denken* zutage tritt und nicht *jenseits des Denkens*, in Ahnungen, Versenkung und Meditation? Ist die Wahrheit tatsächlich das Ergebnis von widerspruchsfreien Sätzen? Oder liegt sie in dem, was ich bei einem Spaziergang durch die Natur tief erahne?

Schelling stellt sich die gleichen Fragen wie Jacobi: Ist das absolute Ich als oberste Instanz eigentlich ein Segen der Freiheit? Oder ist es ein Fluch der Begrenztheit? Für Fichte ist es ohne Zweifel das Erste, für Jacobi hingegen das Zweite. Denn Fichtes »Ich« lässt für alles Übersinnliche keinerlei Platz mehr, auch nicht für mystische Erfahrungen. Mit solchen Gedanken, Zweifeln und Grübeleien macht Schelling 1795 sein Predigerexamen in Tübingen. Der nächste Schritt führt ihn gezwungenermaßen in die Welt. Wer nicht in den Kirchendienst treten will und keine größeren Mittel zur Verfügung hat, muss Hauslehrer werden. Nicht anders war es schon Rousseau, Kant und Schellings älteren Freunden Hegel und Hölderlin ergangen.

Natur gleich Geist

Seine neue Anstellung als Hauslehrer verschlägt Schelling nach Leipzig. Während er sich um die kaum jüngeren Barone von Riedesel kümmert, besucht er naturwissenschaftliche Vorlesungen an der Universität, schreibt Rezensionen und bastelt an einem eigenen Werk zur Naturphilosophie. Ihn beschäftigt noch immer die Frage nach der Realität: Wie kommt es, dass menschlicher Geist und objektive Natur so zusammenpassen, dass wir die Natur angemessen begreifen können? Mit Fichte geht Schelling davon aus, dass alle Natur ein Produkt unseres Bewusstseins ist. Aber sie ist kein zufälliges oder willkürliches Produkt, sondern unser Geist setzt sich die objektive Natur so entgegen, wie er sie sich entgegensetzen *muss*. Doch was garantiert uns, dass das, was wir über die Natur denken, die wahre objektive Natur ist und kein Hirngespinst?

Schelling dringt in atemberaubendem Tempo in die Naturwissenschaften ein. Neben den Vorlesungen liest er wie im Wahn alles, was ihm in die Hände fällt: Naturgeschichte, Physik und Chemie. Der Anfangzwanzigjährige interessiert sich für jedes Detail, aber nicht aus Selbstzweck. So wie Fichte jede Frage des Zivil- und Völkerrechts in seine Wissenschaftslehre eingebaut hat, so versucht es Schelling nun mit der Natur. Das Ergebnis, die *Ideen zu einer Philosophie der Natur,* wird 1797 veröffentlicht. Die heiter geschriebene Einleitung lüftet sofort den Schleier über dem Realismus-Problem. Sie erklärt, wie eine objektive Welt »für uns wirklich geworden, wie jenes System und jener Zusammenhang der Erscheinungen den Weg zu unserm Geiste gefunden, und wie sie in unsern Vorstellungen die Notwendigkeit erlangt haben, mit welcher sie zu denken wir schlechthin genötigt sind«.[201] Der Schlüssel liegt darin, dass Natur und Geist auf zauberhafte Weise miteinander übereinstimmen: »Die Natur soll der sichtbare Geist, der Geist die unsichtbare Natur seyn.«[202]

Der junge Philosoph belegt seine Theorie durch Ausführungen zur Optik, zur Elektrizität, zum Magnetismus, zu Attraktion und Repulsion bei Newton, zur Mechanik und insbesondere zur Chemie. Aus naturwissenschaftlicher Sicht haben seine Betrachtungen wenig Wert, von gelegentlichen Glückstreffern wie dem Zusammenhang von Magnetismus und Elektrizität einmal abgesehen. Doch Schelling verwendet kaum Mühe auf wissenschaftliche Exaktheit. Es geht ihm um etwas anderes, etwas Prinzipielles. Überall in der Natur sucht und erkennt er einander widerstreitende Kräfte, nicht anders als im menschlichen Geist. Wenn Menschen zwischen Geist und Materie, »Ich« und »Nicht-Ich« hin- und herdenken, dann deshalb, weil dieser Gegensatz ein Grundgesetz der Natur ist. Insofern lassen sich die Natur des Geistes und der Geist der Natur nicht trennen. Sie sind ein und dasselbe: »Kein objektives Daseyn ist möglich, ohne daß es ein Geist erkenne und umgekehrt: kein Geist ist möglich, ohne daß eine Welt für ihn daseye.«[203]

Mit dieser Formel beschwingt Schelling sofort die Romantiker um Friedrich Schlegel und Novalis. Die *Ideen* sind kaum veröffentlicht, als der blutjunge Philosoph schon sein nächstes naturphilosophisches Werk hinterherschiebt: *Von der Weltseele*. Jetzt ist die Biologie an der Reihe, seine »Theorie über das tierische Leben«. Zahlreiche Naturforscher haben sich inzwischen daran abgearbeitet, man denke an Kants Frühschrift, an Maupertuis, Caspar Friedrich Wolff, Diderot, Buffon, Albrecht von Haller, Blumenbach und viele andere. Schelling berichtet über wissenschaftliche Experimente und Theorien und konstruiert eine »erste Kraft der Natur«, aus der alle Lebensdynamik in ihren unendlichen Wechselwirkungen entspringen soll. Das Gleiche hatten schon die Experten vor ihm behauptet und von der Lebenskraft, dem Bildungstrieb und so weiter gesprochen – einer biologischen Grundenergie, die sie allerdings nur annehmen, nicht beweisen konnten.

Auch Schelling liefert keine Beweise. Stattdessen sieht er den ganzen Kosmos von einer Lebenskraft durchwaltet. Organisiert ist sie durch das »Weltgesetz« der »Polarität«. Es zieht sich von der anorganischen bis in die organische Natur. Die ganze Welt ist ein »allgemeiner Organismus«.[204] Und diesen Organismus nennt Schelling im Verweis auf Platons *Timaios* die »Weltseele«. An der Wende zum 19. Jahrhundert, der Zeit der Romantik in Deutschland, verfehlt das schöne Wort nicht seine Zauberwirkung. Die Gebrüder Schlegel und der Dichter Novalis sind wieder mal begeistert. Das Buch wird ein ungeahnter Erfolg, der große Goethe ist entzückt, und Schelling avanciert ungewollt zu einem Idol für das gewaltige »esoterische« Bedürfnis seiner Zeit. Naturforschern liefert er einen Überbau, Dichtern Inspiration und Feingeistern vieler Couleur zahlreiche Anregungen. Fast die gesamte deutsche Biologie der ersten Jahrzehnte des 19. Jahrhunderts wird unter Schellings Einfluss stehen. Wie er glauben die Naturforscher an ein höheres Weltgesetz, das alle anorganischen und organischen Erscheinungen strukturiert – ein Weltgesetz, das aber seinen Sitz nicht in der Natur »an sich« hat, sondern sich im menschlichen Geist – als dem Höhepunkt der Naturentwicklung – offenbart.

Ist Schelling der neue Spinoza? Die Übereinstimmungen sind groß. Denn dass Geist und Materie nur verschiedene Formen ein und derselben »Substanz« sind, ist ja der Grundgedanke des großen monistischen Philosophen. Das Gleiche gilt für den Schluss, dass die Gesetze der menschlichen Vernunft mit denen der Natur völlig übereinstimmen. Doch während fast alle Welt um ihn herum elektrisiert ist, grübelt Schelling rastlos weiter. Schon im nächsten, sofort nachgereichten Buch ändert er sein System wieder. Soeben ist der Dreiundzwanzigjährige unter tatkräftiger Hilfe Fichtes und Goethes zum Professor in Jena ernannt worden. Dort schreibt er den *Ersten Entwurf eines Systems der Naturphilosophie.* Je mehr Schelling in die Welt der Naturwissenschaften eintaucht, umso mehr erkennt er ihr Eigenrecht an. Passen Chemie, Physik und Biologie tatsächlich in ein System, das einzig und allein vom menschlichen Bewusstsein hergeleitet wird? Die Zweifel daran wachsen, sehr zum Verdruss von Schellings Mentor Fichte. Bislang konnte er sich daran erfreuen, wie der junge Kollege nach seinem Vorbild die Natur in ein transzendentales System integriert hat. Im neuen Buch, aus dem er den Studenten in Jena vorträgt, aber verlässt Schelling den Weg Fichtes. Nun erkennt er zwei *gleichberechtigte* Systeme an, Transzendentalphilosophie und Naturphilosophie. Und beide Wissenschaften seien grundsätzlich voneinander zu trennen.

Doch auch diese Zweiteilung der Philosophie ist kurz darauf wieder Makulatur. Während Fichte nach dem »Atheismusstreit« fluchend von Jena nach Berlin zieht, arbeitet Schelling an seinem bislang größten und umfassendsten Entwurf seiner Philosophie: dem *System des transzendentalen Idealismus*. Als das Buch im Jahr 1800 erscheint, ist Schelling bereits ebenso berühmt wie Fichte. Noch immer gibt es große Übereinstimmungen. Doch dem Altmeister entgeht nicht, dass Schelling zu ihm in Konkurrenz tritt.

Wie am Anfang seiner Studien ordnet dieser die Naturphilosophie jetzt wieder der Transzendentalphilosophie unter. So weit, so vereinbar mit Fichte. Doch Schelling lässt der Naturphilosophie weiterhin einen großen Raum. »Wahrheit« definiert er als die Übereinstimmung des Subjektiven mit dem Objektiven. Und der Weg kann für ihn *von beiden Seiten aus* beschritten werden. Vom Subjekt zum Objekt und vom Objekt zum Subjekt, wobei Letzteres völlig aus Fichtes Systemgedanken ausschert. Zudem gibt Schelling Fichtes absolutem Ich eine *biologisch-historische Entwicklungsgeschichte*. Unser Ich, das absolute Selbstbewusstsein, das die Natur durchschaut, existiert nicht von Beginn an in der Welt. Vielmehr ist es das Ergebnis einer Evolution in drei »Epochen«. Von der ursprünglichen »Empfindung« ist das Bewusstsein zur »produktiven Anschauung« gelangt und von dort aus zur »Reflexion«. In der dritten Epoche wird die Reflexion zur Tat, zu einem freiheitlichen Willensakt. Am Ende dieser allmählichen Entfaltung des Bewusstseins steht die völlige Erkenntnis durch »intellektuelle Anschauung«. Der bewusstlose Organismus »Natur« hat nach vielen Fehlversuchen ein Wesen erschaffen, dem es gelingt, sie »selbst ganz Objekt« werden zu lassen und zu begreifen. Das *Absolute*, das die Bewusstseinswelt in Ich und »Nicht-Ich«, Subjekt und Objekt aufgespalten hat, wird vom Ich vollendet erkannt und damit zu sich selbst als »Ein und Alles« zurückgeführt. Und am Ende dieses Prozesses steht die »Versöhnung«, gleichbedeutend mit der Herrschaft Gottes.

Die Natur schlägt im Menschen das Auge auf und erkennt, dass sie da ist – obwohl Schelling diesen Satz nie geschrieben hat, gilt er, hundertmal kolportiert, als die Essenz seiner Naturphilosophie. So weit, so pathetisch wie verständlich. Doch was hat es mit dem »Absoluten« auf sich? Den Schleier lüftet das nächste Buch: *Darstellung meines Systems der Philosophie*. Es ist dem »Absoluten« gewidmet, von dem Schelling erstaunlich sicher und leichtfertig ausgeht, dass es existiert. Wer das »Absolute« denken will, der muss von all den Gegensätzen des Denkens und den Gegensätzen in der Natur absehen. Am Ende einer solchen Reduktion auf das Wesentliche steht für Schelling die »absolute Identität« – ein Punkt, an dem Geist und Natur, alles Subjektive und alles Objektive zusammenfallen. Für Spinoza war eine solche Schau des »Absoluten« das Endziel seiner Ethik: die Befreiung des denkenden Menschen aus den Widersprüchen der Welt. Für Schelling hingegen steht das Absolute am Anfang seiner Philosophie. Es ist das erkenntnistheoretische Fundament. Das »Absolute« existiert, und es steht über allem, über dem Ich und der Welt.

Fichte in Berlin ist enttäuscht. Er erkennt sehr wohl, was Schelling mit seinem *System* will. Hat Jacobi ihm nicht vorgeworfen, seine Wissenschaftslehre mache den Menschen zwar frei, aber die Welt zugleich leer? Jetzt präsentiert Schelling eine neue Lösung, in der das »Ich« nicht einfach nur der Kosmos des Bewusstseins ist, sondern Teil eines Kosmos, in dem das Absolute regiert. Über allen menschlichen Beschränkungen steht das Unbeschränkte. Der Geist Spinozas hat Fichtes Idealismus ersetzt. Aus Fichtes rein subjektiv gedachter Wissenschaftslehre ist eine religiöse *Identitätsphilosophie* von Geist und Natur geworden.

Sein begabtester Anhänger hat ihn verlassen. Fichte schreibt Schelling Briefe. Doch der junge Stern am Denkerhimmel lässt den alten abblitzen. Für Schelling ist Fichtes stolze Wissenschaftstheorie zu einem »Reflexionssystem« geschrumpft. Seine eigene Philosophie hingegen soll »objektiver« sein, weil sie die Welt des Geistes in der Welt der Natur verankert und umgekehrt: die Welt der Natur im menschlichen Geist. Überall in der Welt, im

Denken wie im Sein, sieht Schelling die gleichen vernünftigen Strukturen gegeben.

Fichte ist tief gekränkt (sein Ego war mindestens so groß wie sein »Ich«). Seit 1802 ist das Tischtuch zwischen den beiden Philosophen zerschnitten. Fichtes Bedeutung im Berliner Exil schwindet, Schelling ist der neue König der Philosophie. Doch auch seine Regentschaft ist nur von kurzer Dauer. Im Windschatten des jungen Genies lauert ein Titan, dessen monumentale Philosophie diejenige Schellings weit und anhaltend überstrahlen wird …

Der Mann im Schatten

Was hat Schelling geleistet? Er hat die Philosophie Fichtes relativiert, indem er der Natur den gleichen Eigenwert zugestanden hat wie dem menschlichen Geist. Für Fichte war die Natur nur das Ergebnis menschlicher Empfindungen – und das war zweifellos zu wenig. Schelling dagegen sieht die Natur und den menschlichen Geist vom selben intelligenten Geist beseelt – und dieser Geist, der über allem steht, ist das »Absolute«. Schellings Auswirkungen auf die Naturwissenschaften in Deutschland können gar nicht dramatisch genug beschrieben werden. Viele seiner Schüler und Anhänger wurden Naturforscher und Naturphilosophen. Und alle stellten sie die Erkenntnis der intelligenten Geist-Strukturen der Natur neben oder sogar über Methode und Experiment. Formuliert man es böse, so lässt sich sagen, dass Schelling die deutsche Naturforschung weit hinter Bacon und Galilei zurückgeworfen hat, so dass Franzosen und Engländer von nun an einen größeren Platz einnehmen konnten. Sieht man es freundlicher, so entdeckt man in Schelling einen klugen Mahner, der den exakten Wissenschaften vorführt, wie abhängig ihre vermeintlich objektiven Erkenntnisse vom menschlichen Denken sind.

Gewollt hat er sicher mehr – mindestens eine vollständige Welterklärung! Doch der Höhepunkt seines Ruhms ist zugleich ein Wendepunkt; sein Stern sinkt schnell. 1803 heiratet Schelling die zwölf Jahre ältere *Caroline Schlegel* (1763–1809), die geschiedene Frau August Wilhelm Schlegels. Ihr Tod, sechs Jahre später, stürzt ihn in eine tiefe und lang anhaltende Krise. 1803 hatte er Jena im Streit mit den führenden Romantikern verlassen und war nach Würzburg gegangen, bald darauf nach München. Sein Lebensweg gleicht dem eines genialen Schachspielers wie dem Letten *Michail Tal* (1936–1992) oder dem US-Amerikaner *Bobby Fischer* (1943–2008), deren ganzer Ruhm in die Zeit vor dem dreißigsten Lebensjahr fällt, obgleich sie ihrer Passion noch lange folgten. Schellings Werke über die menschliche Freiheit und über Geschichte erreichen nicht mehr entfernt die Bedeutung und Wirkung seiner frühen Schriften. Ein dunkler Nebel legt sich über seine Bücher. Verflogen ist der Optimismus der Jugendzeit, dass der Mensch das Absolute erkennen könne. Der Urgrund der Welt ist nicht nur regelhaft und vernünftig, sondern zugleich regellos und chaotisch. Und in einer Welt, in der das Böse stärker ist als Gott selbst, lässt es sich nie vollständig überwinden, nur bewusst verneinen, indem man sich Gottes Liebe mehr hingibt als dem Eigenwillen.

Schelling begeistert sich für Swedenborg, für genau jenen Mann, gegen den Kant einst zu sich selbst und seiner Vernunftphilosophie fand. Er steigt hinab in die theologischen Tiefen und Untiefen der Offenbarung und der Mythologien der Völker. Nach einem Intermezzo in Erlangen geht er wieder nach München und im Alter von siebenundsechzig Jahren nach Berlin. Inzwischen sehr religiös geworden, soll Schelling die revolutionär gestimmten Studenten beruhigen. Doch schon vier Jahre später wirft der alte Herr das Handtuch. Als er 1854 in der Schweiz, in Bad Ragaz, stirbt – fünf Jahre vor Darwins Evolutionstheorie –, ist er für die Älteren ein Denkmal seiner selbst. Für die junge Philosophengeneration dagegen ein fast vergessener Mann.

Zum neuen Star der Philosophie aber wird ein Mann, der nicht entfernt eine solche rasante Karriere gemacht hat wie sein

Freund und Kommilitone Schelling. Die Rede ist von *Georg Wilhelm Friedrich Hegel* (1770–1831). In Stuttgart als Sohn eines herzoglichen Finanzverwalters in eine pietistisch geprägte Familie geboren, besucht er mit Hölderlin und Schelling das Tübinger Stift. 1790 wird er Magister der Philosophie, und drei Jahre später erhält er das theologische Lizentiat.

Auch Hegel hat am Stift gelernt, die orthodoxe Geistlichkeit zu hassen. Wie Schelling saugt er alles in sich auf, was sich den konservativen Theologen entgegenhalten lässt. Mit vielen seiner Kommilitonen begeistert er sich für die Französische Revolution. Rousseau fasziniert ihn, insbesondere der *Émile*. Wie wahr erscheint ihm, dass nur das Wahrheit sein kann, was mit der »Aufrichtigkeit des Herzens« empfunden wird. Die starren Regeln am Stift gehören jedenfalls nicht dazu. Rousseaus Religiosität ohne Dogmen und Gebote bietet Hegels Fantasie die ersehnte Zuflucht. Schon Kant hatte sich davon inspirieren lassen, wenn er von einer »unsichtbaren Kirche« sprach und an der sichtbaren kaum ein gutes Haar ließ. Als Hegel auf Kant stößt, findet er einen weiteren Verbündeten im Geiste gegen seine orthodoxen Lehrmeister. Gänzlich entzündet ist er, als ihm *Heinrich Eberhard Gottlob Paulus*' (1761–1851) Zeitschrift *Memorabilien* in die Hand fällt. Der evangelische Theologe entschlackt den christlichen Glauben von allem, was nicht seinem moralischen Kern entspricht. Mit Schelling ist Hegel der Ansicht, dass dieser Kern nichts anderes ist als Kants Vernunftmoral. Und wenn Jesus andere Worte und Bilder fand als Kant, so argumentiert Schelling unter Hegels Beifall, dann nur, weil er es mit einem deutlich ungebildeteren Publikum zu tun hatte …

Zusätzliche Munition für ihren Widerstand gegen die Stifts-Lehren erhalten die beiden durch den feurigen Kantianer *Immanuel Carl Diez* (1766–1796). Als junger Dozent am Tübinger Stift macht er von Monat zu Monat weniger Hehl daraus, dass er das Christentum für einen Schwindel und Jesus für einen Betrüger hält. Wie Kant lässt er nur übrig, dass wir die Existenz

Gottes vermuten sollten, um sicherzugehen, dass es richtig ist, das Gute zu tun.

Doch die völlige rhetorische Vernichtung des Christentums lässt Hegel nicht nur still und leise über seine religiösen Lehrmeister triumphieren. Sie hinterlässt zugleich eine Leere! Klar sehnt sich der Theologiestudent nach Freiheit. Aber von allen Illusionen befreit, fühlt er sich nun auf völlig schwankendem Boden. Wo bleibt *die Einheit der Welt*, wenn Bibelkritik und Kantianismus alles entzaubern? Trügt denn die »Aufrichtigkeit des Herzens«, wenn sie fühlt, dass es diese Einheit irgendwo gibt? Und braucht es nicht das Fundament des großen Ganzen, etwas sicheres Neues, um den Geist tatsächlich *frei* zu machen?

Unruhig und unzufrieden zieht Hegel 1793 nach Bern, um eine Stelle als Hauslehrer anzutreten. Die große Privatbibliothek seines Dienstherrn ist ein schier unerschöpflicher Fundus für seine Wissbegierde. Er liest Machiavelli, Hobbes, Grotius, Locke, Spinoza, Leibniz, Hume, Montesquieu und Voltaire. Die Religionskritiker Lessing und Shaftesbury hat er bereits neben Rousseau und Kant in seiner Tübinger Zeit gründlich studiert.

Als Hölderlin ihm eine Hauslehrerstelle in Frankfurt vermittelt, kann Hegel sich endlich wieder gründlich austauschen. Erneut verbringt er viel Zeit mit Lesen, nimmt sich die englischen Ökonomen und Historiker vor und liest englische Zeitungen. Doch zum Wendepunkt wird Frankfurt durch etwas anderes. Hölderlin hat 1794 – gleich in dessen erstem Jahr – den neuen Professor Fichte in Jena gehört! Und genau wie sein Freund, der Schriftsteller *Isaac von Sinclair* (1775–1815), lehnt er dessen radikale Subjektphilosophie ab! In seinem kurzen Fragment *Urteil und Sein* erklärt Hölderlin Fichtes »absolutes Ich« zu einem Hirngespinst. Jede Vorstellung von einem »Ich« ist nur möglich, indem ich dieses »Ich« als Subjekt von einem Objekt unterscheide. Damit aber bleibt es immer relativ und niemals »absolut« – also losgelöst von allen Beziehungen.

Als er Fichte in den kritischen Worten seines Freundes kennenlernt, ist Hegels Geist sofort entflammt. Sein Denken erhält eine neue Richtung. Irgendwo jenseits der fichteschen Philosophie muss es weitergehen. Und irgendwo muss der Punkt liegen, an dem sich Ich und Welt, Subjekt und Objekt »vereinigen« lassen. Ist Hegel der Verfasser jenes Textblatts, das 1913 auf einer Auktion auftaucht und als *Das älteste Systemprogramm des deutschen Idealismus* berühmt wurde? Wenn das stimmt, so notiert er schon 1797 das »Programm« eines schöpferischen Ichs, das der Natur selbstbewusst entgegentritt. Doch dieses Ich ist nicht absolut wie bei Fichte, sondern es entspringt einem Urgrund, dem »Nichts«, wie die Natur. Die große Einheit von Ich und Welt im Blick, wird die empirische Naturwissenschaft abgelehnt und die spekulative Naturphilosophie bevorzugt. Auch Kants Trennung von theoretischer und praktischer Vernunft wird (wie schon bei Fichte) verworfen. Zugleich wird alles bekämpft, was die Freiheit beschneidet. Der Staat ist eine »Maschine«, die absterben soll; das »Priestertum« in seinem »Afterglauben« gehöre verfolgt. »Gott und Unsterblichkeit« liegen in jedem einzelnen freien Menschen. Gefordert wird eine Ethik als »vollständiges System aller Ideen«, zu denen die Menschheit, Gott, Freiheit und Unsterblichkeit gehören. Vereinigt finden sich alle Ideen in der »Idee der Schönheit«. Denn erstrebt wird eine »neue Mythologie«, die die Vernunft so versinnlicht, dass auch jeder Ungebildete sie verstehen kann. Der Plan ist, das Christentum vollständig zu ersetzen. Die »neue Mythologie« soll das Denken und den Glauben revolutionieren und einen zeitgemäßen Weg bahnen zum Schönen, Wahren und Guten.

Ein gewaltiger Anspruch! Doch diese »neue Mythologie« wird Hegel, anders als Schelling, schnell fallen lassen. Schönheit und Kunst, die seine Freunde und die Romantiker mit so viel Hoffnung befrachten, verlieren für ihn rasch an Bedeutung. Der Tod seines Vaters und ein bescheidenes Erbe ermöglichen ihm 1801, zu Schelling nach Jena zu gehen. Hier veröffentlicht er seinen Text über die *Differenz des Fichte'schen und Schelling'schen Systems der Philosophie,* in dem er für Schelling und gegen Fichte

Partei ergreift. Mit seinem jung-genialen Freund gibt Hegel auch das *Kritische Journal der Philosophie* heraus, dem allerdings nur kurze Dauer beschieden ist. Dass er sich nebenbei mit einer von Schellings Naturphilosophie inspirierten Habilitation über die Planetenbewegungen zum Privatdozenten qualifiziert, ist eher als Kuriosum in die Geschichte eingegangen. Denn von Astronomie versteht Hegel nichts.

Auch bei den Studenten in Jena kommt er nicht besonders gut an. Nur elf junge Männer verirren sich in seine erste Vorlesung über Logik und Metaphysik. Hegel hat immens viel gelesen und tut es noch immer, er beschäftigt sich mit allen erdenklichen Wissensgebieten, vom klassischen Altertum über die Mathematik bis zu den zeitgenössischen Naturwissenschaften. Doch als Dozent und seit 1805 als Professor bleibt er vielen blass und unverständlich. Worin besteht Hegels Philosophie? Was will der so viel Wissende der Welt Eigenes sagen? Seine Studenten vermuten, dass er an einem großen Werk schreibt, und erwarten eine Art Lehrbuch. Doch Hegel hat etwas anderes, viel Größeres im Sinn.

Hat Schelling auf ziemlich dunkle Weise versucht, das, was für Jacobi außerhalb des menschlichen Verstandes liegt – das Unbedingte und Absolute –, in seine Philosophie einzubauen, so will Hegel dieses Werk vollenden. Das *Sein,* die Substantialität der Dinge, und das *Bewusstsein,* die subjektive Weise, in der sie uns erscheinen, sollen *zur Deckung gebracht* werden. Für Hegel kommt die Philosophie dann zur Wahrheit, wenn sie zeigt, dass das, was unser Bewusstsein erfasst, zugleich das objektive Sein der Dinge ist. *Wenn die Vorstellung, die wir uns von den Dingen machen, mit dem eigentlichen Sein dieser Dinge verschmilzt.* Schelling hatte viele Worte darum gemacht, wie er Transzendentalphilosophie und Naturphilosophie auf einen Nenner bringen wollte. Aber ein überzeugendes System war ihm schon deshalb nicht geglückt, weil man sich unter seinem »Absoluten« letztlich gar nichts vorstellen kann. Diese Unklarheit will Hegel durch ein neues System und eine neue Methode des Denkens beheben.

Das Werk kommt in Jena zur Welt in einem welthistorisch bedeutsamen Moment. Am 8. und am 10. Oktober 1806 hat Hegel die letzten Teile seines Manuskripts an den Verleger in Bamberg geschickt, eine letzte Sendung steht noch aus. Am Morgen des 13. Oktober rücken, wie Hegel am selben Tag in einem Brief schreibt, »die französischen Tirailleurs«, die Scharfschützen der französischen Armee, in Jena ein, »und eine Stunde nachher die regulären Truppen; diese Stunde war eine Stunde der Angst, besonders durch die Unbekanntschaft der Menschen mit dem Recht, das jeder nach dem Willen des französischen Kaisers gegen diese leichten Truppen hat ... den Kaiser – diese Weltseele – sah ich durch die Stadt zum Rekogniszieren hinausreiten; – es ist in der Tat eine wunderbare Empfindung, ein solches Individuum zu sehen, das hier auf einen Punkt konzentriert, auf einem Pferde sitzend, über die Welt übergreift und sie beherrscht«.[205]

Hegel sieht Napoleon, kaum dass er sein großes Werk vollendet hat, und ist ergriffen. Die Legende wird daraus machen, Hegel habe behauptet, in Napoleon den »Weltgeist zu Pferde« gesehen zu haben. Tatsächlich spricht er mit Schelling von der »Weltseele«. Die am nächsten Tag siegreichen Franzosen quartieren sich in seiner Wohnung ein und verwüsten sie, auch wenn er versucht hat, sie mit gutem Wein zu besänftigen. Die letzten Bögen des Werks werden trotzdem am 20. Oktober von Jena nach Bamberg geschickt und treffen dort unbeschadet der Kriegswirren ein.

Bevor das Buch erscheint, flüchtet Hegel mit seiner Geliebten und seinem unehelichen Sohn im Februar 1807 selbst nach Bamberg. Seine Wohnung ist besetzt, und nach den raschen Abgängen Schillers, Schellings, Tiecks und der Schlegels ist Jena fast schlagartig geistig versteppt. Hegel hat Arbeit bei der *Bamberger Zeitung* gefunden, ein eineinhalbjähriges unfruchtbares Intermezzo. Er redet und schreibt langsam und oft umständlich, ist gründlich und weitschweifig. Sich den durchgeistigten Großphilosophen in einer hektischen Zeitungsredaktion vorzustellen fällt in der Tat schwer. Was für ein Kontrast zwischen der von Hegel so genannten Zeitungs-Galeere und dem Buch, das in dieser Zeit erscheint! Es heißt *Phänomenologie des Geistes* und soll trotz seines Umfangs nur die Einleitung eines Werks sein mit dem Titel *System der Wissenschaft* – ein Monumentalprojekt mit den Teilen »Logik«, »Metaphysik« und »Naturphilosophie«.

Bereits die vermeintliche »Einleitung« gilt als eines der sperrigsten Bücher der Philosophie. Hegels schwerfällige Sprache hat daran einen nicht unwesentlichen Anteil. Hatte Kants umständliche lateinische Schulgrammatik schon bei seinen Zeitgenossen Anstoß erregt, musste man bei Schelling die Absicht des Autors zwischen poetischen Formulierungen im Grenzgebiet zwischen Unter- und Übervernunft suchen – um wie viel schwerer ist es noch, Hegel zu lesen!

Versuchen wir, Hegels Ausgangssituation zu verstehen. Kant hatte die Metaphysik, die Welt des nicht sinnlich Erkennbaren, aber trotzdem Wahren, auf ein Minimum reduziert. Wie Schelling möchte auch Hegel die Reichweite der Metaphysik wieder ausdehnen. Er möchte dazu anregen, die Totalität der Welt denkend zu ergründen und nicht nur die kleinen Winkel, die Kant übrig gelassen hat. Denn unsere *Vernunft* – hier stimmen Schelling und Hegel mit Llull und Cusanus überein – weiß mehr als unser *Verstand*. Sie kann nicht nur wie bei Kant »regulative Ideen« erspinnen, sondern sie erkennt die Welt, indem sie *den Verstand übersteigt*. Philosophiehistorisch kann man Schelling und Hegel damit als neue »Mystiker« einordnen. Doch im Gegensatz zu Schelling möchte Hegel auch den mystischen Weg noch mit der Laterne des Verstandes ausleuchten. Denn selbst die »irrationale« Erkundungsreise, die *Spekulation*, hat ihre Logik.

Wenn Schelling Wahrheiten verkündet, die sich rational nicht ausweisen lassen, so beruft er sich auf die »intellektuelle Anschauung«. Doch was ist das? Für Hegel ist das nur die »Nacht der bloßen Reflexion«, mystisches Geraune, einer wahren Philosophie nicht würdig. Selbst wenn er die Grenzen des Verstandes übersteigt, muss der Philosoph dieses Übersteigen rational einfangen und begründen. Philosophische Spekulation kann abenteuerlich, muss aber immer logisch sein. Dieses Programm ist es, das Hegel von Schelling unterscheidet und den früheren Freund tief gekränkt zurücklässt.

Wie war Hegel auf seine Logik, die den Verstand übersteigt, gekommen? Ihr Ursprung liegt bereits in den frühen Jahren, insbesondere in den philosophischen Überlegungen Hölderlins. Mit Rousseau und Shaftesbury erkennt dieser die »Liebe« als das wichtigste Band zwischen den Menschen. Doch die Liebe ist eine höchst komplizierte und widersprüchliche Figur. Sie besteht aus Selbstheit und Hingabe. Nur in der Verschmelzung mit dem anderen kann ich mich auf höchste Weise selbst erfahren. Ohne Entgegensetzung keine Vereinigung, und ohne den Wunsch nach Vereinigung keine Entgegensetzung. Dieses existenzielle Spiel ist für Hölderlin, wie erzählt, nicht aus Fichtes »Ich« heraus erklärbar. Es ist tiefer und gehört einer Sphäre außerhalb meines Ichs an.

Hegel ist davon fasziniert. Ist es die Liebe, die uns zeigt, dass es eine Welt jenseits von Fichtes »Ich« gibt? Auf vergleichbare Weise hatte der junge Spinoza die Liebe als Schlüssel zur Verschmelzung von Ich und Welt gesehen. Doch je länger er darüber nachdenkt, umso mehr kommt Hegel von der Liebe ab. Er bricht mit Hölderlin und den Träumen seiner Jugend. Stattdessen wendet er sich dem »Leben« zu. Ist das Leben nicht ein schlagendes Beispiel für die *Dialektik* des Seins? Leben gibt es nur in Form von lebendigen Subjekten: einzelnen Pflanzen, Tieren und Menschen. Gleichzeitig ist »Leben« mehr als die Summe lebendiger Wesen. Es ist das, was Lebendiges überhaupt lebendig macht. Doch alles Lebendige ist todgeweiht – und insofern enthält es die *bestimmte Negation* des Lebens. »Leben« bedeutet somit das Lebendige und sein Gegenteil sowie den Gesamtzusammenhang des Lebens. Im Lebendigen ist das Leben mit sich identisch und zugleich nicht-identisch, und genau das ist das, was Leben als Ganzes ausmacht.

Das Ganze ist, logisch betrachtet, ein Dreischritt. Es gibt Leben (These), das im Lebendigen (insofern es den Tod beinhaltet) negiert wird (Antithese). Gleichwohl ist das Leben damit im Lebendigen enthalten, nämlich als bestimmte Negation. Aus dem Leben und seiner Negation im Lebendigen entsteht als Wahrheit der Gesamtzusammenhang »Leben«. These und Antithese haben sich zu einer höheren Synthese vereinigt und sind darin »aufgehoben«. Kein Schuft, wer dabei an die christliche Trinität von Dreiteilung und Ganzem und an die Offenbarung göttlicher Wahrheit denkt. Wie so viele kluge Denker des Mittelalters sieht der examinierte Theologe Hegel im Christentum eine bildliche Einkleidung philosophischer Wahrheit, die – wendet man seine eigene Gedankenfigur auf ihn an – noch als bestimmte Negation in ihm selbst fortlebt.

Mit seiner »Dialektik«, die er später in der *Wissenschaft der Logik* systematisiert, ist jene Denkfigur herausgearbeitet, mit der Hegel die Welt logisch aufschlüsseln will. In der *Phänomenologie des Geistes* wird das, was Hegel am Begriff des »Lebens« gezeigt hat, auf den »Geist« angewendet. Das Buch handelt davon, wie der Geist sich selbst als Geist bewusst wird – aber nicht einfach nur als Selbstbewusstsein (wie bei Fichte), sondern als Identität von Geist und Sein! Denn wie für Schelling, so gibt es für Hegel ein Sein, das außerhalb unseres Bewusstseins ist, aber durch das Übersteigen des Verstandes gleichwohl erkannt werden kann. Und wie sein früherer Freund nennt Hegel dieses Sein das »Absolute«. Nur dass er mit Schellings »Absolutem« nicht viel anfangen kann. Gleich in der Vorrede spottet er darüber als eine »Nacht … worin, wie man zu sagen pflegt, alle Kühe schwarz sind … die Naivität der Leere an Erkenntnis«.[206]

Schellings Absolutes steht als ferne Einheit über allem und ist mehr als die Summe seiner Teile. Dagegen wendet Hegel seine dialektische Gedankenfigur an: Absolut ist das »Absolute« nur, wenn es allumfassend ist. Allumfassend zu sein aber bedeutet, sowohl eine eigenständige Einheit als auch die Summe seiner Teile zu sein. Denn ansonsten gibt es ja immer etwas, was man dem Absoluten entgegensetzen kann – als das, was es nicht ist, also entweder keine Einheit oder keine Vielheit. Das aber widerspricht der Idee der allumfassenden Absolutheit. Das Absolute, wie Hegel es sieht, ist also ein Paradox: Es ist eine konkrete Einheit, die Einheit und Vielheit zugleich ist. Es ist, wie Hegel schon früh schreibt, »Identität der Identität und Nichtidentität«.[207]

Der Weg des Geistes

Hegel definiert das »Absolute« viel genauer als Schelling – wenn auch auf Kosten jedweder Anschaulichkeit. Denn vorstellen kann man sich das »Absolute« nicht, nur logisch denkend ergrübeln. Aber wie soll das gehen? Kants Warnung, dass man nur das als Wissenschaft gelten lassen soll, was man auch tatsächlich wissen kann, ist Hegel bekannt, und er nimmt sie ernst. Wer in den »Himmel der Wahrheit« kommen will, muss die »Wolken des Irrtums« vermeiden.[208] Aber für ihn hat Kant die Grenzen der Metaphysik gleichwohl viel zu eng gezogen. Wenn Kant die Metaphysiker angreift, weil sie zu »dogmatisch« seien, so benutzt Hegel diesen Vorwurf gegen Kant selbst. Wer so skeptisch auf alle Metaphysik blickt wie Kant, der betrachtet den Geist als Werkzeug, um das Absolute zu fassen. Mit dem bekannten Resultat, dass das Werkzeug am Ende nicht ausreicht, um über das Bewusstsein hinaus zur absoluten Wahrheit zu gelangen. Dagegen wendet Hegel seine *immanente Kritik*. Ist es richtig, den Geist dem Absoluten *entgegenzustellen*? Sind Bewusstsein und Welt überhaupt zwei getrennte Welten, wie seit Descartes so viele zu glauben scheinen? *Ist der Geist nur ein Werkzeug*? Und woher kommt dieses Misstrauen in die Fähigkeiten unseres Geistes? Muss man diesem Misstrauen nicht das Misstrauen aussprechen, weil die »Furcht zu irren schon der Irrtum selbst« ist?[209]

Kants »obere Erkenntnisvermögen«, »Verstand«, »Urteilskraft« und »Vernunft«, haben keine lange Tradition und keine Geschichte. Sie sind einfach da und versuchen von einer Art Nullpunkt aus die Welt zu begreifen. Nicht anders war es bereits bei Descartes. Dagegen sieht Hegel mit Schelling den Geist auf einer langen Reise von der dumpfen Unwissenheit über die »sinnliche Gewissheit« zum »absoluten Wissen«. Und dieser Prozess ereignet sich sowohl auf der Weltbühne der Natur- und Menschheitsgeschichte als auch in jedem einzelnen Menschen selbst, wenn er sich den »langen Weg« hindurcharbeitet vom unmittelbaren zum absoluten Geist.

Wie läuft dieser Prozess ab? Besteht er darin, dass unser Bewusstsein immer mehr von der Welt »an sich« erkennt? Selbstverständlich nicht, denn so zu denken wäre ein Rückfall vor Kant. Stattdessen wendet Hegel nun seine Grundfigur auf das Bewusstsein an. Alles, was wir wissen, wissen wir in unserem Bewusstsein. Selbst wenn wir uns als Ich von der Welt unterscheiden, tun wir dies *in* unserem Bewusstsein. Zwar behaupten wir, dass nur das wahr ist, was auch unabhängig von unserem Bewusstsein gelten soll. Aber selbst diese Aussage machen wir in unserem Bewusstsein. Unser Bewusstsein steht also nicht der Welt *gegenüber,* sondern es ist *die umfassende Einheit aus Bewusstsein und ihm entgegengesetzter Welt.* Es ist, mit Hegel gesagt, »die Identität der Identität und Nichtidentität«. Und das bedeutet: Es gibt keine Wahrheit außerhalb meines Bewusstseins. In dieser Hinsicht folgt Hegel den Spuren Fichtes. Das alte Bild vom Werkzeug des Geistes, das nicht ausreicht, den Schatz der Wahrheit zu heben, verliert seinen Sinn. Der Geist ist *kein Werkzeug,* sondern er ist, modern ausgedrückt, die *Matrix,* innerhalb derer uns alles – und somit auch alle Wahrheit – erscheint.

Alle Wahrheit ist also in unserem Bewusstsein, wir müssen sie nur freilegen und uns ihrer bewusst werden. Für Hegel ist dieser Prozess eine lange Folge dialektischer Arbeit. Unsere Erkenntnis der Welt geschieht stufenförmig durch die bestimmte Negation.

Ein berühmtes Bild dafür ist die *Dialektik von Herrschaft und Knechtschaft.* Der Herr zwingt den Knecht zur Arbeit und macht sich dadurch von dessen Arbeitskraft abhängig. Der Knecht arbeitet und verändert die Dinge, wobei er sich seiner Schaffenskraft bewusst wird, das heißt, seiner Freiheit als Gestaltender. Dieses Bild ist oft interpretiert worden, insbesondere dient es *Karl Marx* (1818–1883) als Modell für seine Theorie des Klassenkampfes. (Wir kommen darauf im dritten Band unserer Philosophiegeschichte zurück.) Doch was Hegel meint, ist etwas ganz anderes. Unser Geist (der Herr) muss sich in Form des Knechtes mit den Dingen und Menschen in der Welt herumschlagen. Dieses permanente Abarbeiten an dem, was man sich denkend entgegensetzt, ist Plackerei. Es ist viel Widerborstiges darin. Doch nur dadurch, dass der Knecht sich an den Dingen und Menschen abmüht, kann er seine Welt gestalten und frei werden. Er erlebt sich als Gestalter seiner geistigen Welt, als Denkender, der mehr ist als das Gedachte, und somit als Quelle der eigenen Freiheit. Die Pointe lautet also: Der Geist muss sich an der Welt abarbeiten, um zu sich selbst zu kommen, denn ohne diese Mühe bleibt er unfähig zur Selbsterkenntnis. Nur weil unser Bewusstsein »unglücklich« ist, kann es auf die Ebene der »Vernunft« gelangen – der Zustand, bei dem Bewusstsein und Selbstbewusstsein übereinstimmen und eine Einheit bilden.

Doch der Geist des Menschen ist mehr als nur das zur Vernunft gelangte Bewusstsein. Denn anders als Kant meint Hegel, dass das, was unser Bewusstsein vernünftig erkennt, zugleich *die* Realität ist. Das Wort »Geist« umfasst also nicht nur *meinen* Geist, sondern zugleich das, was in der Welt um mich herum *real existiert.* Existieren meint allerdings nicht, als Gespenst oder Heiliger Geist zu wirken. Der real existierende Geist ist die Summe aller Bewusstseinsinhalte. In diesem Sinne kann Hegel sagen: »Der Geist ist das *sittliche* Leben eines Volkes« – also die Summe des Gedachten, Getanen, Umgesetzten, Verwirklichten, für richtig Befundenen und so weiter. Mit einem Wort: Hegels »Geist« ist zugleich die *Kultur,* in der ich lebe. Die »Gestalten des Bewusstseins« sind »Gestalten einer Welt«.[210]

Weil Hegel den Geist für objektiv und wahr hält, kann er auch dessen Geschichte schreiben. Wie Schelling entwirft er ein Modell, bei dem der Geist in mehreren Stufen zu sich selbst kommt. Doch wo Schelling die *Naturgeschichte* des Geistes skizziert, entwirft Hegel eine *Kulturgeschichte.* Bewusstseinsgeschichte und reale Geschichte lassen sich nicht trennen, sie sind eine »*Einheit* des *Denkens* und *Seins*«. Und gemeinsam bilden sie die »Schädelstätte des absoluten Geistes«.

Am Anfang des langen Weges steht die griechische Antike, die Hegel, dem etwas kitschigen Antikenkult der Zeit entsprechend, mit dem »sittlichen Leben« gleichsetzt. Doch dieses sittliche Leben enthält interne Widersprüche, die Hegel an der griechischen Tragödie, insbesondere Sophokles' *Antigone,* abliest. Ein logischer Schritt, dass die griechische Sittlichkeit ins römische Recht übertragen wurde, um mehr Stabilität zu gewinnen. Doch einmal zu Recht geworden, tritt das Sittliche als Sittliches zurück. Es *entfremdet* sich von sich selbst. Die im Griechentum vereinte Welt spaltet sich auf in die Gegensätze von Konkretem und Abstraktem, dem Sinnlichen und dem Intelligiblen, dem Diesseits und dem Jenseits.

Die Welt ist also zerrissen und der Mensch entfremdet. Aber auch dieser Zustand wird sich weiterentwickeln. Sein eigenes Zeitalter erkennt Hegel als das der »Bildung«. Der Mensch der Gegenwart muss sich bilden und den Aberglauben durch Aufklärung überwinden. Ein solcher Prozess geschieht nicht ohne starke Erschütterungen. Die Französische Revolution vor Augen, zeichnet Hegel den »Schrecken« der »absoluten Freiheit«. Doch dieser Übergangszustand wird ebenfalls überwunden. Am Ende des Menschheitsschauspiels, der Selbstentfaltung und Selbstbefreiung des Geistes, steht die »Versöhnung«. Das Zeitalter des »absoluten Wissens« wird anbrechen – und es ist nicht fern …

Was für ein gewaltiges Tableau! Auf der Weltbühne kommt

der Geist in einem großen Ringen zu sich selbst und endet grandios im absoluten Wissen. Geschichte als Selbstenthüllung! Hegels Komposition ist eine bombastische Mischung aus Fichtes Bewusstseinsphilosophie, Theologie ohne Gott und pathetischer Zeitdiagnostik! Und ihre Wirkungsgeschichte für die abendländische Kultur ist, wie wir noch sehen werden, enorm. Den »wahren« Hegel sicher zu bestimmen ist gleichwohl nicht leicht, denn sein Werk ist selbst ein ständiges Ringen. Liest sich Kant wie ein fertiger Gesetzestext, so ist Hegels Philosophie ein dynamisches Vorwärtsschreiten, eine Pirsch durch das Dickicht von Einwänden und Gegeneinwänden.

Doch schon das folgende Buch, die zweibändige *Wissenschaft der Logik,* weicht von der in der *Phänomenologie* skizzierten Idealspur ab. Hegel hat die *Logik* während seiner Zeit als Gymnasialrektor in Nürnberg geschrieben, wo er von Herbst 1808 bis 1816 lebt. Und das Buch wird die *Phänomenologie* als neue Einleitung ins Gesamtwerk ersetzen. Doch bevor wir Hegels späteres System ausführlicher betrachten, richten wir den Blick auf die Rolle, die Hegel bereits in der *Phänomenologie* einem Phänomen zugedacht hat, das in dieser Philosophiegeschichte bislang zu kurz gekommen ist: der Kunst! Denn für Hegel ist die Kunst ein *Medium der Erkenntnis* – eine Rolle, die man ihr in der Geschichte zuvor kaum zugetraut hat …

Sein und Schein des Schönen

Im Spätsommer – Der Schein der Wahrheit –
Regeln oder Geschmack? – Die Erfindung der »Ästhetik« –
Das ästhetische Urteil – Die Wahrheit der Kunst

Im Spätsommer

»Was ist ein Jahr? – Es sind nur 365 Tage.« – Zum Briefeschreiben fehlt dem jungen Professor 1798 die Zeit. Seit Schelling in Dresden ist, fühlt er sich in einem irren Spätsommer, umgeben von flirrenden Gestalten der Frühromantik wie den Gebrüdern Schlegel und Caroline, seiner späteren Frau. Schellings Freund, der Naturphilosoph *Henrich Steffens* (1773–1845), ist auch da, ebenso die Berliner Salondame *Rahel Levin,* spätere *Varnhagen* (1771–1833). Die Pastellmalerin *Dora Stock* (1759–1832) arbeitet in der Dresdner Gemäldegalerie, und auch Novalis und Fichte kommen für kurze Zeit vorbei. Man trifft sich sechs Wochen lang jeden Vormittag in der Galerie vor Bildern wie Raffaels *Sixtinischer Madonna* und diskutiert lang und bewegt über die Kunst. August Wilhelm Schlegel hat diese Gespräche in seinem Text *Die Gemälde* festgehalten. Die Gesprächspartner lassen ihren Blick über die Elbe schweifen, in einer Szene, die selbst ein Gemälde sein könnte: »Hier, dächte ich, ließen wir uns nieder: Wir können keinen bequemeren und anmuthigeren Sitz finden. Vor uns der ruhige Fluß; jenseits erhebt sich hinter dem grünen Ufer die Ebne in leisen Wellen, dort unten spiegelt sich die Stadt mit der Kuppel der Frauenkirche im Wasser, oberhalb ziehn sich Rebenhügel dicht an der Krümmung hin, mit Landhäusern besäet und oben mit Nadelholz bedeckt.«[211]

Schelling wird lange von seinen Wochen in Dresden zehren. Seinen ersten Niederschlag findet der geteilte Kunstrausch des Spätsommers in seinem *System des transzendentalen Idealismus*. Denn am Schluss des Buchs geht es ziemlich überraschend um Kunstphilosophie. Schelling traut der Kunst eine tragende Rolle in seinem System zu.

Versuchen wir dafür noch einmal Schellings Kerngedanken zu fassen. Für Schelling besitzt die Natur, anders als für Fichte, ein Eigenrecht, sie ist nicht bloßes Material des Bewusstseins. Stattdessen spricht er vom Menschen als »subjektivem Sein« und von der Natur als »objektivem Sein«. Beide Seinsformen sind verankert in einem Weltgrund, dem »absoluten Sein«. Hier ist das Subjektive mit dem Objektiven vereint, Geist und Natur sind eins. Doch der naturgeschichtliche Prozess hat Geist und Natur getrennt, wenn auch mit dem vorgezeichneten Ziel, sie in einem Akt der Selbsterkenntnis wieder zu vereinen. Am Ende durchschaut der menschliche Geist seine eigene Natur und macht sich das Absolute bewusst. In diesem Sinne schreibt Schelling in seinem *System*: »Das höchste Ziel, sich selbst ganz Objekt zu werden, erreicht die Natur erst durch die höchste und letzte Reflexion, welche nichts anderes als der Mensch, oder, allgemeiner, das ist, was wir Vernunft nennen, durch welche zuerst die Natur vollständig in sich selbst zurückkehrt, und wodurch offenbar wird, dass die Natur ursprünglich identisch ist mit dem, was in uns als Intelligentes und Bewußtes erkannt wird.«[212]

Nun sollte man annehmen, dass dieser Prozess der Selbstbewusstwerdung dadurch geschieht, dass Menschen philosophisch reflektieren. Zum Beispiel jemand wie Schelling selbst, der seine Erkenntnisse aus »intellektueller Anschauung« und »genialer Intuition« gewinnt. Doch Schelling, so stolz und selbstbewusst er ist, scheint gleichzeitig daran zu zweifeln, dass das philosophische Erkennen der Königsweg zum Absoluten ist. Seit seinem Erlebnis in Dresden räumt er der Kunst einen hohen Stellenwert ein. Weiß nicht auch der Maler oder Dichter vom Absoluten? Und gibt er in seinem Werk nicht zumindest eine Ahnung davon? Selbst wenn der Künstler kein Erkennender im philosophischen Sinne ist, so erfasst er die Wahrheit doch, wie Schelling schreibt, »instinktmäßig«. Das Wort war bis dahin vor allem durch Reimarus' Studien über die Fähigkeiten der Tiere bekannt. Schelling überträgt es auf die unbewusste Eingebung des Künstlers, der, kaum wissend, was er tut, zwischen subjektivem und objektivem Sein, Bewusstsein und bewusstlosem Sein vermittelt: »Das Kunstwerk«, erklärt Schelling 1807 in seiner Münchner Akademierede *Über das Verhältnis der bildenden Künste zu der Natur,* »reflektiert uns die Identität der bewußten und der bewußtlosen Tätigkeit.«[213]

Dass man die Kunst als Erkenntnisquelle feiert und den Künstler als Genie, liegt im Geist der Zeit. Goethe und Schiller und die Jenaer Frühromantiker sehen das nicht anders. Man überbietet sich regelrecht mit pathetischen Formulierungen über das eigene Tun. Doch was Schelling von den anderen unterscheidet, ist sein wissenschaftlicher Anspruch. Wie Kant und Fichte versteht er sein spekulatives System als strenge Wissenschaft. Und auch die Rolle der Kunst soll sinnvoll und logisch darin eingebettet sein. Kein Wunder, dass seine Dresdner Gefährten Schelling über den grünen Klee loben und ihn als »neuen Mythologen« preisen.

Was ist damit gemeint? Längst haben die deutschen Idealisten und Romantiker in Thüringen und Sachsen die Welt der Griechen für sich entdeckt. Seit der aus Stendal gebürtige Kunstschriftsteller *Johann Joachim Winckelmann* (1717–1768) über Halle und Jena nach Rom gelangt war, hatte eine allgemeine Antikenbegeisterung eingesetzt. Das klassische Altertum und seine Kunst werden zu einem solchen Sehnsuchtsort, dass die Gebrüder Schlegel ihre frühromantische Zeitschrift *Athenaeum* nennen. Und Wieland, Goethe, Schiller, Hölderlin und Kleist lassen ihre Helden in antiken Gewändern vor antiken Kulissen auftreten.

Neu an dieser Antikenverehrung ist vor allem die Rolle der Mythologie. Zwar hatte Platon ebenfalls Mythen in seine Dialoge eingebaut, aber diese waren von ihm sorgsam konstruiert. Die alten mythischen Welterklärungen verachtete er dagegen als »kindliches Geschwätz«. Seine Nachfolger meinten dann auch, mit ihren philosophischen Erklärungen den Mythos überflüssig gemacht zu haben. Doch Autoren wie Herder, Hamann und *Karl Philipp Moritz* (1756–1793) sahen dies anders und werteten die griechische Mythologie entscheidend auf: zu einer Erkenntnisquelle ganz eigener Art! Und genau daran knüpft nun Schelling an. Für ihn ist es »unleugbar«, dass die Mythologie »einen unendlichen Sinn und Symbole für alle Ideen in sich schließt«.[214] Was den antiken Philosophen naiv erschienen war, sei in Wirklichkeit eine »Offenbarung« des Absoluten.

Genau dafür feiern die Romantiker Schelling als »neuen Mythologen«. Denn die Mythen-Schwärmerei erhält nun einen berechtigten Ort im Weltsystem: als Ahnung des Absoluten! So wie die Griechen, nach Winckelmann, in ihrer Kunst »edle Einfalt und stille Größe« miteinander verbanden, so verbinde noch heute die Kunst den »Ausdruck der Ruhe« mit »der stillen Größe« des Absoluten. Die Kunst übernimmt damit die Rolle der Mythologie: Sie entschärft die Spannungen zwischen den Gegensätzen der Welt durch ihre harmonische Schönheit. Als neue Einheit von Geist und Natur kündet sie unbewusst vom absoluten Bewusstsein.

Will sie dies leisten, muss die Kunst allerdings manches berücksichtigen. Zunächst einmal darf sie *nicht eindeutig* sein wie die Wissenschaft und die wissenschaftliche Philosophie. Ihre Welt ist nicht der klare Begriff, sondern die unendliche Einbildungskraft. Kunst muss zur »unendlichen Auslegung« fähig sein, »wobei man doch nie sagen kann, ob diese Unendlichkeit im Künstler selbst gelegen habe, oder aber bloß im Kunstwerk«.[215] Zweitens darf sich die Kunst *nicht an der Natur orientieren.* Schelling widerspricht damit, wie wir gleich sehen werden, einer langen Tradition. Für ihn ist die Natur nicht schön – oder nur in seltenen Zufällen. Die Schönheit stammt vor allem aus der Einbildungskraft des Künstlers, der sein Material ohne Hindernisse nach Belieben gestaltet. Diese Kraft ist natürlich nur wenigen gegeben, so dass Schelling, wie viele seiner Zeitgenossen, das »Genie« rühmt. Shaftesbury hatte den Begriff zu Anfang des 18. Jahrhunderts in Mode gebracht, und Kant hatte ihn im deutschen Sprachraum verbreitet. In den ostdeutschen Provinzen überschlägt man sich Ende des 18. Jahrhunderts geradezu in wechselseitigen Genialitäts-Zuschreibungen. Für Schelling selbst ist derjenige ein Genie, dessen Seele dem Absoluten so nahe ist, dass er es in seiner Kunst zum Ausdruck zu bringen vermag. Eine dritte Bedingung für gute Kunst ist, *keinen praktischen Zweck* zu haben. Der Gedanke stammt, wie wir sehen werden, von Kant, ohne dass dieser deswegen gleich von der »Heiligkeit und Reinheit« der Kunst schwärmte wie Schelling. Oder dass er gar jeglichen moralischen Anspruch an die Kunst zurückgewiesen hätte. Dass Kunst per se außermoralisch sei, ist übrigens ein äußerst folgenschwerer Gedanke. *Friedrich Nietzsche* (1844–1900) wird ihn später übernehmen.

Aus heutiger Sicht ist Schellings Kunstphilosophie seine bedeutendste Leistung. Dass Kunst mehrdeutig, vielleicht sogar unendlich ausdeutbar sein soll, gehört als ungeschriebener Verfassungsauftrag zu jeder Kunstproduktion. Das Gleiche gilt weitgehend für ihre Freiheit von praktischen Zwecken. Und dass der Künstler nicht die Natur nachahmen soll, ist spätestens seit Ende des

19. Jahrhunderts eine Selbstverständlichkeit. Doch auch jener Gedanke, der tief in Schellings spekulativer Philosophie ankert – das Aufscheinen des Absoluten in der Kunst –, hat eine folgenschwere Nachwirkung auf Hegel, Nietzsche, *Ernst Bloch* (1885–1977) und *Theodor W. Adorno* (1903–1969).

Ist es am Ende der Künstler, der der Wahrheit am nächsten kommt, und nicht der Philosoph, wie Schelling spekuliert? Spielt sich die Wahrheit nicht in der Welt der Wissenschaft ab? Ist sie eine Eigenschaft tief bewegender Kunst? Scheint sie am Ende gar an schönen Spätsommertagen wie 1798 in Dresden auf, statt in logischen Sätzen?

Bevor wir diesen Fragen im weiteren Verlauf dieser Philosophiegeschichte nachgehen, blicken wir zunächst zurück auf das, was seit der Antike über Kunst gedacht und geschrieben wurde. Wie war es zu der Idee von der Kunst als Quelle eigener Welterkenntnis gekommen?

Der Schein der Wahrheit

Das, was die abendländische Kultur seit dem 18. Jahrhundert »Kunst« nennt, war der Antike noch fremd. Für sie gab es lediglich die »Künste«, also Poesie, Theater, Tanz, Musik, Bildhauerei, Architektur und Malerei. Jede dieser Künste war ein eigenes Handwerk mit entsprechenden Anleitungen, wie man sie am besten ausübte. Eine Vase zu bemalen, ein Götterbild oder eine Grabstele anzufertigen, einen Tempel zu bauen, ein Epos vorzutragen, Theaterstücke zu schreiben, auf der Lyra oder der Kithara zu spielen oder Reigentänze aufzuführen – all das war eine Frage der *poiesis,* des handwerklichen Schaffens nach Regeln. Noch der mittelhochdeutsche Ausdruck *kunnen,* aus dem das Wort »Kunst« stammt, bewahrt diesen Ursprung als »Anfertigen«, »Hervorbringen« oder »Machen«. In diesem Sinne ist die »Heilkunst« oder die »Lebenskunst« nicht weniger Kunst, als es die schönen Künste sind.

Wenn die antiken Philosophen sich Gedanken über die Künste machten, dann fragten sie sich nicht, was »Kunst« ist. Sie überlegten, nach welchen Regeln der Kunsthandwerker sein Metier ausüben sollte. Und sie fragten sich, welchen nützlichen Beitrag er damit für die Gesellschaft leistete. Nahezu alle künstlerische Produktion war Auftragskunst. Man bemalte eine Vase für einen privaten Auftraggeber oder für einen öffentlichen Tempel mit einem meist mythologischen Motiv. Oder man komponierte ein Gesangsstück für ein privates oder öffentliches Fest. Die Kriterien für gutes Kunsthandwerk standen dabei von Anfang an fest. Sie wurzelten in dem, was so gut wie alle Griechen »schön« fanden: Harmonie und ausgewogene Proportionalität, wohltuende und wohlklingende Ordnung. In diesem Sinne definiert bereits *Heraklit* (um 554 – ca. 483 v. Chr.) die Künste als »Vereinigung des Gegensätzlichen« – eben jene Gedankenfigur, die Schelling später wiederbelebt.

Kein einziger Text eines antiken Philosophen weicht davon ab, dass die Künste harmonisieren sollen. Wenn man sich streitet, dann gewiss nicht darüber, nach welchen Kriterien ein Kunstwerk »schön« gefunden wird. Streiten kann man sich nur darüber, woher die »Schönheit« eines Gegenstandes (und eines Menschen) stammt. Ist sie irdischen oder göttlichen Ursprungs? Bei den antiken Dichtern *Homer* (8. Jahrhundert v. Chr.) und *Hesiod* (um 700 oder 850 v. Chr.) war das Schöne Werk und Wirken der Götter. Und auch *Pythagoras* (um 570 – nach 510 v. Chr.) und seine Anhänger in den griechischen Kolonien in Sizilien und Süditalien sahen in den Künsten, insbesondere in der Musik, sphärische Kräfte und Gesetzmäßigkeiten am Werk. Doch ob nun sphärischen oder irdischen Ursprungs – nirgendwo sind das Schöne oder die Künste tragende Säulen eines philosophischen Systems. Allerdings ist man sehr verschiedener Ansicht darüber, welche positiven oder negativen Folgen der Kunstgenuss für die Gemeinschaft der Polis bringt.

Berühmt in diesem Zusammenhang ist *Platons* (427–347 v. Chr.) Kritik an den Künsten. Für Schönheit hat der Großphilosoph durchaus einen Sinn, insbesondere bei geometrischen Figuren, bei Menschen und bei ägyptischen Tempeln. Aber das bringt ihn nicht dazu, die Künste zu feiern. Für Platon steht das Schöne in engem Zusammenhang mit dem Guten und ist ihm untergeordnet. Denn wahre Schönheit liegt in der »Schönheit der Seelen«. Als Platon in seiner mittleren Werkphase die »Ideenlehre« entwickelt und im Gespräch erprobt, schwindet die Bedeutung der Künste völlig. Bis auf die Architektur besteht alles Kunsthandwerk darin, die Natur nachzuahmen. Doch diese Natur ist gar nicht das Eigentliche und Wahre, sondern nur der Abklatsch sphärischer »Ideen«. Der Künstler, der sein Werk nach der Natur gestaltet, produziert damit nur den Abklatsch des Abklatsches – eine ziemlich wertlose Beschäftigung und oft auch eine ziemlich schädliche. Die Dichter der Tragödien und Komödien »lügen«, wenn sie die Sorgen und Nöte der Menschen im Theater inszenieren. Sie verfehlen die Wahrheit und bedienen die niederen Affekte ihres Publikums. In Platons Idealstaat Kallipolis, den er in der *Politeia* vorstellt, haben die Künste wenig Wert. Für die Orientierung in der Welt sorgen die Philosophen, nicht die Künstler. Und alle Kunst hat dem Staat zu dienen, ihn zu preisen und zu feiern.

Bei Platon ist nur das Schöne spirituell und sphärisch, nicht aber das Kunsthandwerk, das es erzeugt. Doch diese Meinung wurde in der Antike nicht oft geteilt. Repräsentativer ist wahrscheinlich das Bild, das *Aristoteles* (384–322 v. Chr.) von den Künsten, insbesondere von den Epen und der Tragödie, zeichnet. Nicht nur in seiner (leider nicht vollständig erhaltenen) *Poetik* wendet er sich gegen Platons »Ideenlehre«. Der Dichter kopiert weder die Natur noch strebt er nach sphärischen Urbildern. Stattdessen bemüht er sich, das Wesen der Dinge und das Wesentliche im Handeln der Menschen zu gestalten. Indem der Dichter idealtypische Handlungssituationen entwirft, spielt er verschiedene Möglichkeiten dessen durch, was es heißt, Mensch zu sein. Die Wahrheit des Theaters liegt nicht darin, dass sie etwas Höheres *korrekt abbildet*. Die Wahrheit entsteht auf der Bühne, insofern sie das Allgemeinmenschliche *spielerisch zum Ausdruck bringt.* Ähnlich wie Platon und andere Zeitgenossen spricht Aristoteles dem Künstler damit eine sittliche Aufgabe zu. So hat die Tragödie das Ziel, Jammer *(éleos)* und Schaudern *(phóbos)* hervorzurufen, um die Seele des Zuschauers zu reinigen. Das Wort *kátharsis,* das Aristoteles dafür verwendet, ist den Zeitgenossen sowohl aus religiösen Kulten als auch aus der Medizin bekannt. Und genau diesem geistigen und körperlichen Reinigungseffekt dient die Tragödie.

Aristoteles' dramatische Regeln haben eine enorme Wirkungsgeschichte – allerdings mit einer etwa zweitausendjährigen Unterbrechung. Denn Spätantike und Mittelalter folgen einer ganz anderen Interpretation des Schönen, nämlich jener von *Plotin* (204–270 n. Chr.). Im engen Kreis einer vornehmen Anhängerschaft entwickelt der Anhänger Platons eine spirituelle Lehre, die er als das eigentliche Denken Platons interpretiert. Wir erinnern uns an ihn als Neuplatoniker, der Llull, Cusanus und viele Renaissance-Philosophen inspiriert. Nach Plotin fließt alles, was es gibt, aus einem universellen »Einen« aus, als höchstes der Geist, dann die Seele und auf unterster Stufe die materiellen Dinge. Dieses Ausfließen ist zugleich ein Abstieg vom Wesentlichen zum Unwesentlichen, vom Reinen zum Niederen und vom Wahren zum Uneigentlichen. Im Schönen erkennt Plotin den »Schein« des Wesentlichen und des Wahren. Das Schöne, das Wahre und das Gute sind eins.

Betrachten wir etwas Schönes, so bekommen wir eine Ahnung von jenem Höheren, von dem alles andere ausgeflossen ist. In diesem Sinne besitzt das Schöne eine Erkenntnisfunktion, denn es lässt uns auf sinnliche Weise das »Eine« ein wenig erspüren. War alles Kunsthandwerk für Platon nur ein Abglanz von Uneigentlichem, so erahnen wir, nach Plotin, im Schönen das Eigentliche. Kein Wunder, dass er Platons Kritik der Künste nicht teilt. Zwar führt der Erlösungsweg zur Erkenntnis des »Einen« durch die philosophische Meditation. Doch die Künste können durchaus einen Beitrag dazu leisten, die Gegenwart des Eigentlichen und Wahren mit ihren begrenzten Mitteln aufscheinen zu lassen.

Für das sich entwickelnde Christentum hat Plotin eine immense Bedeutung. Altorientalische Jenseitshoffnungen und neuplatonische Erlösungsphilosophie verschmelzen darin auf untrennbare Weise. Einen entscheidenden Anteil daran hat, wie erzählt, ein Mann aus dem frühen 6. Jahrhundert, der sich *Dionysius von Areopagita* nannte. Vor allem durch ihn dringen die neuplatonischen Gedanken ins Christentum ein. Und wie Plotin erkennen auch die Christen des Mittelalters im Schein des Schönen das gute und wahre Wirken Gottes. Dazu werden Bilder auch als Schmuck in den Kirchen geschätzt und übernehmen die pädagogische Aufgabe, den Analphabeten biblische Geschichten nahezubringen. Das ganze Mittelalter hindurch werden Kleriker die von Gott inspirierte Schönheit solcher Bilder schätzen. *Suger von St. Denis* (1081–1151), der Bauherr der neuen Abteikirche Saint-Denis in Paris, taucht den Innenraum durch gewaltige Kirchenfenster in ein harmonisches Licht. Der Augustiner *Richard von St. Viktor* (ca. 1110–1173) erkennt im Versenken in die christliche Kunst die dem Menschen höchstmögliche Form der Erkenntnis. Und der Dominikaner *Ulrich von Straßburg* (ca. 1220–1277) beschreibt in seiner Schrift *De pulchro* die Welt in ihrer innersten Natur als schön. Schönheit und Vollkommenheit sind Wesenszüge nicht nur des Göttlichen, sondern auch aller von Gott geschaffenen Dinge. Doch wer die Schönheit irdischer Dinge bewundert, läuft nach Ansicht mancher kirchlicher Würdenträger Gefahr, darüber das Jenseits zu vernachlässigen. In diesem Sinne steht die christliche Kunst im Mittelalter in einem fortwährenden Spannungsverhältnis zwischen sinnlicher Schönheitserfahrung und demütiger Zucht.

Regeln oder Geschmack?

Dass sich das Kunstverständnis in der Renaissance verändert, war schon im Zusammenhang mit Leon Battista Alberti erzählt worden. In den italienischen Kaufmannsstädten treten nun zunehmend bürgerliche Auftraggeber in Konkurrenz zur Kirche. Das Bedürfnis der Neureichen nach prunkvollen Palazzi, pompösen Fresken und hochwertigen Portraits macht den Beruf des Architekten, des Malers und Bildhauers zu einem attraktiven Geschäftsmodell. Sowohl Architekten als auch Bildhauer orientieren sich verstärkt an den Proportionen der Antike. Und die »Wahrheit« des Malers ist nicht mehr der Lichtschein des Göttlichen, sondern eine ganz eigene: hervorgebracht durch das Kunstwerk selbst! Was für ein Jahrtausend allein im Dienste der Religion stand, wird nun aus ihr befreit. Der Künstler, wie Alberti ihn sieht, verherrlicht nicht Gott, sondern den Menschen. Er zeigt ihn in seinen Möglichkeiten, lotet seine Seele aus und demonstriert deren Regungen. Und die idealen Städte, die die Architekten ersinnen, sollen den Bürgern ein besseres Leben ermöglichen, auch wenn die kleinen Handwerker und Bauern außen vor bleiben.

Das Kunstsystem der Renaissance funktioniert nach neuen Regeln, selbst wenn der Künstler in Wirklichkeit nicht so frei ist, wie Alberti sich ihn wünscht. Nur wenige, wie *Albrecht Dürer* (1471–1528) und *Michelangelo* (1475–1564), kommen diesem Ideal nahe. Künstler wie sie sehen das Schöne nicht mehr als Wesenszug Gottes, sondern als eine Eigenschaft der Natur an. So sucht Leonardo da Vinci in ihren Formen und Erscheinungen die »Gesetze« des Schönen. Nicht göttliches Licht, sondern ideale Proportionen und Lichtverhältnisse bringen das Schöne hervor – jedenfalls dann, wenn die »Erfindungskraft« *(invenzione)* des Malers es schafft, es zum Leuchten zu bringen. Gleichwohl kann man die Frage, was das Schöne sei – ein Produkt der Natur oder doch der Schein Gottes –, nach wie vor so oder so sehen. Man denke nur an Marsilio Ficinos Lob der Schönheit. Als schwärmerischer Neuplatoniker sieht er den Ursprung des Schönen nach wie vor im Sphärischen und nicht in den Dingen selbst – eine Auffassung, die noch den Kunsttheoretiker *Giovanni Pietro Bellori* (1613–1696) mitreißt, wenn er die wahre Anschauung der Natur für spirituell hält und nicht für die Folge von Naturstudien und Messungen.

Wer von der Antike bis zum 18. Jahrhundert über die Künste schreibt, versucht den Ort zu bestimmen, an dem das Schöne ursprünglich zu Hause ist. Ein solches Verständnis des Schönen und mit ihm der Künste ist *ontologisch*: Es »gibt« das Schöne – doch wo kommt es her? Und was muss der Kunsthandwerker tun, um es zum Vorschein zu bringen? Wer annimmt, dass das Schöne »an sich« existiert, sieht im Maler, Bildhauer, Architekten, Musiker oder Dichter nur einen Geburtshelfer. Selbst wenn Alberti und die Maler der Renaissance den Künstler für seine Einbildungs- und Erfindungskraft feiern, so *erzeugt* der Maler, Architekt und so weiter nicht das Schöne, sondern er *bringt es hervor.*

Kein Wunder, dass alle Schriften über die Künste dem Kunsthandwerker *Regeln* nahebringen wollen. Insofern sind auch die Traktate der Renaissance und Regelbücher des Barocks »Poetiken«: Anleitungen zur Hervorbringung des Schönen. Wie man das Schöne verfertigt, soll sich normativ festlegen lassen. Was in der Antike beginnt, setzt sich bis weit ins 18. Jahrhundert fort, ohne dass sich die Regeln wesentlich ändern: Wer etwas Schönes schaffen will, muss die idealen Proportionen finden und sein Werk harmonisch gestalten, in der Dichtkunst nicht anders als in Architektur und Malerei. Auch die Chorsänger in Notre-Dame, denen die Magister *Léonin* (um 1150 – um 1201) und *Pérotin* (um 1160 – um 1220) mehrstimmige Choräle rhythmisieren, singen nach mathematischen Vorgaben und festen Regeln. Nicht anders in der Renaissance und im Barock. Hier gibt Aristoteles' Nachahmungstheorie den Ton an. Schöne Musik ist, was der Natur entspricht und sich in eine entsprechende Tonsprache, musikalische Sinnbilder sowie eine Figuren- und Affektenlehre übersetzen lässt.

Dass auch die Poesie und die Rhetorik das Schöne durch Nachahmung hervorbringen, lernen die Leser aus *Julius Caesar Scaligers* (1484–1558) *Poetices libri septem (Sieben Büchern über die Dichtkunst)*. Der italienische Humanist sammelt alles, was er aus der Antike und von Zeitgenossen weiß, und stellt verbindliche Normen auf. Statt der *káthersis*-Theorie bevorzugt er *Horaz'*

(65–8 v. Chr.) Vorstellung, dass Dichtung erfreuen und belehren soll. Über die Tragödie setzt er das Epos, und jedes literarische Werk definiert er durch die Verwendung der Versform. Von Scaliger beeinflusst, formulieren später der Schlesier Martin Opitz und der Preuße *Johann Christoph Gottsched* (1700–1766) ihre Regelwerke für die deutsche Dichtkunst.

Doch schon zur Wende des 17. zum 18. Jahrhundert sind die strengen Regelwerke nicht mehr unumstritten. Für eine erste große Irritation sorgt der Literaturstreit »Querelle des Anciens et des Modernes« (»Streit der Alten und der Neuen«). In einem Lobgedicht auf Ludwig XIV. (»Le Siècle de Louis le Grand«) vergleicht der Schriftsteller *Charles Perrault* (1628–1703) dessen Regentschaft mit jener des Kaisers Augustus. Seine Kollegen sind erzürnt. Ist die neue Zeit der Antike tatsächlich ebenbürtig? Die Freund-Feind-Linien durchkreuzen sich, denn es steht mehr auf dem Spiel als bloßes Kunstverständnis. Die einen verteidigen die Antike aus konservativer Gesinnung heraus. Andere dagegen schwärmen von der Schönheit griechischer Tempel, Statuen und Dichtungen, weil sie sie über die christliche Kunst stellen. Das wiederum veranlasst die katholische Kirche und ihre Fürstreiter, sich auf die Seite der Neuen zu schlagen. Die Lobpreisung heidnischer Künste zum Ideal geht ihnen entschieden zu weit. Der Streit wird bald auch in anderen Ländern ausgetragen, insbesondere in England. Hier geht er, mit einer Formulierung Swifts, als *Battle of the Books* in die Geschichte ein. Noch im Ausgang des 18. Jahrhunderts werden Lessing, Herder, Schiller und Friedrich Schlegel in dieser Kontroverse Stellung beziehen.

Folgenschwerer noch als die »Querelle« ist eine andere Irritation. In Frankreich erkennt der Abbé *Jean-Baptiste Dubos* (1670–1742) nicht mehr an, dass vor allem die Theoretiker darüber bestimmen, was schöne Kunst sei. Stattdessen plädiert er dafür, das Urteil den Künstlern selbst und dem Geschmack ihres Publikums zu überlassen. Der Sprengstoff dieser Forderung ist enorm. Als Dubos im Jahr 1719 die Regelwerke angreift, befindet sich Frankreich auf dem Höhepunkt des Absolutismus. Und die Kunst ist sinnlicher Ausdruck dieser Herrschaftsform in den streng geordneten Barockgärten, in der formalisierten Musik und Architektur und ebenso in der in Genres fein reglementierten Malerei. Dass Dichtkunst und Malerei in erster Linie »gefallen« und »zu Herzen gehen« sollen, ist subversiv, denn für die Regenten dienen sie der Beherrschung ihrer Untertanen, zur Illustration einer universalen Ordnung.

Empfindung, Empfindsamkeit und Geschmack sind neue Kriterien, um die Schönheit der Künste zu bestimmen. In England ist es Shaftesbury, der der Empfindung des Schönen einen ausgezeichneten Rang einräumt. Für ihn ist die Verpflichtung, sich dem Schönen hinzugeben, ein moralisches Gebot. Denn nicht Gott, sondern das Schöne bringt uns dazu, uns sittlich zu verhalten. Der für Schönheit empfängliche Mensch wünscht sich eine entsprechend schöne Seele. Vom Neuplatonismus beseelt, sieht Shaftesbury das Gute und das Schöne als Ausflüsse aus der gleichen Quelle. Wer in sich hineinhorcht, der empfindet gleichermaßen ein tiefes Bedürfnis nach Moral und Schönheit. Als Künstler gestaltet der sensible Mensch sein Leben, ordnet und proportioniert es. Was ist die Lebenskunst anderes, als sich selbst zu formen und zu kultivieren? Jeder Mensch müsse deshalb dringend dazu sensibilisiert werden, sich dem Schönen entsprechend zu öffnen. Denn nur ein »harmonisches« Leben in Schönheit und Sittlichkeit ist für den englischen Dandy ein erstrebenswertes Ziel.

Shaftesburys Kult des Schönen als Ausdruck des Sittlichen fasziniert Männer und Frauen in ganz Europa. In Frankreich begeistert sich Montesquieu darüber, dass der Mensch so empfänglich dafür ist, die Schönheit nach dem Vorbild der Antike zu genießen. Für die *Enzyklopädie* schreibt er den Artikel über den »Geschmack«. Montesquieu hält ihn für ein wichtiges Korrektiv der Vernunft. Wo diese die Welt *ordnet*, lässt der Geschmack uns zu etwas *hinreißen*. Kontraste und Überraschungen können in Literatur und Malerei einen Taumel des Vergnügens auslösen. Und das ist auch gut so, jedenfalls dann, wenn alles wohl kalkuliert ist in einem gehaltvollen Kunstwerk. Pointiert gesagt: Vernunft ohne Geschmack ist eintönig; Geschmack ohne Vernunft ist haltlos.

Ebenfalls von Shaftesbury beeinflusst ist Diderot. Denn dass die Künste einen völlig eigenen Zugang zur »Wahrheit« haben, steht auch für ihn fest. Allerdings kann der Franzose mit den neuplatonischen Spekulationen des Engländers nicht viel anfangen. Die Wahrheit der Kunst bemisst sich an ihrer *Nähe zum Leben,* nicht an der zu einer himmlischen Sphäre. Diderots Vorstellung von guten Bildern und gutem Theater steht ganz im Dienst seiner aufklärerischen Mission. Gute Malerei, gutes Theater ist, was sich am alltäglichen Leben orientiert und Existenzielles und Soziales sinnlich eindrucksvoll vermittelt. Mit diesem Blick kommentiert er die großen Kunstausstellungen, die *Salons* im Louvre, und schreibt Theaterstücke. Als »bürgerliche Trauerspiele« *(drame bourgeois)* schaffen sie eine neue Gattung zwischen Tragödie und Komödie. Das Manierierte und Stilisierte der Adelskultur soll durch möglichst realistische Bilder und Dramen ersetzt werden. Bürgerlicher Alltag und Berufsleben kommen durch Diderot auf die Bühnenbretter, wenn auch weit weniger gekonnt als später bei Lessing. Wenn seine Revolution des Theaters nachhaltigen Erfolg hat, dann weniger durch seine Stücke als durch seine Theatertheorie.

Die Erfindung der »Ästhetik«

Während Diderot in Paris seine ersten philosophischen Schriften verfasst, zunächst noch über Naturforschung und Wahrnehmung, ereignet sich tausend Kilometer entfernt in Frankfurt an der Oder tatsächlich eine philosophische Revolution. Ein größerer Unterschied ist kaum denkbar als der zwischen dem weltgewandten schillernden Diderot und dem stillen, in Berlin als Waise aufgewachsenen *Gottlieb Alexander Baumgarten* (1714–1762). Und doch dürfen sich beide auf ihre Weise als Revolutionäre betrachten. Der Erste revolutioniert das Theater, der Zweite eine philosophische Betrachtungsweise. Denn wenn wir heute von »Ästhetik« sprechen und damit die Wahrnehmung des Schönen meinen, dann verdanken wir dies Baumgarten. Und erst durch ihn entsteht daraus eine eigene philosophische Disziplin.

Der junge Mann ist ein Schüler Christian Wolffs. Doch früh entdeckt er eine Lücke in dessen System. Gibt es nicht auch sinnliche, also nicht-rationale Erkenntnisse? In seiner Dissertation aus dem Jahr 1735 geht er der Sache auf den Grund. Hat Leibniz nicht bei Tieren von einem *analogon rationis* gesprochen – einer der Vernunft analogen Erkenntnis? Doch warum sollte eine solche sinnliche Erkenntnis nur Tieren möglich sein? Begegnet man ihr nicht auch beim Menschen?

Als Professor in Frankfurt an der Oder veröffentlicht Baumgarten 1750 den ersten Teil eines Buchs, das er *Aesthetica* nennt – ein Werk über das sinnliche Erkenntnisvermögen des Menschen. In der griechischen Antike bedeutete *aisthesis* »Wahrnehmung«, so dass noch Kant unter »transzendentaler Ästhetik« nichts anderes versteht als die Bedingungen, unter denen wir etwas sinnlich erfassen. Doch Baumgarten weitet den Begriff »Ästhetik« aus. Anders als später für Kant hat für ihn auch die sinnliche Erkenntnis einen unmittelbaren Zugang zur Wahrheit. Sie ist nicht nur die Vorbedingung jeder Erkenntnis, sondern sie erzeugt ihre *eigenen* Erkenntnisse. Descartes, Leibniz und Wolff hatten dem »unteren Erkenntnisvermögen« nicht viel zugetraut. Was die Sinne vermitteln, ist täuschungsanfällig. Baumgarten möchte dem nicht völlig widersprechen. Aber haben unsere Sinne nicht trotzdem eine eigene »Gesetzlichkeit« und damit ein Erkenntnispotenzial?

Baumgarten ist ehrgeizig. Sein Ziel ist eine vollständige Wissenschaft der sinnlichen Erkenntnis. Die höchste Wahrheit ist für ihn die *metaphysische* Wahrheit – die allumfassende Erkenntnis. Will sich der Mensch ihr nähern, so verfügt er über *zwei* Zugangsweisen. Die erste ist die Welt der *logischen* Wahrheit, die Welt der

Begriffe. Und die zweite ist die *ästhetische* Wahrheit, die Welt der Sinneswahrnehmungen. Warum reicht für Baumgarten der Weg der Logik, der doch nach Descartes der einzig wahrheitsstiftende sein soll, nicht aus? Weil die Logik es nur mit »Allgemeinbegriffen« zu tun hat. Und jeder Begriff ist eine Abstraktion, ein »Absehen« von all dem, was eine Sache besonders macht. Je allgemeiner der Begriff, umso mehr reduziert er das Fettgerüst, das die Wirklichkeit erst rund macht. Rationale Erkenntnisse sind skelettierte Erkenntnisse, ihnen fehlen die Fülle und der »unabsehbare Reichtum« des Lebens. Deshalb untersucht Baumgarten in seiner *Aesthetica* Sinn und Scharfsinn, Fantasie und Gedächtnis, Geist und Geschmack. Und wo könnte sich all dieses sinnliche Erkenntnisvermögen besser ausleben als in den Künsten? Wer dichtet, malt oder in Rhetorik brilliert, braucht eine kräftige Fantasie, ein gutes Gedächtnis und eine Veranlagung zum guten Geschmack. Wie Shaftesbury, den er nicht kennt, möchte Baumgarten die Menschen ästhetisch kultivieren, durch Studium und Übung.

Gelingt es einem Menschen, sein sinnliches Erkenntnisvermögen dermaßen zu schulen, dass es vollkommen wird, so gelangt er in den Besitz der »Schönheit«. Diese Definition des Begriffs ist völlig neu! Hatten sich die Denker des Abendlands mehr als zweitausend Jahre damit herumgeplagt, das Schöne in Gott oder in den Dingen selbst zu verankern, so verlegt Baumgarten es ins menschliche Bewusstsein. Als schön wird mein innerer Zustand erlebt, wenn er etwas mit größtmöglicher sinnlicher Vollkommenheit erfasst. Schönheit ist keine Qualität von Erscheinungen, sondern eine *Beschaffenheit* meiner Seele. Das gilt für den Künstler, der aus einem entsprechenden Seelenzustand heraus etwas schafft. Das gilt aber ebenso für den Leser oder Betrachter, der sich seiner inneren Schönheit anhand eines Kunstwerks gewahr wird.

Gute Dichtung und gute Malerei streicheln unsere Seele und schulen unser sinnliches Erkenntnisvermögen. Sie ermöglichen, wie Baumgarten schreibt, ein »schönes Denken«. Was die Kunst – Baumgarten redet in erster Linie von der Dichtung – dafür leisten muss, ist das Gleiche wie immer schon. Sie muss harmonisch und ausgewogen sein, so »zusammengesetzt«, dass sich alles zur »Vollkommenheit« fügt. Die Zeichen (Worte, Farben, Töne) müssen ordnungsgemäß zu ihren Vorlagen in der Welt angeordnet sein und auch untereinander harmonieren. Nur so schaffen sie »Reichtum«, »Größe«, Wahrheit«, »Klarheit« und »Gewissheit«. In dieser Hinsicht unterscheidet sich Baumgarten kaum von seinen Vorgängern. Neu ist allerdings sein Anspruch, nicht einer bestimmten Kunst, der Dichtung, der Malerei oder der Musik, die Regeln vorgegeben zu haben. Seine »Gesetze« sollen »gleichsam als Leitsterne ... in allen freien Künsten« gelten.[216]

Baumgartens »Gesetze« werden nicht zu dem von ihm erhofften allgemeinen Regelwerk. Doch mit seiner *Aesthetica,* deren zweiter Teil 1758 erscheint, erhält die »Ästhetik« einen festen Platz in den philosophischen Systemen der Neuzeit. Als der Verfasser 1762 in Frankfurt an der Oder an der Tuberkulose stirbt, hat der achtundzwanzigjährige Edmund Burke in London bereits fünf Jahre zuvor ein schmales Buch veröffentlicht mit dem Titel: *A Philosophical Enquiry into the Origin of our Ideas of the Sublime and Beautiful (Philosophische Untersuchungen über den Ursprung unserer Ideen vom Erhabenen und Schönen).* Burke will wissen, welche Gefühle bei der ästhetischen Erfahrung erzeugt werden. Was er über das Schöne schreibt, ist recht konventionell. Es ist hell und delikat, bereitet Lust und ist verbunden mit Gefühlen der Liebe und der Sympathie. Doch Burke interessiert und verunsichert, dass es noch ganz andere ästhetische Erfahrungen gibt. Denn auch Schrecken und Furcht können uns ästhetisch faszinieren und in den Bann ziehen. Mit Burke hält ein fast vergessenes antikes Wort wieder Einzug in die Ästhetik: *the sublime* – das »Erhabene«. Das Große, Raue, Dunkle und Massive zieht uns an, es sprengt unsere Erfahrung auf, es überfordert unseren Verstand und überwältigt unsere Sinne. Gleichwohl bereitet es uns als persönlich ungefährdete Betrachter eines Wetterleuchtens, eines Sturmes oder eines schwindelerregenden Abgrunds Lust.

Mit der Ästhetik der Klassik und der Klassiker ist das Erhabene nicht vereinbar. Denn nicht die harmonische Ordnung, sondern gerade deren zeitweiliger Verlust lässt uns lustvoll schaudern. Für Burke überwältigt uns das »Erhabene«, weil es unsere Selbsterhaltung herausfordert; es konfrontiert uns mit uns selbst als Naturwesen. Erhabene Empfindungen sind existenzielle Erfahrungen – und damit die stärksten Gefühle, die wir haben.

Das ästhetische Urteil

In Königsberg fasziniert der Gedanke den vierzigjährigen Kant. Er kennt Burkes Gedanken aus einer Kurzfassung von Mendelssohn. 1764 schreibt er im Häuschen eines Försters in Moditten seine *Beobachtungen über das Gefühl des Schönen und Erhabenen* auf. Kants Empfänglichkeit für »erhabene« Gefühle in der Natur ist hinlänglich bekannt, nur fehlte ihm bislang dafür das Wort. Als er 1790 in fortgeschrittenem Alter seine *Kritik der Urteilskraft* publiziert, kommt er darauf zurück. In seinen Überlegungen zur »ästhetischen Urteilskraft« unterscheidet er wie Burke zwischen einer Untersuchung des Schönen und des Erhabenen.

Das Thema der *Kritik der Urteilskraft* ist, wie bereits erzählt, wie wir uns denkend in der Welt orientieren. Wir bringen das, was uns erscheint, auf den Begriff. Dabei stellen wir uns vor, dass die Welt dafür geeignet ist, von uns verstanden zu werden. Unser »Leitfaden« ist, sie sich als *zweckmäßig* zu denken. Bei manchen ausgewählten Gegenständen ist dies besonders leicht, nämlich dann, wenn sie »harmonisch« sind und »wohlproportioniert«. In solchen Fällen teilt sich ihre »Zweckmäßigkeit« sinnlich mit und erregt in uns ein Gefühl der Lust. Wir nennen solche Gegenstände der Natur oder der Kunst deshalb »schön«. Schönheit ist also nichts anderes als sinnliche Zweckmäßigkeit, allerdings eine Zweckmäßigkeit, die keinen praktischen Zweck hat. Denn welchen praktischen Zweck soll es haben, dass eine Landschaft schön ist? Und auch absichtlich hergestellte Schönheiten wie eine Symphonie oder ein Gemälde haben keinen anderen Zweck als eben den, schön zu sein. Insofern definiert Kant das Schöne als »Zweckmäßigkeit ohne Zweck«.

Wie wir Kant inzwischen kennen, bedeutet das natürlich nicht, dass die Landschaft oder die künstlerische Komposition »objektiv« schön sei. Ähnlich wie bei Baumgarten ist für Kant »Schönheit« etwas, das nicht im Gegenstand ist, sondern das wir anhand eines Gegenstands in uns selbst empfinden. Erfahren wir etwas als schön, so befinden sich unsere Einbildungskraft und unser Verstand in einem »freien Spiel«. Statt ihn definitiv zu beurteilen, gleitet unsere Einbildungskraft am Gegenstand ab und wendet sich fragend an den Verstand. Der wiederum schickt die Einbildungskraft erneut auf die Reise, denn das Schöne am Schönen lässt sich nicht auf den Begriff bringen. Sage ich: »Der Tisch ist rund«, ist das Urteil fertig gefällt. Sage ich: »Der Tisch ist schön«, ist das Schöne damit noch nicht begriffen und bestimmt. Ganz im Gegenteil. Das, was ich als schön empfinde, lädt dazu ein, zu verweilen und sich im »freien Spiel« ohne endgültiges Ergebnis lustvoll damit aufzuhalten. Insofern löst das Schöne in uns ein »interesseloses Wohlgefallen« aus. Interesselos ist es, weil es keiner praktischen Absicht folgt. In diesem Sinne ist die Kunst *autonom*. Und Wohlgefallen empfinde ich, weil sich meine Erkenntnisfähigkeiten – Einbildungskraft und Verstand – im freien Spiel lustvoll ihrer selbst bewusst werden.

Kant hat keine umfassende Theorie der Kunst ausgearbeitet. Persönlich war er für Kunstwerke auch nur sehr begrenzt empfänglich – ein Anti-Diderot sozusagen. Das Naturschöne bewegt den Denker in Königsberg mehr als das Kunstschöne. Bildet dies nicht einfach nur nach, was die Natur so hübsch vorgibt? Wenn es um Beispiele von Menschen gemachter Schönheit geht, so spricht Kant nicht von Symphonien oder Dichtungen, sondern von Tapetenmustern und Ornamenten! Trotzdem ist seine Bedeutung in der Geschichte der Ästhetik enorm. Tiefer und genauer als jeder andere zuvor hat Kant die *Struktur* beschrieben, die seines Erachtens ein ästhetisches Urteil ausmacht. *Im Geschmacksurteil geraten Einbildungskraft und Verstand im freien Spiel zu einer lustvollen Selbsterkenntnis.* Alles, was es braucht, ist ein dafür zweckmäßiger Gegenstand, dessen Beschaffenheit unsere reflektierende Urteilskraft in Gang setzt.

Nun steht Kant beim Erhabenen allerdings vor einer ähnlichen Schwierigkeit wie Burke. Denn auch für ihn ist das Erhabene alles andere als harmonisch und wohlproportioniert. Warum sollten wir es also als lustvoll erleben? Bei seiner Erklärung übertrifft sich Kant gleichsam selbst. Mit Burke unterscheidet er zwei Typen des Erhabenen, nämlich das *dynamisch* Erhabene und das *mathematisch* Erhabene. Zum ersten zählen »kühne, überhangende, gleichsam drohende Felsen, am Himmel sich auftürmende Donnerwolken, mit Blitzen und Krachen einherziehend, Vulkane in ihrer ganzen zerstörenden Gewalt, Orkane mit ihrer zurückgelassenen Verwüstung, der grenzenlose Ozean, in Empörung gesetzt, ein hoher Wasserfall eines mächtigen Flusses u. dgl«.[217] Zum zweiten gehören enorme Dimensionen wie schwindelerregende Abgründe oder riesige Entfernungen. Alle solchen Vorgänge und Anblicke überfordern die menschliche Einbildungskraft. Wir können sie nicht begreifen, sie überbeanspruchen uns, und eigentlich müssten wir sie deshalb nicht mit Lust, sondern mit starker Unlust erleben. Donnerstürme und Abgründe sind nämlich alles andere als zweckmäßig, um von uns angemessen begriffen und goutiert zu werden.

Also noch mal: Warum quittieren wir das »Grausen« gleichwohl mit einem erschrockenen Wohlgefallen – jedenfalls dann, wenn wir nicht an Leib und Leben dadurch bedroht sind? Weil, so konstruiert Kant, das Grenzüberschreitende des dynamisch Erhabenen und das Unendliche des mathematisch Erhabenen *etwas in uns zum Klingen* bringt, nämlich unsere Vernunft. Wir erinnern uns, dass Kant die Vernunft als ein Vermögen beschrieben hat, das nach dem Unbedingten strebt, zur Freiheit und zum Transzendenten. Deshalb entwirft sie »regulative Ideen«, die sich vom festen Boden der Wirklichkeit hinwegwölben ins Absolute. Erleben wir nicht das Gleiche, wenn Naturschauspiele und ungeheure Dimensionen uns eine Ahnung vom Unfassbaren und Unendlichen geben? Statt regulativer Ideen haben wir es hier mit *ästhetischen Ideen* zu tun. Ideen, »die viel zu denken« veranlassen, ohne dass ihnen »doch irgendein bestimmter Gedanke, d. i. *Begriff,* adäquat sein kann, die folglich keine Sprache völlig erreicht und verständlich machen kann«.[218] Während unsere Vernunft Ideen denkt, die sich sinnlich nicht fassen lassen, entwirft unsere Einbildungskraft Ideen, die kein Verstand begreifen kann.

Die große Gemeinsamkeit beider Ideen-Typen liegt darin, dass sie den Verstand übersteigen. Begegnen wir dem Erhabenen, so denken wir uns die Natur nicht als zweckmäßig und streicheln damit Einbildungskraft und Verstand – wie beim Schönen. Wir denken sie uns *»als Darstellung von Ideen«*[219] und bewegen damit unsere Vernunft. Die sinnliche Maßlosigkeit der Natur findet ihre Entsprechung in der Maßlosigkeit unseres Vernunftstrebens. Und genau deshalb erschüttert sie uns auf lustvolle Weise. Maßlosigkeit und Unbegrenztheit – wie in der Natur, so in uns! Hier findet Kant das große Gemeinsame seiner Ehrfurcht vor dem bestirnten Himmel und dem moralischen Gesetz.

Kants Darstellung des Schönen und des Erhabenen wird in Schiller einen enthusiastischen Anhänger finden. In seinen Werken *Über die ästhetische Erziehung des Menschen in einer Reihe von Briefen* (1795) und *Über das Erhabene* (1801) wird aus Kants nüchterner Analytik rhythmisierte Prosa und pathetische Schwärmerei über den Menschen als spielerischen Gestalter seiner Welt. Denn der »Mensch ist nur dort Mensch, wo er spielt«, das heißt »in freier Kunst« formt und gestaltet. Doch Schillers Begeisterung über das Erhabene verhindert nicht, dass der Begriff im Laufe der Zeit verblasst. Erst der französische Philosoph *Jean-François Lyotard* (1924–1998) wird ihn Ende der Achtzigerjahre wieder aus der Geschichte hervorziehen. Ist nicht alle moderne Kunst dem Geist des Erhabenen gefolgt statt dem Schönen? Und ist nicht die Verpflichtung zur Provokation, zur Verstörung und zum Schock die Fortsetzung des Erhabenen mit modernen Mitteln?

Die Wahrheit der Kunst

Kant hatte das, was wir als schön und als erhaben empfinden, gelobt. Solche Gegenstände oder Ereignisse bewegen unser Gemüt, lösen Lust aus und helfen dabei, uns selbst in unseren geistigen Fähigkeiten zu erleben. Dabei hatte er allerdings die Natur den menschlichen Kunstwerken vorgezogen. Und einen besonderen Zugang zur »Wahrheit« hatte er, anders als Baumgarten, in der Kunst auch nicht gesehen.

So prägend seine Überlegungen waren, in diesem Punkt mochten ihm nur wenige folgen. Für Schiller ist das Kunstschöne viel bedeutender als das Naturschöne, weil sich der Mensch ästhetisch und sittlich darin verwirklicht. Auch Herder ist das »interesselose Wohlgefallen« zu wenig. Für ihn sucht der Mensch in der Kunst mehr, nämlich das, was das eigentlich Menschliche ausmacht. Kants Ästhetik dagegen ist für ihn ein Formalismus, der von Ornamenten schwärmt, wo es doch eigentlich um tiefe Empfindungen, ein schillerndes Seelenleben und soziale Hintergründe geht, die in jeder guten Kunst zum Ausdruck kommen.

Genau die gleiche Kritik übt auch Schelling. Für ihn ist das Kunstschöne ebenfalls wesentlich bedeutsamer als das Naturschöne. Schöne Kunst ist deshalb schön, weil sie uns eine sinnliche Vorstellung von dem gibt, was unser Geist nur ahnen, nicht vollständig begreifen kann. Was für Schiller das Sittliche ist und für Herder das wesentlich Menschliche, ist für Schelling das Absolute. »Das Unendliche endlich dargestellt ist Schönheit«, lautet der berühmte Satz in seinem *System des transzendentalen Idealismus*. Schelling belebt damit die Tradition des Neuplatonismus, die bis ins späte Mittelalter die Kunst als Medium des Göttlichen betrachtet. Ein größerer Kontrast zu Kant ist kaum denkbar. Denn für den alten Herrn bereitet die Kunst bestenfalls Lust, aber sie verrät uns nichts über eine absolute Wahrheit. Schellings Kunstphilosophie aber passt hervorragend in den romantischen Geist, der Deutschlands Studenten in den ersten Tagen des 19. Jahrhunderts beseelt. Ob 1802 in Jena, 1803 in Würzburg oder 1807 in München – stets wird der Künder einer ästhetischen Wahrheit begeistert gefeiert.

Auch Hegel ist von Schelling beeindruckt. Obwohl die beiden bald völlig getrennte Wege gehen, gleichen sie sich doch in ihrer Kunstphilosophie. Beide wollen mehr als nur eine Theorie der sinnlichen Erkenntnis, die Baumgarten vorschwebte. Sie wollen auch mehr als nur wie Kant eine bestimmte Art von Urteil, nämlich das Geschmacksurteil erklären. Wie Schelling sieht Hegel in der Kunst das »Absolute« aufscheinen, und beide machen sich in dieser Hinsicht Gedanken über die gesellschaftliche Bedeutung der Kunst. Man denke nur an *Das älteste Systemprogramm des deutschen Idealismus,* das das Ideal der Schönheit als Vereinigung aller anderen Ideale preist und mutmaßlich von Hegel, vielleicht aber auch von Schelling oder Hölderlin stammt.

Kant hielt die Kunst gesellschaftlich für völlig irrelevant. Für Schelling aber ist sie pathetisch aufgeladen bis zum feinsten Pinselstrich. Und was ist die Kunst für Hegel? Welchen grundsätzlichen Stellenwert hat sie in seinem philosophischen System? Und welche konkrete Bedeutung gibt er ihr in der Gesellschaft des frühen 19. Jahrhunderts?

Was das Grundsätzliche anbelangt, denkt Hegel ähnlich wie Schelling. Die Kunst lässt sinnlich aufscheinen, was der Geist nur erahnt. So wie die Religion ein sinnlich-undeutliches Bild vom Absoluten entwirft, so auch die Kunst. Beide Male lässt sich auf vorwissenschaftliche Weise etwas erfahren, was eigentlich der Philosophie vorbehalten ist: vorzudringen zur absoluten Erkenntnis der Welt! Die Kunst erhält also eine genau festgelegte Rolle im großen Schauspiel der Selbstbewusstwerdung des Geistes. Solange der Geist noch schlummerte, half sie den Menschen die Wahrheit ihres Seins sinnlich vorzustellen. Nahe bei der Religion, ermöglichte sie den Menschen einen vorbegrifflichen Zugang zum Absoluten. Doch dieses Absolute ist noch nichts Begriffenes. Es ist nur etwas Vorgestelltes, etwas, das sich der Mensch in Form einer Skulptur, eines Tempels oder einer Gottheit konstruiert und ausmalt. Menschliches Bewusstsein und absoluter Geist sind noch nicht identisch, sondern sie stehen einander gegenüber. Auf der einen Seite der Mensch und auf der anderen Seite das Kunstwerk oder die Gottesvorstellung, die eine Ahnung vom Absoluten gibt. In diesem Sinne kann Hegel sagen, dass der Philosophie der *Begriff* entspricht, der Religion die *Vorstellung* und der Kunst die *Anschauung.*

Hegel hat seine *Vorlesungen über die Ästhetik* zwischen 1817 und 1829 gehalten, aber nie veröffentlicht. Was wir darüber wissen, wissen wir vor allem aus umfangreichen Vorlesungsmitschriften. Sein Schüler *Heinrich Gustav Hotho* (1802–1873) hat sie zu einem wirkungsmächtigen Buch zusammengestellt. Wie für Kant ist ein Kunstwerk für Hegel »zweckmäßig«, ohne einem ganz konkreten praktischen Zweck zu dienen. Es ist also kein Mittel zu etwas, sondern allein für sich selbst da. Es gibt nicht ein bestimmtes Gemälde und zugleich einen passenden Begriff dazu, sondern das, was das Gemälde sinnlich ausmacht, und das, was es bedeuten soll, sind eins. Stimmen sinnliche Erscheinung und Begriff unmittelbar überein, spricht Hegel von *Idee.*

Eine solche Vorstellung von »Ideen« ist Hegels eigene Erfindung. Für Platon waren »Ideen« die sphärischen Urbilder aller sinnlichen Erscheinungen, also etwas Transzendentes. Sie waren objektiv, aber unzugänglich. Für Kant waren »Ideen« die Sehnsüchte der Vernunft nach dem, was die sinnlichen Erscheinungen übersteigen soll ins Freie und Unbedingte. Sie sind rein subjektiv und befinden sich weder in einer transzendenten Sphäre noch in der Welt, sondern einzig in meinem Bewusstsein. Hegel dagegen spricht dann von einer »Idee«, *wenn das, was ich denke, und das, was »an sich« ist, übereinstimmt,* als »Einheit des Begriffs und der Objektivität«.[220] Damit hat Hegel Platon und Kant auf neue Weise verschmolzen. Wie für Kant entspringen »Ideen« für Hegel aus der Vernunft, und wie Platon hält er sie gleichwohl für objektiv. Die Erkenntnissehnsüchte unserer Vernunft streben nach der Übereinstimmung unserer Bewusstseinsinhalte mit dem absoluten Sein. Und da diese Übereinstimmung ja nur in unserem Bewusstsein stattfinden kann und nicht außerhalb davon, ist unser Bewusstsein der Ort, aus dem alle Objektivität entspringt.

Was haben diese Überlegungen aus der *Logik* mit Kunst zu tun? Ganz einfach: Da das Schöne in sich zweckmäßig ist und keinem praktischen Zweck dient, ist es eine »Einheit des Begriffs und der Objektivität«. Insofern kann Hegel sagen, »dass das Schöne selber als Idee, und zwar als Idee in einer bestimmten Form, als *Ideal,* gefasst werden müsse«.[221] In einem schönen Kunstwerk verschmelzen Sein und Bewusstsein, Realität und Denken, das Allgemeine und das Besondere. Aber sie tun es nicht begrifflich, sondern nur sinnlich. Würden sie begrifflich übereinstimmen, als Ergebnis eines Reflexionsprozesses, hätten wir es nicht mit Kunst, sondern mit Philosophie zu tun. Und das, was wir erfahren, wäre nicht das Schöne, sondern das Wahre. Tatsächlich aber ist das Schöne, nach Hegel, nur eine sinnlich verwaschene Ahnung des Wahren. Oder mit Hegels berühmter Formulierung über die Kunst gesagt: »Das Schöne bestimmt sich durch das sinnliche *Scheinen* der Idee.«[222]

Für Hegel hat die Kunst also eine ganz bestimmte Funktion. Sollte sie für Aristoteles den Menschen »reinigen«, soll sie ihn für Schiller moralisch erheben und soll sie aus Sicht der Künstler »Ruhm und Ehre« bringen – für Hegel soll sie in erster Linie »vermitteln«. Sie soll das Individuelle mit dem Allgemeinen zur Deckung bringen, das Subjektive mit dem Objektiven. So wie die Religion den Zustand erstrebt, in dem der Mensch Gott nah ist, so soll sich der Mensch in der Kunst dem »Absoluten« nähern, es sinnlich erspüren.

An welche Kunst hat Hegel gedacht? Jedenfalls nicht an die Malerei, Dichtung, Architektur und Musik seiner Zeit! Nicht Mozart und Beethoven, nicht Goethes *Faust* oder Caspar David Friedrichs romantische Versunkenheitsmomente kommen für ihn dem Absoluten nahe, sondern einzig und allein die Kunst der Antike! Die antiken Skulpturen erscheinen ihm im besten Sinne »vergeistigter« als etwa die Portraitmalerei seiner Zeit. Die zeitgenössische Kunst ist reflektierter als alle früheren Künste, aber sie hat ihre Kraft verloren. Die Meinung, dass das Zeitgenössische in jedem Fall schlechter sei als die Kunst der guten alten Zeit, ist vermutlich so alt wie die Geschichte der Kunst. Nur dass heute mancher melancholische Bildungsbürger gerade in Goethe, Schiller, Mozart und Beethoven den Höhepunkt der Kunst entdeckt – also in Heroen jener Zeit, die der Zeitgenosse Hegel, trotz manchen Lobes, bereits als Niedergang beschreibt …

Wenn Hegel die »romantische« Kunst nicht als Höhepunkt sieht, so hat das für ihn allerdings kaum etwas mit Geschmack zu tun. Es geht ihm nicht um die Kunst als Kunst, sondern um ihr Verhältnis zur Philosophie – und hier ganz besonders um ihr Verhältnis zum Absoluten. Hegel entwirft ein gewaltiges Tableau vom Werdegang der Künste von den frühen Hochkulturen bis zu seiner Gegenwart. Er macht etwas, was außer ihm nur Friedrich Schlegel gewagt hat: Er verbindet seine Metaphysik des Schönen mit einer Geschichte von der allmählichen Entwicklung der Kunst. Er entwirft nicht nur ein *System,* sondern auch dessen *Geschichte.*

Drei verschiedene Epochen erzählen uns davon, wie sich die »Idee«, das Streben nach dem Absoluten, auf je unterschiedliche Weise mit dem »Stoff« verbindet, den sie in der Natur vorfindet. Am Anfang steht die *symbolische* Kunst, ein Begriff, den Hegel auf eine ganz eigene Weise gebraucht. Er denkt dabei an die Tempel und Monumente der orientalischen Kulturen in Ägypten und Mesopotamien. Die »Idee« ist hier noch äußerst dunkel und die Menschen befangen in den »menschlichen Begebenheiten«.

Deshalb erfüllt die Kunst vor allem praktische Zwecke. Sie soll »erhaben« wirken und dient den religiösen Kulten und dem »Mythos«. Doch wer sich Götter in Tiergestalten denkt, ist noch Lichtjahre entfernt vom wahren Wesen des Absoluten. Die Kunst der Epoche hat, wie die Pyramiden, viel materielle Ausdehnung, aber wenig Geist – eine Sicht, der der Hegelianer Ernst Bloch im 20. Jahrhundert in seinem *Prinzip Hoffnung* widersprechen wird.

Die zweite Epoche ist die *klassische* Kunst. Hegel teilt die Antikenschwärmerei seiner Zeit. Und wie viele andere idealisiert er die Künste der Griechen, insbesondere ihre Skulpturen: »Schöneres kann nicht sein und werden.«[223] Was für ein geistiger Gewinn, dass die Griechen lieber Menschen abbilden als Tiere! Idee und Stoff kommen nun in vollendeter Harmonie zusammen. In den idealen Proportionen der Skulptur – und der dramatisierten Skulptur, der Tragödie – ist das Absolute auf bestmögliche Weise sinnlich zum Ausdruck gebracht. Geist und Sinnlichkeit sind zu vollkommener Einheit verschmolzen. Das Absolute scheint auf in »reiner Subjektivität« – und mehr kann keine Kunst leisten!

Aus der Sicht des Philosophen erfüllt die klassische Kunst hervorragend ihren Zweck. Denn will sie mehr – das Absolute noch adäquater darstellen –, so büßt sie ihre sinnliche Schönheit ein. Was sie gegenüber den antiken Griechen an »Innerlichkeit« gewinnt, verliert sie an schöner Form. Und genau dort sieht Hegel die Kunst seit dem Mittelalter. Als *romantische* Kunst wetteifert sie mit der Philosophie, wird innerlicher und geistiger. Ihre wichtigsten Ausdrucksformen sind in aufsteigender Linie Malerei, Musik und Poesie. Gegenüber Architektur und Skulptur tritt das Materielle immer weiter zurück. Was vorher Stoff war, wird nun vergeistigt in Farben, Tönen und Worten. Die Kunst wird weniger selbstverständlich, sie fängt an, sich selbst und ihre Ausdrucksmittel zu reflektieren. Man kann auch sagen: Die Kunst wird immer philosophischer. Damit aber tritt sie in Konkurrenz zur Philosophie. Anders als die Frühromantiker Novalis und die Gebrüder Schlegel will Hegel Kunst und Philosophie aber nicht verschmelzen zu »romantischer Universalpoesie«. Er will der Kunst auch keinen gleichberechtigten Zugang zur Wahrheit einräumen wie Schelling. Den einzigen angemesseneren Erkenntnisweg zum Absoluten bietet für ihn die Philosophie. Nur in ihr kann sich der Geist seiner selbst bewusst werden und das Absolute klar und deutlich offenbaren. Was also sollen Ton, Steine, Farben und Metaphern, wenn in der hochreflektierten Zeit des 19. Jahrhunderts einzig die »Arbeit des Begriffs« das Welträtsel löst?

Wenn Hegel von der Philosophie spricht, spricht er von sich. Er denkt nicht an die Konkurrenzprojekte von Fichte und Schelling und schon gar nicht an die großen Denker seiner Zeit in Frankreich und England, von denen zu Anfang des nächsten Bandes dieser Philosophiegeschichte die Rede sein wird. Nicht zuletzt mit Blick auf die eigene Philosophie spricht er sogar vom »Ende der Kunst«. Die Kunst hat ihre religiöse Tiefe verloren, wir beugen, wie Hegel sagt, vor ihr nicht mehr die Knie. Und sie ist gleichzeitig überflüssig geworden in einer Welt, die der Philosoph vollständig auf den Begriff gebracht hat. Gewiss, die Maler werden nicht aufhören zu malen und die Dichter nicht zu dichten. Nur braucht es all diese Anstrengungen nicht mehr. Was die Kunst leisten kann, hat sie bereits geleistet. Sie hat es im Orient »erstrebt«, in der Antike »erreicht« und ist seit dem späten Mittelalter dabei, es zu »überschreiten«. Die reflektierte Kunst ist der reflektierten Philosophie unterlegen. Insofern befindet sie sich auch dann im Niedergang, wenn sie heute noch die eine oder andere Höchstleistung hervorbringt.

Hegel hat die zeitgenössische Malerei intensiv studiert und kommentiert, ebenso die Architektur und Dichtung. Er schätzt Goethes *Wilhelm Meister,* zeigt sich aber ein ums andere Mal enttäuscht von den Malern. Das Manko der christlichen Kunst besteht für ihn darin, dass man Gott nicht malen kann. Höchstleistungen sieht er nur beim Motiv des leidenden Sohnes oder Marias, wie die bewunderte *Madonna* von *Antonio da Correggio* (1489–1534) in der Dresdner Gemäldegalerie. Oder bei einigen niederländischen Meistern und den Nazarenern der Düsseldorfer Malerschule um *Peter von Cornelius* (1783–1867) und *Friedrich Wilhelm von Schadow* (1788–1862).

Allgemein betrauert Hegel, dass die Künstler das »Ideal auflösen« und dass ihre Kunst immer weniger Transzendenz aufscheinen lässt. Auch stört ihn die Tendenz zu allzu viel Witz und Humor: schnöde »Subjektivierung« statt tiefer Sehnsucht! Hegels Zeitgenosse, der bayerische Dichter *Jean Paul* (1763–1825), widerspricht energisch. Ist nicht der Humorist der größte Metaphysiker? Und gibt es mehr Tiefe und Unendlichkeit als im Witz? Jean Pauls *Vorschule der Ästhetik* feiert das »umgekehrt Erhabene«, die Negation des Pathos. Wenn jemand etwas vom Absoluten weiß, dann nicht der Philosoph, sondern der melancholische Humorist. Die Wahrheit ist keine Eigenschaft von philosophischen Sätzen – sie liegt verborgen in den Abgründen des Humors!

Hegel sieht das natürlich anders. Nicht Humor, sondern tiefster Ernst durchzieht sein Gesamtsystem, in welchem die Kunst nur ein Phänomen unter vielen ist. Viel wichtiger als die Maler und Dichter, die Bildhauer, Musiker und Architekten ist ihm der »objektive Geist« – verwirklicht im Staat!

Das Ende der Geschichte

In wunderlicher Zeit – Selbstverwirklichung im anderen – Die bürgerliche Familie – Die bürgerliche Gesellschaft – Hegels Staat – Launen des Weltgeistes: List der Vernunft? – Was wahr war und was Wirrwarr

In wunderlicher Zeit

Die Plakette zum Gedenken hängt heute an einem Haus, in dem der Philosoph nie wohnte:

Georg Wilhelm Friedrich Hegel
27. August 1770–14. November 1831
Hauptvertreter des deutschen Idealismus
seit 1818 Professor für Philosophie
an der Berliner Universität

Hegels Wohnhaus aber lag daneben, nicht Am Kupfergraben 5, sondern Nummer 4a. Eine schwere Bombennacht des Zweiten Weltkriegs hat es vernichtet. Doch war für Hegel die Weltgeschichte nicht eine »Schlachtbank, auf welcher das Glück der

Völker, die Weisheit der Staaten und die Tugend der Individuen zum Opfer gebracht« wird?[224] Nun also im letzten großen europäischen Krieg auch Hegels Berliner Wohnhaus! Und statt seiner Nachlasswächter blickt heute die Bundeskanzlerin aus ihrer Privatwohnung Am Kupfergraben 6 auf das viel später errichtete Pergamonmuseum, jenes stattliche Monument von Antikensehnsucht, Raubkunst und Melancholie, das aussieht, als stünde es in sich selbst.

Hegel war im Winter 1817/1818 unverhofft nach Berlin gekommen. Zwar hatten die Bevollmächtigten der Berliner Universität ihn schon zwei Jahre zuvor umgarnt. Doch 1816 war der Ruderer auf der Bamberger Zeitungs-Galeere und langjährige Schulmeister in Nürnberg endlich ordentlicher Professor in Heidelberg geworden. Er war fortgeschrittene sechsundvierzig Jahre alt – im gleichen Alter wie ehemals Kant in Königsberg, als er die lang ersehnte Professur erhielt. Dass in Berlin Großes auf ihn wartet, unterschätzt Hegel zunächst. Preußen, das ist für den Schwaben ein »lederner, geistloser« Staat – von der »ephemerischen Energie« Friedrichs des Großen einmal abgesehen. Doch die ist lange verloschen. In Jena hat Hegel 1806 die »Haltungslosigkeit« des preußischen Staates an seiner schwachen Armee erkannt und den siegreichen Napoleon bewundert. Auch die Freiheitskriege haben ihn vom fernen Nürnberg aus nicht mitgerissen. Den Reformen des Freiherrn vom Stein, Karl August von Hardenbergs und Wilhelm von Humboldts hat er wenig Aufmerksamkeit geschenkt. Hegel sieht nicht das neue Preußen, sondern nur die Niederlage Napoleons. Über die freut er sich allerdings 1813 sehr, kann nun das »freie Reich der Gedanken« wieder emporblühen!

Schon früh, in seinen Gedanken über die Reichsverfassung aus den Jahren 1799 bis 1803, hat sich Hegel mit der zukünftigen Organisation des deutschen Staates befasst. Es war eines seiner wichtigen Themen. Das Heilige Römische Reich, ohnehin kein Nationalstaat, zerfällt vor aller Augen. Und der Reichstag in Regensburg ist auch für Hegel nur noch ein »baufälliges Gebäude«.

Doch das einzig Konstante an Hegels Staatsverständnis sind seine permanenten Volten und Wechsel. Mal sieht er den Staat über, mal neben und mal unter dem »geistigen Reich der Gedanken«. Je nachdem, was die bewegten Zeitläufte ergeben, will er Kirche und Religion mehr oder weniger Einfluss zusprechen. Nach dem Siegeszug der französischen Armee durch halb Europa hält Hegel den Staat sogar gemeinsam durch Napoleon und den Deutschen Idealismus (!) für überwunden. Gleichzeitig räumt er dem segensreichen Protestantismus ein großes Gewicht ein und verabscheut das vormals von ihm gefeierte katholische Österreich.

Wenn es eine Gemeinsamkeit in all dem gibt, was Hegel zwischen 1799 und 1818 über den Staat denkt, dann ist es die unterschwellige Frage: Welche Rolle kann der Staat spielen, um Hegels Philosophie zur größtmöglichen Wirksamkeit zu verhelfen? Kann er sie »verwirklichen«, kann er ihr ein günstiges Klima bereiten? Zumindest soll er ihrem geplanten Siegeszug nicht im Wege stehen. Das Erste erfordert einen mächtigen, das Zweite einen mittelstarken und das Dritte einen eher schwachen Staat. Davon abhängig ist auch die Rolle der Religion. Je günstiger die Bedingungen für Hegels Philosophie, umso weniger ist ihre Schützenhilfe erforderlich. Nur in einem schwachen Staat braucht der Philosoph die Kirche als notwendigen Verbündeten, um dem »Geistigen« zu seinem Recht zu verhelfen.

Hegel mäandert sich gedanklich durch die Zeitläufte, stets auf der Suche nach der angemessenen Bühne. Denn seine Philosophie ist ihrem Selbstverständnis nach ja nicht *seine* Philosophie, sondern *die* Philosophie. Dass das eigene System alles andere ersetzen soll, hatte auch Kant für sich in Anspruch genommen, und erst recht taten dies Fichte und Schelling. Doch Hegel hält – anders als Kant und Fichte – seine Philosophie zugleich für die vollendete Übereinstimmung des Gedachten mit dem Wirklichen. Sein Erkenntnisanspruch ist wie der Schellings absolut. Dadurch, dass Hegel philosophiert, legt er die Wirklichkeit frei und enthüllt die Wahrheit. Was Menschen vernünftig denken und was real ist, soll zum ersten Mal zur Deckung gebracht werden! Und mehr noch: Da es sich dabei um einen *Prozess* handelt, tritt das Wirkliche erst dadurch vollständig ein, dass Hegel es denkt und den anderen vordenkt. Aus dem vorgefundenen Material der Natur wird »Geist« – und zwar dadurch, dass der reflektierende und spekulierende Philosoph es durchdringt. Ohne Hegel, der diese Arbeit als Erster vollbringt, so darf man umgekehrt folgern, kann die Wirklichkeit nicht zu sich selbst kommen, der »Geist« sich nicht vollständig der Welt bemächtigen. Hegel ist Sonne, sie umkreisender Planet und Sterndeuter zugleich. Er erhellt, reflektiert sich selbst und interpretiert den Vorgang für andere.

All dieser Stolz und all dieses Pathos schlummern unverwirklicht schon in Jenaer Schattenzeiten, in der Bamberger Zeitungsredaktion und im Nürnberger Schuldienst. Doch erst in Preußen kann die »Rose« der Vernunft »im Kreuze der Gegenwart« aufblühen. Hegel wird klar, dass die erst wenige Jahre zuvor gegründete Berliner Universität das kommende geistige Zentrum auf deutschem Boden ist. Hier ist der »Mittelpunkt«, und erst hier auf Fichtes verwaistem Lehrstuhl kann seine Philosophie werden, was sie seiner Meinung nach ist: *»ihre Zeit in Gedanken erfaßt«*.[225] Der vernünftige Philosoph beschreibt seine Zeit nicht nur, er gestaltet sie zugleich durch seine geistige Durchdringung. Denn »was vernünftig ist, das ist wirklich; und was wirklich ist, das ist vernünftig«.[226] Welch unbändiges Pathos eines bisher Unterschätzten und Zukurzgekommenen blitzt nun in seiner Antrittsrede an der Universität auf! Berlin – der »Mittelpunkt des Universums«; der preußische Staat – »auf Intelligenz gegründet«; Bildung und Wissenschaft – »eines der wesentlichsten *Momente* im *Staatsleben*«.[227]

Was hat sich Berlin mit der Ankunft Hegels über Nacht verwandelt! Aus dem »ledernen, geistlosen« Staat ist eine Gelehrtenrepublik geworden. Doch die Übertreibung wird nicht belächelt oder beargwöhnt. Goethe, der Hegels Karriere von Weimar aus beobachtet, stimmt ihm sogar ausdrücklich zu: »Es tut freilich not, daß in dieser wunderlichen Zeit irgendwo aus einem Mittelpunkt eine Lehre sich verbreite, woraus theoretisch und praktisch ein Leben zu fördern sei.«[228]

Die »wunderliche Zeit« ist also reif für einen Mann wie Hegel. Denn wenn das Pathos ihn ergreift, dann meint der Schwabe in Berlin kaum seine Kollegen, den gefeierten Juristen *Friedrich Carl von Savigny* (1779–1861), den klugen Theologen *Friedrich Schleiermacher* (1768–1834) oder den feinsinnigen Ästhetiker *Karl Wilhelm Ferdinand Solger* (1780–1819). Er meint, daran besteht kein Zweifel, vor allem sich selbst. Wenig erstaunlich, dass es schnell zu heftigen Querelen kommt. Zur »wunderlichen Zeit« gehören nämlich vor allem heftige politische Auseinandersetzungen. Im März 1819 ermordet der Jenaer Burschenschafter Karl Ludwig Sand den konservativen Dramatiker, Verleger und russischen Generalkonsul August von Kotzebue – eine Tat, die die Studenten- und Professorenschaft spaltet. Liberale und Nationale identifizieren sich zwar nicht mit der Tat, wohl aber mit Sands freiheitlicher Gesinnung. Der Berliner Theologieprofessor Wilhelm Martin Leberecht de Wette schreibt Sands Mutter einen verständnisvollen Trostbrief, in dem er Sand nicht einfach als profanen Mörder sieht. Postwendend wird er aus dem preußischen Staatsdienst entlassen. Und Hegel ist auf der Seite des Staates, auch wenn er dem geschassten Kollegen finanziell aushilft.

Dass sich der Wind in Preußen gedreht hat und auch die Universität kein Hort bedingungsloser geistiger Freiheit ist, merken die Professoren in Berlin genau zu jener Zeit, als Hegel seine Lehrtätigkeit beginnt. Im August 1819 erlassen Preußen und Österreich die Karlsbader Beschlüsse. Die beiden Großmächte bekämpfen die freiheitliche Öffentlichkeit, die nationalen Bestrebungen in Deutschland und die Forderung nach Mitbestimmung und Demokratie.

Zu Hegels Genugtuung trifft der Zorn der »Restauration« auch den Jenaer Kollegen *Jakob Friedrich Fries* (1773–1843). Nach Schellings verblasstem Ruhm ist Fries von allen Philosophen in

Deutschland sein bedeutendster Konkurrent. Als einer von wenigen hat er bei Fichte promoviert und habilitiert (und leider auch dessen Judenhetze übernommen). Er ist Philosoph, Theologe, Rechtswissenschaftler und lehrt zugleich Mathematik und Physik. Schon früh übt er kluge Kritik an Reinhold, Fichte und Schelling. Fries bezweifelt, dass es sich bei spekulativen Systemen, die alles von einem höchsten Punkt oder ersten Prinzip aufdröseln wollen, um »Wissenschaft« handelt. Denn letzte Gewissheit in der Philosophie entsteht, wie Fries in seiner Kritik an Kant zeigt, nicht durch logische Folgerichtigkeit, als vielmehr durch ein »Selbstvertrauen der Vernunft« – also durch Intuition. Was wir für überzeugend halten, sind oft einfach nur »Ahndungen«, also ästhetische Empfindungen und Gefühle.

Für seine idealistischen Gegenspieler, allen voran für Hegel, ist das »Psychologismus«. Hegel hält sein System für logisch, objektiv und wahr und nicht für etwas, was ihm nur intuitiv einleuchtet. Aus Sicht des 20. und des 21. Jahrhunderts ist der »Psychologismus«-Vorwurf keine Drohung. Wenn es um Gewissheiten geht, so akzeptieren wir heute leicht Fries' Ansicht, dass sie nie objektiv sind, ja, dass es oft genug gar nicht auf *die* Wahrheit ankommt. Zeitgenössische Philosophen beschränken sich gerne darauf, das, was sie denken, für »plausibel« zu halten. Und wenn es um die Authentizität von Empfindungen und Handlungsmotiven geht, so ist heute tatsächlich in erster Linie die Psychologie für sie zuständig.

Doch als Hegel im Oktober 1820 sein großes Berliner Werk veröffentlicht, die *Grundlinien der Philosophie des Rechts oder Naturrecht und Staatswissenschaft im Grundrisse,* verzichtet er nicht darauf, Fries in der Vorrede als »Herrn der Seichtigkeit« zu beschimpfen. Die Lage, in der sich der Gescholtene befindet, ist zu diesem Zeitpunkt misslich genug. Sein Eintreten für einen Deutschen Bund mit freiheitlich-demokratischer Verfassung und sein Auftritt auf dem Wartburgfest 1817 sind nach den Karlsbader Beschlüssen Grund genug, Fries in Jena zu entlassen. Und genau zu diesem Zeitpunkt führt Hegel ihn in der Vorrede seines großen Buchs als Feind wahrer Staatlichkeit vor. Getrieben vom »Brei des Herzens, der Freundschaft und Begeisterung«, der die mehrtausendjährige Arbeit der Vernunft »auf das *Gefühl* gestellt« habe, hätten Fries und seinesgleichen die Achtung vor dem Gesetz verloren.

Selbstverwirklichung im anderen

Hegel weiß, dass seine Vorrede in Berlin viele »saure Gesichter« erzeugt, insbesondere bei Savigny und Schleiermacher. Aber er will die Platte gründlich putzen, um sein Werk richtig zu platzieren: das endgültige Buch über Moral, Recht und Staat! Für seine Vorgänger waren dies drei völlig verschiedene Paar Schuhe. Wir erinnern uns, dass Kant und Fichte das Recht scharf von der Moral getrennt haben. Moral ist das, was der Mensch mit sich ausmacht. Recht dagegen ist der Ordnungsrahmen des Staates, der die Freiheit des Einzelnen einschränkt, um sie allen zu ermöglichen. Das Recht gründet nicht in der Moral des Einzelnen, so wenig wie Adam Smiths Ökonomie auf moralisch »guten« Bäckern und Kaufleuten fußt. Und was für Smith die unsichtbare Hand des Marktes ist, die alles zum Guten regelt, ist für Kant und Fichte die sichtbare Faust des Gesetzes.

Hegel dagegen sieht das völlig anders. Das moralische Individuum, das Gesetz und der sittliche Staat sind für ihn untrennbar miteinander verwoben. Den Überbau dafür liefert ihm sein System vom allmählichen Siegeszug des Geistes in der Weltgeschichte. Worum es dabei geht, erfahren die Leser am Ende der *Rechtsphilosophie* in einer Skizze und später in den *Vorlesungen über die Philosophie der Geschichte*.

Auf die sittlich schöne, aber naive Zeit des Griechentums sind das Christentum und später das christliche Germanentum gefolgt, um dem Geist dazu zu verhelfen, zu sich selbst zu kommen.

Zunächst tritt der Geist als *subjektiver Geist* auf, als »Bewusstsein« jedes einzelnen Menschen. Dieses Bewusstsein ist vom Geist berührt, aber nicht erfüllt. In Hegels Sprache hat unser subjektiver Geist nur die »Form« des Geistigen. Wir können inspiriert fühlen, vorstellen und denken – aber wir können noch nicht das Richtige vom Falschen unterscheiden und tasten uns deshalb durchs Leben. Wird unser Wille im Laufe der Weltgeschichte jedoch immer intelligenter, so hat das Auswirkungen auch auf andere. Es beginnt sich eine Kultur auszuformen und eine Geschichte. In Hegels Worten tritt damit der *objektive Geist* auf den Plan, die von Menschen gemachte Welt außerhalb unseres Ichs. Aus reiner Psychologie ist eine von Geist erfüllte Kultur geworden. Was im subjektiven Geist bloße »Form« war, ist hier bloßer »Inhalt«. In der Kultur ist alles bestimmt, geordnet, festgelegt, institutionalisiert und so weiter. Als »Äußerliches« gegenüber dem Innenraum des Ichs ist der objektive Geist die Antithese zum subjektiven Geist. Letztes Ziel bleibt damit die Synthese, die Verwirklichung des *absoluten Geistes*. Die Kunst hat ihn bereits versinnlicht, die christliche Religion geahnt – aber erst Hegels Philosophie setzt ihn frei.

Hegels Theorie vom Siegeszug des Geistes und seine Denkfiguren von subjektivem, objektivem und absolutem Geist überzeugen im 21. Jahrhundert nur noch die wenigsten. Manches daran ist Zeitgeschichte, etwa wenn Hegel das Bedürfnis hat, einen christlich-germanischen »Volksgeist« zu identifizieren. Anderes ist Folge des überehrgeizigen Projekts, die gesamte menschliche Gefühls-, Gedanken- und Kulturwelt konsequent dialektisch zu erklären. Und doch enthält Hegels *Rechtsphilosophie* viel Bedenkenswertes, viel Kluges und Neues, das aus dem Korsett einer allzu fest geschnürten Begriffswelt hervorblitzt.

Hegels Ausgangspunkt ist der »freie Wille«. Was ist das? Für Kant und Fichte ist der Wille frei, wenn er sich nicht von vorschnellen Gefühlen und Neigungen treiben und trüben lässt. Wenn wir also *reflektiert entscheiden*. Die Frage ist nur, wer uns eigentlich bei reflektierten Entscheidungen sagt, welches die bessere Wahl ist. Wie erzählt, hatte Hume die Frage dadurch beantwortet, dass er *jede* Willensentscheidung für emotional hielt. Für Hegel ist das keine völlig befriedigende Lösung. Sind denn alle Willensimpulse prinzipiell gleichrangig? Gibt es nicht eine Neigung in mir, das zu wollen, was mir *Bestätigung* und damit ein positives »Selbstgefühl« verschafft? Wenn ich das einsehe, dann besteht unser freier Wille darin, bewusst jenes zu wollen, was unserem Selbstgefühl zuträglich ist.

Um das herauszufinden, brauche ich andere Menschen. Ich erstrebe ihre Anerkennung. Und das kann ich nur, indem ich sie ebenfalls anerkenne. Denn die Anerkennung von jemandem, den ich nicht anerkenne, ist wertlos, weil sie mein Selbstgefühl nicht bestärkt. Mein Wille ist also auf Selbsterfahrung durch andere ausgerichtet. Dies zu erkennen und dann bewusst zu wollen ist in meinem Willen tendenziell angelegt. Nicht die Entscheidungsmöglichkeit als solche, sondern *die Tendenz zur Selbstverwirklichung meiner selbst im anderen* macht, nach Hegel, meinen Willen frei. Freiheit ist nicht einfach Tun-und-lassen-Dürfen, sondern Zu-sich-selbst-Kommen durch den anderen. Denn nicht im Angesicht unendlicher Möglichkeiten, sondern im Rahmen der wechselseitigen Anerkennung findet unser Wille die Zwecke und Ziele, von denen er sich wünschen kann, dass sie verfolgt werden und eintreten. Es geht also nicht einfach um die Kontrolle meiner Neigungen durch den Verstand. Es geht darum, jene Neigung in sich zu erspüren, die das Moralische will, weil es ihr zutiefst entspricht.

Unser »subjektiver Geist« ist also tendenziell konditioniert – und zwar auf *Anerkennung*! Der Begriff spielt schon bei Kant eine Rolle und vor allem bei Fichte. Doch erst bei Hegel rückt er auf eine so moderne und psychologisch hellsichtige Weise ins Zentrum der Moraltheorie. Der freie Wille blüht nicht im einsamen Abwägen von Möglichkeiten hinter der Denkerstirn, sondern er bewährt sich tagtäglich in unseren Sozialbeziehungen. Freier Austausch und Dialog bilden deshalb die elementare Sphäre allen sittlichen Lebens. Und sie zu ermöglichen, zu schützen und zu fördern ist die wichtigste Aufgabe des Staates. Diese Einsicht ist Hegel nicht in Berlin gekommen, sondern sie beschäftigt ihn schon lange. Dass er sie in Preußen zu Papier bringt und gleichwohl nicht gegen die Karlsbader Beschlüsse mit ihren Maulkorb-Erlassen protestiert, steht auf einem anderen Blatt.

Doch gehen wir nun den Parcours durch, den der Wille für Hegel beschreiten und bewältigen muss, um von *meinem* Willen zum *Staatswillen* zu werden. Die erste Stufe ist das *abstrakte Recht.* Seit der Aufklärung ist klar, dass Menschen unveräußerliche Rechte haben – und zwar für Hegel (anders als für Locke) *alle* Menschen. Menschen sind »Personen«, und als solche kommen ihnen Freiheitsrechte und Eigentumsrechte zu. Wie die englischen Ökonomen, die er ausgiebig studiert hat, kann er sich das eine ohne das andere nicht vorstellen. Die Freiheit der Person interpretiert Hegel etwas eindimensional als Verdienst des Christentums. (Die französischen Aufklärer hätten hier gewiss energisch protestiert!) Die Freiheit des Eigentums sieht er als Errungenschaft des Kapitalismus und der Stein-Hardenberg'schen Reformen, nämlich als Folge des Bauernbefreiungs-Edikts vom Oktober 1807. Auch das kann man, wie wir noch sehen werden, anders betrachten. Der Gedanke, dass die Freiheit des Eigentums nur dann zu einem wirklichen Recht wird, wenn möglichst jeder einen guten Zugang dazu erhält, fehlt jedenfalls.

Nun möchte Hegel beim abstrakten Recht nicht stehen bleiben. Denn die Anerkennung von Freiheits- und Eigentumsrecht ist für ihn nur eine erste Stufe. Wer glaubt, mit solchen Rechten sei bereits Sittlichkeit verwirklicht, der hat für Hegel nichts verstanden. Denn wer nur auf seine Rechte pocht, ist deshalb noch lange kein moralischer Mensch! Man muss auch angemessen mit ihnen umgehen können. Rechte haben und sittlichen Gebrauch von ihnen zu machen sind zwei verschiedene Dinge. Und genau darum geht es Hegel in der *Rechtsphilosophie:* dass sich Rechte nicht abstrakt verstehen lassen, sondern dass sie immer in einem konkreten gesellschaftlichen Kontext stehen.

Was für die Rechte gilt, das gilt auch für die nächste Stufe, die *Moralität*. Moralisch autonom bin ich, wenn ich frei entscheiden kann, was gut oder schlecht für mich ist. Ohne Zweifel ist auch dies ein Wert. Doch wie Hegel bereits in der Einleitung festgestellt hat, ist eine freie Entscheidung immer an Zwecke und Ziele gebunden. Um zu wissen, was für mich gut ist, muss ich zwischen konkreten Handlungsmöglichkeiten wählen. Mein Wille richtet sich also auf Zwecke und Ziele, die die Gesellschaft mir vorgibt. Denn alles moralische Handeln ist gesellschaftliches Handeln. Und die Gesellschaft suche ich mir nicht aus. Sie ist der immer schon gegebene Hintergrund und der Rahmen meines Handelns. Kein Wunder, dass Hegel deshalb alle »Vertragstheorien« von Hobbes bis Kant ablehnt. Denn das jungfräuliche Modell einer vertraglichen Einigung zum Wohl aller ist nicht nur historisch falsch (was alle Vertragstheoretiker wussten), sondern schlichtweg undenkbar. Vor jedem Vertrag steht ein Arsenal an Voraussetzungen und Vorstellungen über das, was der Staat sein soll und immer schon ist.

Was Hegel hier sagt, ist richtig: ohne Kontext keine Moral! Ohne gesellschaftliche Prägungen, Vorgaben und »Bildungsprozesse« keine Vorlieben, Werte und Maximen. Doch Hegel hat noch viel mehr im Sinn. Wenn er die moralische Autonomie in die Schranken weist, so sieht er sich zugleich als Mahner in seiner Zeit. Er denkt an die überspannten Liebes- und Freiheitskonzepte der Jenaer Frühromantiker, die ihm schon lange gehörig auf den Geist gehen. Er denkt an das Pathos der Freiheitskämpfer auf dem Wartburgfest, das ihm anarchistisch vorkommt. Er denkt an die aufgeklärten, aber zutiefst verunsicherten Intellektuellen, die die alte Ordnung, die Französische Revolution und Napoleon erlebten und nun die Restauration erleben und fragen: Was sind meine Rechte? Und wo finde ich meinen Platz im Rahmen einer ständig wechselnden Gesellschaftsordnung? Und er denkt an diejenigen, die neuerdings in den Katholizismus flüchten, um dort eine alte heile autoritäre Welt zu finden. Wenn Hegel seine Zeit beschreibt, diagnostiziert er »Einsamkeit«, »Leerheit«, »Gedrücktheit« und ein »Leiden an Unbestimmtheit«.

All dies sieht er als Folge von Rechten ohne Verantwortungskultur und moralischer Autonomie ohne Kompass. Rechte und Moralität können also keine Endstufen sein. Sondern sie sind nur Vorstufen für eine Gesellschaft, in der wahre *Sittlichkeit* herrscht, für einen Staat, in dem mein Wille mit dem Allgemeinwillen verschmilzt. Oder mit Hegel gesagt, ein Staat, in dem mein subjektiver Geist mit dem objektiven Geist zur Deckung kommt.

Die bürgerliche Familie

Wie es sich für den objektiven Geist gehört, denkt Hegel bei »Sittlichkeit« nicht an Handlungsmotive oder persönliche Einsichten, sondern an *Institutionen.* Solche staatlich geschützten Einrichtungen sind dann gerechtfertigt, wenn sie Hegels zwei wichtigen Grunderkenntnissen Rechnung tragen und sie entsprechend umsetzen: dass Menschen einen freien Willen haben, der sich durch die *freie Anerkennung anderer* verwirklicht. Und dass diese Selbstverwirklichung immer in *gesellschaftlichen Sphären* stattfindet, die dafür optimal zugeschnitten sein müssen. Denn der Staat und das Gesetz sollen nicht wie bei Rousseau, Kant und Fichte Schiedsrichter und Korrektiv der vielen unvernünftigen Einzelinteressen sein. Sondern Hegel sieht im Staat die Vollendung jener Vernunft, die in jedem einzelnen Menschen angelegt ist. Statt gegen den Einzelwillen gerichtet zu sein, lässt Hegel den Staat gleichsam organisch aus dem Einzelwillen hervorwachsen als ein Allgemeinwille, der sagt: *»Sei eine Person und respektiere die anderen als Personen.«* [229]

Die erste dieser Institutionen ist für Hegel die *Familie.* Sie ist die Sphäre der Intimität, der gleichsam vorbewusste Ort der elementaren Selbstentfaltung. Oder wie Hegel sagt: Sie ist »Sittlichkeit in Form des Natürlichen«.[230] Im Binnenraum der Familie werden Triebe ausgelebt, der Alltag gemeistert und die Bedürfnisse der Kinder geformt. Der freie Wille findet hier sein erstes Betätigungsfeld in wechselseitiger Anerkennung. So gesehen ist die Familie die Keimzelle des Staates. Ein größerer Kontrast als zu Kants Vorstellung von der Ehe ist kaum denkbar. Der Junggeselle in Königsberg brauchte Ehe und Familie mitnichten für den Staat. In der Ehe sah Kant schlichtweg einen Vertrag mit unverhältnismäßig hohen Kosten für den Mann. Hegel hingegen will Ehe und Familie sozial ausgefüllt sehen, als Schauplatz, an dem man sich wechselseitig umeinander kümmert. Inwieweit der Philosoph dabei seine eigene Ehe und Familie vor Augen hatte, ist schwer zu sagen. Als Einundvierzigjähriger hatte Hegel 1811 die zwanzigjährige Marie von Tucher geheiratet, die ihm den Rücken für seine Werke freihielt und mit der er zwei Söhne hatte. Zuvor allerdings hatte er bereits ein uneheliches Kind gezeugt, seinen Sohn Ludwig, den er stiefväterlich behandelte, dem er den Namen entzog und der 1831, wenige Monate vor seinem Vater, im indonesischen Batavia am Tropenfieber zugrunde ging.

In seiner *Rechtsphilosophie* wie auch privat erkennt Hegel lediglich das als Familie an, was staatlich legitimiert ist. Teil des objektiven Geistes kann nur sein, was vom Staat geregelt und geschützt wird. Ohne Heirat deshalb keine »eigentümlich, wirkliche« Familie. Und wenn Hegel »Familie« sagt, meint er die bürgerliche Kleinfamilie mit klassischer Rollenverteilung von Mann und Frau. In ihr sieht er die artgerechte Umgebung für die Entfaltung primärer Gefühle und Bedürfnisse. Der Barmer Fabrikantensohn, Revolutionär und Sozialphilosoph *Friedrich Engels* (1820–1895) wird diese Behauptung 1884 in seiner Schrift *Der Ursprung der Familie, des Privateigenthums und des Staats* auf den Prüfstand stellen. Für ihn ist nicht die bürgerliche Kleinfamilie, sondern die Großfamilie, der Clan, der historisch verbürgte Binnenraum von Intimbeziehungen. Die Kleinfamilie sei dagegen eine bürgerliche Verkümmerung des 19. Jahrhunderts. Tatsächlich ist die Wahrheit kompliziert. Denn einerseits lebten die Menschen in Europa bis zur Industrialisierung tatsächlich nicht in auf Liebesheirat gegründeten Kleinfamilien. Andererseits aber ließ das niedrige Sterbealter Mehrgenerationenfamilien nur in seltenen Fällen zu.

Hegels starres Konzept lässt nur die bürgerliche Kleinfamilie als Intimraum des freien Willens zu. Das ist oft kritisiert worden. Bedauerlicherweise fällt damit auch die Freundschaft vom Familientisch, die Hegel zuvor oft enthusiastisch gepriesen hat. Doch Freundschaft lässt sich nicht staatlich institutionalisieren. Sie hat keine so großen gesellschaftlichen Folgen wie zum Beispiel die Frage nach dem Erbrecht. Gegen die Tradition des römischen Rechts lehnt Hegel Testamente ab. Alles, was der Mann erwirtschaftet hat, soll und muss in der Familie bleiben. Hegel erwartet sich davon Schutz und Stabilität und einen Segen für die Gesellschaft – ganz im Gegensatz zu dem französischen Frühsozialisten *Claude-Henri de Saint-Simon* (1760–1825) und dessen Schüler *Saint-Amand Bazard* (1791–1832). Für sie ist gerade das Prinzip des Vererbens an Angehörige der größte Anschlag auf das Gemeinwohl. Wer sein Vermögen und seinen Grund und Boden vererbt, setzt die Spielregeln der Tüchtigkeit außer Kraft und schafft ein zunehmendes Ungleichgewicht in der Gesellschaft. Bazard schlug deshalb eine hundertprozentige Erbschaftssteuer vor, damit nur die Fähigsten und die Tüchtigsten belohnt würden und nicht die unverdient Privilegierten – eine Idee, die noch heute manchen Gesellschaftskritiker fasziniert, wenn sie auch praktisch kaum realisierbar sein dürfte.

Die bürgerliche Gesellschaft

Hegel hingegen verankert das Eigentum nicht in der Person, sondern in der Familie. Nur so kann sie als sittliche Einheit auf Dauer gestellt werden und damit »These« des inneren Zusammenhalts sein. Die »Antithese« findet er, getreu seinem dialektischen Schema, in der *bürgerlichen Gesellschaft*. Der Begriff ist seit 1768 in Deutschland bekannt. Damals übersetzte Garve das Werk *An*

Essay on the History of Civil Society des schottischen Sozialethikers *Adam Ferguson* (1723–1816) mit *Versuch über die Geschichte der bürgerlichen Gesellschaft.* Mit Ferguson ist Hegel der Ansicht, dass Menschen immer schon in Gruppen und Sozialverbänden gelebt haben. Nicht das Individuum, sondern die Gemeinschaft trägt die Sittlichkeit. Sie ist das Ergebnis eines komplizierten Zusammenspiels von Konkurrenz und wechselseitiger Zuneigung.

Dass die bürgerliche Gesellschaft Konkurrenz bedeutet, ist auch für Hegel sonnenklar. Das gründliche Studium der englischen Nationalökonomen Smith und *David Ricardo* (1772–1823) belehrt ihn ebenso darüber wie das des Franzosen *Jean-Baptiste Say* (1767–1832). Als Kampfplatz des Egoismus ist die bürgerliche Gesellschaft die »Antithese« zur Familie. Aus der trauten Umgebung vorbewusster Liebesbindungen tritt der Mann (die Frau nicht) in eine kalte Welt der unpersönlichen Geschäftsbeziehungen. Wo vorher Zuneigung und Verständnis herrschten, walten nun »Kapital« und »Geschicklichkeit«. Nicht der Privatmensch zählt, sondern der Berufsmensch. Selbstsüchtig verfolgt jeder das gleiche Ziel: seine materiellen Bedürfnisse zu befriedigen. Und die Gesellschaft hilft ihm dabei, indem sie ihn durch Rechtsschutz, Polizei und Verwaltung absichert.

Hegels Beitrag zu einer Theorie bürgerlicher Gesellschaft ist bedeutend. Für die antiken Griechen Platon und Aristoteles war die Gesellschaft in zwei Pole zerfallen: die private Welt des Haushalts *(oikos)* und die öffentliche Welt des Staates *(polis)*. Hegel zieht nun mit der bürgerlichen Gesellschaft eine zusätzliche Ebene ein, die zwischen beidem steht und vermittelt. Doch leicht tut er sich damit nicht. Als was soll er die Gesellschaft sehen? Als *harte Antithese* auf dem Weg zum Staat? Oder als *zweite Vorstufe der Sittlichkeit* nach der Familie? Seinem System entsprechend muss die bürgerliche Gesellschaft beides sein. Aber passen kalte Konkurrenz und Sittlichkeit tatsächlich zusammen? Für Smith, Ricardo und Say tun sie es. Die »subjektive Selbstsucht«, referiert Hegel, leistet einen »Beitrag zur Befriedigung der Bedürfnisse aller anderen«. Und die »allseitige Verschlingung der Abhängigkeit aller« schaffe das »allgemeine Vermögen«.[231]

In diesem Punkt ist auch Hegel ein Liberaler und folgt den Einsichten und Versprechungen der klassischen Nationalökonomie. Aber Preußen ist nicht England. Hegels Welt ist die Welt von Bauern, Staatsbeamten und Gewerbetreibenden. Das Industrieproletariat, in England längst der Vierte Stand, gibt es hier gar nicht. Hegels Ständeordnung kennt nur drei Stände. Aber ein gut informierter Blick nach England belehrt ihn unmissverständlich darüber, was zukünftig wohl auch auf Preußen zukommt. Die »unsichtbare Hand« des Marktes schafft nicht einfach nur einen fairen Interessenausgleich und einen allgemeinen Wohlstand, sondern zugleich massenhaftes Elend: »Das Herabsinken einer großen Masse unter das Maß einer gewissen Subsistenzweise, die sich von selbst als die für ein Mitglied der Gesellschaft notwendige reguliert – und damit zum Verluste des Gefühls des Rechts, der Rechtlichkeit und der Ehre, durch eigene Tätigkeit und Arbeit zu bestehen –, bringt die Erzeugung des *Pöbels* hervor, der hinwiederum zugleich die größere Leichtigkeit, unverhältnismäßige Reichtümer in wenige Hände zu konzentrieren, mit sich führt.«[232]

Die Verarmung des »Pöbels« ist also ein ungelöstes Problem. Doch welche Konsequenz soll man daraus ziehen? In England hat der Schriftsteller, Journalist und Sozialphilosoph *William Godwin* (1756–1836) bereits 1793 sein zweibändiges Werk *An Enquiry Concerning Political Justice and its Influence on General Virtue and Happiness (Eine Untersuchung über politische Gerechtigkeit)* geschrieben. Wie Hegel, so sieht Godwin die Vernunft auf seiner Seite. Sie treibt die Menschen zu Tugend, Gerechtigkeit und sittlichem Handeln. Und auch für ihn ist die Geschichte der Menschheit ein Auftrag zur Vervollkommnung: Der Vernunft muss zum Sieg verholfen werden! Deshalb müssen all jene Institutionen beseitigt werden, die verhindern, dass sich Vernunft und Moralität frei entfalten können: der Besitz von unnötigem Privateigentum, der freie Handel und die Finanzspekulation, aber auch die Staatsgewalt, die sich überall in die persönlichen Belange einmischt bis hinein in das Liebesleben in Form der Institution Ehe! Als Vater des Sozialismus wie des Anarchismus sieht Godwin das Heil in der gewaltlosen Überwindung eben jener bürgerlichen Gesellschaft und jenes Staates, die Hegel bald darauf mit größtem Aufwand rechtfertigt. Und als dieser 1805 in Jena die Monarchie verteidigte, den Fürsten als das »Unmittelbare, Natürliche«, spricht der englische Arzt und Sozialreformer *Charles Hall* (1745–1825) in seinen *Effects of Civilization on the People of European States (Die Wirkungen der Zivilisation auf das Volk in den europäischen Staaten)* vom unüberbrückbaren Gegensatz von Arbeit und Kapital: Der Schaden der Armen sei der Nutzen der Reichen.

Für Hall liegt – ähnlich wie bei vielen heutigen »Linken« – das Heil in der Vergangenheit. Auf dem vergesellschafteten Grund und Boden werkeln wieder Handwerker statt Fabrikarbeiter. Und bescheidene Menschen gieren nicht nach Reichtum und Luxus. Auch wenn Hegels Blick oft sehnsüchtig in die Vergangenheit schweift, um das Gute im Alten zu retten, so glaubt er, anders als Hall, nicht an eine Alternative. Mit den liberalen Ökonomen ist er sich sicher: Man darf dem Räderwerk des segensreichen Kapitalismus nicht in die Speichen greifen! Nicht mal auf die sanfte Weise durch die ausgleichende Hand des Sozialstaats. Statt auf Umverteilung mithilfe von Steuern und Abgaben verlässt er sich auf die innere Dialektik des Kapitalismus. Die Antithese zur bestehenden These der Verelendung bestehe darin, neue Märkte zu erschließen. Warum soll nicht ein Teil des heutigen Pöbels in Zukunft Bauer in neu erschlossenen Kolonien in Übersee werden? Die Endlichkeit dieses Lösungsweges scheint Hegel zu Anfang des 19. Jahrhunderts noch fern. Noch gibt es Land zu erobern und neue Wachstumsmärkte zu erschließen – Optionen, die erst im 21. Jahrhundert endgültig verschwinden.

Doch in Hegels pietistischem Herzen wohnen zwei verschiedene Geister. Auf der einen Seite verlässt er sich auf die rücksichtslose Logik des kapitalistischen Wirtschaftens. Doch auf der anderen

Seite träumt er, wie viele Zeitgenossen, von einer freundlichen und geordneten Ökonomie nach mittelalterlichem Vorbild. Wenn Hegel sich »Korporationen« wünscht, dann denkt er an die Zünfte; Gewerbeverbände, in denen das Individuum »anerkannt« ist, weil »es einem Ganzen, das selbst ein Glied der allgemeinen Gesellschaft ist, angehört und für den uneigennützigen Zweck dieses Ganzen Interesse und Bemühungen hat: – es hat so in *seinem Stande seine Ehre*«.[233] Braucht der eigennützige Kapitalismus Oasen der Uneigennützigkeit, gar der Standesehre?

Hegel ist nicht der Einzige, der so denkt. In Dresden hat der Berliner Philosoph *Adam Müller von Nitterdorf* (1779–1829) in den Jahren 1808/1809 seine Vorlesungen über den Staat gehalten. Wie Hegel möchte Müller ihn nicht als Zweckverband für den Erfolg von Unternehmen sehen: Der Staat »ist keine bloße Manufaktur, Meierei, Assekuranz-Anstalt, oder merkantilistische Sozietät, er ist die innige Verbindung der gesamten physischen und geistigen Bedürfnisse, des gesamten physischen und geistigen Reichtums, des gesamten inneren und äußeren Lebens einer Nation, zu einem großen, energischen, unendlich bewegten und lebendigen Ganzen«.[234] In seinem *Versuche einer neuen Theorie des Geldes,* den er 1816 in Leipzig schreibt, erklärt Müller die Funktion des Geldes nicht als ein Tauschmittel, sondern als ein Medium, das das Privateigentum organisch mit der Gesellschaft verbindet. Nicht schnöde Vorteilsnahme, sondern das »Bedürfnis nach Vereinigung« habe das Geld hervorgebracht. Deshalb müsse man es auch nicht an den Goldstandard binden. Denn der einzige Wert, den das Geld hat, schreibt er schon 1809, ist sein »geselliger Wert« in »Beziehung auf die bürgerliche Gesellschaft«.[235] Aus dem gleichen Geist speisen sich die heute so genannten Regionalwährungen wie der berühmte »Chiemgauer«, die die Kaufkraft in der Region halten und sich bewusst gegen jede internationale Geldmarktpolitik und Finanzmarktspekulation richten.

In ihrem Staatsverständnis sind sich Hegel und Müller ebenso nahe wie in ihrem Lob der mittelalterlichen Zünfte. Was der

Markt zerstört, soll die »Korporation« für Hegel sichern: das Persönliche und das Sittliche. Nur wenn Arbeitgeber und Arbeitnehmer in überschaubaren Verbänden ihre Interessen aushandeln, bleibt für die Sittlichkeit Platz in der bürgerlichen Gesellschaft – wenn man so will, ein sozialdemokratischer Gedanke und eine Vorahnung der Tarifverträge des 20. Jahrhunderts. Und Hegel sieht auch die gewaltigen Umwälzungen der Wirtschaft durch die »Mechanisierung« der Arbeit, also durch Maschinen. Der Philosoph weiß, dass sie die »Abhängigkeit und Not der an diese Arbeit gebundenen Klasse« vergrößern werden. Die Arbeiter werden sich »vereinzeln und psychisch beschränken«.[236] Wenn Karl Marx später von der »Entfremdung« des Arbeiters sprechen wird, so hat Hegel sie bereits klar und scharf erkannt.

Doch er schwankt hin und her: Mal ist Hegel mitleidloser Liberaler, der die gegenwärtige und künftige Massenverelendung als unabänderlich in Kauf nimmt. Und mal ist er rückwärtsgewandter Konservativer, der das Wirtschaftsheil in ursprünglichen, persönlichen und sittlichen Gemeinschaften sucht. Für sein System bleibt damit ein Widerspruch. Einerseits erscheint die bürgerliche Gesellschaft als Antithese zur Familie, andererseits als Vorstufe zur Sittlichkeit. Antithese ist sie nur da, wo sie nicht durch »Korporationen« versittlicht wird; und Vorstufe zur Sittlichkeit kann sie nur sein, wo der antithetische Konkurrenzkampf entschärft wird.

Hegels Staat

Wie muss ein Staat sein, der vollendete »Willensgemeinschaft« ist? Ein System von Macht und Zwang und doch zugleich höchster Ausdruck der Freiheit jedes Einzelnen? Hegel hat seine Vorstellungen über den Staat, seine Institutionen und seine »Konstitution« zwanzig Jahre vor sich her gewälzt wie einen immer dicker werdenden Schneeball. Und mit jeder neuen Schneekruste hat er seine Form ein wenig verändert.

Und was für zwanzig Jahre waren das? Hegel ist neunzehn, als die Französische Revolution eine neue Welt verspricht, sechsunddreißig, als Napoleon siegreich in Jena an seinem Fenster vorbeireitet und mit ihm ein neues Zeitalter. Er sieht die deutschen Fürstentümer hin- und hergerissen zwischen Reformgeist und Restauration. Die alte Aristokratie verliert überall an Kraft. Aber ist das Neue, das aus Frankreich kommt, wirklich überzeugend? Die Blaupause für eine bürgerliche Gesellschaft liefert England. Aber Großbritannien ist ein geschlossenes Empire, kein Flickenteppich wie die deutschen Mittel- und Kleinstaaten. Hegels Zeit ist ein Europa der zwei Geschwindigkeiten. Während in England die Schornsteine der Puddelöfen die Luft verdunkeln, Arbeit und Kapital gnadenlos auseinandertreiben, Liberalismus, Sozialismus und Anarchismus zu Weltanschauungen werden, lebt Hegel noch 1820 in einem preußischen Ständestaat ohne Verfassung und gesamtstaatliche Volksvertretung. Und der Blick aus dem Fenster Am Kupfergraben fällt nicht auf Backsteinschlote, sondern auf das schmucke Mehlhaus der Berliner Bäckerinnung. Steinerne Putten mit Mehlsäcken tollen dort über dem Portal.

Dies Bild vor Augen, vollendet Hegel 1820 seine *Rechtsphilosophie* mit dem letzten Kapitel über den Staat. Als ob König Friedrich Wilhelm III. ihn persönlich dazu beauftragt hätte (woran dieser zu keinem Zeitpunkt dachte), schreibt er sein Werk in Paragrafen. Wie ein platonischer Gesetzgeber, ein Philosophenkönig, legt er die Idee des Staates fest: seine Konstitution, den philosophischen Sinn, die Aufgabe der Institutionen, die einzelnen Gewalten und die Bedeutung der Stände bis hinein in zahlreiche Detailfragen. Schon der erste Satz verrät den hohen Anspruch: »Der Staat ist die Wirklichkeit der sittlichen Idee – der sittliche Geist, als der *offenbare,* sich selbst deutliche, substantielle Wille, der sich denkt und weiß und das, was er weiß und insofern er es weiß, vollführt.«[237]

Auf den Staat kommt es Hegel in seinem Buch vor allem anderen an. Er schreibt keine Ethik, sondern eine Philosophie des Rechts. Wie erzählt, kennt Hegel keine Ethik, die sich nicht in einem gesellschaftlichen Rahmen verwirklicht. Staatlicher Rahmen und sittlicher Wille sind von Anfang an untrennbar miteinander verwoben, das eine ohne das andere für Hegel nicht denkbar. *Souverän* ist deshalb auch nicht der einzelne Mensch, weder Herrscher noch Beherrschter, sondern der Staat selbst! Statt von einer Volkssouveränität wie bei Rousseau spricht Hegel von der »Staatssouveränität«. Wenn der Staat als Synthese den freien Willen aller »aufhebt« – also *einschränkt* und durch die Einschränkung *verwirklicht* –, dann ist er der eigentliche Souverän. Die Definition ist neu, denn seit Bodin war der Souverän eine Person. Und bei Rousseau waren es auch Personen, nämlich alle Bürger. Wenn Staatstheoretiker von »Staatsouveränität« sprachen, meinten sie nur die Freiheit des Staates gegenüber anderen Staaten. Für Hegel hingegen ist »Staatssouveränität« kein völkerrechtlicher Begriff, sondern ein philosophischer Begriff. Und er gilt nicht nur nach außen, sondern vor allem für innen.

Hegels Staat ist ein freier und lebendiger Organismus, gebildet aus Sittlichkeit, Vernunft und Geist, nicht durch Verträge. Deshalb kann es auch nur ein einziges Staatsverständnis und ein einziges Staatsmodell geben und nicht mehrere verschiedene. Der Anspruch, den Hegel mit seiner Auffassung vom Staat vertritt, ist absolut und universell. So und nur so kann, soll und darf ein Staat sein – nämlich so, wie Hegel ihn entwirft. Wäre er anders, wäre er nicht jene Wahrheit des objektiven Geistes, als die sich das Absolute in den sinnlichen und materiellen Gegebenheiten des Lebens verwirklicht.

Nicht Platon, nicht Machiavelli, nicht Locke, ja nicht einmal Rousseau hatten einen solchen Anspruch an sich und an ihr Staatsverständnis. Doch Hegels Staatsmodell ist tatsächlich alternativlos. Wenn sein Staat im Selbstbewusstsein jedes einzelnen Menschen gründet und von dort aus dialektisch zu objektiver Sittlichkeit wird, dann kann er nur so sein, wie Hegel ihn malt, und nicht anders. Und seine Staatsbürger (der Begriff wird erst nach Hegel Karriere machen) sind logischerweise Patrioten.

Sie begeistern sich für den Staat. Denn er ist ihr gemeinsam verwirklichter Wille – ein pathetischer Gedanke, den der deutsche Philosoph in jungen Jahren von Rousseau übernimmt und stets beibehält. Wenn Hegel von *Patriotismus* redet, denkt er nicht an den Vorzug Preußens vor anderen Staaten. Er denkt auch nicht an das nationale Feuer jener Freiheitskämpfer gegen Napoleon, die einem geeinten Deutschland entgegenfiebern. Er denkt an begeisterte Bürger, die sich wie bei Rousseau konsequent mit ihrem Staat identifizieren.

Nun stimmt dieser Idealstaat allerdings in vielem auffällig mit Preußen im Jahr 1820 überein. Kein Wunder, dass man Hegel schon im 19. Jahrhundert abfällig zum »preußischen Staatsphilosophen« gestempelt hat. Hegel-Kenner weisen dies gerne von sich. Haben viele Vorstellungen vom Staat nicht schon seit Jenaer Tagen in Hegel überwintert? Und gibt es nicht zahlreiche Unterschiede zwischen Preußen und dem Hegel-Staat? Und selbst wenn die Zuhörerschaft der Vorlesungen neben den Studenten auch aus zahlreichen preußischen Amtsträgern, Beamten und Militärs besteht – ein staatlicher Auftrag für die *Rechtsphilosophie* liegt nicht vor.

Gleichwohl ist die Rede vom »preußischen Staatsphilosophen« nicht aus der Luft gegriffen. Wenn Hegel von der Ordnung des Heeres schreibt, von den Selbstverwaltungen der Städte, von den Ständen und vom Beamtentum als tragende Säule des Staates, hat er das Preußen seiner Zeit vor Augen. Hegel sieht sich als Aristoteles des Bürgertums, aber zugleich auch als preußischer Gesetzgeber ohne weltlichen Auftrag. Das Mandat hat ihm kein König, sondern die Philosophie selbst verliehen. In seinen wirtschaftlichen Überlegungen ist Hegel dem Preußen seiner Zeit allerdings voraus und erwartet für die Zukunft englische Zustände. Mit seiner Forderung nach Geschworenengerichten macht er sich sogar bewusst unbeliebt, denn genau darin sehen Friedrich Wilhelm III. und Österreichs Metternich ein Grundübel, dem sie mit den Karlsbader Beschlüssen das Handwerk legen. Doch wenn

Hegel die Gewaltenteilung nach dem Vorbild Montesquieus verwirft, wenn er es sogar fertigbringt, die »fürstliche Gewalt« als einzig denkbare Spitze des vernünftigen Staates zu definieren, ist er so zahm und staatstragend, wie es sich der preußische König nicht schöner wünschen kann.

Für den zeitgenössischen wie für den heutigen Leser ist es gleichermaßen befremdlich, wie ein Staat, der der Wille aller ist, vernünftigerweise in eine Monarchie münden soll. Wenn Hegel den Mittelstand als tragende Säule des Staates lobt, ist er nahe bei Aristoteles und dessen Prinzip des Mittleren *(mésoi)* als gesellschaftlichem Ausgleich – nur dass Aristoteles hierbei noch nicht an den preußischen Beamten dachte. Doch Aristoteles hielt die Monarchie für die gefährlichste aller Staatsformen, weil sie am stärksten zum Missbrauch verführt. Und seine Mitte wurde auch nicht von König und Regierung benannt und zu Amtswürden gebracht. Die Begründung, wonach ein Staat, der auf dem Willen jedes Einzelnen beruht, an seiner Spitze wieder ein einzelnes Individuum erfordere, hätte ihm vielleicht eingeleuchtet – nicht aber, dass es sich dabei um eine Erbmonarchie handeln soll.

Für Hegel ist es die »Persönlichkeit« des Herrschers, die den Willen aller einzelnen Personen im Staat verkörpert. Doch müsste dann nicht konsequenterweise an der Spitze des Staates jene Persönlichkeit stehen, der dieses am ehesten zugetraut wird? Die Auswahl eines zufälligen Charakters wie in der Erbfolge eines Fürstenhauses wäre damit ausgeschlossen. Es gibt Hegel-Experten, die vermuten, der Philosoph habe schlichtweg nicht bei der Zensur anecken wollen. Andere meinen, dass seine herausgehobene Stellung an der Berliner Universität ihn so stolz gemacht habe, dass er sehr unkritisch gegenüber einem Staat wurde, der ihm dies ermöglichte. Und wiederum andere weisen darauf hin, dass Hegels Respekt vor der Krone, mal stark und mal schwach, schon durch seine früheren politischen Schriften geistert.

Immerhin ist Hegels Monarch kein »Souverän« – das ist der Staat selbst. An der Spitze zu stehen heißt nur, am Ende eines

Weges zu stehen, den die mächtige Verwaltung, die von Hegel so genannte Regierungsgewalt, vorgezeichnet hat. Friedrich Wilhelm III. soll allerdings gefragt haben, was eigentlich passiere, wenn er die Beschlüsse der Verwaltung *nicht* abnicke? Auch Hegels Ideal der Ständevertretungen, dem er seit früher Zeit anhängt, ist in Preußen nur auf untergeordneter Verwaltungsebene von Belang. Während er dem Volk allgemein nicht viel zutraut – es ist der Teil im Staat, *»der nicht weiß, was er will«*[238] –, mutet er den Ständeversammlungen zu, einen allgemeinen Interessenausgleich zu schaffen. Treffen sich die erfahrenen Vertreter des Adels und der Kirche, der Beamtenschaft, der Gewerbetreibenden und des Agrarsektors, so vermitteln sie angeblich auf moderate Weise zwischen dem Volk und der Staatsgewalt.

Ein allgemeines Wahlrecht dagegen, wie es überall in Deutschland von fortschrittlichen Denkern gefordert wird, lehnt Hegel ab. Ähnlich verhalten ist er gegenüber der Pressefreiheit. Während Hegel die Universitäten als freien Denkraum geschützt sehen möchte, hält der zeitweilige Zeitungsredakteur nicht viel von seinem ehemaligen Berufsstand. Warum sollten die Bürger »die Freyheit« haben, »zu reden und zu schreiben, *was man will*«? Man könne ja auch nicht tun, was man wolle.[239] In einem idealen Staat bleibt der Presse ohnehin nicht viel Kritisches zu tun. Den Raum für öffentlichkeitsrelevante Debatten sieht der Professor an den Universitäten. Die Zukunft der Massenmedien als einträgliches Geschäftsmodell und »vierte Gewalt« ist weder gewünscht noch geahnt.

Launen des Weltgeistes: List der Vernunft?

Für Hegel ist sein Staatsmodell ein Staat für die Ewigkeit, die Verwirklichung des objektiven Geistes. Gleichzeitig jedoch sieht er die Weltgeschichte weiterhin in Bewegung. Wird es, wenn sein Staat verwirklicht ist, überall solche Modelle geben? Und werden sie in den bestehenden Grenzen von 1820 bleiben, wird die Geschichte ihren Abschluss finden? Was die Territorien betrifft, ist Hegel erstaunlich unentschieden, ja nahezu gleichgültig. Mit Kants Ideal vom »ewigen Frieden« kann er nichts anfangen. Sein Leben lang ist er davon überzeugt, dass Kriege ein Mittel der Realpolitik sind. Offensichtlich bedarf der Lauf der Weltgeschichte, der »Weltgeist« als Summe aller Menschen und Kulturen, der Kriege, um von der orientalischen, dann der griechischen und römischen Welt über die christliche und die christlich-germanische (gemeint ist »europäische«) zum endgültigen Ende fortzuschreiten. Da die christlich-germanische Welt in einzelne Nationalcharaktere, die »Volksgeister«, zerfällt, sind Kriege auch in der Gegenwart unvermeidlich. Allerdings *soll* man sie nicht mit übler Absicht planen und führen. Wo Kant ein unbedingtes »Du darfst nicht!« sieht, redet Hegel von einem »Du solltest lieber nicht!« Das Völkerrecht, das Kant heilig ist, ist für Hegel keine Rechtsgrundlage, sondern eine Absichtserklärung – nicht anders als für die großen Weltmächte heute.

Im Gegensatz zu Kant ist Hegel kein Weltbürger und kein Freund eines »Staaten-« oder »Völkerbundes«. Schon früh stellt er sich gegen den Kosmopolitismus vieler Aufklärer. Die Europäische Union und die UNO verdanken Kant weit mehr als Hegel. Eine rechtmäßige Instanz über dem Nationalstaat kann und darf es für Preußens philosophischen Ordnungshüter nicht geben, auch nicht zur Friedenssicherung. Außerdem kennt Hegel neben seinem »Du sollst nicht!« auch eine positive Seite des Krieges als reinigendes Gewitter. Wie ein See durch den Wind aufgewühlt wird, der die Fäulnis verhindert, so reinigt der Krieg die »sittliche Gesundheit der Völker«. Das sind, ohne Zweifel, fürchterliche Sätze. Legitimiert dies nicht den Angriffskrieg? Und bedeutet es nicht, dass Staaten – selbst Hegels Idealstaat – ohne Kriege in Fäulnis übergehen, weil sie zu statisch gedacht sind? Wo sind die dynamischen Auswirkungen von Migration, der Wettstreit gesellschaftlicher Interessen und die Umgestaltungen der Lebenswelt durch Kultur und Technik, die eine Gesellschaft in Unruhe und Bewegung halten? Nur wer all dies stillstellt in einem Idealstaat, braucht möglicherweise den Krieg zur Erfrischung.

Zumindest eine Illusion teilt Hegel damit nicht: dass das Volk in einer Republik niemals einem Angriffs- oder Interventionskrieg zustimmen würde, wie Kant meinte. Der Gedanke beflügelt auch noch die sozialistische Utopie von Charles Hall. Für ihn sind Gesellschaften ohne kapitalistische Wirtschaft grundsätzlich pazifistisch. Der fortschreitende Weltgeist hat uns Heutige eines Besseren belehrt: Demokratische und sozialistische Gesellschaften werden Kriege beschließen – wenn auch nicht durch Volksabstimmungen.

Die Weltgeschichte ist und bleibt also eine »Schlachtbank« – allerdings in aufsteigender Linie. Denn alle Aufs und Abs sollen nicht darüber hinwegtäuschen, dass der Geist immer mehr zu sich selbst kommt. Sieht manches an der Geschichte ungeordnet aus, ja absurd und grotesk, es folgt doch einer Logik, die dem Absoluten entgegenstrebt. Selbst der Zufall, den Hegel nicht völlig abstreiten kann, hat also Methode. Am Ende nämlich siegt stets die »List der Vernunft«, die langfristig zum Guten wendet, was kurzfristig oft unsinnig erscheint. Diese Vernunft ist christlich, nicht griechisch oder römisch, und sie verwirklicht sich als Erstes in Europa, genauer in Preußen. Christliche Heilsgeschichte und Weltgeschichte folgen dem gleichen Muster, dem Weg zur Wirklichkeit des Geistes in der Welt. Von Anfang an hat Hegels pietistisches Herz nach der Klammer gesucht, die das christliche Heilsgeschehen mit dem Weltenlauf versöhnt. Im preußischen Staat hat er sie endlich gefunden. Er lässt die Kirche Kirche sein, ist sie dem Staat schließlich geistesverwandt. Auch wenn Hegel keinen Hehl daraus macht, dass er letztlich nur den Protestantismus für wahre Religion hält, so plädiert er doch für religiöse Toleranz gegenüber allen Andersgläubigen. Bei den Juden fällt ihm das leicht, überwinden muss er sich nur beim innerlich zutiefst verachteten Katholizismus.

Hatte Hegel in seinen jungen Jahren noch geglaubt, dass das Zeitalter des Absoluten fern sei, so sieht er es jetzt angebrochen. Mit dem Abschluss der *Rechtsphilosophie,* erst recht aber mit seinen *Vorlesungen über die Geschichte,* ist ihm der preußische Beamtenstaat das »Ende der Geschichte«. Nicht das griechische oder römische Zeitalter, erst das Zeitalter der christlichen Vernunft hat den Geist freigesetzt und zu sich selbst geführt, vollendet in Preußen. Der lange Marsch des Geistes durch die Institutionen hat ein Ende gefunden, der objektive Geist ist verwirklicht. Mit seiner letzten Umarbeitung der *Enzyklopädie der philosophischen Wissenschaften* im Frühjahr 1830 steht es in Stein gemeißelt: dass sich der Weltgeist zwischen Oder und Memel, Ostsee und Neiße, auf märkischen Kartoffelfeldern und in den Amtsstuben der vorbildlich preußischen Staatsbeamten endgültig zur Ruhe gesetzt hat. Jetzt müssen sich die »Volksgeister« der anderen europäischen Staaten nur noch dem Vorbild Preußens anverwandeln.

Sie tun es nicht! Im Juli 1830, wenige Wochen nach der Vollendung der *Enzyklopädie,* gehen die Franzosen in Paris erneut auf die Barrikaden. Was Hegel für das Ende der Geschichte hält – die auf Verwaltung und Beamtentum gestützte Monarchie und die »heilige Allianz« der konservativen Mächte Europas –, erscheint den Liberalen in Frankreich unerträglich und unhaltbar. Hegel ist geschockt und besorgt. Drei Jahre zuvor war er das einzige Mal in Paris gewesen, und er war tief beeindruckt, aber auch überfordert gewesen von der pulsierenden Metropole, der »Hauptstadt«, wie er zugeben musste, »der zivilisierten Welt«. Wie provinziell war ihm auf einmal das gerühmte Berlin erschienen, wie klein dessen Universität und die Staatsgebäude, wie behäbig sein Rhythmus, wie überschaubar die gebildete Öffentlichkeit! Doch wo auch immer der objektive Geist verwirklicht war, in Paris oder doch in Berlin, eines war Hegel in jedem Fall wichtig: bloß keine Revolution mehr!

Ist es die Sorge um sein Leben, um sich, der einst aus Jena fliehen musste, vertrieben vom Weltgeist in Form napoleonischer

Soldaten? Oder ist es die Sorge um seine Philosophie, für die nicht sein darf, was nicht sein kann? Wie soll die Geschichte zu Ende sein, wenn die Franzosen das Ganze noch einmal neu aufrollen? Hegel sieht die rasche Gründung Belgiens und den Aufstand in Polen gegen den Zaren. Nur notdürftig beruhigt er sich und seine vielen Schüler damit, dass sich alles in der Weltgeschichte offenbar zweimal ereigne: die Einführung der Monarchie in Rom durch Cäsar und dann durch Augustus, der zweimalige Sturz Napoleons und nun also die zweifache Vertreibung der Bourbonen-Könige. (Karl Marx sollte dies später augenzwinkernd aufgreifen, wenn er in seiner Schrift über die Machtergreifung Napoleons III. schreibt: »Hegel bemerkte irgendwo, daß alle großen weltgeschichtlichen Tatsachen und Personen sich sozusagen zweimal ereignen. Er hat vergessen, hinzuzufügen: das eine Mal als Tragödie, das andere Mal als Farce.«[240])

Den nächsten Anschlag auf sein Weltsystem sieht Hegel in der »englischen Reformbill«. Angeregt durch den Umsturz in Paris ringen sich die Engländer 1831 dazu durch, ihr längst überkommenes Wahlrecht verändern zu wollen. Die Novelle ist wahrlich kein großer Wurf, sondern nur eine bescheidene Reform. Doch Hegel, dem das englische Wahlrecht mit seinen Besitzklauseln viel zu kapitalistisch ist, lehnt auch diese Neuerung ab. Wieder sieht er die Gefahr der Revolution heraufziehen. Am Ende ist es König Friedrich Wilhelm III., der seinem »Staatsphilosophen« die Publikation in der Staatszeitung verbietet. Mag Hegel den Preußenstaat noch so sehr rühmen, der einträgliche Frieden mit England ist wichtiger. Realpolitik geht vor Gesinnungspolitik. Doch sollten das eine und das andere am Ende der Geschichte nicht verschmolzen sein?

Mit sechzig Jahren beschleicht Hegel zum ersten Mal das Gefühl, nicht mehr in die Zeit zu passen. Für den »Sekretär des Weltgeistes« ein zutiefst alarmierender Zustand! Hat er sich geirrt? Ist seine Staatsphilosophie nicht das Wahre und das Wirkliche, sondern nur eine Sammlung von Regeln zur Aufrechterhaltung eines vergänglichen Zustands? In gewisser Hinsicht war Hegel immer alt gewesen und nicht selten altklug, aber jetzt fühlt er sich auch als »altes Herz«. »Wenn die Philosophie ihr Grau in Grau malt, dann ist eine Gestalt des Lebens alt geworden, und mit Grau in Grau lässt sie sich nicht verjüngen, sondern nur erkennen; die Eule der Minerva beginnt erst mit der einbrechenden Dämmerung ihren Flug.«[241] Mit diesen berühmten poetischen Worten hatte er in der Vorrede der *Rechtsphilosophie* die Reife des Alters als Zeitraum des Erkennens gerühmt. Nun aber, in der hereinbrechenden Dämmerung seines Lebens, so scheint es, verliert die Eule der Minerva ihre Orientierung. Am 14. November 1831 stirbt Hegel an einer aus Polen herübergewehten Choleraepidemie, möglicherweise jedoch auch an einem chronischen Magenleiden.

Was wahr war und was Wirrwarr

Für Hegel ging die Geschichte zu Ende, indem er sie zu Ende schrieb. Sein langes Ringen mit sich und der Welt, die Spannung zwischen neuem Individualismus und neuer Staatsraison, die auch so viele seiner Zeitgenossen in ganz Europa beschäftigte, war in die Sackgasse seines Systemzwangs geraten. Die Vernunft, die er als den eigentlichen Motor des Weltgeschehens sah, erforderte, dass das, was wahr war, vernünftig war und nicht Wirrwarr. Und sie erforderte einen Staat als objektiven Geist, der, obwohl er der Freiheit des Einzelnen entspringen sollte, diese am Ende nicht einfach »aufhob«, sondern verschlang.

So jedenfalls sahen es Hegels Kritiker. Der gefeierte Philosoph, seit 1829 Rektor der Universität und geschützt durch die Hand von Kultusminister Karl vom Stein zum Altenstein, war ein Titan seiner Zeit mit ungezählten Schülern. Und hatte er sich nicht mit einer hermetisch abgeschlossenen Begriffswelt gegen jede Kritik imprägniert? Doch viele Schüler folgen ihm trotzdem nicht getreu nach. Es drängt sie nach einer eigenen Rolle und eigener »Weltanschauung«. Und egal, ob sie Hegel von konservativer Seite aus kritisieren oder aus liberaler – gemeinsam bemängeln sie den starken Staat, der dem konkreten Menschen viel zu viel Freiheitsspielraum abnimmt. Die Konservativen klagen über den Verlust der Traditionen und Milieus in Hegels selbstherrlichem Staat. Die »Linkshegelianer« sehen das ähnlich. Nur betrauern sie seltener das Althergebrachte als den Mangel an konkreter Freiheit in Hegels Staatsmaschine. Und dass der undemokratische preußische Beamtenstaat das Ende der Geschichte sein soll, kommt ihnen fatal oder sogar albern vor. Wenn es ein Ende der Geschichte gibt, dann liegt es für sie – nicht anders als für den jungen Hegel – noch in der Zukunft. In diesem Sinne denken Hegels Schüler *Ludwig Feuerbach* (1804–1872) und *Max Stirner* (1806–1856) und später Karl Marx und *Ferdinand Lassalle* (1825–1864).

War Hegels Geschichtsoptimismus falsch? Oder war es nur die Vergötterung des preußischen Staates als Ende von allem? Dass die Geschichte unaufhörlich zum Besseren fortschreite, war bereits die feste Ansicht des englischen Liberalismus. Die Klassiker der Nationalökonomie waren fast sämtlich Optimisten: Der Kapitalismus, so grausam er sich zwischenzeitlich auch gebärdet, befreit die Menschen aus ihren Zwängen, fördert den Individualismus und beschenkt mehr und mehr Menschen mit seinen materiellen Segnungen.

Wie Hegel später, so glaubten schon die Whigs, die Geschichte der Menschheit folge bei alledem einem übergeordneten Gesetz. Nicht Zufälle, psychologische und schwer berechenbare soziale Konstellationen, bestimmten danach den Weltenlauf, sondern eine Art logisches Muster. Die Gesetzmäßigkeit der Geschichte hängt also nicht von den einzelnen Menschen ab, sondern sie steht *über* den Menschen. Und wer sie durchschaut, berechnet oder enthüllt, der versteht nicht nur die Vergangenheit und die Gegenwart. Er wird zugleich zum Propheten, der die Zukunft voraussagt.

Der Traum von der sicheren Prognose ist ein Traum des 18. Jahrhunderts. Was für eine herrliche Idee, die Zukunft berechnen zu können wie der Astronom die Umlaufbahnen der Planeten, die kosmischen Konstellationen und Kollisionen. War die Zukunft früher eine Angelegenheit der Kirche, so verlegen die Whigs die Verheißung und das Paradies auf die Erde. Seine Vorboten sind die Handelsfreiheit, die Mitbestimmung aller Bevölkerungsschichten, das Wahlrecht, die parlamentarische Demokratie und der Rechtsstaat.

Für Hegel war das zu kurz gedacht, denn von den Freiheitsrechten des Einzelnen führt für ihn, wie gezeigt, kein gerader Weg zur Staatsraison, nur ein dialektischer. Dass das, was gut für den Einzelnen ist, auch gut für die anderen ist, setzt einen vernünftigen Staat voraus. Nicht anders hatte das Condorcet gesehen, nur entsprang sein Staat so automatisch und leichtfüßig der Vernunft, dass er sich darüber kaum praxisnahe Gedanken machen musste. Und Mercier stellte sich leise lächelnd vor, dass die Franzosen im Jahr 2440 liebend gerne Steuern zahlen. (Im Jahr 2017 ist dieses hehre Ziel nach wie vor ein frommer Wunsch. Aber es bleiben ja immerhin 423 Jahre. Bis dahin läuft noch viel Wasser die Seine und den Rhein runter.)

Auf den Automatismus, dass wirtschaftlicher Erfolg auf Dauer zu einem vernünftigen Staat führt, kann man sich augenscheinlich nicht verlassen. Sehen wir nicht heute überall Länder mit einem enormen wirtschaftlichen Erfolg, deren Herrschaftsform weder vernünftig noch demokratisch noch gerecht noch frei ist? Man denke zum Beispiel an Saudi-Arabien und an die anderen Golfstaaten. Das Gesellschaftsmodell ist religiös, mittelalterlich und autoritär, das kapitalistische Effizienzdenken dagegen hypermodern. Hegel ahnt dies schon zu Anfang des 19. Jahrhunderts. Nicht die bürgerliche Gesellschaft – der Ort der Wirtschaft –, sondern der Staat sei die eigentlich sittliche Sphäre. Denn dass Ökonomie unweigerlich Moral schafft, ist für ihn beim Blick auf englische Verhältnisse absurd. Der vernünftige Staat als Ausdruck des Willens aller ist an Verhältnisse gebunden, die die Wirtschaft allein nicht erzeugen kann.

Umso seltsamer mutete es an, als der US-amerikanische Politologe und Philosoph *Francis Fukuyama* (* 1952) im Jahr 1992 nichts Geringeres verkündete als das »Ende der Geschichte«. Der Sieg über den Staatssozialismus, so Fukuyama, sei nicht nur ein Sieg des Kapitalismus, sondern der Beginn eines endgültigen und gerechten Zeitalters. Doch die kühne Behauptung vom »Ende der Geschichte« fiel in wenigen Jahren in sich zusammen. Wie sein Vorbild Hegel konnte auch Fukuyama seinen Optimismus nicht durchhalten. Der Fall der Berliner Mauer und der Zusammenbruch der Sowjetunion haben die Welt nicht dauerhaft befriedet und auch nicht alle größeren politischen Probleme gelöst.

Wenn heutige Philosophen an Hegels *Rechtsphilosophie* anknüpfen, dann tun sie es nicht ohne feines Sezierbesteck wie der Kanadier *Charles Taylor* (* 1931) oder der Schotte *Alasdair MacIntyre* (* 1929). Was sie in heutiger Zeit bewahrt wissen wollen, ist der Gedanke, Moralität und Gesellschaft vom Ansatz her miteinander zu verknüpfen. Und auch die Denker der Kritischen Theorie wie *Jürgen Habermas* (* 1929) und *Axel Honneth* (* 1949) schälen Hegel zunächst aus dem gewaltigen Überbau seiner Geistphilosophie heraus. Befreit aus diesem Kokon, erscheint ihnen der Grundgedanke der wechselseitigen Anerkennung, das »Ich im Du«, nicht nur bewahrenswert, sondern für unsere Zeit wichtiger denn je; eine Hegel-Deutung, die auf den russisch-französischen Philosophen *Alexandre Kojève* (1902–1968) zurückgeht.

Das große, etwas unfertige System aber, das Hegel schließlich nach den Anläufen in der *Phänomenologie* und der *Logik* in der *Enzyklopädie* errichtet hat, steht heute nur noch als leeres Gebäude in der Landschaft. Eine Ruine des Geistes, die allen Nachgeborenen zeigt, dass das Zeitalter der monumentalen Philosophie vorbei ist. Kein bedeutender Philosoph nach Hegel wird *seine* Philosophie mehr für *die* Philosophie halten, erst recht nicht für das Wahre und Wirkliche schlechthin. Dass alle Wahrheit schon in jedermanns Geist sei und dort schrittweise denkerisch enthüllt werden kann, sofern man den Spuren des größten aller Philosophen folgt, ist heute ein Anspruch aus einer anderen Zeit und einer anderen Gedankenwelt. Und auch dass christlicher Glaube und Vernunftphilosophie letztlich das Gleiche seien und dass sie demselben Ziel entgegenschreiten, widerspricht unserem gegenwärtigen Denken.

Was einst wahre Philosophie sein sollte, ist für uns heute eine Weltanschauung unter anderen – für den Meister selbst eine zutiefst »sündhafte« Sicht und tiefe Beleidigung! Doch noch er selbst hat miterleben müssen, wie ein ehrgeiziger junger Mann seine eigene Vorlesung an der Berliner Universität just auf denselben Tag und dieselbe Uhrzeit legte wie der Titan; ein Frechdachs, der es wagte zu behaupten, dass die Welt gar nicht vernünftig sei, sondern durch und durch irrational! Was Hegel als zeitlose und überzeitliche Vernunft sah, war für ihn bloßes Menschenwerk, animalisches Gehirnschmalz, »Wille und Vorstellung«. Mit ihm und anderen radikalen Kritikern Hegels beginnt die philosophische Moderne. Und der Name dieses jungen Mannes war: Arthur Schopenhauer …

ANHANG

Anmerkungen

1. Smith: Wohlstand der Nationen, S. 17f.
2. Vgl. Kenny: Geschichte der abendländischen Philosophie, 3. Bd., S. 119–121.
3. Manetti: *Über die Würde und Erhabenheit des Menschen*, S. 79.
4. Ebd., S. 80f.
5. Alberti: *Zehn Bücher über die Baukunst*, S. 13.
6. Pico della Mirandola: *De hominis dignitate*, S. 6f.
7. Erasmus: *Das Lob der Torheit*, S. 44. http://www.welcker-online.de/Texte/Erasmus/torheit.pdf.
8. Erasmus: *Julius vor der verschlossenen Himmelstür*, zit. nach Wikipedia.
9. Zit. nach Chadwick: *The Reformation*, S. 402.
10. Morus: *Utopia*, S. 69.
11. Morus: *Utopia*, S. 130.
12. Roßmann: *Commentariolus*, S. 66.
13. Zit. nach Blumenberg: *Die Genesis der kopernikanischen Welt*, Bd. 2, S. 375.
14. Zit. nach Ingensiep: *Die Geschichte der Pflanzenseele*, S. 195.
15. Zit. nach Blumenberg: *Die Genesis der kopernikanischen Welt*, Bd. 2, S. 428.
16. Ebd., S. 429.
17. Ebd., S. 432.
18. Ebd., S. 437.
19. Zit. nach Greffrath: *Montaigne heute*, S. 225.
20. Ebd., S. 225f.
21. Ebd., S. 216.
22. Zit. nach Ingensiep: *Geschichte der Pflanzenseele*, S. 206.
23. Descartes: *Discours*, S. 27.
24. Descartes: *Œuvres* I, S. 70.
25. Demokrit: 68 A 49, in: Capelle: *Die Vorsokratiker*, S. 328.
26. Descartes: *Œuvres* II, S. 440.
27. Descartes: *Discours*, S. 63.
28. Vgl. Putnam: *Vernunft, Wahrheit und Geschichte;* Stroud: *The Significance of Philosophical Scepticism.*
29. Descartes: *Œuvres* VII, S. 175.
30. Descartes: *Œuvres* VII, S. 422.
31. Vgl. Peirce: *Some Consequences of Four Incapacities.*
32. Descartes: *Œuvres* VIII-2, S 358.
33. Vgl. Newberg: *Der gedachte Gott.*
34. Descartes: *Œuvres* VII, S. 81.
35. Descartes: *Die Leidenschaften der Seele*, S. 51.
36. Zit. nach Damásio: *Der Spinoza-Effekt*, S. 293.
37. Spinoza: *Abhandlung*, § 1, S. 7.
38. Spinoza: *Ethik* I, Def. 6.
39. Spinoza: *Ethik* II, 7.
40. Vgl. Damásio: *Der Spinoza-Effekt.*
41. Spinoza: *Ethik* II, 48s.
42. Spinoza: *Ethik* II, 18s.
43. Spinoza: *Ethik* V, 27.
44. Spinoza: *Ethik* III, praef.
45. Spinoza: *Ethik* III, 7.
46. Spinoza: *Ethik* III, 9.
47. Leibniz: A VI.4.1358.
48. Leibniz: A VI.4.2799.
49. Leibniz: A VI.4.1537.
50. Leibniz: *Monadologie* § 66.
51. Leibniz: A IV.2.187.

52. Leibniz: A VI.4.918f.
53. Pascal: *Pensées* IV, S. 277.
54. Pascal: *Pensées* VII, S. 443.
55. Pascal: *Pensées* II, S. 129.
56. Pascal: *Pensées* XIV, S. 871.
57. Leibniz: A VI.4.1522.
58. Bürger: *Sämtliche Werke,* Bd. 4, S. 3 f.
59. Hobbes: *Opera* I, S. 86.
60. Hobbes: *Leviathan* (1970), 4. Kap., S. 28.
61. Ebd., 13. Kap., S. 116 f.
62. Ebd., 18. Kap., S. 160.
63. Ebd., 26. Kap., S. 234 f.
64. Ebd., 17. Kap., S. 151.
65. Hobbes: *Works* VII, S. 350.
66. Hobbes: *Leviathan* (2005), S. 586.
67. Spinoza: *Sämtliche Werke,* 6. Bd. *Briefwechsel,* 50. Brief, S. 209.
68. Locke: *Zwei Abhandlungen,* II. § 19, S. 211.
69. Ebd., § 36, S. 222.
70. Misselden: *The Circle of Commerce,* S. 17.
71. Vgl. Locke: *Zwei Abhandlungen,* II. § 11 und § 18 f.
72. Mandeville: *Die Bienenfabel,* S. 319.
73. Ebd., S. 344 f.
74. Locke: *Zwei Abhandlungen,* II. § 45, S. 228.
75. Ebd., § 37, S. 223.
76. Ebd., § 143, S. 291.
77. Locke: *Ein Brief über Toleranz,* S. 49.
78. Ebd., S. 95–96.
79. Locke: *Versuch über den menschlichen Verstand,* S. 22.
80. Descartes: *Meditationen,* V. Med., 4, S. 84.
81. Locke: *Versuch über den menschlichen Verstand*, S. 183.
82. Ebd., S. 56.
83. Leibniz: A VI.6.49f.
84. Leibniz: *Neue Abhandlungen über den menschlichen Verstand,* 2. Bd., S. 101/103.
85. Locke: *Versuch über den menschlichen Verstand,* S. 263.
86. Berkeley: *Eine Abhandlung über die Prinzipien* § 10, S. 30 (Hervorhebung R. D. P.).
87. Notiz in Leibniz' Kopie der *Prinzipien.* Zit. nach Brown: *Leibniz,* S. 42.
88. Zit. nach Kulenkampff: *Hume,* S. 9.
89. Ebd., S. 10.
90. Hume: *Traktat über die menschliche Natur,* S. 24.
91. Ebd.
92. Hume: *Eine Untersuchung über den menschlichen Verstand,* S. 41.
93. Ebd.
94. Hume: *Traktat über die menschliche Natur*, S. 467 f.
95. Hume: *Eine Untersuchung der Grundlagen der Moral*, S. 221.
96. Hume: *Traktat über die menschliche Natur,* S. 470.
97. Ebd., S. 419.
98. Reid: *Essays on the Power of the Human Mind,* S. 31.
99. Smith: *Theorie der ethischen Gefühle,* S. 181.
100. Tucker: *Instructions for Travellers,* S. 31–32. (Übersetzung R. D. P.)
101. Smith: *Wohlstand der Nationen,* I. Buch, 2. Kap., S. 21.
102. Ebd., I. Buch, 1. Kap., S. 18.
103. Ebd., I. Buch, 8. Kap., S. 85.
104. Ebd., I. Buch, 8. Kap., S. 85 f.
105. Ebd., IV. Buch, 2. Kap., S. 454.
106. Ebd., IV. Buch, 2. Kap., S. 451.
107. Ebd., I. Buch, 10. Kap., S. 138.
108. Ebd., V. Buch, 1/3 Kap., S. 760.
109. Ebd., V. Buch, 1/3 Kap., S. 759.
110. Zit. nach Weinrich: *Literatur für Leser,* S. 74.

111. Ebd., S. 75 f.
112. Ebd., S. 41.
113. http://www.welcker-online.de/Texte/Voltaire/Aufenthalt/Aufenthalt.pdf, S. 8.
114. La Mettrie: *L'homme machine – Die Maschine Mensch,* S. 53.
115. Ebd., S. 77.
116. Zit. nach http://www.lsr-projekt.de/lm2.html.
117. Denis Diderot: *D'Alemberts Traum,* in: ders.: *Philosophische Schriften,* Bd. I., S. 532 f.
118. Ebd., S. 537.
119. Zit. nach Wilson: *Diderot,* S. 660.
120. Zit. nach Selg/Wieland (Hrsg.): *Die Welt der Encyclopédie,* S. 76.
121. Diderot: Brief vom 26. September 1762, in: *Briefe an Sophie Volland,* S. 218 f.
122. Diderot: Brief vom 6. Oktober 1765, ebd., S. 251 f.
123. Rousseau: *Bekenntnisse,* S. 493.
124. Rousseau: *Schriften,* Bd. I., S. 83.
125. Rousseau: *Bekenntnisse,* S. 494.
126. Rousseau: *Diskurs über die Ungleichheit,* S. 173.
127. Rousseau: *Der Gesellschaftsvertrag,* 1. Bd., S. 33.
128. Ebd., S. 58.
129. Kant: I, S. 175.
130. Ebd., S. 232.
131. Kant: IV, S. 300.
132. Ebd.
133. Kant: I, S. 378.
134. Kant: IV, S. 547.
135. Reimarus: *Die vornehmsten Wahrheiten der natürlichen Religion,* S. 177.
136. Lessing: *Gesammelte Werke,* Bd. 7, S. 821.
137. Ebd., Bd. 1, S. 201.
138. Ebd., Bd. 9, S. 606.
139. Kant: II, S. 952.
140. Kant: II, S. 983.
141. Kant: II, S. 982.
142. Kant: *Briefe,* S. 103.
143. Kant: *Briefe,* S. 221.
144. Kant: *Briefe,* S. 205.
145. Kant: V, S. 115.
146. Kant: V, S. 121.
147. Kant: *Briefe,* S. 195.
148. Kant: III, S. 45.
149. Kant: III, S. 98.
150. Hume: *Ein Traktat von der menschlichen Natur,* S. 30–31.
151. Rousseau: *Émile,* S. 549/552.
152. Kant: IV, S. 344.
153. Ebd.
154. Mach: *Analyse der Empfindungen,* S. 20.
155. Kant: V, S. 212.
156. Hamann: *Sämtliche Werke,* Bd. 3., S. 189.
157. Kant: XI, S. 34.
158. Kant: XI, S. 53.
159. Kant: XI, S. 54.
160. Kant: XI, S. 60.
161. Hamann: Metakritik über den Purismus der Vernunft, in: ders.: Schriften, S. 191.
162. Kant: VII, S. 47.
163. Kant: VII, S. 293.
164. Kant: VII, S. 18.
165. Kant: VII, S. 19.
166. Kant: VII, S. 51.
167. Kant: VII, S. 140.
168. Kant: VII, S. 300.
169. Vgl. dazu die Studien von Warneken/Tomasello.
170. Hamann: *Briefwechsel* V, S. 418.
171. Kant: X, S. 87.
172. Jachmann: *Immanuel Kant,* S. 158.
173. Kant: X, S. 487.
174. Kant: VIII, S. 862 f.
175. Kant: VIII, S. 337.
176. Kant: VIII, S. 579.
177. Kant: XII, S. 399.

178. http://www.friedrich-schiller-archiv.de/briefwechsel-von-schiller-und-goethe/1798/552-an-schiller-19-dezember-1798/.
179. Kant: *Briefe,* S. 767.
180. Fichte: GA II, Bd. 3, S. 11.
181. Jacobi: *David Hume,* S. 229.
182. Fichte: GA III, Bd. 2, S. 28.
183. Fichte: GA I, Bd. 2, S. 57.
184. Fichte: GA I, Bd. 4, S. 195.
185. Fichte: GA I, Bd. 4, S. 195.
186. Fichte: GA I, Bd. 4, S. 257f.
187. Fichte: GA I, Bd. 5, S. 65.
188. Fichte: GA I, Bd. 4, S. 217.
189. Fichte: GA I, Bd. 2, S. 360.
190. Fichte: GA IV, Bd. 3, S. 441.
191. Fichte: GA I, Bd. 3, S. 58.
192. Fichte: GA II, Bd. 3, S. 307.
193. Fichte: GA I, Bd. 5, S. 158.
194. Fichte: GA I, Bd. 4, S. 22.
195. Fichte: GA I, Bd. 5, S. 416.
196. Fichte: GA I, Bd. 10, S. 138.
197. Fichte: GA I, Bd. 10, S. 255.
198. http://www.gah.vs.bw.schule.de/leb1800/weimar1.htm.
199. http://www.zbk-online.de/texte/A0060.htm.
200. Plitt: *Aus Schellings Leben* I, S. 73f.
201. Schelling: SW II, S. 29f.
202. Schelling: SW II, S. 65.
203. Schelling: SW II, S. 222.
204. Schelling: SW II, S. 569.
205. Hegel: *Briefe,* Bd. II, S. 120.
206. Hegel: SW II, S. 22.
207. Hegel: SW II, S. 96.
208. Hegel: SW III, S. 68.
209. Hegel: SW III, S. 69.
210. Hegel: SW III, S. 326.
211. Schlegel: *Athenaeum,* Bd. II, 1. St., S. 54.
212. Schelling: *System* §1, S. 10.
213. Schelling: *Texte zur Philosophie der Kunst,* S. 112.
214. Ebd.
215. Ebd.
216. Baumgarten: *Theoretische Ästhetik* § 71.
217. Kant: X, S. 185.
218. Kant: X, S. 249f.
219. Kant: X, S. 193.
220. Hegel: GW, Bd. 6, S. 464.
221. Hegel: GW, Bd. 13, S. 145.
222. Hegel: GW, Bd. 13, S. 151.
223. Hegel: *Vorlesungen über die Ästhetik,* 2. Bd., S. 128.
224. Hegel: *Vorlesungen über die Philosophie der Geschichte,* Einleitung, Abschnitt b).
225. Hegel: *Rechtsphilosophie,* Vorrede.
226. Ebd.
227. Hegel: GW, Bd. 18, S. 4, Anm. und GW, Bd. 18, S. 12f.
228. Goethe an Hegel: 7. Oktober 1820, in: *Briefe,* Bd. 2, S. 236.
229. Hegel: *Rechtsphilosophie* § 36.
230. Ebd., § 158.
231. Ebd., § 199.
232. Ebd., § 244.
233. Ebd., § 253.
234. Müller: *Die Elemente der Staatskunst,* Bd. 1, S. 85.
235. Müller: Ebd., Bd. 2, S. 200.
236. Hegel: *Rechtsphilosophie* § 243.
237. Ebd., § 257.
238. Ebd., § 301.
239. Ebd., § 319.
240. http://gutenberg.spiegel.de/buch/der-achtzehnte-brumaire-des-louis-napoleon-4983/1.
241. Hegel: *Rechtsphilosophie,* Vorrede.

Ausgewählte Literatur

Die Bibliografie umfasst ausgewählte Texte zu den einzelnen Kapiteln dieser Philosophiegeschichte. Im Hinblick auf große Philosophen wie Descartes, Locke, Hume, Kant, Fichte, Schelling und Hegel begnügt sie sich meist mit wenigen Verweisen auf bekannte beziehungsweise leicht zugängliche Einführungen und Literatur. Weitergehende Verweise laden ein, einzelne Aspekte genauer zu studieren und zu vertiefen.

Philosophiegeschichten

Von den zahlreichen philosophiegeschichtlichen Darstellungen seien genannt: der fulminante Klassiker Bertrand Russell: *Philosophie des Abendlandes* (1945), Anaconda 2012; François Châtelet u. a.: *Geschichte der Philosophie,* 8 Bände, Ullstein 1975; Rüdiger Bubner (Hrsg.): *Geschichte der Philosophie in Text und Darstellung,* 9 Bände, Reclam 2004, 2. Aufl.; Franz Schupp: *Geschichte der Philosophie im Überblick,* 3 Bände, Meiner 2005; Anthony Kenny: *Geschichte der abendländischen Philosophie. Antike – Mittelalter – Neuzeit – Moderne,* 4 Bände, Wissenschaftliche Buchgesellschaft 2014, 2. Aufl. Äußerst umfangreich und detailliert ist die von unterschiedlichen Autoren verfasste und von Wolfgang Röd herausgegebene *Geschichte der Philosophie,* Bd. 1–14, C.H. Beck 1976–2015 f. Den hier behandelten Zeitraum betreffen die Bände 7–9/2. Ein noch umfangreicheres Mammutprojekt ist der von unterschiedlichen Herausgebern betreute und im Schwabe Verlag erscheinende *Grundriss der Geschichte der Philosophie,* bisher 14 von 30 Bänden, Schwabe 1983–2015 f.

Das Geleit der Könige

Das Leben und Werk von Benozzo Gozzoli zeigen: Diane Cole Ahl: *Benozzo Gozzoli,* Yale University Press 1996; Marion Opitz: *Gozzoli*, Könemann 1998; Anna Padoa Rizzi: *Benozzo Gozzoli. Un pittore insigne, »practico de grandissima invenzione«*, Silvana Editoriale 2003. Zum »Zug der Magier« siehe Rab Hatfield: *The Compagnia de Magi,* in: Journal of the Warburg and Courtauld Institutes, 33, 1970, S. 107–161; Christina Acidini Luchinat: *The Chapel of the Magi,* Thames & Hudson 1994; Roger Crum: *Roberto Martelli, the Council of Florence, and the Medici Palace Chapel,* in: Zeitschrift für Kunstgeschichte, 59, 1996, S. 403–417; Eleftheria Wollny-Popota: *Die Fresken von Benozzo Gozzoli in der Kapelle des Palazzo Medici-Ricardi in Florenz, das Florentiner Konzil von 1438/39 und der Humanismus der Byzantiner,* in: Evangelos Konstantinou (Hrsg.): *Der Beitrag der byzantinischen Gelehrten zur abendländischen Renaissance des 14. und 15. Jahrhunderts,* Peter Lang 2006, S. 177–188; Michael Bringmann: *Das Unionskonzil von 1439, die Medici und die zeitgenössische Kunst in Florenz,* in: Evangelos Konstantinou (Hrsg.): *Der Beitrag der byzantinischen Gelehrten zur abendländischen Renaissance des 14. und 15. Jahrhunderts,* Peter Lang 2006, S. 35–46; Franco Cardini: *Die Heiligen Drei Könige im Palazzo Medici,* Mandragora 2004; Tobias Leuker: *Bausteine eines Mythos. Die Medici in Dichtung und Kunst des 15. Jahrhunderts,* Böhlau 2007. Das Zitat von Gianozzo Manetti stammt aus August Buck (Hrsg.): *Giannozzo Manetti: Über die Würde und Erhabenheit des Menschen,* Meiner 1990.

Philosophie der Renaissance

Die Welt in uns selbst

Zwei Textsammlungen von Cusanus erhalten den lateinischen Text mit deutscher Übersetzung: Nikolaus von Kues: *Philosophisch-theologische Schriften. Studien- und Jubiläumsausgabe,* hrsg. von Leo Gabriel u. a., 3 Bände, Herder 1964–1967; ders.: *Philosophisch-theologische Werke,* hrsg. von Karl Bormann, 4 Bände, Meiner 2002. Das Gesamtwerk wird im Auftrag der Heidelberger Akademie der Wissenschaften übersetzt als: *Schriften des Nikolaus von Kues in deutscher Übersetzung,* Meiner 1943 f. (bisher 19 Bände erschienen). Zu Person und Werk siehe: Anton Lübke: *Nikolaus von Kues. Kirchenfürst zwischen Mittelalter und Neuzeit,* Callwey 1968; Klaus Jacobi (Hrsg.): *Nikolaus von Kues. Einführung in sein philosophisches Denken,* Alber 1979; Kurt Flasch: *Nikolaus von Kues. Geschichte einer Entwicklung,* Klostermann 2008, 3. Aufl.; ders.: *Nikolaus von Kues in seiner Zeit. Ein Essay,* Reclam 2004; ders.: *Nicolaus Cusanus,* C.H. Beck 2007, 3. Aufl.; Norbert Winkler: *Nikolaus von Kues zur Einführung,* Junius 2009, 2. Aufl. Von Ramon Llull liegen einige Werke in deutscher Übersetzung vor: Ramon Llull: *Die neue Logik.* (Latein-Deutsch), übers. von Vittorio Hösle und Walburga Büchel, hrsg. von Charles Lohr, Meiner 1985; ders.: *Das Buch vom Freunde und vom Geliebten (Libre de Amic e Amat)*, übers. und hrsg. von Erika Lorenz, Herder 1992; ders.: *Die Kunst, sich in Gott zu verlieben,* hrsg. von Erika Lorenz, Herder 1992; ders.: *Das Buch vom Heiden und den drei Weisen,* übers. und hrsg. von Theodor Pindl, Reclam 1998; ders.: *Ars brevis* (Latein-Deutsch), übers. und hrsg. von Alexander Fidora, Meiner 2001; ders.: *Das Buch über die heilige Maria (Libre de sancta Maria)*, (Katalanisch-Deutsch), hrsg. von Fernando Domínguez Reboiras, übers. von Elisenda Padrós Wolff, Frommann-Holzboog 2005; ders.:

Felix oder Das Buch der Wunder (Llibre de Meravelles), übers. von Gret Schib Torra, Schwabe 2007; ders.: *Doctrina pueril. Was Kinder wissen müssen,* eingeleitet von Joan Santanach i Sunõl, übers. von Elisenda Padrós Wolff, Lit Verlag 2010; ders.: *Der Baum der Liebesphilosophie,* hrsg. von Alexander Fidora, übers. von Gret Schib Torra, Lit Verlag 2016. Über Llulls Leben und seine Philosophie informieren: Erhard-Wolfram Platzeck: *Raimund Llull. Sein Leben – seine Werke – die Grundlagen seines Denkens,* 2 Bände, Patmos 1962–1964; Robert Pring-Mill: *Der Mikrokosmos Ramon Llulls. Eine Einführung in das mittelalterliche Weltbild,* Frommann-Holzboog 2000. Zum Einfluss Llulls auf Cusanus siehe den Sammelband von Ermenegildo Bidese, Alexander Fidora, Paul Renner (Hrsg.): *Ramon Llull und Nikolaus von Kues. Eine Begegnung im Zeichen der Toleranz,* Brepols 2005.

Neue Perspektiven

Zur Bedeutung des Geldes und des Wechsels in der Renaissance siehe Christina von Braun: *Der Preis des Geldes. Eine Kulturgeschichte,* Aufbau 2012; Jochen Hörisch: *Kopf oder Zahl. Die Poesie des Geldes,* Suhrkamp 1996. Einen Überblick über die politischen Verhältnisse der Renaissance geben Volker Reinhardt: *Die Renaissance in Italien. Geschichte und Kultur,* C.H. Beck 2012, 3. Aufl.; Peter Burke: *Die europäische Renaissance. Zentrum und Peripherien,* C.H. Beck 2011. Zur Philosophie der Renaissance siehe vor allem die klassischen Werke von Paul Oskar Kristeller: *Der italienische Humanismus und seine Bedeutung,* Helbing & Lichtenhahn 1969; ders.: *Humanismus und Renaissance,* Fink 1980; ders. (Hrsg.): *The Renaissance Philosophy of Man. Petrarca, Valla, Ficino, Pico, Pomponazzi, Vives,* University of Chicago Press 1996. Siehe ferner: Paul Richard Blum (Hrsg.): *Philosophen der Renaissance,* Primus 1999; Enno Rudolph (Hrsg.): *Die Renaissance und ihre Antike. Die Renaissance als erste Aufklärung,* 3 Bände, Mohr Siebeck 1998. Albertis Werke zur Architektur sind erhältlich als Leon Battista Alberti: *Zehn Bücher über die Baukunst,* Wissenschaftliche Buchgesellschaft 1975. Seine Lebensbeschreibung als ders.: *Vita* (Latein-Deutsch), hrsg. von Christine Tauber, Stroemfeld 2004. Zu Albertis Kunstphilosophie siehe: Anthony Grafton: *Leon Battista Alberti. Baumeister der Renaissance,* Berlin Verlag 2002; Günther Fischer: *Leon Battista Alberti. Sein Leben und seine Architekturtheorie,* Wissenschaftliche Buchgesellschaft 2012. Zum frühen Platonismus in der Renaissance siehe: Evangelos Konstantinou (Hrsg.): *Der Beitrag der byzantinischen Gelehrten zur abendländischen Renaissance des 14. und 15. Jahrhunderts,* Peter Lang 2006. Von Ficino liegen in deutscher Übersetzung vor: Elisabeth Blum, Paul Richard Blum, Thomas Leinkauf (Hrsg.): *Marsilio Ficino. Traktate zur Platonischen Philosophie,* Akademie Verlag 1993; Paul Richard Blum (Hrsg.): *Marsilio Ficino. Über die Liebe oder Platons Gastmahl,* Meiner 2004. Zu Ficino ist maßgeblich Paul Oskar Kristeller: *Die Philosophie des Marsilio Ficino,* Klostermann 1972. Neuere Forschungen versammelt: James Hankins (Hrsg.): *Humanism and Platonism in the Italian Renaissance,* 2 Bände, Band 2: *Platonism,* Edizioni di Storia e Letteratura 2013, 2. Aufl. Von Pico liegen auf Deutsch vor: Giovanni Pico della Mirandola: *De hominis dignitate. Über die Würde des Menschen* (Latein-Deutsch), hrsg. von August Buck, Meiner 1990; ders.: *Über die Vorstellung. De imaginatione,* hrsg. von Eckhard Keßler, Fink 1997; ders.: *Kommentar zu einem Lied der Liebe* (Italienisch-Deutsch), hrsg. von Thorsten Bürklin, Meiner 2001; *Über das Seiende und das Eine. De ente et uno* (Latein-Deutsch), hrsg. Paul Richard Blum u. a., Meiner 2006; ders.: *Ausgewählte Schriften,* hrsg. von Arthur Liebert, Boer 2017; ders.: *Neunhundert Thesen* (Latein-Deutsch), hrsg. von Nikolaus Engel, Meiner 2017. Zur Philosophie Picos siehe: Heinrich Reinhardt: *Freiheit zu Gott. Der Grundgedanke des Systematikers Giovanni Pico della Mirandola (1463–1494);* VCH 1989; Walter Andreas Euler: *»Pia philosophia« et »docta religio«. Theologie und Religion bei Marsilio Ficino und Giovanni Pico* *della Mirandola,* Fink 1998. Von Pomponazzi ist auf Deutsch als Einziges erhältlich: Pietro Pomponazzi: *Abhandlung über die Unsterblichkeit der Seele* (Latein-Deutsch), hrsg. von Burkhard Mojsisch, Meiner 1990. Zu Pomponazzi siehe Jürgen Wonde: *Subjekt und Unsterblichkeit bei Pietro Pomponazzi,* De Gruyter 1994; Paolo Rubini: *Pietro Pomponazzis Erkenntnistheorie. Naturalisierung des menschlichen Geistes im Spätaristotelismus,* Brill 2015.

Diesseits und Jenseits

Erasmus' *Das Lob der Torheit* ist online verfügbar unter http://www.welcker-online.de/Texte/Erasmus/torheit.pdf; gedruckt hrsg. von Anton J. Gail, Reclam 1986. Eine Auswahl der vielzähligen Schriften bietet Werner Welzig (Hrsg.): *Erasmus von Rotterdam. Ausgewählte Schriften,* 8 Bände, Wissenschaftliche Buchgesellschaft 1995. Zu Erasmus siehe: Léon E. Halkin: *Erasmus von Rotterdam. Eine Biographie,* Benziger 1989; Erika Rummel: *Erasmus,* Continuum 2004; Wilhelm Ribhegge: *Erasmus von Rotterdam,* Primus 2009. Zur Reformation siehe: Owen Chadwick: *The Reformation,* Penguin 1964; Horst Rabe: *Deutsche Geschichte 1500–1600. Das Jahrhundert der Glaubensspaltung,* C.H. Beck 1991; Diarmaid MacCulloch: *Die Reformation 1490–1700,* DVA 2008; Thomas Kaufmann: *Geschichte der Reformation,* Suhrkamp 2009; ders.: *Erlöste und Verdammte. Eine Geschichte der Reformation,* C.H. Beck 2016; Martin H. Jung: *Reformation und Konfessionelles Zeitalter (1517–1648),* Vandenhoeck & Ruprecht 2012; Luise Schorn-Schütte: *Die Reformation. Vorgeschichte, Verlauf, Wirkung,* C.H. Beck 2016. Martin Luthers Werke liegen (neben der umfassenden Weimarer Ausgabe in 120 Bänden) vor als Kurt Aland (Hrsg.): *Luther Deutsch. Die Werke Martin Luthers in neuer Auswahl für die Gegenwart,* 12 Bände, Vandenhoeck & Ruprecht 1997, 3. Aufl. Von den zahlreichen Luther-Biografien gerade aus jüngster Zeit seien genannt:

Thomas Kaufmann: *Martin Luther,* C.H. Beck 2017, 3. Aufl.; Heinz Schilling: *Martin Luther. Rebell in einer Zeit des Umbruchs. Eine Biographie,* H.C. Beck 2017, 4. Aufl.; Lyndal Roper: *Der Mensch Martin Luther. Eine Biographie,* Fischer 2016, 4. Aufl. Mores *Utopia* ist erhältlich als Thomas Morus: *Utopia,* übers. von Gerhard Ritter, Reclam 2003, 3. Aufl. Zu More siehe: Hans Peter Heinrich: *Thomas Morus. Mit Selbstzeugnissen und Bilddokumenten,* Rowohlt 1991, 3. Aufl.; William Roper: *Das Leben des Thomas Morus,* Lambert Schneider 1986; Richard Marius: *Thomas Morus. Eine Biographie,* Benziger 1987.

Ein neuer Himmel

Die Schriften von Kopernikus liegen vor in der *Nicolaus Copernicus Gesamtausgabe*, Gerstenberg beziehungsweise Akademie Verlag, seit 1974; bisher 9 Bände erschienen. Das Zitat aus dem *Commentariolus* stammt aus Fritz Roßmann (Hrsg.): *Der Commentariolus von Nikolaus Kopernikus,* in: Naturwissenschaften, Band 34, Nr. 3, 1947, S. 65–69. Zu Kopernikus siehe: Martin Carrier: *Nikolaus Kopernikus,* C.H. Beck 2001; John Freely: *Kopernikus. Revolutionär des Himmels,* Klett-Cotta 2015. Zur Reichweite und Bedeutung der kopernikanischen Weltsicht siehe Thomas S. Kuhn: *Die kopernikanische Revolution,* Vieweg 1981. Die wohl umfassendste und brillanteste Analyse und Darstellung liefert Hans Blumenberg: *Die Genesis der kopernikanischen Welt,* 3 Bände, Suhrkamp 1996, 3. Aufl. Zu Cardano siehe: Markus Fierz: *Girolamo Cardano (1501–1576), Arzt, Naturphilosoph, Mathematiker, Astronom und Traumdeuter,* Birkhäuser 1977; Eckhard Keßler (Hrsg.): *Girolamo Cardano. Philosoph, Naturforscher, Arzt,* Harrassowitz 1994; Ingo Schütze: *Die Naturphilosophie in Girolamo Cardanos De subtilitate,* Fink 2000; Thomas Sören Hoffmann: *Philosophie in Italien. Eine Einführung in 20 Porträts,* Marix 2007. Zu Telesio siehe ebd. Zudem Martin Mulsow: *Frühneuzeitliche Selbsterhaltung. Telesio und die Natur-*

philosophie der Renaissance, Niemeyer 1998. Campanellas politische Utopie ist erhältlich als: Tommaso Campanella: *Der Sonnenstaat,* übers. von Ignaz Emanuel Wessely, Holzinger 2016, 4. Aufl. Zu Campanella siehe: Gisela Bock: *Thomas Campanella. Politisches Interesse und philosophische Spekulation,* Niemeyer 1974; Thomas Sören Hoffmann: *Philosophie in Italien,* a. a. O. Zur italienischen Naturphilosophie siehe ferner: Hans Werner Ingensiep: *Geschichte der Pflanzenseele,* Kröner 2001. Montaignes *Essais* liegen vor als ders.: *Essais.* Erste moderne Gesamtübersetzung von Hans Stilett, Eichborn 1998. Eine Textauswahl enthält Mathias Greffrath: *Montaigne heute. Leben in Zwischenzeiten,* Diogenes 1998. Zu Montaigne siehe: Jean Starobinski: *Montaigne. Denken und Existenz,* Fischer 1989; Hans Stilett: *Von der Lust, auf dieser Erde zu leben. Wanderungen durch Montaignes Welten,* Eichborn 2008; Hans Peter Balmer: *Neuzeitliche Sokratik. Michel de Montaignes essayistisches Philosophieren,* Monsenstein & Vannerdat 2016. Von Galilei liegen auf Deutsch vor: Hans Blumenberg (Hrsg.): *Galileo Galilei. Sidereus Nuncius. Nachrichten von neuen Sternen,* Suhrkamp 1980; Anna Mudry (Hrsg.): *Galileo Galilei. Schriften, Briefe, Dokumente,* VMA 1987; Heinz-Joachim Fischer: *Galileo Galilei. Dialog über die beiden hauptsächlichsten Weltsysteme,* Marix 2014; Ed Dellian (Hrsg.): *Galileo Galilei. Discorsi. Unterredungen und mathematische Beweisführung zu zwei neuen Wissensgebieten,* Meiner 2015. Zu Galilei siehe: John L. Heilbron: *Galileo,* Oxford University Press 2010; Horst Bredekamp: *Galileis denkende Hand. Form und Forschung um 1600,* De Gruyter 2015. Von Bacon sind auf Deutsch erhältlich: Wolfgang Krohn (Hrsg.): *Francis Bacon. Neues Organon* (Latein-Deutsch), 2 Bände, Meiner 1990; Jürgen Klein (Hrsg.): *Neu-Atlantis,* Reclam 2003; Levin L. Schücking (Hrsg.): *Essays oder praktische und moralische Ratschläge,* Reclam 2005. Zu Bacon siehe: Jürgen Klein: *Francis Bacon oder die Modernisierung Englands,* Olms 1987; Wolfgang Krohn: *Francis Bacon,* C.H. Beck 2006, 2. Aufl.

Philosophie des Barocks

Ich denke, also bin ich

Descartes' vollständige Werke liegen auf Französisch vor: Charles Adam und Paul Tannery (Hrsg.): *Œuvres de Descartes,* 11 Bände, Paris 1982–1991. Der *Discours* wird zit. nach: René Descartes: *Discours de la Méthode. Bericht über die Methode* (Französisch-Deutsch), übers. und hrsg. von Holger Ostwald, Reclam 2001. Weitere deutsche Ausgaben sind: ders.: *Meditationen über die Grundlagen der Philosophie mit den sämtlichen Einwänden und Erwiderungen,* übers. und hrsg. von Artur Buchenau, Meiner 1994; ders.: *Die Prinzipien der Philosophie,* übers. von Christian Wohlers, Meiner 2005; ders.: *Die Leidenschaften der Seele* (Französisch-Deutsch), übers. und hrsg. von Klaus Hammacher, Meiner 1996. Zu Descartes' Leben und Werk siehe ausgewählt: Dominik Perler: *René Descartes,* C.H. Beck 2006, 2. Aufl.; Hans Poser: *René Descartes. Eine Einführung,* Reclam 2003; Wolfgang Röd: *Die Genese des Cartesianischen Rationalismus,* C.H. Beck 1995; Bernard Williams: *Descartes. Das Vorhaben der reinen philosophischen Untersuchung,* Beltz Athenäum 1996; Andreas Kemmerling: *Ideen des Ichs. Studien zu Descartes' Philosophie,* Klostermann 2005, 2. Aufl. Das Zitat von Demokrit stammt aus Wilhelm Capelle: *Die Vorsokratiker,* Kröner 2008, 9. Aufl. Zum »Gehirn-im-Tank-Problem« siehe: Hilary Putnam: *Vernunft, Wahrheit und Geschichte,* Suhrkamp 1982; Barry Stroud: *The Significance of Philosophical Scepticism,* Oxford University Press 1984. Zur Kritik des Cogito siehe Charles Sanders Pierce: *Some Consequences of Four Incapacities,* in: Journal of Speculative Philosophy (2) 1868, S. 140–157. Zum neuronalen Gottesbeweis siehe Andrew Newberg: *Der gedachte Gott. Wie Glaube im Gehirn entsteht,* Piper 2008, 3. Aufl.

Der Gott der klaren Dinge

Spinozas Werke liegen vor als Baruch de Spinoza: *Sämtliche Werke,* 8 Bände, Meiner 1982–2005. Die Hauptwerke werden zit. als ders.: *Abhandlung über die Verbesserung des Verstandes. Tractatus de intellectus emendatione* (Latein-Deutsch), hrsg. von Wolfgang Bartuschat, Meiner 2003, 2. Aufl.; ders.: *Die Ethik* (Latein-Deutsch), Reclam 2007. Zu Spinoza siehe: Don Garrett (Hrsg.): *The Cambridge Companion to Spinoza,* Cambridge University Press 1996; Wolfgang Röd: *Benedictus de Spinoza. Eine Einführung,* Reclam 2002; Wolfgang Bartuschat: *Baruch de Spinoza,* C.H. Beck 2006; Helmut Seidel: *Spinoza zur Einführung,* Junius 2007, 2. Aufl.; Michael Della Rocca: *Spinoza,* Routledge 2008. Zur Aktualität Spinozas aus Sicht eines Hirnforschers siehe António Damásio: *Der Spinoza-Effekt. Wie Gefühle unser Leben bestimmen,* List 2014, 8. Aufl. Leibniz' Werke werden seit den Zwanzigerjahren ediert als: *Gottfried Wilhelm Leibniz. Sämtliche Schriften und Briefe,* hrsg. von der Preußischen (jetzt Deutschen) Akademie der Wissenschaften 1923 ff. Die Monadologie ist erschienen als G. W. Leibniz: *Monadologie,* Reclam 1963. Die *Neuen Abhandlungen* werden zit. nach ders.: *Neue Abhandlungen über den menschlichen Verstand,* 2 Bände, Insel 1961. Zu Leibniz' Leben siehe: Eric J. Aiton: *Gottfried Wilhelm Leibniz. Eine Biographie,* Insel 1991; Eike Christian Hirsch: *Der berühmte Herr Leibniz. Eine Biographie,* C.H. Beck 2000. Zu seiner Philosophie siehe: Stewart C. Brown: *Leibniz,* University of Minnesota Press 1985; Donald Rutherford: *Leibniz and the Rational Order of Nature,* Cambridge University Press 1995; Nicholas Jolley (Hrsg.): *The Cambridge Companion to Leibniz,* Cambridge University Press 1995; Hubertus Busche: *Leibniz' Weg ins perspektivische Universum. Eine Harmonie im Zeitalter der Berechnung,* Meiner 1997; Michael-Thomas Liske: *Gottfried Wilhelm Leibniz,* C.H. Beck 2000; Horst Bredekamp: *Die Fenster der Monade. Gottfried Wilhelm Leibniz' Theater der Natur und Kunst,* Akademie Verlag 2004; Hans Poser: *Gottfried Wilhelm Leibniz,* Junius 2005; Maria Rosa Antognazza: *Leibniz: An Intellectual Biography,* Cambridge University Press 2009.

Gebändigte Gewalten

Das Zitat von Gottfried August Bürger stammt aus *Gottfried August Bürgers sämtliche Werke in vier Bänden,* Dieterich 1844, hier Band 4: *Die Republik England.* Hobbes' Werke sind erhältlich als *Thomas Hobbes Malmesburiensis Opera philosophica quae latine scripsit omnia,* Scientia 1961 ff. Der *Leviathan* liegt in zwei Ausgaben auf Deutsch vor. Um die beiden letzten Teile gekürzt als Thomas Hobbes: *Leviathan,* Reclam 1970; vollständig als Thomas Hobbes: *Leviathan,* Meiner 2005. Zu Hobbes siehe: Reinhart Koselleck: *Kritik und Krise. Eine Studie zur Pathogenese der bürgerlichen Welt,* Suhrkamp 1976, 2. Aufl.; Herfried Münkler: *Thomas Hobbes,* Campus 2001; Dieter Hüning (Hrsg.): *Der lange Schatten des Leviathan. Hobbes' politische Philosophie nach 350 Jahren,* Duncker & Humblot 2005; Philip Pettit: *Made with Words. Hobbes on Language, Mind, and Politics,* Princeton University Press 2008; Wolfgang Kersting: *Thomas Hobbes zur Einführung,* Junius 2009, 4. Aufl.; Otfried Höffe: *Thomas Hobbes,* C.H. Beck 2010. James Harringtons *Oceana* ist erhältlich als ders.: *»The Commonwealth of Oceana« and »A System of Politics«,* hrsg. von John Greville Agard Pocock, Cambridge University Press 1992. Zu Harrington siehe: Michael Downs: *James Harrington,* Twayne Publishers 1977; Alois Riklin: *Die Republik von James Harrington 1656,* Wallstein 2003.

Philosophie der Aufklärung

Der Einzelne und sein Eigentum

John Lockes *Two Treatises* werden zit. nach ders.: *Zwei Abhandlungen über die Regierung,* Suhrkamp 1977. Sein *Letter on Tolerance* nach John Locke: *Ein Brief über Toleranz,* Meiner 1957. Zu Locke siehe: Walter Euchner: *Naturrecht und Politik bei John Locke,* Suhrkamp 1979, ders.: *John Locke zur Einführung,* Junius 2011, 3. Aufl.; James Tully: *A Discourse on Property: John Locke and His Adversaries,* Cambridge University Press 1982; Crawford B. Macpherson: *Die politische Theorie des Besitzindividualismus. Von Hobbes zu Locke,* Suhrkamp 1990; Peter R. Anstey (Hrsg.): *The Philosophy of John Locke: New Perspectives,* Routledge 2003; Roger Woolhouse: *Locke: A Biography,* Cambridge University Press 2009. Zur Stellung Lockes in der politischen Philosophie siehe weiterhin Leo Strauss: *Naturrecht und Geschichte,* Suhrkamp 1989. Baruch de Spinozas Hauptwerk zur Politik ist lieferbar als ders.: *Politischer Traktat* (Latein-Deutsch), Meiner 2010, 2. Aufl. Samuel Pufendorfs Hauptwerk ist erhältlich als ders.: *Acht Bücher, vom Natur- und Völcker-Rechte* (Neudruck), Olms 2001. Zu Samuel Pufendorf siehe: Leonard Krieger: *The Politics of Discretion: Pufendorf and the Acceptance of Natural Law,* Chicago University Press 1965; Dieter Hüning (Hrsg.): *Naturrecht und Staatstheorie bei Samuel Pufendorf,* Nomos 2009. Das Zitat von Edward Misselden stammt aus ders.: *The Circle of Commerce* (Neudruck), Da Capo 1969. Zu William Petty siehe Heino Klingen: *Politische Ökonomie der Präklassik. Die Beiträge Pettys, Cantillons und Quesnays zur Entstehung der klassischen politischen Ökonomie,* Metropolis 1992. Bernard Mandevilles *Bienenfabel* ist erhältlich als ders.: *Die Bienenfabel oder Private Laster, öffentliche Vorteile,* Suhrkamp 1980, 2. Aufl. Zu Bernard Mandeville siehe Thomas Rommel: *Das Selbstinteresse von Mandeville bis Smith,* Winter 2006. Zu John Lockes Verhältnis zur Sklaverei und seine persönlichen Interessen siehe: James Farr: *»So Vile and Miserable an Estate«: The Problem of Slavery in Locke's Political Thought,* in: Political Theory, Band 14, 2, 1986, S. 263–290; Wayne Glausser: *Three Approaches to Locke and the Slave Trade,* in: Journal of the History of Ideas, Band 51, 2, 1990, S. 199–216; Barbara Arneil: *The Wild Indian's Version: Locke's Theory of Property and English Colonialism in America,* in: Political Studies 4, 1996, S. 591–609. Eine schöne Zusammenstellung des Themas gibt Matthias Glötzner: *John Locke und die Sklaverei,* Hausarbeit 2005, http://www.grin.com/de/e-book/110775/john-locke-und-die-sklaverei.

Das unbeschriebene Blatt

John Lockes *Essay* wird zit. nach ders.: *Versuch über den menschlichen Verstand,* Meiner 2006. Zu Lockes Erkenntnistheorie siehe zusätzlich zu den im vorhergehenden Kapitel genannten Gesamtdarstellungen: John W. Yolton: *John Locke and the Way of Ideas,* Clarendon Press 1968, 2. Aufl.; ders.: *Locke and the Compass of Human Understanding,* Cambridge University Press 2010, 2. Aufl.; Lorenz Krüger: *Der Begriff des Empirismus. Erkenntnistheoretische Studien am Beispiel John Lockes,* De Gruyter 1973; Ram A. Mall: *Der operative Begriff des Geistes. Locke, Berkeley, Hume,* Alber 1984. Zur Fehde zwischen Leibniz und Newton siehe: A. Rupert Hall: *Philosophers at War. The Quarrel between Newton and Leibniz,* Cambridge University Press 2002; Thomas Sonar: *Die Geschichte des Prioritätsstreits zwischen Leibniz und Newton,* Springer 2016. Blaise Pascals *Gedanken* sind erhältlich als ders.: *Pensées/Gedanken,* hrsg. von Philippe Sellier, Wissenschaftliche Buchgesellschaft 2016, 2. Aufl. George Berkeleys *Treatise* ist erhältlich als ders.: *Eine Abhandlung über die Prinzipien der menschlichen Erkenntnis,* Meiner 1957. Zu George Berkeley siehe: Arend Kulenkampff: *George Berkeley,* C.H. Beck

1987; Wolfgang Breidert: *George Berkeley 1685–1753,* Birkhäuser 1989; Katia Saporiti: *Die Wirklichkeit der Dinge. Eine Untersuchung des Begriffs der Idee in der Philosophie George Berkeleys,* Klostermann 2006. David Humes *Treatise* wird zit. nach ders.: *Traktat von der menschlichen Natur,* Xenomoi 2004. Der *Enquiry* nach David Hume: *Eine Untersuchung über den menschlichen Verstand,* Reclam 1982. Zu David Hume siehe: Barry Stroud: *Hume,* Routledge 1977; Edward Craig: *David Hume. Eine Einführung in seine Philosophie,* Klostermann 1979; Gerhard Streminger: *David Hume. Mit Selbstzeugnissen und Bilddokumenten,* Rowohlt 2003; ders.: *David Hume. Der Philosoph und sein Zeitalter. Eine Biographie,* C.H. Beck 2011; Jens Kulenkampff: *Hume,* C.H. Beck 1989, 2. Aufl.; David F. Norton (Hrsg.): *The Cambridge Companion to Hume,* Cambridge University Press 2005; Heiner F. Klemme: *David Hume zur Einführung,* Junius 2007; James A. Harris: *Hume. An Intellectual Biography,* Cambridge University Press 2015.

Das Wohl aller

David Humes *Enquiry* liegt auf Deutsch vor als ders.: *Eine Untersuchung der Grundlagen der Moral,* Meiner 2003. Zur Neurologie der Willensfreiheit siehe: Hans H. Kornhuber, Lüder Deecke: *Hirnpotentialänderungen bei Willkürbewegungen und passiven Bewegungen des Menschen. Bereitschaftspotential und reafferente Potentiale,* in: *Pflügers Archiv für Physiologie* 281, (1965), S. 1–17; Benjamin Libet: *Mind Time. Wie das Gehirn Bewusstsein produziert,* Suhrkamp 2005; ders.: *Haben wir einen freien Willen?,* in: Christian Geyer (Hrsg.): *Hirnforschung und Willensfreiheit. Zur Deutung der neuesten Experimente,* Suhrkamp 2004. Francis Hutchsons moralphilosophische Hauptschrift ist erhältlich als ders.: *Eine Untersuchung über den Ursprung unserer Ideen von Schönheit und Tugend. Über moralisch Gutes und Schlechtes,* hrsg. und übers. von Wolfgang Leidhold, Meiner

1986. Zum »Moralsinn« siehe Helke Panknin-Schappert: *Innerer Sinn und moralisches Gefühl. Zur Bedeutung eines Begriffspaares bei Shaftesbury und Hutcheson sowie in Kants vorkritischen Schriften,* Olms 2007. Zu Shaftesbury siehe auch: Barbara Schmidt-Haberkamp: *Die Kunst der Kritik. Zum Zusammenhang von Ethik und Ästhetik bei Shaftesbury*, Fink 2000. Zur »kognitiven Dissonanz« siehe Leon Festinger: *Theorie der kognitiven Dissonanz,* Huber 2012. Zu Frans de Waals Theorie der Moralentwicklung siehe ders.: *Primaten und Philosophen. Wie die Evolution die Moral hervorbrachte,* Hanser 2008. Zu Ernst Fehrs verhaltensökonomischen Studien zur Moral siehe: ders. und Simon Gächter: *Cooperation and Punishment in Public Goods Experiments,* in: The American Economic Review, Band 90, Nr. 4, 2000, S. 980–994; dies.: *Fairness and Retaliation: The Economics of Reciprocity,* in: Journal of Economic Perspectives, Band 14, Nr. 3, 2000, S. 159–181. Zu Jonathan Haidts Psychologie der Moral siehe ders.: *The Emotional Dog and its Rational Tail: A Social Intuitionist Approach to Moral Judgment,* in: Psychological Review. 108, 2001, S. 814–834. Thomas Reids moralphilosophisches Hauptwerk liegt vor als ders.: *An Inquiry into the Human Mind. On the Principles of Common Sense* (Nachdruck), Edinburgh University Press o. J. Adam Smiths *Theory* wird zit. nach ders.: *Theorie der ethischen Gefühle,* Meiner 2010. Der *Wealth* nach Adam Smith: *Wohlstand der Nationen,* Anaconda 2009. Zu Adam Smith siehe: Karl Graf Ballestrem: *Adam Smith,* C.H. Beck 2001; Michael S. Aßländer: *Adam Smith zur Einführung,* Junius 2007; Nicholas Phillipson: *Adam Smith. An Enlightened Life,* Yale University Press 2010; Gerhard Streminger: *Adam Smith. Wohlstand und Moral. Eine Biographie,* C.H. Beck 2017. Zum Hintergrund siehe ferner: Horst Düppel: *Individuum und Gesellschaft. Soziales Denken zwischen Tradition und Revolution: Smith – Condorcet – Franklin,* Vandenhoek & Ruprecht 1981; Thomas Rommel: *Das Selbstinteresse von Mandeville bis Smith. Ökonomisches Denken in ausgewählten Schriften des 18. Jahr-*

hunderts, Winter 2006. Das Josiah-Tucker-Zitat stammt aus ders.: *Instructions for Travellers,* William Watson 1758.

Einstürzende Altbauten

Die Quellentexte zum Erdbeben von Lissabon stammen aus Harald Weinrich: *Literaturgeschichte eines Weltereignisses. Das Erdbeben von Lissabon,* in: ders.: *Literatur für Leser,* DTV 1986. Zu den norddeutschen Ereignissen siehe ferner https://site/ahnensucheimamteutin/erdbeben-in-schleswig-holstein-und-hamburg. Von Voltaires vielfältigen Schriften seien genannt: ders.: *Über die Toleranz,* Suhrkamp 2015; ders.: *Candid. Oder die beste der Welten,* Reclam 1986; ders.: *Der Fanatismus oder Mohammed,* Verlag das Kulturelle Gedächtnis 2017. Zu Voltaire siehe: Joachim G. Leithäuser: *Voltaire. Leben und Briefe,* Cotta 1961; Alfred J. Ayer: *Voltaire, eine intellektuelle Biographie,* Athenäum 1987; Jürgen von Stackelberg: *Voltaire,* C.H. Beck 2006; Nicholas Cronk (Hrsg.): *The Cambridge Companion to Voltaire,* Cambridge University Press 2009. Der fürstlich-philosophische Briefwechsel ist erhältlich als Hans Pleschinski (Hrsg.): *Voltaire. Friedrich der Große. Briefwechsel,* DTV 2012, 2. Aufl. Christian Wolffs Werke sind erhältlich als ders.: *Gesammelte Werke,* hrsg. und bearb. von Jean École u. a., Olms 1962 ff. Zu Wolff siehe Werner Schneiders (Hrsg.): *Christian Wolff 1679–1754. Interpretationen zu seiner Philosophie und deren Wirkung. Mit einer Bibliographie der Wolff-Literatur,* Meiner 1986, 2. Aufl. Von Pierre Louis Moreau de Maupertuis sind nur die sprachphilosophischen Schriften auf Deutsch erhältlich: *Sprachphilosophische Schriften,* Meiner 2013. Zu Maupertuis siehe: David Beeson: *Maupertuis. An Intellectual Biography,* Voltaire Foundation 1992; Hartmut Hecht (Hrsg.): *Pierre Louis Moreau de Maupertuis. Eine Bilanz nach 300 Jahren,* Nomos 1999; Mary Terrall: *The Man who Flattened the Earth; Maupertuis and the Science of the Enlightenment,* University of Chicago Press 2006. La Mettries Werke liegen vor in der Werkausgabe von Bernd A. Laska (Hrsg.), 4 Bände, LSR-Verlag 1985–1987. Das Hauptwerk wird zit. aus Julien Offray de La Mettrie: *L'homme machine. Die Maschine Mensch,* Meiner 1990. Zu La Mettrie siehe: Kathleen Wellman: *La Mettrie. Medicine, Philosophy, and Enlightenment,* Duke University Press 1992; Birgit Christensen: *Ironie und Skepsis. Das offene Wissenschafts- und Weltverständnis von Julien Offray de La Mettrie,* Königshausen & Neumann 1996; Ursula Pia Jauch: *Jenseits der Maschine, Philosophie, Ironie und Ästhetik bei Julien Offray de La Mettrie (1709–1751),* Hanser 1998. Étienne Bonnot de Condillacs Hauptwerke liegen vor als ders.: *Versuch über den Ursprung der menschlichen Erkenntnis,* Königshausen & Neumann 2006; ders.: *Abhandlung über die Empfindungen,* Meiner 1983. Zu Condillacs Sprachtheorie siehe Markus Edler: *Der spektakuläre Sprachursprung,* Fink 2001; Dae Kweon Kim: *Sprachtheorie im 18. Jahrhundert. Herder, Condillac, Süssmilch,* Röhrig 2002; Anneke Meyer: *Zeichen-Sprache: Modelle der Sprachphilosophie bei Descartes, Condillac und Rousseau,* Königshausen & Neumann 2008. Diderots philosophisches Schrifttum liegt auf Deutsch vor als ders.: *Philosophische Schriften,* hrsg. von Alexander Becker, Suhrkamp 2013. Die Briefe an Sophie werden zit. nach Denis Diderot: *Briefe an Sophie Volland,* Reclam 1986. Zu Diderot siehe: Arthur M. Wilson: *Diderot,* Oxford University Press 1972; Jochen Schlobach (Hrsg.): *Denis Diderot,* Wissenschaftliche Buchgesellschaft 1992; Ralph-Rainer Wuthenow: *Diderot zur Einführung,* Junius 1994; Johanna Borek: *Denis Diderot,* Rowohlt 2000; Daniel Brewer: *The Discourse of Enlightenment in Eighteenth-Century France: Diderot and the Art of Philosophizing,* Cambridge University Press 2008; Thomas Knapp, Christopher Pieberl (Hrsg.): *Denis Diderot. Aufklärer, Schriftsteller, Philosoph,* Löcker 2016. Claude Adrien Helvétius' Werke sind erhältlich als ders.: *Philosophische Schriften,* hrsg. von Werner Krauss, Aufbau 1973. Zu Helvétius siehe Mordecai Grossman: *The Philosophy of Helvetius with Special Emphasis on the*

Educational Implications of Sensationalism, AMS Press 1972. Paul-Henri Thiry Baron d'Holbachs Hauptwerk liegt auf Deutsch vor: *System der Natur oder von den Gesetzen der physischen und der moralischen Welt,* Suhrkamp 1978. Zu d'Holbach siehe: Pierre Naville: *Paul Thiry d'Holbach et la philosophie scientifique au XVIIIème siècle,* Gallimard 1943; Virgil M. Topazio: *D'Holbach's Moral Philosophy: Its Backgrounds and Development,* Institut et Musée Voltaire 1956.

Die öffentliche Vernunft

Zur *Enzyklopädie* siehe Robert Darnton: *The Business of Enlightenment. A Publishing History of the Encyclopédie. 1775–1800,* Belknap Press of Harvard University Press 1979; Anette Selg, Rainer Wieland (Hrsg.): *Die Welt der Encyclopédie,* Eichborn 2001; dies.: *Diderots Enzyklopädie. Mit Kupferstichen aus den Tafelbänden,* Die Andere Bibliothek 2013; Philipp Blom: *Das vernünftige Ungeheuer. Diderot, d'Alembert, de Jaucourt und die Große Enzyklopädie,* Eichborn 2005; ders.: *Böse Philosophen. Ein Salon in Paris und das vergessene Erbe der Aufklärung,* Hanser 2011. Montesquieus *Lettres persanes* liegen auf Deutsch vor als ders.: *Persische Briefe*, Reclam 1991. Sein *L'esprit* als ders.: *Vom Geist der Gesetze*, Reclam 1994. Zu Montesquieu siehe Helmut Stubbe-da Luz: *Montesquieu,* Rowohlt 1998; Effi Böhlke, Etienne François (Hrsg.): *Montesquieu. Franzose – Europäer – Weltbürger,* Akademie Verlag 2005; Michael Hereth: *Montesquieu zur Einführung,* Panorama 2005. Zu Gournay siehe Gustave Schelle: *Vincent de Gournay,* Slatkine Reprints 1984. Quesnays Texte zur Physiokratie liegen auf Deutsch vor als Marguerite Kuczynski (Hrsg.): *François Quesnay. Ökonomische Schriften,* 2 Bände, Akademie Verlag 1971/1976. Zu Quesnay siehe Gianni Vaggi: *The Economics of François Quesnay,* Duke University Press 1987. Rousseaus Schriften wurden zit. nach Jean-Jacques Rousseau: *Schriften,* hrsg. von Henning Ritter, Fischer 1988. Siehe weiterhin die Ausgaben ders.: *Abhandlung über den Ursprung und die Grundlagen der Ungleichheit unter den Menschen,* Reclam 1998; ders.: *Émile,* UTB 2003, 13. Aufl.; ders.: *Der Gesellschaftsvertrag,* Reclam 2010; ders.: *Bekenntnisse,* Insel 2010. Zu Rousseau siehe: Béatrice Durand: *Rousseau,* Reclam 2007; Michael Soëtard: *Jean-Jacques Rousseau. Leben und Werk,* H.C. Beck 2012; Robert Spaemann: *Rousseau – Bürger ohne Vaterland. Von der Polis zur Natur,* Piper 1980; ders.: *Rousseau. Mensch oder Bürger. Das Dilemma der Moderne,* Klett-Cotta 2008; Jean Starobinski: *Rousseau. Eine Welt von Widerständen,* Fischer 1988; Ernst Cassirer, Jean Starobinski, Robert Darnton: *Drei Vorschläge, Rousseau zu lesen,* Fischer 1989; Iring Fetscher: *Rousseaus politische Philosophie. Zur Geschichte des demokratischen Freiheitsbegriffs,* Suhrkamp 1993, 7. Aufl. Zu den politischen Vorstellungen von Helvétius und d'Holbach siehe: Wolfgang Förster: *Die Gesellschaftstheorie Helvétius',* in: ders. (Hrsg.): *Bürgerliche Revolution und Sozialtheorie,* Akademie Verlag 1982; Katharina Lübbe: *Natur und Polis. Die Idee einer »natürlichen Gesellschaft« bei den französischen Materialisten im Vorfeld der Revolution,* Steiner 1989. Zu Turgot siehe Jean-Pierre Poirier: *Turgot. Laissez-faire et progrès social,* Perrin 1999. Eine Auswahl aus Condorcets Schriften bietet Daniel Schulz (Hrsg.): *Marquis de Condorcet. Freiheit, Revolution, Verfassung. Kleine politische Schriften,* Akademie Verlag 2010. Zu Condorcet siehe Stephan Lüchinger: *Das politische Denken von Condorcet (1743–1794),* Haupt 2002; David Williams: *Condorcet and Modernity,* Cambridge University Press 2004. Merciers Utopie liegt vor als Louis-Sébastian Mercier: *Das Jahr 2440. Ein Traum aller Träume,* hrsg. von Herbert Jaumann, Insel 1982.

Philosophie des Deutschen Idealismus

Im Kosmos des Geistes

Die Schriften Immanuel Kants werden zit. nach: Immanuel Kant: *Werkausgabe in zwölf Bänden,* hrsg. von Wilhelm Weischedel, Suhrkamp 1977. Die Briefe nach ders.: *Briefwechsel,* hrsg. von Otto Schöndörffer und Rudolf Malter, Meiner 2014, 3. Aufl. Aus der umfangreichen Literatur zu Kant seien aufgeführt: Ernst Cassirer: *Kants Leben und Lehre*, Meiner 2001 (Klassiker von 1921); Wolfgang Ritzel: *Immanuel Kant. Eine Biographie,* De Gruyter 1985; Manfred Geier: *Kants Welt. Eine Biographie,* Rowohlt 2003; Jean Grondin: *Kant zur Einführung,* Junius 2004, 3. Aufl.; Otfried Höffe: *Immanuel Kant,* C.H. Beck 2007, 7. Aufl.; Stefan Gerlach: *Immanuel Kant,* UTB 2011. Zur *Kritik der reinen Vernunft* siehe ferner: Gernot Böhme: *Philosophieren mit Kant. Zur Rekonstruktion der Kantischen Erkenntnis- und Wissenschaftstheorie,* Suhrkamp 1986; ders. und Hartmut Böhme: *Das Andere der Vernunft. Zur Entwicklung von Rationalitätsstrukturen am Beispiel Kants,* Suhrkamp 1983; Forum für Philosophie, Bad Homburg (Hrsg.): *Kants transzendentale Deduktion und die Möglichkeit von Transzendentalphilosophie,* Suhrkamp 1988; Günther Patzig: *Wie sind synthetische Urteile a priori möglich?*, in: Josef Speck (Hrsg.): *Grundprobleme der großen Philosophen. Philosophie der Neuzeit II,* Vandenhoeck & Ruprecht 1998; Otfried Höffe: *Kants Kritik der reinen Vernunft. Die Grundlegung der modernen Philosophie,* C.H. Beck 2003. Zu Hermann Samuel Reimarus siehe: Dietrich Klein: *Hermann Samuel Reimarus (1694–1768). Das theologische Werk,* Mohr Siebeck 2009; Ulrich Groetsch: *Hermann Samuel Reimarus (1694–1768): Classicist, Hebraist, Enlightenment Radical in Disguise,* Brill 2015. Gotthold Ephraim Lessing wird zit. nach ders.: *Gesammelte Werke,* hrsg. von Paul Rilla, Aufbau 1954. Zu Emanuel Swedenborg siehe: Ernst Benz: *Emanuel Swedenborg. Naturforscher und Seher,* Swedenborg-Verlag, 2. Aufl. 1969; Eberhard Zwink (Hrsg.): *Swedenborg in der Württembergischen Landesbibliothek,* Württembergische Landesbibliothek 1988; Olof Lagercrantz: *Vom Leben auf der anderen Seite,* Suhrkamp 1997. Johann Georg Hamanns Schriften sind zugänglich als *Hamann's Schriften,* 8 Bände, hrsg. von Friedrich von Roth, Reimer 1821–1843 (verfügbar auf Digitalisat); ders.: *Sämtliche Werke,* hrsg. von Josef Nadler, Herder 1999 (Nachdruck). Der *Briefwechsel* wird zit. nach Johann Georg Hamann: *Briefwechsel,* 7 Bände, Insel 1955–1979. Zu Hamann siehe: Isaiah Berlin: *Der Magus in Norden. Johann Georg Hamann und der Ursprung des modernen Irrationalismus,* Berlin Verlag 2001, 2. Aufl.; Oswald Bayer: *Zeitgenosse im Widerspruch. Johann Georg Hamann als radikaler Aufklärer,* Piper 1988. Ernst Mach wird zit. nach ders.: *Die Analyse der Empfindungen und das Verhältnis des Physischen zum Psychischen,* Wissenschaftliche Buchgesellschaft 1991 (Nachdruck).

Das moralische Gesetz in mir

Zu Kants Moralphilosophie siehe (neben der genannten allgemeinen Literatur): Julius Ebbinghaus: *Gesammelte Aufsätze, Vorträge und Reden,* Wissenschaftliche Buchgesellschaft 1968; Volker Gerhardt: *Immanuel Kant. Vernunft und Leben,* Reclam 2002; Dieter Sturma, Karl Ameriks (Hrsg.): *Kants Ethik,* Mentis 2004. Zu Studien über Altruismus bei Kleinkindern und Schimpansen siehe Felix Warneken, Michael Tomasello: *Altruistic Helping in Humans and Young Chimpanzees,* in: Science, 311 (3), 2006, S. 1301–1303. Ein entsprechendes Video dazu findet sich auf http://email.eva.mpg/-warnekenVideo.htm. Das Zitat über Kants Haltung zur Französischen Revolution stammt aus Reinhold Bernhard Jachmann: *Immanuel Kant geschildert in den Briefen an seinen Freund* (1804), in: Felix Groß (Hrsg.): *Immanuel Kant. Sein Leben in Darstellungen von Zeitgenossen,* Wissenschaftliche

Buchgesellschaft 1993, S. 103–187. Zu Kants politischer Philosophie siehe: Otfried Höffe: *Königliche Völker. Zu Kants kosmopolitischer Rechts- und Friedenstheorie,* Suhrkamp 2001; Dieter Hüning, Burkhard Tuschling (Hrsg.): *Recht, Staat und Völkerrecht bei Immanuel Kant. Marburger Tagung zu Kants »Metaphysischen Anfangsgründen der Rechtslehre«,* Duncker & Humblot 1998; Wolfgang Kersting: *Wohlgeordnete Freiheit. Immanuel Kants Rechts- und Staatsphilosophie,* Mentis 2007, 3. Aufl.

Der höchste Standpunkt

Johann Gottlieb Fichtes Werke werden zit. nach Reinhard Lauth, Hans Jacob: *J. G. Fichte. Gesamtausgabe der Bayerischen Akademie der Wissenschaften,* Friedrich Frommann 1981. Zu Fichte siehe: Peter Baumanns: *J. G. Fichte. Kritische Gesamtdarstellung seiner Philosophie,* Alber 1990; Peter Rohs: *Johann Gottlieb Fichte,* C.H. Beck 1991; Helmut Seidel: *Johann Gottlieb Fichte zur Einführung,* Junius 1997; Anthony J. La Vopa: *Fichte. The Self and the Calling of Philosophy, 1762–1799,* Cambridge University Press 2001; Wilhelm G. Jacobs: *Johann Gottlieb Fichte. Eine Biographie,* Insel 2012; Manfred Kühn: *Johann Gottlieb Fichte. Ein deutscher Philosoph,* C.H. Beck 2012; Karsten Schröder-Amtrup: *J. G. Fichte. Leben und Lehre. Ein Beitrag zur Aktualisierung seines Denkens und Glaubens,* Duncker & Humblot 2012. Zu Herders Kritik an Kant siehe Marion Heinz (Hrsg.): *Herders »Metakritik«. Analysen und Interpretationen,* Frommann-Holzboog, 2013. Karl Leonhard Reinholds Briefe über Kants Philosophie sind als PDF zugänglich: https://archive.org/details/briefeberdieka00reinuoft. Zu seiner Philosophie siehe: Martin Bondeli: *Das Anfangsproblem bei Karl Leonhard Reinhold. Eine systematische und entwicklungsgeschichtliche Untersuchung zur Philosophie Reinholds in der Zeit von 1789 bis 1803,* Klostermann 1995; ders. und Alessandro Lazzari (Hrsg.): *Philosophie ohne Beynamen. System, Freiheit und Geschichte im Denken Karl Leonhard*

Reinholds, Schwabe 2004. Zur Kant-Kritik von Gottlob Ernst Schulze siehe Luis Eduardo Hoyos Jaramillo: *Der Skeptizismus und die Transzendentalphilosophie. Deutsche Philosophie am Ende des 18. Jahrhunderts,* Alber 2008. Jacobis Werke sind zugänglich als ders.: *Werke. Gesamtausgabe;* Hrsg. von Klaus Hammacher, Walter Jaeschke, Meiner/Frommann-Holzboog 1998 ff. Jacobis Spinoza-Schrift ist separat erhältlich als ders.: *Über die Lehre des Spinoza in Briefen an den Herrn Moses Mendelssohn,* Meiner 2000. Das Jacobi-Zitat über den »kräftigsten Idealismus« stammt aus ders.: *David Hume über den Glauben oder Idealismus und Realismus. Ein Gespräch* (1787), online unter https://books.google.de/books/about/David_Hume_über_den_Glauben_oder_Ideali.html. Zu Jacobi siehe Dirk Fetzer: *Jacobis Philosophie des Unbedingten,* Schöningh 2007.

Seelenwelt oder Weltseele

Friedrich Joseph Schellings Werke werden zit. nach: Friedrich Joseph Schelling: *Sämtliche Werke,* hrsg. von Fritz Schelling, 14 Bände, Cotta 1856–1861, auf CD-ROM hrsg. von Elke Hahn, Total-Verlag 1998 (SW). Zu Schellings Briefen siehe Gustav Leopold Plitt: *Aus Schellings Leben. In Briefen,* 3 Bände, Hirzel 1869–1870, Olms 2003 (Nachdruck). Zu Schelling siehe: Manfred Frank: *Eine Einführung in Schellings Philosophie,* Suhrkamp 1985; Wolfram Hogrebe: *Prädikation und Genesis,* Suhrkamp 1989; Franz Josef Wetz: *Friedrich W. J. Schelling zur Einführung,* Junius 1996; Hans Michael Baumgartner, Harald Korten: *Friedrich Wilhelm Joseph Schelling,* C.H. Beck 1996; Xavier Tilliette: *Schelling. Biographie,* Klett-Cotta 2004, 2. Aufl.; Reinhard Hiltscher, Stefan Klingner (Hrsg.): *Friedrich Wilhelm Joseph Schelling,* Wissenschaftliche Buchgesellschaft 2012. Hegels Werke werden zit. nach G.W. Friedrich Hegel: *Werke in zwanzig Bänden,* hrsg. von Eva Moldenhauer, Karl Markus Michel, Suhrkamp 1970. Die Briefe werden zit. nach *Briefe von und an*

Hegel, hrsg. von Johannes Hoffmeister, 4 Bände, Meiner 1969. Zu Hegel siehe Charles Taylor: *Hegel,* Suhrkamp 1983; Herbert Schnädelbach: *Georg Wilhelm Friedrich Hegel zur Einführung,* Junius 2011, 4. Aufl.; Walter Jaeschke: *Hegel-Handbuch. Leben – Werk – Schule,* Metzler 2003; Hans Friedrich Fulda: *Georg Wilhelm Friedrich Hegel,* C.H. Beck 2003; Thomas Sören Hoffmann: *Georg Wilhelm Friedrich Hegel. Eine Propädeutik,* Marix 2004; Nicholas Boyle, Liz Disley, Karl Ameriks, Christoph Jamme: *The Impact of Idealism,* 4 Bände, Cambridge University Press 2013; Dieter Henrich: *Hegel im Kontext,* Suhrkamp 2015, 3. Aufl. (Neuauflage). Zum jungen Hegel siehe: Christoph Jamme, Helmut Schneider: *Der Weg zum System. Materialien zum jungen Hegel,* Suhrkamp 1990. Zum Einfluss Hölderlins auf Hegel siehe Christoph Jamme: *Ein ungelehrtes Buch. Die philosophische Gemeinschaft zwischen Hölderlin und Hegel in Frankfurt 1797–1800,* Meiner 2017. Zum »Ältesten Systemprogramm« siehe: Christoph Jamme, Helmut Schneider (Hrsg.): *Mythologie der Vernunft. Hegels ältestes Systemprogramm des deutschen Idealismus,* Suhrkamp 1984.

Sein und Schein des Schönen

»Die Gemälde« wird zit. nach August Wilhelm Schlegel, Friedrich von Schlegel: *Athenaeum,* Bertelsmann 1971, 2. Aufl. Wichtige Texte Schellings zur Kunst versammelt der Band *F. W. J. Schelling. Texte zur Philosophie der Kunst,* hrsg. Werner Beierwaltes, Reclam 2004. Zu Schellings Kunstverständnis siehe: Dieter Jähnig: *Der Weltbezug der Künste. Schelling, Nietzsche, Kant,* Alber 2011; Thomas Glöckner: *Ästhetische und intellektuelle Anschauung. Die Funktion der Kunst in Schellings transzendentalem Idealismus,* AVM 2011. Zu Theorie und Geschichte der »Ästhetik« siehe: Władysław Tatarkiewicz: *Geschichte der Ästhetik,* 3 Bände, Schwabe 1979; Anne Sheppard: *Aesthetics: An Introduction to the Philosophy of Art,* Oxford University Press 1987; Annemarie

Gethmann-Siefert: *Einführung in die Ästhetik,* UTB 1995; Konrad Paul Liessmann: *Philosophie der modernen Kunst. Eine Einführung,* UTB 1999; Maria E. Reicher: *Einführung in die philosophische Ästhetik,* Wissenschaftliche Buchgesellschaft 2005; Godo Lieberg: *Ästhetische Theorien der Antike, des Mittelalters und der Neuzeit,* Brockmeyer 2010; Norbert Schneider: *Geschichte der Ästhetik von der Aufklärung bis zur Postmoderne,* Reclam 2010, 5. Aufl.; Stefan Majetschak: *Ästhetik zur Einführung,* Junius 2012, 3. Aufl. Baumgartens *Aesthetica* wird zit. nach Alexander Gottlieb Baumgarten: *Theoretische Ästhetik. Die grundlegenden Abschnitte aus der »Aesthetica«* (1750/1758), hrsg. von Hans Rudolf Schweizer, Meiner 2013, 3. Aufl. Hegels »Ästhetik« wird zit. nach *G. W. Friedrich Hegel. Vorlesungen über die Ästhetik,* 2 Bände, hrsg. von Friedrich Bassenge, Aufbau 1965.

Das Ende der Geschichte

Georg Wilhelm Friedrich Hegels Rechtsphilosophie liegt als Einzelausgabe vor als: *G. W. F. Hegel. Grundlinien der Philosophie des Rechts,* Reclam 1986. Zu Hegels politischer Philosophie siehe: Franz Rosenzweig: *Hegel und der Staat,* Suhrkamp 2010 (Nachdruck); Joachim Ritter: *Hegel und die französische Revolution,* Suhrkamp 2015, 4. Aufl.; Manfred Riedel (Hrsg.): *Materialien zu Hegels Rechtsphilosophie,* 2 Bände, Suhrkamp 1975; Shlomo Avineri: *Hegels Theorie des modernen Staates,* Suhrkamp 1976; Charles Taylor: *Hegel and Modern Society,* Cambridge University Press 1979; Dieter Henrich, Rolf Peter Horstmann (Hrsg.): *Hegels Philosophie des Rechts,* Klett-Cotta 1982; Axel Honneth: *Kampf um Anerkennung. Zur moralischen Grammatik sozialer Konflikte,* Suhrkamp 1994; ders.: *Leiden an Unbestimmtheit,* Reclam 2001; Ludwig Siep: *Aktualität und Grenzen der praktischen Philosophie Hegels. Aufsätze 1997–2009,* Fink 2010; Andreas Arndt, Jure Zovko (Hrsg.): *Staat und Kultur bei Hegel,* De Gruyter 2010; Sven Ellmers, Steffen Herrmann (Hrsg.): *Korporation und Sittlichkeit. Zur Aktualität von Hegels Theorie der bürgerlichen Gesellschaft,* Fink 2016. Zu Jakob Friedrich Fries siehe: Gerald Hubmann: *Ethische Überzeugung und politisches Handeln. Jakob Friedrich Fries und die deutsche Tradition der Gesinnungsethik,* Winter 1997; Kay Herrmann, Wolfram Hogrebe (Hrsg.): *Jakob Friedrich Fries – Philosoph, Naturwissenschaftler und Mathematiker,* Lang 1999. William Godwins Hauptwerk ist erhältlich als: *Politische Gerechtigkeit,* Haufe 2004. Charles Halls Schrift als ders.: *Effects of Civilization on the People in European States, with Observations on the Principal Conclusions in Mr. Malthus's Essay on Population,* Routledge/Thoemmes Press 1994. Adam Müller zu Nitterdorf wird zit. nach ders.: *Die Elemente der Staatskunst,* 3 Bände, Sander 1809. Zur Metapher vom »Ende der Geschichte« siehe: Barry Cooper: *The End of History: An Essay of Modern Hegelianism,* University of Toronto Press 1984; Henk de Berg: *Das Ende der Geschichte und der bürgerliche Rechtsstaat: Hegel – Kojève – Fukuyama,* A. Francke 2007.

Dank

Mein großer Dank gilt wiederum allen, die auf ihre Weise zum Gelingen des zweiten Bandes dieser Philosophiegeschichte beigetragen haben, insbesondere meinen Erstlesern Hans-Jürgen Precht und Timm Eich. Ganz besonders danken möchte ich Christoph Jamme, dessen freundschaftlicher Rat und dessen kluge Anregungen und Kritik mir immer sicher waren.

Personenregister

Abaelard, Petrus 63
Addison, Joseph 311
Adorno, Theodor W. 278, 564
Aîne, Basile Geneviève Suzanne d' 398
Alberti, Leon Battista 20, 65–69, 72, 73, 85, 118, 568–570
Albrecht von Brandenburg 98
Alembert, Jean-Baptiste le Rond d' 389, 392, 398, 402, 404, 411
Anaxagoras 118
Andersen, Hans Christian 423
Annandale, George Vanden-Bempde, 3rd Marquess of 326
Anselm von Canterbury 44, 179
Antoninus von Florenz 55
Apel, Karl-Otto 530
Aphrodisias 81
Aragón, Alfons V. von 62, 63, 64
Argenson, Marc-Pierre de Voyer d' 390
Aristarchos von Samos 116
Aristoteles 35–36, 38, 62, 63, 69–70, 71, 76, 78, 79, 80–84, 88, 116, 118, 120, 121, 122–123, 130, 141, 142, 149, 153, 166–167, 169, 177, 181, 195, 200, 211, 213, 237–238, 246, 266, 269, 288, 289, 295, 298, 374, 418, 468, 474, 522, 566–567, 570, 584, 603, 610–611
Arkesilaos 468
Arnauld, Angélique 219
Arnauld, Antoine 204, 219
Arrhenius, Svante 461
August, Rudolf 210, 226
Augustinus 74, 99, 106, 175, 220, 416, 505
Augustus 616
Averroës 76–77, 80–81, 123, 261
Avicenna 780

Bach, Johann Sebastian 205
Bacon, Francis 147–154, 165, 194, 211, 229, 234, 237, 289, 544
Bacon, Roger 149, 288
Baumgarten, Gottlieb Alexander 302, 573–576, 578, 581, 582
Bayle, Pierre 224, 284, 402
Bazard, Saint-Amand 602
Beattie, James 337, 341
Beethoven, Ludwig van 585
Bellori, Giovanni Pietro 569
Ben-Gurion, David 189
Bergson, Henri 200
Berkeley, George 14, 192, 303–311, 312, 314–316, 323, 326, 341, 386, 468, 481, 521, 523
Bernhardin von Siena 55
Bernoulli, Johann II. 376
Bessarion, Basilius 71
Biagio Pelacani, Da Parma 80
Bloch, Ernst 564, 586
Blumenbach, Johann Friedrich 529, 540
Boccaccio, Giovanni 60
Bodin, Jean 233–234, 409, 609
Boerhaave, Herman 377
Boethius 74, 179
Bonnet, Charles 387
Borgia, Cesare 87, 89
Bosch, Hieronymus 65
Boswell, James 308
Botticelli, Sandro 64
Boullée, Étienne-Louis 251, 438, 440
Bordeu, Théophile de 391
Bowles, Samuel 340
Boyle, Robert 247, 256, 294, 295–296, 307
Brahe, Tycho 143, 165
Bramante, Donato 85, 86
Brecht, Bertholt 347
Brunelleschi, Filippo 20, 65, 86
Bruni, Leonardo 62, 71
Bruno, Giordano 127–137, 139, 141, 142, 144, 164, 194, 214, 454, 457
Bucer, Martin 104
Buffon, Georges-Louis Leclerc Comte de 392–393, 402, 454, 459, 540

Buridan, Johannes 63, 120, 288, 305
Burke, Edmund 342, 440, 576–577, 579
Burman, Frans 180
Bürger, Gottfried August 227
Bèze, Théodore de 106
Böhme, Jakob 222–223, 224

Calvin, Johannes 105–107, 220, 221, 280, 420
Campanella, Tommaso 124–127, 131, 144, 152, 164, 235, 432
Cardano, Girolamo 120–123, 129, 131, 139, 142, 144, 164, 172, 214
Castellio, Sebastian 105–107
Castillon, Johann 400
Cavendish, William 229
Cervantes, Miguel de 432
Champion, Anne-Antoinette 389
Chaumette, Pierre-Gaspard 439
Christina von Schweden 187
Cicero, Marcus Tullius 78, 118, 177, 241
Clarke, Samuel 452
Cleghorn, William 325, 326
Clemens VII. 117
Clow, James 325, 326
Cocteau, Jean 307
Condillac, Étienne Bonnot de 384–389, 395, 398, 399, 414, 418, 441, 453, 471, 477
Condorcet, Marie Jean Antoine Nicolas Caritat, Marquis de 431–437, 441–444, 619
Cook, James 483
Cornelius, Peter von 588
Cotrugli, Benedetto 59
Cromwell, Oliver 153–154, 228, 232
Cusanus 10, 12, 23, 33–39, 42, 45–53, 59, 63, 64, 74, 75, 97, 102, 116, 124, 130, 132, 133, 175, 194, 211, 222, 293, 304, 439, 551, 567
Cäsar, Gaius Julius 616

Damásio, António 198, 323
Dante Alighieri 88, 90
Darwin, Charles 44, 214, 353, 354, 545
Davenant, Charles 273
Deecke, Lüder 330
Demokrit 118, 164, 167, 168, 288
Descartes, René 42, 124, 142, 162–187, 190–196, 197, 199, 206, 208, 210, 211, 212, 213, 222, 223, 228, 229, 231, 232, 235–236, 288, 289–292, 293, 295, 296, 298, 301, 310, 313, 323, 368, 374, 378, 383, 386, 452, 455, 462, 466, 468, 368, 477, 514, 522, 525, 554–555, 574–575
Diderot, Denis 14, 342, 376, 382, 384, 387–393, 395, 398, 399, 402–405, 409, 414, 415–416, 417, 421, 426–427, 429–430, 440, 441, 488, 540, 573, 578
Diez, Immanuel Carl 546
Digges, Thomas 142
Diogenes Laertios 167
Dionysius Areopagita 37–38, 43, 71, 73, 74, 130, 568
Dominikus 102
Driesch, Hans 200
Dubos, Jean-Baptiste 571
Duns Scotus, Johannes 77, 147, 221
Dürer, Albrecht 569

Ebreo, Leone 131
Einstein, Albert 193
Elisabeth I. 145–146, 265
Elisabeth von der Pfalz 186
Empedokles 121, 122
Engels, Friedrich 601
Epiktet 492
Epikur 24, 62, 118, 122–123, 129, 137, 164, 167–168, 241, 288, 375, 411
Erasmus von Rotterdam 92–95, 96–97, 99, 101, 105, 106, 107–108, 110–111, 139, 164, 221
Eriugena, Johannes Scotus 46
Ernst Fehr 337
Eugen IV. 19
Euklid 133, 229, 319

Fatio de Duillier, Nicolas 224, 301
Ferdinand, Herzog von Parma, Piacenza und Guastalla 387
Festinger, Leon 335
Feuerbach, Ludwig 379, 618
Fichte, Johann Gottlieb 7, 14, 192, 244, 513–516, 521–544, 547–548, 553, 559, 560, 561, 587, 591, 594–595, 596, 597, 600
Ficino, Diotefeci 72
Ficino, Marsilio 72–75, 76, 77, 83, 85, 88, 118, 119, 126, 129, 152, 164, 195, 439, 569
Filmer, Robert 265, 279
Fischer, Bobby 545
Flamsteed, John 461
Foe, Daniel 284–285
Fontenelle, Bernard Le Bovier de 371, 457
Fra Angelico 18
Franck, Sebastian 104, 222
Franklin, Benjamin 342
Franz von Assisi 102
Freiberg, Dietrich von 49, 175, 293, 304
Freud, Sigmund 200, 201, 346, 514
Friedrich II., »Friedrich der Große« 205, 370–373, 376, 380, 400, 404, 427, 451, 486, 488, 503, 590
Friedrich III. 98, 101
Friedrich Wilhelm I. 370
Friedrich Wilhelm II. 503
Friedrich Wilhelm III. 608, 610, 613, 616
Fries, Jakob Friedrich 593–595
Fukuyama, Francis 620

Galiani, Ferdinando 429
Galilei, Galileo 128, 140–145, 148, 165, 167, 169–170, 229, 234, 289, 295, 544
Gama, Vasco da 120
García de Céspedes, Andrés 149–150
Garve, Christian 467, 485, 602
Gassendi, Pierre 124, 168, 179, 215, 229
Gates, Bill 151
Georg II. 349
Georgios Trapezuntios 70
Geulincx, Arnold 223
Gibbon, Edward 342
Gilles, Peter 108
Giotto 65
Godwin, William 604–605
Goethe, Johann Wolfgang von 135, 189, 366, 400, 423, 484, 511, 521, 533, 536, 540, 541, 561, 562, 585, 587, 592
Gonzaga, Ludovico 68
Gottsched, Johann Christoph 571
Gournay, Vincent de 410–411, 429
Gozzoli, Benozzo 18–24, 34, 66, 69, 70, 72
Gramont, Herzog Louis de 377
Gregor XI. 45
Grimm, Friedrich Melchior 389, 398
Grimmelshausen, Hans Jakob Christoffel von 207
Grotius, Hugo 243–244, 265, 547
Gryphius, Andreas 207
Guenellon, Pieter 287

Habermas, Jürgen 620
Haidt, Jonathan 337
Hall, Charles 605, 614
Haller, Albrecht von 379, 540
Hamann, Johann Georg 465, 466, 484–485, 488, 489, 500, 506, 517, 562
Hamilton, William 373
Hardenberg, Karl August von 590
Harrington, James 13, 245–246, 279, 280, 285, 344, 408
Hartknoch, Johann Friedrich 467
Harvey, William 182, 374
Hebert, Jacques-René 439
Hegel, Georg Wilhelm Friedrich 10,11, 14, 100, 135, 187, 195, 533, 536, 537, 538, 546–558, 564, 582–621
Hegel, Ludwig 601
Heidegger, Martin 187
Heinrich VII. 93
Heinrich VIII. 93, 108, 111
Heinrich von Gent 77
Helvétius 394–397, 398, 399, 405, 410, 413, 428, 429, 430, 440, 441, 445, 454

Henrich, Dieter 524
Heraklit 81, 130, 132, 438, 495, 524, 565
Herder, Johann Gottfried 125, 425, 517–518, 532, 536, 537, 562, 571, 581
Hermes Trismegistos 73, 74, 77
Herz, Marcus 466
Hesiod 565
Heymericus de Campo 37, 38
Hippel, Theodor Gottlieb von 467
Hobbes, Thomas 13, 124, 145, 157, 215, 228–248, 256, 258, 259–267, 271, 279, 280, 281, 285, 289, 290, 326, 334, 335, 337, 392, 407, 417, 418, 421, 530, 547, 599
Hodscha, Enver 531
Holbach, Franz Adam 398
Holbach, Paul Henri Thiry d' 186, 389, 397–400, 403, 405, 413, 414, 421, 426, 427, 429, 430, 440, 445, 454, 461
Homer 565
Honneth, Axel 620
Horaz 570
Horkheimer, Max 278
Hotho, Heinrich Gustav 583
Hufeland, Christoph Wilhelm 510, 511, 512
Humboldt, Wilhelm von 590
Hume, David 14, 178, 201, 312–319, 321–324, 326–336, 338–345, 347–349, 350–352, 353, 354, 360, 369, 396, 397, 399, 400, 405–406, 425, 429, 452, 465, 466, 468–470, 471, 475, 477, 478, 480–482, 484, 488, 489–490, 491, 493, 509, 516, 520, 547, 597
Hus, Jan 102
Husserl, Edmund 385
Hutcheson, Francis 333–335, 337, 338, 340, 343–344, 348, 349, 351, 356, 360
Huxley, Thomas Henry 314
Huygens, Christiaan 204, 457
Hölderlin, Friedrich 537, 538, 546, 547, 552, 562, 582

Iamblichos 74
Innozenz VIII. 77
Innozenz X. 219

Jacobi, Heinrich 135, 520–521, 538, 543, 549
Jakob II. 280, 283
James, William 346
Jansen, Cornelius 219–220
Jaucourt, Louis de, »Chevalier« 421
Jefferson, Thomas 279
Jesus 40, 83, 183, 217, 283, 546
Jobs, Steve 151
Johannes VIII. Palaiologos 19, 22, 23
Johnson, Samuel 308
Joseph II. 19, 22
Julius II. 85–86, 89, 92, 94, 98

Kant, Immanuel 12, 14, 78, 192, 195, 244, 337, 364, 425, 452–459, 461, 464–512, 514–522, 525–529, 530, 532, 534, 536–538, 540, 545, 546–548, 551, 554–555, 556, 558, 561, 563, 574, 577, 578–582, 583–584, 590, 591, 594, 595, 596, 597, 599, 600–601, 613–614
Karl I. 227–228, 230–231, 232, 247
Karl II. 231, 232, 247, 258, 282
Karl V. 110
Karl VIII. 79, 80
Kater, Johan de 180
Kay, Alan 151
Kenny, Anthony 14
Kepler, Johannes 143–144, 165
Keynes, John Maynard 323
Kierkegaard, Søren 79
Kleist, Heinrich von 562
Knutzen, Martin 452, 456
Kojève, Alexandre 620
Kolumbus, Christoph 52, 85, 119–120
Konfuzius 492
Konstantin 63
Kopernikus, Nikolaus 114–118, 127, 129, 136–137, 140, 144, 148, 173, 470
Kornhuber, Hans Helmut 330
Kotzebue, August von 593
Krause, Jens 360

La Court, Pieter de 261
La Mettrie, Julien Offray de 14, 186, 377–382, 384, 389, 399, 415, 441, 478
La Ramée, Pierre de 164
Landino, Cristoforo 73
Laplace, Pierre-Simon 456
Lassalle, Ferdinand 618
Lavater, Johann Caspar 513–514, 522
Ledoux, Claude-Nicolas 440
Leeuwenhoek, Antoni van 206, 216
Leibniz, Gottfried Wilhelm 12, 13, 125, 135, 204–219, 221, 223–226, 228, 229, 235, 263, 284, 289, 290, 297, 299–303, 310, 314, 317, 320, 321, 322, 326, 332, 342–343, 367–368, 374, 375, 378, 392, 393, 452–453, 456, 458–459, 460, 462, 466, 468, 470, 471, 473, 475, 482, 503, 537, 547, 574
Lenin, Wladimir Iljitsch 441
Leo X. 82
Leonardo da Vinci 64, 85, 117–118, 121, 127, 289, 569
Leoni, Pierleone, »da Spoleto« 53, 74, 570
Lessing, Gotthold Ephraim 459–460, 518, 532, 547, 571, 573
Leukipp 118, 167, 288
Levasseur, Thérèse 425
Levi ben Gershon 77
Levin, Rahel, spätere Varnhagen 559
Libet, Benjamin 84, 330
Liebig, Justus von 150
Ligniville, Anne-Catherine de 394
Lipperhey, Hans 140
Llull, Ramon 39–46, 49, 50–51, 63, 102, 130, 132, 135, 136, 175, 211, 222, 293, 304, 439, 551, 567
Locke, John 13, 107, 178, 248, 255–258, 260, 263, 265–268, 270–300, 301–306, 312, 314–316, 318, 326, 334, 337, 341, 348, 349, 353, 354, 356, 368–369, 383, 384–385, 386, 395, 408, 409, 411, 413, 417–419, 421–422, 460, 468, 475, 530, 547, 598, 609
Lovelock, James 135
Ludwig XII. 87
Ludwig XIV. 219, 262, 370, 377, 571
Ludwig XV. 407
Ludwig XVI. 404, 430, 431, 435
Lukian 94
Lukrez 122, 129, 167
Luther, Martin 12, 90, 95, 97–106, 107–108, 110–112, 115–116, 220, 221, 223, 276
Lyotard, Jean-François 580
Léonin 570

Mach, Ernst 478
Machiavelli, Nicolò 86–91, 110, 119, 186, 240, 547, 609
MacIntyre, Alasdair 620
Madison, James 279
Magellan, Ferdinand 120
Maimonides, Moses 77, 460
Malatesta, Sigismondo 21, 68
Malebranche, Nicolas 204, 223, 224
Malesherbes, Chrétien-Guillaume de Lamoignon de 404, 416
Mallet, Edmé-François 402
Malthus, Thomas Robert 350
Malynes, Gerard de 268, 269, 270
Mandeville, Bernard 274, 356
Manetti, Giannozzo 24, 59, 65, 78
Maria Theresia 484
Marsilius von Padua 88, 233, 242
Martelli, Roberto 22
Marx, Karl 82, 353, 441, 556, 607, 616, 618
Masaccio 20, 65
Maupertuis, Pierre Louis Moreau de 373–377, 380, 388, 391, 392, 441, 454, 455, 540
Maximilian I., Herzog und Kurfürst von Bayern 163, 165
Mead, George Herbert 346
Medici, Cosimo de', »der Ältere« 18, 19, 20, 22, 72, 73
Medici, Cosimo II. de' 143
Medici, Lorenzo de', »der Prächtige« 22, 53, 79, 85
Medici, Piero de', »der Gichtige« 22
Meister Eckhart 46, 47, 49, 50, 101, 102, 222, 293, 304, 439
Melanchthon, Philipp 103, 105, 115–116

Mendelssohn, Moses 460–461, 467, 477, 485, 521, 577
Mercier, Louis-Sébastien 443, 444, 619
Mersenne, Marin 166, 168, 229
Metternich, Klemens Wenzel Lothar von 610
Michelangelo 59, 64, 569
Milton, John 145, 154
Minkowski, Eugène 200
Mirabaud, Jean Baptiste de 398
Misselden, Edward 268, 269, 270
Mohammed 83
Molina, Luis de 220, 224
Monck, George 248
Montaigne, Michel de 136–140, 148, 172, 389
Montesquieu, Charles Louis de Secondat de 406–410, 416, 422, 427, 440, 441, 508, 547, 572, 611
Montessori, Maria 425
More, Thomas 93, 94, 108–109, 110–111, 126, 152
Moritz, Philipp 562
Moses 73, 83
Mozart, Wolfgang Amadeus 585
Musil, Robert 96, 194

Nachmanides 77
Napoleon I. 535, 536, 550, 590–591, 599, 608, 610, 616
Napoleon III. 616
Needham, John Turberville 374
Newberg, Andrew 179
Newton, Isaac 142, 193, 210, 224, 251, 256, 278, 299, 301, 307, 322, 353, 369, 383, 384, 391, 395–396, 399, 438, 452–453, 454–455, 474, 477, 478, 539
Nicolai, Friedrich 485
Nicolaus von Autrecourt 120, 305
Nietzsche, Friedrich 200, 201, 563, 564
Nikolaus V. 46, 50, 64, 68, 77
Nikolaus von Oresme 116, 166
Nitterdorf, Adam Müller von 606
Novalis 121, 536, 540, 559, 586
Nurejew, Rudolf 394

Ogilvie, William 355
Opitz, Martin 208, 571
Oppenheimer, Robert 303
Oranien-Nassau, Moritz von 163
Osiander, Andreas 116
Owen, John 237

Pacioli, Luca 59
Page, Larry 151
Paoli, Pasquale 409
Paracelsus 131, 172
Parmenides 49, 293, 523
Pascal, Blaise 219–222, 224, 536
Patrizi da Cherso, Francesco 131
Paul III. 117
Paul, Jean 588
Paulus 37, 99, 416
Paulus, Heinrich Eberhard Gottlob 546
Peirce, Charles Sanders 175
Pelagius 505
Perrault, Charles 571
Pestalozzi, Johann Heinrich 425
Petrarca, Francesco 60
Petty, William 273–274, 349
Philipp II. 145, 228
Philipp IV. 97
Piaf, Édith 499
Pico della Mirandola, Giovanni 76–80, 83, 85, 88, 119, 126, 130, 164, 445, 494
Piero, della Francesca 64, 65
Pitt, William 353
Pius II. 21, 46, 50, 51, 77
Pius IX. 45
Planck, Max 193
Platon 36, 62, 68–70, 71–75, 77, 88, 109, 118, 220, 121, 123, 126, 129, 131, 136, 152, 163–164, 177, 194, 225, 235, 260, 269, 289–290, 315, 438, 468, 491, 492, 495, 497, 498, 507, 524, 537, 540, 562, 565–567, 583–584, 603, 609
Plautus, Titus Maccius 237
Plethon 23, 69–71, 74
Plotin 37–38, 42, 43, 47, 48, 49, 69, 73–74, 75, 77, 133, 164, 179, 194, 215, 438, 567–568

Plutarch 139
Poliziano, Angelo 73
Pomponazzi, Pietro 80, 81–85, 99, 118, 221, 330, 331, 439
Pope, Alexander 311, 367, 457
Protagoras 59, 369
Ptolemäus, Claudius 127
Pufendorf, Samuel von 264–265
Puisieux, Madeleine de 376
Putnam, Hilary 174
Pyrrhon 172–173, 468
Pythagoras 565
Pérotin 570

Quesnay, François 354, 411–414, 429, 484

Rabelais, François 425
Racine, Jean 219
Raffael 64, 86, 560
Raleigh, Sir Walter 238
Rameau, Jean-Philippe 414
Ramsay, Allan 341
Raynal, Guillaume-Thomas François 427
Regius, Henricus 184–185
Reid, Thomas 337, 340–341
Reimarus, Hermann Samuel 458–460, 561
Reinhold, Carl Leonhard 519, 524, 527, 594
Rembrandt van Rijn 183–184
Reuchlin, Johannes 96
Rheticus, Joachim 115
Ricardo, David 603
Richelieu, Armand Jean du Plessis de 382
Riedesel, Friedrich Ludwig von 538
Riedesel, Ludwig Georg von 538
Robespierre, Maximilien 406, 436, 439, 441
Roth, Gerhard 314
Rousseau, Jean-Jacques 14, 342, 384, 388, 389, 398, 414–427, 429, 430, 436, 439, 440, 441, 460, 477, 484, 485, 487, 488, 514, 516, 537, 538, 546, 547, 552, 600, 609–610
Ryle, Gilbert 181

Saint-Simon, Claude-Henri de 602
Sand, Karl Ludwig 593
Santorio, Santorio 184
Sartre, Jean-Paul 79, 525
Saunderson, Nicholas 390
Savigny, Friedrich Carl von 593, 595
Savonarola, Girolamo 79–80, 87
Say, Jean-Baptiste 603
Scaliger, Julius Caesar 570
Schachter, Stanley 335
Schadow, Friedrich Wilhelm von 588
Scheler, Max 200
Schelling, Friedrich Wilhelm Joseph 10, 14, 135, 536, 537–546, 548–552, 553, 554, 555, 557, 560–564, 565, 581–582, 587, 591, 594
Schiller, Friedrich 500, 518, 536, 550, 561, 562, 571, 580, 581, 584, 585
Schlegel, August Wilhelm 536, 540, 545, 550, 559, 560, 562, 586
Schlegel, Caroline 545, 559
Schlegel, Friedrich 536, 540, 550, 559, 562, 571, 585, 586
Schleiermacher, Friedrich 593, 595
Schopenhauer, Arthur 201, 226, 621
Schultz, Franz Albert 452, 456
Schulze, Gottlob Ernst 519–520, 521, 523
Schweitzer, Albert 186
Schwenckfeld, Kaspar 104
Sebond, Raimon 136
Seneca 380, 492
Servet, Michel 105
Sextus Empiricus 172
Sforza, Galeazzo 21
Shaftesbury, Anthony Ashley Cooper, 1. Earl of 256–258, 276, 282, 285, 288
Shaftesbury, Anthony Ashley Cooper, 3. Earl of 336
Shakespeare 147
Sinatra, Frank 130
Sinclair, Isaac von 547
Sinclair, James 327
Sinclair, Isaac von 547
Smith, Adam 10, 14, 326, 337, 343–347, 351–363, 395, 396, 411, 412, 413, 422, 429, 439,

489–490, 491, 493, 494, 531, 595, 603
Soemmerring, Samuel Thomas 478
Sokrates 489
Solger, Karl Wilhelm Ferdinand 593
Sophokles 557
Sozzini, Fausto 107
Spence, Thomas 351, 354
Spinoza, Baruch de 12, 135, 189–207, 209, 210, 212, 216, 224, 225, 228, 229, 237, 255, 260–264, 289, 323, 326, 344, 378, 396, 399, 459, 468, 470, 473, 482, 521, 523, 527–528, 537, 528, 541, 543, 547, 552
St. Denis, Suger von 568
St. Viktor, Richard von 568
Steele, Richard 311
Steffens, Henrich 559
Stirner, Max 618
Stock, Dora 559
Straßburg, Ulrich von 568
Stroud, Barry 174
Stuart, Maria 265
Sultan Mehmed II. 25
Suárez, Francisco 243, 244
Swedenborg, Emanuel 455–456, 457, 461–466, 468, 545
Swift, Jonathan 273, 311, 571
Sydenham, Thomas 256

Tal, Michail 545
Taylor, Charles 620
Telesio, Bernardino 122–125, 129–130, 131, 142, 164, 167, 182, 183, 184
Tetzel, Johannes 98
Thomas Mun 268, 269, 270
Thomas von Aquin 35, 44, 48, 54, 63, 70, 77, 81, 146, 221, 293
Thomasius, Christian 487
Thukydides 229
Tieck, Wilhelm 536, 550
Tomasello, Michael 497
Torricelli, Evangelista 182
Toscanelli, Paolo dal Pozzo 52
Townshend, Charles 353
Traversari, Ambrogio 71
Tucher, Marie von 601
Tucker, Albert W. 239
Tucker, Josiah 348–349, 362
Turgot, Anne Robert Jacques 354, 429–431, 433, 484
Tyson, Edward 378

Urban VIII 144
Ussher, James 238, 392

Valla, Lorenzo 52, 62–64, 65, 65, 83
Veen, Egbert 287
Vernia, Nicoletto 80
Voltaire 14, 107, 226, 354, 366–368, 369–370, 371–373, 376, 380, 381, 388, 420, 425, 426, 433, 484, 488, 547
Vom Stein Zum Altenstein, Karl 617
Vries, Hugo de 375

Waal, Frans de 336–337, 497
Wallace, Robert 350–351
Warburton, William 313
Warneken, Felix 497
Washington, George 279
Watt, James 326
Weigel, Ernst 207
Weigel, Valentin 222
Wheeler, John 270, 354, 439
Whitehead, Alfred North 200
Wieland, Christoph Martin 536, 562
Wilhelm III. 280, 281, 282
Wilhelm Martin Leberecht de Wette 593
Wilhelm von Ockham 44, 63, 147, 221, 288
Willis, Thomas 378
Winckelmann, Johann Joachim 562
Witt, Johan de 261, 262
Wittgenstein, Ludwig 195
Wolff, Caspar Friedrich 375–376, 540
Wolff, Christian 13, 368–369, 373, 452, 457, 460, 466, 468, 470, 487, 574
Wright, Thomas 454, 455
Wyclif, John 102

Zenon von Kition 84
Zwingli, Huldrych 105, 107

Sachregister

Affekt *siehe* Gefühl
Allgemeininteresse (intérêt géneral) *siehe* Gemeinwohl
Alltagserfahrung *siehe* Gesunder Menschenverstand
Anthropozentrismus 118–119, 192, 132, 150
Arbeit 11, 109, 126, 147, 148, 270–272, 274, 277, 283, 293, 348, 352, 354, 357–359, 412, 413, 421, 604–605, 607
Ästhetik 301–302, 473–476, 574–577, 578
• *siehe auch* Raum und Zeit
Astronomie 114–117, 118, 119–120, 126, 134, 135, 136, 140, 143, 149, 455, 470, 619
• *siehe auch* Weltbild
Atheismus 284, 369, 405–406, 421, 437, 460–461, 532, 542
Atomismus *siehe* Materie
Aufklärung 13, 233, 275, 284, 333, 369, 381, 403, 414, 431, 440–444, 486–489, 532

Begriff 38, 44, 63, 151, 167, 176, 289, 292, 317, 384, 474–475
Beobachtung 117, 141, 176, 178, 212, 236, 314, 317, 319–322, 391, 471
• *siehe auch* Empirismus; Wahrnehmung
Besitz *siehe* Eigentum
Beste aller möglichen Welten 206–207, 211, 226, 365–367
Bewegung *siehe* Dynamik
Bewusstsein 49, 63, 124, 132, 133–134, 180, 215–217, 236, 291, 301–302, 305–307, 308–309, 378, 470–472, 523, 526, 539, 549, 554, 555
Bibel 37, 100, 101, 106, 117, 229, 459, 504
Bildung 109, 111, 126, 359, 435
Biologie 44, 122, 124, 182, 184–186, 374–375, 376, 383, 396, 511, 529, 540–541
Bürger, Bürgertum 13, 66, 90, 257, 260, 275, 421, 609
• *siehe auch* Rechte

Christentum 19, 37–38, 40, 63, 70–71, 104–105, 118, 132, 138, 144, 209, 215, 400, 459, 532, 546, 568, 615, 621
Cogito 162, 174–175, 176, 187
• *siehe auch* Geist; Ich; Seele

Das Absolute 43, 47, 49, 290, 536, 542–543, 549, 553–554, 560–564, 581–583, 584–587, 609, 614–615
• *siehe auch* Geist
Das Eine 38, 42, 47, 48–49, 133, 215, 567
• *siehe auch* Geist; Neuplatonismus
Das Gute 41, 75, 101, 201, 225–226, 237, 292, 352, 438, 469, 482, 490–491, 567, 572
• *siehe auch* Schönheit; Wahrheit
Das gute Leben 41, 186, 199, 203, 260, 267, 339, 434–435, 441, 505, 528
Demiurg *siehe* Schöpfung
Demokratie 13, 78, 80, 88, 242, 261–262, 264, 422, 426, 531, 614
Determination *siehe* Schicksal
Deus malignus *siehe* Täuschung
Dialektik 419, 498, 552–553, 555–556, 602
Ding/Welt »an sich« 63, 132, 174, 292, 296, 305–307, 310, 315, 320, 368, 474, 481–482, 497, 520–521, 523–524, 555
• *siehe auch* Erkenntnis; Wirklichkeit
Dogma 37, 45, 47, 75, 233, 403, 468, 522–524

Dualismus 115, 118, 181–182, 184–185, 187, 196, 209, 399
Dynamik 36, 39, 40, 82, 85, 120, 122, 129–131, 142, 169–170, 296, 304, 373, 392–393, 395, 408, 455
Dämon *siehe* Täuschung

Eigentum 146, 239, 245–246, 260, 264, 267, 270–271, 277, 354–355, 412–413, 419, 421–422, 428, 602, 605
Emergenz 214–215, 391
Empfindung *siehe* Gefühl
Empirismus 81, 172, 288–296, 297, 301, 310, 341, 383, 411, 468, 470, 479
logischer Empirismus 318
• *siehe auch* Beobachtung; Erfahrung
Enzyklopädie 402–404, 415, 426
Erfahrung 121, 141, 258, 290–292, 296, 298, 302–303, 318–319, 321, 322, 470–472
• *siehe auch* Beobachtung; Empirismus; Wahrnehmung
Erhabenheit *siehe* Kunst
Erkenntnis 42–43, 49, 66, 74, 121, 124, 132–134, 137, 140, 163–165, 195–199, 207, 217–219, 224, 236, 288–289, 292–296, 297, 302, 310–311, 316–317, 383–384, 466–467, 470–471, 501–502, 526, 555–556, 561, 574–575
• *siehe auch* transzendental
Ethik 72, 125, 191–192, 194–195, 199, 201, 207, 270, 274, 334, 490, 493, 608–609
Evolution 42, 122, 167, 214, 353, 378–379, 392–393, 417–418, 542, 545

Fortschritt 119, 149, 151, 153, 350, 415, 416, 417, 431–432, 436–443, 444, 486
Freiheit 35, 55, 78–79, 83–84, 99, 103, 105, 109, 198, 219, 220–225, 240, 265, 270, 275, 324, 32–331, 381, 399, 411, 413, 428, 444, 463–464, 480–482, 487, 506, 509, 525, 526, 528, 530, 596–598, 600–601
• *siehe auch* Kausalität; Schicksal

Ganzheitlichkeit *siehe* Holismus
Gefühl 125, 199–203, 236, 261, 323, 330, 334, 340, 396, 415, 418, 441, 490, 500–502, 517, 527, 576–577, 594
Geist 123, 124–125, 133, 137, 181–182, 197, 215–216, 396, 464, 553, 555–558, 560, 583, 592, 595–597, 600, 601, 608, 614–615
• *siehe auch* Cogito; Ich; Seele
Geld 21, 57–58, 67, 73, 109, 146, 267–268, 271–272, 282, 606
• *siehe auch* Preis; Wert
Gemeinwohl 88, 232, 242, 258, 268, 275, 344, 350, 356, 357, 363, 396–397, 399, 405–406, 413–414, 429, 430, 437, 439, 602
• *siehe auch* Gesellschaft; Staat; Vernunft: allgemeine
Gerechtigkeit 75, 152, 334–336, 338, 348, 435, 605
• *siehe auch* Moral
Geschichte 10, 20, 84, 150, 432, 444, 532, 557–558, 595, 614, 616–620
Gesellschaft 11, 14, 85, 88, 125, 148, 153, 268, 344, 352, 354, 381, 418, 422, 428, 433, 441, 620
• bürgerliche 602–603, 607, 608, 619
Gesetz 245, 260, 280–281, 347, 413, 414, 436, 595, 600, 618
• *siehe auch* Recht; Staat
Gesinnungsethik 270, 345, 489–495, 528
Gesunder Menschenverstand 141, 142, 191, 259, 294, 298, 309, 315, 337, 340–341, 474
Gewaltenteilung 13, 245, 264, 280–281, 408, 409, 422, 427, 429, 430, 440, 508, 531, 611
Glück 62, 82, 190–192, 375–376, 381, 415, 435, 441, 444, 491, 498–499

Gnade 35, 99, 100, 102, 103, 107, 109, 115, 220, 283
• *siehe auch* Gott
Gott 14, 23, 24, 35, 38, 40–41, 47, 48, 54, 71, 74, 123, 126, 130–131, 133, 169–170, 178–180, 206, 209, 210–212, 221, 222, 299, 307, 308, 317, 341–343, 369, 395, 456, 480, 503, 515, 532, 569, 572, 587
• Gottesbeweis 44, 178–180, 193, 293, 342, 458, 480
• *siehe auch* Pantheismus; Schöpfung; Theologie
Guter Wille *siehe* Gesinnungsethik

Harmonie 207–209, 210, 217, 224, 334–335, 565, 572, 577
• *siehe auch* Ordnung; Schönheit
Herrschaft 53, 89, 96, 104, 127, 233, 241, 243, 266, 268, 421
• *siehe auch* Macht
Holismus, Gesamtsystem 118, 122, 125, 130
Humanismus 22, 24, 52, 60–61, 62, 80, 93, 119
Höherentwicklung *siehe* Evolution

Ich 297, 331, 385–386, 477–478, 511, 514, 523, 524–527, 529, 534–535, 537–538, 542–543, 547–548, 552
• *siehe auch* Cogito; Geist; Seele
Idealismus 307–312, 521, 523
Idee 164, 176–178, 197, 236, 289–290, 292, 296, 304–307, 316, 317, 384–385, 548, 566, 583–584, 585–586
• regulative Idee 502, 551, 580
Individuum 39, 209, 212–213, 221, 369, 606

Kapitalismus 57–58, 67, 153, 270, 275, 279, 358, 439, 605, 614, 618, 620
Kategorischer Imperativ *siehe* Gesinnungsethik
Kausalität 151, 167, 178, 200, 211–212, 320–322, 323–324, 328–331, 336, 399, 469, 475, 479, 480–482, 509, 520
Kirche 19, 22–25, 34, 35, 38, 45, 46, 50, 59, 66, 71, 97, 98, 99, 102–104, 117 135, 144
Kopernikanische Wende 49, 140, 470–472
Kosmos 75, 84, 118, 124, 126, 127, 130, 136–137, 144, 148, 152, 166, 207, 217, 225, 235, 396, 440, 454–455, 478–480, 497, 540
• *siehe auch* Beste aller möglichen Welten; Harmonie
Kraft 40–41, 44, 117, 120–121, 141–142, 147, 172, 213, 452–454
Kunst 65–67, 416, 561, 562–567, 570, 571–573, 577–588
Körper-Geist Verhältnis 209, 214, 222, 223, 377–379, 389, 453, 463, 464, 539–541
• *siehe auch* Dualismus; Monismus

Leben 125, 130, 131–132, 147, 215, 216, 387, 388, 393, 395, 552
Lebensenergie (vis, entelechie, élan vital) 122–123, 182, 184, 200–201, 213, 216, 374, 510, 529, 540
Lebewesen 124, 130, 184–186, 197, 210, 213, 377–380, 391–392, 458–459, 529
• *siehe auch* Sensualismus
Leidenschaft *siehe* Gefühl
Liberalismus 13, 257–258, 261–262, 270, 272, 279, 285, 347, 349, 428–429, 604, 605, 608, 615, 618
Lichtmetaphern 45, 75, 127, 133, 569
Liebe 43, 75, 195, 201, 338–339, 418, 509, 552
Logik 35–36, 37, 38, 40, 43–44, 45, 49, 107, 164, 190, 211, 241, 317, 433, 471, 552, 584
• Deduktion 150, 182
• Induktion 150, 182
• Induktionsproblem 322
Lust 62, 72, 200–201, 577, 581

Macht 20, 35, 67, 86–90, 245–246, 280

Marktwirtschaft 14, 55, 146, 147, 270, 359–361, 429, 433
• unsichtbare Hand 359–361, 439, 595, 604
Materialismus 83, 118, 123, 124, 164, 166–170, 215, 292, 295, 299, 304, 369, 378–380, 387, 393, 395, 399–400, 414
• *siehe auch* Sensualismus; Substanz
Materie 305–307, 308, 310, 378, 388, 391, 393
• *siehe auch* Panpsychismus
Mensch 42, 43, 74, 75, 78, 85, 88, 94, 125, 210, 236–238, 315, 344, 353, 379, 381, 418, 434, 497
• *siehe auch* Anthropozentrismus; Naturzustand; Würde
Menschenrechte 275, 427, 435, 441, 505
Metaphysik 318, 373, 390, 445, 464–466, 468, 470–472, 482, 554
Methode 42, 76, 164–165, 171–173, 230
Monade 13, 133, 135, 213–218, 225–226, 368, 375, 393
Monarchie 53, 241–242, 265, 427, 611–612
Monismus 196–197, 209, 399, 541
Moral 88–89, 146, 201, 267, 269–270, 298–299, 303, 332, 334, 335, 339, 344, 347–348, 355–356, 375, 380–381, 390, 415, 416, 432, 435, 437, 490, 497, 499, 520, 528–529, 530, 595, 597, 599, 619
• Sein-Sollen-Fehlschluss (»Humes Gesetz«) 332–333, 397, 490
• Mitgefühl, Moralität, Moralsinn 335–340, 341, 344, 345, 348, 495, 503, 528, 599, 600, 620
Mystik 37, 47, 99, 222, 439, 551

Natur 38, 40, 42, 121, 122, 130, 148, 151, 212, 214, 307, 314, 383–384, 390, 440, 443, 544, 560–561, 566
Naturgesetz 83, 117, 133–134, 144, 150, 166, 169–170, 194, 199, 212, 225, 245, 319–322, 323, 408, 480–481, 493
• *siehe auch* Materialismus
Naturrecht 233, 242, 244, 261, 264, 284, 426
Naturwissenschaft *siehe* Wissenschaft
Naturzustand 238–239, 244, 259, 266–268, 275, 289, 348, 350, 407, 411–412, 417–419
Neuplatonismus 37–38, 47, 49, 73, 75, 79, 109, 118, 133, 164, 215, 222
• *siehe auch* das Eine
Nützlichkeit 55, 148, 242, 258, 260, 270, 345, 347, 396, 397, 399, 421, 489–492, 565
• *siehe auch* Utilitarismus

Öffentlichkeit 59, 61, 67, 245, 260, 487, 529, 603
Okkasionalismus 223–224, 225
Ökonomie 54, 55, 57, 147–148, 152, 261, 273, 279, 348, 362, 363, 412, 606, 619
Ontologie *siehe* Sein
Ordnung 21, 23, 34, 36–37, 38, 54, 76, 95, 120, 126–127, 141, 146, 209, 259, 293, 391, 411, 439
siehe auch Harmonie; Universalprinzip; Widersprüchlichkeit

Panpsychismus 131, 133, 134, 139, 142, 144, 222, 374–375, 388, 543
• *siehe auch* Monadologie; Weltseele
Pantheismus 131, 136, 192–196, 206, 458, 521
Papst 25, 33, 34, 59, 86, 94, 102
Philosophie 9, 10, 12–13, 15, 35, 37, 40, 57, 60, 66, 71, 107, 132, 163, 174, 176, 180, 187, 304, 309, 314, 326, 386, 393, 522, 523, 528, 549, 582, 587, 620
• *siehe auch* Weisheit
Physikalismus *siehe* Materialismus
Politik 88–90, 146–147, 151, 261
Privatleben 260, 269–270, 282, 603
• *siehe auch* Öffentlichkeit
Protestantismus 100, 104–107, 115
Prozess *siehe* Dynamik
Prädestination *siehe* Schicksal

Rationalismus 81, 177, 190, 290–292, 297, 299, 310, 368, 468, 479
Raum und Zeit 168, 299–300, 322, 389, 455, 466, 473–474, 526
Realität *siehe* Wirklichkeit
Recht 13, 239, 419–420, 506–508, 530, 595, 598–600
• Frauenrechte 109, 265–267, 275, 421, 428, 434, 442, 531, 601, 603
• *siehe auch* Menschenrechte; Naturrecht; Sklaverei; Völkerrecht
Reformation 50, 93, 95, 99, 102–104, 107, 114–117, 137
Relativismus 40, 59, 132
Religion 14, 57, 82, 96, 127, 261, 282, 441, 503, 582–583, 591
• Verhältnis der Religionen 40, 44, 51, 106
• *siehe auch* Toleranz

Schicksal 35, 83–85, 99, 100, 103, 106–107, 109, 220, 223
Scholastik 35, 48, 62, 92, 107, 115, 368
Schönheit 67, 68, 548, 563, 565–568, 569–570, 572, 574–576, 577–578, 580–582, 584
• *siehe auch* Das Gute; Wahrheit
Schöpfung 24, 35, 41–42, 75, 83, 100, 115, 131–132, 193, 206, 209, 220, 225
Seele 49, 123, 139, 181, 184, 203, 290, 299, 377, 379, 477–478, 572, 575
• Unsterblichkeit der Seele 70, 74, 80–82, 181, 209, 461
• *siehe auch* Cogito; Geist; Ich; Weltseele
Sein 39, 40, 48, 192, 525, 549
Sensualismus 124, 384–387, 391–392, 399, 411
• *siehe auch* Monadologie
Sinne *siehe* Wahrnehmung
Skepsis 343, 468–469
• *siehe auch* Zweifel
Sklaverei 189, 274, 276–279, 313, 351, 409, 421, 434
Spiritualität 40, 43, 44, 45–46, 50, 51, 75, 101, 104
Sprache 175, 185, 218, 236, 298, 306, 317, 379, 385–386, 387–388, 463, 517–518
Staat 13, 45, 88–90, 125, 126–127, 147, 152, 230, 232, 233–235, 236, 237, 240–241, 242, 245–246, 257, 259–261, 263, 278, 279, 283–284, 336, 353, 407–408, 410, 422, 435, 507–508, 531, 566, 591, 595, 598, 600–601, 607–610, 611–612, 619
• Staat und Religion/Kirche 104, 246, 282–283, 284–285, 421
• *siehe auch* Gesetz; Gewaltenteilung; Recht; Utopie
Stoa 84, 118, 130, 137, 351–352
Substanz 81, 213, 295–296, 305–306, 308, 525, 541, 549
• *siehe auch* Materie
System 40, 118, 166, 194–195

Technik 119, 147–149, 151–153, 362, 437, 442
Teleologie 120, 130, 169, 200, 213, 458–459, 494, 501–503, 506, 527
Theodizee 35, 207, 225–226, 367
• *siehe auch* Beste aller möglichen Welten
Theologie 35, 37, 38, 40
Tierethik 139, 186, 210, 495, 509, 530
Toleranz 39, 45, 50–51, 105, 106–107, 282, 283, 460, 614
transzendent 583
transzendental 469, 473–474, 476, 511, 522, 524, 574
Trinität 23, 40–41, 48, 51, 63, 64, 105, 133, 193, 553
Tugend 62, 78, 269–270, 274, 278, 336, 338–339, 345, 348, 351–352, 356, 370, 380–381, 396, 406, 408, 413, 415, 430, 491, 506–508, 605
Täuschung 43, 94, 162, 173–176, 198

Unendlichkeit 36, 48, 49
Ungleichheit 418–419, 430
Universalienproblem 54–55
Universalprinzip bzw. -gesetz 37, 39–40, 48–49, 201

Unparteiischer Beobachter 346, 396, 495, 489, 494
Ursache und Wirkung *siehe* Kausalität
Urteil 320, 475, 501
- a priori 303, 319, 471–472
- a posteriori
- analytisch
- synthetisch 472

Utilitarismus 274, 336
Utopie 108–110, 119, 126, 152, 259

Vernunft (intellectus) 15, 36, 48, 78, 111, 115, 134, 137, 148, 191, 202, 212, 262, 278, 297–298, 315, 323, 330, 340, 369, 436, 438–440, 441, 468, 476–477, 484–485, 509–510, 517–518, 525, 551, 555, 572–573, 579, 594, 605, 614
- allgemeine 14, 81, 410, 422, 426, 444
- Verhältnis zum Verstand 39, 42–44
- Verhältnis zum Glauben 100, 106–107
- *siehe auch* Ich; Verstand

Verstand (ratio, reason) 34, 35–36, 38, 94, 136, 177, 288–289, 294–296, 297, 298, 299, 302, 328, 386, 475, 476, 555
- seine Grenzen 38, 47, 48, 137, 221, 352, 551–552, 576, 580
- *siehe auch* Urteil; Vernunft

Vertrag 58, 146, 236, 242–243, 259–260, 262, 263–264, 266, 267, 270, 353, 411, 530, 599, 609
- Gesellschaftsvertrag 13, 241, 242, 259, 421, 426

Vorstellung *siehe* Idee
Völkerrecht 243–244, 265, 486, 507–508, 613

Wahrheit 42, 47, 66, 74, 77, 102, 107, 115, 132, 142, 151, 164, 191, 198–199, 211, 224, 245, 260–261, 299, 317, 321–322, 421, 432, 434–435, 437, 538, 542, 546, 549, 551–552, 555, 564, 566–567, 574–577, 584, 587, 588, 594, 620
- *siehe auch* Das Gute; Schönheit; Urteil: a priori

Wahrnehmung, sinnliche 43, 124, 132, 137, 140, 162, 169, 173, 178, 184, 196, 236, 291, 292, 294–296, 299, 304–307, 316–317, 318–319, 324, 377, 389–390
- *siehe auch* Ästhetik

Weisheit (sapientia) 118, 122, 138, 150, 152, 262
Weltbild
- geozentrisches/ptolemäisches 114, 117, 118, 120, 127, 129, 132, 144, 457
- heliozentrisches/kopernikanisches 115–117, 126–129, 129, 134, 136, 140, 143–145, 148
- *siehe auch* Astronomie

Weltseele 74, 123, 124, 129, 131, 135, 540
- *siehe auch* Panpsychismus

Werden und Vergehen *siehe* Dynamik
Wert 54, 55, 58–59, 146, 273–274
Widersprüche 34, 35–37, 38, 47–48, 74
- Prinzip vom ausgeschlossenen Widerspruch 38, 291

Wirklichkeit 36, 41, 54, 63, 136, 141, 164, 168, 174, 180, 292–296, 303, 304–307, 308, 310, 315–317, 341, 481, 501, 538–539, 555–556, 591–592
- *siehe auch* Ding »an sich«

Wissen 49, 107, 132, 139, 163–165, 171–176, 290, 292–296, 386–387, 402, 477–480, 535
- Verhältnis zum Glauben 43, 44, 115, 117

Wissenschaft (scientia) 40, 48, 49, 114–119, 121, 122, 124, 134, 136, 141–142, 149–150, 152, 165, 216, 234, 304, 310, 319–324, 331, 369, 416, 432, 437, 524, 544, 554, 564, 594
Wohlstand 268–269, 272, 428
Würde 24, 78–79, 444–445, 494–495, 509
- *siehe auch* Menschenrechte

Zweifel 82, 99, 106, 162, 172–176
- *siehe auch* Skepsis; Täuschung

Bildnachweis

Cover, Vor- und Nachsatz und S. 17
Zug der Heiligen Drei Könige,
Benozzo Gozzoli;
1459–1461.
Wandgemälde. Florenz,
Palazzo Medici Riccardi, Kapelle,
rechte Wand.
© akg-images

Leviathan S. 157
Titelseite von *Leviathan* von
Thomas Hobbes
(London, 1651).
© akg-images/IAM

Étienne-Louis Boullée S. 251
© http://www.graphicine.com/
etienne-louis-boullee-cenotaph/

Alle weiteren Illustrationen:
© The Saul Steinberg Foundation/
Artists Rights Society (ARS),
New York

1. (S. 9)
Saul Steinberg, *Untitled,* 1954
Ink on paper
Private collection
Originally published in
The New Yorker,
July 10, 1954.

2. (S. 33)
Saul Steinberg, *Untitled,* 1960
Ink on paper
Private collection
Originally published in
The New Yorker,
September 10, 1960.

3. (S. 57)
Saul Steinberg, *Piazza San Marco,*
1951
Ink and colored inks on paper,
58.4 x 73.7 cm
The Hedda Sterne Foundation,
New York

4. (S. 91)
Saul Steinberg, *Untitled,* ca. 1963
Ink on paper
Originally published in Steinberg,
The New World, 1965.

5. (S. 113)
Saul Steinberg, *Untitled (Initials),*
1964
Ink, colored inks, and colored
pencil on paper,
50.2 x 36.8 cm
The Saul Steinberg Foundation,
New York

6. (S. 161)
Saul Steinberg, *Untitled,* 1960
Ink on paper, 29.2 x 36.5 cm
Saul Steinberg Papers,
Beinecke Rare Book and Manuscript
Library, Yale University
Originally published in
The New Yorker,
December 10, 1960

7. (S. 188)
Saul Steinberg, *Untitled,* 1960-1961
Ink on paper, 29.2 x 36.5 cm
Saul Steinberg Papers, Beinecke
Rare Book and Manuscript Library,
Yale University

Originally published in
The New Yorker, January 28, 1961

8. (S.227)
Saul Steinberg, *Untitled,* 1962
Ink on paper
Originally published in
The New Yorker, December 22, 1962

9. (S.255)
Saul Steinberg, *Three Landscapes* (detail), 1974
Watercolor, pencil, ink, and rubber stamps on paper,
54.6 x 74.9 cm
National Gallery of Art, Washington, DC; Gift of The Saul Steinberg Foundation

10. (S.287)
Saul Steinberg, *The Line,* 1959
Ink on paper, two of seven sheets, each 48.3 x 61 cm
The Morgan Library & Museum, New York

11. (S.325)
Saul Steinberg, *Prosperity,* 1959
Watercolor and ink on paper,
76.2 x 50.8 cm
Collection of Carol and Douglas Cohen

12. (S.364)
Saul Steinberg, *Untitled,* 1969
Ink on paper
Originally published in
The New Yorker, November 8, 1969

13. (S.401)
Saul Steinberg, *Untitled,* 1966
Ink and rubber stamp on paper,
48.3 x 63.2 cm
The Saul Steinberg Foundation, New York

14. (S.451)
Saul Steinberg, *The Spiral,* 1966
Ink on paper, 48.3 x 64.1 cm
The Menil Collection, Houston

15. (S.483)
Saul Steinberg, *Abstinentia, Pietas, Sapientia, Dignitas,* 1961
Ink on paper, 58.4 x 35.6 cm
The Saul Steinberg Foundation, New York

16. (S.513)
Saul Steinberg, *Untitled,* 1944
Ink on paper, 49.5 x 38.8 cm
Beinecke Rare Book and Manuscript Libary, Yale University
Originally published in Steinberg,
All in Live, 1945
© The Saul Steinberg Foundation/ Artists Rights Society (ARS), New York

17. (S.534)
Saul Steinberg, *Untitled,* 1963
Ink on paper
Originally published in Steinberg,
The New World, 1965

18. (S.559)
Saul Steinberg, from the *Stationary Series,* 1967
Ink on paper, 26.7 x 20.3 cm
Smithsonian American Art Museum, Washington, DC; Gift of the artist

19. (S.589)
Saul Steinberg, *Allegory* (detail), 1963
Ink and watercolor on paper,
56.5 x 73 cm
Private collection